2014
中国汽车市场展望

国　家　信　息　中　心
国家发展和改革委员会产业协调司　编

机 械 工 业 出 版 社

本书是研究中国汽车市场2013年现状与2014年发展趋势的权威性书籍。

本书是汽车及相关行业众多专家、学者分析研究成果的集萃。全书分为汽车市场宏观环境篇、市场预测篇、细分市场篇、市场调研篇、专题篇及附录（与汽车行业相关的统计数据）六大部分。

该书全面系统地论述了2013～2014年中国汽车市场的整体态势和重、中、轻、微各型载货汽车，大、中、轻、微各型载客汽车，中高级、中级、普通级、微型等各种档次轿车市场的发展态势，以及汽车市场的重点需求地区和主要需求区域的市场运行特征。

集研究性、实用性、资料性于一体的《2014中国汽车市场展望》，是政府部门、汽车整车制造商、零部件制造商、汽车研究部门、汽车相关行业、金融证券等领域研究了解中国汽车市场和汽车工业发展趋势的必备工具书。

图书在版编目（CIP）数据

2014中国汽车市场展望/国家信息中心，国家发展和改革委员会产业协调司编.—14版.—北京：机械工业出版社，2014. 3

ISBN 978-7-111-46004-6

Ⅰ. ①2… Ⅱ. ①国…②国… Ⅲ. ①汽车-国内市场-市场预测-中国-2014 Ⅳ. ①F724.76

中国版本图书馆CIP数据核字（2014）第034383号

机械工业出版社（北京市百万庄大街22号 邮政编码 100037）

责任编辑：何月秋 潘竹 封面设计：饶薇

责任印制：李 洋

北京市四季青双青印刷厂印刷

2014年3月第14版第1次印刷

184mm×260mm · 29.75印张 · 1插页 · 500千字

0 001－2 500册

定价：180.00元

《2014 中国汽车市场展望》

主办单位　　国家信息中心　国家发展和改革委员会产业协调司

承办单位　　国家信息中心经济咨询中心

参加单位　　中国第一汽车集团公司

一汽-大众销售有限责任公司

一汽丰田汽车销售有限公司

天津一汽夏利汽车股份有限公司

东风汽车有限公司

神龙汽车有限公司

东风日产乘用车公司

上海上汽大众汽车销售有限公司

上海大众汽车有限公司

上海通用汽车有限公司

上海汽车乘用车公司

广汽本田汽车有限公司

北京现代汽车有限公司

奇瑞汽车销售有限公司

中国重型汽车集团有限公司

重庆长安汽车股份有限公司

哈飞汽车工业集团有限公司

华晨汽车集团控股有限公司

安徽江淮汽车股份有限公司

江铃汽车股份有限公司

郑州日产汽车有限公司

北京北辰亚运村汽车交易市场中心

河南新未来投资有限公司

国机汽车股份有限公司/中国进口汽车贸易有限公司

中国公路车辆机械有限公司

中国汽车技术研究中心

南京依维柯汽车有限公司销售公司

《2014 中国汽车市场展望》
编委会成员

《2014 中国汽车市场展望》
编辑工作人员

主　　编　徐长明　陈建国

副 主 编　李　钢　黄路明　刘　明

编辑人员　潘　竹　马　莹　李伟利　丁　燕　谢国平
包嘉成　周　祺　易文华　蔡毅坚　王二明
苑伟超　李晓庆　王　山　张桐山　路　遥
崔佳佳　臧　晔　陈　述　胡　清　李　倩
李　璐　薛海军

特约编辑　张俊杰　一汽-大众销售有限责任公司奥迪销售部
郝英瑞　一汽轿车股份有限公司海外事业部
周明生　东风汽车有限公司商用车规划总部
王晓翔　上海上汽大众汽车销售有限公司

前　言

2013 年，是全面贯彻党的十八大精神的开局之年，面对复杂严峻的国内外形势， 国家宏观调控坚持稳中求进的工作总方针，针对经济存在着持续下滑的风险，果断采取了稳定增长的一系列措施，但与以往有所不同的是，政策更加注重为长远可持续发展打基础，更加重视结构调整释放的动力，而不是一味地追求快速拉升当前增长速度，在国家稳定增长政策作用下，国民经济呈现出整体平稳、稳中向好的态势，全年国内生产总值达到 56.88 万亿元，同比增长 7.7%。与宏观经济稳定增长有所不同，我国汽车产业实现了快速增长，2013 年我国国产汽车累计生产和销售 2211.68 万辆和 2198.41 万辆，同比分别增长 14.8%和 13.9%， 增幅与 2012 年相比有大幅度回升。总体上来讲，宏观经济稳定向好是汽车市场发展的基础，2013 年乘用车市场快速增长与多城市限购传闻导致的恐慌性购买有很大关联，商用车市场主要是受国 IV 排放标准实施提前购买的影响。

2014 年是我国深入贯彻党的十八届三中全会精神，全面深化改革的第一年，也是我国“十二五”规划实施的关键之年。从发展阶段来看，我国已步入中等收入国家行列，原有的低成本优势逐步减弱，经济发展与环境的矛盾凸显，经济的潜在增长率逐步降低，我国经济已进入到转变发展方式的重要时点，全面改革已是大势所趋，在资源配置方式和经济利益重构过程中，宏观经济政策必然处于双重特性之中，无论是投资建设还是货币发行等宏观经济政策都必将以“稳”字当先。2014 年世界经济仍将处于危机后的恢复期，总体态势趋于稳定，但也存在不稳定不确定的因素，美国量化宽松政策的退出对美国经济复苏和世界经济的冲击影响还很难确定。我国外需的总体状况很难有大的改善。从国内市场来看，严格公务消费对抑制餐饮等消费增速的影响将缓解，全社会消费市场将趋于平稳，增速有望与上一年持平。投资仍将是拉动经济增长的主动力，新型城镇化将成为经济增长的新引擎。总体来讲，改革红利将贯彻 2014 年始终，我国经济将在筑底过程中，保持稳定增长态势。

2014 年，相关政策和消费环境仍然对汽车市场起着重要作用。一是城市限购带来的恐慌性购买仍将延续。面对日益严峻的环保形势和交通拥堵，各城市纷纷开始拟对汽车采取限制性措施，短期内带来的是消费者抢购，对市场起到较强的支撑作用。二是中央八项规定的严格实施对汽车消费的扩展作用进一步显现。随着限制公车购买和使用政策的深化，公务员购车成为新的趋势，并且有着较强的周边示范效应。而且，如果政策进一步推进到事业单位和国有企业，势必会进一步扩大群体规模。三是实施国 IV 排放标准的渐进式影响。重型柴油车国 IV 排放标准的实施未形成全国统一的时间表，各城市将根据本地情况分步实施，总体上对短期市场不会产生跳跃式影响。综合判断，2014 年我国汽车市场需求仍将保持较快增长，增速略有回落。

为使社会各界对 2014 年我国汽车市场的发展趋势有一个深入认识和了解，国家信息中心与国家发展和改革委员会产业协调司联合组织编写了《2014 中国汽车市场展望》，期望本书能为汽车行业主管部门和生产经销企业提供有价值的决策参考依据。本书将汽车市场与宏观经济运行环境紧密结合在一起，采用定量与定性相结合的研究方法，从不同角度对 2014 年的汽车市场进行了深入分析和研究，由于时间仓促，书中难免有疏漏之处，敬请读者批评指正。

2014 年 1 月 25 日

目　录

前言

宏观环境篇

坚持稳中求进　着力改革创新　促进经济持续健康发展和社会和谐稳定
——2014 年宏观经济政策取向……杨洁　3
2014 年中国经济展望和宏观调控政策取向……国家信息中心　16
2013 年世界经济形势分析及 2014 年展望……张亚雄　伞锋　30
2013 年财政收支分析及 2014 年展望……王远鸿　39
2013 年金融形势分析及 2014 年展望……李若愚　48
2013 年中国对外贸易形势分析及 2014 年展望……闫敏　57
2013 年固定资产投资形势回顾及 2014 年展望……胡祖铨　66
2013 年地区经济发展形势分析及 2014 年展望……高国力　申兵　黄征学　祁国燕　74

市场预测篇

2013～2014 年汽车市场分析与预测……徐长明　李伟利　87
2014 年客车市场发展形势展望……佘振清　97
2013 年轻型客车市场分析及 2014 年展望……吕立军　107
2013 年微型客车市场分析及 2014 年展望……谭辉龙　111
2013 年重型载货车市场回顾及 2014 年展望……赵军　119
2013 年中重型货车市场分析及 2014 年展望……王泽伟　128
2013 年轻型货车市场分析及 2014 年展望……台建宏　134
2013 年微型货车市场分析及 2014 年展望……徐洪飞　144
2013 年皮卡市场分析及 2014 年展望……邓振斌　150
2013 年普及型轿车市场回顾及 2014 年展望……郑雷　158
2013 年 SUV 市场分析及 2014 年展望……帖福祥　165
2013 年 MPV 市场分析及 2014 年展望……唐奕奕　175
2013 年中国专用汽车市场分析及 2014 年展望……左培文　邵丽青　185

细分市场篇

突破传统 转型升级 创新笃行——2014年北京市汽车市场展望……颜景辉 211
2013年上海市汽车市场分析及2014年预测……汪海佳 224
2013年浙江省汽车市场回顾及2014年预测……宣峻 230
2013年河南省乘用车市场回顾及2014年预测……朱灿锋 贾汉昆 234
河北——重型货车第一市场的成因及2014年展望……李晓庆 243
西南地区乘用车市场特征及2014年预测……丁燕 臧晔 249
2014年华南地区乘用车市场展望……温志群 254
2014年河北省乘用车市场展望……庄沙沙 261
2013年中国进口车市场分析及2014年展望……国机汽车股份有限公司 267
2013年汽车出口分析及2014年展望……曲婕 吴松泉 武守喜 276

市场调研篇

一汽-大众（大众品牌）产品调研报告……张高亮 295
一汽丰田，一路向前！——2013年一汽丰田产品调研报告……焦彦 301
新产品 新起点——2013年广汽本田产品调研报告……吴婷婷 308
东风日产产品市场调研报告……谢安 314
2013年神龙汽车市场调研报告……李锦泉 318
北京现代产品市场调研报告……王洪伟 326
奇瑞主销产品市场调研报告……蒲晖 332
夏利产品市场调研报告……崔东树 345
2013年荣威及MG产品市场调研报告……张芙君 353
2013年华晨汽车发展思路及产品调研报告……李清 362

专 题 篇

A级乘用车配置发展需求趋势……周鹏 369
浅析基于电子商务下的汽车营销发展……郭凯 杜金玲 李金锦 374
透过新产品投放看乘用车细分市场的发展趋势……路遥 379
2013年终端市场分析及未来展望……金昂卉 384
2013年中国公路货运发展研究报告……褚方鸿 戴定一 董中浪 翟学魂 389

附　录

附录 A　与汽车行业相关的统计数据……399
表 A-1　主要宏观经济指标（绝对额）……399
表 A-2　主要宏观经济指标（增长率）……399
表 A-3　现价国内生产总值……401
表 A-4　国内生产总值 GDP 增长率（不变价）……402
表 A-5　现价国内生产总值（GDP）构成……404
表 A-6　各地区国内生产总值（现价）……405
表 A-7　各地区国内生产总值占全国比例……406
表 A-8　各地区国内生产总值增长率……407
表 A-9　全部国有及规模以上非国有工业企业总产值（当年价）……409
表 A-10　各地区工业总产值（现价）……410
表 A-11　各地区工业总产值占全国的比例……411
表 A-12　历年各种经济类型固定资产投资……412
表 A-13　各地区全社会固定资产投资（现价）……413
表 A-14　各地区固定资产投资占全国的比例（全国＝100%）……415
表 A-15　各地区进出口商品总值（按经营单位所在地分）……416
表 A-16　各季度各层次货币供应量……417
表 A-17　各地区农村居民家庭年人均纯收入……418
表 A-18　各地区城镇居民家庭年人均可支配收入……420
表 A-19　2012 年年底各地区分等级公路里程……421
表 A-20　历年货运量及货物周转量……422
表 A-21　历年客运量及客运周转量……423
表 A-22　各地区公路货运量……424
表 A-23　各地区公路货运量占本地区全社会货运量的比例……426
表 A-24　各地区公路货物周转量……427
表 A-25　公路货物周转量占全社会货物周转量的比例（分地区）……429
表 A-26　2001～2012 年年末全国民用汽车保有量……430
表 A-27　各地区历年民用汽车保有量……432
表 A-28　各地区民用货车保有量……433
表 A-29　各地区民用客车保有量……434
表 A-30　2012 年各地区城市公共汽（电）车、出租汽车情况……435
表 A-31　2012 年各地区私人汽车保有量……436
表 A-32　历年汽车产量……437
表 A-33　2012 年汽车分车型产销量……439

表 A-34 2004～2012 年全国改装汽车产量分类构成 440
表 A-35 历年低速货车产销情况 441
表 A-36 汽车行业综合指标与全国工业企业的比较 441
表 A-37 汽车行业效益指标与全国工业企业的比较 442
表 A-38 能源生产总量及其构成 443
表 A-39 2006～2012 年分车型汽车进口数量 443
表 A-40 历年汽车进口数量及金额 444
表 A-41 主要国家历年汽车产量及品种构成 445
表 A-42 2008～2012 年世界主要国家轿车生产量排序 447
表 A-43 1982～2012 年主要国家商用车产量 448
附录 B 国家信息中心汽车研究与咨询业务简介 449

宏观环境篇

坚持稳中求进　着力改革创新
促进经济持续健康发展和社会和谐稳定
——2014年宏观经济政策取向

2014年是推进全面深化改革的元年，党的十八届三中全会确定了今后一个时期我国全面深化改革的路线图和任务书，2013年年底召开的中央经济工作会议，描绘了全面深化改革元年的经济社会发展蓝图，提出了2014年经济工作的总体要求和主要任务，强调做好2014年经济工作，最核心的是要坚持稳中求进、改革创新，保持宏观经济政策的连续性和稳定性，着力激发市场活力，加快转方式调结构，加强基本公共服务体系建设，着力改善民生，切实提高经济发展质量和效益，促进经济持续健康发展、社会和谐稳定。

一、2014年我国面临的国内外经济环境

2014年我国经济发展面临的环境依然错综复杂，机遇和挑战并存。世界经济将保持温和复苏，总体好于2013年，但仍存在不少变数和风险。国内经济发展长期向好的基本面没有变，但稳中向好的基础还不稳固，稳中有忧、稳中有险。

1. 国际金融危机影响具有长期性，国际市场争夺更趋激烈

中央经济工作会议指出，2014年世界经济仍将延续缓慢复苏态势，但也存在着不稳定不确定因素，新的增长动力源尚不明朗，大国货币政策、贸易投资格局、大宗商品价格的变化方向都存在不确定性。世界经济形势的不确定性和复杂性，决定了我国面临的各类风险和挑战依然存在。

从有利因素看，世界经济增长动力逐步增强，全球经济继续复苏。①大多数发达经济体增长前景良好，实体经济复苏势头趋旺。当前美国失业率下降，经济复苏明显。欧盟经济继续向好，包括一些重债国，也开始摆脱债务压力走向复苏。特别是主要发达经济体推进“再工业化”战略，促进国际产业变革孕育新的突破，技术融合成为新态势，生产方式、分工体系和市场结构出现新的变化，其中两大

亮点尤为突出。第一，振兴制造业夯实经济发展的基础，美国电动汽车产业突飞猛进，日本将重点发展燃料电池车，推动燃料电池车成为世界领先产业。2013年三季度以来，美国、欧盟、日本的制造业先行指标都在持续攀升。其中，美国制造业采购经理指数（PMI）已连续6个月上升，累计升幅达8.3个百分点，美国制造业活动将转入复苏，商业信心升势强劲，而且很可能带动其他经济部门的回升。第二，美国页岩气革命提升了产业竞争力，而且正在改变全球能源格局。美国能源信息署（EIA）表示，2013年美国将超越俄罗斯和沙特阿拉伯，成为世界上最大的石油和天然气生产国。国际金融危机后美国经济能够稳步复苏，能源发挥了重要作用。由于页岩气资源的开发，美国的天然气价格自2008年以来降幅已超过80%，为全球最低水平。同时，美国新屋销售、新屋开工持续增加，房价稳步回升，待售房库存减少，房地产市场对经济的影响从负面转为积极贡献，成为发达经济体经济增长中的又一亮点。欧元区资金状况和融资条件整体改善，财政政策无需进一步“勒紧裤带”，继2013年走出衰退之后，经济有可能持续复苏，预计2014年欧元区经济整体增速将升至1.1%。②新兴市场经济体在扩大投资和促进消费上潜力较大。亚洲地区互联互通的现实需求，推动了各国加大基础设施、高科技等领域的投资力度。2014年世界杯、2016年夏季奥运会的举办将为巴西改善基础设施、扩大旅游消费提供新的动力和机遇。③国际大宗商品价格上涨压力不大。虽然全球需求缓慢复苏对2014年大宗商品的国际市场价格有一定的支撑，但并不支撑国际大宗商品价格的持续上涨，国际大宗商品价格出现大幅上涨的可能性不大。从需求看，美国经济回升明显但力度较小，欧洲经济增长虽然暂时平静但不确定性犹存，日本经济增长看好但消费税对经济前景的影响亦不乐观。各方面对2014年全球经济形势持谨慎态势，全球需求难以大幅回升。从供给看，首先，粮食丰收将为稳定粮价提供现实条件。据联合国粮农组织（FAO）10月份的最新预测，2013～2014年度世界谷物产量增长7.7%。其次，主要工业金属仍然供大于求。世界钢铁协会（WSA）认为，目前世界钢材过剩产能多达5亿t，国际铜业研究组织（ICSG）预测，2013年世界铜供应过剩约39万t，且规模还将进一步扩大。第三，页岩气和其他新能源的开发利用将对平抑传统能源价格继续发挥一定的作用。④对2014年经济发展前景看好居多。2013年10月国际货币基金组织（IMF）预测，2014年全球经济将增长3.6%；2013年11月经济合作与发展组织预测，2014年世界经济增长预期3.6%。美联储预测2014年美国经济将增长 2.9%～3.1%，欧央行预测欧元区经济增速将为 1.4%，日本央行预计日本经济受消费税上调影响，2014 财年（2014 年 4 月 1 日～2015 年 3 月 31 日）增速将下滑至 1.3%。综合判断，2014 年世界经济增速将略好于 2013 年。与此同时，全球贸易增速也有所加快，世界贸易组织 WTO 最近预测，2014 年全球货物贸易量将增长 4.5%，高于上年的 2.5%，但仍低于过去 20 年 5.4%的平均水平。

从羁绊影响看，世界经济复苏依然存在不少困难和问题。①发达经济体宏观政策调整负面效应外溢与新兴市场经济体结构性问题相互交织，发生跨境金融风险的可能性上升。一方面，美国和欧盟、日本的货币政策分化，加大了 2014 年国际经济金融运行的不确定性。美联储启动宽松货币政策推出机制，日本和欧洲央行继续实施超宽松货币政策，两种不同的政策取向交织并行，特别是美联储启动逐步退出量化宽松货币政策的行动，宣布购债规模缩减，加大了跨境资本流动的波动性，对全球经济金融市场尤其是流动性的负面效应不容低估。美国量宽政策的退出，将导致美元升值，迫使新兴市场经济体采取加息、资本管制等手段遏制资本外流，更重要的是，将迫使新兴市场经济体在应对通胀高企，经济增长放缓，经常账户赤字，贸易增长困难等结构性突出问题的同时，还不得不再次面对资本市场“失血”的冲击。2014 年新兴市场经济体遭遇金融震荡的剧烈程度和持续时间均难以估量。另一方面，美国、欧盟、日本三大经济体难以摆脱对借债度日的依赖。据国际货币基金组织 IMF 预测，2014 年美国和欧元区政府债务占经济总量的比重将分别达 107.3%、96.13%，比上年升高 1.3 个百分点和 0.4 个百分点；日本债务比将高达 242.3%，仅比上年低 1.2 个百分点。偿债负担日益加重，发达经济体债务违约隐忧继续存在。②发达经济体争夺国际经济贸易规则制定主导权，有可能削弱新兴市场经济体竞争力。美国主导的跨大西洋贸易与投资伙伴关系协定（TTIP）、跨太平洋贸易与投资伙伴关系协定（TPP）谈判齐头并进，将加快达成全新的自由贸易协定，导致国际经济贸易规则的变化，新兴市场经济体保持和发展投资和贸易竞争优势面临新的挑战。③新兴市场经济体增速将继续放缓，影响世界经济全面复苏和健康发展。2014 年世界经济将继续温和复苏，但由于人口红利减少、长期结构性问题显现、对短期资本输入和信贷增长依赖过大等问题使得新兴经济体的脆弱性更为突出，经济增长有可能进一步放缓，从而影响发达国家经济复苏，特别是欧洲和日本经济。④全球范围内贸易保护主义加剧，一定程度上将影响全球贸易复苏。一些发达国家失业率仍然处于较高水平，部分新兴经济体制造业发展陷入困境，各国倾向于通过保护本土企业、促进就业的做法重振经济发展内生动力，贸易保护主义形势依然严峻。特别是针对中国出口产品的贸易保护主义措施还将继续，一些发达国家不断强化贸易执法，放宽立案标准，加严反倾销和反补贴调查规则，裁决趋于严格，中国应诉企业在一些案件中被裁定较高反倾销税率，某些贸易救济措施和贸易救济调查明显针对中国产品，对我国相关产品的出口将造成不利影响。

观察当前和今后世界经济形势，必须联系国际金融危机的大背景。2014 年，由于欧洲和美国的经济表现向好，世界经济形势将有所好转，负面影响可能进一步减弱，但发达国家经济仍低于潜在增长率，新兴国家经济也难以恢复到前两年的高增速，全球经济缓慢复苏态势短期内仍难以改变。特别是美国退出量化宽松货币政策，将对全球经济和金融市场带来重大影响，导致我国出口增长一方面会出现回调和反弹，同时又将继续受到外需不足的制约。

2．我国经济发展长期向好的基本面没有变，但稳中向好的基础还不稳固

中央经济工作会议指出，2014 年，国内经济运行存在下行压力，部分行业产能过剩问题严重，保障粮食安全难度加大，宏观债务水平持续上升，结构性就业矛盾突出，生态环境恶化、食品药品质量堪忧、社会治安状况不佳等突出问题仍没有缓解。

当前，我国经济社会发展实现了稳中有进、稳中向好。2013 年，中央坚持稳中求进的工作总基调，稳定宏观经济政策，创新宏观调控方式，着力深化改革开放，加快推进转型升级，努力保障和改善民生，国民经济呈现了稳中有升、稳中向好的发展态势。全年国内生产总值增长 7.6%左右，粮食生产实现了历史性的“十连增”，年初确定的经济社会发展主要预期目标能够实现。①加大了对既惠民生又利增长的关键领域和薄弱环节的投入，投资在稳定经济增长中发挥了关键作用。2013 年 1～11 月份，全国固定资产投资（不含农户）39.1 万亿元，同比名义增长 19.9%，民间投资 24.8 万亿元，增长 23.2%；进出口总额 3.77 万亿美元，增长 7.7%；1～10 月份，社会消费品零售总额 19.03 万亿元，增长 13%。②居民消费价格基本稳定。2013 年 1～11 月份，全国居民消费价格总水平同比上涨 2.6%，控制在调控目标之内。③城镇就业继续增加，居民收入不断提高。2013 年 1～11 月份，城镇新增就业超过 1200 万人，城、乡居民收入分别实际增长约 9.5%和 10.3%，均高于经济增速。④以化解产能过剩矛盾为重点，产业结构调整步伐加快。国务院下发了化解产能严重过剩矛盾的指导意见，对钢铁、水泥、电解铝、平板玻璃、船舶等行业的过剩产能化解工作作出了全面部署。继续培育和发展战略性新兴产业，实施了电子商务、下一代互联网、云计算等示范工程。国务院出台了促进信息消费、养老服务业、健康服务业发展等政策意见，着力改善服务业发展环境，加快服务业发展。⑤改革开放进一步深化。国务院分批取消和下放334项行政审批事项，发布了政府向社会力量购买服务的指导意见、新修订的《政府核准投资项目目录》，增强了市场主体活力。扩大了营业税改征增值税试点范围，完善了扶持小微企业的税收制度，除个人住房贷款外，金融机构贷款利率管制全面放开，全国中小企业股份转让系统试点扩大至全国，中小企业直接融资渠道进一步拓展。电价改革迈出重要步伐，成品油价格形成机制进一步完善，非居民用天然气价格调整方案平稳实施，碳排放权交易试点开始启动。城乡居民大病保险加快推进，已有 24 个省份出台大病保险实施方案。启动实施了中国（上海）自由贸易试验区建设，探索建立符合国际化和法治化要求的投资贸易规则体系。

同时，我国经济稳中向好的基础还不牢固。①增长回升动力不足。尽管2014年世界经济增长可能快于 2013 年，但受国内综合成本不断上升的影响，外资企业向境外转移生产订单的现象日益明显，其中纺织品出口到美国、欧盟、日本三地的市场占有率已经从65%下滑到40%。加上全球贸易保护主义导致我国遭遇的贸易摩擦增多，国内外贸企业长期面临劳动力成本、资源环境约束力加大的压力，我国出口产品传统竞争优势相对减弱，以及人民币汇率被严重高估，外贸发展面临空前压力，不利于培育新的出口优势，出口难有大幅增长。企业投资意愿回升，但生产经营依然困难，特别是中小企业融资成本居高不下，工资和社保成本高企，导致企业生产经营困难的因素并未得到有效解决。地方财政受到融资平台进入偿债高峰期、清理影子银行和地方债务审计等因素的影响，地方政府的融资困难程度也大为上升，地方基础设施建设投资增速可能有所放缓。盘活存量、吸引民间资本，拓展资金来源，也都需假以时日，难以短期内见效。相对于经济增长，我国居民收入增速仍较低，居民消费要在短期内有大的提升也比较困难。②粮食安全依然严峻。虽然2013年粮食产量突破6亿t，但我国粮食供需总体上仍处于紧平衡状态，未来粮食继续增产难度越来越大。加之城镇化的快速推进，城镇人口间接消费的粮食要比农村人口多。③深层次矛盾和结构性问题突出。截至 2013 年上半年，全国工业产能利用率为 78%，是 2009 年第四季度以来的最低点。对钢铁、水泥、电解铝、平板玻璃、船舶等产能过剩行业，新一轮的产能过剩矛盾化解工作才刚刚起步。同时，战略性新兴产业的培育发展也需要有个过程，转型升级任务依然艰巨。④资源环境约束进一步强化。能源消费增长仍然偏快，资源利用效率不高，特别是当前生态环境恶化，空气雾霾等问题突出，严重影响群众身体健康。2013 年前三季度，全国单位 GDP 能耗同比降幅与完成全年目标相比，还有一定差距，大部分地区前三季度节能指标降幅也比 2012 年同期有较大减少。加之“十二五”前两年，全国单位 GDP 能耗累计下降 5.5%，只完成了“十二五”进度的 32.7%，降幅滞后于时间进度要求。要实现“十二五”目标，2014～2015 年全国万元 GDP 能耗年均降幅要远高于前三年平均降幅，节能减排任务艰巨。在经济下行压力较大的情况下，有的地方为保持较快增长，仍对高耗能高排放企业给予政策优惠，节能减排形势依然严峻。⑤财政金融等领域潜在的风险逐步积累。地方政府性债务规模还在增长，偿债压力加大。金融资源配置仍不合理，“影子银行”风险逐步暴露，房地产贷款及其抵押贷款风险继续积累。

我国经济已经进入一个新的发展阶段，经济发展长期向好的基本面没有变，改革创新动力不断激发，转型升级出现积极变化，内需潜力依然巨大，特别是宏观调控积累了新的经验，2013 年的发展也为 2014 年奠定了比较好的基础。做好 2014 年经济发展工作，既要充分认识积极因素和有利条件，坚定信心，又要正视存在的困难和问题，增强忧患意识，坚持底线思维，远近结合，综合施策，保持经济社会平稳发展。

二、2014 年宏观经济政策取向

2014 年进入到“十二五”规划的第四年，对全面完成“十二五”规划至关重要。中央经济工作会议明确提出，做好 2014 年经济工作要坚持稳中求进的工作总基调，把改革创新贯穿于经济社会发展的各个领域各个环节，保持宏观经济政策的连续性和稳定性，着力激发市场活力，加快转方式调结构，加强基本公共服务体系建设，着力改善民生，切实提高经济发展质量和效益，促进经济持续健康发展、社会和谐稳定。

2014 年，宏观经济政策取向将突出以下八方面的重点。

1．把握好经济社会发展预期目标和宏观政策的黄金平衡点，不断完善调控方式和手段

2013年以来，宏观政策保持稳定，推出了一系列创新性举措，在没有出台大规模刺激计划的情况下，精准发力，实现了经济的稳中向好，摸索出一些行之有效的宏观管理经验，2014年要继续坚持，不断完善。统筹稳增长、调结构、促改革，继续实施积极的财政政策和稳健的货币政策，保持经济增速在合理区间平稳运行，稳定市场预期，为经济平稳增长提供有效保障。同时，无论是实施积极的财政政策和稳健的货币政策，还是其他各项政策，都要同全面深化改革紧密结合，用改革的精神、思路、办法来改善宏观调控，寓改革于调控之中。

（1）继续实施积极的财政政策　①进一步调整财政支出结构，加大对教育、医疗卫生、社会保障和就业、保障性安居工程等与人民群众生活直接相关的领域等社会薄弱环节和重点领域的投入。厉行节约，提高资金使用效率。②完善结构性减税政策，把部分高耗能、高污染的产品纳入到消费税征收范围，完善促进企业创新的税收政策。扩大营改增试点行业，将营改增试点扩大至铁路运输和邮政服务业。

（2）继续实施稳健的货币政策　保持货币信贷及社会融资规模合理增长，改善和优化融资结构和信贷结构，提高直接融资比重，推进利率市场化和人民币汇率形成机制改革，增强金融运行效率和服务实体经济能力。

（3）保持价格总水平基本稳定　①加强价格调控监管，保障供给，合理把握粮油、棉花、食糖、猪肉、化肥等收储投放力度、时机和节奏。②完善价格调控机制，加强价格监管，开展重点行业和领域的价格检查，严肃查处价格违法违规行为和价格垄断行为。③健全物价补贴联动机制，缓解物价上涨对低收入群体生活的影响。

2．紧紧围绕使市场在资源配置中起决定性作用深化经济体制改革，着力在重要领域和关键环节取得实质进展

经济的持续健康发展，归根结底要靠内生动力和活力的不断激发、充分释放。2014年要继续加快行政审批制度改革，深化财税、金融等重点领域的体制改革，同时积极稳妥推进资源性产品价格改革，健全宏观调控体系，完善现代市场体系，以实实在在的成效破解发展难题，进一步凝聚起全社会支持改革的正能量。

（1）继续深化行政审批制度改革　进一步简政放权，再取消和下放一批行政审批事项。凡是市场能够调节的经济活动，政府一律不再审批。凡是直接面向基层、量大面广、由地方管理更为方便有效的经济社会事项，一律交由地方和基层管理。

（2）推进财政预算管理改革　①把控制和化解地方政府性债务风险作为经济工作的重要任务，把短期应对措施和长期制度建设结合起来，做好化解地方政府性债务风险的各项工作。②加强源头规范，把地方政府性债务分门别类纳入全口径预算管理，严格政府举债程序。③明确责任落实，省区市政府对本地区地方政府性债务负责任。

（3）推动金融改革　①在加强监管前提下，允许具备条件的民间资本依法发起设立中小型银行等金融机构。适度放宽市场准入，支持小型金融机构发展。规范发展民间借贷，推进信用体系建设。②完善现代金融企业制度，进一步提升国有金融机构治理水平，放宽民间资本和外资进入金融服务领域的限制，优化股权结构。完善金融机构公司治理。③健全多层次资本市场体系，提高直接融资比重。推进股票发行注册制改革，在继续完善主板、中小企业板和创业板市场的同时，继续推进三板股权市场建设，规范发展中小企业集合债券、私募债。完善保险经济补偿机制，建立巨灾保险制度。④完善人民币汇率市场化形成机制，加快推进利率市场化，健全反映市场供求关系的国债收益率曲线。⑤落实金融监管改革措施和稳健标准，完善监管协调机制。

3．构建扩大内需的长效机制，着力增加消费需求

努力释放有效需求，充分发挥消费的基础作用、投资的关键作用、出口的支撑作用，把拉动增长的消费、投资、外需这“三驾马车”掌控好。

（1）着力保持投资稳定增长　①调整预算内投资结构，大幅压缩用于一般竞争性企业项目投资，适当减少可利用社会资金的经营性基础设施投资，停止建设楼堂馆所等投资，压缩小型分散投资，重点支持全局性、基础性、战略性的重大项目，集中力量办大事。合理确定投向，主要是棚户区改造和保障性住房配套基础设施，高标准农田和农村民生建设，水利、中西部铁路等重大基础设施，重大节能减排和环境治理工程，核心关键技术开发应用等重大自主创新和转型升级工程，教育、医疗、社会养老、食品药品安全等社会事业和社会管理，少数民族、边疆地区发展等领域。②管好用好政府投资，有效释放民间投资潜力，促进民间资本进入可以市场化运作的基础设施、市政工程和其他公共服务领域。

（2）充分挖掘消费潜力　①增强居民消费能力。继续深化收入分配体制改革，着力增加农民财产性收入，增加中低收入者收入，健全职工工资正常增长机制。②培育新的消费热点。促进养老和健康服务业发展，推动网络消费、服务消费、热点商品消费，尤其是新型电子产品、智能型家电、节能型汽车、环保型家居建材等热点，促进奥特莱斯、社区商业中心、乡镇商贸中心等仍具较大潜力和发展空间的业态发展。③改善消费环境。培育规范家政服务企业，健全家政服务体系、社区生活消费服务网点。推进传统零售业转型升级，推动营销网、物流网、信息网、支付网的线上线下深度融合。促进移动电子商务、跨境电子商务发展。出台网络零售监管办法，规范网络经营行为。以万村千乡工程为依托，规划建设一批辐射力强的乡镇商贸综合服务设施。引导社会投资，支持建设和改造一批公益性流通设施。鼓励发展连锁经营，支持第三方物流企业发展多层次物流服务平台。

（3）努力拓展外需　①保持传统出口优势，发挥技术和大型成套装备出口对关联行业出口的带动作用，创造新的比较优势和竞争优势，扩大国内转方式调结构所需设备和技术等的进口。②放宽外商投资市场准入。推动产业境外投资，加强对走出去的宏观指导和服务，提供对外投资精准信息，简化对外投资审批程序。③积极推进丝绸之路经济带、21世纪海上丝绸之路建设，推动中巴经济走廊、孟中印缅经济走廊建设。推进丝绸之路经济带建设，抓紧制定战略规划，加强基础设施互联互通建设。建设21世纪海上丝绸之路，加强海上通道互联互通建设，拉紧相互利益纽带。④注重制度建设和规则保障，加快推进自贸区谈判，稳步推进投资协定谈判。营造稳定、透明、公平的投资环境，切实保护投资者的合法权益。

4. 加快发展现代农业，促进农业稳定发展农民持续增收

坚持农业基础地位不动摇，以保障国家粮食安全和促进农民增收为核心，实施以我为主、立足国内、确保产能、适度进口、科技支撑的国家粮食安全战略，促进农业稳定发展，保障粮食稳产增产。

（1）确保我国粮食安全　①增加粮食生产投入，保持现有耕地面积基本稳定，集中国内资源保重点，依靠自己保口粮，做到谷物基本自给、口粮绝对安全。②探索形成农业补贴同粮食生产挂钩机制，让多生产粮食者多得补贴。③搞好粮食储备调节，有效利用社会仓储设施进行储粮。适当增加进口和加快农业走出去步伐，把握好进口规模和节奏。

（2）抓好农产品质量和食品安全　①坚持数量质量并重，更加注重农产品质量和食品安全，注重生产源头治理和产销全程监管。②把住生产环境安全关，治地治水，净化农产品产地环境，切断污染物进入农田的链条，对受污染严重的耕地、水等，划定食用农产品生产禁止区域，进行集中修复，控肥、控药、控添加剂，严格管制乱用、滥用农业投入品。③建立更为严格的食品安全监管责任制和责任追究制度，抓紧建立健全农产品质量和食品安全追溯体系，尽快建立全国统一的农产品和食品安全信息追溯平台，形成覆盖从田间到餐桌全过程的监管制度，严厉打击食品安全犯罪。

（3）加快推进农业现代化　①加强农业农村基础设施建设，抓好粮食安全保障能力建设，重点是农田、水利建设和农村环境整治，发展节水农业、循环农业，继续推进农村水电路气房建设。②加快农业科技进步，提高种地集约经营、规模经营、社会化服务水平，增加农民务农收入，鼓励发展、大力扶持家庭农场、专业大户、农民合作社、产业化龙头企业等新型主体。③强化政府对农业的支持保护，落实和完善强农惠农富农政策。建立适合农业农村特点的金融体系，构建职业农民队伍。

（4）加快构建新型农业经营体系　① 坚持和完善农村基本经营制度，依法保障农民对承包地占有、使用、收益、流转及承包经营权的抵押、担保权利。②稳定土地承包关系，落实集体所有权、稳定农户承包权、放活土地经营权，加快构建以农户家庭经营为基础、合作与联合为纽带、社会化服务为支撑的立体式复合型现代农业经营体系。③加强土地经营权流转的管理和服务，推动土地经营权等农村产权流转交易公开、公正、规范运行。

5. 深入实施创新驱动发展战略，促进经济结构调整升级

不再简单以 GDP 论英雄，认识和处理好持续健康发展与生产总值增长的关系，引导各地把工作重心转到调结构、转方式上来，加快转变经济发展方式，促进提质增效升级。调整产业结构的重点是，抓好化解产能过剩和实施创新驱动发展，推进服务业发展提速、比重提高、水平提升。

（1）坚定不移地化解产能过剩　①把化解产能过剩矛盾与调结构、转方式结合起来，充分发挥市场机制作用和政府引导作用，按照尊重规律、分业施策、多管齐下、标本兼治的原则，消化一批，转移一批，整合一批，淘汰一批，逐步化解产能过剩矛盾。②严控增量，坚决遏制新增违规产能，严禁核准产能严重过剩行业新增产能项目，违规项目尚未开工建设的不准开工，正在建设的项目一律停工。③多策并举优化存量产能，逐步消化存量。综合运用法律法规、产业政策、节能减排、安全生产、环保监管等手段，发挥价格杠杆的调节作用，通过市场竞争，加快淘汰落后产能，实现优胜劣汰。重点强化环保、安全等标准的硬约束，加大执法力度，对破坏生态环境的要严惩重罚。④推进产能严重过剩行业的结构调整，鼓励优势企业走出去，提高企业国际化经营能力。⑤强化对产能严重过剩行业的动态监测和预警，加强信息公开和宣传引导。

（2）加快推进产业转型升级 ①大力培育和发展战略性新兴产业、先进制造业，改造提升传统产业。②强化激励机制，用好人才，使发明者、创新者能够合理分享创新收益，打破阻碍技术成果转化的瓶颈。加强知识产权保护、完善促进企业创新的税收政策。③加快发展服务业，特别是现代服务业，推进服务业发展提速、比重提高。

（3）积极促进区域协调发展 ①继续深入实施区域发展总体战略，加快培育新的经济支撑带，着力构建各具特色、协调联动的区域发展格局。②完善并创新区域政策，缩小政策单元，重视跨区域、次区域规划，提高区域政策精准性，按照市场经济的一般规律制定政策。③坚定不移地实施主体功能区制度，使自然条件不同区域按照主体功能区定位推动发展。④增强欠发达地区的发展能力，扎扎实实地打好扶贫攻坚战，推进对口支援，支持西藏、新疆和四省藏区等地的跨越式发展。

6. 加快生态文明建设，推动可持续发展

坚持绿色循环低碳发展，扎实推进生态文明建设，强力推进节能减排，确保实现“十二五”节能减排目标，促进大气污染防治工作取得实效。

（1）推进生态文明建设 ①加快生态文明制度建设，建立生态文明建设目标评价考核体系。②开展国家生态文明先行示范区建设，探索生态文明建设有效模式。

（2）加大节能减排力度 ①强化目标责任制和问责制，加强重点领域节能减排和监管。研究建立各地区资源环境承载能力预警机制，严格控制高耗能、高排放项目。②实施 2014～2015 年节能行动计划。实行能源消费总量和能耗强度“双控”考核，暂停未完成目标地区新建高耗能项目的核准和审批。③强化节能评估审查，对能源消费增量超出控制目标的地区新上高耗能项目，实行能耗等量或减量置换。推进工业、建筑、交通和公共机构等重点领域节能，深入开展万家企业节能低碳行动，加快重点用能单位能耗在线监测系统建设。④推行能效领跑者制度，建立和实施节能量交易制度。加强能效标准制（修）订工作，完善节能监察执法机制，依法查处违法用能行为。⑤大力发展循环经济，落实循环经济发展战略及近期行动计划。发展节能环保产业，制定重大节能、环保、资源循环利用等技术装备产业化工程实施方案。⑥积极推行清洁生产。组织编制《国家清洁生产推行规划》，大力推广清洁生产先进技术，实施清洁生产改造。

（3）推动能源结构清洁化　①加快发展水电、核电、风电、太阳能、生物质能，推动分布式能源发展，切实解决可再生能源优先上网问题。②控制煤炭消费量，制定重点区域煤炭消费总量控制方案。切实抓好天然气供应保障。做好油品品质提升工作。

（4）综合运用多种手段形成组合拳　①加大中央预算内资金支持，引导社会加大节能减排和防治大气污染治理投入。②继续深化资源价格改革，更多地运用经济杠杆促进淘汰落后产能和节能减排，发挥差别电价、惩罚性电价作用，落实脱硫、脱硝和除尘电价政策，推行居民用电、用水、用气阶梯价格。③深入推进节能减排全民行动，动员全体社会成员积极主动参与节能减排、防治雾霾。办好全国节能宣传周等主题活动。引导消费者购买和使用节能绿色产品、节能省地型住宅。倡导简约适度、绿色低碳、文明健康的生活方式和消费模式，践行绿色低碳交通出行，反对各种形式的奢侈浪费。

（5）狠抓生态环境治理　①落实和完善大气污染治理计划及配套政策，加大环境治理和保护生态的工作力度、投资力度、政策力度，加强区域联防联控，加强源头治理，把大气污染防治措施真正落到实处。②继续推进重点流域水环境的综合整治工程。③扎实做好应对气候变化工作。

7. 积极稳妥地推进新型城镇化，着力提高城镇化质量

坚持以人的城镇化为核心，走以人为本、四化同步、科学布局、绿色发展、文化传承的中国特色新型城镇化道路。围绕有序推进农业转移人口市民化，优化城镇化布局和形态，提高城市可持续发展能力，促进城乡发展一体化，完善城镇化体制机制等五大战略任务，积极稳妥扎实地推进新型城镇化。

（1）制定实施相关规划　①编制和实施国家新型城镇化规划，分解落实规划确定的主要目标、重点任务、改革举措，明确责任部门和工作要求。②组织编制实施重点城市群发展规划，跨省区市的由中央负责编制，省级行政区内的由省区市负责编制。③各地以国家新型城镇化规划为指导，因地制宜地编制和实施本地区新型城镇化发展规划。

（2）出台配套政策　①推动出台户籍、土地、资金、住房、基本公共服务等方面的配套政策，研究推出促进中小城市特别是中西部地区中小城市发展的支持政策。②因地制宜地制定农业转移人口落户标准，引导农业转移人口在城镇的落户预期和选择。

（3）开展试点示范　围绕建立农业转移人口市民化成本分担机制、多元化可持续的城镇化投融资机制、降低行政成本的设市模式、改革完善农村宅基地制度，在不同区域开展不同层级、不同类型的试点。

（4）完善基础设施　①提高东部地区城市群综合交通运输一体化水平，推进中西部地区城市群内主要城市之间的快速铁路、高速公路建设，加强中小城市和小城镇与交通干线、交通枢纽城市的连接。②强化市政公用设施和公共服务设施建设，提高对人口集聚和服务的支撑能力。

8．加强制度建设，织好保障民生的安全网

突出民生优先，促进社会公正，继续按照守住底线、突出重点、完善制度、引导舆论的思路，统筹教育、就业、收入分配、社会保障、医药卫生、住房、食品安全、安全生产等，着力做好保障和改善民生工作，为群众更好地编织保基本、兜底线、促公平、可持续的“安全网”。

（1）把做好就业工作摆到突出位置　重点抓好高校毕业生就业和化解产能过剩中出现的下岗再就业工作。

（2）努力解决好住房问题　探索适合国情、符合发展阶段性特征的住房模式，加大廉租住房、公共租赁住房等保障性住房的建设和供给，做好棚户区改造。特大城市要注重调整供地结构，提高住宅用地比例，提高土地容积率。

（3）加快社会事业改革发展　加大投入，加强统筹，深化医药卫生、养老保险等社会领域改革，推动教育、医疗、文化等各项社会事业的健康发展。

（作者：杨洁）

2014 年中国经济展望和宏观调控政策取向

2013 年，面对复杂多变的世界经济环境和国内经济下行压力加大的困难局面，我国坚持稳中求进的工作总基调，统筹稳增长、调结构、促改革，宏观经济呈现出平稳增长态势。展望 2014 年，十八届三中全会有关经济体制改革的决定将提振信心，宏观调控政策会继续发挥积极作用，我国宏观经济将保持中高速平稳增长态势。2014 年，应继续实行积极的财政政策和稳健的货币政策，着力通过改革释放经济增长的动力和活力，增强信心，稳定预期，保持宏观经济持续健康发展。

一、2013 年经济形势基本特征及全年预测

2013 年，我们以提高经济增长质量和效益为中心，牢牢把握“宏观政策要稳住、微观政策要放活、社会政策要托底”的要求，有针对性地出台了一系列既利当前、又利长远的措施，着力深化改革，加快转型升级，不断改善民生，经济社会发展平稳开局。

1. “稳增长、保下限”政策逐步见效，可以完成经济增长预期目标

顺应世界经济进入低速增长的新常态和我国经济从高速增长进入中高速增长的新阶段，十八大后，我国不再追求高经济增长，更加重视结构调整和增长质量，提高经济增长的动力和活力。从我国经济发展变化的客观实际出发，科学确定经济运行合理区间，即保证经济增长率、就业水平等不滑出“下限”，物价涨幅等不超出“上限”。只要经济运行处在合理区间，就要尽量保持宏观政策的连续性和稳定性。坚定不移地深化改革，着力激发市场活力，大力推进行政管理体制改革，取消和下放了 200 多项行政审批事项。同时，扩大了“营改增”试点范围，积极推动利率市场化、铁路等基础设施投融资体制、资源性产品价格等领域的改革。着力调整优化结构，积极培育信息消费，增加节能环保、棚户区改造、城市基础设施、中西部铁路等方面的投资，促进养老、健康、文化、教育等服务业发展。这些经济发展理念的创新和稳中有为的配套政策措施，稳定了市场预期，

增强了市场信心，保证了我国经济平稳运行。特别是7月份以来，经济运行出现企稳回升态势。2013年1～3季度，我国经济分别增长7.7%、7.5%和7.8%，前三季度增长7.7%，规模以上工业增加值增长9.6%，工业企业效益出现恢复性增长，前8个月实现利润同比增长12.8%。预计全年我国GDP将增长7.6%，CPI将上涨2.7%，均可完成全年预期调控目标。

2．需求保持基本稳定，投资发挥了关键性作用

（1）投资依然是经济增长的主要动力　2013年1～9月份，固定资产投资名义增长20.2%，较上年同期放缓0.3个百分点，但剔除价格因素实际增速同比加快约1.4个百分点。其中，基本建设投资增长24.2%，增幅同比加快11.6个百分点；房地产投资增长19.7%，增幅同比加快4.3个百分点；制造业投资仅增长18.5%，增幅同比放缓5个百分点。投资对经济增长的贡献增强，前三季度，资本形成总额对GDP的贡献率是55.8%，较上年同期提高了5.3个百分点，拉动GDP增长4.3个百分点。预计全年固定资产投资将增长20.1%左右，超过18%的预期调控目标，房地产开发投资将增长18.5%左右，增幅同比提高2.3个百分点。

（2）消费增速基本稳定　2013年1～9月份，社会消费品零售总额名义增长12.9%，增幅同比放缓1.2个百分点，剔除价格因素消费实际增长11.3%，同比放缓0.3个百分点。居民收入减速以及零售物价涨幅回落使得消费增速放缓。此外，中央提倡勤俭节约，严格公务消费有效抑制了公款吃喝，1～9月份餐饮收入增长8.9%，增幅同比放缓4.3个百分点，下拉社会消费品零售总额增速0.5个百分点。预计2013年全年社会消费品零售总额增长13%左右，大大低于14.5%的预期调控目标。

（3）外贸出口平稳增长　2013年1～9月份，我国外贸出口同比增长8%，增幅同比提高0.6个百分点，不计算对港的贸易我国出口仅增长4.6%左右。由于我国经济的逐步企稳回升以及大宗初级产品价格的明显上行，三季度我国进口增速回升至8.5%，较二季度提高了3.5个百分点。预计2013年全年外贸出口增长8%左右，基本接近完成预期调控目标，进口将增长7.5%左右，外贸顺差2585亿美元，增加11.9%左右。

3．消费物价温和回升，生产价格降幅收窄

居民消费价格温和上涨，工业品价格连续下跌。在国内货币流动性相对宽松、工资等成本压力较大等作用下，居民消费价格保持温和上涨态势，2013年1～9

月份CPI同比上涨2.5%，涨幅同比放缓0.3个百分点。受新涨价因素累积、季节性以及极端灾害天气等因素的影响，四季度CPI将在3%以上，全年CPI上涨2.7%左右。受国内产能过剩、供过于求等因素的影响，工业生产者价格已连续保持了19个月的下跌状态，2013年1～9月份PPI同比下降2.1%，降幅同比扩大0.6个百分点。预计全年PPI将下降2%左右。

4．服务业发展较快，经济结构调整取得积极进展

服务业延续了较快的增长态势，2013年前三季度，第三产业增长8.4%，较上年同期提高0.5个百分点，占GDP比重达到45.5%，占比同比提高了1.6个百分点。新兴产业和新兴业态发展迅猛，上半年，全国信息消费规模达2.07万亿元，同比增长20.7%，全国电子商务交易额达4.35万亿元，同比增长24.3%。东部地区创新发展能力进一步增强，信息、医药等新兴战略性产业发展势头强劲，东部地区部分劳动密集和资本密集产业向中西部加快转移。中西部地区和东北老工业基地发展潜力和比较优势得到释放，东中西地区各自的动态比较优势逐步形成。节能减排取得积极进展，上半年单位GDP能耗同比降低3.4%。放开许多基础设施建设领域的投资准入，促进了民营经济的发展。1～9月份，民营企业对基础设施建设的投资份额接近25%，增速达到35.6%。

5．就业弹性明显提高，就业形势基本稳定

经济增长对就业的吸纳能力增强，特别是随着就业容量较大的服务业发展加快，相对较低的经济增速可以创造较多的就业岗位。近年来我国就业弹性大幅提高，每1个百分点GDP吸纳的城镇新增就业人数由2005年的86万人，增加至2010年的112万人，到2012年进一步增加至164万人。同时，劳动供求关系正在发生变化，企业不会轻易主动裁员。前三季度，就业形势基本稳定，城镇新增就业人数1066万人，同比多增42万人，农村外出务工劳动力17392万人，同比增加525万人，增长3.1%（见表1）。

表1 2013年中国主要经济指标预测

指 标	2012年实际		2013年1～9月实际		2013年预测	
	绝对值/亿元	增速（%）	绝对值/亿元	增速（%）	绝对值/亿元	增速（%）
GDP	518942	7.7	386762	7.7	566518	7.6

（续）

指　标	2012年		2013年1～9月份		2013年预测	
	绝对值/亿元	增速（%）	绝对值/亿元	增速（%）	绝对值/亿元	增速（%）
一产	52374	4.5	35669	3.4	56539	3.7
二产	235162	7.9	175118	7.8	249240	7.9
三产	231406	8.1	175975	8.4	260739	8.3
规模以上工业增加值	—	10.0	—	9.6	—	9.6
轻工业	—	10.1	—	8.5	—	8.6
重工业	—	9.9	—	10.0	—	10.0
固定资产投资	364835	20.6	309208	20.2	438451	20.1
房地产投资	71804	16.2	61120	19.7	85091	18.5
社会消费品零售额	207167	14.3	168817	12.9	234065	13.0
出口/亿美元	20489	7.9	16148.6	8.0	22123	8.0
进口/亿美元	18178	4.3	14455.0	7.3	19538	7.5
外贸顺差/亿美元	2311.0	48.1	1693.6	14.4	2585	11.9
财政收入	117210	12.8	98389	8.6	127220	8.5
财政支出	125712	15.1	91532	8.8	139220	10.5
居民消费价格指数	102.6	2.6	102.5	2.5	102.7	2.7
工业生产者出厂价格指数	98.3	-1.7	97.9	-2.1	98.0	-2.0

二、2014年中国经济发展环境及趋势展望

1．国际经济环境总体稳定

（1）美国、欧盟、日本等发达国家经济有望进一步好转　次贷危机爆发后，发达国家普遍采取了加强金融监管，为银行提供流动性支持等措施，改善了金融系统的资产状况，重新发挥了金融业对经济润滑剂的作用，发达国家系统性金融风险明显降低。发达国家率先启动了新一轮经济结构调整。除私人和公共部门经历持续“去杠杆化”外，欧美等国还提出了“再工业化”等结构性调整措施。从目前看，发达国家经济调整效果初显。美国、日本私人消费重新启动，房地产市场持续复苏，欧元区出口竞争力回升，工业产能利用率等指标较2012年同期均有明显改善，制造业出现回流迹象。2014年美国增速有望进一步回升，据IMF预计，2014年美国经济将增长2.6%，比2013年提高1个百分点。欧元区经济经

历了长期的结构性调整之后，将进入恢复性增长阶段。预计 2014 年欧元区经济有望实现微弱增长。发达经济体经济好转总体上有利于世界经济的稳定。

（2）部分新兴经济体经济下行压力较大　新兴经济体可能成为 2014 年世界经济中的重要不稳定因素。新兴经济体内部增长动能疲弱、结构性矛盾突出的问题仍将存在。美联储量化宽松政策退出的影响难以避免，金融危机后，各国央行从全球金融市场上购买了近 10 万亿美元的金融资产。美国退出量化宽松，会引起金融市场的重新组合，导致全球资本市场、大宗商品市场波动，新兴经济体货币将承受较大的贬值压力。在增长放缓、资本外流和本币贬值三者的叠加下，部分国家金融乃至实体经济可能出现危机并将影响所在区域的经济稳定。目前来看，三类国家面临的风险最大：一是高杠杆率国家。如欧盟中的匈牙利、马耳他两国政府债务占 GDP 比重在 2013 年一季度已分别达到 82.4%和 75.4%，接近塞浦路斯寻求援助时的水平，而且仍呈上升趋势。二是“双赤字”国家。印度、印尼、越南、巴西、南非等国均存在不同程度的财政和贸易赤字，资本外流导致的融资困难加剧将削弱这些国家经济的抗冲击能力，并加大对外偿债能力的不确定性。三是资源型出口国家。由于全球需求不振及美联储退出量化宽松推动美元中长期走强可能拉低大宗商品价格，从而令南非、巴西等资源出口大国经常项目进一步恶化。

（3）全球经济仍面临诸多不确定性　一是美国参众两院达成协议结束政府部分关门和提高债务上限，虽然使美国联邦政府暂时避免了债务违约，但并没有改变债务增速大幅高于财政收入和国内生产总值的基本面，高度依赖借新还旧维持其偿债能力的模式，将不断增加联邦政府债务偿还能力的脆弱性，导致主权债务时刻处于危机边缘，这将不仅冲击国际金融市场和全球经济信心，而且进一步削弱未来美国经济复苏的动力。二是欧元区国家政局仍然存在不稳定因素。由于严苛的减支条款加剧了重债国执政当局与国内民众间的矛盾，2013 年以来希腊、葡萄牙、意大利等国出现了一段时期的政治动荡，引发了市场对欧债危机再度担忧。在欧元区国家继续坚持财政紧缩，且失业率高企的情况下，国内矛盾激化可能导致下半年部分重债国政局再次动荡，从而危及这些国家财政整顿和国际援助计划的顺利实行。三是中东地区动荡局势仍会持续。当前叙利亚内战旷日持久、化学武器风波可能反复；埃及政治动荡持续升级，各派力量激烈角力；伊朗出于国家利益和地缘政治考虑在核问题和地区安全方面也难以对西方做出根本性让步。因此，中东错综复杂的利益格局和各方博弈仍将使该地区充满动荡，这将对国际能源价格和供给安全带来负面影响。

（4）对我国经济的影响　今后一段时期，我国面临的外部环境依然错综复杂。受世界经济低速复苏及低端制造业向外转移的影响，发达国家需求回升对我国出口拉动有限，而新兴经济体增速下滑对我国出口也将带来不利影响。同时，受美联储货币政策调整的影响，2014 年我国吸引外资的难度加大，外资流入将进一步放缓。但也要看到，世界经济低速复苏特别是新兴经济体减速，将推动国际市场大宗初级产品价格稳中趋降，有助于降低我国进口成本，并减轻输入性通胀压力。同时，新兴经济体虽然短期增速下滑、风险上升，但中长期增长前景依然看好，仍将是世界经济增长的主要动力。在全球经济复苏格局酝酿重大结构性变化的背景下，只要我国把握住调整的主动性，积极构筑对外投资合作的新平台，不仅有助于实现国内经济的平稳运行，也有助于提升我国在国际贸易和全球产业分工格局中的位势，提高长期经济增长潜力。

2．当前经济面临的突出问题和风险隐患

我国经济从 10%左右的增长速度向目前 8%左右的速度转换后，出现了传统产业产能严重过剩、新兴产业尚未形成、货币政策扩张后大量资金进入房地产和其他虚拟部门、政府通过基础设施拉动经济增长带来负债增加、经济下行压力加大和企业生产经营困难、财政收入减缓等诸多矛盾和问题。这些突出矛盾和风险是体制改革滞后的结果，是新经济增长动力不足的表现，也是应对金融危机期间大规模扩张政策的代价。这些问题相互联系、相互影响、相互强化，处理不好，不仅会加大经济下行压力，影响短期经济增长，也会降低潜在经济增长水平，影响中长期经济发展。

（1）产能过剩制约经济回升程度　我国的产能呈现行业面广、绝对过剩程度高、持续时间长等特点。一方面，我国产能过剩行业已从钢铁、有色金属、建材、化工、造船等传统行业扩展到风电、光伏、碳纤维等新兴战略性产业，许多行业产能利用率不足 75%，处于严重过剩当中，有的处于绝对过剩状态。另一方面，尽管产能呈现大面积过剩，但过剩行业的投资仍在增长，而且大部分为现有水平的重复投资，新的中低端产能继续积累，有可能导致过剩程度进一步加剧。在中期潜在经济增长速度下降的背景下，如果不能加快淘汰和兼并重组，过剩行

业的利润会继续下降，优秀企业难以发展壮大。

（2）*财政金融风险增加调控难度* 目前，我国财政问题与金融问题不断交织，导致系统性风险加大，严重影响经济增长的稳定性。近年来，财政收支矛盾日渐显现，地方政府偿债能力受到制约，债务风险提高。与此同时，由于货币投放量偏大，货币环境宽松，融资平台公司负债增长较快。根据IMF估计，我国广义政府债务增加到占GDP近50%左右，这些负债中很大一部分只能依靠出售土地收入支撑借贷和偿还，或者举新债还旧债。为继续对基础设施建设进行投融资，商业银行和其他金融机构大规模扩张了影子银行业务。随着国内企业兼并、破产增多，部分理财产品信用违约风险提高，这些因素积累导致金融风险不断上升。

（3）*房地产市场分化加剧系统性风险* 当前，我国房地产市场在调控政策、实际需求、区域差异等因素的影响下，出现明显分化走势。一方面，一、二线城市房地产市场泡沫风险继续累积。以限购限贷为核心的房地产调控并没有抑制住房价上涨，以北京、上海为代表的一线城市房价不断飙升，远远超出居民的承受能力。另一方面，我国部分三、四线城市，由于土地供应规模不断扩大，近年房地产开发投资增长较快，但产业升级步伐缓慢，难以创造大量就业岗位，房地产自住与投资需求不足，出现了严重过剩局面，"鬼城"现象增加，部分城市价格出现连续下跌。目前我国房地产调控主要采取的是抑制需求政策，一旦三、四线城市房地产市场普遍出现衰退，局部风险可能引发房地产系统性风险，并引起融资平台偿还困难、金融机构资金链断裂等连锁反应，导致金融风险爆发压力加大。

（4）*企业经营成本上升* 首先，在产能过剩的影响下，2013年以来，我国工业品出厂价格连续负增长，企业实际融资成本显著提高。新增资金主要流向大型企业、房地产与融资平台，中小型企业融资困难。其次，2005～2012年，我国城镇单位就业人员平均货币工资年均增长14.4%；2010～2012年，农民工月均收入年均上涨17.4%。企业用工成本提高。再次，企业面对的环境、土地等成本在污染严重、节能减排、地价攀高、水价上调等因素的影响下，呈现出刚性上涨的局面，未来还将节节攀升。企业负担加重导致了大部分企业在需求不足、产能过剩的情况下，微利经营、艰难度日，影响了未来投资、技改等生产活动。

3．我国仍具备保持稳定增长的基本条件

当前，我国经济发展仍然处于重要战略机遇期，改革红利不断释放，科技创新能力逐步提高，国内需求扩大和供给改善潜力巨大，短期内企业库存回补仍将

继续。

（1）改革开放深入推进将极大地调动和激发经济社会发展的动力和活力　新一届政府以转变政府职能为核心，大力推进经济、行政领域的各项改革，已陆续出台的各项改革举措在 2014 年将会继续发挥积极成效，不断激发市场活力和增长动力，大力推动经济发展。特别是十八届三中全会将会对我国未来的改革路线图、时间表做出全面部署，在财政、金融、行政、价格、城镇化等领域改革步伐加快，这将极大地激发经济社会发展的动力和活力，有利于充分发挥市场经济作用，调动企业尤其是民营经济的积极性，释放制度改革红利。

（2）国家努力打造“经济升级版”，调整优化结构展现良好态势　区域方面，东部地区不断调整经济、产业结构，目前转型升级取得初步成效，经济增速率先企稳。由于东部经济总量大、占比高，未来有利于带动全国经济稳步运行。产业方面，第二产业比重回落，第三产业增长较快，服务业发展加速，新兴产业增势良好，新兴业态蓬勃兴起，经济增长潜力逐步累积。企业方面，在创新驱动发展战略的指导下，在经济结构转型升级的倒逼下，部分企业积极进行技术升级，加大研发投入，科技创新水平有所提高。2013 年以来相当一部分工业企业利润上升，增加了企业扩大投资、强化技改等生产经营后劲。

（3）我国国内市场空间广阔，扩大内需潜力巨大　当前我国储蓄率维持在较高水平，仍将可以保持较高的投资水平。在高铁、城市基础建设、信息基础设施、节能减排、棚户区改造以及保障房建设等领域仍有较大的投资需求空间。近年来我国高度重视保障和改善民生，城镇低收入群体和农民的收入增速和水平都有明显提高，覆盖城乡的社会保障体系基本建立，为扩大国内消费需求奠定了基础。我国不断突破户籍、土地、教育等制约城镇化发展的障碍，加快推进城镇化进程，为内需增长注入了新的动力。

（4）宏观调控水平不断提高，宏观政策仍具备运用空间　2013 年以来，我国在宏观调控上创新思路，提出了“底线思维”理念，确定了按“上下限”调控的合理区间，采取了与“稳中有进、稳中有为”相配套的政策措施，特别是在调控方向、力度和时机的把握上，在调控手段和工具的使用上，都增加了更多的鲜活经验。总体上讲，当前我国宏观政策特别是财政政策仍具备较大的空间，国家总体资产负债安全，财政赤字和政府债务余额均处于安全线内。银行基准利率和存款准备金率较高，有足够多的调节流动性手段和工具。

三、2014 年中国经济增长预测和目标建议

根据国内外经济发展环境分析，如果我国继续保持宏观调控政策的基本稳定，2014 年我国经济有望保持稳中缓降的态势。

1. 我国经济将保持中高速平稳增长态势

经济运行中存在的新矛盾和新问题会加大经济下行的压力，而释放改革红利、基础设施投资和库存回补因素，将推动我国经济稳定增长。国家信息中心开发的经济景气指数系统显示，至 2013 年 8 月我国先行指数已连续 20 个月稳中回升。我国先行指数领先工业约半年时间，先行指数持续平稳上升表明，我国经济 2014 年有望保持平稳增长态势。预计我国 GDP 将增长 7.5%左右，工业生产稳中略降，工业增加值实际增长 9.3%，同比放缓 0.3 个百分点。

2. 投资增幅高位趋缓

基础设施建设是稳定投资的关键因素。营业税改征增值税试点范围和领域扩大有利于激励服务业投资，服务业投资将会加快。制造业产能过剩会降低企业投资意愿，制造业投资会稳中趋缓。受开工面积连续两年增速较慢和部分地区销量滞迟的影响，房地产投资将稳中略降。预计固定资产投资名义增长 19%，较上年放缓 1 个百分点；房地产开发投资名义增长 15%，较上年放缓 3.5 个百分点。

3. 消费增长保持稳定

2013 年我国居民实际可支配收入增长有所放缓，将直接影响到居民的实际消费能力。但我国就业形势比较稳定，收入分配制度改革全面推进，财政支出不断向社保、公共卫生、教育、低保等民生领域倾斜，有助于推动消费稳定增长。信息消费、社区消费等新型消费模式进一步显示出较大潜力。严格公务消费对抑制餐饮等消费的滞后影响基本消失。消费需求基本稳定，2014 年社会消费品零售总额将增长 13%，与上年基本持平。

4. 进出口增速平稳增长

我国主要贸易伙伴经济出现回暖迹象，美国经济复苏势头增强，欧元区经济出现改善迹象，日本经济在强力政策刺激下步入短期复苏轨道，人民币实际有效汇率上升压力减小，我国对发达国家出口将有所好转。由于新兴经济体增速下滑，贸易保护主义依然严重，出口难以有大的改变。国内需求较弱使得进口增速难以加快。初步预计，2014 年出口将增长 9%左右，进口将增长 7.5%左右。进出口贸

易增速与上年基本持平，全年外贸顺差 3000 亿美元左右，国际收支保持小幅顺差（见表 2）。

5．物价呈温和回升态势

从工业品价格看，国际大宗商品价格基本稳定，输入性通胀压力不大。我国工业行业产能较大，供大于求的格局短期内不会改变，工业品价格会基本稳定。从服务业价格看，人口结构变化带来低端劳动者工资上涨，这将推动部分劳动密集的服务业价格上升。从食品看，2013 年各地普遍高温以及北方主产区的涝灾将会对秋粮产量带来一定的影响，有可能影响到粮价的稳定。初步预计，2014 年居民消费价格将上涨 3.2%左右，工业生产者价格将下降 0.5%，房价同比增幅小幅上升。

6．2014 年的调控目标

考虑需要和可能，兼顾当前和长远，建议把 2014 年的经济增长预期目标确定为 7.5%，经济结构进一步优化；居民消费价格总水平涨幅控制在 4%左右；城镇新增就业 900 万人，城镇登记失业率控制在 4.6%以内；进出口增长目标确定为 8%，国际收支基本平衡；城乡居民收入实际增长预期目标确定为 7%，与经济增长率同步。这样的目标确定，一方面，能较好地协调经济增长、就业、物价三者的关系，合理利用好现有的生产能力，发挥好潜在的经济增长水平，使发展、改革与稳定相互协调、相互促进。另一方面，经济增长预期目标留有一定的余地，可以引导政府、企业把经济工作的重点放在加快推进经济体制改革，加快转变经济发展方式上来，不再盲目追求高速度，更加注重增长的质量和效益，保证经济增长速度与结构、效益相统一，经济发展与人口环境相协调。

表 2 2014 年中国主要经济指标预测

指　标	2012 年		2013 年预测		2014 年预测	
	绝对值/亿元	增速（%）	绝对值/亿元	增速（%）	绝对值/亿元	增速（%）
GDP	518942	7.7	566518	7.6	622455	7.5
一产	52374	4.5	56539	3.7	62209	3.8
二产	235162	7.9	249240	7.9	266841	7.6
三产	231406	8.1	260739	8.3	293405	8.2
规模以上工业增加值	—	10.0	—	9.6	—	9.3

（续）

指　标	2012年		2013年预测		2014年预测	
	绝对值/亿元	增速（%）	绝对值/亿元	增速（%）	绝对值/亿元	增速（%）
轻工业	—	10.1	—	8.6	—	8.4
重工业	—	9.9	—	10.0	—	9.7
固定资产投资	364835	20.6	438451	20.1	521757	19.0
房地产投资	71804	16.2	85091	18.5	97854	15.0
社会消费品零售额	207167	14.3	234065	13.0	264494	13.0
出口/亿美元	20489	7.9	22123	8.0	24114	9.0
进口/亿美元	18178	4.3	19538	7.5	21003	7.5
外贸顺差/亿美元	2311.0	48.1	2585	11.9	3111	20.3
财政收入	117210	12.8	127220	8.5	138034	8.5
财政支出	125712	15.1	139220	10.5	152034	9.2
居民消费价格指数	102.6	2.6	102.7	2.7	103.2	3.2
工业生产者出厂价格指数	98.3	-1.7	98.0	-2.0	99.5	-0.5

四、宏观调控政策建议

做好2014年经济工作，要深入学习和全面贯彻落实党的十八大和十八届三中全会精神，坚持以邓小平理论、“三个代表”重要思想、科学发展观为指导，以提高经济增长质量和效益为中心，深化改革开放，强化创新驱动，加大经济结构战略性调整力度，积极扩大国内需求，保持物价总水平基本稳定，着力保障和改善民生，实现经济持续健康发展和社会和谐稳定。为此，在宏观调控中要把握好四项原则：一是着力推进改革开放，增强经济发展动力。按照改革开放的路线图和时间表，明确改革的主攻方向和切入点，力求取得突破，从制度建设层面防范和化解各种潜在风险，增强经济发展的动力和活力；二是坚持有扶有控，促进经济结构调整。以市场调控手段为基础，综合运用财税、金融、产业、技术、区域等政策手段，化解过剩产能，培育和发展新兴产业，加快经济结构战略性调整。三是稳定宏观调控政策，保持经济稳定增长。准确把握稳定需求的宏观调控政策的力度和节奏，使经济运行处于合理区间，经济增长和就业不滑出下限，价格总水平不超出上限。四是着力保障和改善民生，提高公共服务水平。加强和创新社会管理，促进社会发展。要尽力而为，积极回应社会关切，同时又要根据经济发展水平和公共服务职能确定民生投入，量力而行。

1．继续实施积极的财政政策

一是适当扩大财政赤字和国债规模。建议2014年中央财政赤字规模安排9000亿元，比上年增加1000亿元；中央代地方发行5000亿元国债，比上年增加1000亿元。全国财政赤字规模增加到14000亿元，财政赤字占GDP的比重与上年基本持平，保持在2%左右。二是加快地方主体税建设，除共享税外，地方政府逐步形成以消费税、房产税为主的稳定收入来源。三是加快深化政府预算体制改革。以法治为导向，建立“科学规范、完整透明”的预算管理体制。四是逐步建立规范的地方政府债务融资机制。研究建立一个以市政债市场为基础的、由中央确定总盘子的市场调控性地方债制度。

2．坚持实施稳健的货币政策

一是继续实行“稳健”的货币政策，并坚持中性操作，为“调结构”创造良好的资金环境，为“稳增长”提供稳定的货币条件。M2增长13%左右，“社会融资总量”增长规模在18万亿元左右，其中人民币信贷增长规模在9万亿元左右。二是继续以数量型工具为主，加快推进金融体制改革增强价格型工具的有效性。三是通过公开市场操作与窗口指导引导货币信贷资金及社会融资规模合理增长，引导商业银行降低信贷资金成本。四是通过窗口指导在保证信贷资金总量合理、稳定增长的同时，加强信贷资金结构调整，“盘活存量”，“用好增量”。

3．切实推动收入分配体制改革，夯实消费增长基础

一是努力深化收入分配改革，尽量减少企业部门和政府部门对居民部门的挤压，同时缩小社会各阶层收入差距，提高居民实际收入，为扩大消费打下坚实基础。二是不断改善民生，完善社会保障体系。扩大社会保障覆盖面，重点关注农民工、小型经济组织成员、社会低收入群体社会保障情况；重视结构性失业问题，鼓励技术教育培训，同时拓宽高校毕业生就业渠道；研究考虑将国有企业上缴的部分红利投入社保基金、养老基金等领域，实现国有资本收益全民共享。三是积极培育扶植养老、医疗、保健等消费业态。尽快促使财政、税收、金融等配套措施积极跟进，积极引入民间资本、境外资本，打造多元化投资体系，建设多层次养老、健康消费市场体系。四是结合“宽带中国”战略、“信息惠民”工程等，促进信息消费发展，打造消费增长新引擎。

4. 大力深化投融资体制改革，增强投资增长动力

一是进一步深化投资体制改革，取消和下放投资审批事项，切实保障企业和个人投资自主权。二是推进融资渠道市场化，为企业投资提供有效率的资金支持。通过发展非银金融和非贷融资来实现金融机构和金融产品的市场化，提高全社会融资效率，切实有效地支持企业投资活动。三是优化政府投资效率，用好政府投资的宏观导向作用。发挥政府投资对技术进步、社会发展的重要推动作用，加强对高新技术产业、科技、教育等方面的投资，促进技术创新和人力资本积累；增加对欠发达地区、农村地区的基础设施、农业现代化、环境治理等公共投资的支出。四是鼓励和引导民间投资健康发展。深入贯彻落实“新非公36条”，拓宽民间投资的领域和范围，促进民间投资持续健康发展，增强投资稳定增长的内生动力。

5. 加快推进自贸区建设，推动进出口稳定增长

一是全面推进上海自贸区建设，不断探索和总结实践过程中的问题与经验。在此基础上，适当增加天津、深圳等地不同规模自贸区试点，不断探索改革新路径，形成可复制、可推广的经验，服务全国发展。二是密切跟踪国际服务贸易协定及重大区域自贸区谈判进程，逐步完善金融、证券、保险、物流等服务业的制度建设，主动适应国际贸易发展的新趋势，积极参与制定新标准和新规则。三是加大对国际大通道内外互联互通建设的协调力度，积极推进陆路“丝绸之路经济带”和“海上丝绸之路”战略，加快落实泛亚铁路大通道建设进程，努力开拓国际经贸合作新领域。四是充分发挥走出去对出口的带动作用，拓展企业出口途径，增强企业国际竞争力。五是抓住国际大宗商品价格下滑的时机，扩大战略性资源进口。提高原油、贵金属等初级产品进口，健全能源、资源储备体系；增加农产品、粮食等商品进口，开展大宗商品直接贸易，提高相关产品国际定价能力。

6. 加快建立房地产市场健康发展的长效机制

当前，完善房地产政策的关键是增加住房持有成本，降低交易环节税费，推动住房回归“居住”的本质属性。一是尽快扩大房产税征收范围，按照人均居住面积征收累进房产税，挤出投机投资房源，增加市场供应量；二是加快推进不动产统一登记制度的实施，挤出部分非自住以及非正当获得的房源；三是增加中小户型、中低价位商品房供应，有效加大保障房供给，满足普通居民的刚性需求；四是降低交易环节税费，切实减轻普通老百姓购房成本。尽快研究制定房地产市

场健康发展的长效机制。

7. 下决心从体制上化解产能过剩问题

认真落实《国务院关于化解产能严重过剩矛盾的指导意见》，通过加快改革解决政府干预和国有企业改革滞后等导致产能过剩的体制性根源。一是改革财税体制，特别是理顺中央与地方之间的利益分配机制，改革政绩考核体制，消除地方政府不当干预企业投资的强烈动机。二是推动金融体制改革，硬化银行预算约束，理顺地方政府与银行的关系。三是加快国有企业改革，国有企业要坚决退出一般竞争性领域，确保公平市场竞争，对国有企业采取必要的行政手段淘汰落后产能。四是完善资源性产品价格形成机制，减少通过转嫁资源成本获益的项目上马。五是改革现有的环境保护体制，防止地方政府以牺牲环境为代价吸引资本流入，鼓励社会公众广泛监督。

8. 积极防范和化解地方债务风险

一是尽快建立地方政府债券发行制度，允许地方政府合理举债，短期内加大财政部代发地方政府债的力度。二是加大对地方政府融资平台的清理和规范力度。制定统一标准将地方政府融资平台严格限制在基础设施建设等领域。建立信息披露制度，及时将融资平台的资金、负债以及项目效益等公之于众。三是建立有效的偿债机制，地方政府应通过出售、转让或证券化国有资产偿还债务。四是研究中央政府救助地方政府的条件和惩罚措施，包括领导干部政绩考核、中央财政转移支付等，约束地方政府的举债行为。

（作者：国家信息中心）

2013年世界经济形势分析及2014年展望

当前世界经济仍处于金融危机后的缓慢复苏和调整期。2013年年初以来，虽然发达国家复苏势头有所加快，但由于占世界经济总量近50%的发展中国家（按购买力平价计算）经济增长速度明显下降，致使世界经济仍然呈现低速增长。2014年世界经济将延续缓慢复苏的基本态势，其中受发达国家经济政策溢出效应影响，加之自身的脆弱性，新兴经济体增长速度下行风险仍较为突出。受此影响，国际贸易量将低速增长，全球大宗商品价格将稳中趋降。

一、2013年世界经济继续缓慢复苏

1．经济增长势头“一升一降”

2013年年初以来，发达国家经济改变了前两年的低迷状态，复苏速度有所加快，新兴经济体增长态势则明显减弱，全年经济增速被大幅下调。两者间的分化趋势在三季度进一步加大。2013年9月3日，OECD报告称，美国、加拿大、日本经济扩张加速，2013年增长率有望在1.5%～2%之间。欧元区三国（德国、法国、意大利）近期复苏势头加快，年增长率可达0.4%。同时，OECD国家先行指数7月份升至100.7，创2011年5月以来新高，且制造业持续扩张，美日PMI指数均达到两年多高位。新兴经济体增长则持续放缓，以“金砖五国”和印尼为代表的新兴大国整体经济增速明显下降。衡量新兴市场增长前景的汇丰新兴市场指数7月份一度降至收缩区间，8月份也仅略高于50的荣枯分界线。

2．物价水平“一低一高”

受内部有效需求不足和国际大宗商品价格相对平稳等影响，美国、欧元区通胀基本保持在2%的目标范围内，日本物价终止下跌步伐，但涨幅有限。新兴经济体因经济结构性问题、国内外宽松货币环境和汇率等综合因素影响，通胀高企。巴西、俄罗斯消费物价在6%～7%的高位附近波动，印度物价连续8个月以两位数的速度上涨。

3．国际资本流动“一进一出”

2013年年初以来，受发达国家近来稳健的复苏态势及美联储政策调整预期升温影响，国际短期资本继续从新兴经济体向发达国家回流。据EPFR数据，2013年三季度全球新兴市场股票基金继二季度后继续大幅“失血”，而美国、日本、欧洲等发达市场资金流入明显。三季度新兴市场股票和基金市场净流出资金121亿美元，其中亚洲（除日本外）、拉美、中东非洲和欧洲新兴市场净流出资金分别为92亿美元、28亿美元和15亿美元。

二、发达国家经济形势和抗风险能力总体上好于新兴经济体

1．发达国家经济结构调整取得积极进展，新兴经济体发展转型相对滞后

金融危机后，发达国家率先启动新一轮经济调整。除经历持续的“去杠杆化”外，欧美等国还提出了“再工业化”等结构性调整目标。目前看，发达国家经济调整效果初显。美国、日本私人消费重新启动，房地产市场持续复苏，欧元区出口竞争力回升，制造业PMI、工业产能利用率等指标均较上年同期有明显改善。相比之下，新兴经济体由于在危机后经济快速实现了反弹，原有经济增长模式的惯性使结构调整进程明显受到延滞。巴西、俄罗斯依然对大宗商品出口高度依赖；印度、印尼等国贸易和财政“双赤字”问题严重。在海外需求不振、资本流入逆转的背景下，这些经济体结构性矛盾凸显，导致经济增长乏力，风险上升。

2．发达国家系统性金融风险明显减少，新兴经济体银行业隐患不断增加

金融危机和债务危机对美欧等发达国家带来严重冲击，迫使这些国家构筑起比较稳固的风险防范体系。危机后，发达国家普遍通过加强金融监管和优化金融系统资产结构等措施维护金融稳定。2013年以来，美国银行业利润持续回升，亏损银行数量稳步下降①，欧元区银行业资金紧张状况也明显缓解。相比之下，新兴经济体由于缺乏完善的金融监管制度，金融体系在经济增长放缓和资本外流冲击下更显脆弱：经常账户逆差和财政赤字上升，不仅导致债务融资难度加大和主权债务违约风险上升，而且银行系统风险也不断暴露②。

---

① 2013年二季度，美国联邦储蓄保险公司承保的6940家银行中超过半数实现了利润同比增长，仅8.3%的银行出现净亏损，低于上年同期的11.3%。

② 彭博数据显示，2013年上半年印度银行业的不良贷款率已上涨至3.92%，创近5年来的新高。俄罗斯、南非银行业前景也遭到标准普尔、穆迪等国际评级机构预警。

3．发达国家在国际市场上占据支配地位，其政策溢出效应对新兴经济体影响显著

当今国际金融市场仍是不完全竞争市场，发达国家占据支配地位，这些国家不仅拥有国际金融产品的定价权，而且以美国为代表的少数国家凭借国际货币发行权的特殊地位和“以我为主”的货币政策，影响世界经济。新兴经济体作为国际金融市场的重要参与方，自身结构比较脆弱，应对能力不足，因而更容易受到伤害。危机后，美联储连续推出三轮量化宽松货币政策，大量廉价资本流入新兴经济体，加大了新兴经济体结构调整和发展转型的难度。政策收紧预期上升后，资本流出又引发了新兴经济体实体经济“失血”，货币急剧贬值等负面冲击，部分新兴经济体陷入了“保增长”与“防风险”的两难境地。

4．发达国家与新兴经济体处于不同发展阶段，结构性问题对经济的掣肘远少于新兴经济体

发达国家产业结构位于国际产业链的高端，拥有比较成熟的经济结构和金融体系，对资本流动的承受能力较强，国际大宗产品价格波动对其影响有限，一些局部的失衡可以通过市场机制自发调节实现再平衡，汇率波动对实体经济的冲击也远小于发展中国家①。相比之下，新兴经济体对外部冲击则表现出明显的脆弱性。新兴经济体处于产业结构和消费结构低端，对国际大宗产品依赖较大，金融体系抗风险能力不足，因受经济结构不合理、传导机制不健全和市场机制不成熟等影响，局部问题比较容易积累成结构性矛盾。当前印度、巴西等国的通胀和汇率风险问题，都是其深层次问题的反映。

三、2014年世界经济将延续缓慢增长的基本态势

1．2014年世界经济增速将与2013年基本持平或略高

以IMF为代表的国际机构推出了《世界经济展望》秋季报告。IMF预计2013年和2014年世界经济将分别增长2.9%和3.6%，比2013年7月份时的预测值分别下调了0.3和0.2个百分点（见表1）。其中，发达国家这两年整体增速预计分别为1.2%和2.0%，均与7月份预测值持平；发展中国家增长率分别为4.5%和

① 2013年日元、澳元对美元最高贬值幅度均在15%以上，高于部分新兴经济体货币贬值幅度，但贬值不仅未对两国经济带来严重冲击，反而有利于出口增长。

5.1%，比 7 月份预测值分别下调了 0.5 和 0.4 个百分点。IMF 同时警告，2014 年世界经济下行风险依然较为突出。

与 IMF 的预测结果相比，一些机构对 2014 年的预测更悲观，认为 2014 年世界经济增长速度可能与 2013 年基本持平：发达经济体难以实现比较强劲的增长，新兴经济体增速可能继续回落，而不像 IMF 所预期的那样出现较明显的反弹。其中认为美国经济增长动力不足、欧元区经济增速持续较低、日本经济增速大幅下降、新兴经济体步履蹒跚。在这种情况下，2014 年全球经济增速可能仍将在 3% 上下徘徊，不会超过 3.5%。

表 1 IMF 对世界经济及主要经济体增长情况的预测值

主要经济体	实际值（%）		预测值（%）	
	2011 年	2012 年	2013 年	2014 年
世界经济	3.9	3.2	2.9	3.6
发达经济体	1.7	1.5	1.2	2.0
美国	1.8	2.8	1.6	2.6
欧元区	1.5	-0.6	-0.4	1.0
日本	-0.6	2.0	2.0	1.2
新兴和发展中经济体	6.2	4.9	4.5	5.1
中国	9.3	7.7	7.6	7.3
印度	6.3	3.2	3.8	5.1
俄罗斯	4.3	3.4	1.5	3.0
巴西	2.7	0.9	2.5	2.5
南非	3.5	2.5	2.0	2.9
世界贸易量	6.1	2.7	2.9	4.9

资 源 2013 10 IMF 经济展

2. 世界贸易量将保持低速增长

国际金融危机之前的 20 年间，世界贸易量年均增长 10%以上。然而，近年来世界贸易量年均增幅低于 5%，主要发达国家的贸易额甚至还没有恢复到 2008 年金融危机前的水平。据 WTO 统计，2012 年世界贸易量增速从 2011 年的 5.2% 剧降至 2%，不仅低于历史平均水平，更低于世界经济增速。IMF 预计，2013 年世界贸易量仍将保持 2.9%左右的低增长，2014 年将恢复至 4.9%左右。世界贸易复苏缓慢主要受全球性有效需求不足、大宗商品价格稳中趋降、国际分工调整导致加工贸易和转口贸易比重下降以及一些国家所推行的贸易保护主义政策影响。与前些年不同的是，随着发达国家和新兴经济体复苏格局的变化，发达国家可能对新兴经济体进一步施压，以促使后者加入相关自贸区谈判为诱饵，迫使其在多哈回合谈判等问题上做出让步。

3．全球大宗产品价格将稳中趋降

在经历了2010年和2011年的反弹后，全球大宗商品价格指数自2012年年初开始回落。截至2013年8月中旬，基本金属价格指数已低于2010年年初的水平，能源和食品价格指数则比2010年年初略高。CRB综合现货指数变化也反映了类似的趋势。

2014年，全球大宗产品价格将稳中回落，但不同类别商品将有所区别：①受中国、印度等新兴经济体需求放缓、地缘政治紧张局势缓和、美元升值预期以及美国能源自给能力提高等因素影响，国际油价将平稳回落。IMF预计，2014年国际油价将在2013年平均105美元/桶的基础上回落至略高于100美元/桶的水平。②受2013年全球异常天气减少、播种面积因前期价格走高而有所增加以及油价下跌导致粮食供给能力增长[①]等因素影响，全球食品价格将出现较大幅度的回落。IMF预计，2014年全球食品价格将在2013年略有上涨的基础上，下降6%左右。③与能源和食品价格相比，基本金属价格与新兴经济体经济增速有着更为密切的相关关系。受近年来全球金属矿大规模开采以及新兴经济体重化工业增速回落影响，基本金属供给明显大于需求，价格将呈较大幅度的回落。IMF预计，2013年和2014年基本金属价格将分别下跌4%和5%左右。

4．发达国家政策外溢效应将使新兴经济体面临风险

随着世界经济增长格局由新兴经济体向发达国家倾斜，2014年世界经济的重要风险源可能向新兴经济体转移，部分新兴经济体甚至存在金融危机的风险，而其始作俑者则是发达国家经济政策的外溢效应。

（1）美国财政和债务问题始终是一个世界性的风险　美国国会虽然在最后期限内就债务上限和政府停摆问题达成协议，但债务问题并没有根本解决，而只

① 近年来，由于大量玉米被作为工业酒精的主要来源，从而使油价与食品价格间存在一定的相关关系。油价上涨时，就会有更多的玉米被用来提炼工业酒精，从而导致包括粮价、肉价等在内的食品价格上涨；反之，粮价和食品价格则会下跌。

是向后拖延了。根据协议，国会将在2014年1月15日前向政府批准预算，并且将债务上限到期时间推迟至2月7日。这无异于为2014年年初美国财政政策的调整埋下了定时炸弹。一旦美国债务上限问题达不成协议，出现国债违约，对世界经济的冲击将不亚于国际金融危机。尽管这种风险出现的可能性较小，但它反映出当今世界经济运行机制仍然比较脆弱，全球经济治理仍处于无政府状态，少数大国不负责任的行为可能对世界经济带来严重影响。

（2）美国缩减量宽政策将对新兴经济体带来更大影响　鉴于自主增长动力不断增强，2013年年初以来美联储已多次释放退出量化宽松政策的信号。市场预计美联储可能会从2013年年底开始缩减量宽规模，并在2014年结束QE3。为防范美联储货币政策调整可能对本地区长期利率造成上行压力，欧洲央行、英国央行纷纷引入利率“前瞻指引”，通过承诺低利率政策的长期化来稳定借贷成本[①]。相比之下，这种政策调整将对新兴经济体的冲击更大。IMF2013年10月9日发布《全球金融风险报告》强调，美国即将缩减量宽政策可能导致新兴经济体面临汇率和金融市场超调风险。据国际金融协会（IIF）预计，2014年流入新兴经济体的私人资本将降至1.11万亿美元，比上年下降近40亿美元。印度、印尼、越南、巴西和南非等国因存在不同程度的财政和贸易赤字，资本外流导致的融资困难加剧，将削弱这些国家经济的抗冲击能力并加大债务风险。而南非、巴西和印尼等资源出口大国因受全球大宗商品需求不足和价格回落等因素影响，面临的风险可能更为突出。

（3）欧洲主权债务风险仍有继续发酵的可能　尽管欧洲经济已经出现了复苏迹象，但缺乏可持续性。欧洲经济能否持续增长取决于如何彻底解决欧债问题（其最彻底的方案仍在于债务重组，但核心国家商业银行不会支持此方案），而欧债危机的彻底解决由于是一个政治问题而非经济问题，因此演进过程必然是错综复杂、一波三折。2014年，匈牙利、马耳他等高杠杆率的国家债务风险比较突出[②]，并可能掀起新一轮债务风波。

（4）日本上调消费税率可能对东亚地区带来一定冲击　由于日本是东亚地

① 对欧元区来说，美联储退出量化宽松（QE）政策，将对欧洲债券市场、外汇市场和股票市场形成负面冲击，延缓甚至中断实体经济脆弱的复苏进程。为此，欧央行不得不承诺采取相应的应对措施。

② 截至2013年一季度，匈牙利和马耳他的政府债务占GDP比重已分别达到82.4%和75.4%，接近塞浦路斯寻求援助时的水平，而且仍呈上升趋势。

区传统的出口市场，日本消费税率上调，不仅对本国消费市场产生明显的抑制作用，对东亚等经济体面向日本的出口也将带来明显冲击。此外，为最大限度减轻消费税上调对日本经济的冲击，日本政府可能会继续采取放任日元贬值的策略。这也会对出口结构与日本相似的东亚经济体带来负面影响，抑制其出口。

四、2014 年“北强南弱”的增长格局仍将持续

1. 2014 年发达经济体经济增速将略快于 2013 年

发达国家这一轮经济增长仍然主要依靠汽车、房地产及个人消费等传统领域带动，这在很大程度上是前几年受到抑制的消费和投资需求的反弹，而创新对经济增长的引领作用仍然不足。同时，居高不下的政府债务以及过度扩张性政策向常态回归等，都将对发达经济体长期增长产生较大的抑制作用。尽管如此，在短期因素的作用下，2014 年发达经济体增速仍将略快于 2013 年，美欧经济增速会有所上升，日本经济增速将明显回落。

（1）美国经济温和复苏的态势有望延续　2013 年前两个季度，在汽车、住房和私人消费等的带动下，美国经济环比折年率分别增长 1.1%和 2.5%，物价指数稳定在 2%以内，失业率降至 7.5%以下。进入四季度，围绕财政赤字和债务上限问题出现的长达 16 天联邦政府“关门”，对经济产生了一定冲击。标普预计，这将导致四季度 GDP 至少下滑 0.6 个百分点（或 240 亿美元）。预计三、四季度美国经济增速会逐季回调，全年温和增长。2014 年，在私人消费、房地产投资等的带动下，美国经济增速有望进一步回升。IMF 预计，2014 年美国经济将增长 2.6%，比 2013 年提高 1 个百分点。

（2）欧洲经济有望实现微弱增长　2013 年第二季度，欧洲经济结束“二次探底”，开始进入恢复性增长阶段。德、法等大国经济表现抢眼，西班牙、意大利经济降幅不断缩小。除希腊等个别国家外，其他深陷债务危机的外围国家几乎都出现了复苏迹象。从三季度的情况看，欧元区经济信心指数、制造业 PMI 等先行指标持续改善，失业率出现缓慢回落迹象。虽然德国经济基本面依然良好为欧元区经济改善提供了支撑，但希腊、西班牙、意大利等国债务负担仍十分沉重，政府减赤压力巨大，重债国疲弱的经济态势将抑制整体经济回升力度。预计 2014 年欧盟经济有望实现 1%左右的增长，增速可能不及 IMF 预期的 1.3%。

（3）日本经济快速回升势头难以持续　2013 年上半年，在安倍经济学带动

下，日本经济出现了久违的“高增长”。前两季度 GDP 折年率分别增长 4.1%和 3.8%。但是，由于作为安倍经济学“第三支柱”的“新经济增长战略”难以触及深层次的结构性问题，“安倍经济学”充其量也不过是一次名不副实的经济刺激政策，日本经济前景并不被看好。对 2014 年经济影响最大的莫过于将于 2013 年 4 月份新财年伊始推出的上调消费税率政策。届时，消费税率将由目前的 5%提升至 8%[①]。据日本政府测算，消费税上调 1 个百分点，经济增长率将下降 0.5 个百分点。消费税率上调除下拉经济增速外，还将推升物价[②]。尽管为缓解冲击，日本政府拟出台 5 万亿日元经济对策方案，并承诺继续采取超宽松的货币政策，但前景仍不容乐观。受上述因素影响，2014 年日本经济将从 2013 年的 2%以上明显减速。在不出现大的风险的情况下，增长率可能在 1%左右。

2．2014 年新兴经济体仍将保持弱增长势头

2012 年以来，新兴经济体增速普遍下滑，巴西和印度等少数经济体甚至出现了“硬着陆”。进入 2013 年，新兴经济体增速继续回落。二季度，印度经济增速进一步下滑至 4.4%，为 2009 年以来的最低水平。俄罗斯第三季度经济接近零增长，全年增速将低于 1.8%的预期。前几年表现较好的印尼，第二季度经济增长率为 5.8%，连续 4 个季度下滑。部分新兴经济体面临着与亚洲金融危机时相似的问题：经常账户赤字和财政赤字问题比较突出。巴西、印度、印尼、南非和土耳其等国经常账户不断恶化，从而不得不依靠短期外资来支撑经常账户赤字。同时，这些新兴经济体也面临着财政赤字扩大、通货膨胀高企、企业债务上升等问题。当外资流入开始逆转，这些国家的货币大幅贬值。为了遏制外资流出，除直接在外汇市场上进行干预外，不得不提高利率。2013 年以来，印尼、巴西和印度等国多次加息[③]，高利率在抑制投资和消费需求的同时，也使经济增速进一步下滑。

虽然从长期看，新兴经济体增长潜力较大，仍将是世界经济增长的重要动力，

---

① 1997 年日本消费税率由 3%增至 5%，是导致当年经济衰退和亚洲金融危机恶化的直接原因。

② 日本央行预测，将推动 2014 财年消费物价同比增长 3.3%，超出 2%的目标。

③ 截至 2013 年 10 月初，巴西已 5 次加息，累计加息幅度达 225 个基点；印度央行除分别上调边际贷款工具利率和银行利率外，也于 9 月份宣布 2011 年以来的首次加息；自 6 月份以来，印尼已四次加息，基准利率高达 7.25%，为 4 年来的最高点。

但从中期看，新兴经济体的调整期才刚刚开始，预计调整将经历 3～5 年的时间。这期间，新兴经济体前景并不被看好。IMF 预计 2014 年新兴经济体增速为 5.1%，比 2013 年提高 0.6 个百分点，实际增速也许更为悲观。

（作者：张亚雄 伞锋）

2013年财政收支分析及2014年展望

2013年，受国内经济环境复杂多变的影响，财政收支压力明显加大，中央坚持稳中求进的工作总基调，继续实施积极的财政政策和稳健的货币政策，实现了经济的平稳增长，财政收支可以完成年度预算。2014年要继续以提高经济增长质量和效益为中心，继续实行积极的财政政策，适当扩大财政赤字和国债规模，进一步完善结构性减税政策，进一步调整财政支出结构，着力保障和改善民生，同时，进一步深化财税改革，促进经济转型升级，增强经济内生增长动力。

一、2013年财政收支形势分析及全年预测

1．财政收入同比增速小幅回落

2013年1～11月份，全国财政收入119650.4亿元，完成预算的94.5%，同比增长9.9%，比上年同期回落2.0个百分点。其中，中央财政收入57082.9亿元，完成预算的95.0%，同比增长6.5%，比上年同期回落1.2个百分点；地方财政收入（本级）62567.5亿元，完成预算的94.0%，同比增长13.1%，比上年同期回落3.2个百分点。财政收入中的税收收入102876.82亿元，完成预算的94.2%，同比增长10.0%，比上年同期提高0.2个百分点。

2013年1～11月份全国财政收入形势有以下特点：

（1）全国财政收入、中央财政收入增速逐季回升，地方财政收入累计增幅高于中央　2013年1～11月份，全国财政收入个位数增长，中央财政收入增速更低，但增幅呈逐季回升。全国财政收入前三个季度分别增长6.9%、8.1%和11.2%。其中，受经济逐步回暖、贸易形势好转以及一些一次性收入缴库、退库不可比等特殊因素影响，中央财政收入从一季度下降0.2%，二季度增长3.1%，大幅上升至三季度增长11.6%，10月、11月当月分别增长16.9%和16.7%。如扣除上述特殊因素，7～11月份中央财政收入增长7%左右；受上半年房地产市场成交额大幅增加，带动相关地方税收增加影响，地方收入增长逐季小幅回落，前三个季度分别增长13.7%、13.5%和10.8%，10月、11月当月分别增长15.5%和15.3%，累计

增长13.1%。如扣除房地产营业税、房地产企业所得税、契税、土地增值税等四项与房地产交易直接相关的增收因素后，1～11月份地方本级财政收入增长7%左右。

（2）税收收入增速略高于上年同期，非税收入增速大幅回落 2013年1～11月份，税收收入102876.82亿元，完成预算的94.2%，同比增长10.0%，比上年同期提高0.2个百分点。其中，受交通运输业和部分现代服务业实施“营改增”改革、2012年同期增值税增速较低及电信设备、电力、汽车行业增值税收入增长较快的影响，国内增值税实现收入25771.73亿元，同比增长9.0%，比上年同期加快2.0个百分点；受工资薪金所得税、劳务报酬所得税、财产转让所得税较快增长及上年同期个人所得税负增长的影响，国内个人所得税实现收入5978.37元，同比增长11.4%，比上年同期加快16.7个百分点；受股票市场交易活跃、汽车销量增长较快、商品房成交放量的影响，证券交易印花税、车辆购置税和契税同比增长49.6%、15.3%和35.7%，分别比上年同期加快81.4个百分点、4.1个百分点和34.1个百分点。

2013年1～11月份，受2013年取消和免征了一批行政事业性收费、清缴石油特别收益金减少及2012年同期基数较高的影响，非税收入15351.61亿元，同比增长9.3%，比上年同期回落17.7个百分点。

（3）国内消费税、房地产保有环节税收和进口环节税收增幅回落较大 受中央控制三公消费影响，国内高档烟酒消费明显萎缩，使得相关消费税收入增速放缓；受经济增速放缓影响，商用车增速明显放缓，柴油使用量增速放缓，使得成品油消费税增速大幅回落；2013年1～11月份，国内消费税实现收入7681.59亿元，同比增长4.5%，比上年同期回落7.1个百分点。

受房产税有关优惠政策及土地购置面积负增长影响，房地产保有环节税收收入增幅有较大回落。2013年1～11月份，房地产税、城镇土地使用税同比分别增长15.0%和12.9%，分别比上年同期回落9.1个百分点和12.7个百分点。

2013年1～11月份，一般贸易进口额同比增长8.1%，比上年同期加快6.4个百分点。但由于进口商品结构发生明显变化，大排量汽车等高税率产品相对减少；黄金等法定免税商品不缴纳进口货物增值税、消费税；人民币汇率持续上升，造成进口税收税基缩小、收入减少；关税同比下降，使得进口增值税、消费税税基缩小。2013年1～11月份，进口货物增值税、消费税实现收入12471.01亿元，同比下降 6.7%，比上年同期增速回落 8.7 个百分点。关税实现收入 2354.96 亿元，同比下降 6.9%，比上年回落 9.4 个百分点。

受“营改增”改革影响，交通运输业和部分现代服务业营业税收入大幅下降，2013 年 1～11 月份，营业税实现收入 15716.04 亿元，同比增长 9.9%，比上年同期增速回落 4.3 个百分点。

尽管受经济增速回落、价格低迷和结构调整影响，钢坯钢材、煤炭、有色金属等行业企业所得税同比下降幅度较大，但工业企业利润增速比上年同期明显恢复，房地产和建筑业企业、电力企业所得税实现较快增长，2013 年 1～11 月份，企业所得税实现收入 23105.02 亿元，同比增长 15.1%，比上年同期增速仅回落 0.8 个百分点。

（4）地区间财政收入增幅差异较大，大多数地区收入增幅有所下降　2013 年 1～11 月份，31 个省（自治区、直辖市）中，收入增幅在 10%以下的有上海、辽宁、河北、重庆、内蒙古等 5 个地区，10%～20%的有广东、江苏、北京等 25 个地区，20%以上的只有福建 1 个地区。与上年同期相比，收入增幅下降的有贵州、江西、新疆等 26 个地区。

随着二季度末以来出台的各项稳增长政策措施的落实到位并持续发挥作用，美国、日本、欧盟等发达经济体经济延续三季度的回升势头，国内外经济环境趋于改善，加上基数因素对中央财政收入增长起正向拉动作用，中央财政收入累计增幅逐步提高，有望完成年度 7%的预算目标。初步预测，2013 年财政收入将增长 8.5%左右，达到 127220 亿元左右。

2. 财政支出增速大幅回落

2013 年 1～11 月份累计，全国公共财政支出 114697.21 亿元，完成预算的 83.0%，同比增长 9.3%，比上年同期回落 8.6 个百分点。其中，中央财政本级支出 17745.7 亿元，完成预算的 87.8%，同比增长 4.7%，比上年同期回落 11.1 个百分点；地方财政支出 96951.51 亿元，完成预算的 82.5%，同比增长 10.2%，比上年同期回落 8.1 个百分点。

2013 年 1～11 月份财政支出主要项目增长情况如下：

（1）教育支出 17135.8 亿元，增长 4.5%，完成预算的 74.4%　重点支持学前教育加快发展，进一步提高农村义务教育经费保障水平，支持改善普通高中办学条件，加强职业教育基础能力建设，支持实施“985工程”、“2011计划”。

（2）科学技术支出3816.59亿元，增长11.2%，完成预算的77.8% 通过“863计划”、国家科技支撑计划、公益性行业科研专项等，重点支持前沿技术研究、社会公益研究和重大共性关键技术研究，推进区域科技创新公共服务能力建设，促进创新驱动发展。

（3）文化体育与传媒支出1689.14亿元，增长9.9%，完成预算的74.1% 重点推进博物馆等公益性文化设施免费开放，加强基层公共文化服务体系建设，强化重点媒体国际传播能力建设，支持文化产业发展，加强全民健身设施建设。

（4）医疗卫生支出6833.44亿元，增长13.4%，完成预算的83.9% 重点提高新型农村合作医疗和城镇居民基本医疗保险的财政补助标准，扩大城乡居民大病保险试点，提高城乡居民基本公共卫生服务经费标准，扩大城乡医疗救助范围。

（5）社会保障和就业支出12560.84亿元，增长13.3%，完成预算的88.0% 重点提高企业退休人员基本养老金水平，适当提高城乡居民最低生活保障水平，调整优抚对象等人员抚恤和生活补助标准，加大就业政策扶持力度。

（6）住房保障支出3639.73亿元，同比下降1.3%，完成预算的77.7% 重点向公共租赁住房、棚户区改造倾斜。由于在2012年预算执行中增加了对城镇保障性安居工程和配套基础设施建设以及农村危房改造的投入，2013年保障性安居工程建设任务量减少，住房保障支出增速出现下降。

（7）农林水事务支出10258.36亿元，同比增长8.1%，完成预算的77.2% 重点加强中小河流治理、小型病险水库除险加固和山洪灾害防治。扩大农业保险保费补贴覆盖范围，适当提高部分险种补贴比例。实施种业等重大农业科技工程，推广防灾减灾稳产增产关键技术。增加农业综合开发投入，继续改造中低产田、建设高标准农田，加快中型灌区节水配套改造。支持贫困地区培育特色优势产业。

（8）节能环保支出2464.11亿元，同比增长14.1%，完成预算的75.0% 重点加大对大气污染治理的支持力度，推进重点节能工程建设，推广先进环保产品，推动重点流域水污染防治、污水管网建设及设施运行，开展重金属污染综合防治示范，启动新一轮农村环境集中连片整治，支持新能源汽车科技研发和产业化发展，加快发展新能源、可再生能源和清洁能源。

分季度看，财政支出增速逐季回落，第一季度增长12.1%，第二季度增长9.7%，第三季度增长5.3%。2013年1～11月，全国财政支出只完成预算的83.0%，低于

2012 年同期 84.4%的水平。特别是教育、科学技术、文化体育与传媒、节能环保、农林水事务和住房保障支出等方面的支出进度还低于平均水平，12 月要加大这些方面的支持力度。初步预测，第四季度财政支出增幅将高于 1～11 月的水平，全年财政支出增长 10.5%左右，达到 139220 亿元左右。

二、2014 年财政收支走势初步判断

1．2014 年国内外经济环境分析

（1）国际经济环境总体趋于改善　2014 年，世界经济将逐步走出国际金融危机的阴影，但仍处于政策刺激下的脆弱复苏阶段。发达国家率先启动新一轮经济结构调整的效果将进一步显现，美国、日本、欧盟等发达经济体的经济形势将进一步好转，美国经济复苏势头较为稳固，家庭部门去杠杆化基本完成，出现了新制造业、新能源、新一代信息和网络技术、生物医药等新的增长点，房地产和就业市场持续向好，但美国政府债务上限问题、美联储退出量化宽松政策（QE）的走向是影响全球经济走势最大的不确定性因素；欧元区挣出了债务危机的衰退泥潭，经济趋于好转但增长依然缓慢，尤其是金融部门去杠杆化和劳动力市场调整还在进行中，重债国还存在诸多风险隐患；日本经济因政策刺激出现反弹，可持续性有待观察，提高消费税的影响也需关注。与此同时，新兴经济体内部增长动能疲弱、结构性矛盾突出的问题继续存在，部分新兴经济体经济下行压力依然较大，尤其是美联储逐步退出 QE 将使一些基本面较为脆弱、风险积累较多的国家面临资本流出加速、金融市场波动加大的风险。根据 IMF2013 年 10 月的预测，2014 年全球经济增速为 3.6%，比 2013 年提高 0.7 个百分点。其中，发达经济体增速为 2.0%，比 2013 年提高 0.8 个百分点；新兴经济体增速为 5.1%，比 2013 年提高 0.6 个百分点。

2014 年，受世界经济低速复苏及低端制造业向外转移的影响，发达国家需求回升对我国出口拉动有限，而新兴经济体增速下滑对我国出口将带来不利影响。同时，受美联储逐步退出 QE 的影响，我国吸引外资难度加大，外资流入将进一步放缓。但也要看到，世界经济低速复苏特别是新兴经济体减速，将推动国际市场大宗初级产品价格稳中趋降，有助于降低我国进口成本，并减轻输入性通胀压力。

（2）稳增长的基础条件依然具备　经过多年的快速发展，我国经济增长由

高速转为中高速，处于增长速度换挡期、结构调整阵痛期和前期刺激政策消化期的叠加阶段，出现了劳动力成本上升、传统产业产能严重过剩、资源环境约束加剧、财政金融风险积聚、房地产市场分化、企业生产经营困难、财政收入减缓等诸多矛盾和问题。这些突出矛盾和风险是自主创新不足、体制机制改革滞后的结果，是新经济增长动力不足的表现。这些问题如果处理不好，不仅会影响短期经济增长，也会降低潜在经济增长水平，影响中长期经济发展。

与此同时，我国经济发展仍然处于重要的战略机遇期，十八届三中全会将会对我国未来改革路线图、时间表做出全面部署，在财政、金融、行政、价格、城镇化等领域改革步伐加快，这将极大地激发经济社会发展的动力和活力，调动企业尤其是民营的经济积极性，释放制度改革红利。在创新驱动发展战略的指导下，在经济结构转型升级的倒逼下，部分企业积极进行技术升级，加大研发投入，科技创新能力将逐步提高。国内需求扩大和供给改善潜力巨大，工业化、信息化、城镇化和农业现代化推进，产业升级和区域间转移、居民消费结构升级和服务业的发展仍将为我国经济增长提供动力。

综合分析国内外需求状况，笔者认为，2014年我国经济仍面临着需求增长存在较多制约，企业生产经营和转型比较困难，结构调整任务非常艰巨等诸多挑战，但也有保持相对较快增长的潜力和空间。我们要坚持以提高经济发展的质量和效益为中心，着力深化改革开放，发挥市场对资源配置的决定性作用，增强经济发展的动力，同时保持宏观调控政策的基本稳定，我国经济仍将保持7.5%左右的增长，CPI上涨3.2%左右。

2．2014年财政收入增速将与2013年基本持平

2014年，经济增速略有回落，价格涨幅小幅回升，企业经济效益难有明显改观，结构性减税力度有所加大，财政收入增速将略低于上年水平。

（1）国内增值税增长将有所回升　增值税的税基大体相当于工业增加值和商业增加值。初步预计，2014年工业增加值将增长9.3%左右，较2013年9.6%左右的增速回落0.3个百分点。工业品出厂价格指数PPI从2013年下降2.0%左右收窄到2014年下降0.5%左右，工业增加值的名义增速回升幅度在1.2个百分点左右，与工业增加值有关的增值税增速将出现小幅回升。2014年，社会消费品零售总额增速在13%左右，与2013年持平，与此相关的商业增值税增速也将基本持平。同时，营业税改增值税的试点行业将进一步扩大，将扩大增值税的税基。

（2）国内消费税增速难有明显起色　消费税的税基是烟、酒、汽车、成品油等 14 类特定商品的销售额或销量。2014 年，汽车、成品油销量难以出现大幅增长，相关税收同比增幅难有明显起色；随着经济增速和物价水平的回稳，高档烟酒及贵重首饰的消费税将逐步回稳；国家将对部分严重污染环境、过度消耗资源的产品及部分高档消费品征收消费税，并调整消费税征收环节和税率，这一政策调整对消费税有拉动作用。

（3）营业税收入增长将出现回落　营业税的税基是交通运输业、建筑业、金融保险业、邮电通信业、文化体育业、娱乐业、服务业、转让无形资产和销售不动产等 9 个行业取得的营业收入。2014 年，营改增试点将扩大到铁路运输和邮电通信业，相关税收将明显减少。国家房地产调控政策难以放松，在目前房地产市场出现分化，商品房销售面积和销售额难以出现超预期的增长，房地产营业税增速也难以出现超预期的增长。根据我们的预测，2014 年房地产投资增速在 15%左右，比 2013 年回落 3.5 个百分点，建筑业营业税增速也将有所回落。由于货币政策继续保持稳健，银行信贷增速将继续保持在较低水平，金融保险业营业税增速不会明显反弹。

（4）所得税增速将保持平稳　企业所得税的税基是企业利润总额，个人所得税的税基是个人收入。2014 年，工业增速小幅回落，企业成本仍将居高不下，工业企业利润增长难以明显回升，工业企业所得税增速也将低位运行；房地产市场活跃度将有所下降，房地产企业所得税收入难以出现大幅增长；由于城乡居民收入不会出现快速增长，个人所得税增速将保持平稳。

（5）进口税收增幅波动幅度有限　关税和进口环节税的税基是一般贸易进口额。2014 年，国内经济增速将略有回落，一般贸易进口额的增速波动幅度将有限，进口税收增幅波动也将有限。

综合以上因素，并考虑到 2014 年政府将进一步推进资源税改革，加强对税收优惠政策特别是区域税收优惠政策的规范管理。初步预测 2014 年财政收入将增长 8.5%左右，达到 138034 亿元左右。

3．2014 年财政支出增幅将低于 2013 年

2014 年，为了保持经济在合理区间运行，着力推进经济转型升级，切实保障和改善民生，加快构建有利于稳增长、调结构、惠民生的长效机制，增强经济发展的内生动力和后劲，财政支出仍需要保持一定增长。

（1）继续实施积极的财政政策，保持合理的政府投资规模 2014年，为了保持经济在合理区间运行，国家将继续实施积极的财政政策，进一步发挥政府投资的引导带动作用，优先完成在建项目，加大投入紧迫、短缺的行业和领域。

（2）保持“三农”投入，强化农业基础地位 2014年，国家要启动新一轮退耕还林，加强湿地保护。继续加强农田水利建设，支持生态友好型农业发展。支持重金属污染耕地修复和地下水超采漏斗区耕地治理。发挥财政促进金融支农的积极作用。

（3）继续增加投入，坚持保障和改善民生 2014年，国家将进一步支持农村学前教育发展，加强贫困、边远、民族地区农村义务教育；大力推进医保支付方式改革，扩大城乡居民大病保险试点，推动建立疾病应急救助制度；完善以低保制度为核心的社会救助体系，适时提高优抚人员补助标准；继续推进保障性安居工程建设，进一步完善扩大就业的财税政策。

（4）推进经济转型升级，促进经济发展方式转变 2014年，国家将落实和完善财税扶持政策，支持实施“宽带中国”战略，落实完善支持养老服务业、健康服务业发展，推动环保产业发展；落实和完善促进中小企业发展和民间投资的财税优惠政策，推动技术创新和企业投资；引导和支持企业技术改造和兼并重组，加快淘汰落后产能和抑制产能过剩。

综合考虑以上因素，初步预测2014年财政支出增长9.2%左右，达到152034亿元左右。

三、2014年财政政策取向分析

2014年要继续以提高经济增长质量和效益为中心，继续实行积极的财政政策，适当扩大财政赤字和国债规模，进一步完善结构性减税政策，进一步的调整财政支出结构，着力保障和改善民生，同时，进一步深化财税改革，促进经济转型升级，增强经济内生增长动力。

1. 适当扩大财政赤字和国债规模，保持必要的调控能力

2014年，为了稳增长、调结构、促改革和惠民生，国家将继续加大对城乡基础设施等重点建设项目、“三农”、教育、科技、医疗卫生、社会保障和就业、环境保护和节能环保等经济社会发展薄弱环节的投入，进一步加大对民族地区、边疆地区的支持，初步预测，财政收支差额在14000亿元左右。建议2014年，中央财政赤字规模安排9000亿元，比2013年增加1000亿元；中央代地方发行

5000 亿元国债，比 2013 年增加 1000 亿元。全国财政赤字规模增加到 14000 亿元。

2．进一步调整财政支出结构，着力保障和改善民生

一是保持政府投资规模的合理增长。加大对棚户区改造、中西部地区铁路、城市管网改造等在建项目的资金支持力度；积极推进一批既利当前、又利长远的带动性强的“十二五”重大项目开工建设，加大国家预算内资金的支持力度。二是严格控制对高耗能、高排放行业和产能过剩行业的投资，严格控制新的一般性的地方政府投资项目的开工，切实防范地方债务和地方政府融资平台的风险累积。三是切实落实鼓励引导民间投资的财税、金融政策措施，全面开放民间资本进入领域，进一步提高民间资本在投资中的比重。四是积极培育新的消费热点，支持实施“宽带中国”战略，推动信息惠民工程建设，积极培育扶植信息、养老、健康等新型消费业态。五是继续加大对教育、医疗卫生、社会保障和就业、文化、保障性住房等方面的支持力度，加快构筑社会保障网。六是综合运用税收、信贷、利息优惠政策，实施战略性新兴产业重大工程，支持产业创新和创新成果产业化。

3．进一步深化财税改革，促进经济转型升级

2014 年，是新一轮财税改革的元年，要大力深化和推进财税改革，为经济转型升级提供新动力。一是在进一步理顺中央和地方事权关系的基础上，出台并实施财政转移支付的意见，加强中央和地方政府转移支付的清理和整合。二是进一步推进和完善营改增试点改革，完善消费税制度，积极推进房地产税改革，加快煤炭资源税从价计征改革，推进城市维护建设税改革。三是稳步推进收入分配改革，提高城乡居民特别是中低收入者收入，以逐步增加居民收入和扩大消费。四是逐步建立规范的地方政府债务融资机制。规范地方政府举债权限，对地方政府性债务实行限额管理，逐步将地方政府债务性收支分类纳入预算管理。在此基础上，建立一个以市政债市场为基础的，采取由中央确定总规模的市场调控性地方债制度，正式启动省级和县级政府在公开市场捆绑发放地方债，市级政府独立发行市政债。继续发展政策性金融为基础设施建设筹资。五是逐步完善全口径预算制度，将公共预算、政府性基金预算、国有资本经营预算、社会保障预算和债务预算等政府全部收入统一纳入预算管理，让政府收支能够充分接受人大和公众的监督审查，从而提高预算质量。

（作者：王远鸿）

2013年金融形势分析及2014年展望

2013年稳健的货币政策坚持中性取向，以公开市场操作为主要政策工具，6月份“钱荒”成为全年金融运行的分水岭。2014年金融运行与金融调控面临保持宏观经济运行在合理区间、房价高企和区域分化、美联储退出QE冲击跨境资金流动、社会资金成本上升、人民币汇率超调等问题。金融调控应坚持上下限区间管理的思路，把握好稳增长、调结构、促改革、防风险的平衡点，继续实行稳健的货币政策，坚持中性操作，主要依靠数量型工具，积极引导商业银行降低信贷资金成本。

除常规操作外，监管层还进一步规范银行理财，稽查银行间债市，加强外汇资金流入管理，全面放开金融机构贷款利率管制。2013年7月1日，国务院办公厅发布《关于金融支持经济结构调整和转型升级的指导意见》，对金融政策支持“调结构”进行了全方面的部署。总体来看，金融调控主要围绕防风险、调结构、促改革发力。

一、6月份“钱荒”成为2013年金融运行的分水岭

2013年6月底，受多重因素影响，银行间市场遽然紧张，货币市场利率飙升。面对银行间短期资金面紧张，央行采取拒绝放水的强硬态度，借以给商业银行警示与教训，迫使其强化流动性管理，倒逼银行控制资产规模过快扩张。以6月份“钱荒”为界，金融运行呈“前松后紧”的格局。

1. 社会流动性供应先松后紧

2013年1～5月份，广义货币M2余额增速一直维持在15%～16%的高水平，狭义货币M1余额增速保持10%以上的快速增长；各月社会融资规模持续高于上年同期，前5月累计9.12万亿元，比上年同期多3.12万亿元。2013年6月底，银行“钱荒” 爆发后，货币供应量与社会融资规模增势放缓。M2余额增速跌破15%，M1余额增速则跌至10%以下。2013年11月末，M2余额同比增长14.2%，比5月末低1.6个百分点，比上年同期高0.3个百分点；M1余额同比增长9.4%，比5月末低1.9个百分点，但比上年同期高3.9个百分点。社会融资规模月度值

低于上年同期，2013 年 6～11 月份累计达 6.9 万亿元，同比少 1.2 万亿元。预计年末 M2 增长约 14%，高于年初预定的 13%增长目标 1 个百分点，全年社会融资规模约 17 万亿元（见图 1）。

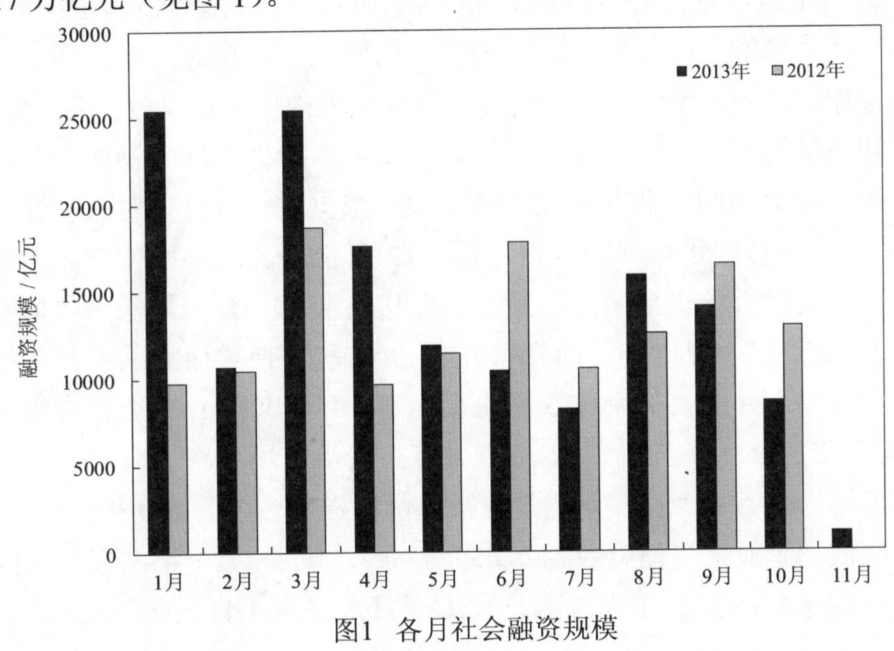

图1 各月社会融资规模

2．社会融资由表外融资和债券融资转向表内信贷

2013 年前 5 个月，社会融资中，表外融资（信托贷款、委托贷款及未贴现的银行承兑汇票三项合计）和企业债券净融资增长显著，表外融资累计 2.8 万亿元，同比多 1.87 万亿元，企业债券融资累计 1.18 万亿元，同比多 5550 亿元，两者合计占社会融资规模 43.8%，比上年同期高 17.6 个百分点。而同期人民币贷款累计新增 4.22 万亿元，仅同比多增 2811 亿元。

2013 年 6 月份以来，银行体系流动性趋紧，金融市场利率走高，导致企业发债与票据贴现困难，加之监管层频频公开警示商业银行同业业务风险，影子银行及银行同业业务活动受到抑制，表外融资增势明显趋降。2013 年 6～11 月份，表外融资累计 1.6 万亿元，同比少 3455 亿元，企业债券融资仅 5892 亿元，同比少 8245 亿元，两者合计占社会融资规模 31.6%，比上年同期低 9.7 个百分点。人民币贷款发力，7 月份以来各月持续同比多增，社会融资出现回归表内信贷的倾向。2013 年 6～11 月份，人民币贷款累计增加 4.2 万亿元，同比多增 3791 亿元，占社会融资规模的比重上升到 60.5%，比上年同期和前 5 个月分别提高 13.6 个百分点和 14.2 个百分点。预计全年人民币贷款增长约 9 万亿元。

3．金融市场利率水平抬升

2013 年前 5 个月货币市场利率总体平稳，6 月份银行“钱荒” 期间出现飙升，6 月 20 日上海银行间隔夜拆放利率（SHIBOR）达到史无前例的 13.44%。央行在强调坚持“稳健”政策取向、拒绝放水的同时，也及时发布声明、适时调整公开市场操作、向一些符合宏观审慎要求的金融机构提供流动性支持，受此影响，货币市场利率迅速回落。但下半年央行公开市场维持“中性”操作：2013 年 7～10 月份，采取短期逆回购和对到期 3 年期央行票据进行续作，对流动性“投短锁长”，在 11 月份持续进行逆回购操作后，12 月份公开市场操作暂停。央行坚持不“放水”使货币市场资金面持续紧张，在 9 月末、12 月末等季末“时点”，市场资金面承压严重。11 月份银行间市场同业拆借和质押式债券回购月加权平均利率均为 4.12%（见图 2），分别比 5 月份高 1.2 个百分点和 1.11 个百分点，分别比上年同期高 1.55 个百分点和 1.57 个百分点。货币市场利率上升也传导至票据市场和债券市场。11 月底“长三角”票据贴现价格指数较 5 月底上升 46.3%。国债、政策性金融债、企业债等债券收益率水平上行。11 月末，1 年期银行间固定利率国债和企业债（AAA）到期收益率分别比 5 月末提高 1.11 个百分点和 2.18 个百分点。

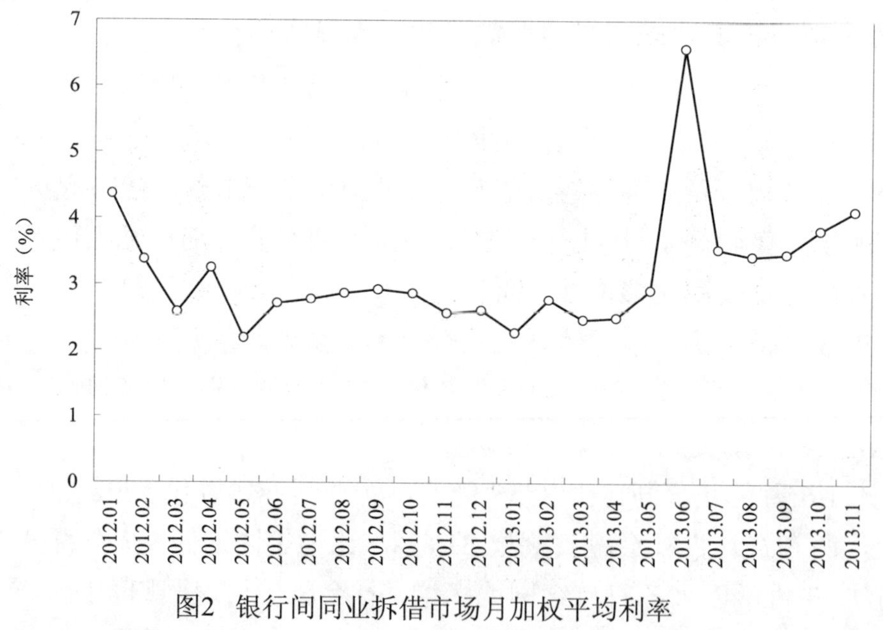

图2 银行间同业拆借市场月加权平均利率

4．外汇资金流入波动较大

由于预期美联储年内退出量化宽松（QE）政策，2013 年二、三季度国际短期资本加速从新兴经济体撤出。美国新兴市场基金投资研究公司（EPFR）的数据显示，全球新兴市场股票基金 2013 年二、三季度出现连续两个季度资金净流出，为 2011 年下半年以来首次。资本外流导致印度、巴西、南非、印尼等新兴经济体股市大幅下挫、本币汇率大幅贬值。直到 2013 年 9 月份美联储意外宣布维持 QE 政策不变后，新兴经济体“失血”状况才有所改善。

2013 年前 4 个月，我国外汇资金流入压力较大，银行代客结售汇顺差规模大幅高于上年同期。受国际短期资本撤出新兴经济体与 5 月份国家外汇管理局发布 20 号文抑制境内企业通过虚假贸易方式进行外汇套利等内外因素影响，2013 年二、三季度，外汇资金流入压力减轻，银行结售汇顺差规模持续缩小。2013 年一、二、三季度银行结售汇顺差分别为 1791 亿美元、596 亿美元和 437 亿美元。与此相应，2013 年 5 月份以来，外汇占款投放规模显著萎缩（见图 3），2013 年一、二、三季度新增外汇占款规模分别为 12154 亿元、3200 亿元和 1292 亿元。四季度外汇资金流入再次增多，10～11 月份银行结售汇顺差规模比上年同期多 580 亿美元，新增外汇占款同比多增 8916 亿元。

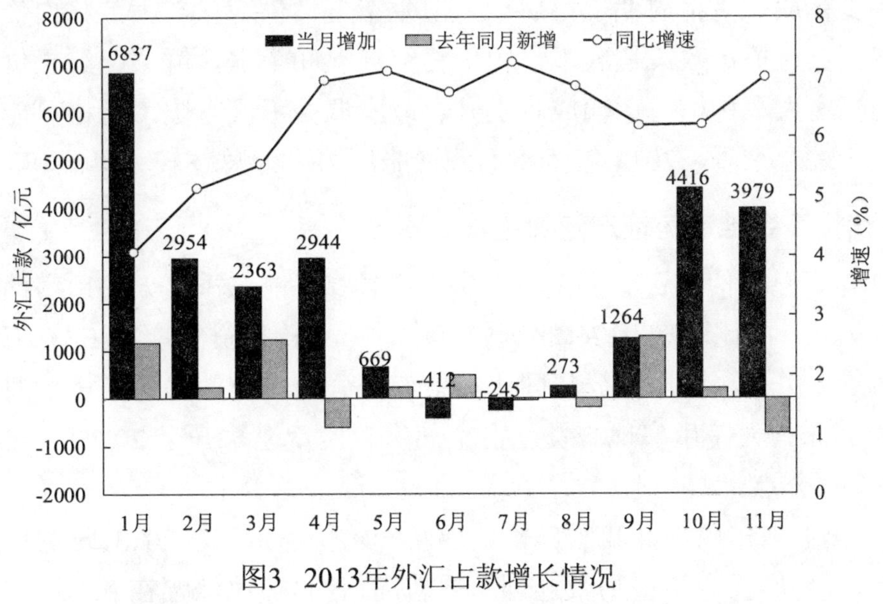

图3 2013年外汇占款增长情况

二、2014 年金融运行与调控面临的主要问题

1. 宏观经济运行保持在合理区间仍存在一定难度

2013 年上半年我国经济增速连续两个季度放缓。面对经济下行压力，政府提出“上下限”区间管理的宏观调控思路。基于这一思路，7 月下旬以来，政府推

出了一系列“微刺激”政策以“稳增长”。受此影响，三季度国内需求有所复苏，带动经济增长小幅反弹。从三季度经济运行的特点看，经济回升势头仍不容乐观。一是民间投资与居民消费增长稳中略有放缓，经济内生动力仍不足。二是政府基建投资受到的资金约束增强。在各级政府财政收支矛盾加大，地方政府债务管理和风险控制日趋规范、严格的背景下，作为“稳增长”主要力量的政府基建项目资金来源趋紧。三是产能过剩抑制制造业复苏。目前国内产能过剩仍很严重，绝大多数的工业品供过于求。三季度工业企业出现阶段性“补库存”，但集中于上游领域，主要体现为原材料库存增加，说明企业补库存力度较弱，持续性不足。总体来看，经济增长短期回升势头难以持续，未来GDP增速仍可能小幅回落。

2013年CPI同比涨幅温和，但环比涨幅高于历史平均水平，新涨价因素上升较快，预计2014年CPI同比涨幅中会有约1.09%的翘尾因素。国内总需求与总供给关系保持稳定。世界经济复苏势头缓慢，美联储退出QE将推动美元走强，弱需求与强美元将压制国际大宗商品价格上涨，加之人民币持续升值，输入性涨价压力较弱。但劳动力成本上升及资源性产品价格改革带来的成本推动性涨价压力将继续逐步释放。“猪周期”已启动，但生猪整体供应量较大，猪肉价格涨幅将较为温和。在保护价政策托底下，粮价将继续温和上涨。鲜菜、鲜果价格季节性强、波动幅度大、种植与运输成本上升、政府调控手段有限，价格可能出现较大幅度上涨。综合来看，2014年仍将面临通胀压力，但总体较为“温和”。

2．信贷资金推动房地产泡沫进一步膨胀

2013年，银行信贷资金大量流入房地产领域。前三季度人民币房地产贷款增加1.9万亿元，同比多增9176亿元，其中，个人购房贷款增加1.37万亿元，同比多增6931亿元，增加部分与同比多增部分分别占全部房地产贷款的72.1%和75.5%。9月末，人民币房地产贷款占全部贷款比重已攀升至20.2%，比上年同期提高1.2个百分点。

2012年下半年以来，我国房价出现新一轮快速上涨。2013年房价上涨势头进一步抬升，百城住宅价格指数连创历史新高，各月环比涨幅在0.7%～1.2%之间，11月份同比涨幅达10.99%。房价上涨呈区域分化：百城住宅价格指数中，一线城市价格上涨迅猛，各月环比涨幅在1.2%～2.5%之间，11月份同比涨幅高达22.77%，房价水平已明显超过居民承受能力；二、三线城市价格涨幅温和，10月份同比涨幅分别为9.7%和4.08%，部分二、三线城市还出现入住率极低的“鬼城”现象。温州、鄂尔多斯等民间借贷盛行的地区，正面临过度投机“后遗症”，由于民间资金链崩盘、炒作资金撤离，房价大幅下滑。

房地产泡沫进一步膨胀不仅加剧了经济“硬着陆”的风险，也使相关银行贷款风险上升。三线城市房价“滞涨”及“鬼城”现象的增多预示着房地产市场可能步入调整。房地产上下游链条很长，而且具有很强的财富效应，与宏观经济具有高度的相关性。一旦房地产市场出现调整，波及、传导效应会使相关行业的经营风险上升并形成共振反应，带来的负财富效应会冲击企业与居民的资产负债表，加大经济“硬着陆”风险，银行信贷质量问题也将全面暴露。

3．美联储退出 QE 将冲击跨境资金流动

市场对美联储退出量化宽松政策（QE）的预期变化是左右 2013 年国际金融市场与国际短期资本流动的关键因素。美国就业数据表现、联邦公开市场委员会（FOMC）政策声明和会议记录的披露以及美联储主席伯南克讲话等暗示美国货币政策方向的信号都会引起市场震动。在 2013 年 12 月份美联储最后一次 FOMC 会议上，QE 退出终于成真。QE 退出的“靴子落地”有利于削减和平复市场对 QE 退出的恐慌情绪与预期。根据 FOMC 发布的声明，从 2014 年 1 月起，将每月 850 亿美元的购债规模缩减 100 亿美元至每月 750 亿美元。其中，将长期国债的购买规模从 450 亿美元降至 400 亿美元，将抵押贷款支持债券（MBS）的购买规模从 400 亿美元降至 350 亿美元。美联储退出 QE 的主要原因在于美国经济的良好表现。2013 年前 3 季度，美国的 GDP 增速分别为 1.1%、2.5%、3.6%，逐季上升；季节调整后失业率持续下降，11 月份降至 7%，创 2008 年 11 月来的新低。2013 年 12 月 10 日，美国两党宣布达成未来两个财年的联邦政府预算方案，如果该方案能获得国会通过，将能避免政府在 2014 年 1 月 15 日关门。美国财政问题的阶段性解决也为美联储退出 QE 扫清了障碍。美国退出 QE 的实质性举措及市场的预期和反应会使 2014 年国际短期资本再次从新兴经济体向发达国家回流。我国也将面临“热钱”撤出的风险，外汇资金流入将减少，甚至不排除阶段性流出的可能。

4．社会资金成本面临上升压力

2014 年社会资金成本将持续面临上升压力。理由有三方面：一是外汇资金流入减少甚至由流入变为流出将造成外汇占款低增长甚至负增长。美联储退出 QE 将影响我国跨境资金流动，并通过银行结售汇行为影响到外汇占款的增长。外汇占款是银行间市场资金投放的主要渠道，外汇占款缩量必将影响到银行间资金供应，从而导致银行资金紧张。二是银行不良资产进入上升周期将影响其放贷行为。截至 2013 年三季度末，商业银行不良资产余额已连续 8 个季度攀升。不良资产增加意味着银行贷款无法收回，银行的资金周转将受到影响，加剧银行资金面紧张。不良资产上升还会影响银行的风险偏好，使其在发放贷款和开展表外业务时更为谨慎。三是利率市场化改革将推高利率水平。2013 年利率市场化进程显著提速：7 月 20 日，人民币贷款利率管制完全放开；10 月 25 日，贷款基础利率集中报价和发布机制正式运行；《同业存单管理暂行办法》，自 2013 年 12 月 9 日起施行。从国际经验看，管制利率大多低于市场均衡水平，一旦放开管制，利率有上升的内在需求。我国存贷款利率由于被管制而压低，与完全市场化的银行理财产品收益率及民间借贷利率相比，当前的存贷款利率要低 50%以上。因此，存贷款利率市场化的推进将是提高利率的过程。

5．人民币汇率存在超调风险

2013 年人民币持续快速升值，按照中间价计算，前 11 个月累计升值 2.49%，按照国际清算银行公布的数据计算，人民币名义有效汇率和实际有效汇率分别累计升值 6.41%和 6.99%。基本面因素对人民币强势升值有一定的支撑作用。例如，我国经济增速在二季度一度出现超预期下滑，但三季度企稳回升。三季度跨境资金流入压力加大，一、二、三季度资本和金融项目顺差分别为 901 亿美元、286 亿美元和 805 亿美元。但对美元缺乏弹性的汇率安排以及市场心理因素也是导致人民币出现加快升值的重要原因。从年内走势看，人民币对美元先后有两轮加速升值，一是 4～5 月份，汇率中间价升值幅度为 1.44%，另一是 9～11 月份，10 月 24 日汇率中间价较 8 月底升值 0.61%。这两轮人民币强势升值均有美元走低的背景。2012 年年底以来，国际市场非美货币对美元纷纷贬值，日元贬值幅度超过 20%，欧洲货币普遍贬值 3%～5%，商品货币则贬值 8%～10%。由于人民币对美元先稳后升，导致人民币有效汇率出现大幅升值。2013 年 9 月初，市场对美联储 QE 退出预期逆转，美元指数大幅下挫，人民币对美元再次加快升值。另外，在两轮人民币快速升值中，市场心理因素都起到了关键作用。为市场所决定的人民币即期汇率在盘中都曾出现涨停现象。

从经验来看，由市场预期和投机炒作推动的汇率波动，如果缺乏基本面支撑会出现超调现象。人民币汇率超调是指人民币汇率短期波动超过了长期稳定均衡值，并因而被一个相反的调节所跟随。如果人民币继续快速升值，就可能出现“超升”，未来面临急转直下的危险。而 2014 年美联储退出 QE 政策将推动美元走强，加剧人民币贬值风险。

三、2014 年稳健的货币政策坚持中性操作

2014 年经济运行稳中有忧、稳中有险。金融调控应坚持上下限区间管理的思路，确保主要经济指标处于年度预期目标的合理区间，把握好稳增长、调结构、促改革、控风险的平衡点，实现“稳中有进” ，经济增长与物价水平求“稳”，经济结构调整与改革红利释放求“进”，同时着力防控债务风险。目前来看，2014 年 GDP 增速与 CPI 涨幅可能出现“7.5%+3.5%”的组合，为此，要继续实行稳健的货币政策，坚持中性操作，为经济结构调整和改革顺利实施创造稳定的金融环境和资金条件。

1．金融调控主要依靠数量型工具

就价格型工具看，贷款利率管制的完全放开使利率调控被迫由直接调控转向间接调控。但市场化的间接调控机制目前尚未建立，调控手段的“青黄不接”将使贷款利率调控面临“抓手”缺失、效果受损的困境。人民币汇率存在超调风险，在一定程度上已丧失工具意义。就数量型工具看，法定存款准备金率处于历史高位，具有一定的下调空间，公开市场操作是短期“微调”的主要手段，对熨平货币市场过度波动，保持银行体系流动性稳定和银行间市场利率水平平稳有较强的政策效果。因此，未来金融调控仍应以数量型调控为主，同时，应逐步完善利率间接调控的基本框架和基础条件，适时推进人民币汇率形成机制改革，以增强价格型工具的有效性。

2．稳健的货币政策坚持中性取向

继续实行稳健的货币政策，保持“中性”取向。要避免银根宽松，否则在资金易得、资金成本极低的情况下，需要限制和淘汰的需求、行业和企业将继续存活和发展。同时也要看到，“调结构”不是一朝一夕的事情，增长动力转换、产能过剩化解等结构性问题的解决需要较长的时间，要避免银根收紧，致使结构性矛盾激化，增长动力转换出现“空档”，经济“去产能”与“去杠杆”过于剧烈。为保持“中性”，存款基准利率和法定存款准备金率的调整要非常慎重，货币政策继续倚重于公开市场操作与窗口指导，引导货币信贷资金及社会融资规模合理增长。2014 年应继续坚持 13%的 M2 增长目标，社会融资总量与人民币贷款增加规模与上年基本持平，加强短期流动性调控，稳定市场预期，保证货币市场利率

平稳运行，隔夜拆借利率稳定在2%～3%的合理区间。

3．推动信贷资金“用好增量”、“盘活存量”

通过信贷政策引导商业银行调整信贷资金结构，“用好增量”，实现有扶有控和有保有压，“扶”与“保”的是消费需求、民间投资、与民生有关的保障性安居和基础设施建设投资、三农领域、先进制造业、战略新兴产业、服务业、节能环保、小微企业、自主创新等领域；“控”与“压”的是“两高一剩”（高耗能、高污染、产能过剩）行业、房地产行业以及其他加大经济运行风险与金融风险的领域。还要推动“盘活存量”，提高信贷资金周转速度和资金使用效率。执行中需要区别对待：对于正常信贷资产，要保证贷款到期及时收回，防止信贷资金被无效占用，也要通过信贷资产证券化手段来实现资金激活。对于不良信贷资产，应及时进行债务重组和确认损失和坏账。

4．积极引导商业银行降低信贷资金成本

在降低信贷资金成本方面有三项选择：一是考虑到贷款利率管制完全放开时间尚短，原有的贷款基准利率对商业银行仍具有一定的指导意义，仍可通过调降贷款基准利率的方式来引导商业银行降低贷款利率。二是通过引导贷款基础利率以及对商业银行进行道义劝告和考核激励，来推动其合理确定资金价格，适度降低信贷资金成本。三是充分发挥货币市场利率的传导作用。要密切监测跨境资金流动，把握外汇占款增长情况，根据银行体系短期流动性供求形势，灵活搭配公开市场操作、再贷款、再贴现及短期流动性调节工具、常备借贷便利等工具组合，加强与市场和公众沟通，稳定预期，必要时可适度下调存款准备金率，以确保银行体系流动性稳定、充裕，引导市场利率平稳运行。

5．加强宏观审慎管理和金融风险监管

加强宏观审慎管理，引导金融机构稳健经营，督促金融机构加强流动性、内控和风险管理。在支持金融创新的同时，加强对影子银行和金融市场潜在风险的监测与防范，加强监管部门之间的沟通、协调与合作，避免监管盲区，强化跨行业、跨市场、跨境金融风险的监测评估与风险预警，建立针对突发事件的应急预案与机制，守住不发生系统性、区域性金融风险的底线。

（作者：李若愚）

2013 年中国对外贸易形势分析及 2014 年展望

2013 年以来，国际经济环境有所改善但基础仍不稳固，国内经济平稳增长但仍处于下行区间，我国对外贸易呈现稳中趋升的态势，预计全年外贸进出口增长接近预期调控目标。展望 2014 年，世界经济总体稳定，美国、欧盟、日本等发达经济体的经济有望进一步好转，但部分新兴经济体经济下行压力较大，人民币汇率升值滞后影响显现，我国经济稳中缓降，国内需求短期内难以大幅提高，我国对外贸易面临的内外部环境不会发生根本变化，进出口贸易增速与上年基本持平，预计国际收支保持小幅顺差。建议下一步继续加强贸易便利化的扶植政策，更加注重外贸领域的改革创新。

一、2013 年我国对外贸易进出口形势分析

1．进出口总体增长基本稳定

2013 年，我国进出口增长基本保持稳定，1～11 月份，进出口同比增长 7.7%，但季度数据波动较大。一季度进出口同比增长 13.5%，显著高于上年同期水平；二季度增速下滑至 4.3%，出现快速回落；三季度增速回升至 6%，总体呈现低位企稳的态势。出口方面，1～11 月份同比增长 8.3%，与上年同期持平。进入四季度以来，由于发达国家经济形势好转，节日订单需求增加，促进外贸政策显效，出口回升态势明显，其中 11 月份出口增长 12.7%，单月出口值创历史新高。进口方面，1～11 月份由于我国经济的逐步企稳回升以及大宗初级产品价格的明显上行，三季度我国进口增速回升至 8.5%，较二季度提高了 3.5 个百分点，四季度在改革红利释放、国内需求企稳的推动下，进口继续保持反弹走势。预计全年外贸出口增长 8.4%左右，基本接近完成预期调控目标，进口将增长 7.5%左右，外贸顺差 2341.5 亿美元，增长 18.3%左右。

2．主要出口市场情况普遍好转

美国、欧盟、日本是金融危机之前我国的主要传统进出口市场，危机后由于世界主要经济体经济增长呈现分化，我国对美国、欧盟、日本等传统市场的进出口比重下滑，对新兴经济体贸易增长较快。2013 年年初以来，世界经济格局发生了新的变化，美国经济增长出现起色，欧洲主权债务有所缓解，日本在安倍经济学的刺激下摆脱低迷局面，部分新兴经济体仍然保持相对较高的增速。我国主要进出口市场中，对美国、东盟的贸易持续增长，2013 年 1～11 月份中美双边贸易增长 7.6%，与东盟双边贸易增长 10.9%，内地与香港双边贸易增长 19.8%；对欧盟、日本贸易出现好转迹象，2013 年 1～11 月份，中欧贸易由前三季度下降 0.8% 转为上升 1.8%，中日双边贸易降幅趋缓，2013 年 1～11 月份由前三季度下降 7.9% 收窄至 6.2%；对印度、巴西、南非等国的出口增速较上年提高，增速分别为 2.2%、7.9%、14.9%，其中印度由负转正，巴西、南非分别较上年同期提高 5.2 和 4.9 个百分点。从主要进出口市场情况看，一大突出特点表现为我国对有自贸协定的国家和地区的进出口增长明显。如对东盟、智利、巴基斯坦等 9 个与我国签订自贸协定的国家和地区合计进出口增长显著高于同期我国外贸进出口增速，所占比重不断提升。

3．加工贸易转型取得进展

2013 年 1～11 月份，我国贸易方式结构继续改善，一般贸易进出口增长 9.2%，增速较上年同期加快 4.9 个百分点，占我国外贸总值 52.8%；加工贸易进出口仅增长 0.8%，占比 32.6%，比重继续回落。考察加工贸易内部结构，2013 年 1～11 月份，我国进料加工进出口值占加工贸易进出口总值的 87%。表明随着加工贸易转型升级和梯度转移的逐步推进，我国加工贸易在全球价值链配置中正在由前期加工装备为主的低附加值环节向研发设计、创立品牌等产业链的高端环节延伸，逐步实现从委托来料加工为主向自营进料加工为主运作方式的转变。一般贸易比重提升和加工贸易转型加快表明，我国近年来在金融危机冲击、国际环境倒逼、国内主动转型、企业注重创新等因素的共同作用下，贸易结构呈现显著优化。这有利于我国缓解成本上升带来的出口压力。

4．机电产品出口比重平稳

尽管 2013 年以来我国劳动密集型产品出口有所回升，2013 年 1～11 月份 7

大类劳动密集型产品出口增长 11.1%，高出同期我国出口总体增速 2.8 个百分点。从整体发展趋势看，我国出口产品结构继续优化，2013 年 1～11 月份，机电产品出口增长 7.9%，占同期我国出口总值的 57.3%，连续 19 年保持第一大类出口商品地位。而且随着技术升级与创新能力增强，我国以机电产品为代表的资本密集型产品进口替代能力增强，部分产品出口附加值有所提升，高新技术机电产品出口比重进一步提高。此外，初级产品出口比重继续下降，2013 年 1～11 月份增长 6.2%，比同期我国出口总体增速低 2.1 个百分点，占我国出口总值比重为 4.8%，同比下滑 0.1 个百分点。

5．资源能源产品进口增加

近年来，为促进进、出口贸易平衡，国家大力实施扩大进口战略，对资源能源产品、高端装备制造产品、农业生产资料、消费品和公共服务类产品等降低进口关税，鼓励进口。2013 年国际大宗产品价格处于震荡回落走势，有利于我国资源型产品进口。2013 年 1～11 月份，重要能源和资源性产品进口量增价跌，其中进口铁矿石 7.5 亿 t，增长 10.9%，进口均价下跌 0.7%；煤 2.9 亿 t，增长 15.1%，均价下跌 11.7%。同时，机电产品与高新技术产品进口同比分别增长 7.6%和 11%。

6．贸易发展的质量与效益得以提升

2013 年以来，在国家进出口政策调结构、促改革、加快外贸转型升级的推进下，我国不仅对外贸易增长呈现出低位企稳态势，而且在贸易发展质量与效益方面也取得了较为突出的成效。一是民营企业贸易日趋活跃。近年来，我国逐步转变了外资企业在对外贸易中占据绝对主导地位的局面，市场主体表现日趋活跃。2013 年 1～11 月份，我国民营企业进出口增幅同比提高 21.9%，高出外贸总体增速 14.2 个百分点，对进出口总值增长的贡献率达到 80%以上。二是区域结构更趋平衡。东部地区进出口平稳增长，中西部地区出口活跃。2013 年 1～11 月份，东部地区进出口总值增长 6.9%，占进出口总值的 86.4%。从出口方面来看，中西部地区的湖南、江西、河南和湖北等省份的出口增速分别为 26.3%、18.6%、17.9%和 17.9%，明显高于同期我国出口总体增速，区域贸易结构不断优化。

尽管 2013 年以来我国对外贸易在稳定增长、提高质量、优化结构等方面取得了一定的成绩，但外资外贸领域也出现了虚假贸易、短期资本流入过快、对美国、欧盟等主要市场份额下滑等问题。如何针对当前外贸领域出现的新情况和新问题，采取有效措施继续保持外贸稳定增长，并促进结构调整，成为下一步工作的重点。

二、2014年我国外贸发展趋势展望

展望2014年，发达国家经济增长势头有望得以保持，但新兴经济体面临增速减缓和全球金融条件收紧的双重挑战，经济增长受到制约，世界经济保持温和回升态势。国内方面宏观调控政策会继续发挥积极作用，经济体制改革步伐进一步加快，我国宏观经济将保持平稳较快的增长态势。国内外环境总体有利于我国对外贸易继续稳定增长。

1. 世界经济环境复杂多变

（1）发达经济体经济好转迹象增强　美国、欧盟、日本等国家金融危机爆发后，各国普遍加强了金融监管，为银行提供流动性支持，改善金融系统资产状况，使系统性金融风险降低。美国私人消费企稳，企业经济活动信心增强，房地产市场复苏，就业状况进一步好转，然而工业复苏情况不尽如人意，净出口对经济增长贡献不强，最重要的是美联储退出QE和财政僵局可能给美国未来经济增长带来的负面影响难以预计。IMF预计美国2014年经济增长2.6%，较2013年提高1个百分点。欧洲核心经济体呈现若干复苏迹象，前期主权债务危机国家情况好转，部分国家针对经济领域问题推出治理、刺激政策，消费者与企业信心增强，但国内需求依然疲弱，边缘经济体情况仍不甚乐观，银行资产负债状况不确定给经济增长带来困扰。IMF预计2014年欧盟经济将摆脱衰退，实现正增长1%。日本经济在“安倍新政”的刺激下实现复苏，货币大幅贬值推动出口增长，同时企业盈利状况改善，私人消费热情提高，但要实现持久复苏，仍面临财政治理与结构调整两大困境，IMF预计2014年日本经济增长1.2%，较上年有所放缓。在“去杠杆化”与“再工业化”战略的推进下，在短期刺激措施与长期结构调整政策的推动下，发达国家2014年整体经济增长有望向好，IMF预计发达经济体2014年经济增长2%，高于2013年0.8个百分点。

（2）部分新兴经济体经济下行压力较大　新兴经济体或将成为2014年世界经济中的重要不稳定因素。新兴经济体经济结构存在突出矛盾，国内需求不足，经济增长动力趋弱。同时，为争夺国际市场，大部分新兴经济体采取货币贬值策略，本币对美元与一揽子货币明显低估，国内物价上涨，资本市场动荡，金融体

系脆弱，滞胀风险上升。尤其是美国宣布退出量化宽松政策使全球资本市场资金流向呈现新变化，国际短期资本回流发达经济体，新兴经济体货币将进一步承受较大的贬值压力，面临汇率和金融市场超调的问题。在增长放缓、资本外流和本币贬值三者的叠加下，部分国家金融乃至实体经济可能出现危机并将影响所在区域的经济稳定。IMF 最新展望将 2013 年与 2014 年新兴市场和发展中经济体 GDP 预测分别下调了 0.5 个百分点和 0.4 个百分点，调整至 4.5%和 5.1%。

（3）退出量化宽松与财政困境等问题增加了全球经济的不确定性　一是大国货币政策出现逆转。美国退出量化宽松政策对世界经济尤其是新兴经济体增长将造成显著影响。2013 年 5 月份，美联储提出年内将逐步退出 QE，导致美国与部分发达经济体长期国债收益率意外大幅攀升。尽管 9 月议息会议上美联储仍未宣布缩减 QE，但退出预期已然形成，长期国债收益率继续攀升。金融危机爆发以来，美联储向市场注入接近 3 万亿美元流动性。在全球金融市场一体化与美元作为主要国际货币的情况下，美元流动性不断外溢，在全球范围内形成大规模利差交易，推高国际资本市场尤其是新兴经济体市场资产价格。一旦美联储退出 QE，大部分新兴经济体将出现资本外流、资产价格暴跌、本币迅速贬值、实体经济受损等一系列反应与危害。二是欧元区国家深层次矛盾难以根除。IMF 报告表示，欧元区的风险主要来自金融系统与经济结构性改革，包括重塑银行业稳健和信贷传导机制，以及治理企业债务高企等方面。部分国家由于实行严苛的减支计划，失业率居高不下，国内出现政治动荡，影响欧洲进一步落实财政整顿与金融改革措施，导致欧洲主权债务危机难以尽快根除。三是区域动荡给世界经济带来不稳定性。中东、北非动荡局势难以得到根本性好转，亚洲国土边界问题引发政治矛盾，局部小规模战争与对峙在所难免，错综复杂的利益格局和各方博弈仍将使部分地区经济发展出现动荡。

（4）国际大宗商品价格小幅波动运行　展望 2014 年，一是全球经济增长仍呈现缓慢复苏态势，需求不足、产能过剩将困扰各国经济的回升程度，经济运行基本面不支持大宗商品价格大幅上涨。二是美国若下决心退出 QE，全球流动性将趋向收紧，美元升值，国际大宗商品不具备加速上涨的货币环境。三是新兴经济体由于产能过剩、外需放缓、金融风险等问题导致经济下行压力较大，对于全球能源、原材料新增需求不旺。四是地缘政治将干扰国际大宗商品短期走势，影响国际能源价格稳定。

（5）新形式贸易保护主义抑制国际贸易增长 当前国际市场争夺更加激烈，贸易保护主义不断升级，形式更趋复杂，难以辨别防控。包括我国在内的新兴经济体面临的国际贸易保护主义已经从关税、出口补贴等初级、明显的形式逐步演变为贸易监管和管制等隐蔽形式，部分国家以气候变化、绿色发展、反倾销、知识产权等为借口，设置市场准入壁垒与产品贸易门槛。基于此，世界贸易组织最新报告中把2013年贸易增长预期从之前的3.3%降低到2.5%，2014年预期值从5%降低到4.5%。同时，欧美等发达国家主导推动新一轮贸易谈判，以服务贸易与国际投资为主的跨区域贸易合作标准与规则明显高于WTO协议框架，我国在新一轮区域自由贸易谈判中处于较为被动的地位。

2．国内宏观经济环境平稳

（1）宏观经济将保持中高速平稳增长态势 预计2014年，经济运行中存在的新矛盾和新问题会加大经济下行的压力，而释放改革红利、基础设施投资和库存回补因素将推动我国经济稳定增长。国家信息中心开发的经济景气指数系统显示，我国先行指数已连续20个月稳中回升，表明我国经济2014年有望保持平稳增长态势。预计我国2014年GDP将增长7.5%左右，工业增加值增长9.5%，同比略有放缓。

（2）对外贸易领域改革与支持政策不断落实深化 一是2013年7月份以来，国务院出台了一系列稳定外贸增长的政策措施，如便利通关、整顿进出口环节经营性收费、发展短期出口信用保险业务、支持外贸综合服务企业、为中小民营企业出口提供融资等等，未来政策效果将不断显现。二是在现有政策基础上，新一批“有关促进跨境电子商务发展”“有关外贸企业的综合服务和支持政策”等举措即将出台，将进一步提高贸易便利化水平，缓解外贸综合成本上升压力。三是外贸领域改革力度加大，上海自贸区成立将会促进该地区对外贸易发展，同时强劲拉动周边地区进出口增长。

（3）人民币汇率大幅升值滞后影响日渐突出 2013年以来，人民币汇率不断攀升，屡创历史新高。根据国际清算银行数据，2013年11月份人民币实际有效汇率指数为117.8，达到1994年公布该数据以来的历史最高点。反观周边国家和地区，日本在安倍新政指导下，采取日元大幅贬值策略，印度、俄罗斯等大部分新兴市场国家为推动出口增长，也选择货币贬值手段，以抵制出口商品价格竞争力下降的不利影响。尤其是美国退出 QE 具体时间推迟，在美、中两国经济增速差距拉大的背景下，未来一段时间人民币仍存在升值压力。前期货币升值的滞后影响将在 2014 年凸显，削弱我国出口产品的竞争力。

（4）成本上升影响企业进出口能力 2013 年以来，我国企业成本上升趋势更加明显。人力成本方面，截至 2013 年 9 月份，共有 24 个地区调整了最低工资标准，平均调增幅度为 18%；农民工工资不断上涨，近三年年均涨幅达到 17%以上；与此同时，企业“三险一金”以及职工福利费用不断提高。资金成本方面，由于我国工业品出厂价格连续负增长，出口产品生产企业实际负担利率等于银行贷款利率加 PPI 降幅，融资成本显著提高。而且新增资金主要流向大型企业、房地产和融资平台，我国外贸企业以中小型为主，融资困难状况难以解决。环境土地成本方面，在污染严重、节能减排、地价攀高、水价上调等因素的影响下，企业环保、土地支出不断提高。企业的困难将影响未来进出口的信心，据商务部调查，全国 1900 多家重点外贸企业出口订单在短暂回暖以后，近期再度出现反复。

3．2014 年中国对外贸易增长预测

展望 2014 年，我国外贸面临的外部环境依然错综复杂，受世界经济低速复苏及低端制造业向外转移的影响，发达国家需求回升对我国出口拉动有限，而新兴经济体增速放缓对我国出口也将带来不利影响。同时，受美联储货币政策调整影响，2014 年我国吸引外资难度加大，外资流入将进一步放缓。但也要看到，世界经济低速复苏特别是新兴经济体减速，将推动国际市场大宗初级产品价格稳中趋降，有助于降低我国进口成本，同时国内经济继续保持较快增长，对进口需求稳步增长可期。在全球经济复苏格局酝酿重大结构性变化的背景下，只要我国把握住调整的主动性，积极构筑对外投资合作的新平台，不仅有助于实现国内经济的平稳运行，也有助于提升我国在国际贸易和全球产业分工格局中的位势，提高长期经济增长潜力。

初步预计，我国 2014 年出口将增长 9%左右，进口将增长 7.5%左右。进出口贸易增速与上年基本持平，全年外贸顺差 3100 亿美元左右，国际收支保持小幅顺差。结构方面，机电产品出口 2014 年仍将成为中国第一位出口商品，但由于新兴经济体增长放缓，资本品与投资品需求相应减少，机电产品出口增长将有所放缓，劳动密集型产品在外贸结构调整、人力成本上升、低端制造业转移的影响

下，长期增长速度呈下行趋势。

三、政策建议

1．进一步加大对外开放的水平

全面推进上海自贸区建设，不断探索和总结实践过程中的问题和经验。在此基础上，适当增加天津、深圳等地不同规模自贸区试点，不断探索改革的新路径，形成可复制、可推广的经验，服务于全国的发展。同时在操作过程中，注重对违规行为的监管和处理，并在充分贯彻、实施上海自贸区总体方案和实施细则的基础上，考虑未来进一步放宽对外资管理和限制条件，缩减负面清单。

2．密切关注国际贸易发展动态

密切跟踪国际服务贸易协定及重大区域自贸区谈判进程，尤其重点关注 TPP 与 TTIP 贸易协定谈判进程与达成的阶段性协议，逐步完善我国金融、证券、保险、物流等服务业的制度建设，主动适应国际贸易发展的新趋势，积极参与制定新标准和新规则。

3．加快推进国际大通道建设步伐

加大对国际大通道内外互联互通建设的协调力度，积极推进陆路“丝绸之路经济带”和“海上丝绸之路”战略，推动中巴经济走廊、孟中印缅经济走廊建设，加快落实泛亚铁路大通道建设进程，努力开拓国际经贸合作新领域，增强区域影响力。同时有选择地加强与欧洲、亚洲、非洲以及拉丁美洲等地区部分国家的经贸往来，建立双边或多边贸易联盟，加强国际方面区域“自由贸易区”建设。

4．大力扶持跨境电子商务出口业务运营

随着信息技术向世界经济各领域的渗透，电子商务将成为新时期贸易的重要平台与手段。大力发展跨境电子商务，对于扩大海外营销渠道，提升我国品牌竞争力，实现我国外贸转型升级具有重要意义。下一步建议尽快颁布促进跨境电子商务的相关条例与政策，选择具有实力与资质的电商企业，引入竞争机制，强强联手，建设跨境电子商务运营网络体系，建设跨境电子商务交易平台，加大与国际第三方支付机构合作力度。

5．加大“走出去”步伐带动出口稳定增长

充分发挥“走出去”对出口的带动作用，拓展企业出口途径，绕开各种贸易保护障碍，降低企业负担。鼓励企业以参股、控股、并购等形式参与境外投资，结合能源开发、资源整合、战略投资等重大项目，以出口信贷、对外援助等手段，带动中国机械设备、机电产品以及消费品出口。

6．把握有利时机扩大战略性资源产品进口

抓住国际大宗商品价格下滑的时机，扩大战略性资源进口。提高原油、贵金属等初级产品进口，健全能源、资源储备体系；增加农产品、粮食等商品进口，开展大宗商品直接贸易，提高相关产品的国际定价能力。

（作者：闫敏）

2013 年固定资产投资形势回顾及 2014 年展望

2013 年，我国固定资产投资保持了平稳较快增长态势，发挥了拉动经济增长的关键性作用。前三季度，资本形成总额对经济增长的贡献率高达 55.8%，较上年同期提高了 5.3 个百分点，拉动 GDP 增长 4.3 个百分点。从主要投资领域来看，基建投资保持快速增长，房地产开发投资有所加快，制造业投资明显放缓。展望 2014 年，重大改革举措的全面启动将会激发市场活力和投资热情，稳增长政策继续推动投资稳定增长，但是产能过剩、地方政府性债务压力和房地产市场分化等问题将会制约投资增长。总体上，投资将保持稳中趋缓的增长态势，名义增速有望保持在 19%左右。应以优化投资结构和提高投资效益为出发点，加快投融资体制改革步伐，促进投资持续健康增长。

一、2013 年固定资产投资的基本特征

1．固定资产投资增幅同比略有放缓，总体处于平稳态势

受世界经济复苏缓慢、国内经济处于结构调整和转型升级重要阶段以及稳增长政策等因素的影响，2013 年以来固定资产投资增速保持了缓中趋稳的增长态势。2013 年 1～11 月份，固定资产投资累计同比增长 19.9%，较上年同期下降 0.8 个百分点，与 2008～2012 年同期均值相比低 5.9 个百分点。在二季度经济增速触及 7.5%的下限目标之后，国家及时释放了一系列“稳增长、保下限”的政策信号，在一定程度上稳住了固定资产投资增速放缓的趋势。从实际增速看，2013 年 1～11 月份固定资产投资增速较上年同期加快 0.8 个百分点，10 月份、11 月份固定资产投资环比增速均有所加快，均表明固定资产投资有所企稳。

2．三产投资比重有所提高，基础设施建设和房地产开发是投资增速企稳的主要支撑力量

三次产业的投资结构有所优化。2013 年 1～11 月份，第一产业投资占比 2.2%，

第二产业投资占比 42.7%，第三产业投资占比 55.1%，分别比上年同期降低 0.3 个百分点、1.1 个百分点和增加 1.4 个百分点。从更长的时间维度考察，与 2008～2012 年同期平均占比情况相比，第一产业和第三产业投资占比分别增加了 0.3 个百分点和 0.5 个百分点，第二产业投资占比则降低了 0.8 个百分点，表明投资的产业结构有所优化，第三产业的投资比重逐步提高。

三大主要投资领域中，制造业投资明显减速，基础设施建设和房地产开发成为投资增速企稳的主要支撑力量。2013 年 1～11 月份，制造业、基础设施建设、房地产开发投资对投资增长的贡献率合计达到 75.6%，较上年同期提高 7 个百分点，其中制造业投资的贡献率下降 5.1 个百分点，基础设施建设投资和房地产开发投资的贡献率则分别提高 9.2 个和 2.9 个百分点。从增速上看，制造业投资同比增长 18.6%，较上年同期低 4.2 个百分点；基础设施建设投资同比增长 23.2%，较上年同期提高 9.2 个百分点；房地产开发投资同比增长 19.5%，但比上年同期高出 2.8 个百分点。可以看出，在产能过剩的大背景下，制造业投资正在减速，新增投资动力不足。受益于城镇化进程和年内一系列稳增长政策，基础设施建设投资实现较快反弹，成为稳定投资增长的重要力量。年内房地产市场大幅回暖，房价再次进入较快的上升周期，房地产开发投资速度明显加快。

3. 区域投资结构有所改善，中部地区投资明显减缓

中西部地区投资增速仍高于东部，但减速幅度相对较大。2013 年以来区域投资结构继续改善，投资协调性有所增强，产业转移成为驱动中西部投资增长的重要动力。2013 年 1～11 月份，东、中、西部地区投资累计同比分别增长 18.4%、23%和 23.1%，中西部地区投资增速持续高于东部地区。与上年同期相比，东部地区投资增速提高了 0.4 个百分点，而中西部地区则分别降低了 3.2 个百分点和 1.1 个百分点。东部地区在铁路尤其是城际铁路投资、城市基础设施建设、棚户区改造、保障房等领域投资的带动下，率先实现了投资增速企稳回升。而中西部地区投资增速则减慢较多，尤其是中部地区的新开工项目个数已经连续两年减少。

4. 投资主体继续优化，但民间投资下行调整幅度较大

2013 年以来，我国民间投资增速继续保持着高于总体投资增速的态势。2013 年 1～11 月份，我国民间投资累计同比增长 23.2%，高出同期总体投资增速 3.3

个百分点，占总体投资的比重达到 63.5%。但是，在本轮投资周期性减速的条件下，民间投资增速下行幅度长时期大于总体投资，表现在两者之间的累计同比增速差值在不断缩小。2013 年 1～11 月份，民间投资增速较上年同期降低 1.8 个百分点，而总体投资增速仅放缓 0.8 个百分点。

5．制造业投资继续减速下行，内部结构出现分化

2013 年以来，受制于产能过剩、工业品价格下跌、实际利率较高等因素影响，制造业投资继续减速下行，其内部结构出现分化。高耗能行业投资增速得到有效控制，累计同比增速显著放缓。装备制造业投资增速上半年虽有放缓迹象，但下半年受到通用设备制造业、专用设备制造业以及计算机、通信和其他电子设备制造业投资快速提高的积极推动，全年表现出平稳增长态势。

2013 年 1～11 月份，高耗能行业投资累计同比增长 14.6%，较上年同期低 5.7 个百分点，低于总体投资增速 5.3 个百分点。高耗能投资减速有利于节能减排，但是高耗能投资占比仍为 12.9%，仅比上年同期下降 0.6 个百分点。从结构的角度看，高耗能投资的地位尚未根本动摇。根据调研情况，一方面，不少东部沿海地区尤其是次发达的沿海地区，仍然热衷于临港石化、钢铁等产业的发展；另一方面，随着东部产业向中西部转移进程的不断推进，高耗能投资也由东部地区资源环境承载能力饱和的地区转移到资源环境容量相对宽松的中西部地区，形成了“局部改善，总体恶化”的局面。

2013 年 1～11 月份，装备制造业投资累计同比增长 17.6%，较上年同期低 1.9 个百分点，低于总体投资 2.3 个百分点。装备制造业投资在总体投资中占比 13.3%，较上年同期下降 0.3 个百分点，但是较 2008～2012 年同期平均占比提高了 0.7 个百分点。装备制造业是为国民经济各行业提供技术装备的战略性产业，产业关联度高、吸纳就业能力强、技术资金密集，是各行业产业升级、技术进步的重要保障。

二、当前固定资产投资需要关注的主要问题

当前，我国固定资产投资形势总体上相对平稳，但也存在诸多短期和中长期的矛盾。这些矛盾既有来自外部经济环境的影响，又有内部经济发展方式尚未顺利转型的原因所致；既有固定资产投资的整体增长放缓，又有固定资产投资内部结构失衡导致的制约；既有财政金融体系不够完善的问题，又有实体企业自身公

司治理结构的缺陷。多种矛盾混合交织在一起，情况错综复杂，对固定资产投资的持续健康增长形成了较大的挑战。

1．制造业产能过剩对投资增长形成较大阻力

当前，我国产能过剩问题不断加重并呈逐步蔓延的态势。钢铁、电解铝、水泥、平板玻璃、船舶等传统行业产能利用率大都低于75%，产能过剩情况比较突出。与此同时，产能过剩行业已从上述传统行业扩展到风电、光伏、碳纤维等新兴战略性产业。我国太阳能光伏电池、风电设备产能利用率均不足60%。产能过剩意味着工业产品供大于求，价格下行压力不断加大，企业普遍经营困难，效益不佳。2013年1～10月份，全国规模以上工业企业实现利润同比增长13.7%，虽然较2012年同期有所恢复，但是仍然显著低于2008～2012年的同期均值。经营利润增速的低迷影响了企业扩大生产、新增投资的自筹资金来源，对投资增长形成了较大阻力。

2．地方财政风险不断攀升导致基建投资增长受限

分税制改革以来，我国中央政府、地方政府在财力事权上的不匹配状况日益严重，地方政府在事权不断增加、财力却未能显著扩大的现实条件下，通过地方政府融资平台来筹措建设资金，由此产生了地方政府债务问题。国际金融危机之后，地方政府密集借贷使得地方财政风险逐渐开始暴露出来。审计署报告显示，截至2012年年底，36个地方政府本级政府性债务余额达到3.85万亿元，比2010年增长了12.94%。从债务率看，36个地方政府本级中，有10个地区2012年政府负有偿还责任的债务率超过100%；如加上政府负有担保责任的债务，有16个地区债务率超过 100%。虽然我国地方政府性债务风险总体可控，但也要看到，部分地区和行业的偿债能力较弱，加上债务偿还对土地出让收入的依赖较大，导致财政风险隐患不可忽视。目前，地方政府性债务的资金投向主要是交通运输、市政建设、土地收储、教科文卫、农林水利建设、生态建设和环境保护、保障性住房等基础设施建设领域，而地方政府性债务居高不下，中央政府加强了对地方政府财政风险的管控，使得由地方政府主导的基础设施建设投资的增长空间受到一定的限制。

3．制造业投资面临的货币条件仍然偏紧

2013年以来我国货币供应量总体相对宽裕。2013年11月末广义货币（M2）

同比增长 14.2%，高于央行年度计划目标 1.2 个百分点；社会融资总量为 16.06 万亿元，比上年同期多 1.93 万亿元。虽然货币信用总量扩张速度很快，但是从实际效果看，资金未能有效流入实体经济，不少资金在楼市、地方政府债务以及银行理财产品等领域沉淀，实体经济面临的实际利率仍然较高。一方面，利率在不同部门间分化，房价大幅上涨导致房地产行业的实际利率为负，地方融资平台对利率不够敏感，两者的融资需求限制了市场利率下行。而工业生产者出厂价格指数（PPI）通缩则推高了实体企业的实际利率，这种融资结构矛盾是以制造业为代表的实体经济疲弱的重要原因。另一方面，银行系统的资金使用效率低下，加上资金大量在金融体系内部自我循环而没有进入实体经济，使得实体经济明显感到“缺血”，进而对投资增长形成了重要约束。同时，人民币实际有效汇率快速提升，进一步放大了信用扩张和经济增长之间的脱节。

4. 房地产开发投资压力渐现

2013 年以来，商品房销售面积和销售额增速均大幅度反弹。2013 年 1～11 月份分别达到了 20.8%和 30.7%，可以推算出商品房价格同比增长 8.2%。受此带动，房地产开发投资增速也较上年同期有较大提高，达到 19.5%。目前，商品房交易价格已经长时期处于高位运行，居民收入难以有效支撑房产消费，市场开始呈现出“价稳量跌”和结构分化的微妙局面。一方面，以北京、上海为代表的一线城市房地产市场风险继续累积。房地产价格持续上涨，不仅限制了刚性购房群体的其他消费能力，并且吸引着投机性资金大量进入房地产市场，对实体经济产生显著的挤压。另一方面，我国部分三、四线城市由于土地供应规模不断扩大，而产业升级步伐缓慢，难以创造大量就业岗位和人员集聚效应，导致房地产需求明显不足，部分地区出现了严重的房地产过剩局面。

三、2014 年固定资产投资形势展望

从中长期看，合意的投资增速已经下降，当前我国固定资产投资的平稳放缓正是对全球经济再平衡以及潜在经济增长率下降的适应性调整。根据宏观投资效率判断准则，我国的固定资产投资效率总体上仍然呈现出“动态有效”的特征，但是投资效率自 2005 年以来处于比较明显的下降通道。这意味着我国的投资空间依然存在，只是受制于投资领域存在的矛盾而效率有所下降。

1. 投资稳定增长的有利因素

（1）*改革红利将持续释放，有助于激发投资活力和动力* 2013 年以来，投资领域的主要改革措施包括：取消和下放的行政审批事项已超过 330 多项，扩大营改增试点范围、暂免征收部分小微企业增值税和营业税、中国（上海）自由贸易试验区挂牌成立等。特别是十八届三中全会就未来我国全面深化改革做出顶层设计，行政审批、财税、金融、价格、城镇化等诸多领域改革步伐将明显加快。这一系列的改革红利，将有利于优化投资环境、激发全社会投资活力。

（2）*基础设施建设的投资需求较大，可以有效拉动投资增长* 我国的城镇化进程正处于快速发展阶段，城镇化率每年提高 1 个百分点左右。目前，城镇化建设已经催生出巨大的基础设施投资需求。高速铁路、电网建设、城市基础设施、信息基础设施、节能减排、棚户区改造以及保障房建设都是投资的重要领域。基础设施属于“社会先行资本”，可以提高物流、能量流、信息流的运转效率，进而带动更多的投资和社会生产。随着基础设施建设领域投资准入的放开，民间资本将更多地进入该领域，有助于缓解城镇化建设的资金约束，有效拉动投资增长。

（3）*服务业投资空间较大，有望实现较快增长* 我国产能过剩问题主要集中在制造业，而服务业则存在供给不足问题。我国服务业占 GDP 比重与同等发展中国家水平相差 10 个百分点以上，有着较大的发展空间，其中养老、医疗、金融、教育等服务业的投资空间更为充足。国家正在努力将服务业打造成为经济社会可持续发展的新引擎，并开始着力引导服务业的快速发展。一方面，陆续出台政策鼓励民间资本进入服务业，如鼓励民间资本进入养老服务业、鼓励发起设立自担风险的民营银行等。另一方面，正在积极推动服务业对外开放，吸引外资加大对服务业投资。

2. 投资形势面临的不利因素

（1）*市场力量难以支持短期内投资快速增长* 市场和周期因素是决定投资波动的基础性力量。2014 年仍处于两轮朱格拉周期之间的盘整阶段，投资将平稳中速运行。作为市场行为的企业投资，其决策是以利润率为基本依据。未来一段时期，总需求疲弱、消化已有过剩产能等因素叠加将对企业盈利造成较大压力。在外需不旺、国内企业总体创新能力较弱的条件下，市场缺乏新的投资热点。因此，市场力量难以支持短期内投资快速增长。

（2）政策增量空间缩小决定短期内投资难以大幅扩张　从财政政策的增量空间看，地方政府性债务管控加码、财政收入增速放缓，加上财政支出的刚性需求，导致了财政收支压力逐步加大，财政政策的扩张力度将比较有限。从货币政策的增量空间看，货币供应量和社会融资总量均保持在较高水平，中国人民银行近期的调控操作也明显传达出“要坚持住、发挥好稳健的货币政策”的意图，不会在流动性上继续粗放地“铺摊子”。2014年货币政策将维持稳健、中性的基本取向，政策增量空间较小。因此，投资在短期内难以大幅扩张。

（3）产能过剩、地方债务风险、房地产等三大难题将继续困扰投资前景　产能过剩、地方政府性债务、房地产等问题，并不是一朝一夕形成的，而是不完善的市场经济体制在长期运行中逐渐累积起来的。政府行政干预过多、政府间财政关系没有理顺、垄断行业改革滞后、国有企业退出机制不够完善、官员政绩考核制度单一、收入分配制度改革推进缓慢，这些体制性矛盾长期扭曲着政府、企业和居民的行为，难以在短期内得到有效解决。因此，2014年投资形势仍将受到产能过剩、地方政府债务风险、房地产等三大问题的困扰。

综合判断，2014年固定资产投资仍将能够保持平稳态势，但增速略有下降，有望保持在19%左右。从主要投资领域看，制造业投资难以大幅回升，基础设施建设投资高位回落，房地产投资有所减速。

四、政策建议

2014年，应以优化投资结构和提高投资效益为出发点，加大投融资体制改革步伐，促进投资持续健康增长。

1．大力推动投融资体制改革

切实推进投资体制改革，进一步减少和下放投资审批事项。按照“谁投资、谁决策、谁收益、谁承担风险”的原则，最大限度地缩小审批、核准、备案范围，切实保障企业和个人投资自主权。推动融资渠道市场化，为企业投资提供有效率的资金支持。通过发展非银行金融和非贷款融资来实现金融机构和金融产品的市场化，提高全社会融资效率，切实有效地支持企业投资活动。

2．加大对重点领域和薄弱环节投资的支持力度

在保持适度投资规模与增速的基础上，调整优化投资结构，更多地投资在事

关我国经济转型与升级大局的重点领域。加大对服务业、信息化产业、与新型城镇化相关的基础设施、“三农”、节能环保产业、制造业技术改造与创新等领域的投资支持，培育新的投资增长点。同时，进一步优化投资的区域结构，继续加大基础设施相对薄弱的中西部地区和发展相对滞后的贫困地区的投资支持力度。

3．用好政府投资的引导和带动作用

重视优化政府投资效率，提高政府投资对社会资本的带动作用。积极发挥政府投资对技术进步、社会发展的重要作用，加强对高新技术产业、科技研究、教育等方面的投资，促进技术创新和人力资本积累；增加对欠发达地区、农村地区的公共投资支出，主要用于基础设施建设、农业现代化、环境治理等；增加有利于创造更多就业机会的投资支出，促进社会稳定发展。

4．鼓励和促进民间投资健康发展

抓紧贯彻落实“新非公36条”，促进民间投资持续健康发展，增强投资稳定增长的内生动力。进一步放开民间投资的领域和范围，支持民间资本做大做强。营造有利于民间投资健康发展的政策环境和舆论氛围。通过加大信贷支持力度、直接融资、完善信用担保体系等方式，拓宽民间投资主体的融资渠道。

（作者：胡祖铨）

2013 年地区经济发展形势分析及 2014 年展望

一、2013 年地区经济增长的基本情况

1. 23 个省（自治区、直辖市）工业增加值增长，24 个省（自治区、直辖市）同比增幅回落

2013 年 1～11 月份，全国 23 个省（自治区、直辖市）规模以上工业增加值实现 10.0%以上的增长，25 个省（自治区、直辖市）高于全国 9.7%的平均水平，前 14 个省（自治区、直辖市）增速在 12.0%及以上，并主要分布在中西部地区，安徽和贵州工业增速（均 13.7%）并列第一，前 10 位的省（自治区）依次为重庆（13.6%）、西藏（13.4%）、福建和陕西（均 13.1%）、广西（12.9%）、新疆（12.8%）、青海和宁夏（均 12.5%）；低于全国增速的 6 个省（直辖市）依次为广东（8.7%）、浙江（8.5%）、北京（8.2%）、黑龙江（6.8%）、上海（6.4%）和海南（5.2%）。与上年同期相比，仅 5 个省（自治区、直辖市）工业增幅回升，新疆增幅最大，达到 5.2 个百分点，上海和浙江上升幅度次之，分别为 3.7 个百分点和 1.7 个百分点，辽宁和山东持平。24 个省（自治区、直辖市）工业增幅下降，有 8 个省（自治区、直辖市）降幅在 3 个百分点及以上，除天津外均为中西部地区，四川降幅最大，为 5.0 个百分点（见图 1）。

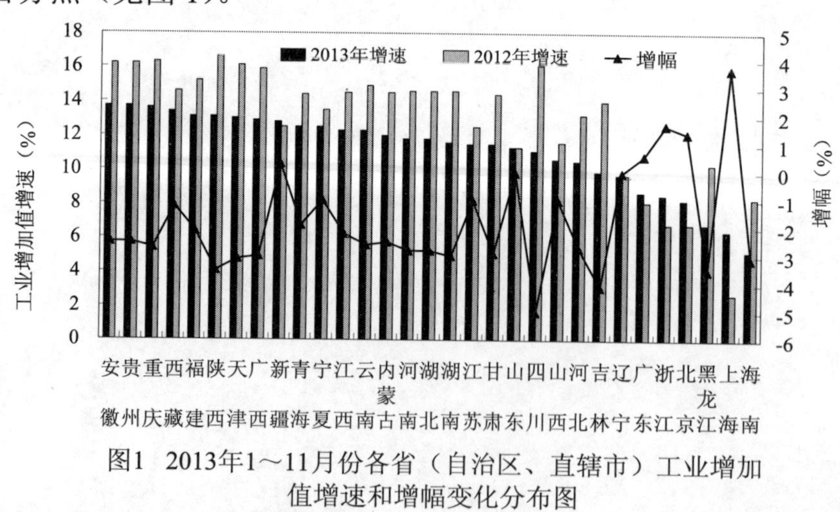

图1　2013年1～11月份各省（自治区、直辖市）工业增加值增速和增幅变化分布图

2. 中部、西部和东北地区固定资产投资继续保持 20.0%以上的高增长，四大区域投资增长逐季下降

2013 年 1～11 月份，东部、中部、西部和东北地区四大区域固定资产投资（不含农户）分别增长 18.84%、22.95%、23.0%和 21.77%，东部地区增速明显低于三个地区，与最快的西部地区相差 4.15 个百分点，增速差距缩小。从全年表现来看，四大区域投资增长逐季下降，中部地区前三季度投资增长强劲，西部地区最后增长最快的发展局面。与上年同期相比，仅东部地区增幅略有 0.05 个百分点提高，中部、西部和东北地区增速均减缓，分别下降 2.93 个百分点、1.5 个百分点和 5.93 个百分点；与 2013 年年初的 1～2 月份相比，四大区域增长幅度均下降。与上年同期相比，东部地区比重下降 0.78 个百分点，中部、西部和东北地区分别提高 0.35 个百分点、0.38 个百分点和 0.06 个百分点（见表 1）。

表 1　2013 年 1～11 月份四大区域固定资产投资增长情况

地区名称	固定资产投资/亿元		投资增长速度（%）		投资比重（%）	
	2013 年	2012 年	2013 年	2012 年	2013 年	2012 年
全　国	391282.53	326236.17	19.90	20.70	100.00	100.00
东部地区	157813.73	132791.37	18.84	18.79	40.62	41.40
中部地区	90893.55	73927.23	22.95	25.88	23.39	23.05
西部地区	96588.45	78529.21	23.00	24.50	24.86	24.48
东北地区	43257.91	35525.30	21.77	27.70	11.13	11.07

注：资料来源基于国家统计局公布的数据计算而得。

从各省（自治区、直辖市）来看，2013 年 1～11 月份，全国 20 个省（自治区、直辖市）的固定资产投资（不含农户）增速在 20.0%以上，22 个省（自治区、直辖市）的增速快于（或等于）全国 19.9%的平均水平，西藏增速最快，为 30.9%，前 10 位的省份依次为贵州（29.2%）、青海（28.5%）、云南（27.5%）、甘肃（27.3%）、海南（27.2%）、宁夏（26.9%）、黑龙江（26.2%）、山西和新疆（均 25.6%）。仅北京投资增速不足 10.0%，最低 9.3%。与上年同期相比，全国仅 6 个省（自治区、直辖市）的投资增长幅度提高，分别为广东（8.0）、上海（5.3）、北京（3.0）、海南和云南（均 0.7）、内蒙古（0.6）；1 个省份持平，24 个省（自治区、直辖市）增长幅度下降，江西在上年 30.5%高增长的基础上下降最大，达 10.4 个百分点（见图 2）。

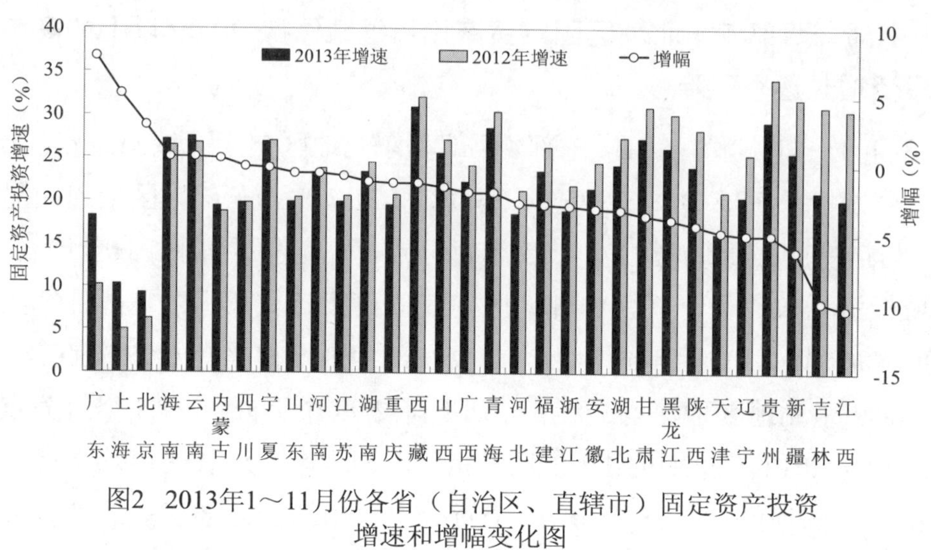

图2 2013年1～11月份各省（自治区、直辖市）固定资产投资增速和增幅变化图

3．中部、西部和东北地区消费增长与同比降幅均快于东部地区，四大区域消费增长逐季提高

2013 年 1～11 月份，全国社会消费品零售总额 211320 亿元，同比增长 13.0%，分别比 1～3 月、1～6 月增速回升 0.6 个百分点和 0.3 个百分点。2013 年 1～9 月份，东部、中部、西部和东北地区的社会消费品零售总额分别增长 11.87%、13.39%、13.13%和 13.15%（按 2009 年价格推算），全年呈现出四大区域消费市场逐季提高，中部地区继续保持首位的发展态势，中部、西部和东北地区增长均在 13.0%以上，明显快于东部地区，中部地区增速最快，比东部地区增速快 1.53 个百分点，同比增速差距减小。与上年同期相比，四大区域消费增长幅度均回落，分别下降 1.2 个百分点、2.04 个百分点、2.2 个百分点和 2.47 个百分点，中部、西部和东北地区降幅快于东部地区；与一季度相比，四大区域增长幅度均有提高，分别上升 0.61 个百分点、0.33 个百分点、0.36 个百分点和 0.75 个百分点（见表 2）。

表 2　2013 年 1～9 月份四大区域社会消费品零售总额增长情况

地区名称	消费增速（%）		消费占比（%）	
	2013 年	2012 年	2013 年	2012 年
全　国	12.90	14.10	100.00	100.00
东部地区	11.87	13.07	44.88	45.17
中部地区	13.39	15.43	14.29	14.19
西部地区	13.13	15.33	21.84	21.74
东北地区	13.15	15.62	18.99	18.90

注：资料来源基于国家统计局公布的数据计算而得。

从各省（自治区、直辖市）来看，2013 年 1～9 月份，29 个省（自治区、直辖市）全社会消费品零售总额增长在 11.0%以上，25 个省（自治区、直辖市）高于全国 12.9%的水平，西藏增速远快于其他各省（自治区、直辖市），为 15.2%，前 10 位依次为海南（14.1%）、福建、贵州和云南（均 13.8%），安徽和四川（均 13.7%），陕西和甘肃（均 13.6%），天津和重庆（均 13.5 %），23 个省（自治区、直辖市）消费增速在 13.0%～13.8%之间，增速不足 10%的仅有北京（8.6%）和上海（8.7%）2 个市。与上年同期相比，除广东增幅提高 0.6 个百分点外，其余 30 个省（自治区、直辖市）的增幅普遍下降，17 个省（自治区、直辖市）降幅在 2 个百分点以上，降幅最大的后五位省（自治区、直辖市）为北京（3.1 个百分点）、内蒙古（2.9 个百分点）、宁夏（2.8 个百分点）、吉林（2.7 个百分点）、黑龙江（2.5 个百分点）（见图 3）。

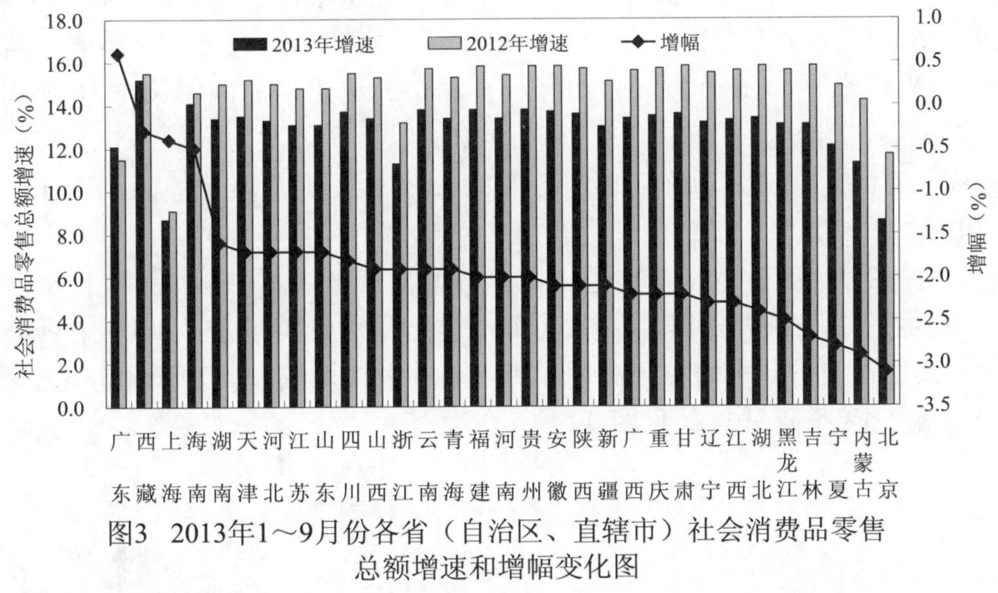

图3 2013年1～9月份各省（自治区、直辖市）社会消费品零售总额增速和增幅变化图

4. 中部和西部地区进出口贸易保持 10%以上的速度，东部地区增速明显低于全国增长水平

2013 年 1～10 月份，东部、中部、西部和东北四大区域进出口总额分别增长 6.71%、13.43%、14.2%和 8.87%，西部和中部地区进出口增速分列第一、第二位，表现出上半年 20.0%以上强劲增长然后明显回落的态势；东部地区增速明显低于全国 7.6%的水平。从全年来看，东部和中部地区进出口增速逐季缓慢降低，但同比均有回升；东北地区扭转了快速下滑而增速回升，同比增幅较大。与上年同期相比，东部、中部和东北地区进出口增幅分别提高 0.84 个百分点、6.51 个百分点和 18.91 个百分点，西部地区降幅显著，是在上年超高速度基础上的回落，下降

28.55 个百分点（见表 3）。

表 3 2013 年 1～10 月份四大区域进出口总额增长情况

地区名称	进出口总额/亿美元		进出口总额增长速度（%）		进出口比重（%）	
	2013 年	2012 年	2013 年	2012 年	2013 年	2012 年
全 国	33999.62	31615.12	7.60	6.30	100.00	100.00
东部地区	28618.69	26820.31	6.71	5.87	84.17	84.86
中部地区	1737.86	1532.09	13.43	6.92	5.11	4.85
西部地区	2175.79	1905.25	14.20	42.75	6.40	6.03
东北地区	1467.27	1347.77	8.87	-10.04	4.32	4.26

注：资料来源基于国家统计局公布的数据计算而得。

2013 年 1～10 月份，全国除上海、海南和西藏外的 28 个省（自治区、直辖市）进出口总额实现正增长，21 个省（自治区、直辖市）进出口总额增长高于全国 7.6%的平均水平，16 个省（自治区、直辖市）进出口总额增长在 10.0%以上。前 12 位的省（自治区、直辖市）增长在 12.0%以上，依次为宁夏（51.5%）、陕西（41.1%）、青海（39.8%）、湖南和重庆（均 20.5%）、贵州（16.6%）、河南（15.3%）、甘肃（13.7%）、江西（13.5%）、广东（12.4%）和广西（12.0%）。与上年同期相比，16 个省（自治区、直辖市）进出口总额增幅回升，其中 9 个省（自治区、直辖市）增幅在 11 个百分点以上，宁夏（50.5 个百分点）、陕西（45.7 个百分点）和青海（30.2 个百分点）增幅提高明显。广东进出口增幅和比重同比分别提高 5.5 个百分点和 1.13 个百分点（见图 4）。

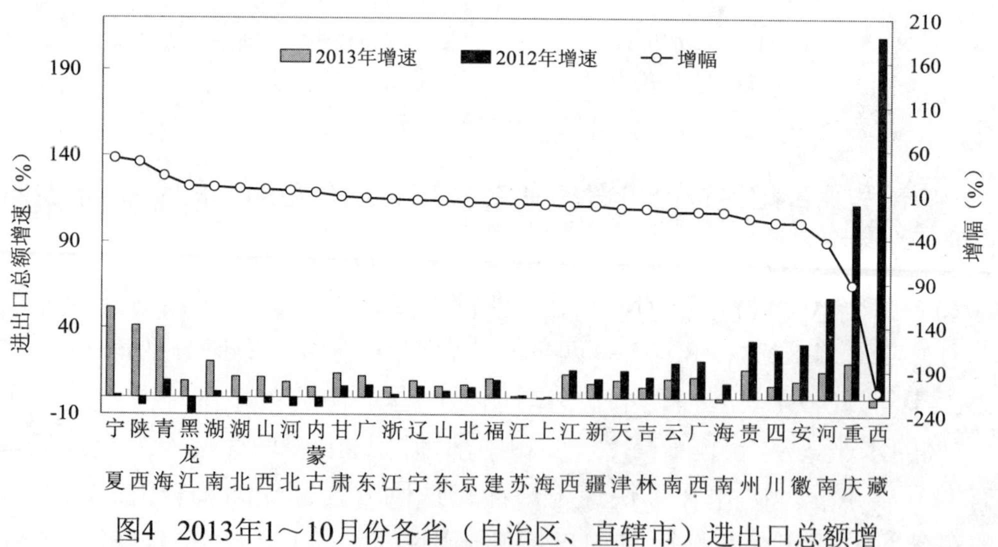

图4 2013年1～10月份各省（自治区、直辖市）进出口总额增速和增幅变化图

二、2013 年地区经济发展中存在的主要问题

1．区域发展不平衡问题不断深化

四大板块因发展基础、发展条件和发展水平差异较大，区域发展差距长期存在。2013 年以来，受国际金融危机冲击以及国内加快推进经济发展方式转变的影响，四大板块经济增速明显放缓，但东部地区经济增速的降幅比中西部和东北地区小，区域发展差距缩小的趋势放缓。

从东部地区的发展看，由于服务业、高新技术产业比重较高，北京、上海、广州、深圳、杭州等东部城市房地产市场活跃，前三季度东部地区固定资产投资、进出口贸易总额等经济指标同比不降反升，社会消费品零售总额在四大板块中同比降幅最小。中西部地区能源原材料产业比重高，政府投资比重高，内在的增长动力尚未建立，对外部环境变化反应敏感，前三季度中西部地区固定资产投资、进出口贸易总额、社会消费品零售总额等经济指标同比降幅较大。东北地区面临老工业基地振兴、资源枯竭型城市转型等严峻挑战，市场化水平和机制仍然落后，民营经济发展不够活跃，转型升级任务重，前三季度东北地区固定资产投资、社会消费品零售总额和进出口总额同比降幅在四大板块中分居第一位、第二位和第三位。2013 年四大板块发展的态势表明，经济增速放缓对中西部地区、东北地区的影响比东部地区的影响更大，区域发展不平衡问题更为突出。

2．区域规划实施不到位问题日渐显现

2013 年，国家除继续推出罗霄山、吕梁山和大别山等三大片区的区域发展与扶贫攻坚规划外，还出台了《深入推进毕节试验区改革发展规划（2013～2020 年）》《郑州航空港经济综合实验区发展规划（2013～2025 年）》《苏南现代化建设示范区规划》《云南瑞丽重点开发开放试验区建设总体规划》《黑龙江和内蒙古东北部地区沿边开发开放规划》等区域性规划。从出台的区域规划以及实施情况看，政策配套不到位、差异性不明显、跨省区域规划少等问题比较突出。

从政策配套的情况看，已出台的规划大都对加大用地指标倾斜、财政税收支持等内容做了原则性规定，但因缺少实施细则，部分政策措施没有得到很好的贯彻，造成规划实施进展缓慢。从规划的内容看，多数区域规划目的在于争取政策支持加快发展，而对生态环境保护、资源循环利用、特色优势产业培育等内容并没有给予应有的强化，容易给地方造成政策攀比和忽视资源环境保护的负面影

响。从跨省域规划的数量看，2013年虽有所增加，但并不占主流。即便是跨省域的规划，强调发展的内容多，强调合作、协调和保护等方面的内容少。需要在总结前几年区域规划制定和实施的基础上，借鉴国外编制区域规划的经验，更加注重政策配套、突出重点和差异化、加强生态环境保护、强调跨省市等行政区域协调发展等方面的内容。

3．区域合作不深入问题带有一定的普遍性

2013年，不同层次区域经济合作快速推进。“长三角、环渤海、东北四省区、泛珠三角”等区域合作的广度和深度持续深化，中原经济区城市间的合作也正式启动。但区域合作机制不健全、合作内容的广度和深度不够、合作的约束力不强等问题较为普遍。

从合作的机制看，多数停留在联席会议、举办论坛、签署宣言等比较松散的形式上，尚未建立有效的工作协商机制，缺乏社会和民间的有效跟进和积极参与，真正落地实施的大项目不多。由于没有建立风险共担、利益共享的有效机制，合作成效非常有限。“长三角”、武汉城市圈等少数地区虽然成立了“长三角合作与发展共同促进基金”“国开湖北（武汉城市圈）建设发展基金”，但规模小、数量少，并不能平衡各方利益，尚未发挥有效的支撑带动作用。从合作的内容看，基本都是在环保、通道、信息、科技、工商等领域的某个层次上开展合作，距离要素自由流通、市场一体发展、产业分工协作、公共服务均等化等要求还有较大差距。从合作的约束力看，由于政府间签订的协议、宣言法律地位不明确，不履行协议和宣言的法律后果不严重，不能对各方形成有效的约束，往往取决于政府部门领导之间的非规范约定和关系远近，实际执行效果大打折扣。

4．新区发展盲目攀比和恶性竞争问题蕴含较大风险

1992年10月中央批准设立上海浦东新区以来，国家已先后批准设立了天津滨海新区、重庆两江新区、浙江舟山群岛新区、甘肃兰州新区和广东南沙新区等国家级新区。2013年国家尚未批准新的国家级新区，但包括陕西西咸新区、四川天府新区、大连金普新区等都在积极谋求上升为国家级新区。各级地方政府，甚至是县级行政单位都在谋划设立新区。新区设立不规范、数量过多、盲目攀比严重等问题应引起高度关注。

据国家发改委城市和小城镇改革发展中心课题组对全国12个省区的调研显

示，12 个省会城市，平均一个城市要建 4.6 个新城新区；144 个地级城市，平均每个规划建设约 1.5 个新城区。鄂尔多斯康巴什新区、贵阳金阳新区、营口新区、昆明呈贡新区、常州新区、郑东新区等成为舆论高度关注的“鬼城”。客观地说，新区建设在拓展城市功能、加快城市发展和提升城市品位等方面都发挥了重要作用，但各地盲目追求建设新城新区，缺乏对于人口规模、产业支撑、资金来源、功能定位的科学论证，导致大量的重复建设、土地浪费和债务风险问题。许多新城新区的设立没有严格的审批程序，往往受当地领导的热情所驱使，成为体现地方领导政绩工程的重要载体。新城新区一味追求面积大、气派大、档次高，相互攀比、恶性竞争严重，却对人口支撑、产业支撑、资金来源等关键问题缺乏科学理性的论证评估，蕴含着较大的财政压力和债务风险。

5. 生态文明建设政出多门问题导致管理混乱和认识分歧

十八大报告首次将生态文明作为五位一体总体布局的重要组成部分以来，社会各界对生态文明建设越来越重视，中央和地方各级政府部门也出台了许多政策举措，进行了大量有益的实践探索。但政出多门、交叉管理、政策分散等问题不容忽视。

2012 年国家发展和改革委员会西部司开展了生态文明示范工程试点市县工作，环保部 2013 年 5 月份启动了国家生态文明建设试点示范区工作，2013 年 8 月份国务院提出了开展生态文明先行示范区建设。国务院及相关部委的重视将生态文明建设提高到前所未有的高度，但从政策的实际执行效果看，多个部门参与生态文明建设的政策制定和监督管理，采用的试点示范名称、标准制定、指标体系、政策支持、资金来源等类型繁多、相互交叉，没有形成统一明晰的监管体系和政策合力，容易引起社会各界对于生态文明建设的混淆和非议，导致部门之间的盲目攀比以及地方政府无所适从，不利于从长远稳步推进生态文明建设。

三、2014 年地区经济发展展望及对策建议

1. 加快重要经济带开发建设，促进资源配置集约高效

2013 年以来，长江经济带、新丝绸之路经济带以及环渤海经济带发展受到重视。这三大经济带[①]为全国主体功能区规划确定的全国经济发展主轴线，其中长

①这里的新丝绸之路经济带指中国段。

江经济带跨越东中西部地区，新丝绸之路经济带国内段为西部大开发的重要轴线，环渤海经济带串联了京津冀、山东半岛、辽东半岛我国北方三大经济核心区。2014年应加快以三大经济带为代表的重要经济带开发建设，将其作为促进区域协调发展的重要抓手，积极推动以东带西、东西互动和统筹东西部地区发展，推动地区经济结构调整和优化国土空间开发格局，从而为打造我国经济增长升级版提供战略支撑。

2014年应加快研究和制定重要经济带发展总体规划，推动编制经济带主要领域和次级区域的专项规划，重点突出以下方面的任务：一是依托长江黄金水道、陇海一兰新通道、沿海通道等交通干线，加快经济带综合交通运输体系建设，为发挥经济带的辐射带动功能奠定坚实的基础；二是将优化产业区域布局与化解产业过剩相结合，促进产业沿重要经济带有序向中西部地区转移，为经济带提供有力的产业体系支撑；三是结合国家促进新型城镇化发展战略机遇，加快重点城市建设，引导产业和人口集聚，为经济带崛起构筑支点；四是强化生态环境保护，促进上下游地区之间和相邻地区之间生态环境共治，建设生态经济走廊。同时，经济带相关地区应在各级政府引导下，发挥市场配置资源的基础性作用，加强区域治理和分工协作，建立健全超越行政区的经济带利益协调机制和补偿机制。

2．扎实推进新型城镇化进程，重点加强制度建设和政策配套

国务院新近颁布的《关于加强城市基础设施建设的意见》（国发〔2013〕36号），明确了城市基础设施建设中民生优先、安全为重、绿色优质的原则，体现了在城市建设中以人为核心、注重城市可持续发展的新型城镇化理念。许多地区围绕推进新型城镇化出台了相关指导意见，在户籍制度、土地制度改革等方面进行探索。随着国家促进新型城镇化规划以及党的十八届三中全会相关改革措施的出台，2014年应在加强新型城镇化相关制度创新以及探索新型城镇化路径方面取得更为实质性的进展。

2014年推进新型城镇化应重点加强相关基础性工作、提高制度建设的系统性以及与其他政策的配套性。首先，从2014年起加强与城镇化发展相关的基础性工作，主要应完善全国及各地区人口管理的信息登记系统，特别是建立比较科学的农业转移人口信息监测体系，为政府确立农业转移人口市民化的目标、政策设计、加强财力投入和进行配套设施建设提供科学依据。第二，应考虑修改和完善设市标准、城市规模界定标准、城市群界定标准等基础性工作，为合理确定城市化水平、科学编制城市群规划奠定基础。第三，在制度建设方面，应在土地制度、城市建设投融资体制、城镇行政管理制度以及基本公共服务城乡和群体间均等化方面加大改革和创新力度。第四，在政策配套方面，可考虑对城区老工业区改造和沿边地区城镇发展加大支持力度，促进城市基础设施建设与老工业基地振兴和老工业城市再生结合、加快城镇化与沿边地区开发结合，推进城镇化政策与区域发展政策相对接。

3．强化沿海内陆沿边优势互补的开放格局，全面提升对外开放层次水平

国务院批准设立的中国（上海）自由贸易试验区于 2013 年 9 月份正式挂牌成立，这标志着东部地区将在更高层次上参与国际合作与竞争。宁夏内陆开放型经济试验区以 2013 年中阿博览会为平台，继续探索内陆地区开发开放的新路径。新丝绸之路经济带建设以及打造中国—东盟自贸区升级版构想的提出，将进一步推动沿边地区开放。2014 年应继续巩固正在形成的沿海内陆沿边全方位开放局面，优化完善区域开放格局，提高我国对外开放的层次水平。

2014 年继续加快上海自由贸易试验区先行先试步伐，提升我国对全球经济的组织、管理和服务能力，发挥在全国对外开放转型升级方面的示范辐射作用。及时总结上海扩大开放经验，并考虑将有关政策的试点扩大到沿海其他地区，同时研究选择其他适宜的城市开展金融开放以及推进贸易便利其他领域的试点，全面提升沿海地区对外开放的层次水平。我国内陆和沿边地区开放首先需要完善出境交通通道、空港、无水港口、物流配送以及口岸等基础设施，加强内陆地区与沿海港口及边境口岸的联动合作，依托重要经济带或经济区建设大通关联络协调机制。其次，应在条件成熟的内陆地区增设综合保税区、海关特殊监管区域等对外开放合作的平台，改善对外开放条件。第三，应支持内陆省区有条件的地区积极承接沿海加工贸易梯度转移，建设一批加工贸易转移重点承接地，主动接受沿海发达地区的产业转移，提升自身外向型经济水平。

4．加强环境污染区域性联防联治，推进实施重点区域专项治理行动计划

2013 年以来，我国多个省市出现了大范围、持续性的雾霾污染，其中京津冀成为全国大气污染重灾区。环境保护部 2013 年上半年对全国 74 个重点城市的监测数据表明，京津冀空气质量为最差，重度污染以上天次占 26.2%，对居民身心

健康和投资环境带来严重的不利影响。近来，中央财政安排 50 亿元资金，采取“以奖代补”的方式用于京、津、冀、蒙、晋、鲁六个省（自治区、直辖市）大气污染治理工作，国务院专门印发《大气污染防治行动计划》，显示出中央政府对于环境污染区域联防联治的重视。

2014 年继续加大中央政府对于区域性环境污染治理的投入，进一步强化各地合作，打破行政分割，采取共同性应对措施和统一性行动。在中央政府给予重视的基础上，国家有关部门应鼓励和指导区域性污染涉及的各省区加强在产业结构调整、生态保护和建设、交通出行方式调整等领域的合作，建立和健全区域间信息沟通、资源共享、利益协商和应急处置等联防联控长效机制，共同控制燃煤、燃油和机动车总量，协同调整产业结构，推动产业转型升级，降低污染排放。除大气污染的区域性共治外，对于一些地方十分严重的区域性饮用水污染和土壤重金属污染等也应给予高度重视，强化区域性共防共治机制建设。加快编制重点区域环境污染联防联治总体规划、分领域专项规划以及实施方案，明确分阶段和分行业的治理目标和任务，陆续推出引导性资金、技术和考核政策，确保联防联治任务得到有效分解和落实。

（作者：高国力　申兵　黄征学　祁国燕）

市场预测篇

2013～2014 年汽车市场分析与预测

2013 年，我国经济表现出平稳较快的增长，增速与上年持平，国内经济转型特征更趋突出，产能过剩矛盾凸显。但是，中国汽车市场形势良好，乘用车和商用车需求增速明显回升。2014 年，世界经济仍处于危机后的恢复期，总体态势趋于稳定。在全面推进深化改革的大背景下，政府宏观政策将继续坚持稳中求进的基本指导思想，积极推进经济结构调整，我国宏观经济稳中向好的发展态势不会改变。随着汽车与社会发展的矛盾日益突出，汽车消费环境日益严峻，城市限购不断扩大，限购传闻会刺激短期市场需求的爆发，但负面影响具有长期性。随着限制公车购买和使用政策的深化，公务员购车将成为新的趋势。总体而言，2014 年我国汽车市场将继续保持较快的增长速度，但增速将略低于 2013 年。

一、2013 年汽车市场形势分析

1. 总体市场

2013 年我国汽车行业形势一片大好。据统计，2013 年国内汽车总销量达到 2224 万辆，同比增长 14.7%，市场走出了连续两年的微增长态势（见图 1）。

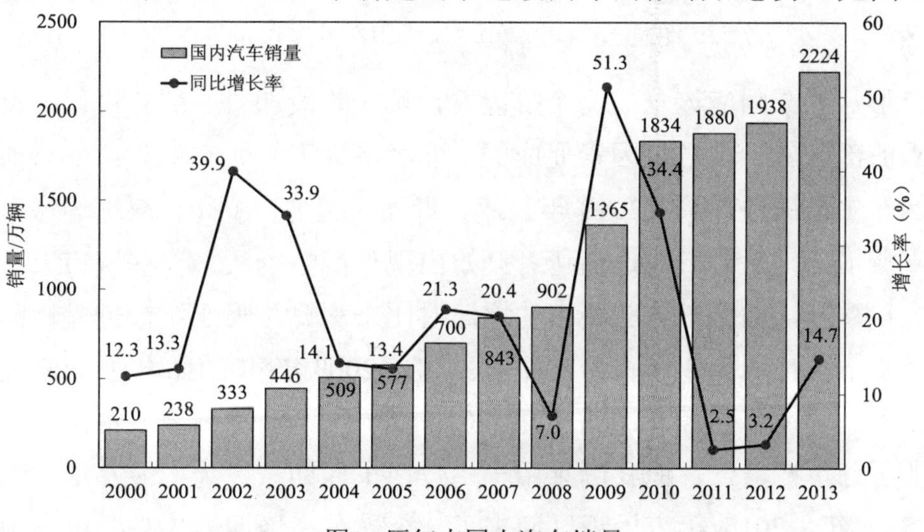

图1　历年来国内汽车销量

乘用车和商用车增速普遍明显回升，特别是乘用车，增长速度大大超出了预期。2013 年全年狭义乘用车市场需求达到 1633 万辆，同比增长 18.4%，微型客车市场与上年相比略有增长，全年实现销售 226 万辆，同比增长 1.8%。商用车市场也摆脱了持续下滑的态势，全年完成销售 365 万辆，同比增长 7.7%。

2. 乘用车市场

2013 年，我国乘用车呈逐步走高态势，9 月份以后市场需求数量和增速又跨上了一个新的台阶。3～8 月份月度销量 130 万辆水平，同比增长速度 10%左右；而进入 9 月份，乘用车月度销量提升到 150 万辆的水平，同比增长速度也提高到 20%以上（见图 2）。

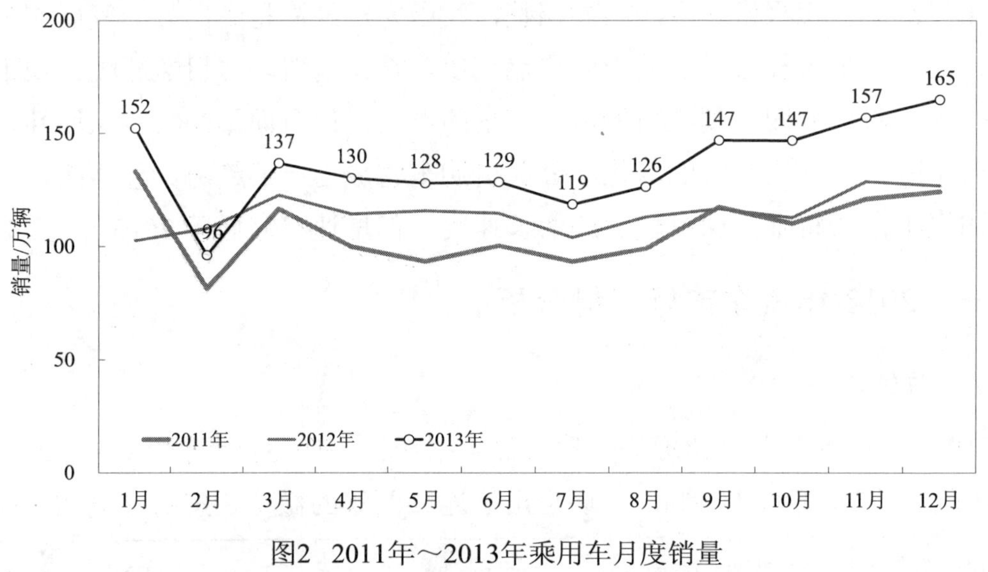

图2 2011年～2013年乘用车月度销量

这个形势的成因应该分成两个阶段看，第一阶段即 1～6 月份，超过乘用车刚性需求的部分属于非经济因素促成的，非经济因素主要有三点：一是潜在购车者对限购产生恐慌性购买。2013 年天津、青岛、武汉、杭州、深圳等城市传闻实施汽车限购措施，受此影响，消费者开始出现恐慌性购买，这些城市上半年车辆注册量大幅攀升，根据对这些城市的增速对比来测算，限购城市恐慌性购买对全国市场需求增长拉动了 2 个百分点左右。二是 2009 年和 2010 年的刺激政策带来的井喷需求到了换车高峰。2009 年和 2010 年受汽车消费刺激政策影响市场需求两年实现了翻番性增长，而我国乘用车用户换车周期一般为 3～7 年，平均换车周期是 5.37 年，2013 年市场正好迎来了一个换车高峰期。三是中央八项规定带来新的需求。2013 年中央八项规定牵起了席卷全国的推动厉行节约、反对浪费的浪潮，涉及汽车领域的主要是“严格按照规定乘坐交通工具”“严格执行住房、车辆配备等有关工作和生活待遇的规定”，八项规定对公车私用进行了严格限制，受此影响，政府公务人员开始进入购买私家车的群体，这种情况在三线城市尤为明显。后一阶段新台阶的形成主要是前三个因素继续存在并且没有减弱的情况下，增加了经济回暖的因素，9 月份当月超高还有 2012 年“钓鱼岛事件”引发的基数原因。经济因素是 9 月份以后乘用车市场上新台阶的主因，是根据历史数据实证分析结论得出的。历史数据实证分析表明，个别细分市场的回升往往是个别因素带来的，在没有全局性利好政策的情况下，市场全面回升特别是与经济关联度高的车型，如豪华车、进口车、B 级车及以上级别车等高速回升只能是在经济回暖的情况下才会发生，经济作用于各个级别市场。2013 年 9 月份以后乘用车市场在没有全局政策的情况下，出现了全面回升，乘用车需求量和增长速度都跨上了一个新台阶。与此同时，与经济速度关联更为敏感的车型，豪华车、进口车、B 级车及以上级别车速度回升更快，从分级来看，9 月份和 10 月份 B 级车以上级别车增速接近 40%，A 级别车增速在 20%以上，而 A0 级别车增速在 10%以下，体现出经济回升状态所应该对应的特点。从经济走势来看，上半年受产能过剩、反腐倡廉以及全球经济复苏趋弱等因素的影响，国内经济连续两个季度持续下滑，第二季度 GDP 增速回落至 7.5%。面对此形势，年中中央经济工作会议后，中央政策开始转向稳定增长，先后出台了加强城市基础设施建设、加快铁路建设，暂免部分“小微企业”增值税和营业税、加快棚户区改造等一系列举措，在一系列稳定经济增长的政策促进下，2013 年下半年宏观经济不断回暖，三季度经济企稳回升到 7.8%，经济回暖带来企业家和消费者信心的增强，三季度企业家信心指数达到 119.5，比二季度提高了 2.5 个点，消费者信心指数从 7 月份开始持续回升，到 10 月份消费者信心指数达到了 102.9，比 6 月份提高了近 6 个点，这对汽车消费增长的拉动作用可能比经济速度回升带来的作用还要大一些。

3．商用车市场

2013 年商用车快速回升也具有阶段性，上半年是非经济因素驱动为主，下半年主要是经济驱动。上半年，按照国家既定政策 7 月 1 日起实施柴油车国 IV 排放标准，受此影响商用车用户纷纷提前购买国 III 标准的车，这导致上半年尤其是第二季度销售增速非常高，4 月份商用车增速达到 14.9%，5 月份虽有所回落，但也达到了 12.1%，到 6 月份达到高峰，当月销售增长了 19.5%（见图 3）。进入 7 月份以后销售开始回落，但受国家稳定政策的影响，一些基础建设投资开始拉动商用车增长，虽然增速与上半年相比逐步回落，但与 2012 年负增长相比仍有较大的提高。

2013 年重型载货车与前两年相比出现了高速增长，销售增速高达 21%，重型载货车的增长带有一定的恢复性。前两年受宏观经济持续回落的影响，重型载货车需求连续两年大幅下降，年销量从 100 万辆下跌到 60 万辆水平，随着宏观经济的趋于稳定，全社会运载能力的不断消化，2013 年重型载货车市场开始低位复苏，全年销量达到 77 万辆，但销量水平仍低于 2011 年。在商用车客车市场，轻型客车延续了持续性增长的态势，全年完成销售 35.1 万辆，同比增长 15.4%，比上年提高超过了 10 个百分点，轻型客车的持续增长与电子商务和网络购物的持续快速发展有很大关系，近些年电子商务快速发展，2012 年网络购物规模超过 1.3 万亿元，网络购物的用户规模达到 2.5 亿人，电子商务带来了快递行业的井喷，加大了城市物流对轻型客车的需求。

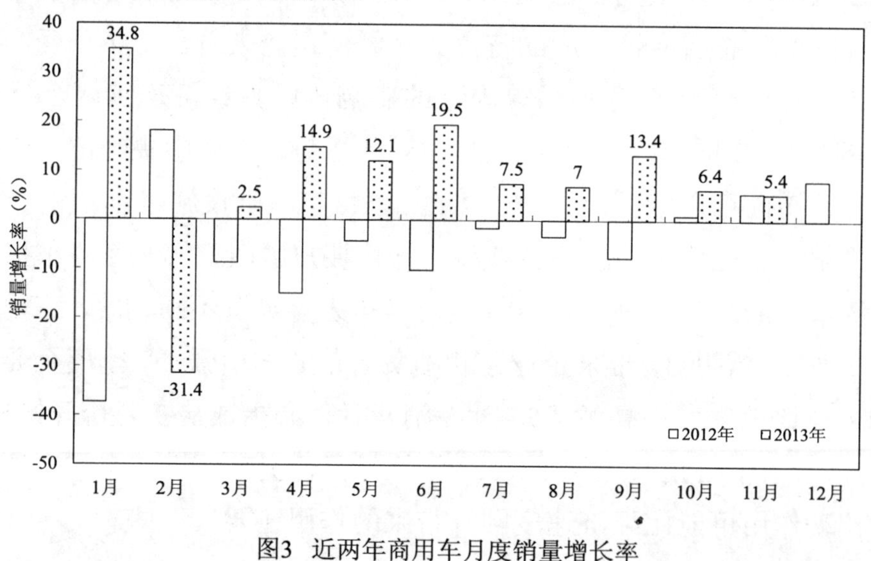

图3 近两年商用车月度销量增长率

二、2014 年汽车市场预测

1．乘用车预测

2014 年我国乘用车需求主要受三方面因素影响：一是发展规律，二是宏观经济形势，三是政策等。

（1）*发展规律* 从发达国家的发展经验来看，汽车发展一般经过两个发展期。第一个高速增长期是千人保有量由 5 辆达到 20 辆左右，这一时期持续时间较短，一般在 5 年左右，但增速比较高，一般在 30%左右。第二个高速增长期是千人汽车保有量由 20 辆达到 130 辆左右，年均销量增长率在 20%左右。日本 1960～1964 年为乘用车市场高速发展的孕育期，乘用车销量由 1960 年的 14.5 万辆暴增至 1964 年的 49.4 万辆，年均增长率高达 35.8%。1965 年日本开始进入乘用车普及期，当年乘用车销量 58.6 万辆，到 1973 年普及期结束，销量已经大幅攀升到 300 万辆，年均增长 22.2%。韩国乘用车市场 1981 年进入孕育期，当年乘用车销量 4.4 万辆，至 1985 年孕育期结束，乘用车销量已达到 12.9 万辆，年均增长 25.0%。1986 年韩国进入乘用车普及期，乘用车销量由 1986 年的 15.4 万辆迅速提升至 1997 年的 115.1 万辆，年均增长 20.0%。

从国际汽车保有水平来看，美国汽车保有水平最高，其千人汽车保有量超过了 800 辆，平均百人汽车销量达到 5.8 辆。欧洲国家保有水平基本在 600 辆左右，德国、法国、英国千人汽车保有量分别为 564 辆、598 辆和 523 辆；欧洲丹麦的汽车保有水平相对比较低，千人汽车保有量水平不足 500 辆，这主要是丹麦对汽车购买征收高额税导致的。日本千人汽车保有量也达到了 589 辆（见表 1）。如果按照人口密度、资源状况来看，我们和美国差距较大，与大多数欧洲国家类似，比日本要好，无论是按照欧洲水平还是按照日本水平，按照未来 15 亿人口测算，我国市场汽车销量饱和水平达到每年 6000 万辆也是完全有可能的。

表 1　主要国家汽车销量和保有水平

国家	2001～2007 年 汽车平均销量/万辆	2001～2007 年 平均总人口/万人	平均每百人 汽车销量/辆	汽车千人 保有量/辆
美国	1712	29301	5.84	802
意大利	260	5812	4.48	672
法国	256	6049	4.23	598
德国	358	8243	4.35	564
英国	284	5995	4.74	523
日本	576	12762	4.51	589
丹麦	22	541	4.09	478

当前，我国汽车保有水平和销售水平离饱和水平还有很大的差距，汽车发展还有很大的成长空间。按照成长规律对比，我国从2001～2008年花费了近9年的时间才完成了乘用车第一个高速发展阶段，乘用车销量由最初的86万辆剧增至2008年的570万辆，增长了近6倍，年平均增长率达30.4%；我国从2009年开始进入乘用车第二个高速发展阶段，即普及期，由于相对日本和韩国而言，我国人口众多并且存在明显的城乡差距、地区差距，由此带来我国收入分布差距巨大，收入分布阶梯化明显，因此我国将会用更长的时间、略低的速度完成汽车普及化，预计到2023年我国乘用车普及期将结束，在此期间，乘用车内需增长率大致相当于GDP增长率的1.5倍左右，保持10%左右的增长速度。

（2）2014年宏观经济 2014年，世界经济仍处于危机后的恢复期，总体态势趋于稳定，但也存在不稳定不确定的因素，美国量化宽松政策的退出对美国经济复苏和世界经济的冲击影响还很难确定。在此背景下，我国对外出口状况很难有大的改善，出口增速可能会略高于2013年。

2014年，是我国深入贯彻党的十八届三中全会精神，全面深化改革的第一年，也是我国“十二五”规划实施的关键之年。从发展阶段来看，我国已步入中等收入国家行列，原有的低成本优势逐步减弱，经济发展与环境的矛盾凸显，经济的潜在增长率逐步下行，“十二五”期间我国经济潜在增长率将由“十一五”期间的9%～10%下降至7%～8%。我国经济已经进入到转变发展方式的重要时点，全面改革已是大势所趋，在资源配置方式和经济利益重构过程中，宏观经济政策必然处于双重特性之中，无论是投资建设还是货币发行等宏观经济政策都必将以稳字当先。从国内市场来看，严格控制公务消费对抑制餐饮等消费增速的影响将缓解，但越来越多的城市对汽车进行限购将影响汽车消费，预计全社会消费市场将趋于平稳，增速有望与上年持平。投资仍将是拉动经济增长的主动力，新型城镇化将成为经济发展的新的引擎。总体来讲，改革红利将贯彻2014年，我国经济将在筑底过程中保持稳定的增长态势，全年预计经济增长速度在7.5%左右（见表2）。

表 2 各机构对 2014 年中国经济的预测

预测机构	预测时间	2014 年 GDP 增速预测（%）
美银美林	2013 年 10 月	7.6
花旗银行	2013 年 11 月	7.3
渣打银行	2013 年 12 月	7.4
中信证券	2013 年 12 月	7.5
申银万国	2013 年 11 月	7.5
兴业证券	2013 年 12 月	7.2
国泰君安	2013 年 10 月	7.5
中银国际	2013 年 12 月	7.2
海通证券	2013 年 12 月	7.3
中金公司	2013 年 11 月	7.6
华泰证券	2013 年 12 月	7.4
中国社科院（数量经济与技术经济研究所）	2013 年 12 月	7.5
瑞银证券	2013 年 12 月	7.5
广发证券	2013 年 12 月	7.5
世界银行	2013 年 10 月	7.7
国际货币基金组织	2013 年 10 月	7.3
加权平均值		7.44

（3）2014 年汽车政策　2014 年，促成 2013 年上半年汽车市场需求高于潜在增长速度部分的三大因素都将继续存在。首先，随着天津市限购由传言变为现实，2014 年恐慌性购买将在全年断续出现。按天津或已出台限购政策的城市比较而言，其他几个城市也已达到类似的状态。比如 2011 年深圳、杭州、成都等城市乘用车千人保有量都已经超过 100 辆，深圳千人汽车保有量达到 134 辆，杭州为 131 辆，成都为 107 辆，这几个城市的汽车保有水平均高于天津（见图 4）。按照城市人口密度对比，深圳、武汉与广州的人口密度基本处于同一水平，2011 年深圳的人口密度为 8200 人/ km^2，武汉的人口密度为 6824 人/ km^2，广州的人口密度 7264 人/ km^2，而成都、青岛、重庆、杭州等城市人口密度与天津、贵阳等处于同一个水平，一些特大城市和大城市的人口密度已经接近于纽约、东京等国际城市。其次，更新高峰期因素依然存在。调查显示，我国乘用车用户一般 3～7 年换车，平均换车周期是 5.37 年，按此测算 2014 年将迎来 2010 年消费群体的换

车高峰。第三，八项规定对乘用车的正向作用可能会加大。随着公车限制购买和使用政策的深化，公务员购车成为新的趋势，并且会有放大效应，使原来不想买车的公务员也可能由于从众效应而买车，在汽车普及水平较低的地级市这个现象将更为明显。另外，随着政策的深化，下一步有可能会传递到事业单位和国有企业的公务用车，又会放大一个人群。

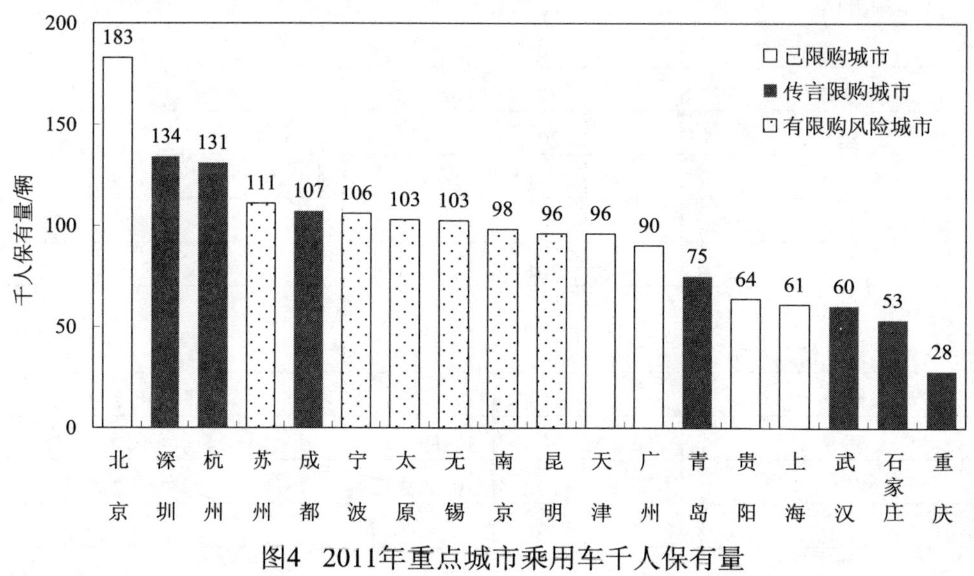

图4 2011年重点城市乘用车千人保有量

2．商用车预测

（1）发展规律 2000～2012 年我国商用车处于较快的增长阶段，年均增长速度达到 11.4%。未来我国商用车长期潜在的增长率将有所下降，初步判断商用车将以 6%～7%的速度增长，略低于同期的 GDP 增速。做出以上判断的依据主要有三点。一是我国经济增长仍将保持年均 7.5%左右的增长速度。二是运输强度依然较高，但将逐步下降。未来 10 年我国仍处于重化工业阶段，经济增长动力仍然来自于第二产业的发展，工业品、建筑建材的需求增长仍会促使我们运输强度保持较高的水平。但是，面对粗放型增长方式带来的资源环境问题，迫使我们必须转变经济发展模式。2011 年，我国 GDP 总量占全世界经济总量 10.4%，而煤炭消费量占全球消费量 48.5%，钢铁消费量占全球消费量 45.4%，水泥消费量占全球消费量比例超过 50%（见表 3），与美国、日本等国家相比，我国是依靠大量物资投入、能源消耗换来的 GDP 总量的增长。但是这种增长方式已经无法维继下去。高能源消耗伴随的就是高污染，我国城市大气环境污染十分严重，东部和一线城市更甚，2012 年我国二氧化硫、氮氧化物和工业粉尘分别排放 2117.6 万 t、2337.8 万 t 和 1278.8 万 t，污染物排放量巨大，位居世界前列，远超出环境承载能力。城市 SO_2、PM10 污染仍维持在较高水平，为欧美等发达国家的 2～4 倍，可吸入颗粒物是城市空气污染的首要污染物，世界卫生组织（WHO）公布了世界 1081 个城市 2008～2010 年可吸入颗粒物年均浓度分布，我国省会城市参与排名，最好的是海口市，排名第 814 位，其余均在 890 位以后，北京市排名相当靠后，位列第 1035 位，随着重化工业的快速发展和机动车保有量的快速增长，我国以细颗粒物、臭氧、酸雨为特征的二次污染呈加剧态势，严重影响着人们的身体健康。面对如此严峻的形势，新一届政府更加注重结构调整与产业升级，更加注重能源环境压力，更加注重通过改革和开发促进经济增长，新的发展思路会对经济总量有深刻影响，也将对经济结构产生深刻的影响。当然，“发展是硬道理”的方针没有改变。目前我国面临的问题还是来自于经济增长，目前的发展阶段还是要靠传统产业，产业转型升级是慢功夫，我们各方面准备还不够。三是公路承担的份额基本稳定或略有下降。“十一五”期间的铁路建设主要是高速客运专线，“十二五”及以后一些年我国铁路的货运专线、运煤专线也将逐步开始建设，这些货运专线的建设将使得本应由公路运输的煤炭、粮食等大宗物资回归到铁路运输。而且，随着铁道部撤销，铁路总公司成立，铁路运输效率将会逐步得到改善，这也将会促进公路运输份额的下降。

表 3　主要国家经济总量和资源消费对比

项目	国家	煤炭消费量 /（$\times 10^2$ 万 t 油当量）	钢铁消费量 /万 t	水泥消费量 /（$\times 10^2$ 万 t）	发电量 /亿 kW·h	GDP /亿美元
总量	世界总量	3628.8	137330	2857	221585	704416
	中国	1760.8	62390	1467	47157	73144
	美国	495.5	8910	100	43266	149913
	日本	117.7	6410	57	10427	58968
占比（%）	中国	48.5	45.4	51.3	21.3	10.4
	美国	13.7	6.5	3.5	19.5	21.3
	日本	3.2	4.7	2.0	4.7	8.4

（2）经济　宏观经济增长速度因素已经在乘用车部分分析过，经济对商用

车市场是常态作用。对商用车市场来说最重要的一点是投资，从目前情况判断，2014年不太可能通过采取大规模扩大投资的办法来保证经济增长速度。因此，不具备大力促进商用车市场超正常增长的因素。

（3）政策与环境　2014年与商用车相关的政策没有跳跃式影响，主要考虑国IV排放标准是分省乃至分城市实施，截止到2013年年底只有87个城市实施了国IV排放标准，2014年仍将有一些城市进入实施的行列，但实施肯定不会是突破性的，其对商用车的影响也是渐进式的。

总体来讲，2014年商用车市场将按规律即潜在增长率来发展，但是考虑到上年重型载货车市场的恢复性增长，2014年重型载货车市场很难按此速度继续发展。因此，2014年商用车整体增长速度要低于2013年的水平。

综合以上对乘用车和商用车的分析，预计2014年我国汽车总需求将达到2435万辆，同比增长9.5%。其中乘用车1829万辆，同比增长12%，商用车380万辆，同比增长4%（见表4）。

表4　2014年我国汽车市场需求预测

车　种	2013年需求量/万辆	2014年需求量/万辆	增长率（%）
乘用车	1633	1829	12
微型客车	226	226	0
商用车	365	380	4
合计	2224	2435	9.5

（作者：徐长明　李伟利）

2014 年客车市场发展形势展望

从行业发展规律来看，大中型客车市场规模在 1998 年超过两万辆，至 2012 年，已超过 17 万辆，市场规模扩大了 8 倍，其成长轨迹具有清晰的阶段性发展规律。规律的周期约为 5 年，15 年来，基本上可以划分为三个阶段：第一阶段为 1998～2002 年，5 年中大中型客车的市场规模从 2 万辆上升到 8 万辆，主要推动因素是营运客车类型划分和等级评定政策。第二阶段为 2003～2007 年，客车销量从不足 8 万辆增长到 12 万辆，与公交客车需求的大幅度增长具有因果关系。第三阶段为 2008～2012 年，客车市场规模从 12 万辆到 17 万辆，在这一阶段，客车出口和校车的规模效应逐步得到释放。从增长幅度来看，最近 10 年的平均增幅是 7.95%，最近 5 年的平均增幅是 8.06%。因此，虽然 2013 年客车市场遇到了一些困难，但未来一个 5 年周期（2013～2018 年），按照 8%的平均增幅来预测市场走势还是有依据的。从客车市场的周期性变化规律来看，每一阶段的头一年市场表现都比较差，如 2003 年、2008 年，2013 年正好是第四阶段的头一年，仍然没有摆脱这个周期性规律的束缚。2003 年和 2008 年的低迷原因分别是“非典”和金融危机，2013 年则完全是 2010～2012 年连续 3 年的高增长之后的正常调整。市场经过一年的休整之后，2014 年有望重新回到正常的发展轨迹之中，由于 2013 年的基数较低，2014 年的增幅有望高于前 10 年的平均值。基于此，笔者判断 2014 年客车市场的总体增幅将超过 8%。

一、政策推动因素

客车市场是政策市场，客车行业的发展与国家政策的长期支持高度关联，归纳起来，现阶段与客车有关的国家政策大致可以分为五类：节能减排、公交优先、营运管理、安全升级、信息化和智能化，比较有代表性的和对客车市场有推动作用的政策主要有：

1．节能减排：《交通运输节能减排专项资金管理暂行办法》《关于继续开展新能源汽车推广应用工作的通知》

在《交通运输节能减排专项资金管理暂行办法》像一根杠杆撬动了燃气客车应用的持续、高速增长之后，《关于继续开展新能源汽车推广应用工作的通知》对纯电动客车和插电式混合动力客车的推动作用又开始显现，虽然新能源客车的应用环境尚不成熟，技术上的先进性也还没有得到用户的认可，但地方政府的热情很高，“争抢国家补贴蛋糕，提高本地区新能源汽车的应用规模”已逐渐成为地方政府的共识。如，哈尔滨两年内将推广 5000 辆新能源汽车，其中纯电动车推广 4300 辆，混合动力车推广 700 辆；山东青岛、聊城、潍坊、淄博、临沂 5 市推出采购 5000 辆新能源汽车的推广计划；而北京的目标则更为明确，《北京市 2013～2017 年机动车排放污染控制工作方案》中明确表示：“积极发展新能源和清洁能源车辆，每年新增公交车中新能源与清洁能源车比例力争达到 70%左右。2013 年更新 3000 辆天然气车；2014 年更新 700 辆电动车和 1950 辆天然气车；2015 年更新 450 辆电动车和 1000 辆天然气车；2016 年更新 600 辆电动车和 1000 辆天然气车；2017 年，更新 600 辆电动车和 1000 辆天然气车，实现新能源与清洁能源车总量占公交车辆比例达到 65%左右；五环路内电驱动车辆比例达到 20%、天然气车达到 50%；公交行业油耗减少 40%；平均排放水平达到第五阶段排放标准，污染物排放减少 50%。”有这两项政策做支撑，2014 年燃气客车将继续维持高增长，新能源客车的市场表现也会有所突破，但仍然不会成为市场的主流。

2．公交优先：《国务院关于城市优先发展公共交通的指导意见》《关于开展国家公交都市建设示范工程有关事项的通知》

从 2004 年开始，“公交优先”这个名词开始进入大家的视野，这项政策对公交客车的促进作用十分显著。10 年来，公交客车年度销量从 2004 年的 2.8 万辆，上升到 2013 年超过 8 万辆，增幅高达 200%，成为客车市场上增幅最快的细分领域。如果说“公交优先”政策仅仅是指导意见的话，“公交都市建设”则是实实在在的落实措施，是政策落地。2011 年《交通运输部关于开展国家公交都市建设示范工程有关事项的通知》发布之后，第一批 15 个试点城市的公交都市创建成效已经开始显现。如北京市轨道交通日最高客运量已超过 1000 万人次；乌鲁木齐快速公交系统，实现了当年规划、当年建设、当年开通的目标；深圳城市公交日客运量突破 1000 万人次，公交出行分担率再创新高。2013 年 7 月份，交通运输部《关于推进公交都市创建工作有关事项的通知》明确表示，将对各公交都市创建城市的城市综合客运枢纽、智能公交系统、快速公交运行监测系统、清洁能源公交车辆四大项目给予政策和资金支持。

“公交都市建设”是推动公交客车市场长盛不衰的政策动力，对客车市场将产生如下深远的影响。

一是有利于扩大客车市场规模。加快建设城市综合客运枢纽的建设，形成公路客运与城市公交无缝对接的客运网络，将极大地提高民众出行的便利性，这是吸引大家选择公路客运和城市公交的基础，随着客源规模的不断扩大，客车需求规模也会不断扩大。二是引导产品升级。加快建设城市智能公交系统和城市快速公交运行监测系统，对公交客车产品的智能化和大型化将提出新的要求，新技术的应用必然会推动产品升级。三是促进市场结构调整。将“公交都市创建城市”推广应用液化石油气、天然气等清洁能源公交车辆纳入交通运输节能减排专项资金支持范围，会导致公交客车的市场结构产生颠覆性的变化。比如有些城市明确表示今后将不再采购柴油公交车，所有新采购车辆均为新能源及天然气公交客车。

3．营运管理：《营运客车类型划分及等级评定》《关于积极推进城乡道路客运一体化发展的意见》

交通运输部的营运客车类型划分及等级评定是对客车行业影响最大的政策之一。2013 年 7 月，新的《营运客车类型划分及等级评定》标准 JT/T 325—2013 正式发布，交通运输部关于贯彻落实交通行业标准《营运客车类型划分及等级评定》（JT/T 325—2013）的通知中有一条应该引起客车行业的重视：“自本通知发布之日起，鼓励达到高一级以上级别（含高一级）的客车从事旅游客运经营”，旅游客车的技术升级已开始受到政策重视，将逐步改变旅游客车技术水平较低的现状。

推进城乡道路客运一体化发展是交通运输部贯彻落实党中央、国务院关于统筹城乡协调发展、加快社会主义新农村建设的一项重要政策，其主要目标是，力争用 5 年左右时间，全国城乡道路客运一体化发展取得重要突破，城乡道路客运发展更加协调、网络衔接更加顺畅、政策保障更加到位，服务广度和深度逐步提升，服务质量显著改善，可持续发展能力明显增强。2011 年发布的这项政策由于缺乏资金支持，推进速度相对较慢，但 2014 年已经是第 4 个年头，离目标年限越来越近，政府主管部门将加大推进力度。从目前的现状来看，城乡道路客运一体化已经得到地方政府的积极响应，特别是地市级和县市级地方政府的积极行动，对政策的深入将发挥决定性作用，有些地方还提出要对农村客运线路实行公交化改造，将切切实实地使城乡道路客运一体化发展取得重要突破。2014 年，我们判断城乡客运一体化的进程将加速，对中轻型公路客车和公交客车的需求有扩大的趋势。

4. 安全升级：2013 年“道路客运安全年” 和校车安全管理部际联席会议

安全形势严峻，是近几年一直困扰客车市场的紧箍咒，随着《校车安全管理条例》《机动车运行安全技术条件》的相继出台，安全升级有了新的内涵。“道路客运安全年”活动从 2012 年开始正式启动。2012 年，各地按照统一部署，深入扎实地开展了各项活动，道路客运安全基础工作不断加强，客运车辆严重交通违法行为大幅减少，交通事故死亡人数明显下降，全国客运车辆一次死亡 3 人及以上交通事故起数、死亡人数分别比 2011 年下降 24.7%和 22%，“道路客运安全年”活动取得了良好的效果，涌现出一大批工作扎实、成绩突出的单位和企业。2013 年 4 月 7 日，交通运输部、公安部、安全监管总局印发了 2013 年“道路客运安全年”活动方案，具体内容包括进一步深化驾驶员素质教育工程、进一步推进客运企业安全管理标准化建设、进一步加强道路运输车辆动态监管、建立客运车辆较大交通事故调查处理和挂牌督办机制等 9 个方面。在全国范围内进一步绷紧了道路客运安全这根弦。

校车安全管理部际联席会议 2012 年 8 月经过国务院批准成立，成为校车安全的管理主体。据校车安全管理部际联席会议办公室有关负责人介绍，截至 2013 年 7 月底，涉及校车交通事故造成的死亡人数、受伤人数同比分别下降 13%和 21.2%，校车安全管理各项工作稳步推进，有力保障了学生上下学交通安全。但是，校车安全管理仍然存在一些问题：一是进展不平衡，二是认识不到位，三是要求未落实。针对这些问题，部际联席会议要求，抓紧出台《条例》实施办法，加快制定省级校车服务方案，全面落实校车安全管理制度，切实加大检查治理力度。全国校车安全管理部际联席会议将继续加大统筹协调力度，通过明察暗访、交叉检查、督办约谈等方式，对各地贯彻落实《条例》、加强校车安全管理工作进行专项督查，督促各地落实校车安全管理的有关要求，确保校车运营安全。保证了安全，才能真正保证市场需求，安全形势的好转对于 2014 年的客车市场来说是十分重要的利好因素。

5．信息化和智能化：《关于加强道路运输车辆动态监管工作的通知》《关于科技创新推动交通运输转型升级的指导意见》

2011 年，交通运输部、公安部、安全生产监督总局、工业和信息化部联合下发了《关于加强道路运输车辆动态监管工作的通知》，通知要求必须为“两客一危”车辆安装符合《道路运输车辆卫星定位系统车载终端技术要求》（JT/T794—2011）的卫星定位装置。2013 年 9 月份，交通运输部发布《关于科技创新推动交通运输转型升级的指导意见》，明确指出，“以信息化智能化引领交通运输现代化发展，大力推动信息技术在交通运输系统运行监测、运营管理、运输服务和安全应急等领域的深度应用，以信息化智能化引领行业转变发展方式，全面提升交通运输系统供给能力、运行效率、安全性能和服务水平”。在客车行业的发展历程中，推动客车技术平台整体提升的因素并不多，包括排放标准的升级、信息化和智能化。通过提升信息化和智能化水平，每辆营运客车都可以成为一个终端，既可以提升客运管理水平也能够提高为乘客服务的能力，信息化和智能化不仅能够提高客车产品的附加值，也能够帮助客车行业顺利实现转型升级。目前和未来相当长的一段时期，推动客车行业发展的政策环境非常好，机遇难得，因此，我们认为，客车行业仍然具有很大的发展空间。

二、市场环境因素

随着市场环境的不断变化，需要客车行业不断地提高自身的适应能力。目前影响客车市场的环境因素很多，其中主要的有五个方面。

1．十八届三中全会之后，各级政府的工作重心将转向经济建设

据媒体报道，与 2013 年 2 月的十八届二中全会相比，三中全会阵容已发生了重大变化。经过两会的系列人事调整，一批新的国家领导人、部长、省委书记、省长履新。在过去半年多时间里职务发生变动的中央委员人数超过 50 人，占到中央委员总人数的二成以上。说明在过去的一年中，新一届政府的工作重心是调整班子。十八届三中全会公报中，经济体制改革是放在第一位的，“要紧紧围绕使市场在资源配置中起决定性作用深化经济体制改革，坚持和完善基本经济制度，加快完善现代市场体系、宏观调控体系、开放型经济体系，加快转变经济发展方式，加快建设创新型国家，推动经济更有效率、更加公平、更可持续发展”。随后才是政治体制改革、文化体制改革、社会体制改革、生态文明体制改革等等。因此，十八届三中全会之后，各级政府的工作重心将转向经济建设，客车市场经过2013年一年的休整，将重新焕发活力。

2．PM2.5的压力与日俱增

环境保护部发布的2013年第三季度74个城市空气质量报告显示：74个城市平均达标天数比例为68.9%，与上季度相比提高6.4个百分点。平均超标天数比例为31.1%，其中轻度污染占22.7%，中度污染占6.3%，重度污染占2.0%，严重污染占0.1%，与上季度相比重度及以上污染天数比例下降1.1个百分点。其中：京津冀地区13个城市空气质量达标天数平均为37.5%，平均超标天数比例为62.5%，其中重度污染天数比例为5.9%，严重污染天数比例为0.4%。“长三角”地区25个城市空气质量达标天数平均为73.5%，平均超标天数比例为26.5%，其中重度污染比例为1.3%，无严重污染天数。“珠三角”地区9个城市空气质量达标天数平均为77.6%，平均超标天数比例为22.4%，其中重度污染比例为1.3%，无严重污染天数。PM2.5产生的主要来源，是日常发电、工业生产、汽车尾气排放过程中经过燃烧而排放的残留物。从现状来看，减少汽车尾气、控制小汽车增量、发展公共交通是各级政府的主要措施之一。比如，北京市发布的《北京市2013～2017年机动车排放污染控制工作方案》，从2014年开始，北京市每年的配置机动车指标，由目前的24万个下降到15万个，下降幅度近四成。同时“提高中心城区公共交通出行比例，加大公共交通换乘体系建设投入，2017年中心城区公共交通出行比例力争达到52%，公共交通占机动化出行比例达到60%以上”。可见，PM2.5将会促使公交客车、新能源客车、清洁能源客车的快速发展。

3．缓解城市交通拥堵的机遇

由中国科学院发布的《中国新型城市化报告2012》显示，在中国内地50个城市上班路上平均花费时间排名中，北京以52min居首，广州、上海则以48min、47min紧随其后。报告主编牛文元表示，在选取的中国百万人口以上的50个主要城市中，居民平均单行上班时间要花39min。如果按照人口计算，排名在前的15个城市居民每天上班单行比欧洲多消耗288亿min，折合为4.8亿h，若按上海每小时创造财富2亿元换算，15个城市每天损失近10亿元人民币。交通拥堵已经成为不可忽视的社会问题，大力发展城市公共交通是缓解城市交通拥堵的最佳策略。甚至有人建议，可以试行公共交通免费乘坐的形式，吸引一大部分人流，从而缓解城市交通拥堵。

4．城镇化建设的影响

十八届三中全会提出，“城乡二元结构是制约城乡发展一体化的主要障碍”，“要加快构建新型农业经营体系，赋予农民更多的财产权利，推进城乡要素平等交换和公共资源均衡配置，完善城镇化健康发展体制机制”。城镇化对客车市场的影响主要表现在以下四个方面：一是城镇化将促进公路客运网络逐步完善。未来的公路客运网络，是一种立体的网状结构。城镇化对公路客运网络最大的贡献是增加网络“节点”，城镇越多，公路客运网络的“节点”越多，网络的密度越高，因此，城镇化将大幅度地提升公路客运规模。从新一届政府所勾画的宏伟蓝图来看，中国的城镇化，从密度到质量的不断提高，应该是国家保持经济增长长期坚持的发展方向，公路客运网络将随着城镇化的发展而不断升级，搭上了城镇化这一艘大船，公路客运才有能力真正实现持续发展。二是城镇化建设将增加客流频率。国家统计局发布的数据显示，2012 年全国农民工总量达到 26261 万人，比上年增加 983 万人，增长 3.9%。随着城镇化建设的逐步深入，城镇化建设规模的不断扩大，这个数字还将大幅增加。我们假设，一个农民工每年只回 3 次家，农忙、秋收和春节，将带来超过 15 亿人的客流量，同时，城镇化建设将吸收大量新型城镇周边的建设者，客流频率的增加毫无悬念。三是城镇化和户籍制度改革将提高客流规模。户籍制度改革是新型城镇化发展的必要前提，目前现状是，城市建设速度高于人口增长速度，人能进来但是留不住，因为没有户口，房价太高，没有社会保障等等原因，所以都成了流动人口，改革户籍制度的焦点是让流动人口享有市民福利，一旦解决了这个问题，城镇化就有了成功的基础。对于交通运输来说，城镇化和户籍制度改革将提高客流规模，将成为公路客运发展的有效支撑。四是城镇化将促进旅游客流的增长。一方面，城镇化将促进人民生活水平提高，使人们旅游出行的需求增加，另一方面，随着城镇化水平的提高，新的旅游景点得到逐步开发和建设，将拉动旅游客流的增长。一头有需求，一头有景点，公路客运正好可以充当连接需求与景点的纽带。

5．世界范围内的经济疲软为中国客车迅速占领国际市场提供了一个契机

一份宏观经济形势报告指出，2013 年上半年世界经济在平稳中呈现弱增长状态，主要发达市场需求未实现根本好转，全球贸易增长的动力仍然不足。从失业率、消费者信心指数、制造业采购经理人指数等指标来看，美国经济增长势头表现良好，日本经济回升迹象明显，而欧盟还在衰退边缘徘徊，稳定复苏尚需时日。新兴经济体受经济危机影响日趋凸显，经济增长普遍放缓、低位运行的特征已常态化，同时随着发达经济体量化宽松政策和贸易保护主义措施负面影响的扩大，新兴经济体将面临严峻的挑战。一方面，中国客车在世界客车市场上的主要竞争对手在欧洲，欧洲经济衰退，必然会影响欧洲客车业的发展，对我们来说，这是一个此消彼长的好机会。另一方面，世界范围内的经济疲软，势必会导致消费能力的下降，理性的消费者会放弃价格很贵的高端产品，把目光转向性价比更合理的中国客车。目前，除上海外，包括天津、深圳、重庆、浙江、福建等在内的诸多省市均有意争取自贸区试点。对于客车出口将带来积极的影响（结算、物流、税收、检验检疫等方面）。在2013年世界客车博览会上，大金龙的一个创意非常新颖，他们的展车上贴着“第40000辆出口客车”的标签，这是一个吸引眼球的创意，更是一种实力的展示。笔者判断，2014年，客车出口增幅会远远高于2013年。

三、客车行业的两个显著变化

1. 新基地建设成潮流

据了解，最近两年，宇通客车、安凯客车、福田客车、桂林大宇、亚星客车、中通客车、苏州金龙、上海申沃、保定长安、丹东黄海等企业都在投入巨资新建生产基地，大家对客车行业未来的发展有很高的预期，但是，从产能利用率现状来看，客车行业的产能过剩矛盾已经凸显。大家热衷于投建新基地说明两个问题：一是客车市场未来有足够的上升空间。分析最近几年相关政策的走势和客车市场的表现，在细分市场上，公交客车、燃气客车、校车是增幅较大的放量领域，新能源客车虽然增幅也不小，但由于配套的应用环境不匹配和产品自身的技术路线并不成熟，有可能在5～8年之后，会成为市场需求的主体。这些判断是大家投建新基地热情越来越高的依据。二是促进行业洗牌。从现状来看，产能增长的速度远远高于市场需求的增长速度，必然会导致竞争更加激烈，极有可能成为行业大规模洗牌的导火索。客车行业虽然每年都有变化（有出有进），但由于激烈程度不够，根本谈不上行业洗牌，经过多年的积累，矛盾已越来越尖锐，从发展的角度来看，客车行业客观上需要来一次革新除弊的大洗牌，优化资源配置，形成新的市场秩序。这种洗牌，与国家现阶段的发展形势高度吻合，与十八届三中全会提倡的“改革”精神高度吻合。20 家企业的平均产能利用率仅仅 66 .02%（见表 1），但随着末流企业不断被淘汰和客车出口的不断放量，行业的产能利用率将会达到新的平衡。

表 1　前 20 家客车企业的产能利用率

序号	单位名称	目前产能/辆	2012 年销量/辆	产能利用率（%）
1	郑州宇通集团有限公司	51000	51688	101.35
2	厦门金龙联合汽车工业有限公司	35000	29692	84.83
3	金龙联合汽车工业（苏州）有限公司	35000	24825	70.93
4	厦门金龙旅行车有限公司	30000	23882	79.61
5	安徽安凯汽车股份有限公司	31500	12413	39.41
6	中通客车控股股份有限公司	14000	12017	85.84
7	河南少林汽车股份有限公司	20000	9968	49.84
8	东风特汽(十堰)客车有限公司	9000	7280	80.89
9	保定长安客车制造有限公司	10000	4794	47.94
10	一汽客车有限公司(四家)	12000	4414	36.78
11	桂林客车工业集团有限公司	12000	4277	35.64
12	扬州亚星客车股份有限公司	10000	4020	40.20
13	北汽福田汽车股份有限公司客车分厂	15000	3862	25.75
14	上海申龙客车有限公司	8000	3762	47.03
15	重庆恒通客车有限公司	8000	3733	46.66
16	丹东黄海汽车有限责任公司	6000	3708	61.80
17	青年汽车集团有限公司	5000	3408	68.16
18	成都客车股份有限公司	8000	3362	42.03
19	上海申沃客车有限公司	4000	3250	81.25
20	东风襄阳旅行车有限公司	6000	3165	52.75
	合计	329500	217520	66.02

2．投资型市场资源兴起

因为在某地有投资而获得当地的客车需求订单，可以叫做投资型市场资源。纵观近年来客车市场的一些变化，投资型市场资源越来越不可忽视，不仅颠覆了客车企业传统的营销模式，而且对客车行业未来的发展产生了较大的影响，值得大家重视和研究。首先，分析一下投资型市场资源的几个关键要素。一是“投资”，顾名思义，投资型市场资源肯定是由“投资”引导出来的，因此，投资主体也是受益主体。二是“决策者”，谁接受“投资”谁就是确定订单的决策者，一般来说，这个角色是地方政府，而不是提供订单和接受产品的公交公司或客运公司。三是“资源”，既然是“资源”就具有一定的排他性和延续性，有的地方甚至具有一定的独享性，而且投资型市场资源一旦形成，发展的目标将是垄断。四是“交换”，投资型市场资源其本质是一种利益交换，这种交换在我国的经济发展中有一定的传统，当初“以技术换市场”的国外汽车巨头已经获得了巨大的利益，现在“以投资换市场”的双方也会是一个双赢的格局。其次，什么企业有条件获得投资型市场资源？归纳起来看，要获得投资型市场资源必须具备一些必要条件，笔者认为三个条件缺一不可：一要有资本，二要有渠道，三要有底蕴。在客车行业，成功的经验凤毛麟角，但失败的教训却有很多。美的投资客车为什么失败？有资本、有渠道，但没有客车经营底蕴。奔驰为什么失败？有渠道、有底蕴，但不肯投钱。宇通为什么要从重庆和兰州撤资？有资本、有底蕴，但渠道并未理顺。目前比较成功的投资型市场资源例子不少，比如宇通在河南，金龙在福建和苏州，福田在北京和中山，亚星在扬州和潍坊，在此不一一列举。第三，投资型市场资源对客车行业发展的影响。客车企业的背景和实力越来越重要。客车市场上非市场因素的影响越来越大，在夹缝中生存的企业越来越难。

综合以上分析，笔者对2014年的客车市场判断如下：

第一，公交客车的增幅会略有下降。5m以上的公交客车2013年销量将达到7.9万辆左右，增幅约13%。2014年，预计增幅10%左右，总销量将达到8.8万辆。公交客车2013年市场表现较好，综合发展因素预计还会延续增长势头，但由于2013年基数已经有大幅提高，因此，2014年的增幅可能有所下降。

第二，校车的基数较小，增幅仍有可能放大。校车2013年销量有望达到2.8万辆，增长约10%。2014年，预计增幅20%，总销量将达到3.4万辆（2013年校车市场远未达到预期，由于基数仍然较小，预计增幅20%并不夸张）。

第三，座位客车依然面临诸多困难，但已经连续两年下滑，2014年将止跌反弹。5m以上座位客车和其他客车2013年预计销量将达到11.3万辆，下降约8%。随着出口的复苏和城乡客运一体化的加快，2014年，总销量有望保持在11.6万辆左右。

第四，2013年5m以上客车总销量预计达到22万辆，与上年基本持平，2014年预计总销量将达到23.8万辆，总增幅超过8%。其中，新能源客车2013年预计销量为0.9万辆，2014年将保持40%左右增幅，总销量预计将达到1.2万辆。燃气客车2013年预计销量为4.4万辆，2014年将保持30%左右增幅，总销量预计将达到5.7万辆。

（作者：佘振清）

2013 年轻型客车市场分析及 2014 年展望

一、2013 年轻型客车市场回顾

1．2013 年轻型客车市场发展状况

2013 年 1～11 月份，轻型客车销量已达到 34.8 万辆，预计 2013 年全年轻型客车需求总量在 38 万辆左右，同比增长 12.5%（见图 1）。在商用车各细分市场中，轻型客车的增长速度仅次于重型货车。2013 年 1～11 月份，客车销量同比增长 11%，贡献主要来自占客车比重高达 70%的轻型客车。大型客车和中型客车占比分别为 16%和 14%。

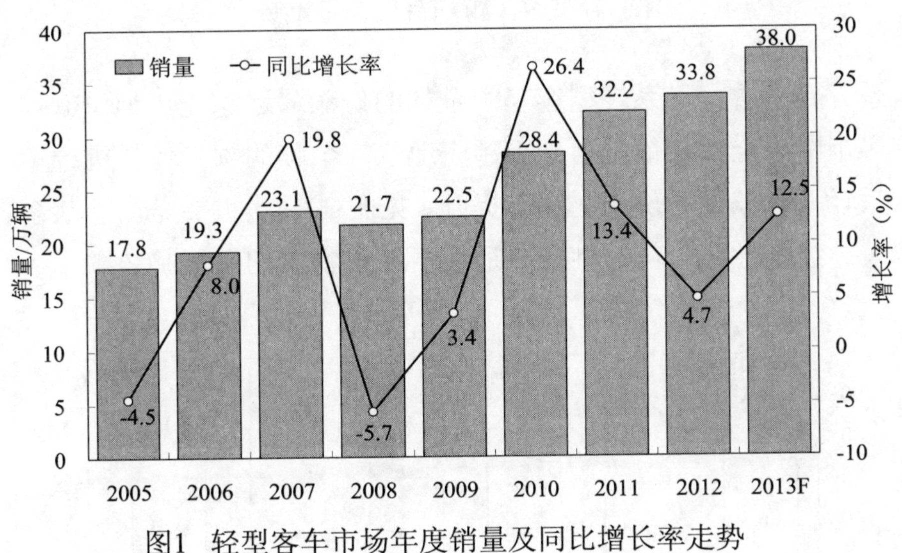

图1　轻型客车市场年度销量及同比增长率走势

2013 年轻型客车市场增长的主要驱动因素有四点：一是经济的平稳增长及投资贡献；二是快速的城市化进程；三是电子商务发展带来的城市物流需求；四是国Ⅳ排放标准的实施带来的需求提前释放。

2．2013 年轻型客车市场发展特征

从月度销量来看，2013 年除 1～2 月份春节期间销量偏低外，其他月份的总

体销量都高于 2012 年同期；2013 年 3～6 月份受国Ⅳ排放政策即将实施的影响，轻型客车消费需求提前释放，月度走势平缓；7 月份多数省市严格实施国Ⅳ排放标准之后，轻型客车销量有一个明显的下滑；8 月份之后又震荡回升（见图 2）。

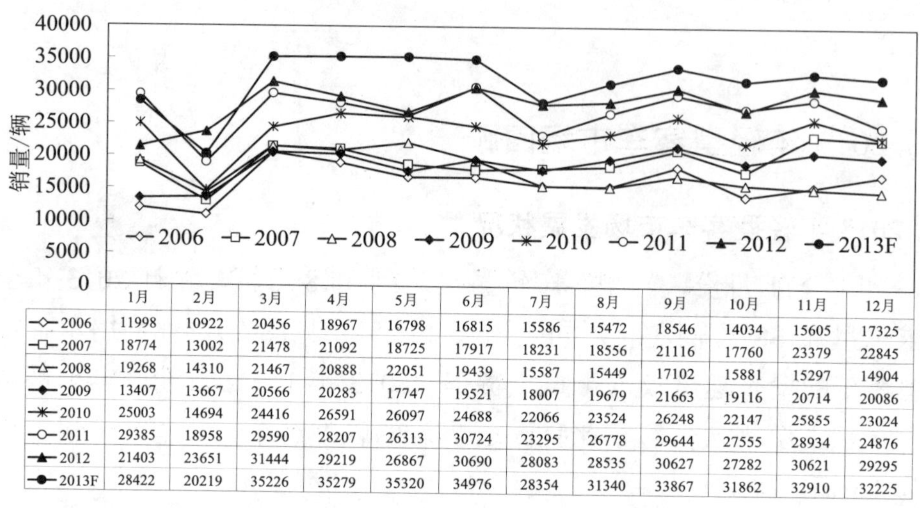

	1月	2月	3月	4月	5月	6月	7月	8月	9月	10月	11月	12月
2006	11998	10922	20456	18967	16798	16815	15586	15472	18546	14034	15605	17325
2007	18774	13002	21478	21092	18725	17917	18231	18556	21116	17760	23379	22845
2008	19268	14310	21467	20888	22051	19439	15587	15449	17102	15881	15297	14904
2009	13407	13667	20566	20283	17747	19521	18007	19679	21663	19116	20714	20086
2010	25003	14694	24416	26591	26097	24688	22066	23524	26248	22147	25855	23024
2011	29385	18958	29590	28207	26313	30724	23295	26778	29644	27555	28934	24876
2012	21403	23651	31444	29219	26867	30690	28083	28535	30627	27282	30621	29295
2013F	28422	20219	35226	35279	35320	34976	28354	31340	33867	31862	32910	32225

图2 轻型客车市场月度销量走势

从车系分布来看，日系轻型客车中金杯的份额遥遥领先，但份额逐年递减；欧系轻型客车中，全顺和依维柯处于领先地位，全顺的领先优势进一步凸显，总体来看欧系轻型客车市场份额在逐步提升（见图 3）。这主要是由于欧系轻型客车产品空间大、经济性好、可靠性高，适应于城市物流的发展趋势。

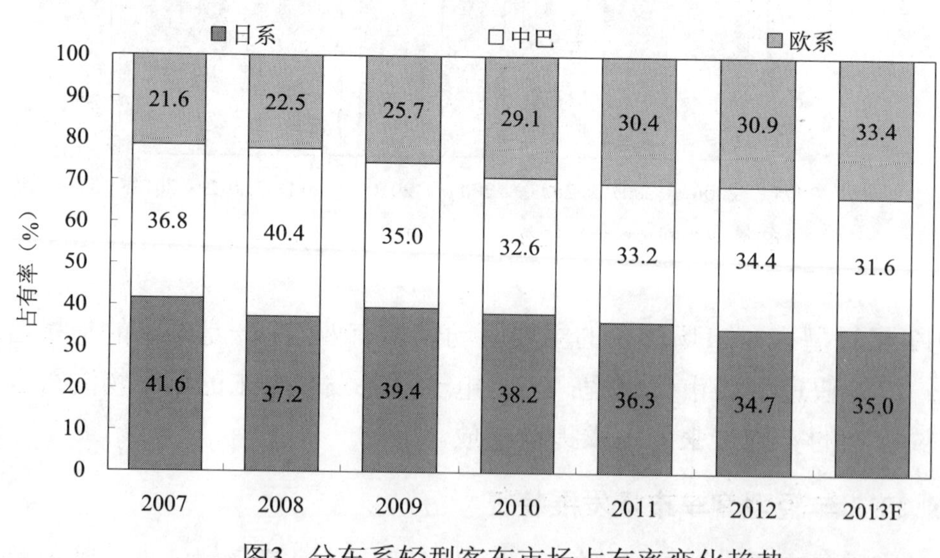

图3 分车系轻型客车市场占有率变化趋势

从竞争格局来看，欧系轻型客车市场新进入者的销量迅速提升， 2011 年仅占市场份额的 0.2%，2013 年预计能提升到 14%，挤占了一部分传统欧系轻型客车厂家的份额。

从区域分布来看，欧系轻型客车市场的容量及增长速度与区域经济发展程度、区域经济结构与活跃程度密切相关。轻型客车销量的 2/3 集中于东南沿海和一、二线城市，主要面对城市物流用车市场，这些地区未来仍是轻型客车发展的主要竞争市场。随着我国经济快速发展、产业向中西部转移、城镇化进程加快、农民收入提高，中西部和三、四线轻型客车市场正在快速放大，河南、湖北、湖南、安徽、重庆等地增幅明显。欧系轻型客车市场在我国主要集中在东部发达省份及一线大城市；随着中西部经济发展，中西部区域总量小但增速较快。日系轻型客车区域市场集中度高于欧系，主要集中在北京、上海、辽宁、广东、山西、江苏等区域；日系轻型客车增长率为负的省份远多于欧系轻型客车。

二、2014 年轻型客车市场走势预判

2014 年我国轻型客车市场将主要表现为两大特点：一是规模增长，二是竞争加剧。

2014 年我国轻型客车将继续实现规模增长，主要由于如下原因：我国经济预计将继续保持 7.5%左右的平稳增长态势；目前我国的城镇化率较低，城镇化进程存在着很大的发展空间；电子商务的快速发展带来快递行业的井喷，从而拉动轻型客车需求；另外，一些政策因素，例如城市对轻型货车的限行、环保要求日趋严格等都将促进轻型客车的购买或更新需求。其中，城市物流需求、城镇化的发展等轻型客车市场主要驱动因素在未来几年还将延续。

由于新进入者增加，2014 年轻型客车市场竞争进入白热化。在欧系轻型客车阵营中，2013 年 1～11 月份，新进入品牌江淮星锐和上汽大通增幅分别为 88%和 54%，两家合计占到欧系轻型客车市场比重的 13%；传统优势品牌全顺依然保持 22%增幅，而依维柯增幅仅 2%，大大落后于行业平均水平。在日系轻型客车阵营中，福田风景增势最好，同比增幅达到 43%；厦门金龙由于出口市场的良好表现，增幅达到 14%；华晨金杯增幅 8%，低于行业平均水平。根据目前的投产项目、在建项目和规划项目，未来 3 年，轻型客车市场将形成至少 10 家竞争对手的格局。

综合来看，预计2014年轻型客车市场总量增长7.9%（见图4），增速有所放慢，市场竞争会更加激烈。

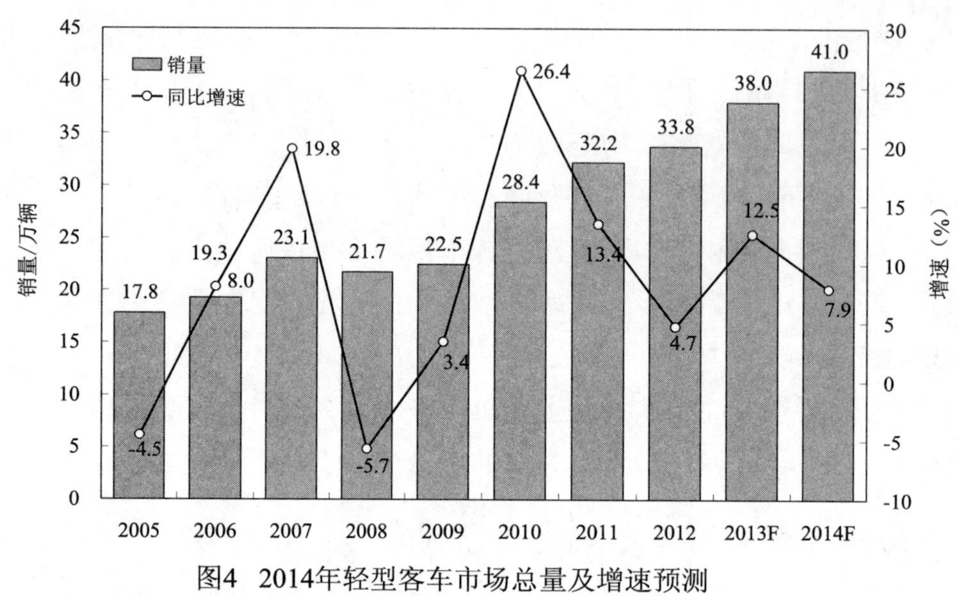

图4 2014年轻型客车市场总量及增速预测

（作者：吕立军）

2013年微型客车市场分析及2014年展望

自2013年1月份起，中国汽车工业协会将原纳入交叉型乘用车统计的五菱宏光、长安欧诺等新型微型客车纳入到MPV中，但中国汽车工业协会在发布的产销报表中并未将同期数据扣除，如果扣除新型微型客车，2012年1～11月份微型客车销量应为1679355辆，而非发布的2039906辆。故在中国汽车工业协会发布的分车型销量中，交叉车型的累计销量下滑了26.44%，新型微型客车数据同步划分后的各细分市场销量及同比增长情况见表1。可以看出，如果将五菱宏光和欧诺等新型微型客车整体划入MPV后，MPV呈显著增长，增长率高达40.77%，远高于行业整体增幅，是增幅最大的细分市场，而交叉型乘用车销量则下滑10.65%，是行业中下滑最大的细分市场。如果将五菱宏光等车型仍然纳入交叉型乘用车中统计，则交叉型乘用车销量增长2.96%，MPV增速降为20.37%。由于五菱宏光、长安欧诺及类似车型与传统交叉车型在用途、价格、用户特征、销售渠道、厂家起源等方面趋同，以及考虑市场分析的连续性，本报告中的微型客车（交叉型车）包含这部分车型数据。

表1　微型客车销量及同比增长率

车　型	2013年1～11月份销量/辆	2012年1～11月份销量/辆	同比增长率（%）
总计	19860103	17493211	13.53
乘用车	16151813	14032366	15.10
轿车	10833312	9746984	11.15
MPV	1144112	812756	40.77
MPV（不含新型微型客车）	544317	452205	20.37
SUV	2673889	1793271	49.11
交叉车型	1500500	1679355	-10.65
交叉车型（含新型微型客车）	2100295	2039906	2.96
商用车	3708290	3460845	7.15
客车	496507	456284	8.82
货车	3211783	3004561	6.90

一、2013年微型客车市场特征回顾

1. 微型客车整体销量再现增长

在2011年汽车下乡政策退出后，微型客车经历了2011年和2012年连续两年的下滑，微型客车总量一度接近2009年水平。但2013年微型客车呈现回升态势，1～11月份累计销量同比增长3.0%，全年累计销量预计在232万辆左右，同比增长2.8%（见图1）。虽然与其他车型相比，微型客车销量仍然没有恢复“元气”，但增长态势至少已经让微型客车厂家松了一口气。

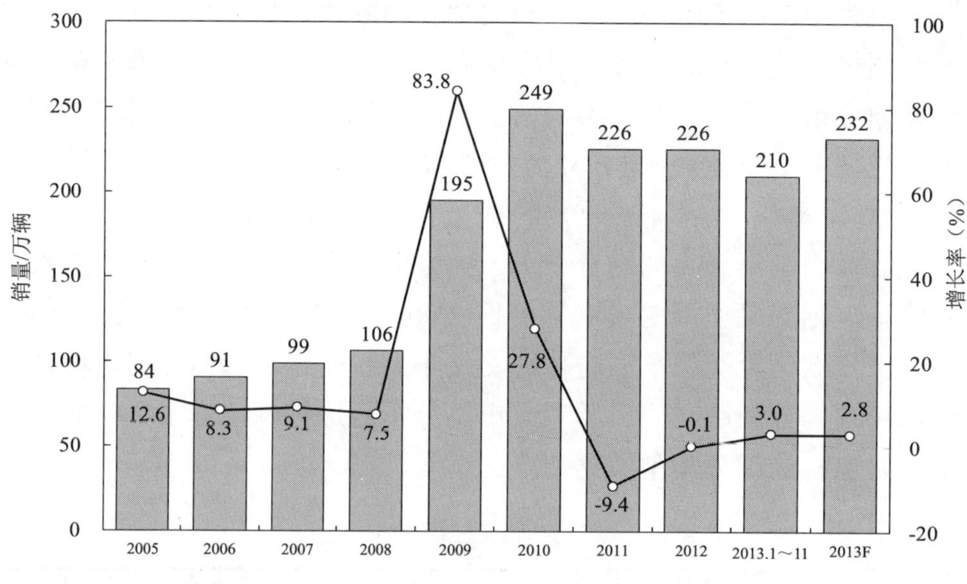

图1 历年微型客车销量及增长走势

2. 传统微型客车加速下滑，新型微型客车是微型客车市场的唯一亮点

从细分车型销量来看，新型微型客车是拉动微型客车总体销量低增长的主要动力。新型微型客车在2013年的表现继续抢眼。除五菱宏光和长安欧诺外，长安汽车、东风小康、北汽集团等先后推出新型微型客车，助推微型客车总体市场维持低增长。

新型微型客车主力产品继续发力。从表2中可以看出，在新型微型客车中，五菱宏光2013年销量继续保持良好势头，月销量一度超过4万辆。五菱宏光全年累计销售预计突破50万辆，成为拉动微型客车市场增长的最强劲动力。长安欧诺自2012年3月份上市以来，销量也呈现良好的上升势头，2013年1～11月

份同比增长达 23.48%（见表 2）。

表 2　微型客车分类别销量及同比增长率

车 型	2013 年 1～11 月份销量/辆	2012 年 1～11 月份销量/辆	同比增长率（%）
传统微型客车	1500500	1679355	-10.65
新型微型客车	599795	360551	66.36
长安欧诺	95227	77121	23.48
五菱宏光	454476	283430	60.35
微型客车总量	2100295	2039906	2.96

新型微型客车 2013 年的上市新品成长较好。2013 年 5 月份，东风小康推出了风光；2013 年 6 月份，北京汽车集团银翔推出了威旺。这两款车型上市后，基本都延续了五菱宏光、长安欧诺上市后快速上量的趋势（见图 2）。预计 2013 年 12 月份，东风风光销量即可接近或超过 1 万辆。鉴于新型微型客车的革命性增长，其余暂无新型微型客车的厂家基本都有开发新型微型客车来拓展市场的打算。

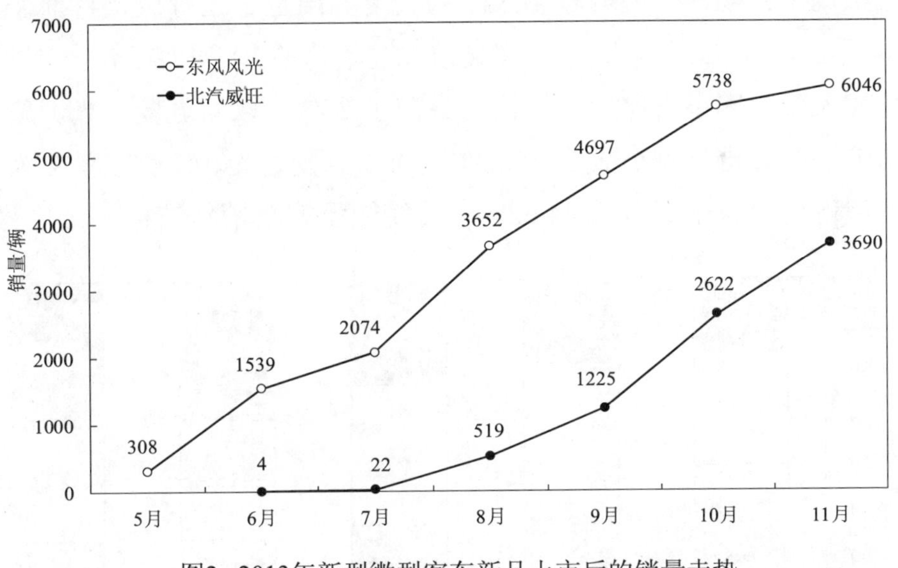

图2　2013年新型微型客车新品上市后的销量走势

传统微型客车继续大幅度萎缩。2013 年 1～11 月份，传统微型客车销量 1500500 辆，比 2012 年同期下滑了 10.65%，成为汽车行业中下滑最明显的细分市场。抛开 2 月份春节导致的下滑因素外，全年 11 个月中有 3 个月的下滑幅度都超过了 10%，其中 11 月份下滑 20.28%（见表 3）。

表 3 传统微型客车月度销量及同比增长率

月 份	2013 年销量/辆	2012 年销量/辆	同比增长率（%）
1 月份	182072	181854	0.12
2 月份	126398	177783	-28.9
3 月份	194925	213584	-8.74
4 月份	147500	155723	-5.28
5 月份	143917	152571	-5.67
6 月份	131426	140811	-6.66
7 月份	90442	107024	-15.49
8 月份	108387	113813	-4.77
9 月份	121453	134093	-9.43
10 月份	127289	142112	-10.43
11 月份	126748	158987	-20.28

传统微型客车中的大型化趋势仍然在持续。目前，微型汽车企业将长度在4.5m 以下，发动机中置的交叉车型统称为传统微型客车。几年前，平头微型客车就已经完全退出市场，微型客车 3.5m 的长度界限也早已打破，目前微型客车的车型基本超过了 3.7m。2013 年，在传统微型客车市场，以荣光、金牛星为代表的高端宽体大微型客车占比增长较快，突破了 30%；以新五菱之光、新长安之星为代表的中端产品份额减小到了 24.33%；而以五菱之光、长安之星 2 为代表的低端窄体车型占比也减小到了约 44.52%。传统微型客车销售结构变化趋势见图 3。

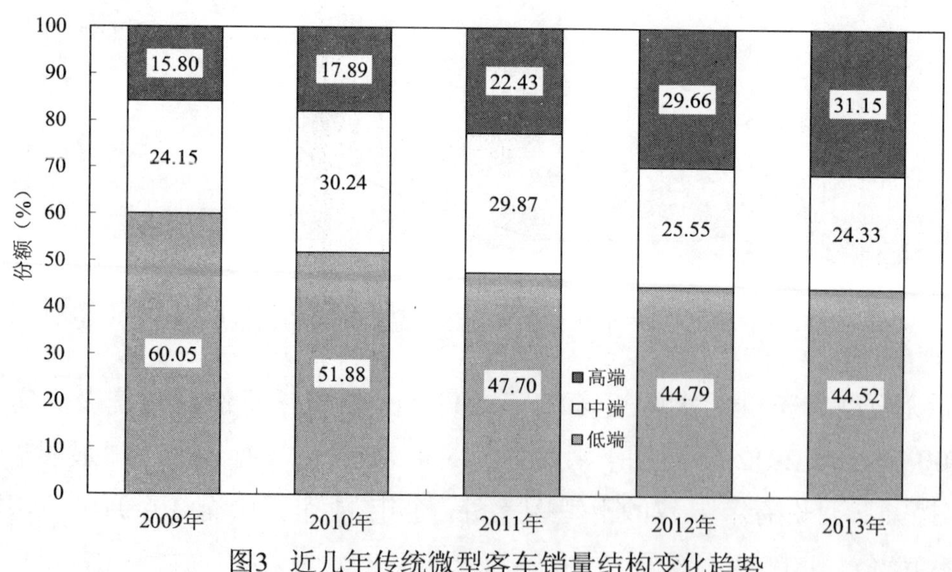

图3 近几年传统微型客车销量结构变化趋势

3．微型客车技术及产品趋势

近年来，微型客车行业创新速度加快，产品呈多元化发展趋势，特别是跨界车型越来越多，如 2013 年推出了欧力威、风光、威旺 M20 三款跨界产品，新型微型客车成为了行业新品亮点。随着消费者需求的多元化、差异化发展，以及汽车相关法规标准的逐步完善和提高，推动了微型客车产品的不断创新和升级换代，并与轻型车和轿车不断融合，呈现多元化发展趋势。

4．微型客车市场竞争形势：一个霸主，几个新兴力量，一帮难兄难弟

2013 年，具有价格竞争优势的北汽、力帆销量同比增长明显。行业老大上汽通用五菱也因五菱宏光的出色表现拉动了总量，并远远领先于其他品牌（见表 4 和表 5）。

表 4　2013 年 1～11 月份微型客车企业（不含新型微型客车）销量及增长情况

企业简称	2012 年 1～11 月份销量/辆	2013 年 1～11 月销量/辆	同比增长率（%）
五菱汽车	946837	918604	-2.98
长安汽车	472350	364590	-22.81
东风集团	278784	235742	-15.44
北京汽车集团	41341	73309	77.33
一汽集团	57320	48597	-15.22
力帆汽车	22819	45049	97.42
金杯汽车	38609	35260	-8.67
奇瑞汽车	29111	34706	19.22
北京汽车银翔	0	28552	—
哈飞汽车	60007	24916	-58.48
海马商务	30850	16427	-46.75
广汽吉奥	18269	16200	-11.33
昌河汽车	29290	15738	-46.27

表 5　2013 年 1 月～11 月份微型客车企业（含新型微型客车）销量及增长率

企业简称	2012 年 1～11 月份销量/辆	2013 年 1～11 月份销量/辆	同比增长率（%）
五菱汽车	1230267	1373080	11.61
长安汽车	549471	477773	-13.05
东风集团	278784	259796	-6.81
北京汽车集团	41341	73309	77.33

（续）

企业简称	2012年1～11月份销量/辆	2013年1～11月份销量/辆	同比增长率（%）
一汽集团	57320	48597	-15.22
力帆汽车	22819	45049	97.42
北汽银翔	0	36634	—
金杯汽车	38609	35260	-8.67
奇瑞汽车	29111	34706	19.22
哈飞汽车	60007	24916	-58.48
海马商务	30850	16427	-46.75
广汽吉奥	18269	16200	-11.33
昌河汽车	29290	15738	-46.27

同时，参与微型客车生产的企业急剧增加，竞争进一步加剧，已有企业停产。2009年“汽车下乡”政策实施，使得一些新的厂家开始集中涌入，微型客车企业激增至近20家。但行业盛宴过去后，微型客车厂家两级分化逐步明显，2013年4月开始，已有厂家单月产销量为零；至2013年11月份，共有5家企业微型客车产销量低于200辆。可以说，2013年成为了一些新进入者非常艰难的一年。

二、2014年微型客车销量预测

由于微型客车用户群的相对特殊性（主要用户群是买车从事经营活动的个体户），微型客车主要是被作为一种生产工具，所以微型客车市场的需求不会大起大落，微型客车销量受产业结构、就业等因素的影响相对明显一些。影响2014年微型客车销量的因素见表6。

表6 影响2014年微型客车需求的因素

影响因素		对微型客车的影响	影响权重
长期因素	物流与客运	+	★★★
	城镇化	+	★★★★
短期因素	经济	-	★★★★
	地方限购	-	★★★★
	新型微型客车	+	★★★★
	竞争促销	+	★★★

注：“+”代表积极因素，“-”代表消极因素。

1．长期影响因素

（1）城镇化是微型客车市场最大的红利　2012年我国城市化率已经达到了52.6%，不仅低于高收入国家80.5%的平均水平，也低于与我们处于同等发展阶段的中高收入国家 60.6%的平均水平。同时还存在大量“半城镇化”人口。这预示着中国的城镇化无论是数量还是质量方面都存在很大的发展空间。十八届三中全会在城镇化改革和规划中提出“全面放开建制镇和小城市落户限制，有序放开中等城市落户限制，合理确定大城市落户条件，严格控制特大城市人口规模”，城镇化步伐将进一步加快、城镇人口结构也将更加合理。

（2）超短途客运和物流业的快速发展有利于微型客车的成长　随着乡村公路的不断完善，城市与乡村之间的互动沟通交流越来越频繁，除私家车以外，微型客车的作用越来越不可小视。随着网购的快速增长，城市物流业也在蓬勃发展，微型客车已经成为快递公司、小商品批发、零售商最合适的选择，潜力较大。

2．短期影响因素

（1）外部宏观因素　政策方面，2014 年将有一系列改革政策出台，加快推动经济增长模式转变。政府体制改革将是核心，新城镇化将是重点。另外，《大气污染防治行动计划》出台后，限购风将蔓延，排污费、拥堵费开征，油品质量升级将增加车辆使用成本，机动车使用者将会为环保买单，因此新能源汽车将面临机遇。还有，节能汽车补贴政策延续，门槛提高至百公里油耗 5.9L，享受补贴的车型减少，厂家节能压力和动力加大。经济方面，预计 2014 年我国经济将增长 7.6%，相比 2013 年没有质的变化，也没有刺激或制约微型客车销量的新因素出现。

（2）微型客车行业内部因素　新型跨界微型客车继续增长，传统微型客车进一步萎缩，低端产品将逐步退出，新型微型客车的增长可冲抵传统微型客车的下滑。第三阶段油耗标准的实施，预计会引起 2014 年年底老车型的低价倾销，同时，低耗、高效能源利用将影响汽车企业技术和产业布局，VVT 技术、增压技术、纯电动能源将广泛应用，这些都将促进微型客车销量。未来，产品逐渐升级，动力、造型成为竞争焦点。

2013 年上市的风光、威旺都保持了较好的上升势头，2014 年还将进一步上升；五菱宏光产品竞争力较强，仍然有上升的空间；长安欧诺和欧力威随着知名度的提升，也有较大的潜力；五菱 2013 年完成了产品及价格的调整，2014 年将进一步发力，冲击更高的目标；长安、小康紧跟其调整，欲图东山再起；而北汽继续通过新品和发挥价格竞争力，力求进一步做大。

处于变革中的微型客车是寡头垄断市场，在当下处于微增长和产品结构快速调整的时期，厂家行为在该寡头垄断市场的效果更加明显。需要指出的是，面对行业 TOP3 或 TOP4 的挤压，部分品牌生存环境进一步恶劣，面临关停风险！新一轮的行业洗牌将在 2014 年更多体现。

综上所述，笔者认为 2014 年微型客车的市场环境略好于 2013 年，微型客车的需求增速也有望继续回升。预计 2014 年全年微型客车销售 240 万辆，比 2013 年的 233 万辆增长 3%（见表 7）。其中增长预计主要来自于新型微型客车，新型微型客车预计销量将达到 95 万辆左右，同比增幅在 38%左右；而传统微型客车销量则将继续下滑，全年预计销售 146 万辆，比 2013 年累计下滑 11%左右。

表 7 微型客车分大类别销量预测

类别	2013 年销量/万辆	2014 年销量（预测）/万辆	2014 年增速（预测）(%)
微型客车总量	233	240	3
传统微型客车	164	145	-11
新型微型客车	69	95	48

（作者：谭辉龙）

2013年重型载货车市场回顾及2014年展望

重型载货车在2011年和2012年连续两年呈现下降态势，整个行业发展面临着前所未有的困惑和压力，行业内各厂家纷纷调整了生产经营发展的预期。随着2013年国家宏观经济的“稳增长”等政策影响，重型载货车市场较快地“触底反弹”，实现了20%以上幅度的增长速度，市场复苏势头显现。

一、2013年重型载货车市场回顾

1. 汽车产销基本情况

（1）汽车产销量继续保持较快速度的增长　2013年1～11月份全国累计产销汽车分别为1998.9万辆和1986.0万辆，同比增长14.3%和13.5%，汽车产销量双双超过1900万辆，再创历史新高。其中乘用车产销量分别为1630.3万辆和1615.2万辆，同比增长15.8%和15.1%，增幅分别高于汽车总体水平1.4个百分点和1.6个百分点，仍是推动整个汽车行业增长的主力；商用车产销量分别为368.6万辆和370.8万辆，同比增长8.4%和7.2%，扭转了2012年的下降态势。

根据中国汽车工业协会统计，2013年1～11月份，我国汽车企业累计出口汽车89.4万辆，同比下降7.4%。其中乘用车出口54.9万辆，同比下降9.6%；商用车出口34.5万辆，同比下降3.5%。预计全年出口总量与去年水平持平。

（2）商用车扭转下降态势实现全面增长　2013年，商用车产销量实现全面增长。重型载货车类成为商用车市场中表现较好的品种系列。其中，重型载货车产销量分别为68.9万辆和69.4万辆，同比分别增长26.9%和18.4%（见图1）；中型载货车产销量分别为26.3万辆和26.5万辆，同比分别增长3.8%和3.7%；轻型载货车产销量分别为174.8万辆和176.1万辆，同比分别增长5.5%和5.1%；微型载货车产销量分别为48.6万辆和49.2万辆，同比分别增长-0.7%和1.0%；客车产销量分别为50.1万辆和49.7万辆，同比分别增长9.1%和8.8%。重型载货车产销增长分别高于商用车行业18.5个百分点和11.3个百分点，成为各类车型增长最高的车型系列。

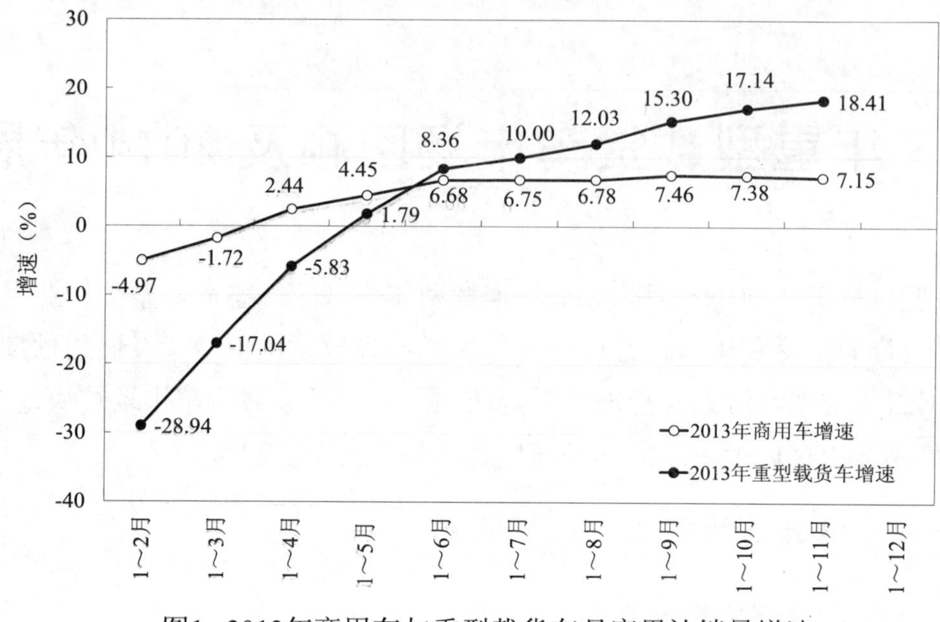

图1 2013年商用车与重型载货车月度累计销量增速

（注：数据来源于中国汽车工业协会）

2．2013 年重型载货车市场增长因素分析

（1）经济结构调整加快与固定资产投资增速增长 截至 2013 年 11 月底，全国固定资产投资（不含农户）39.1 万亿元，同比名义增长 19.9%。第一、二、三产业同比增长分别是 31.7%、17.3%和 21.5%；第二产业中，工业投资增长 17.9%；其中，采矿业投资增长 12%；制造业投资增长 18.6%；电力、热力、燃气及水的生产和供应业投资增长 17.7%。全国房地产开发投资 7.7 万亿元，同比增长 19.5%，增速比 1～10 月份提高 0.3 个百分点。分地区看，东部、中部和西部同比增长分别为 18.4%、23%和 23.1%。从施工和新开工项目情况看，1～11 月份，施工项目计划总投资 83.6 万亿元，同比增长 17.9%；新开工项目计划总投资 32.8 万亿元，同比增长 14.3%。整体上看，四季度经济增速较三季度有所回落，但基建的稳定和房地产投资增速的回升对经济增速构成下方的支撑，经济下行风险不大。从工业分行业增速看，经济结构转型特征明显。民间投资整体虽再度回落，但从分行业数据看，铁路等领域正在向民间投资开放，计算机、电气机械、汽车等制造业的民间投资增速也呈上行趋势，民间投资同样呈现出结构转型特征。因此，投资

增速为重型载货车增长提供了强有力的支撑。

（2）公路运输增长继续推动重型载货车发展　根据国家交通运输部公布的数据统计，2013年1～11月份，全社会货运量、货物周转量分别增长10.0%和7.7%，继续保持较高比例增长。规模以上港口完成货物吞吐量97.5亿t，增长9.3%，其中煤炭及制品吞吐量增长9.3%，比上年加快7.1个百分点；油品中石油天然气及制品吞吐量增长2.6%，较上年同期上升4.2个百分点；金属矿石吞吐量增长11.5%，较去年同期加快4.2个百分点；集装箱吞吐量增长7.3%。2013年1～11月份，全社会完成交通固定资产投资1.9万亿元，增长5.3%。其中铁路投资完成投资0.5万亿元，略有0.9%的增长；公路完成固定资产投资1.2万亿元，增长8.5%，增速加快。公路货运量和周转量仍是影响重型载货车发展的重要因素。

（3）物流业仍是重型载货车市场的潜力成长空间　根据中国物流和采购联合会分析，2013年1～11月份，全国社会物流总额182.2万亿元，按可比价格计算，增长9.4%，增速较1～10月份回落0.2个百分点，较2012年同期回落0.3个百分点。从物流总额构成看，工业品物流总额167.3万亿元，可比增长9.7%，增速与2013年1～10月份基本持平，较2012年同期回落0.3个百分点。2013年1～11月份，社会物流总费用8.7万亿元，同比增长9.3%，较1～10月份回升0.1个百分点，较上年同期回落2.6个百分点。2013年1～11月份，每百元社会物流总额的物流费用为4.81元，较1～10月份下降0.03元，较2012年同期下降0.1元。总体上，社会物流总额延续平稳增长态势，但受季节性因素影响，增速略有回落；社会物流总费用增速小幅回升；企业效益保持增长，但增势减弱。从全年看，我国物流运行呈现“稳中趋缓”的基本走势。

因此，物流业发展直接影响重型载货车的增长速度，尤其是牵引车的增长。2011年牵引车销量为25.8万辆，累计同比增长-27.4%；2012年半挂牵引车为19.1万辆，累计同比下降26.0%；2013年1～11月份半挂牵引车为23.4万辆，累计同比增长34.6%。受物流增长等因素拉动，2013年牵引车的增速超出整个重型车行业18.1%增速的16.5个百分点。因此，物流业发展为重型载货车发展提供了成长空间（见图2）。

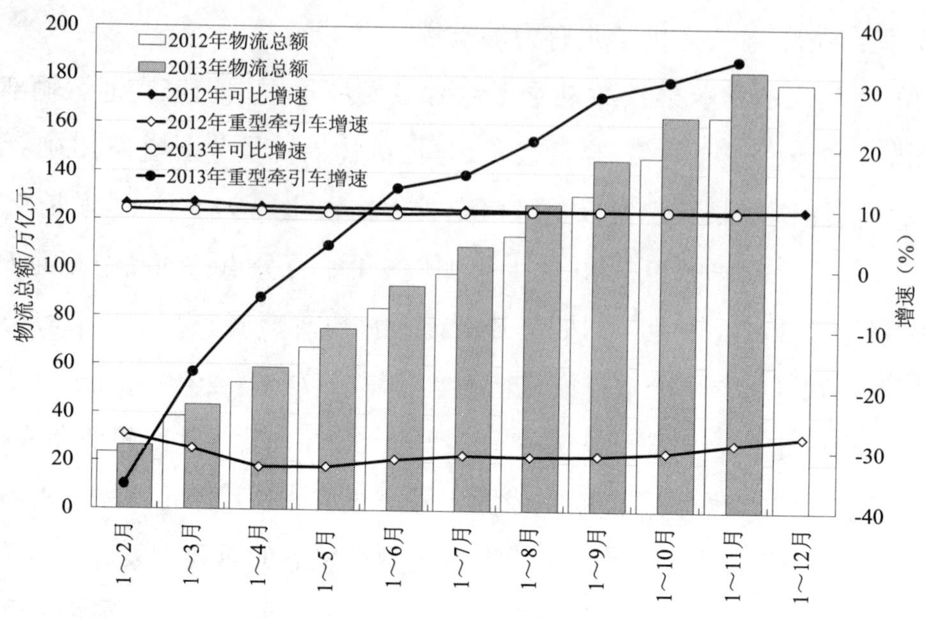

图2 2012～2013年物流总额及重型牵引车增速

（注：数据来源于国家统计局和中国汽车工业协会）

（4）市场竞争推动重型载货车企业发展 总质量 14t 以上的重型载货车，2013 年 1～11 月份累计产销 68.9 万辆和 69.4 万辆，同比分别增长 26.9%和 18.4%，产销率为 100.8%。其中重型载货车销量超过 8 万辆的有五家企业，累计销售 56.8 万辆，占总质量 14t 以上商用车销售总量的 81.9%。

从总质量 14t 以上重型载货车的市场份额看，东风公司为 21.1%，同比下降 0.1 个百分点；一汽集团 18.9%，同比增长 0.6 个百分点；中国重汽为 15.5%，同比下降 1.0 个百分点；北汽福田为 15.3%，同比增长 1.3 个百分点；陕汽份额为 13.3%，同比下降 0.5 个百分点。原来第一阵营的东风公司、一汽集团和中国重汽与第二阵营的北汽福田、陕汽集团之间的差距日益缩小，北汽福田成长速度越发加快，基本上踏入第一阵营行列。

（5）实施产品环保法规，加速推升市场发展 目前重型载货车执行国Ⅳ排放标准在即，行业内各厂家加大了去库存力度，同时重型载货车也在一定程度上实现了提前消费。2007 年 7 月 1 日全国重型汽车实施国Ⅲ排放标准，2006 年全年销售 30.7 万辆，到 2007 年全年销售 48.8 万辆，同比增长 58.6%，净增 18.02 万辆。而在 2013 年三、四月份重型载货车传统的大月期间，1～3 月份销量累计增长-17.0%，1～4 月份销量累计增长-5.8%，而 1～5 月份则增长 1.8%，整个市场从 5 月份起开始实现增长，预计全年达到 20%的增幅，净增在 12 万辆左右。对比 2007 年实施国Ⅲ排放标准情况，2013 年增长的原因可以归纳为两方面：一方面是经过两年低迷调整，2013 年进行恢复性增长；另一方面则在很大程度上是基于国Ⅳ排放标准的实施。

通过上述形势分析，可以看出 2013 年全国重型载货车的产销发展态势，纵向与国家宏观经济、横向与物流等经济因素密切相关。预计 2013 年全年重型载货车将实现销量 76 万辆左右，同比增长 20%左右的业绩。

二、2014 年重型载货车市场形势展望

1. 2014 年国家宏观经济形势展望

2013 年 12 月 10 日至 13 日召开的中央经济工作会议指出，2014 年是全面贯彻落实党的十八届三中全会精神、全面深化改革的第一年，改革任务重大而艰巨。制定了切实保障国家粮食安全、大力调整产业结构、着力防控债务风险、积极促进区域协调发展、着力做好保障和改善民生工作、不断提高对外开放水平的六大任务。

2014 年进入到了“十二五”规划的第四年，对全面完成“十二五”规划至关重要。做好 2014 年经济工作的总体要求是，全面贯彻落实党的十八大和十八届二中、三中全会精神，坚持稳中求进的工作总基调，把改革创新贯穿于经济社会发展的各个领域和各个环节，保持宏观经济政策的连续性和稳定性，着力激发市场活力，加快转方式调结构，加强基本公共服务体系建设，着力改善民生，切实提高经济发展质量和效益，促进经济持续健康发展、社会和谐稳定。

2. 2014 年重型载货车的市场形势

2013 年全国重型载货车市场摆脱了前两年持续低迷的态势，这与国内外复杂的经济环境和自身经济运行有着密切关系，这给整个行业的未来发展带来了希望，同时也面临许多不确定性。展望 2014 年重型载货车市场，从以下几方面形势着重分析。

（1）*宏观经济仍将是推动重型载货车市场发展的动力* 根据中国社会科学院发布的 2014 年中国经济形势《经济蓝皮书》预测，2014 年预期 GDP 增长率为 7.5%左右，并指出 2014 年中国仍处在重要战略机遇期。十八届三中全会已就全

面深化改革开放、推动体制机制创新作出了新的部署，使国家经济继续保持在经济运行的合理区间内。国际货币基金组织（IMF）、世界银行、亚洲银行、摩根大通也分别预测2014年中国GDP为7.3%、7.7%、8.0%和7.4%。“十八大”也明确提出，到2020年全面建成小康社会，GDP实现翻番。因此，未来中国的GDP应保持在6.8%以上的增速，才可能实现目标。“十二五规划”已确定GDP平均增速为7.5%，只要“十三五规划”年均增速不低于6.5%，就可以实现“十八大”的战略目标。因此，只要国家宏观经济仍保持正常增长状态，这个增长速度就能拉动重型载货车的增长。

（2）在“稳增长、保下限”的基础上，固定资产投资趋于稳步增长　受世界经济复苏缓慢、国内经济处于结构调整和转型升级的重要阶段，以及稳增长政策等因素的影响，2013年前三季度固定资产投资累计同比增长20.2%，较上年同期下降0.3个百分点，与2008年至2012年同期均值相比低6.0个百分点。较上半年加快0.1个百分点，9月份固定资产投资环比增长1.3%，这是在国家及时释放一系列“稳增长、保下限”的政策信号后所产生的结果，稳定了上半年增速放缓的趋势。预计2013年的投资增长将超过2012年，达到24%左右，对GDP增长的贡献约为5个百分点。预计增长19.9%，达到45.0万亿元。2014年是“十二五”规划的第四年，从“六五”到“十一五”的经验看，五年规划中各年的平均投资增速分别为17.3%、24.1%、28.5%、18.8%、19.8%，受投资建设周期影响，五年规划第四年往往是投资稳定的年份。2014年固定资产增长的有利因素有：一是改革红利将持续释放，这有助于激发投资活力和动力，十八届三中全会就未来我国全面深化改革做出了顶层设计，行政审批、财税、金融、价格、城镇化等诸多领域的改革步伐将明显加快。这一系列的改革红利，将有利于优化投资环境、激发全社会投资活力；二是基础设施建设的投资需求较大，可以有效拉动投资增长；三是服务业投资空间较大，有望实现较快增长。综合判断，2014年固定资产投资仍将能够保持平稳态势，但增速略有下降，有望保持在19%左右。为此，将有助于推动重型载货车的增长。

（3）金融和货币政策力促国家经济“稳中有进”　中国银行2013年12月20日发布的2014年经济金融展望报告预测，2014年中国经济将继续“稳中向好”。为确保2014年GDP增速与CPI涨幅可能出现“7.5%+3.5%”的组合，货币政策应采取的是：①继续实行稳健的货币政策，保持“中性”取向。合理调整存款基准利率和法定存款准备金率，引导货币信贷资金及社会融资规模合理增长；②推动信贷资金“用好增量”、“盘活存量”。“用好增量”，实现有扶有控和有保有压，“扶”与“保”的是消费需求、民间投资、与民生有关的保障性安居和基础设施建设投资、三农领域、先进制造业、战略新兴产业、服务业、节能环保、小微企业、自主创新等领域；“控”与“压”的是“两高一剩”（高耗能、高污染、产能过剩）行业、房地产行业以及其他加大经济运行风险与金融风险的领域；③积极引导商业银行降低信贷资金成本。总之，金融和货币政策力促国家经济“稳中有进”，也直接作用于国家基础经济发展，同时也为重型载货车市场带来机遇。

（4）*出口整车小幅调整，重型载货车仍有潜力* 2014 年，国家出口贸易形势仍不容乐观。虽然美国经济复苏动力增强，但欧洲和日本仍深陷经济危机，再加上新兴经济体高通胀等因素使世界经济复苏的不确定性增加，加之美国、欧盟等国家的贸易保护主义抬头，将继续导致中国出口增速进一步放缓。

根据中国汽车工业协会统计数据，2013 年 1～11 月份汽车整车出口 89.4 万辆，比上年同期下降 7.4%。其中商用车出口 34.5 万辆，比上年同期下降 3.5%。预计 2013 年我国汽车企业累计出口汽车接近百万辆，商用车也将近 40 万辆，都将有小幅度下降。从 2013 年全年出口数和出口国情况来看，商用车消费仍是在非洲、中亚、南美等国家和地区，也多是通过我国投资来拉动这些国家经济发展，从而带动商用车出口的增长。根据预测，我国在 2014 年汽车出口将小幅增长。总体上，随着世界经济复苏，重型载货车出口量仍将保持稳定增长。

（5）*房地产调控政策力度不减，保障房新建规模缩小* 展望 2014 年，虽然全国范围内房价快速上涨的势头已有所遏制，但热点城市庞大的需求及持续升温的土地市场仍在推动房价上涨预期，调控基调不容改变。但由于城市间市场现状的差异，各地落实调控的手段将更为灵活，调控力度也将由各地政府根据实际情况把握。坚持依靠稳定的宏观政策平稳经济及房地产市场预期，依靠更为灵活的微观政策激发市场自身活力，实现持续发展。“宏观要稳、微观要活”是近期中央政府宏观经济决策思路，在维持房地产调控政策总体平稳的同时，中央政府会给予地方政府适当的政策调整空间，并立足长远，使房地产调控由行政手段向长效的市场调节机制转变。其中土地改革和金融调节已有部分政策陆续出台，增加住宅用地供应、稳定地价、严防高价地成为后期市场稳定的首要工作目标，对保障房和棚户区改造的关注度及支持力度也持续加大。此外，十八届三中全会为新型城镇化背景下的长效机制建设制定了更为明确的目标与实施计划。随着一系列改革措施的逐步落实，中国房地产业的长期发展环境将逐步明晰。房地产投资的表现将影响包括重型载货车等其他相关产业的发展。

（6）汽车法规政策成为影响市场发展的重要因素　能否执行国Ⅳ排放标准存在不确定性，使得重型载货车市场变数增多，若国Ⅳ排放标准如期实施，将极有可能使下半年的市场消费提前到上半年的二季度实施。国Ⅳ排放标准加大了用户的购车和使用成本，导致市场需要适应过程。另外，随着 2014 年政府对公路乱收费和超载整顿工作的深入，物流环境逐渐好转，天然气重型载货车凭借安全环保、经济性好等特性逐步形成规模和扩大市场占有率。还有就是受降低物流成本、整车使用成本等因素影响，重型载货车呈现越来越“轻”的趋势，降自重由重型向“中重型”靠拢。

（7）市场需求使重型载货车分品系发展　由于国家宏观经济发展基调是稳中求进，经济实体发展取决于宏观经济政策实施到位，固定投资、房地产业、物流业、钢铁等行业整体运行不均衡，导致重型载货车市场需求走势不同。预测 2014 年主要的重型载货车各品系车型需求是：自卸车市场持平或者小幅下滑，其中城市渣土车将有一定幅度增长；公路车市场运行平稳增长，尤其大功率牵引车市场潜力较大；载货车市场保持稳定，使得国内消费市场的增长、城乡交流和城际交流的增多、黄标车换代需求的集中释放等；专用车市场稳中有升。另外，天然气重型载货车将有较大幅度的增长。

随着国民经济的稳定增长，2013 年摆脱前两年重型载货车市场较大幅度下降的态势，重型载货车市场正在回归适应国民经济发展的正常水平。预测 2014 年重型载货车市场较为复杂，若剔除国Ⅳ排放标准实施提前投放市场因素影响，预计全年将有 5%～8%左右的恢复性增长幅度。若仅考虑全年重型载货车市场总销量，将与 2013 年持平或略有小幅调整，下降可能性大于上涨（见图 3）。纵观 2013 年重型载货车发展态势和根据目前所能掌握的对 2014 年经济环境的预测，2014 年重型载货车市场的发展仍处在调整期。尤其是上半年、年底及国Ⅳ排放标准的实施都将是各厂家重点竞争的关键时期，把握住这些时期将会提高企业经济运行效益，也将推动我国重型载货车市场向前发展。

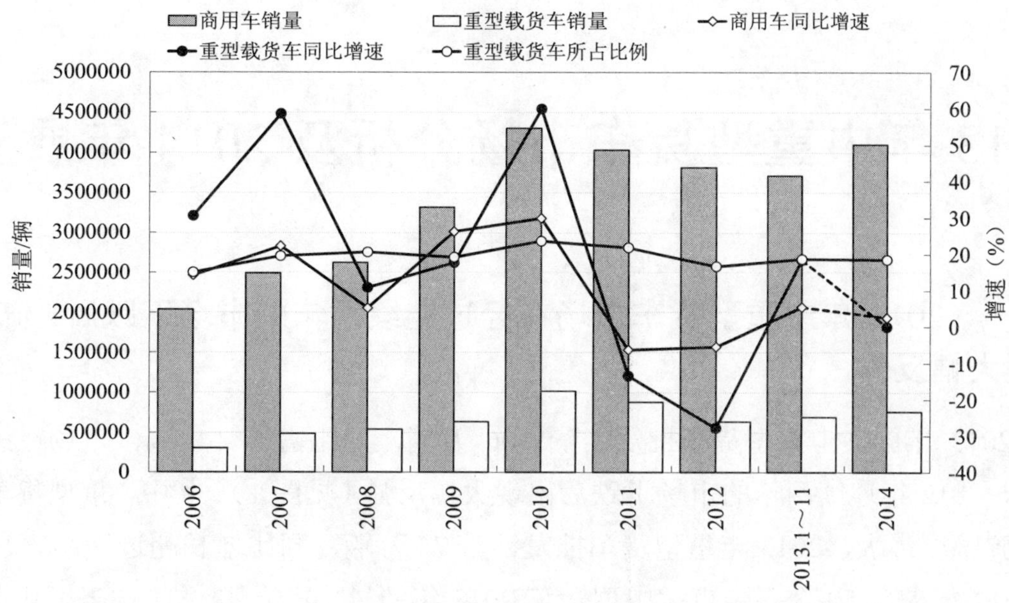

图3 2006～2014年商用车及重型载货车市场情况

（注：数据来源于中国汽车工业协会）

（作者：赵军）

2013 年中重型货车市场分析及 2014 年展望

一、2013 年中重型货车市场在经过连续两年的市场下跌后，市场出现大幅反弹

2013 年国产中重型货车批发销量 106 万辆，同比增长 14.4%，市场在经过 2011～2012 年连续两年的市场下跌后出现大幅反弹（见图 1）。其中，重型货车市场反弹幅度最大，2013 年重型货车批发销量 77 万辆，同比增长超过 20%，增速较 2012 年提高 50 个百分点；中型货车 2013 年销量 29 万辆，与 2012 年基本持平。

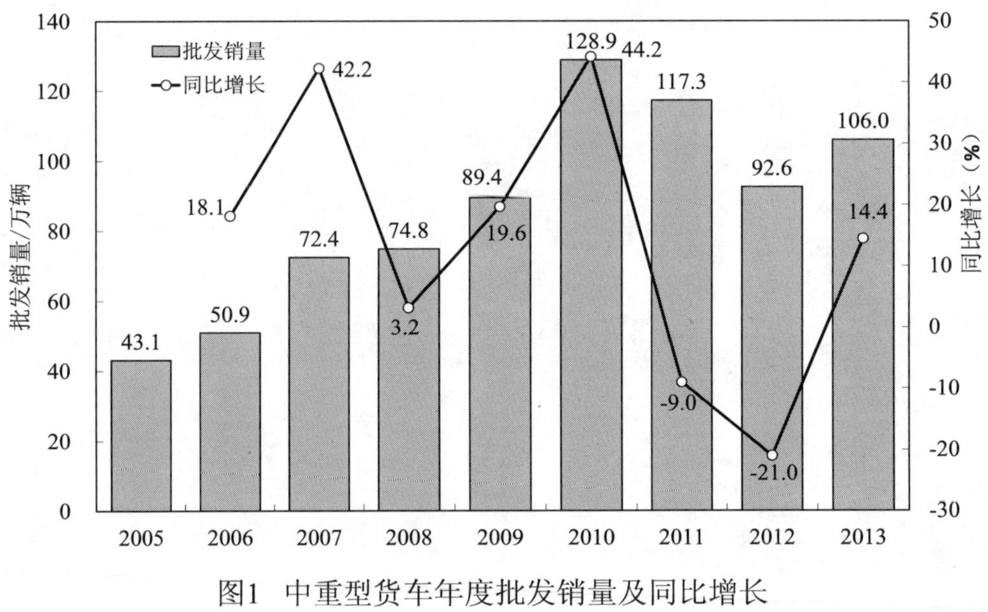

图1 中重型货车年度批发销量及同比增长

2013 年中重型货车出口形势不如 2012 年，全年出口不足 11 万辆，同比下降 12%。2013 年中重型货车内需 96 万辆，同比增长 17%，增速较 2012 年提高 40 个百分点。其中重型货车内需 70 万辆，同比增长 25%，中型货车内需 26 万辆，较 2012 年略有增长。

从趋势及周期看，中重型货车市场经过 2011～2012 年的市场调整后，正处

于周期性恢复阶段，市场进入周期性上涨期（见图 2）。

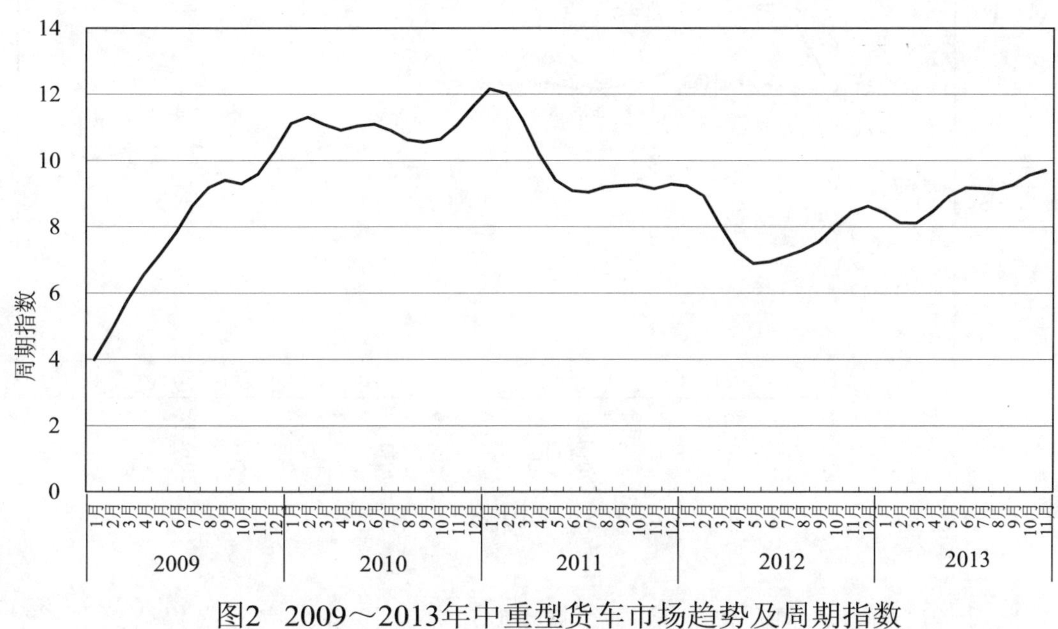

图2 2009～2013年中重型货车市场趋势及周期指数

中重型货车作为重要的交通运输工具，承担着大宗物资、原材料及居民消费品的中长途公路运输工作，与国民经济的发展息息相关，经济形势的变化是影响中重型货车市场变化的基础，同时，国家及行业政策的变化对市场的短期变化也影响较大。2013 年，中重型货车市场的高速增长，宏观经济的企稳回升是主要因素；其次，国 IV 排放政策的实施进一步推动了市场的需求；再次，市场的周期性调整也促进了市场的回升。

1．宏观经济企稳推动建设及运输需求的回升是导致市场反弹的主要因素

2010 年以来，随着 4 万亿元投资的逐步结束，国内经济增长总体呈现放缓趋势，同时经济增长方式从投资、外贸拉动型逐步转向内需和消费拉动型，GDP 增速在 2011～2012 年连续两年快速回落，导致中重型货车市场需求大幅下跌。

GDP 经过连续 10 个季度的回落后，尤其是 2012 年二季度 GDP 增长低于 7.5%后，2012 年下半年开始，国家开始逐步放开基建投资以保持经济的稳定，四季度经济开始回升（见图 3）。中重型货车市场也在 2012 年下半年开始达到周期性底部，三季度后开始底部回升，2013 年则延续了回升的趋势。

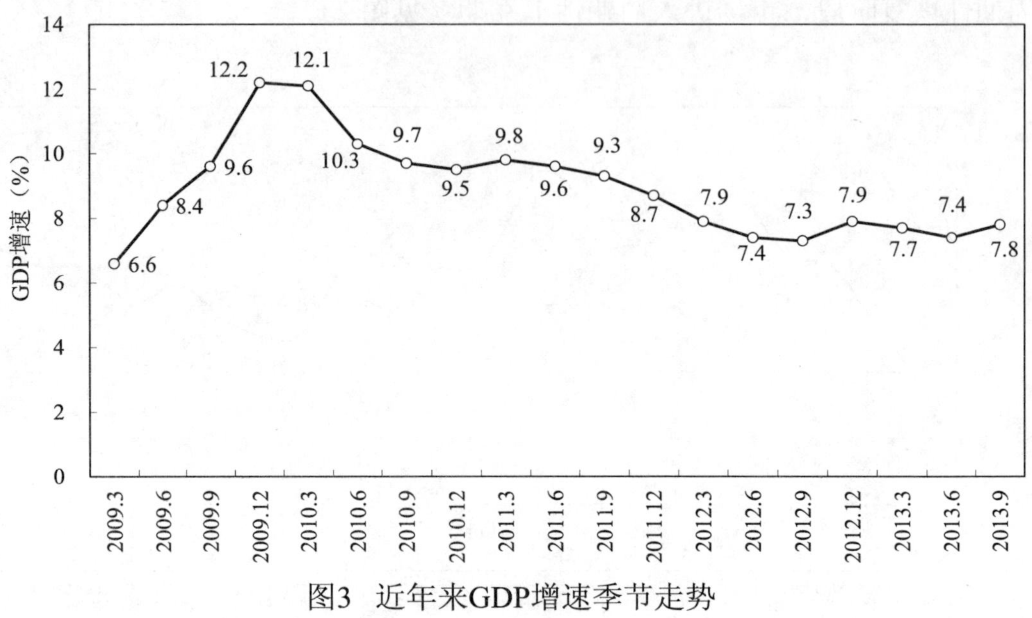

图3 近年来GDP增速季节走势

本次经济的企稳回升仍然是投资拉动型，基建投资、房地产投资增长较快，成为拉动经济的主要力量。（见图 4）

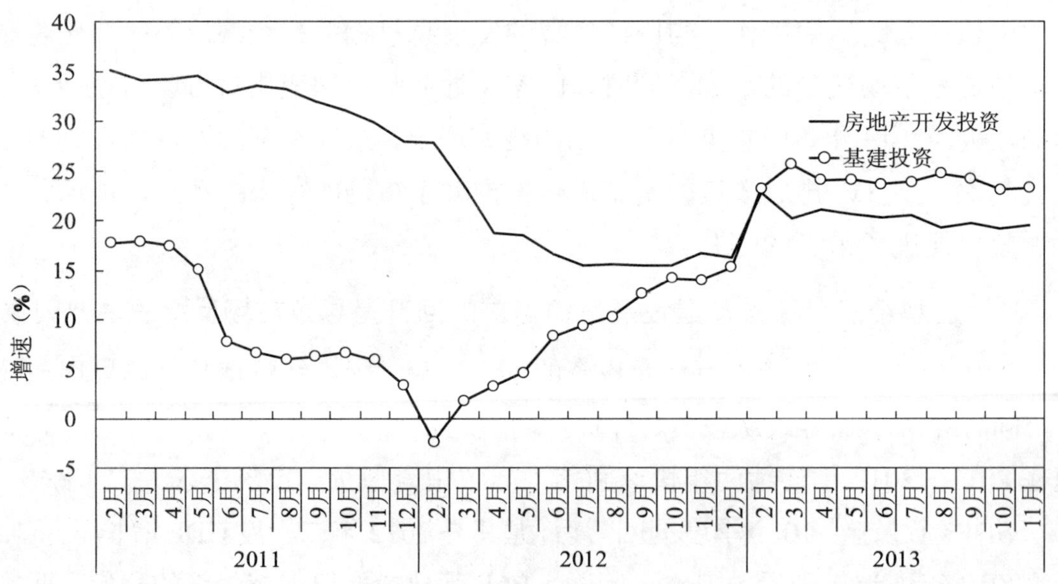

图4 近年来房地产开发投资及基建投资增速

在基建投资和房地产投资的带动下，钢材、水泥等原材料和建筑用材料需求开始上涨，并带动粗钢、生铁等上游材料的需求。消费品和港口运输在消费和进出口增长的带动下企稳回升。

2．国Ⅳ排放政策实施导致部分需求提前释放，推动需求上涨

按照国家环境保护部计划，总重4.5t以上柴油车在2013年7月1日全面实施国Ⅳ排放标准，这个政策推动了中重型货车在2013年二季度再次出现如2008年需求提前释放及经销商提前上牌现象。据推算，上半年需求提前释放在3万～4万辆左右。但政策在7月1日并没有全面实施，国家环境保护部与工业和信息化部及其他相关部委没有任何表态，政策是否实施由省级政府自行确定，因而许多地区没有实施新的标准，市场在7月份出现下滑后随即恢复正常态势。下半年在经济的带动下，市场仍保持快速增长的势头。而临近年终，国家环境保护部及其他部委对国Ⅳ排放的具体实施情况没有任何表态，政策前景不明，同时部分地区自行规定在2014年1月1日实施新的排放标准，这又导致在第四季度出现需求提前释放及提前上牌现象。据推测，第四季度提前释放及提前上牌量在3万辆左右。

二、随着国内经济的调整，2014年中重型货车市场增长空间不大

1．2014年经济增速略有趋缓，预计2014年GDP增速在7.5%上下，较2013年减慢0.2个百分点，不利于中重型货车市场的快速增长

（1）*工程建设类投资增速将回落* 2014年中央将继续推动经济增长方式转型，调整经济结构，粗放式的经济增长方式将受到遏制。同时，不再以GDP增长作为考核地方政府唯一方式的转变也将转变地方政府的发展动力，基建投资增速将有所回落。

（2）*房地产投资增速将出现回落* 2014年，对房地产行业的调控不会放松，调控力度有可能继续加强，房产税有望在更多的城市实施。更多的保障房、两限房、经适房等入市，将有助于引导房价回落，并导致商品房建设投资力度回落。

（3）*消费平稳增长* 预计2014年，在居民收入继续增长的带动下，消费增速有望维持平稳增长。

（4）*外贸形势将保持平稳* 2014年，人民币升值的趋势将继续，国内产品

出口压力进一步增大。但国际环境有望好转，外需仍有增长，同时，对东盟、非洲等新的区域的增长将继续加快，整体外贸形势有望保持平稳。

2．经济增量继续加大，新增运输需求继续增长，有助于中重型货车的需求

尽管2014年经济增速会略有减慢，但经济增量会继续增大。GDP在2013年增长7.7%、2014年增长7.5%的情况下，同时考虑到进出口需求，整体经济增量会增长 8%左右，相应的运输新增需求增长也会保持同等水平。理论上讲，运输需求与货车总体运能保持均衡关系，经济增量带来的新增运输需求由货车的新增量来完成，因而在 2014 年新增运输需求仍保持增长的情况下，中重型货车需求将继续保持一定幅度的增长。在上述各项经济指标确定的情况下，2014年中重型货车内需量将在100万辆左右。

3．货车市场增长还存在一定的不确定因素

（1）国Ⅳ排放标准实施对中重型货车市场造成短期不利影响　从2004年及2008年来看，排放标准升级会给市场带来一定波动，新排放标准实施会导致部分消费需求提前释放，排放标准升级带来的购车成本增加也会对终端需求产生抑制作用。2014年新的排放政策仍然前景不明，但2013年已经实现的需求提前释放以及年终提前上牌仍会对2014年的需求产生负面影响。由于2013年年终经销商提前上牌较多，2014年1季度批发量将出现较大的下滑，二季度需求将视政策的具体实施情况产生变化，下半年如果政策趋紧，则市场将受到较大的负面影响，全年需求下滑的几率会加大；如果各部委仍然对政策没有表态，则市场不会有大的负面效果，仍会保持平稳。

（2）空气污染的加剧有可能加快政府对高污染车辆的淘汰速度　2013年，各地雾霾天气急剧增多，空气污染严重。各地政府有望推出相关政策，加快黄标车及类黄标车车辆的淘汰速度，车辆更新需求有可能加快。

4．中重型货车出口有望保持稳定

预计2014年中重型货车出口在11万辆左右，与2013年相比变化不大。

综合以上各项因素，并假设2014年下半年国IV排放政策实施及监管不严格的情况下，2014年中重型货车市场有望小幅增长，全年预计增长率在4%上下，批发销量为110万辆左右（见图5），其中重型货车80万辆，中型货车30万辆。如果国IV排放政策严格实施，则需求将出现下跌。

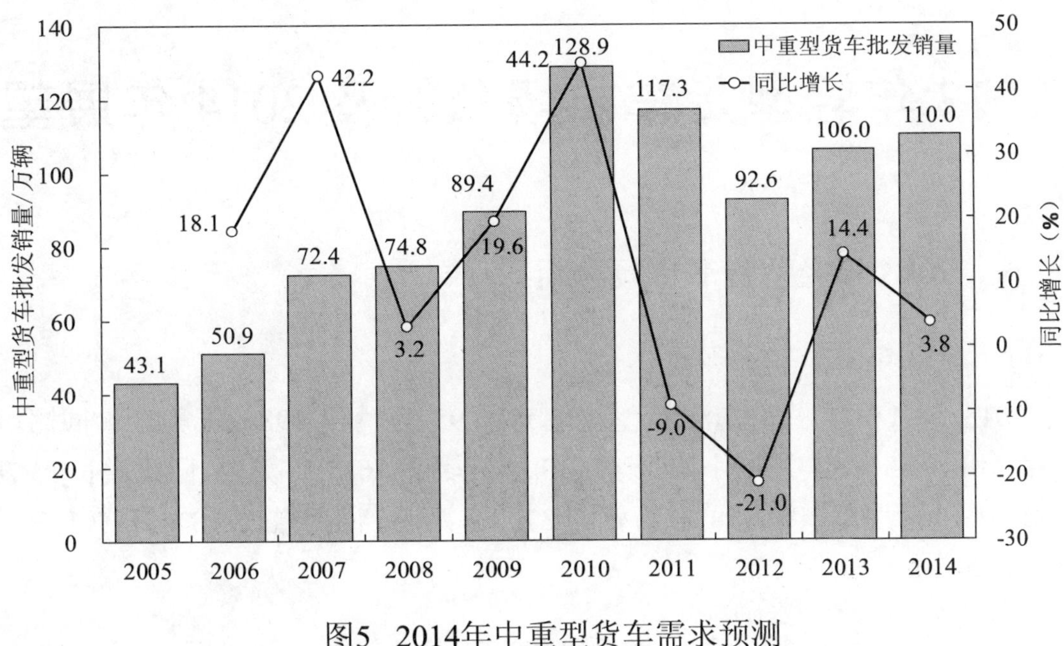

图5 2014年中重型货车需求预测

（作者：王泽伟）

2013 年轻型货车市场分析及 2014 年展望

一、2013 年轻型货车市场分析

1．2013 年汽车市场概况

2013 年 1～11 月份，汽车产销为 1998.93 万辆和 1986.01 万辆，同比增长 14.34%和 13.53%。其中乘用车产销 1630.29 万辆和 1615.18 万辆，同比增长 15.78%和 15.10%；商用车产销 368.64 万辆和 370.83 万辆，同比增长 8.37%和 7.15%（见表 1）。

表 1　2013 年汽车市场产销概况

汽车分类	2013 年 1～11 月份产量/万辆	2012 年 1～11 月份产量/万辆	同比增长率（%）	2013 年 1～11 月份销量/万辆	2012 年 1～11 月份销量/万辆	同比增长率（%）
乘用车	1630.29	1408.09	15.78	1615.18	1403.28	15.10
商用车	368.64	340.17	8.37	370.83	346.08	7.15

注：数据来源于中国汽车工业协会。

2．2013 年载货车产销情况

从四个货车细分市场增长情况来看，重型货车产销增长较突出，分别增长 26.91%和 18.41%；从产销量来看，主要还是以轻型货车为主，产销量为 1747513 辆和 1761121 辆（见表 2），分别占货车总量比值的 54.86%和 54.83%。

表 2　2013 年货车市场产销概况

货车分类	2013 年 1～11 月份产量/辆	2012 年 1～11 月份产量/辆	同比增长率（%）	2013 年 1～11 月份销量/辆	2012 年 1～11 月份销量/辆	同比增长率（%）
微型货车	486146	489445	-0.67	491699	486625	1.04
轻型货车	1747513	1656754	5.48	1761121	1676269	5.06
中型货车	263053	253424	3.80	264847	255490	3.66
重型货车	688664	542651	26.91	694116	586177	18.41
总计	3185376	2942274	8.26	3211783	3004561	6.90

注：数据来源于中国汽车工业协会。

3．轻型货车企业销量情况

在前15家轻型货车企业中，北汽福田销量同比虽然有所下降，但是市场老大的地位依旧不可动摇；中国一汽、金杯汽车、南京汽车增长较大，同比增长22.01%、19.80%、16.01%。金杯汽车超过东风汽车占据了市场第三的位置。高端轻型货车中江西江铃高速增长，达到13.71%；庆铃汽车增长较慢，为4%；安徽江淮增长8.57%，高于整体增长率（见表3）。

表3　2013年轻型货车企业销量情况

（单位：辆）

排名	企业	2013年销量/辆	2012年销量/辆	同比增长率（%）	2013年市场份额（%）	2012年市场份额（%）
1	北汽福田	352556	355615	-0.86	20.02	21.21
2	安徽江淮	208425	191978	8.57	11.83	11.45
3	金杯汽车	164719	137500	19.80	9.35	8.20
4	东风汽车	164212	163272	0.58	9.32	9.74
5	江西江铃	137024	120499	13.71	7.78	7.19
6	长城汽车	118993	124104	-4.12	6.76	7.40
7	南京汽车	96430	83125	16.01	5.48	4.96
8	中国一汽	61894	50691	22.10	3.51	3.02
9	庆铃汽车	59304	57021	4.00	3.37	3.40
10	河北中兴	56456	52513	7.51	3.21	3.13
11	山东唐骏欧铃	54605	44420	22.93	3.10	2.65
12	山东凯马	49696	60474	-17.82	2.82	3.61
13	重庆力帆	48416	48760	-0.71	2.75	2.91
14	重庆长安	43477	24248	79.30	2.47	1.45
15	浙江飞碟	24651	25953	-5.02	1.40	1.55
40家轻型货车统计		1761121	1676269	5.06	—	—

注：数据来源于中国汽车工业协会。

4．2013年轻型货车市场结构分析

2013年1～11月份，前10大国内主流轻型货车企业累计开票885376辆，同比上升3.03%；经济型轻型货车开票507409辆，同比下降1.32%；中档轻型货车开票245368辆，同比上升7.69%；高档轻型货车开票132599辆，同比上升13.06%。

从市场份额来看，2013 年 1～11 月份高档轻型货车市场份额在 14.98%，比 2012 年提升了 1.33%（见表 4）。

表 4　轻型货车市场结构及市场份额

分类	品牌	2013 年市场份额（%）	2012 年市场份额（%）
高档轻型货车	江铃、庆铃、江淮帅铃、福田欧马可等	14.98	13.65
中档轻型货车	江淮、东风多利卡、福田奥铃、跃进等	27.71	26.51
低档轻型货车	福田时代、江淮好运凯马、轻骑、金杯等	57.31	59.84

（1）经济型轻型货车格局　经济型轻型货车主销产品为福田时代、江淮好运、凯马、五征、金杯、轻骑。低档轻型货车整体处于下降趋势，但是江淮、红塔、东风却是逆势增长（见图 1）。

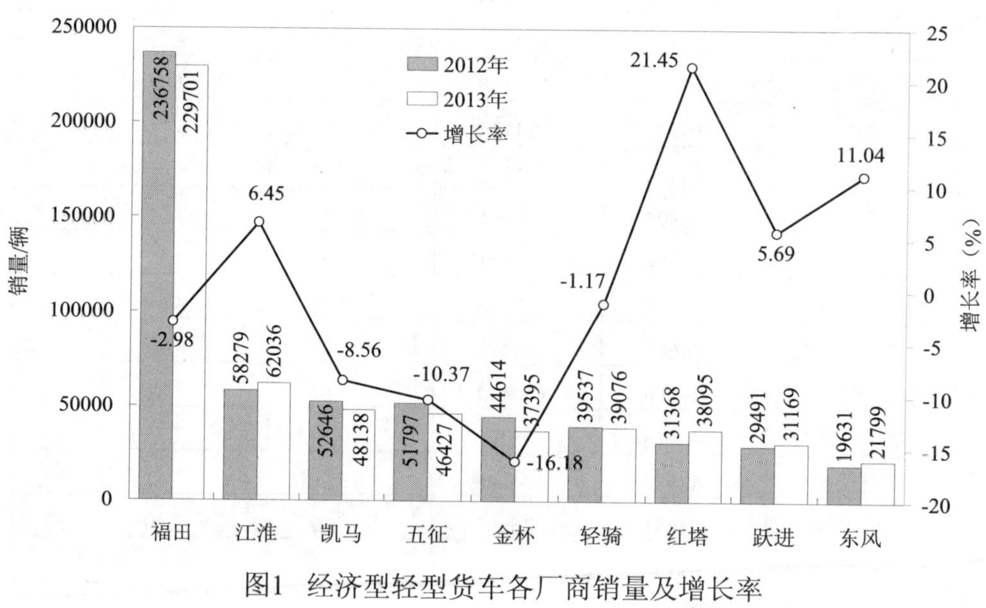

图1　经济型轻型货车各厂商销量及增长率

（2）中档轻型货车格局　中档轻型货车的竞争主要为福田奥铃、江淮、东风多利卡、跃进之间的竞争。江淮虽然依旧是市场的领先者，但是奥铃对其的冲击不可小视。跃进的增长幅度最大，相比较而言东风多利卡增长相对缓慢（见图 2）。

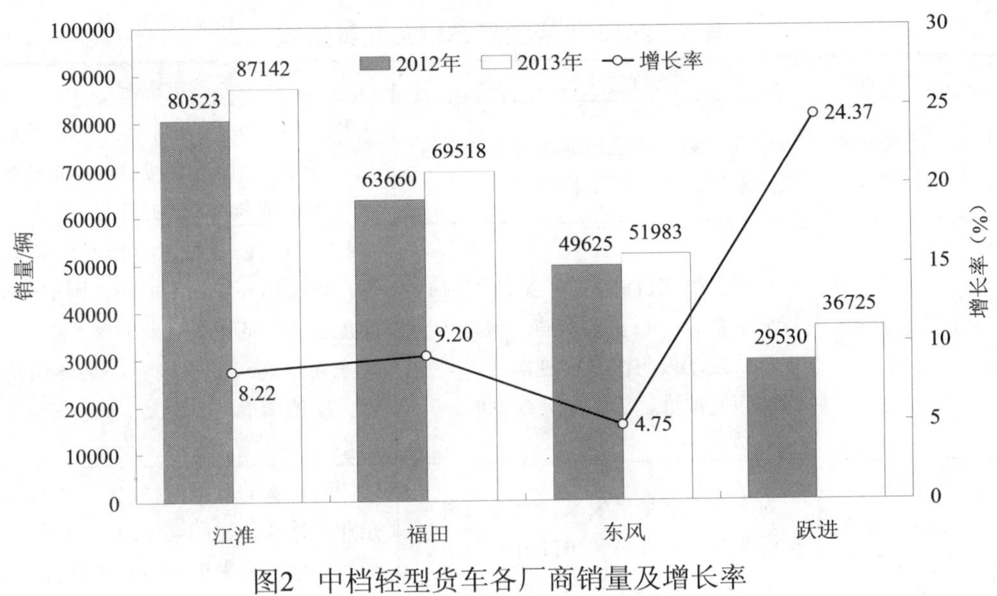

图2 中档轻型货车各厂商销量及增长率

（3）高档轻型货车格局 高档轻型货车的竞争主要集中在江铃、庆铃、江淮帅铃、东风凯普特、福田欧马可、跃进超越之间。高档轻型货车市场整体进入上升通道，江铃、欧马可等2013年增长迅速（见图3）。

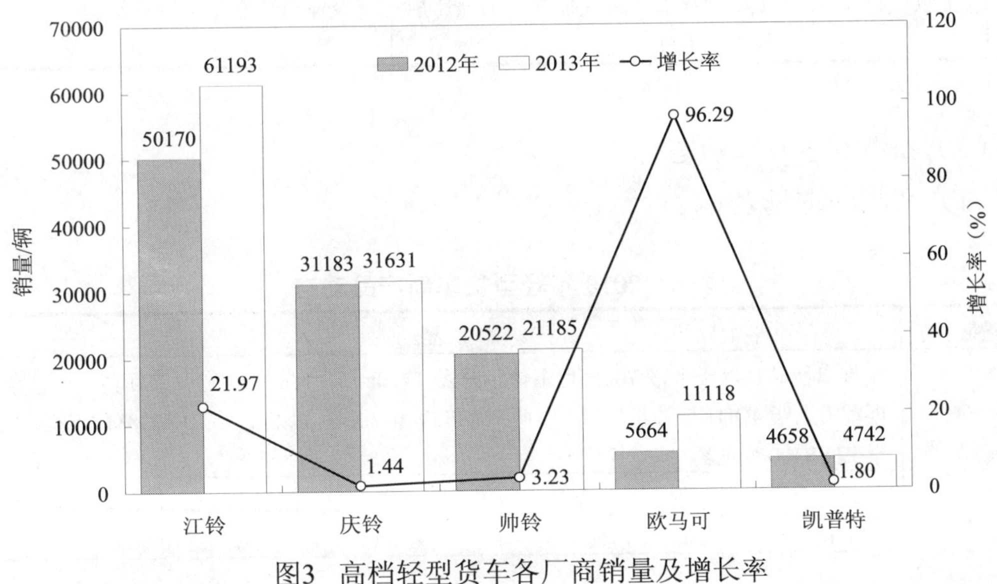

图3 高档轻型货车各厂商销量及增长率

5. 市场环境动态

（1）政策法规动态（见表5）

表5 2013年轻型货车相关政策法规

序号	政策名称	政策主旨	政策影响
1	大气污染防治十条措施	根据污染等级及时采取重污染企业限产限排、机动车限行等措施	预计将有更多的城市加入限行限购之列，如果这一情况真实呈现，或将给中国汽车市场带来严重的打击
2	国IV标准实施	环境保护部日前宣布，柴油车国IV标准于7月1日正式实施。这是车用压燃式发动机与汽车实施国IV排放标准两度被推迟后终与大众见面	目前国IV在技术上已经没有太大问题，但使用环境尚不成熟。国IV标准的实施会增加商用车企业的生产成本，进而影响客户购买的积极性。从环保角度来看，实施国IV会降低汽车尾气对空气的污染
3	鼓励西部整车制造，加速车企整体“西进”	为支持西部地区发展，将在《外商投资产业指导目录（2011年修订）》中不再鼓励的汽车整车制造作为西部各省（区、市）的鼓励类项目	随着此次的政策调整，更多的跨国汽车企业开始西部建厂规划，这一趋势也必将为西部地区带来更有利的招商引资条件，促进西部经济发展。但也可能会进一步加剧汽车市场的产能过剩
4	环保管理	加强新生产车辆的环保监管；加强在用机动车年度检验；加快柴油车车用尿素供应体系建设；加快淘汰黄标车和老旧车辆	与淘汰和更新黄标车、老旧车配合，黄标车、老旧车、低速汽车、三轮汽车更新速度将会加快
5	一致性管理	加强新生产车辆环保监管；联合工商质检对终端一致性抽查，加强违规车辆查处力度	企业市场操作风险增大

（2）轻型货车行业动态

1）产品动态见表6。

表6 2013年轻型货车新产品动态

企业	产品动态
金杯	推出新品将以五十铃700P为主体，开发1730mm、1880mm宽度的标体、中体车身，匹配“大柴4DD1柴油机”和“康明斯ISF2.8柴油机”以及CA5TBX028M变速器和采埃孚ZF5S400变速器
江铃	2013年5月份江铃高端轻型货车凯锐800全国上市，凯锐800推出了豪华款车型，有2750 mm和3360 mm两个轴距

（续）

企业	产品动态
福田轻型	欧马可 5 系新品 2013 年 4 月份正式上市，并发布 1 系、3 系、5 系品牌架构，正式进军高端轻型货车市场
一汽	解放 F330 速豹上市
南京依维柯	南京依维柯上骏 X300 上市。2013 年上海车展上首次亮相的南京依维柯高端 PowerDaily2014 款“超越”轻型货车已经下线上市
江淮	全新帅铃系列产品全面上市

2）活动动态见表 7。

表 7　2013 年轻型货车厂商特色活动

品牌	动态	核心内容
江铃	“2013 JMC 轻型货车低碳中国行”启动	活动将在同等的真实路况下，比拼参赛轻型货车驾驶员的节油技能，旨在全面提升参赛选手的环保意识和节油驾驶技术
江铃	“寻找江铃轻型货车家族”收官	颁发“最高单台使用里程”“最长单台使用年限”“最多个人购车数量”“最美全家福”“最牛改装车”“最美卡嫂”等六大奖项
福田奥铃	奥铃勒芒轻型货车耐力赛落幕	奥铃四款国 IV 产品，即奥铃 CTX 康明斯国 IV 动力、奥铃 TX 雷沃国 IV 动力、奥铃 TX4JB1 国 IV 动力和奥铃中型货车康明斯国 IV 动力产品集中亮相，该赛事主要针对物流企业
金杯	620 辆金杯轻型货车奔赴西藏日喀则	2012 年，中央在全国范围内进行了援藏项目西藏日喀则市政府招标采购工作，沈阳金杯车辆制造有限公司，成了唯一一家中标者，获得了 620 辆轻型货车大订单
开瑞绿卡	“开瑞绿卡价值体验中国行活动” 正式启动	该活动以“品质看得见・等你来体验”为口号，从北京出发，遍及中国 13 个省份，近百个城市，整车行驶里程 3 万 km，将拜访 20 万轻型货车用户。开瑞绿卡着重聚焦于轻型货车车型应用价值，为不同用户提供符合其需求的用车解决方案
江淮	与客户零距离接触	2013 年，帅铃开展了一系列终端推广活动，深入客户群，14 场品质客户走进江淮、140 余场新品品鉴会、300 场百城千店攻城行动等数百场终端活动，合计参与人数超过万人，让潜在客户群零距离体验和了解新一代帅铃

3）促销动态见表 8。

表 8　2013 年轻型货车厂商促销活动

企业	促销政策	促销内容
奥铃	奥铃中轻型货车抢滩 2013	购买奥铃轻型货车的用户，最高可获得 7000 元的油卡。另外，购买奥铃中型货车的用户，最高也可获得 8000 元的油卡大礼
时代	驭菱微型货车上市	售价 2.9 万元起，搭配柳州 465 发动机，排放标准达到欧Ⅲ或欧Ⅳ标准
江铃	制胜电商市场	江铃轻型货车获京东百台大单，作为高端轻型货车领域的领军品牌，江铃轻型货车与电商行业的龙头——京东商城强强联合

二、2014 年轻型货车市场展望

1. 2014 年汽车行业趋势预测

（1）工业化、城镇化为汽车工业发展提供了新的机遇　随着工业化、城镇化的推进，产业结构的调整和深化以及城乡结构的转变，会有更多的人需要汽车产品，因此工业化、城镇化是我国汽车行业发展的一个重大机遇。

（2）市场向三、四线城市转移给自主品牌汽车带来新的机会　新型城镇化的发展重点应该是中西部地区以县城为依托的中小城市和城市群中的中小城市及小城镇。这些三、四线城市以及广大农村地区是我国汽车行业，尤其是轻型货车行业发展的重大机遇。

（3）环保热浪促使汽车业变局　不断升级的油耗和排放标准将给汽车企业今后的发展戴上“紧箍咒”，研发和推出符合排放政策的车辆，是摆在汽车企业面前迫在眉睫的任务，在新的汽车产业趋势变化中，契合政策法规的汽车企业才能有足够的生存空间。

（4）黄标车及老旧车辆更新　2014 年全国很多区域计划淘汰黄标车，如“京津冀、长三角、珠三角”等。这是在汽车排放标准快速升级、大气污染渐趋严重、汽车保有量快速增长的情况下采取的措施。黄标车及老旧汽车更新对汽车产品有新增替代效应。

2. 2014 年轻型货车行业趋势分析

2014 年整个轻型货车行业受宏观经济影响将呈现缓慢增长的态势，市场容量与 2013 年相比基本持平，客户消费层次将继续保持金字塔的结构，但在各细分市场将有新的变化，2014 年轻型货车行业将有如下特点：

（1）高端轻型货车市场迎来发展良机　2014 年，环保执行力度将会加大，推进节能减排将是大势所趋，高端轻型货车对政策符合性较强。同时 2014 年我国公路货运、基础设施建设和房地产开发投资所带来的物流需求增长，高端轻型货车将是最大受益者，另外中国轻型货车客户对舒适、安全等方面的需求升级也是高端轻型货车将保持高速增长的动力之一。

（2）中端轻型货车市场竞争加剧　中端轻型货车市场由于生产厂家及销售车型众多，历来是竞争最为激烈的市场，2014 年中端轻型货车市场将消化由于经济型低端轻型货车市场下滑所带来的增量，因此中端轻型货车市场客户及价格竞争将更为激烈，而拥有自给自足的核心动力总成厂商将在竞争中占据主导地位。

（3）经济型轻型货车稳中有变　作为轻型货车最大的细分市场，经济型轻型货车市场容量依然庞大，一方面各个轻型货车厂家都在不断进行产品更新，网络变革，销售创新，力图分享更多的市场份额，很多农用车用户将会升级为轻型货车用户；另一方面，2014 年由于原材料成本的上升以及排放标准升级，导致轻型货车成本上升，对价格上涨最为敏感的经济型轻型货车整体市场售价将上扬，部分客户将被分流。

（4）区域轻型货车市场结构梯度转移　河南、辽宁、安徽、四川等人口大省商用车的需求会继续增加，另外郑州、重庆、成都、武汉等二、三线城市承接沿海一线城市的制造产业，轻型货车市场容量将得到提升。广东、江苏、浙江等省份进入市场成熟阶段，增长点主要集中在车辆更新产生的增量。在山东、河南、河北、四川等农用车传统市场，轻型货车替代农用车的趋势比较明显。

3. 2014 年轻型货车客户需求分析与判断

（1）驾驶室造型趋于乘用车化　前脸造型更趋向于立体动感，整体显得更加大气厚重。前照灯组更加饱满犀利，吸纳欧美钢性线条元素，转角处保持日系车圆润饱满的基因。缓冲装置采用乘用车型或分断式吸能缓冲保险杠。此外，整车可翻转液压驾驶室悬置、隔音、隔热减振等方面，都提供了堪比轿车的品质。

（2）市场需求致使车型品系大增　窄体、中体、宽体及双排、排半、单排以及城市电动专用车，因市场需求不断推陈出新，纯出口的右舵版（出口版）车型，已成为各汽车企业国际战略的利器。

动力系统采用电控涡轮增压成为趋势。自制动力最强、重量最轻、体积最小的发动机，可满足国Ⅳ排放标准，同时具备升级到欧Ⅴ、欧Ⅵ排放潜力的发动机，成为市场竞争的优势所在。如康明斯、索菲姆、纳威斯达等发动机，均采用了电控涡轮增压高压共轨发动机、燃油与燃烧优化、智能电控、排放处理、滤清系统五大等核心领先技术。

（3）功能舒适性成流行性配置　集成电子油门、助力转向、离合助力、电动空调、电动车窗等轿车化舒适配置，靠拢乘用车标准，如液压减振座椅、定速巡航等多项轿车化配置。ABS 制动防抱死系统，感载比例阀加排气蝶阀制动为标准配置设计，其优化独立储气单元，包括干燥器，四回路保护阀，螺旋冷却管，多彩色管路等系统。

（4）轻型货车纯电动底盘发展进度加速　如东风凯普特电动道路清扫车和东风凯普特轻型货车纯电动底盘。这款东风凯普特轻型货车纯电动底盘是在高端轻型货车凯普特底盘基础上研发的，采用全球领先的欧洲 PVI 纯电动成套技术，可广泛运用于高端轻型货车、专用车市场。

4．2014 年轻型货车细分市场预测

2013 年轻型货车市场在经过 2011～2012 年的市场调整后出现了恢复性增长，综合判断，2014 年轻型货车市场的总销量不会高于 2013 年总销量，其中纯轻型货车市场维持稳定，轻型工程车下降，皮卡继续增长（见表 9）。

表 9　2014 年轻型货车分类别销量预测

类别	2012 年销量/万辆	2013 年销量/万辆	增长率（%）	2014 年销量（预测）/万辆	增长率（%）
轻型货车	185	190	2.70	190	0.00
纯轻型货车	110	120	9.09	120	0.00
工程车	23	21	-8.70	18	-14.29
皮卡	47	49	4.26	52	6.12

2014 年，在纯轻型货车中，中高端市场将增长，低端市场下降的降幅预计为 6%。高端市场增长的主要原因是：①出口恢复带动高端轻型货车新增需求；②消费升级和客户升级；③第四阶段排放标准实施促使客户选择高端轻型货车。

低端轻型货车市场下降的主要原因是其部分客户转移到中高端轻型货车，

2014 年，中端轻型货车市场的预计增幅在 6%左右，市场规模进一步扩大（见表 10）。

表 10 2014 年轻型货车分档次销量预测

纯轻型货车	2012 年销量/万辆	2013 年销量/万辆	增长率（%）	2014 年销量（预测）/万辆	增长率（%）
高端	14	16	14.29	18	14
中端	30	33	10.00	35	6
低端	66	71	7.58	67	-6
合计	110	120	9.09	120	0

（作者：台建宏）

2013 年微型货车市场分析及 2014 年展望

2013 年 GDP 预计增长 7.6%左右，经济运行情况用三句话概括，即：经济运行总体平稳、结构调整稳中有进、转型升级稳中提质。2014 年，中国仍处于重要战略机遇期，十八届三中全会就全面深化改革和体制机制创新提出了具体的目标和措施，乐观地预计 2014 年我国 GDP 增长为 7.8%左右。

2013 年汽车行业总体增长较快，预计可实现销售 2200 万辆，再创历史新高。2013 年微型货车预计销售 54 万辆，预计同比增长 1.17%，与上年展望预测的基本一致。虽然在整个汽车市场中增长率偏低，但总量相对平稳仍维持高位，成为仅次于 2010 年的历史次高销量。2012 年年末笔者曾预测微型货车市场由于面临库存增加、原材料及燃油价格上涨、刺激政策难以出台、城市限购和限行令、新增产能闲置、国家对汽车市场的监管力度加大、市场需求增势不明显等因素影响，2013 年微型货车市场压力较大，很难有较高的增长率或较大的容量变化，现在回顾看当时对微型货车市场的预测较准确。

一、产销数据分析

1. 行业走势分析

（1）*产销总量分析*　2013 年 1～11 月份微型货车市场受“去库存”的影响，产量小于销量，生产同比小幅下降，销售同比小幅增长，消化库存 5623 辆，其中 2013 年 1～11 月份生产较上年同期下降 0.4%，销售增长 1.29%（见表 1）。

表 1　2013 年 1～11 月份微型货车产销量表

车　型	生产量			销售量		
	2013 年 1～11 月份产量/辆	2012 年 1～11 月份产量/辆	同比增长率（%）	2013 年 1～11 月份销量/辆	2012 年 1～11 月份销量/辆	同比增长率（%）
微型货车	485682	487642	-0.40	491305	485060	1.29
汽车行业	19989255	17482893	14.34	19860104	17493211	13.53

（2）*产销量月度分析*　从月产销量图可以看出，2013 年总体产销量基本平衡，

1～4 月份仍是微型货车销售的传统旺季，有明显的年中淡季现象的出现，呈小 W 形增长态势（见图 1）。2013 年 1～11 月份月度产量显示，由于 2012 年春节在 1 月下旬，因此 2013 年 1 月份生产同比增长较快，2 月份下降较大，其他月份生产基本呈微幅下降状态。销量同样受春节影响，2013 年 1 月份增长较大。但与产量不同的是，受五菱荣光小卡、新长安之星、奇瑞优劲等新品上量和宏观经济回升影响，8 月份市场快速走出淡季，同比有较大增长。总体来看由于受哈飞汽车和东风小康国际市场影响，反弹力度较弱，综合可以看出微型货车市场受经济环境和政策因素的影响仍非常大。

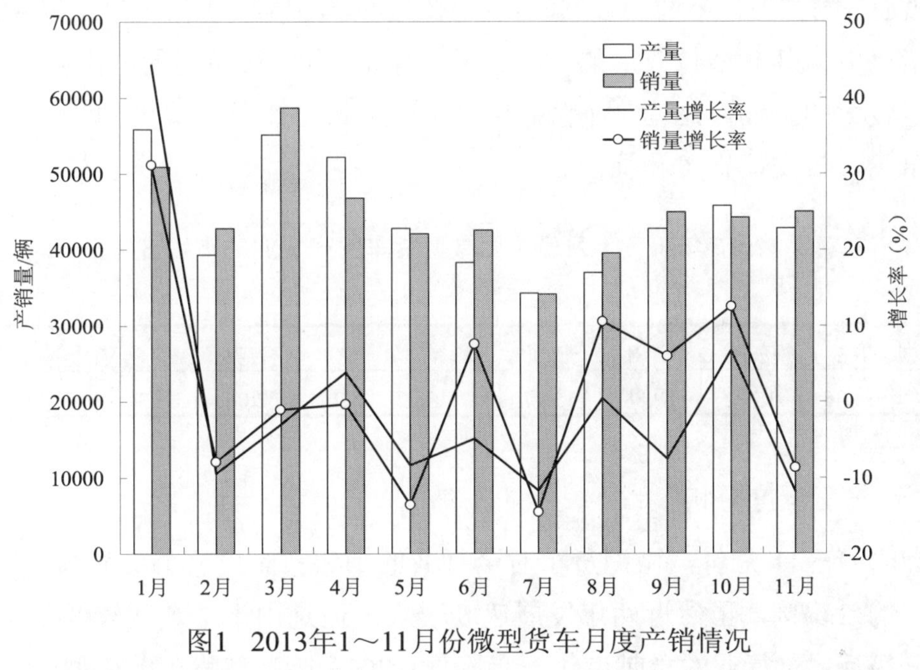

图1 2013年1～11月份微型货车月度产销情况

2．生产集中度分析

2013 年 1～11 月份，微型货车生产集中度相对较高，主要集中在五菱、东风、福田和长安，而哈飞、奇瑞、凯马、一汽和吉奥汽车等企业的生产集中度基本在 2%～3.5%之间（见表 2）。五菱作为微型汽车（微型货车+交叉型乘用车）生产最多的企业，2013 年微型货车占比已经超过 1/3，霸主地位逐渐显现；2013 年新增加金杯和重庆银翔两家生产企业。受国家产业结构调整政策的影响，新的淘汰和重组已经成为必然的趋势，现代与南骏新合资公司四川现代开创了新的合作模式。

表2　2013年1～11月份主要微型货车生产企业生产集中度对照表

（单位：%）

企业	五菱	东风	福田	长安	哈飞	一汽	吉奥	凯马	奇瑞	总计
微型货车	34.49	15.07	19.20	15.13	2.18	2.80	2.20	3.37	3.15	97.58

3．市场占有率分析

市场占有率的集中度与生产集中度基本一致（见表3），五菱销售仍维持高速增长，占有率较2012年增加8.8%，成为微型货车领域的真正霸主，无疑升级的荣光小卡已成为其高增长背后的主要推手。另外，奇瑞和凯马的占比也小幅增长，其他销量较大的企业占比均呈下降趋势，东风销量占比下降最大，幅度达5.26%，其次是哈飞、长安、吉奥和福田。

表3　2013年1～11月份主要微型货车生产企业的市场占有率

（单位：%）

企　业	五菱	东风	福田	长安	哈飞	一汽	吉奥	凯马	奇瑞	总计
微型货车	34.25	15.22	19.88	15.47	2.26	2.70	2.06	3.31	2.74	97.90

4．销售贡献度分析

2013年1～11月份，微型货车对全行业的销售贡献度降为2.47%（见表4），低于上年的2.67%，虽然近两年发展速度较快，但是由于基数比较低，尤其是很多产品升级后，对行业的贡献度进一步降低；2013年微型货车对微型汽车的贡献度为24.67%（见表4），较上年出现近7个点的增幅。

表4　2013年1～11月份销售贡献度分析表

车　型	2013年1～11月份销量/辆	2012年1～11月份销量/辆	同比差额/辆	微型车贡献度（%）	微型货车贡献度（%）
全行业	19860104	17493211	2366893	10.03	2.47
微型汽车	1991805	2119972	-128167	—	24.67
微型货车	491305	485060	6245	—	—

5．微型货车市场主要品牌变化

主要微型货车生产企业较上年排名变化不大，五菱、东风、福田和长安仍位列第一阵营，由于五菱的快速增长，第一阵营的规模在不断扩大，这四家企业成为了名副其实的微型货车四大。哈飞、一汽、吉奥、凯马、奇瑞和南骏（四川现代）等位列第二阵营，但其实力和规模有所下降（见图2）。

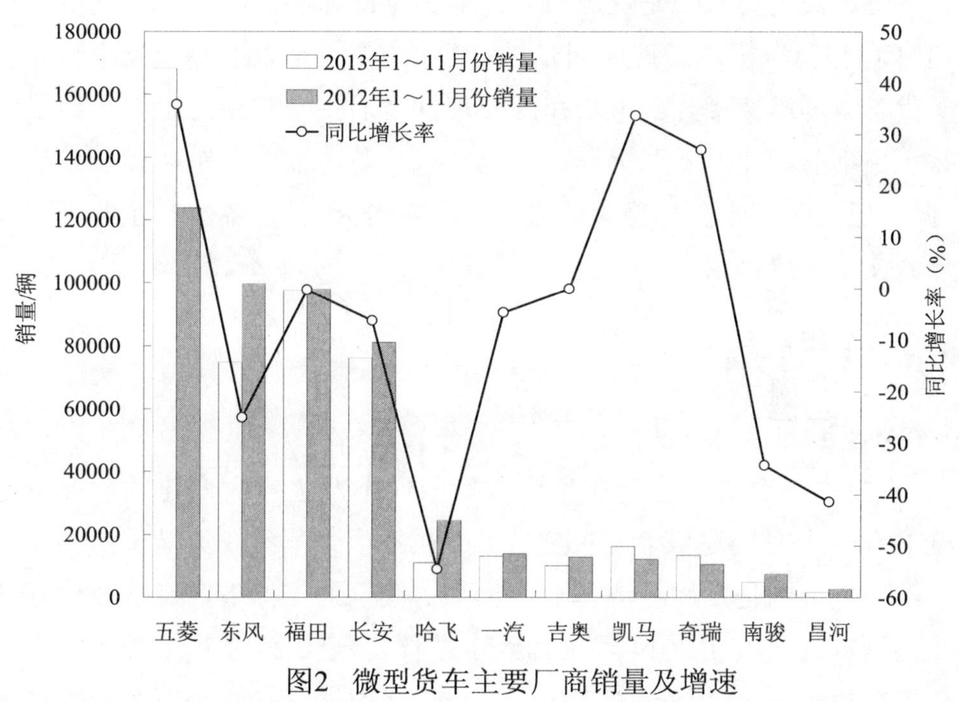

图2 微型货车主要厂商销量及增速

二、相关企业态势分析

微型货车在五大微型汽车企业中基本以单、双排货车销售为主。受限购和使用功能的影响，微型货车市场发生了较大的结构性变化，双排货车的增长速度高于单排，其在微型货车市场中的占比达到60%。

（1）*五菱* 2013年1～11月份，五菱微型货车销量同比增长35.84%，增长率远高于行业平均水平，也保证了微型汽车市场的稳定。其领先的产品、影响力较大的品牌和优异的经销商渠道，为其占有率进入高速增长通道提供了有力支撑，同时其对其他微型汽车生产企业的威胁与日俱增。

（2）*长安* 2013年1～11月份，长安微型货车销量同比下降6.24%，已经出现连年下滑趋势，主要原因是产品竞争力不足，未能真正满足升级用户的需求。

而星光 4500 平台小卡由于用户认知度低，销量未能有较大突破。

（3）哈飞 2013 年 1～11 月份，哈飞微型货车销量同比下降 54.45%，下降的幅度也超过了行业的平均水平，主要受出口影响的因素较大，另外产品力下降和品牌力不足也间接影响到销售。

（4）东风 2013 年 1～11 月份，东风微型货车销量同比下降 24.99%，也是多年连续下降，其主要原因是受出口和产品力下降影响。

2013 年微型货车出现了理性回归，其变化的亮点是以五菱荣光小卡为代表的高端微型货车市场迅速攀升。市场在回归理性之后，一些企业出现了销量的大幅下滑，并止步不前，使得微型货车市场已经被五菱、福田、东风和长安这“四大家” 占据。但同时也要及时警醒，得“产品者得天下”，各生产企业一定要围绕市场需求做文章，以“用户”为己任。

三、2014 年展望

1. 宏观经济与政策法规

（1）宏观经济企稳回升 在基本政策取向不发生重大变化的情况下，预计 2014 年国内经济整体将延续企稳回升态势。在各项改革和政策措施实施效果逐步显现、外部环境特别是发达经济体复苏加强等因素的支撑下，经济整体回升的基础将继续得到巩固，预计 2014 年国内经济整体将延续 2013 年下半年的企稳回升态势，全年有望实现 7.8%左右的增长，较上年小幅回升 0.1 个百分点。在国际大宗商品需求温和回升、国内消费持续增长的拉动下，全年价格形势稳中有升，全年消费价格指数预计在 3%左右。

（2）环境改善和活力增强兼具 从总体看，我国仍处于工业化、城市化、消费结构升级、收入较快增长阶段，且一些新的增长拉动因素正在形成，经济基本面仍然良好。一方面，内需增长仍有广阔空间。从消费方面看，对文化、教育、医疗、养老和旅游等服务类需求增长迅猛，智能手机、平板电脑、信息家电等已形成新的消费热点，住房汽车等消费持续增长。网购等新兴业态的发展则有力地促进了消费潜能的释放。从投资看，我国在城市轨道交通、环境治理、城市排水、保障房（包括棚户区改造）和农村基础设施等方面存在着极为迫切的需求。另一方面，要素供给质量明显提高。

（3）排放标准升级 随着 PM2.5 值的不断恶化，部分城市和区域“提前”

实施排放标准，尤其是柴油车的排放标准将被快速“加严”。

（4）限购限行影响消费增长　2013 年 12 月 20 日天津市出台限行、限购政策后，短期对全国汽车市场的消费会有刺激作用，但长期来看大中城市销量会逐年下降，尤其是限行对货车的影响较大。

（5）专用车发展迎来新机遇　伴随着电子商务和城市化进程的快速推进发展，对于微型货车专用车有了新的需求，专业化的改装车将会成为新的增长点。

2．生产企业产品研发方向——产品升级是主旋律

（1）平台升级　上年笔者曾预测轻型货车和微型货车交叉市场衍生的“宽体微卡”或“小卡”会成为市场增长的“核动力”，从 2013 年表现来看，以五菱荣光平台开发的荣光“小卡”为代表的高端微型货车市场快速增长，已经占到微型货车市场的 60%以上，产品升级成为微型货车市场发展的方向。

（2）承载升级　从用户购买微型货车的关注因素分析，用户对承载能力的关注程度已经超过载货空间，单排用户对载质量的需求已经上升到 1000kg 以上，双排用户的需求也接近 1000kg。

（3）动力升级　微型货车动力“大型化”方向正在进一步升级，汽油版已经由原 1.0L 排量向 1.3L 排量甚至 1.4L 或 1.5L 发展，功率由原 28kW 升级到近 73.5kW，随着法规的升级和加严，“油耗值”也将成为汽车企业研发的重要指标之一。

（4）舒适性升级　随着用户消费水平和产品平台的不断升级，驾驶舒适性也将成为影响用户购买的主要因素，微型货车驾驶室“轿车化”渐渐成为趋势。

3．增长速度预测

综上所述，2013 年全年微型货车完全向常态增长回归，增长率放缓的趋势发展。2014 年在微型货车市场中电子商务物流等专用车是新的增长机会，高端微型货车增长仍是保证微型货车市场容量的重要支撑，预计 2014 年微型货车销量在 55 万～60 万辆左右。

（作者：徐洪飞）

2013 年皮卡市场分析及 2014 年展望

一、2013 年皮卡市场分析

1．整体运行状况

2013 年 1～11 月份，中国皮卡销量为 438406 辆，同比增加 12.1%。略低于汽车行业增速，但高于商用车 7.1%的增速。分月来看，2013 年皮卡销售呈现两头高，中间低的趋势，从 3 月份最高销售 50537 辆开始逐月下滑，至 8 月份 34419 辆的最低月销记录，在 11 月份才回升至 43905 万辆的水平（见图 1）。其中长城汽车销售 118991 辆，相当于排名第二的江铃汽车和排名第三的中兴销量总和，继续以较大优势保持领头羊的位置。江铃汽车销售 61885 辆，排在第二位，增速达到 14.3%。排在第三到第八位的企业分别是中兴，销售 56456 辆；郑州日产，销售 53605 辆；北汽福田，销售 36155 辆；黄海汽车，销售 22802 辆；庆铃汽车，销售 18649 辆；金杯汽车，销售 14165 辆。销量排名与上年基本相同，市场格局没有发生大的变化，预料之外地是金杯汽车排名上升至第八位（见表 1）。

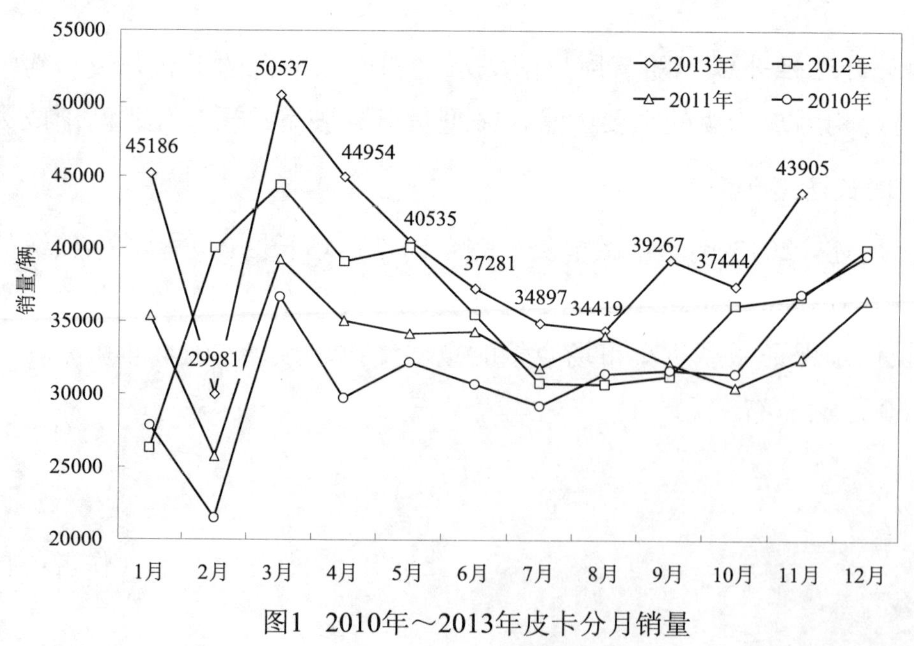

图1　2010年～2013年皮卡分月销量

表1　2010～2013 年皮卡企业销量

（单位：辆）

厂商名称	2010 年	2011 年	2012 年	2013 年 1～11 月份
江铃汽车	56075	57205	64143	61885
长城汽车	103181	121736	137232	118991
郑州日产	53393	62053	51370	53605
中兴	46071	50152	48945	56456
福田	28115	29005	34438	36155
庆铃汽车	19936	24415	20255	18649
黄海汽车	22721	19359	21794	22802
吉奥	29451	14152	9738	5460
长丰扬子	8211	9968	2665	4594
主要品牌总销量	248148	365086	390580	378597
金杯汽车	0	—	—	14280
北京汽车	9638	13243	10756	6700
广东福迪	5017	5408	4270	6556
恒天皮卡	—	—	4068	7727
江淮皮卡	—	—	7605	13737
合计	253906	379214	403495	383711

2013 年，市场呈现出新进企业以低价抢低端客户资源，主流皮卡企业专注于品牌提升和高运营管理水平而轻市场份额的现象，以长城汽车、江铃汽车、郑州日产为代表的汽油和柴油市场领导者销量仅增长 2.5%，已放弃金迪尔等低端产品，推出了具有国际水平的驭虎高端皮卡，产品质量和盈利能力进一步增强。从 2009～2013 年 1～11 月份，皮卡前三强市场集中度分别为 53.1%、55.5%、59.5%，58.5%，53.5%。长城汽车皮卡连续五年都获得市场第一，五年中江铃汽车获得 3 个第二名，两个第三名；郑州日产获得两个第二名。长城汽车、江铃汽车、郑州日产三家的市场份额达到 53.5%（见图 3），比上年同期下降 5 个百分点，主要原因是皮卡市场竞争日趋激烈，新进入皮卡企业分流原有低端客户。以江淮、金杯、恒天为代表的 5 万元低端皮卡销售 35744 辆，占皮卡市场 8%的市场份额，是新增销量的主要贡献者。

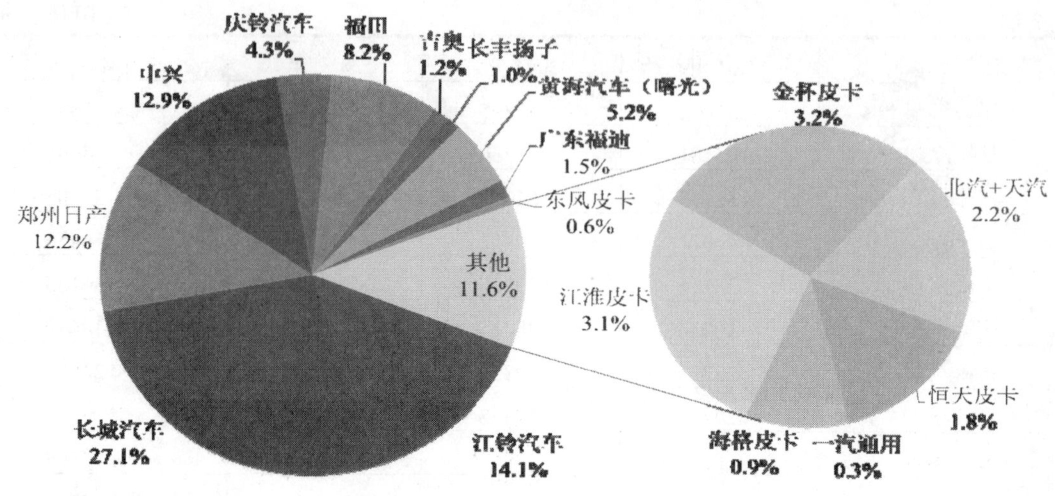

图2 2013年1～11月份皮卡市场份额

（注：数据来源于中国汽车工业协会和乘用车联合会）

2．主流皮卡市场分析

（1）长城汽车　2013年1～11月份，长城汽车皮卡销量为118991辆，比2012年同期下降4.1%。主要是金迪尔皮卡停产退市使销量下降54.5%，风骏销量同比增长6.67%；从风骏销售品种看，2013年1～11月份四驱风骏销售25484辆，增速高达21.6%；二驱风骏销售83537辆，增速2.8%。在新的品牌规划下，长城汽车在逐步由低端向中高端产品挺进，原有的迪尔、赛铃等低价皮卡停产退市，新推出定位为中端产品的风骏5来代替，并将在2014年推出风骏H6高端皮卡（采用哈弗H8新的大嘴式设计风格和H8大灯设计、LED日间行车），形成高、中、低齐全的价格体系。

长城汽车以消费需求和客户口碑为导向，减少平面媒体和广告投入，把更多的利润留给销售商和渠道，提高对经销商的管控力和品牌忠诚度，率先在全国撤除销售大区，在经销商安装远程摄像头，配合飞行检查等手段实现对渠道的远程控制和管理。同时，创新营销模式，试水互联网销售。2013年1月份，长城金迪尔清库促销活动，金迪尔皮卡降价10%（折合为5000～6000元的优惠）；9月份，参加“皮卡中国行”等巡展促销活动；2012 年 12 月份，长城汽车联手国美在线启动网络营销，联手汽车之家举办“长城汽车岁末现车抢购”活动，长城风骏 5 现金优惠 3000 元。

（2）江铃汽车　2013 年 1～11 月份，江铃汽车销量 61885 辆，比 2012 年同期增长 7.7%，位列皮卡行业第二名。主要增量来自于新品“域虎”皮卡，而宝典出现 5%的下滑。江铃双拳出击，通过宝典超值版和经典版占领市场份额，通过域虎树立高端产品形象的策略，取得明显的市场效果。其中，域虎累计销量近 10000 辆，拉动江铃汽车皮卡的增长；而宝典靠出色的性价比吸引了大量原中低端皮卡客户升级换代，销量仍牢牢占据同类车型第一的位置。

2013 年 10 月份，为挑战长城的传统汽油皮卡企业的江湖地位，江铃汽车推出一款装配国Ⅳ汽油三菱动力，价格低至 6.98 万元的皮卡；10 月～11 月份，江铃宝典国Ⅲ柴油皮卡举办以“千金掷地 礼震今秋”为主题的钜惠活动。在活动期间，江铃宝典国Ⅲ柴油皮卡限时钜惠 5000 元，凡购车的消费者，可立即获赠价值 2000 元的大礼包。年末，又推出高端全能域虎掀背版，面向兼顾工作、家庭、休闲的白领精英。

特别值得一提的是：江铃集团轻型汽车有限公司生产的第一辆汽车——骐铃皮卡（分汽油和柴油版，分长轴距和短轴距版）在 2013 年 10 月份下线，主要面向中低端和广大的三线城市和乡镇市场；而江铃集团的另一家合资企业江西五十铃公司也将在 2014 年推出第一款日本五十铃 D-MAX 高端皮卡，配备 4JJ1-TCS 3.0L 柴油发动机，悬挂 ISUZU 的 LOGO 在国内市场销售。江铃集团将形成江铃集团轻型汽车有限公司占领中低端，江铃股份占领中高端，江西五十铃占领高端皮卡市场的大格局。

（3）郑州日产　2013 年 1～11 月份，郑州日产皮卡销量为 53605 辆，比 2012 年同期上升 13.5%，位列皮卡行业第四名（见表 1）。郑州日产销量上升的主要原因有两个原因：一是钓鱼岛事件后日系车启动一系列营销活动，广告拉动销量反弹；二是锐骐品牌密集发布上市，9 月份，锐骐皮卡超值版以 7.78 万元的价格上市（四驱皮卡 9.78 万元）；11 月份，锐骐皮卡领航版 2013 款以 12.98 万元价格上市（享受 3 年或 10 万 km 的超长保修期），拉动锐骐皮卡 19%的增长，而尼桑 D22 受到江铃域虎的冲击，销量略有下滑。

在市场推广活动方面，郑州日产以客户为中心，满足用户的需求，以“相信、相伴、相成就”服务理念的基石，为客户带来全方位体验的服务营销。通过一系列“爱车讲堂”“节油比赛”“越野技能大比拼”“越野模拟赛道体验”“锐骐皮卡科技环保体验营”等活动，为客户带来了全方位体验的服务体验。参加2013环塔（国际）拉力赛汽车T2（量产）组并荣获冠军。在赛事营销上，锐骐领航版在几乎未经改装的情况下，一举获得2013环塔国际拉力赛汽车T2（量产）组冠军。

（4）其他皮卡 2013年1～11月份，皮卡整体市场新进入汽车企业不断增加，许多商用车、客车、专用车生产车企也纷纷进入皮卡生产领域，形成20余家皮卡车厂共同来分一杯只有不到50万辆皮卡市场之羹的局面，市场涌现出如金杯、江淮、恒天等皮卡新秀，未来还将有潍柴动力、上汽商用车、江西五十铃等企业的皮卡产品杀进皮卡这一小众车型市场。

竞争格局呈现中高端市场份额不断扩大，中低端市场规模缩小，而皮卡主流厂家如江铃、长城向技术含量高、加宽加大的欧系中高端皮卡迈进，新进入厂家借用社会现有配套资源进入中低端皮卡市场，市场竞争日趋激烈的特点。新进入者通过低价，时尚外观、精致内饰吸引三线城市和乡镇用户群体，以农村包围城市的营销策略，扩大市场份额。

二、2014年皮卡市场展望

1．细分市场走势展望

汽车行业增长与经济增速存在正相关性，预计2014年汽车行业的增速大约在10%。近五年汽车增速经验表明，皮卡车市场发展与乘用车发展路径相似，但又具有一定商用车的特点，与外贸企业的活跃度和房地产建设有关联，皮卡作为轻型货车的一个细分市场，受到“节能减排”和“汽车限购”等政策因素影响，笔者预计皮卡市场的增长速度略低于最近三年的平均水平，增速大概在8%，高于商用车的增长水平。

2．产品趋势

2013年皮卡产品竞争激烈，众多厂家推出新产品上市。2013年1月份，恒天集团定位高端皮卡的恒天途腾T3 2.4L至尊版汽油车上市，价格7.98万元；3月份，中兴汽车威虎TUV皮卡开始在全国分区巡回上市，价格锁定在8万～9万元； 4月份，苏州金龙海格龙威皮卡上市铺货；5月份，奇瑞开瑞爱卡柴油版上市，它搭载 2.5DK4B 柴油发动机，最大功率为 82.5kW/(3800r/min)；7 月份，江苏卡威集团卡威首款宽体大皮卡下线；2013 年 8 月份，江淮发布高端皮卡车型瑞驰 II 和双燃料（CNG）皮卡上市；8 月份，苏州金龙海格自卸皮卡车上市；9 月份，郑州日产锐骐超值版全国上市；10 月份，江铃轻型车产品骐铃皮卡上市；10 月 28 日，江铃宝典汽油版上市。具有两个特征是：一是新进入企业为主，二是上市产品集中在价位 7 万元左右，产品的同质化将导致这个市场竞争日趋白热化。

皮卡市场呈现百花齐放的大好局面，皮卡产品向“三化”趋势发展，一是内饰轿车化，二是车身宽体化，三是动力柴油化。无论已上市的江铃域虎，抑或即将上市的长城风骏 6，还是新上市的皮卡，如威虎 TUV、恒天途腾 T3，都在向内饰精细化、轿车化方向发展。以前在轿车上才安装的液晶显示空调、一键启动、电动后视镜、可选装具备导航、倒车影像、USB 的液晶屏幕等开始在皮卡上出现。

合资皮卡车宽以 1690mm 为主，该车型占据市场主体地位；长城风骏、福田萨普和中兴主推 3100～3350mm 轴距，车厢宽度为 1800mm 和 1750mm 的货箱皮卡，载重量能达到 1t，市场份额不断攀升，其中，长城风骏占中双市场的 85%，市场宽体化趋势日益明显；而窄体皮卡更多地是通过降价促销来维持市场份额。

皮卡柴油化倾向越来越明显，以前在北方地区汽油皮卡比例高，柴油比例少，随着油品提高和发动机技术的集成，柴油机冷启动比较难的问题得到解决，而柴油节能，马力大，投资回收期短的优点得到体现。2012 年柴油皮卡的比重由 2011 年的 69%跃升至 75%，而在 2004 年全国皮卡的汽柴比为 6∶4，在山东、河北、河南等北方省份，皮卡动力的柴油化趋势不断提高。

3．市场趋势

从近几年皮卡销售流向和区域市场发展看，沿海区域皮卡市场份额较大，对皮卡限行政策弱的中西部和二、三线城市发展较快；高端产品在江浙、新疆销量较大，中高端在江西、山东销量较大，经济型在内蒙古、河北销量较大，经济型在湖南、江西的增幅较大。各皮卡汽车企业积极实施渠道下沉，长城汽车、江铃汽车等渠道领先者早已经将触角伸向了四、五级市场，对于皮卡生产厂家而言，赢得三线市场和乡镇市场才能赢得未来。

当前，各皮卡生产厂家纷纷加大对销售渠道、服务网点的建设力度。长城首先在二、三线市场启动了分网工作，整个销售网络共分为三条，分别为哈弗销售网络、轿车销售网络和过渡性网络。长城汽车旗下销售渠道将明确分成 C1、C2、C3 三套网络，分别为 SUV 品牌——哈弗销售网络、轿车品牌——腾翼的销售网络及囊括皮卡、SUV、轿车的一条过渡性综合网络，过渡网络目前以皮卡产品为主。逐步精选区域进行营销的升级优化，做到“先有后优”，充分关注、挖掘、满足二、三、四级城市消费者的新兴需求，实行专业化生产和销售，以点带面，开拓新市场，实现“聚焦小区域，形成大市场占有率”的营销效果。江铃皮卡网络逐渐从原有网络中剥离出来，江铃在全国二、三线城市建立了 400 多家销售网点，使销售重心下移覆盖百强县和重点城镇。

4. 皮卡出口

近年来，皮卡出口成为由传统整车贸易的方式逐渐向整车出口和 KD 件出口并重的方式转变，为规避所在市场高额的税收在海外的建厂成为皮卡走向国际的重要方式。

郑州日产海外事业部，已在全球 20 多个国家（地区）建立了经销、售后服务网络，甚至海外工厂，通过整车出口的形式，销售包括皮卡、SUV在内的东风品牌产品以及日产品牌的凯普斯达车型。2012 年郑州日产在委内瑞拉再次斩获 7000 辆锐骐皮卡大单。2012 年 5 月份，由郑州日产埃塞俄比亚 KD 工厂生产的奥丁、锐骐等产品在当地上市，这是郑州日产继安哥拉、苏丹之后第三个投产的 KD 工厂。2012 年～2016 年，郑州日产计划出口量由 8000 辆增长为 28000 辆，实现年均 37%的增长率，2016 年实现海外出口占公司总体销量的 15%；并对出口车型、售后体系、市场战略启动都有着新的目标及规划。

长城汽车已在俄罗斯、印尼、伊朗、越南、埃及等国家和当地合作伙伴建有组装厂，并在开拓保加利亚、委内瑞拉、马来西亚等新兴项目。目前已在 70 多个国家建立了 500 余家维修网点，保有量较大的区域服务半径控制在 300km 以内。此外，长城汽车还与南非、巴西、泰国、土耳其等国家的合作伙伴达成了建厂意向。2013 年 3 月份，长城汽车在巴西的合作伙伴——拉丁美洲汽车集团将于 2014 年投资 10 亿美元在巴西兴建新工厂。该工厂初始产能目标为 50000 辆/年，有望倍增至 100000 辆/年。最初将生产一款皮卡和两款 SUV。长城汽车计划投资 100 亿泰铢（约合 3.4 亿美元）在泰国建立制造基地，预计年产量将达到 10 万辆。生产的汽车主要供泰国市场，并且出口到东盟其他国家以及澳大利亚等右舵车消费国家。据福田汽车规划，福田将逐步实现《2011～2015 年“5＋3＋1”的全球推进战略》，将在 2015 年前完成在俄罗斯、巴西、墨西哥、印度、泰国 5 个重点发展中国家建厂；实现欧盟、北美和日本 3 个发达国家区域市场的开发及实现轿车业务中国国内市场的重大突破。

（作者：邓振斌）

2013 年普及型轿车市场回顾及 2014 年展望

在经历了 2011 年和 2012 年两年的调整后，2013 年乘用车市场呈现恢复性增长态势。2013 年 1～11 月份累计销量达到 1421 万辆，同比增长 17.5%；预计全年总量达到 1580 万辆，同比增长 17.0%。普及型轿车市场和 SUV 市场是 2013 年乘用车市场的两大亮点，预计全年增速会分别达到 20.9%和 45.0%。

一、2013 年普及型轿车市场回顾

1. 总体销量

作为乘用车市场的主力车型，普及型轿车在 2009 年受购置税减半政策利好刺激，市场占比达到 44.8%；2010 年政策效应减弱，市场占比回归发展常态，维持在 42%左右的水平上；2013 年在众多量产全新车型（凌派、朗行、C4L、昕锐等）及换代车型（新捷达、新桑塔纳、新宝来、新凯越、新爱丽舍等）集中上市的影响下，普及型轿车市场占比提升约 2%（见图 1）。

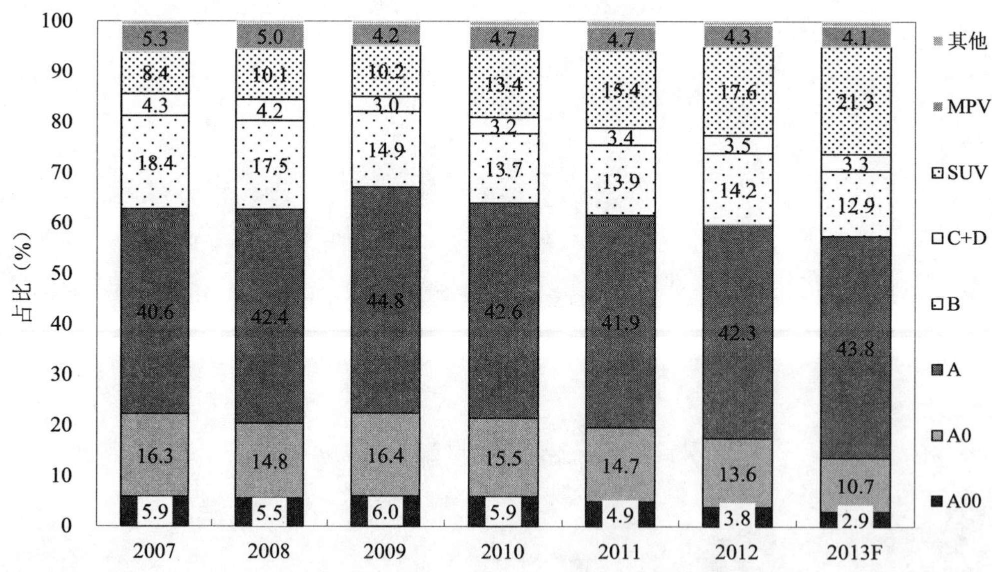

图1 2007～2013年乘用车市场各级别销量占比

（注：A 级车即代表普及型轿车）

截至 11 月份，2013 年普及型轿车累计销售 627 万辆，预计全年销量可达 689 万辆，同比增长 20.9%（见图 2）。在 2011～2012 年两年的调整后，2013 年普及型轿车增速恢复到 20%以上，净增量近 120 万辆，达到了 2009～2010 年井喷增长期的净增量水平。除了 2011～2012 年调整期外，普及型轿车销量水平基本每年上一个百万辆的销量台阶，2013 年销量近 700 万辆，几乎占据了乘用车市场的半壁江山。

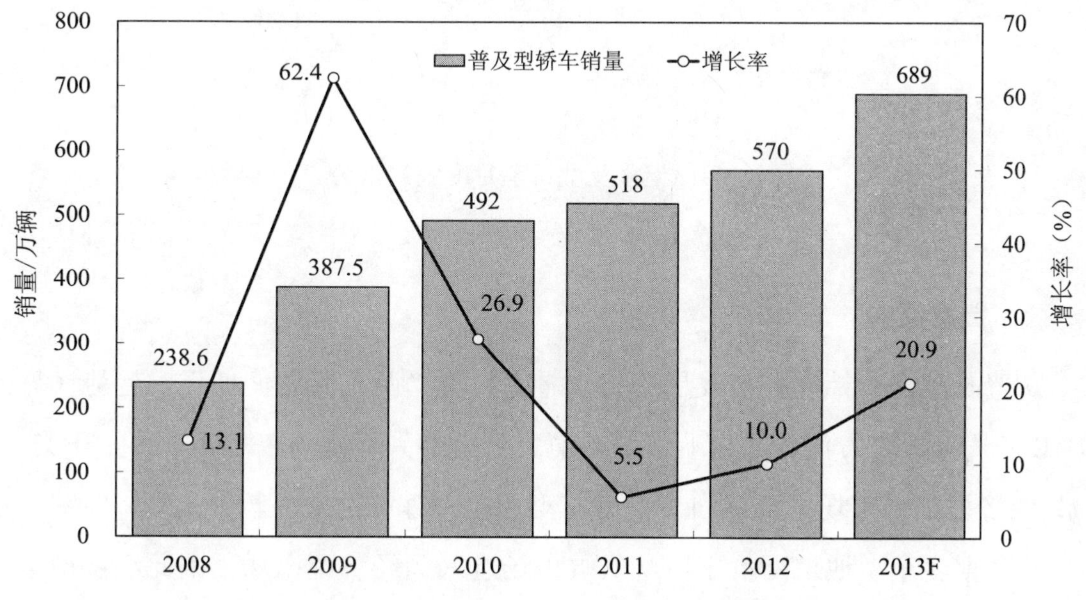

图2 2008～2013年普及型轿车销量及增长率

2013 年普及型轿车分月增速呈现前稳后高的态势（见图 3）。上半年主要是换代车型上市（新捷达、新桑塔纳、新凯越等），但其销量受产能爬坡的影响未能很快上升，普及型轿车市场在 2012 年下半年上市车型的带动下增速略高于总体市场；下半年很多全新车型集中上市（朗行、凌派、昕锐等），新车销量很快攀升，并且 2013 年上半年上市的换代车型也开始放量，另外 2012 年还受“钓鱼岛事件”造成的基数偏低的影响。综合上述因素，普及型轿车增速明显上升。

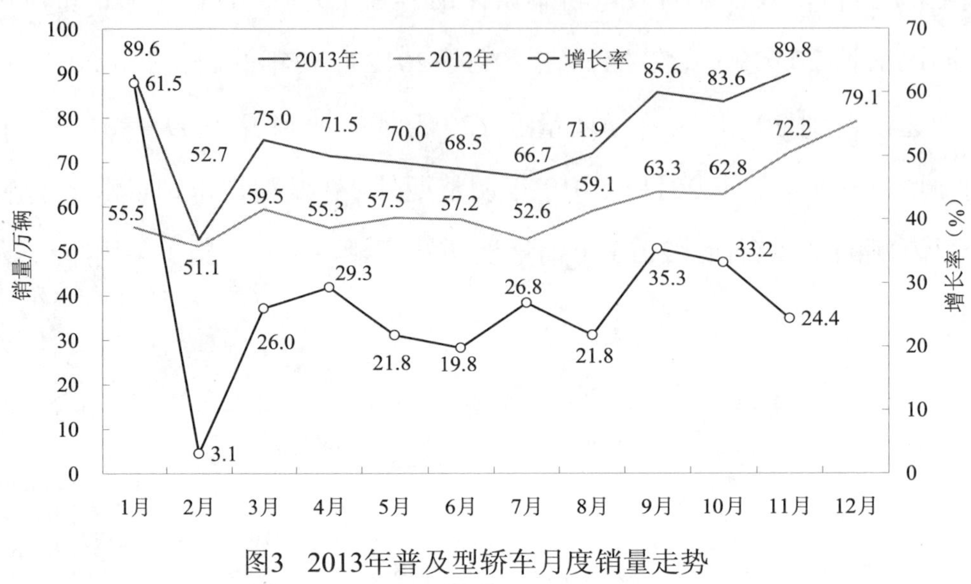

图3 2013年普及型轿车月度销量走势

2. 档次结构

从普及型轿车档次结构发展趋势来看，呈现“两头高中间低”的趋势（见图4）。以速腾、轩逸为代表的高端市场在消费升级的大环境下，每年份额提升1%～2%；经济型细分市场主要以自主品牌车型为主，每年推出多款新车型，但销量不高，并且很多车型通过降价手段从低端市场进入到经济型市场，因此经济型市场呈现份额虽有上升，但占比始终不大的态势；低端市场在国家刺激政策退出和消费升级的大背景下，份额不断下降；随着自主品牌新产品（逸动、腾翼C50、R50等）的不断投放，合资品牌份额不断被压缩，目前自主品牌与合资品牌份额不分伯仲，随着自主品牌在这个细分市场的深耕细作，其产品性价比不断提升，在该细分市场中的份额会保持继续的增长；中端市场作为普及型轿车的主要细分市场，市场份额基本保持在40%左右的稳定水平，该细分市场主要以合资品牌为主，德系、美系、韩系、日系的份额均保持在20%左右，月销量过2万辆的车型有四款（朗逸、凯越、科鲁兹、新宝来），细分市场竞争尤为激烈，成交价格是乘用车细分市场中降幅最大的。

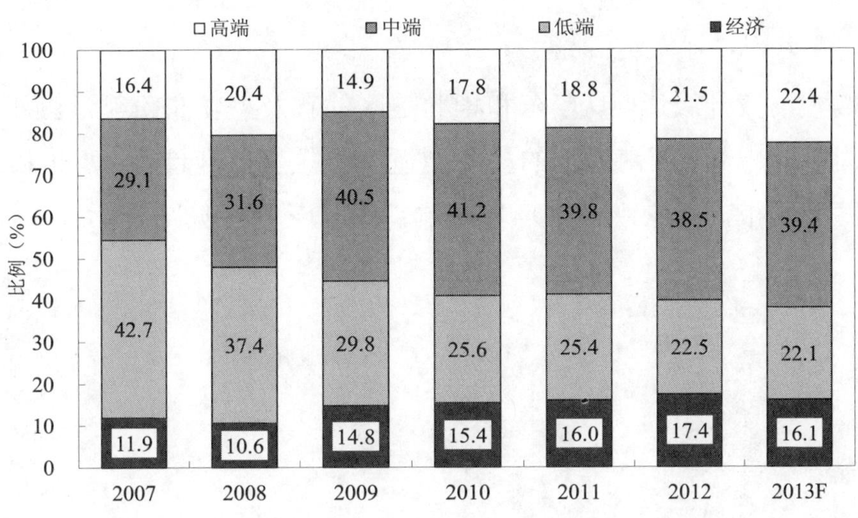

图4　普及型轿车分档次结构销售比例趋势

3．车系结构

从车系上看，德系品牌份额维持在21%的稳定水平上；美系在新老福克斯热销的推动下，份额持续攀升；日系品牌受丰田刹车门、日本地震、“钓鱼岛事件”等一系列弱化品牌认知度事件的影响，加之2013年缺少新产品供应市场，份额持续下滑；长期来看，韩系品牌不断强化高端车型的引进、避免产品线的替代，牺牲了部分销量诉求，份额呈下降趋势，但2013年新车型朗动和K3带动了韩系份额的提升；在大量新车型推出、长城和长安两大自主品牌崛起的背景下，2013年自主品牌的份额有所提升（见图5）。

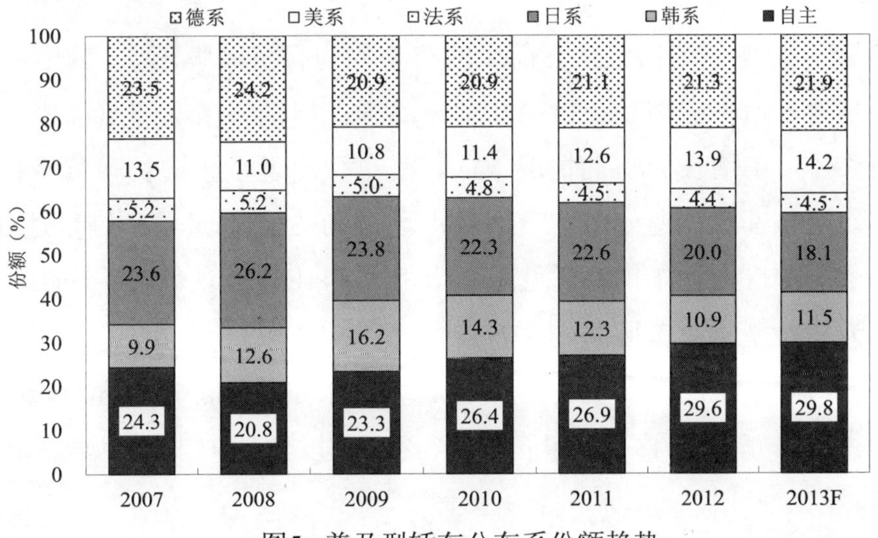

图5　普及型轿车分车系份额趋势

4．区域结构

受限购和消费升级影响，华东和华北地区的普及型轿车份额逐渐下降；以二、三线城市为主的中部、西南地区的普及型轿车份额呈上升趋势；西北和东北地区，尤其是资源型城市，受宏观经济环境影响，增长乏力（见图 6）。

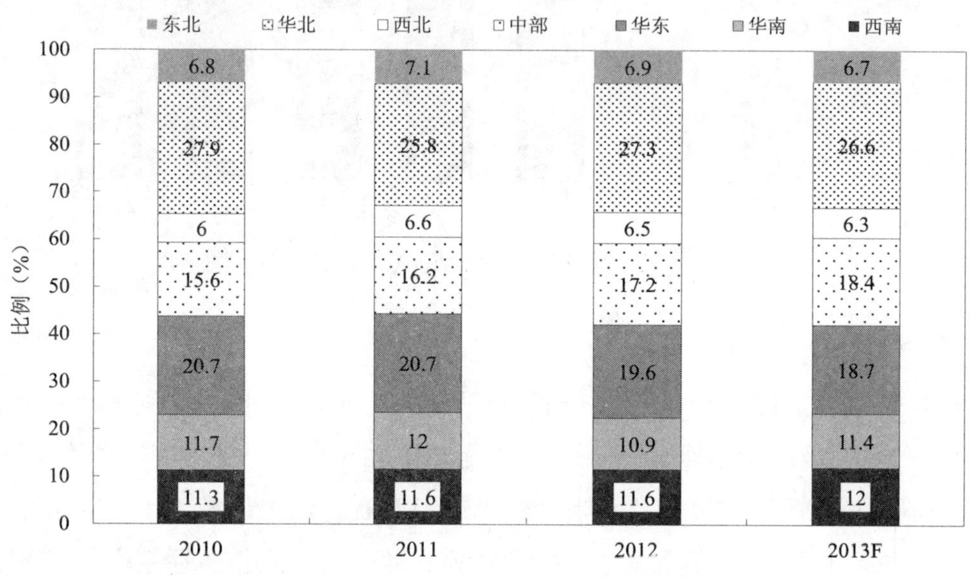

图6 普及型轿车各区域销量结构比例

5．主要产品表现

2013 年普及型轿车销量排名前十的车型均为合资品牌车型，其中德系车型占近一半，其他车型来自美系、日系和韩系品牌；但销售情况却出现冰火两重天的情景。在整体市场增长 20%的情况下，有些车型出现了微增长和负增长，且负增长车型无一例外都和朗逸处于同一细分市场。2013 年朗逸单车销量达 30 万辆，相当于一个中型厂商的年销量（见图 7），其强势让其他竞争对手汗颜。新老车型并存也成为普及型轿车市场的一大看点，厂商在产能充足的前提下，不愿意浪费老车型良好口碑带来的市场机会，将老车型降价后主攻低端市场，与新车型不发生价格冲突，真正做到了“鱼和熊掌兼得”，可以预期未来这种产品定位模式会越来越多。

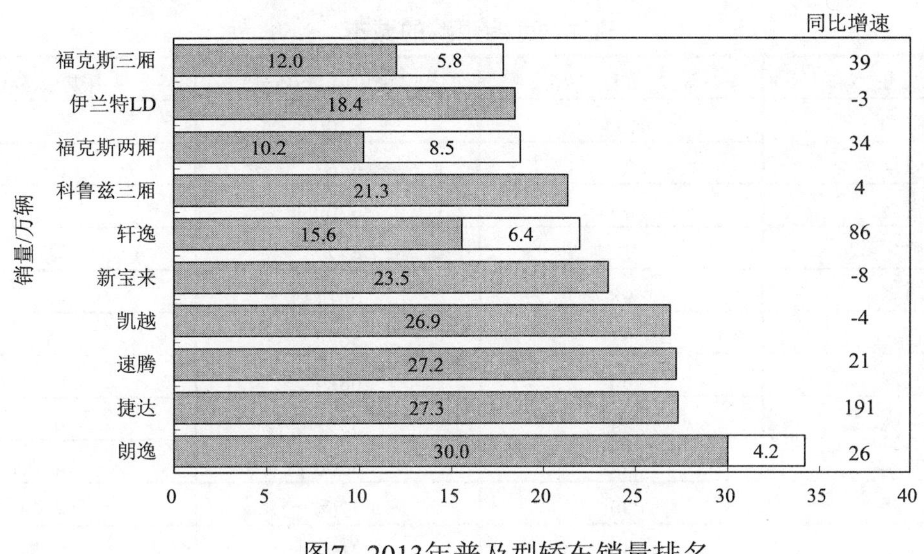

图7 2013年普及型轿车销量排名

二、2014 年普及型轿车市场展望

2013 年整体乘用车市场在宏观经济环境偏弱、没有政策利好的大环境下，受 2009～2010 年乘用车需求爆发引致的换购高峰和因限购传闻引致的恐慌性购买影响，呈现了恢复性增长的态势；普及型轿车市场除受上述因素影响外，新产品密集投放是推动普及型轿车市场高速增长的最主要因素。

2014 年处于新一轮改革初期，宏观经济处于结构调整的阵痛期，预计经济增速在 7.5%左右，较 2013 年放缓，同时改革政策能否顺利贯彻实施也要拭目以待。另一方面，受制于交通拥堵、雾霾等社会因素的压力，乘用车消费大环境也不乐观；各地方政府面临越来越严峻的交通、环境压力，不断出台限行、限购政策的可能性越来越大，包括出台像北京那样限制汽车保有量的政策。

从积极因素来看，2009～2010 年乘用车需求爆发引致的换购更新需求 2014 年依然存在；而天津限购令的确定，让其他存在限购可能性的城市恐慌性购买在 2014 年全年陆续出现（见表 1）。作为乘用车市场的主要细分市场，普及型轿车市场除了受益于上述利好因素外，2014 年依然有大量的新产品上市（如新卡罗拉、新科鲁兹、DS4 等），为普及型轿车的增长提供了动力；而在 2013 年下半年上市的新产品也会在 2014 年达到销量顶峰。

表1 可能限购的城市

城市	千人保有量/辆	人口密度（人/km²）	限购风险
深圳	134	8200	高
成都	107	6463	高
青岛	75	6200	高
杭州	131	4722	高
南京	98	6611	高
石家庄	53	5634	高
武汉	60	6824	中
重庆	28	5391	中
北京	183	8500	已限购
广州	90	7264	已限购
上海	61	9194	已限购
天津	96	6500	已限购
贵阳	64	4792	已限购

综合以上因素，预计2014年普及型轿车市场较2013年增速将略有回落，整体增速应在12%～15%，高于整体市场增速，在乘用车市场中的份额将进一步上升。但普及型轿车市场面临激进的销量目标与激烈的竞争环境，价格会进一步下探。

（作者：郑雷）

2013 年 SUV 市场分析及 2014 年展望

一、2013 年 SUV 市场运行状况

1. 国产 SUV

2013 年 1～11 月份，国内汽车市场 SUV 销量已近 270 万辆，同比增长 49.3%（见图 1），在整体市场平稳增长的形势下，仍表现突出，SUV 车型多年来已成为国内汽车市场的领军车型，其市场份额持续提升。

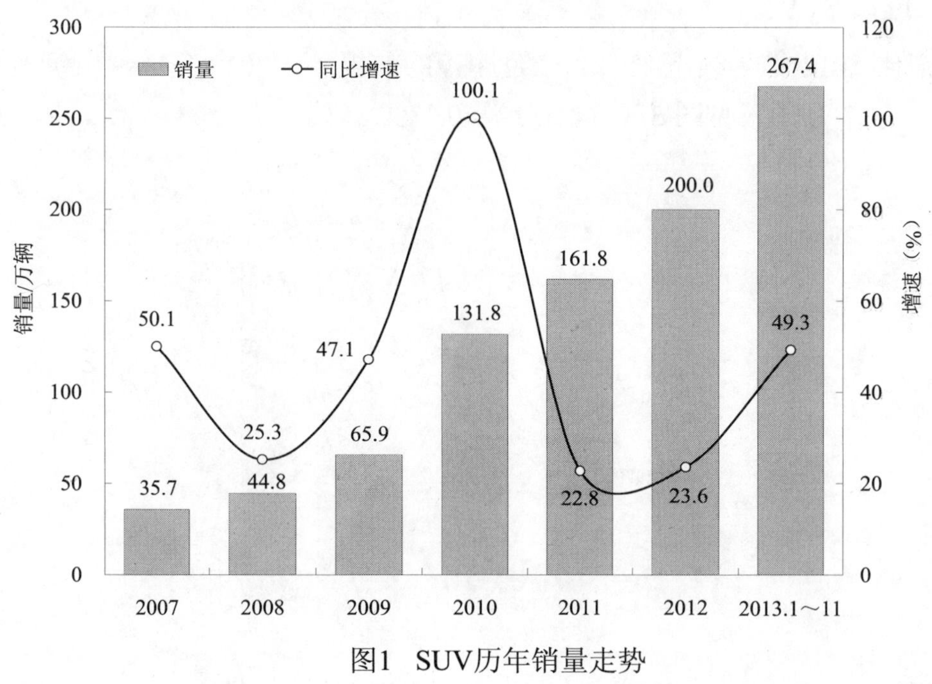

图1 SUV历年销量走势

从 2013 年月度走势来看，各月份基本上都保持了两位数以上的增幅，并且绝大部分月份增幅都在 30%以上（见图 2）。预计 2013 年全年国内 SUV 销量有望达到约 300 万辆。

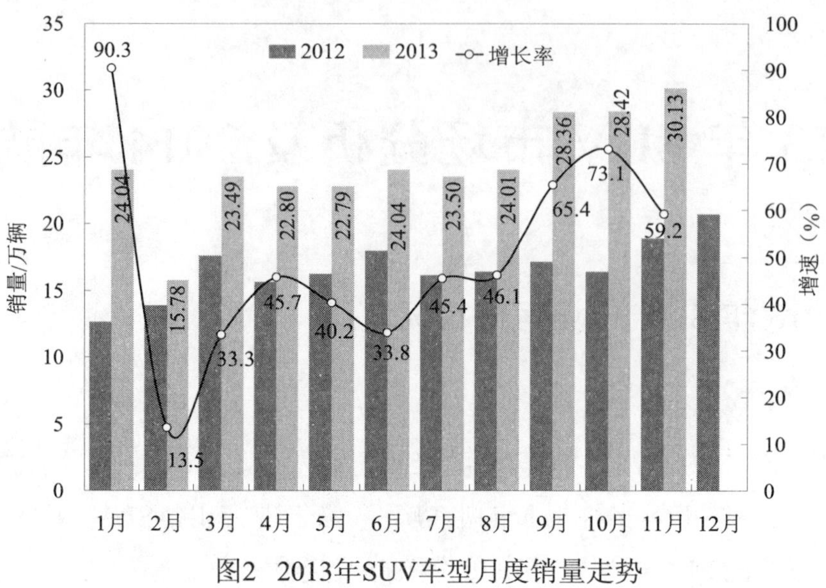

图2　2013年SUV车型月度销量走势

2．进口 SUV

在消化 2012 年延续下来的 2 个月库存的前提下，2013 年 1～10 月份海关汽车总进口 93.7 万辆（见图 3），同比下滑 0.1%。

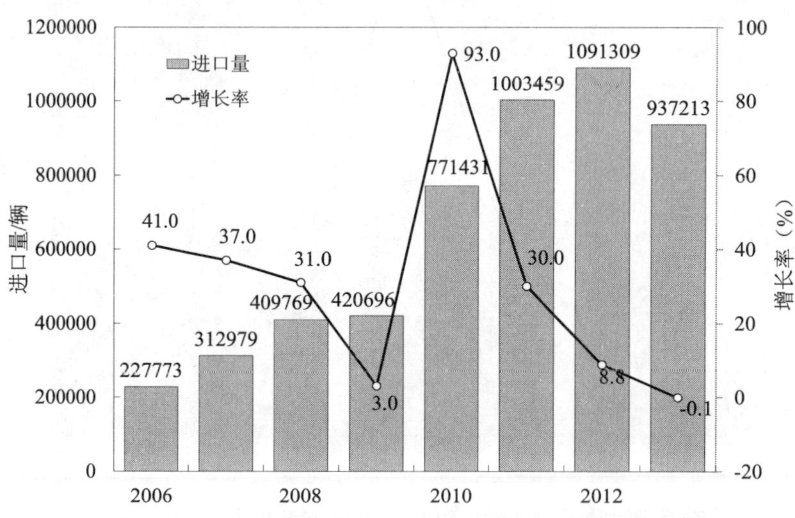

图3　2006年～2013年10月份海关进口汽车总量

在汽车进口量不增长的情况下， SUV 继续保持 17.3%的高增长（见图 4），市场份额也提高到 60%以上，是乘用车三大车型中唯一有明显增长的车型。进口 SUV 市场近几年快速发展，已占据 SUV 市场总体约 1/5～1/4 的份额，是乘用车中进口比重最高的车型，丰富了国内 SUV 市场的供给，促进了 SUV 市场的高速增长。

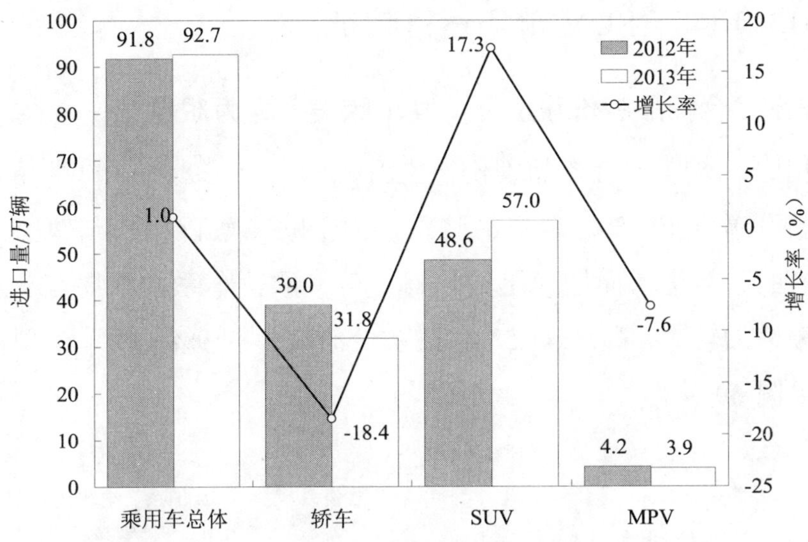

图4 2013年1～10月份乘用车进口量及增长率

（注：数据来源于中国进口汽车市场数据库）

在总量增加的同时，进口 SUV 的结构也在发生较大的变化，最明显的特征为排量下移。在国家相关政策的引导下，进口汽车及进口 SUV 的排量结构继续下移，2013 年 1～10 月份，3.0L 以下份额比 2012 年全年的 84.8%提升 4.2 个百分点，1.5～2.0L 排量区间相比 2012 年提升 5.8 个百分点（见图 5）。随着汽车消费市场消费升级的到来，换购和增购需求的增加，进口 SUV 车型受到国内用户群体偏爱的趋势还将持续下去。

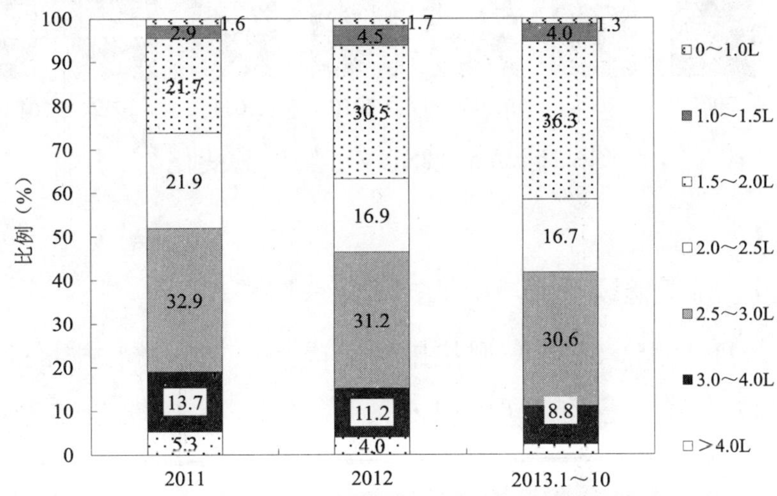

图5 2011～2013年10月份进口车排量结构变化

（注：数据来源于中国进口汽车市场数据库）

二、2013年国产SUV市场运行特征

1．分车系：合资品牌份额上升，其中欧美系尤为明显

与上年相比，2013年合资品牌份额上升1.5%，为59.6%，自主品牌份额相应地下降，市场份额为40.4%。合资品牌中，由于欧美系新SUV车型（Q5、途观、福特翼虎等）的强势进入而增速迅猛，日、韩、欧美车系的格局有了新的变化，欧美车系份额增加较大，高达11.5%；日系份额减少约9%；韩系车型份额较上年略有减少（见图6）。

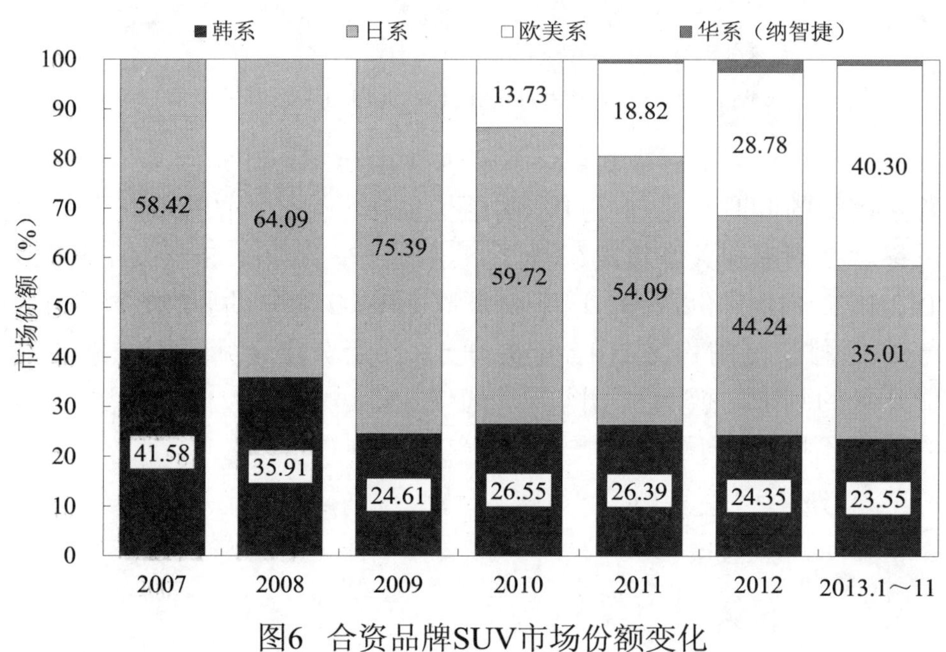

图6 合资品牌SUV市场份额变化

2．分排量：排量继续下探，中低排量较快增长

2013年1～11月份，SUV车型从排量分布上，1.6～2.0L排量的销量最大，份额约为50.6%；值得注意的是1.0～1.6L排量的次之，份额为23.5%，有较大的提升；2.0～2.5L排量的份额约为19.5%；2.5L以上排量的仅占约6%（见图7）。随着SUV车型受到越来越多消费者的钟爱，1.6～2.5L中低排量SUV车型占据了国产SUV的主流，其研发和生产的投入也已得到各类企业的重视。

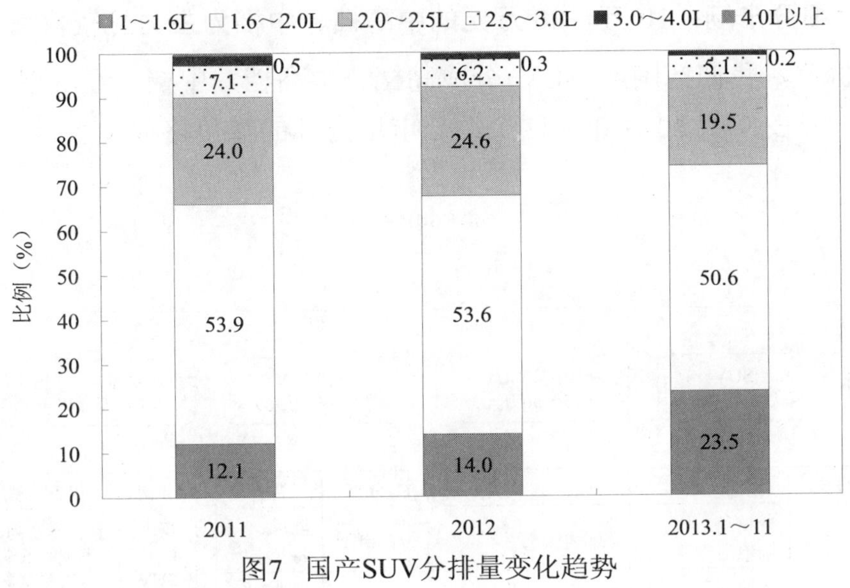

图7　国产SUV分排量变化趋势

3．车型销量TOP10排名：第一梯队（TOP4）未变，但第二梯队（TOP5～10）变化明显

2013年，TOP10的排名又发生了较大变化。哈弗系列仍位居第一名，前三名也没变位，途观仍表现不错，CR-V失去多年来第一名的位置；值得注意的是，哈弗M系列已跃升到第五位，逍客仍位居前6位，2013年福特翼虎一经上市就进入了TOP10；自主品牌的哈弗H和哈弗M均保持在TOP10行列，越野型SUV已排除TOP10之外（见图8），可见SUV市场竞争之激烈。

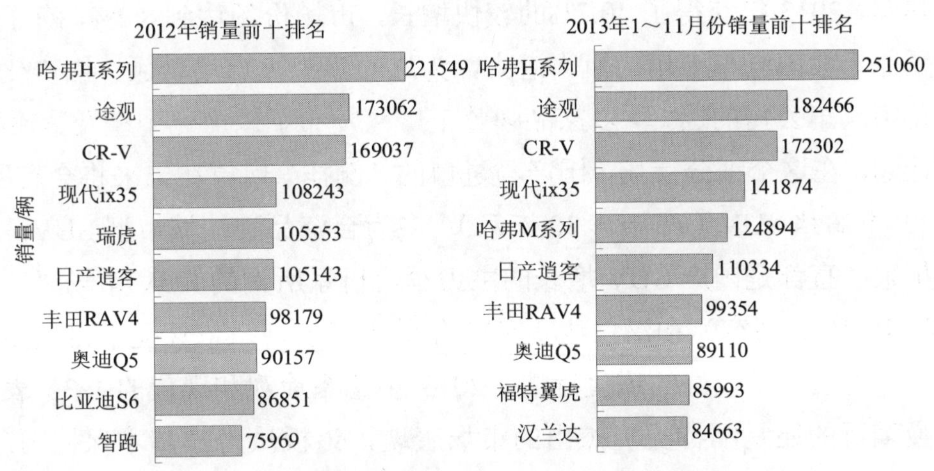

图8　2012年和2013年国产SUV销售前十名排名

4．分细分市场：10 万～30 万元的中高档、中档为主力且较快增长

按照价位，我们把国产 SUV 分成高档、中高档、中档、经济型及小型四个细分市场（见图 9），2013 年这四个细分市场内部的竞争格局发生了一些变化。

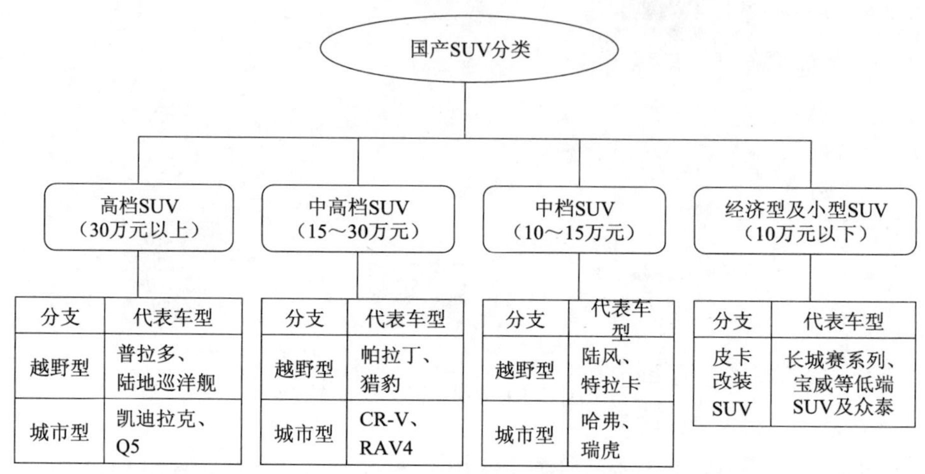

图 9 国产 SUV 的分类

说明：根据价位划分。

分支：越野型 SUV 标准为外形和内饰偏重运动化、非轿车底盘，多采用分时四驱技术。

城市型 SUV 标准为外形和内饰偏重轿车化、轿车底盘、独立悬架、全车承载车身，多采用分时四驱技术。

（1）高档 SUV（30 万元以上） 由于奥迪 Q5、奔驰 GLK、宝马 X1 等车型的畅销热卖，2013 年获得了 40.7%的较快增长，市场份额达到 8.2%，有了较大的提升。受益于我国汽车市场的巨大潜力，为进一步扩大市场份额，国产化成为越来越多跨国汽车公司的选择，多家品牌整车厂商发布了国产化中型及紧凑型 SUV 车型的计划，在这个细分市场，国产与进口的“倒挂”现象在未来将会有所改善。

（2）中高档 SUV（15 万～30 万元） 多为合资品牌的城市型 SUV，该细分市场近年来一直都是国产 SUV 增长的主力军。日系所谓的 SUV 市场“三剑客”（CR-V、RAV4、逍客）和汉兰达，2013 年的市场表现虽依然受中日关系冲突的影响，但却走出一番较好的恢复行情。2013 年德系途观和现代的 ix35 表现非常抢眼，最瞩目的还是福特翼虎杰出的市场表现，该板块份额基本保持国产 SUV 市场约 50%。

（3）中档 SUV（10 万～15 万元） 自主品牌较为集中，2013 年增长表现平

稳，其中哈弗、比亚迪 S6 都是该细分市场的主力军，哈弗 H 系列表现最为突出；2012 年新上市的新车型比亚迪 S6、长安 CS35、广汽的 GS5 及华晨的 V5 也表现不俗，该板块目前份额已提升至 35%左右。

（4）*经济型 SUV（10 万元以下）* 市场仍在逐渐萎缩，2013 年小型 SUV 市场的增幅和份额均出现较大的变化，主要是哈弗 M 系列的车型增速明显，众泰 5008 市场表现基本稳定。小型 SUV 有可能成为 SUV 市场中的新生力量，一个新增长点，这将为消费者扫除了进入 SUV 的门槛。

三、SUV 市场持续高速增长的原因及未来发展面临的挑战

纵观十多年来 SUV 车型在中国的发展历程，基本上可以分为三个发展阶段：2001 年前～2002 年为导入期；2003～2006 年为成长期；2006 年至今为成熟期。2003 年前，国内没有 SUV 的概念，期间都是以越野车和皮卡平台上的厢式车的名义出现；2003～2004 年，是国内 SUV 元年，市场上明确导入 SUV 概念，大量越野车型进入，部分车型相继退市，但没有明显的市场细分，期间 CR-V 开创了都市型 SUV 的先河；2006 年后，各类型的 SUV 定位逐渐明确，用户群体相对清晰，进入以城市型为主时期，家庭和私人市场启动，众多新车型不断上市，换购和增购已成为热潮，市场规模迅速扩张，日益成熟。从 2010 年以来，SUV 市场快速增长，其增长推动了乘用车销量的增长，预计 2013 年将占据乘用车近 1/5 的销量，已经具有举足轻重的地位。SUV 已成为领涨我国汽车市场发展的新板块。

1. 国内 SUV 市场持续快速发展的原因

（1）*必经的发展规律* 世界发达国家汽车产业 SUV 和 MPV 车型曾经有过的大发展，也是中国汽车市场必经的发展阶段，国内 SUV 市场虽经过近几年的高速发展，但目前我国的 SUV 在乘用车市场的份额还仅为 13%左右，而发达国家最高达 30%，仍有较大的需求发展空间。在我国当轿车车型极大地丰富市场后，必然会带来 SUV、MPV 车型市场的快速增长。

（2）*成熟的消费理念* 我国区域经济差异化带来了不同层面需求的多元化，并会在相当长的时期内由东部向中部和西部，由中心城市向二、三线城市传递；多年来国内经济的高速发展造就了一批事业有成、追求生活品质并有着超前消费理念和实力的 SUV 用户群，而这些群体新的消费需求正好和 SUV 车型所具备的鲜明的技术和功能特征相适应，不再是所谓特权和身份的象征，满足了其生活和

工作形态的差异化要求，新型的汽车消费价值观正在形成。国内 SUV 市场的崛起映射了我国汽车消费正在迅速向多样化趋势转变。如今的 SUV 市场已今非昔比，通过技术提升和降低排量，改变了传统 SUV“油老虎”的形象。加之吸取轿车的舒适性，MPV 的大空间，更多的城市型 SUV 及全新概念的 Crossover 车型纷纷面世，使国内 SUV 市场持续焕发着新的生机和活力。

（3）集中的企业发展 SUV 战略　SUV 的增长与不断的新产品投放市场也有很强的关联性。由于近几年国内 SUV 市场的高速发展，市场规模迅速扩大和成熟，发展空间和前景诱人，国内企业和外资企业均在全面谋划进入国内 SUV 市场。近几年都是 SUV 新产品投放的密集期，每年都有多款新车型相继投放市场。尤其是合资企业，都在将其全球市场上中高端的、都市型车型拿来纷纷抢滩中国市场，国内 SUV 市场已成为乘用车企业竞争角逐的第二战场。

（4）相对宽松的经济、政策环境　连续多年国民经济持续健康发展，国内汽车市场一直处于高速发展期，促进了较高端乘用车的购买力提升，加上国内相对宽松的政策和使用环境，如相对较低的油价、国家未出台对大排量豪华车和 SUV 车型严格的限制政策，促使 SUV 尤其是中高档 SUV 持续大幅增长。

2．影响 SUV 市场未来发展的因素及存在的问题

（1）国内汽车市场需求增长将回归至常态　多年以来，国内 SUV 市场基本上未受到国家刺激政策的惠及，即使金融危机对整体汽车市场有一定的影响，但 SUV 依然增长强劲，仍然取得了较高速度的增长；对未来几年的中国汽车市场，业内外都有着强烈的被调整的预期，比较一致的观点认为国内汽车整体市场将回归至正常的增长态势，增速将会保持在 10%左右，预计国内 SUV 市场的增速也会有所回落，竞争局面将会加剧。

（2）政策调整将影响 SUV 市场的发展　资源、环境与油价对汽车的影响越来越强烈，这种影响也正逐步在 SUV 的消费上显现。从停车难和交通堵塞的用车环境到《乘用车燃料消耗量限值》第三阶段标准的实施，再到按排量征收的车船税及消费税的颁布实施，这些政策与法规的贯彻与实施都会直接或间接地影响国内 SUV 市场的发展，包括进口汽车市场增长也将回归到理性状态。

（3）自主品牌 SUV 的市场将面临威胁　虽然各内外资企业都制定了大举进入 SUV 市场的战略，但是在 SUV 车型的技术、研发及市场基础方面，相比众多合资企业，自主品牌有着相当大的弱势和差距。相比一般的轿车，自主品牌SUV车型还将会受到外资和合资企业更为严重的打压和冲击。

（4）消费者的非理性　在当前SUV市场热潮中，已经透露出消费者的非理性一面，如偏爱进口豪华及大排量车型。毕竟对于SUV车型来说，在尺寸规格、排量及配置等方面与汽车产业轻量化、小排量、节能的未来发展趋势是背道而驰的。

（5）汽车企业的非理性　SUV并不符合现代汽车工业的发展趋势，前几年美国三大车企过于注重发展SUV的教训还历历在目；更严格的排放法规也会让高油耗的SUV无立足之地；我国对外石油依存度的不断攀升，乘用车燃油限值将限制其进一步发展。我国的政策制定和实施也会经常转向，众多汽车企业都蜂拥而上SUV，有可能就是在酝酿着一场灾难。

四、国内SUV市场的发展和预测

2013年，国内SUV整体市场仍保持了较高速的增长，预计2013年国产SUV将达到近300万辆，加上约60万辆的进口SUV，国内总需求已达360万辆。鉴于上述的分析，比较乐观地估计，2014年国产SUV市场仍将会保持约20%的增幅，国内总需求将会达到约420万辆，其中国产SUV会达到约360万辆的规模，进口SUV车型仍会保持2013年的60万辆左右规模，仍将在进口乘用车中保持50%以上的市场占有率，SUV排量结构继续下移，紧凑型、旅行版和Cross车型将是发展趋势。

在总量增长的同时，SUV市场结构也会发生一些变化：第一，城市型SUV受关注度越来越高，逐渐成为换车人的首选；而越野型SUV销售空间将继续萎缩，整体份额有所下滑。第二，合资SUV仍将是主角，在SUV呈井喷式增长态势下，诸多汽车企业纷纷进入该市场，今后几年中的国内SUV市场始终将处在激烈的竞争局面之中。第三，进口SUV可能受本地化生产的影响，增速减缓。鉴于中国汽车市场的巨大潜力，为进一步扩大市场份额，国产化成为越来越多跨国汽车公司的选择，多家品牌整车厂商发布了国产化中型及紧凑型SUV车型的计划，如沃尔沃XC60、雷诺科雷傲、宝马X3等都是进口紧凑型SUV的主力车型；国产中型和紧凑型SUV的竞争力，特别是价格相比进口SUV的竞争力要强，跨国汽车公司为了获得更多的销量，其国产化的决策肯定会实施，国产化后，进口汽车中型及紧凑型SUV的市场容量将会减小。第四，目前国内SUV市场已逐步形成了三足鼎立的局面。在高端SUV市场以进口豪华SUV为代表，如宝马X5、奥迪Q7、保时捷卡宴等，牢牢占据了国内高端SUV的地盘，鉴于中国汽车市场的巨大潜力，为进一步扩大市场份额，国产化成为越来越多跨国汽车公司的选择，多家品牌整车厂商发布了国产化中型及紧凑型SUV车型的计划，在这个细分市场，国产与进口的“倒挂”现象在未来将会有所改善；在中高档SUV市场则以合资品牌为代表，如日系的CR-V、RAV4、汉兰达、逍客等车型，韩系的ix35、ix45等车型，加之德系的途观，美系的福特翼虎等，这些车型大都在全球市场有着良好的表现，投放国内市场后其表现会更加发扬光大；而在中低档和小型SUV市场，基本上以自主品牌为主。这种发展趋势在今后相当一段时期内，将会一直保持这样的格局。

（作者：帖福祥）

2013年MPV市场分析及2014年展望

一、汽车市场概况

2013年1～11月份，国产汽车销量达1986万辆，同比增长13.5%，狭义乘用车销量为1465万辆，同比增长22.2%，其中轿车累计销量为1083万辆，MPV销量为114万辆，SUV销量为267万辆，同比分别增长11.1%、153.0%、49.1%。按传统口径统计（即去除商用型MPV）的话，2013年1～11月份MPV销量为54.4万辆，增速为20.4%，高于汽车市场整体增速。2013年乘用车销售可以说呈“前低后高”走向。特别是从9月份开始，我国汽车和狭义乘用车销售连续高速增长，汽车销售均在190万辆以上；狭义乘用车连续两个月销售稳定在147万辆水平，11月份更是创出了历史新高，销售达到了156万辆，预计12月也是高速增长月。

2013年乘用车的高速增长，与七个关键因素叠加有关。①环境和资源的因素，促使地方政府痛下决心限购限行，催生了老百姓提前家庭购车计划；②人口大基数下的刚需释放；③中央八项规定下的公车改革催生私人购车需求；④经济稳中向好带来的需求；⑤节能惠民汽车补贴政策在9月底退出和三包政策在10月起实施，都促使了9月份及四季度销量上了一个新台阶；⑥ 适逢换车潮的到来；⑦车中装有空气清洁器应对雾霾天气会有心理安慰，所以有私家车更安全，这对汽车销售也有正面促进作用。

二、国产MPV的市场特点

2013年1～11月份国产MPV销售114万辆，同比增长153%。由于宏光、欧诺、欧力威、风光、威旺等商用型MPV的统计加入，2013年MPV月度销量走势相对于2012年是“跳空高开”，就整个2013年而言，呈现出“W”走势（见图1），7月份成为全年销量低谷，仅7.18万辆；从下半年开始，销量逐月攀升，到11月份，月销量达到了14万辆以上，是7月份销量的1倍，预计12月会继续攀高。除了前面提到的七大因素促成乘用车销量走强外，MPV市场还与经济状况高度相关，从三、四季度的各项宏观数据来看，经济活动重上恢复期，稳中有进；另外，现代商业业态和购物环境的改变也带来了一系列消费行为的变化，比如网购已成为流行，在电商强大攻势下，淘宝和天猫仅“双11节”的交易额就达191亿元，同比增长了260%，网购快递催生了小型商用型MPV的需求，宏光领衔的小型商用型MPV正生逢其时，也可以说是市场呼唤的结果。

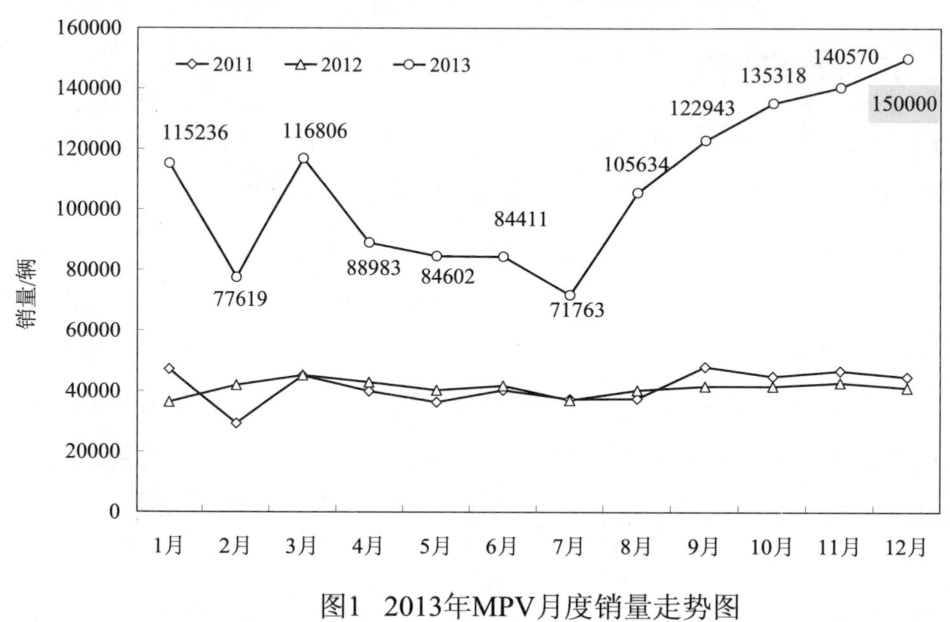

图1 2013年MPV月度销量走势图

三、MPV细分市场的特点

2013年MPV市场最大的特点是在统计工作上作出了较大调整——加入了由原交叉车型企业研发生产的“自主商用”MPV车型，这使整个MPV规模一下子扩容了约50%。

1. MPV市场呈现增速加快

统计“扩版”后的国产MPV销量同比增长了153.0%，主要是由于MPV新加入者——宏光、风光、欧诺、欧力威、威旺（以下称“五朵金花”）的高销量所致，“五朵金花”占有52%的市场份额。

2. MPV排量重心下移，小型化成为趋势

有了“五朵金花”的MPV市场，销量重心向小排量车型倾斜。从数据看，1.0～1.6L是MPV主流，占有近3/4比例，其次是2.0～2.5L，占比达15.5%，其他排量的产品已经成为这个市场的补充和配角（见表1）。

表 1　各排量 MPV 销量及同比增长率

排量	2013 年 1～11 月份销量/辆	2012 年 1～11 月份销量/辆	销量同比增速（%）	2013 年市场占有率（%）	2012 年市场占有率（%）	市场占有率同比增速（%）
1.0～1.6L	848093	226266	274.8	74.1	50.0	24.1
1.6～2.0L	87640	58016	51.1	7.7	12.8	-5.2
2.0～2.5L	177510	142221	24.8	15.5	31.5	-15.9
2.5～3.0L	30346	24937	21.7	2.7	5.5	-2.9
3.0～4.0L	523	765	-31.6	0.0	0.2	-0.1
合计	1144112	452205	153.0	100.0	100.0	—

3．2013 年的新品：杰德、纳智捷大 7CEO、纳智捷大 7MPV、赛飞利、星朗

2013 的 MPV 市场新品不仅有“五朵金花”，更有纳智捷大 MPV、纳智捷 CEO、东风本田杰德（JADE）和星朗。在车体外观造型上，纳智捷大 7 CEO 与纳智捷大 7 MPV 并无太大的差别，只是“CEO”把舒适做到了极致；它们都配备 2.0T 发动机，尺寸为 4834 mm×1876 mm×1768mm，比 GL8 略小，价格在 19.8 万～27.8 万元。东风本田杰德是专为“80 后”设计的本田全球战略车型，配备 1.8L 发动机，有 5AT 和 CVT 可供，全系有 4 个车型，价格在 14.98 万～18.38 万元之间，其中两个车型有独创 4+α 座版本，采用第二排 V 型滑轨座椅和第三排灵动座椅，可随心组合带来多重不同用途的体验，杰德也可作为家庭的第二辆车，从销量来看取得了良好的市场反响，它的入市预计会带动人们对家庭购车概念的改变。一个优秀的汽车企业，可以前瞻未来需求，引导人们的消费。进入下半年，进口车型有全新赛飞利，它同期推出“五座舒适型”和“七座豪华型”两种配置，售价分别为 26.99 万元和 30.99 万元；8 月份广汽吉奥宣布全新 MPV 星朗上市，星朗搭载的是三菱 1.5L 的发动机，共有 2 款车型，价格区间为 5.28 万～7.98 万元，定位于“多用途、精致型 MPV 车型”，瞄准的是宜商宜家宜货、多功能、多用途性的市场，直接的竞品就是宏光等“五朵金花”。

4．中系车成为 MPV 市场主流车型，占有八成市场份额

中系车累计销量达 93 万辆，占有率是 81.9%，对比轿车和 SUV，MPV 是我国三大车种中“中系车”占比最高的车种，且中系车的同比增速为 224.1%，高于 MPV153.0%的平均增速（见表 2）。其他车系如日系车表现突出，与 2013 年 1～9 月份累计增速相比，日系车 1～11 月份占比由 7.4%提高到 8.1%。

表 2 2013 年 1～11 月份 MPV 市场销量车系分析

车系	2013 年 1～11 月份销量/辆	2012 年 1～11 月份销量/辆	销量增长率（%）	2013 年市场份额（%）	2012 年市场份额（%）	市场份额同比增速（%）
中系	937059	289128	224.1	81.9	63.9	18.0
德系	44756	41901	6.8	3.9	9.3	-5.4
美系	69564	60684	14.6	6.1	13.4	-7.3
日系	92733	60492	53.3	8.1	13.4	-5.3
合计	1144112	452205	153.0	100.0	100.0	0.0

5. 日系 MPV 销量大幅提升源于杰德入市

2013 年 1～11 月份，日系 MPV 销量达到约 9.27 万辆，同比增长 53%（见表 3），2013 年，日系 MPV 中新添了适合家用的杰德，新车效应明显，8 月起，日系车整体销量明显增加，10 月份和 11 月份保持了 1.4 万辆/月，这主要是杰德的销量贡献。如果不计杰德，日系车同比增长为 19.5%，只能算是跟上行业步伐，也源于上年同期的基数比较低；艾力绅和马自达 M8 增长较大，均为 85%。奥德赛销量在日系车中依然居首，销售了约 2.29 万辆，同比增长 22%。东风日产的骏逸与东风本田的杰德“一下一上”，市场可供产品依然是 6 个。

表 3 日系 MPV 2013 年 1～11 月份销量及增速

日系车	1 月份销量/辆	2 月份销量/辆	3 月份销量/辆	4 月份销量/辆	5 月份销量/辆	6 月份销量/辆	7 月份销量/辆
奥德赛	1859	758	2312	2422	2159	2483	2408
杰德	0	0	0	0	0	0	0
逸致	348	724	2321	1683	1763	1717	1510
NV200	876	803	1671	1496	1698	1537	1296
艾力绅	683	496	1116	1576	1059	1042	595
M8	309	315	410	518	471	332	392
骏逸	151	28	367	30	7	25	11
合计	4226	3124	8197	7725	7157	7136	6212

（续）

日系车	8月份销量/辆	9月份销量/辆	10月份销量/辆	11月份销量/辆	2013年1～11月份销量/辆	2012年1～11月份销量/辆	2013年与2012年相比销量增长率（%）
奥德赛	2168	1863	2265	2178	22875	18825	22
杰德	1425	4732	7479	6800	20436	—	—
逸致	1524	1674	1544	1474	16282	16893	-4
NV200	1901	1536	1469	1604	15887	14090	13
艾力绅	998	1011	1386	1426	11388	6148	85
M8	491	611	565	720	5246	2842	85
骏逸	0	0	0	0	619	1964	-68
合计	8507	11427	14708	14202	92733	60492	53

6．前10强的集中度达83.3%

国产MPV可供产品有39个产品（见表4）。按惯例，将MPV产品分成三组，TOP10占有83.3%的份额；11～20位产品占有13.0%的份额，第21～39位的产品仅有3.6%的市场占有率。销量前5的车型品牌（宏光、菱智、欧诺、别克GL8、景逸）占有68.8%的市场份额，集中度超过任何其他车种。

表4　2013年1～11月份国产MPV批发销量及同比增速

序号	厂家	车型	2013年1～11月份销量/辆	2012年1～11月份销量/辆	销量增速（%）	市场占有率（%）	市场集中度（%）	月均销量/辆
1	上汽五菱	宏光*	454476	—	—	39.7	83.3	41316
2	东风柳州	菱智	101601	65528	55.0	8.9		9236
3	长安汽车	欧诺*	95227	—	—	8.3		8657
4	上海通用	GL8	68372	58973	15.9	6.0		6216
5	东风柳州	景逸	61417	59278	3.6	5.4		5583
6	江淮瑞风	瑞风	48711	49832	-2.2	4.3		4428
7	一汽吉林	森雅	36654	36072	1.6	3.2		3332
8	上海大众	途安	34712	35503	-2.2	3.0		3156
9	郑州日产	帅克	29348	23602	24.3	2.6		2668
10	广州本田	奥德赛	22875	18825	21.5	2.0		2080
11	东风本田	杰德	20436	—	—	1.8	13.0	1858
12	长安汽车	欧力威*	17956	—	—	1.6		1632
13	广汽丰田	逸致	16282	16893	-3.6	1.4		1480
14	郑州日产	NV200	15887	14090	12.8	1.4		1444
15	华晨金杯	阁瑞斯	16529	15129	9.3	1.4		1503

（续）

序号	厂家	车型	2013年1～11月份销量/辆	2012年1～11月份销量/辆	销量增速（%）	市场占有率（%）	市场集中度（%）	月均销量/辆
16	一汽海马	普力马	11227	17897	-37.3	1.0		1021
17	东风本田	艾力绅	11388	6148	85.2	1.0		1035
18	东风小康	小康风光*	24054	—	—	2.1		2187
19	北汽银翔	威旺M20*	8082	—	—	0.7		735
20	长城汽车	V80	7204	4676	54.1	0.6		655
21	奇瑞汽车	开瑞优雅	6083	2748	121.4	0.5	3.6	553
22	比亚迪	M6	5984	1044	473.2	0.5		544
23	福田汽车	蒙派克	5667	3978	42.5	0.5		515
24	一汽轿车	M8	5246	2842	84.6	0.5		477
25	福建戴姆勒	威霆	5244	2869	82.8	0.5		477
26	福建戴姆勒	唯雅诺	3769	2858	31.9	0.3		343
27	福田汽车	迷迪	1530	2200	-30.5	0.1		139
28	长安福特	S-max	1174	1665	-29.5	0.1		107
29	奇瑞汽车	威麟V5	1170	1882	-37.8	0.1		106
30	东风裕隆	纳智捷大MPV	1131	—	—	0.1		103
31	福建戴姆勒	凌特	1031	671	53.7	0.1		94
32	广汽吉奥	星朗	893	—	—	0.1		81
33	湖南江南	朗悦	769	3923	-80.4	0.1		70
34	东风日产	骏逸1.8	619	1694	-63.5	0.1		56
35	郑州日产	御轩	742	758	-2.1	0.1		67
36	东风裕隆	纳智捷CEO	329	—	—	0.0		30
37	江铃汽车	风尚	267	354	-24.6	0.0		24
38	东南汽车	大捷龙	18	46	-60.9	0.0		2
39	一汽红塔	自由风	8	71	-88.7	0.0		1
40	奇瑞汽车	优翼	—	121	-100.0	0.0		0
41	广汽长丰	骐菱	—	35	-100.0	0.0		0
合计			1144112	452205	153.0	100.0		104010

注：灰色底色为2013年新品，带*为2013年扩版统计后商用车型。

7．新增“自主商用”细分市场，占有半壁江山；当“自主商用”全速进军MPV市场后，产生了鲶鱼效应，激活了该市场，传统的“自主兼用”市场则处于退守境地

在国产MPV市场中，随着市场的发展和消费用途的变化，我们拟将MPV市场划分为五个细分市场：合资商务、合资兼用、自主商务、自主兼用、自主商用等（见表5）。合资商务MPV前11个月销量达到了10.57万辆，同比增长23.4%，其中领头羊车型是别克GL8，销量达6.83万辆；合资兼用MPV累计销售10.13万辆，同比增长30.9%，最亮眼的车型是途安，销量达3.4万辆；自主商务MPV累计销售21.84万辆，增长31.2%，其主打产品东风柳汽菱智销量达10.16万辆，同比增长55%；自主兼用MPV累计销量11.18万辆，同比下降6.6%，是MPV中唯一下降的子市场，但头牌车型景逸仍有3.6%的增长，销量为6.14万辆；自主商用MPV是2013年新增的细分市场，销量达60.67万辆，因为上年这些车都不计入MPV的，所以同期销量没有可比性！从中我们可以看到自从划分出“自主商用MPV”后，“自主兼用MPV”的销量部分地让渡给了“自主商用MPV”，其中大卖车型五菱宏光销量达45.44万辆。由此可见，当“自主商用”全速进军MPV市场后，产生了鲶鱼效应，激活了该市场，传统的“自主兼用”市场则处于退守境地。

表5　2013年1～11月份国产MPV各功能车型销量及同比增速

功能	2013年1～11月份销量/辆	2012年1～11月份销量/辆	增长率（%）	2013年市场份额（%）	2012年市场份额（%）	2013年与2012年相比市场份额增速（%）	代表车型	销量/辆
合资商务	105709	85655	23.4	9.2	18.9	-9.7	GL8	68372
合资兼用	101344	77422	30.9	8.9	17.1	-8.3	途安	34712
自主商务	218424	166500	31.2	19.1	36.8	-17.7	菱智	101106
自主兼用	111864	119759	-6.6	9.8	26.5	-16.7	景逸	61417
自主商用	606771	2869	21049	53.0	0.6	52.4	宏光	454476
合计	1144112	452205	153.0	100.0	100.0	—	—	552794

8．自主商用MPV的代表车型累计销量增长率达67%

自主商用MPV车型可以说是交叉车型的升级版，它们更讲究驾驶舒适性、操控性，比轿车两厢车有更大的空间和实用性。它们有“五朵金花”、奇瑞的优雅和优翼，还有最近上市的广州汽车吉奥星朗。

（1）*五菱宏光* 2013 年已经销售 45.44 万辆，同比增长 60%。自上市以来，牢牢占据了国内小型 MPV 老大的位置。五菱宏光准确确立了“紧凑型商务车”的定位，并牢牢占据着老大的位置。

（2）*长安欧诺和欧力威* 欧诺是长安汽车重拳出击自主商用 MPV 市场的车型，积极展开与合资产品关于空间、通过性、制动、NVH、油耗、转弯和价格等全方位的比拼，通过比较，欧诺和欧力威得到了不错的关注度和宣传效果，2013 年销售 9.5 万辆，同比增长达 23%；欧力威是全新车型，销售了 1.79 万辆。

（3）*东风渝安小康“风光”* 东风渝安小康风光，在上海车展亮相后，在各地分别上市，邀请明星王宝强代言，有中国平安保险公司承保产品责任险，该车有五款车型，有 1.3L 和 1.5L 车型，预售 5.99 万元起，市场销售已达 2.4 万辆。

（4）*北汽银翔“威旺 M20”* 北汽的微车一直以来就以“威旺+数字”来命名，“M20”可以理解为 MPV，正前方外观模仿途安，但销量不甚乐观，累计销售了 0.8 万辆。

（5）*广汽吉奥的星朗* 星朗 8 月份举办了上市仪式，将搭载三菱 1.5L 的发动机，共有 2 款车型，价格区间为 5.28 万～7.98 万元。这款基于轿车平台打造的精致型 MPV，完全瞄准小型商用车市场。

“五朵金花”2012 年的销量统计在了交叉车型中，如果抽离出来的话，可以发现宏光和欧诺同比增长都比较高，分别是 60%和 23%（见表 6）。

表 6 自主商用 MPV 销量及同比增速

车型	2013 年 1～11 月份销量/辆	2012 年 1～11 月份销量/辆	销量增速（%）	市场占有率（%）
宏光	454476	283430	60	74.9
欧诺	95227	77121	23	15.7
小康风光	24054	—	—	4.0
欧力威	17956	—	—	3.0
威旺 M20	8082	—	—	1.3
开瑞优雅	6083	2748	121	1.0
星朗	893	—	—	0.1
优翼	—	121	—	0.0
合计	606771	363420	67	100.0

四、进出口 MPV 及内需特点：低于 9 座的进口小客车暴涨，出口 MPV 低速慢行，2013 年 1～11 月全国内需 131 万辆，同比增长 120%

（1）进口车　2013 年 1～10 月份，在进口车同比下降 1.7%，进口乘用车仅增长 0.5%的市场环境中，低于 9 座的小客车进口量却出现了同比增长 17.77%，进口规模达 17.7 万辆的水平，可谓进口车中的奇葩（见表 7），进口金额达 46 亿美元，同比增长 14.21%。

表 7　2013 年 1～10 月份进口车销量及同比增速

进口车	2013 年 1～10 月份销量/辆	2012 年 1～10 月份销量/辆	销量增速（%）
轿车	346486	387180	-10.5
低于 9 座的小客车	177045	150337	17.8
SUV	402132	383719	4.8
合计	925663	921236	0.5
进口汽车	953923	970249	-1.7

由此可见，我国 2013 年 1～11 月份国内 MPV 的需求是 131.51 万辆，同比增长 120%（其中进口车数据仅是 1～10 月的累计数）。

（2）出口车　2013 年 1～11 月份，在国内需求大幅增长的市场环境下，出口汽车出现同比 7.4%的下降，出口乘用车下降更多，达-11.7%，其中 MPV 虽然增长 32%，但基数比较低，出口绝对量仅为 6046 辆（见表 8）。

表 8　2013 年 1～11 月份出口车销量及同比增长率

出口车	2013 年 1～11 月份/辆	2012 年 1～11 月份/辆	增长率（%）
轿车	363983	439314	-17.1
MPV	6046	4581	32.0
SUV	127718	119892	6.5
合计	497747	563787	-11.7
出口汽车	893718	964667	-7.4

五、2014 年政策及展望

国内经济延续着自 2013 年 7 月份以来的上升势头，国家信息中心首席经济学家兼经济预测部主任范剑平近日在 2013 年的一次峰会上表示，综合考虑投资消费出口三大需求的表现，2013年的实际增长可能在7.6%和7.7%之间，2014年经济增长速度和2013年大体持平。预计国内经济增长仍然会在7.5%左右。

目前我国城镇家庭处于私车普及中期，又到了2009年购车群体的换购周期，未来“单独二胎”政策也可能激发家庭类车辆（兼用型MPV）市场的销量，网购快递业务可以进一步促进自主商用型MPV的销量，经济稳中向上会促进商务型MPV销售。随着2014年新车藉由北京车展和广州车展平台的亮相和上市，价格竞争也更趋激烈，市场也将进一步扩容。根据国家信息中心2013年年底对中国市场的预测，预计2013年汽车需求量可达2203万辆，乘用车可达1617万辆，据此，笔者认为MPV需求量将在138万～140万辆之间，2014年大概可达160万辆上下（见表9）。

表9 销量预测平衡表

内需	2012年销量/辆	销量增速（%）	2013年（F）销量/辆	销量增速（%）	2014年（F）销量/辆	销量增速（%）
国产汽车	193000	3.2	2203	13	2463	12
狭义乘用车	1323.00	1.8	1617	24	1860	15
国产MPV	49.33	-0.9	120	143	140	17
出口MPV	0.54	-59.1	0.7	30	0.8	14
进口MPV	17.90	9.8	19	6	20	5
MPV内需	66.69	3.0	138.3	107	159.2	15

注：本文数据来自中国汽车工业协会《产销快讯》。

（作者：唐奕奕）

2013 年中国专用汽车市场分析及 2014 年展望

本文所统计的专用汽车范畴是指在完整车辆或底盘基础上制造完成的、国家标准 GB/T 3730.1—2001《汽车和挂车类型的术语和定义》中的第 2.1.2.11 款、第 2.1.2.3.5 款、第 2.1.2.3.6 款、第 2.2.2 款所定义的车辆，即普通自卸车（产品型号以 3 开头）、专用改装车（产品型号以 5 开头）以及半挂车（产品型号以 9 开头）的统称。

2013 年，在国民经济的平稳发展以及工业生产增速止跌回升等因素的影响下，我国汽车市场一改前两年微增长的态势，呈现出强劲反弹的复苏现象，全年汽车产销分别达到 2211.68 万辆和 2198.41 万辆，同比分别增长 14.76%和 13.87%，远远超出年初市场的普遍预期。汽车产销首次双双突破 2000 万辆，创历史新高，再次刷新全球纪录，已连续五年蝉联全球第一。作为与国民经济建设息息相关和物流运输直接参与者的专用汽车，在经过 2011 年和 2012 年连续两年的下滑之后，2013 年呈现恢复性增长态势。

一、2013 年专用汽车市场统计分析

1. 2013 年专用汽车市场规模

根据中国汽车技术研究中心汽车产业发展研究所的统计数据显示，2013 年 1～10 月份我国专用汽车实现生产 155.62 万辆，已经超过 2012 年全年的水平，并逼近 2011 年全年水平，比 2012 年同期增长 40.50%。其中，普通自卸车的产量为 52.08 万辆，同比增长 64.25%；专用改装车的产量为 91.74 万辆，同比增长 32.13%；半挂车的产量为 11.80 万辆，同比增长 22.61%（见图 1）。预计 2013 年专用汽车全年产量将接近 180 万辆。

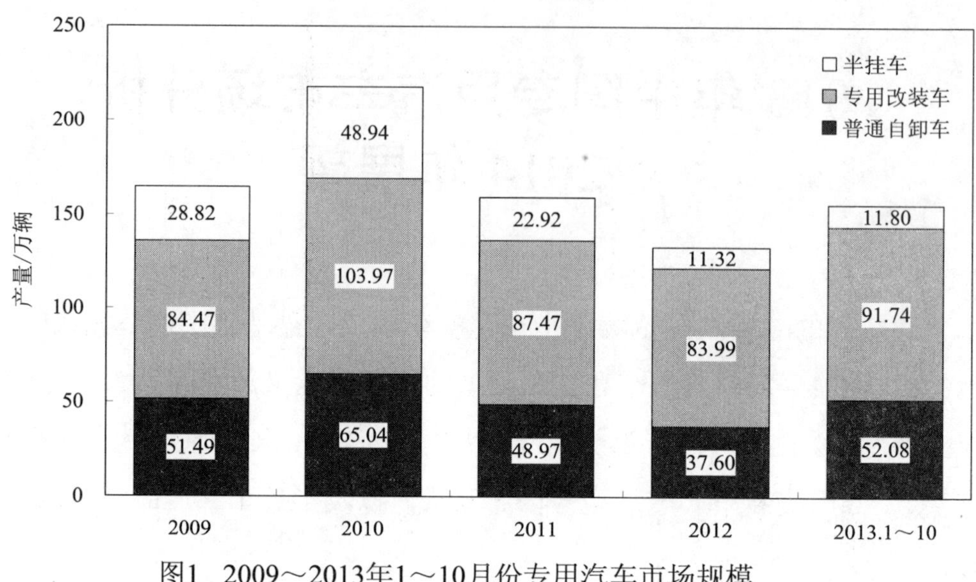

图1 2009～2013年1～10月份专用汽车市场规模

2．2013 年专用汽车市场月度产量

从月度走势上来看，2013 年我国专用汽车市场呈现低开高走态势，其中 2 月份受到春节因素影响，单月产量降至最低谷，为 7.45 万辆（见图 2）。在传统旺季的 3 月，专用汽车产量与上年基本持平。同时，上半年专用汽车市场受政策因素影响的效果非常明显，一是 2013 年 5 月中旬，中机车辆技术服务中心发布了《关于实施重型柴油车国Ⅳ排放标准的通知》，规定从 2013 年 7 月 1 日起，新申报重型柴油车产品均应符合国Ⅳ排放标准，并停止受理国Ⅲ重型柴油车新产品；二是 2013 年 7 月 1 日起，各地陆续实施重型柴油车国Ⅳ排放标准和轻型柴油车国Ⅳ排放标准，国Ⅲ产品将停止上牌，因此 2013 年 5 月份和 6 月份专用汽车产量出现了爆发式增长，同比增长率分别达到 98.84%和 269.67%，市场消费透支现象明显。上半年的透支消费使得下半年的专用汽车市场走势平稳，每月的同比增长幅度均不大，其中 8 月份和 9 月份的同比增长率均在 10%以下，呈现了政策切换后不温不火的发展格局。

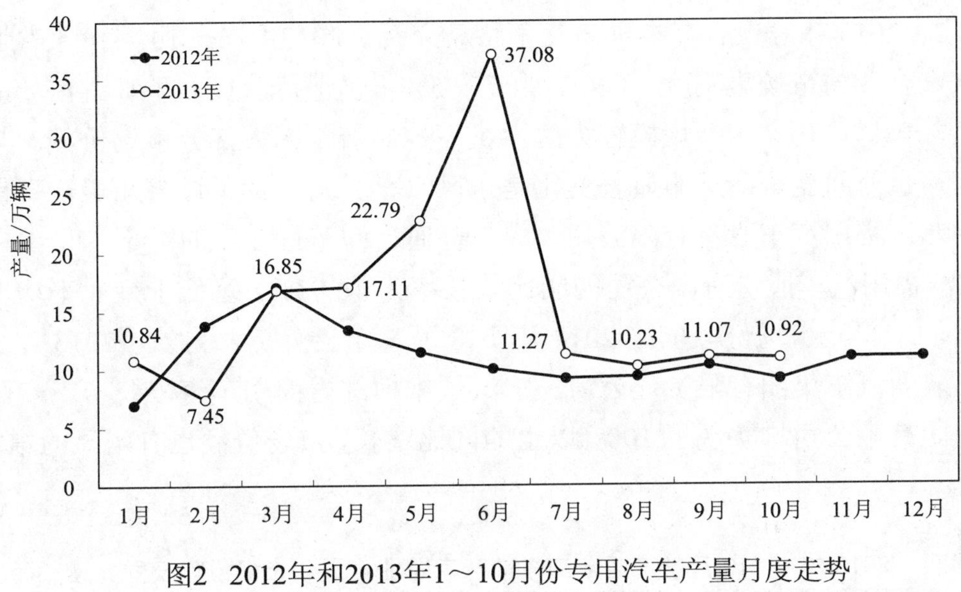

图2 2012年和2013年1～10月份专用汽车产量月度走势

3．普通自卸车市场分析

（1）2013 年普通自卸车市场月度走势分析　普通自卸车是普通载货车的变形车，在工程建设中具有明显的运输优势。从月度走势上来看，普通自卸车的产量波动曲线基本与专用汽车市场总体走势保持一致（见图 3）。2013 年，国家保障性住房建设、新型城镇化建设、水利工程建设以及铁路、公路、机场等项目的建设为普通自卸车市场的发展提供了较好的发展机遇。

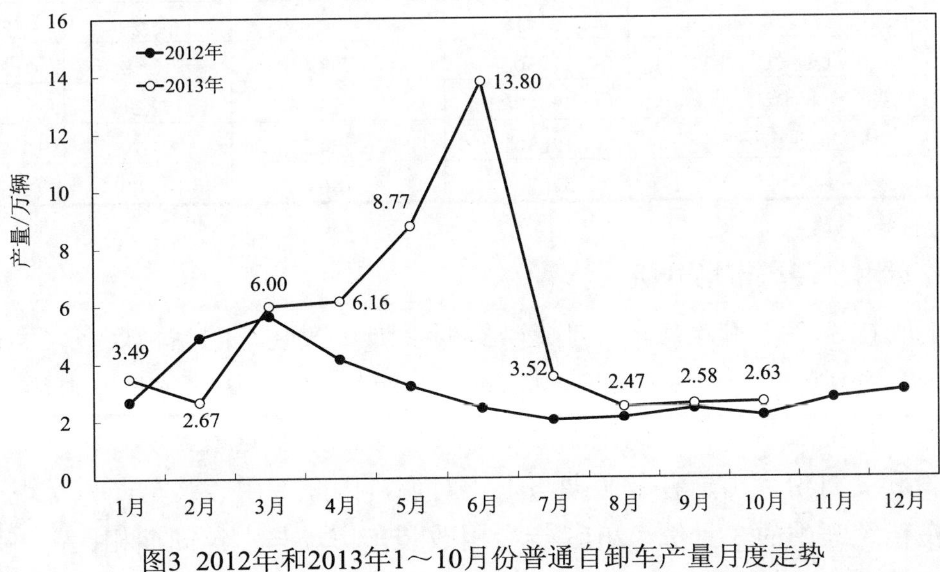

图3 2012年和2013年1～10月份普通自卸车产量月度走势

（2）2013年普通自卸车市场竞争格局分析　2013年1～10月份，普通自卸车前八家企业的市场集中度（CR_8）为75.75%，仍保持着极高型寡占市场的特点（$CR_8 \geq 70\%$），几家生产规模较大的主机厂控制着全国大部分市场份额。与前几年相比，企业间竞争格局的显著变化是东风汽车公司取代了过去几年一直保持第一位的北汽福田汽车股份有限公司，成为普通自卸车行业新的"霸主"，1～10月份，北汽福田汽车股份有限公司的同比增长率为16.93%，远低于行业平均增长率64.25%的水平，市场份额也比2012年下降了5个百分点。另外，2013年1～10月份，陕西汽车集团有限责任公司、上汽依维柯红岩商用车有限公司、安徽江淮汽车集团有限公司均实现了100%以上的同比增长，市场份额也有明显的增长（见表1）。

表1　2013年1～10月份普通自卸车前八家企业产量、市场份额及同比增长率

序号	企业名称	2013年1～10月产量/辆	2013年1～10月市场份额（%）	2012年市场份额（%）	同比增长率（%）
1	东风汽车公司	88176	16.93	14.40	39.90
2	北汽福田汽车股份有限公司	78160	15.01	20.61	16.93
3	陕西汽车集团有限责任公司	62766	12.05	8.47	122.35
4	中国重型汽车集团有限公司	59989	11.52	12.65	53.27
5	四川南骏汽车集团有限公司	35248	6.77	8.57	34.50
6	上汽依维柯红岩商用车有限公司	25419	4.88	3.41	131.54
7	中国第一汽车集团公司	25418	4.88	6.20	36.19
8	安徽江淮汽车集团有限公司	19302	3.71	2.59	129.57
前八家企业小计		394478	75.75	72.21	—
其他企业		126301	24.25	27.79	—
合计		520779	100.00	100.00	64.25

4．专用改装车市场分析

（1）2013年专用改装车月度走势分析　专用改装车的品种众多，大部分品种批量小，受到各子行业发展环境的影响更为明显。但是从总体月度走势上来看，受停止国Ⅲ产品公告审查和国Ⅲ产品上牌的政策因素影响最为明显和广泛。2013年1月份和2月份，由于春节假期与上年对调，因此专用改装车产量呈现季节性特征。在传统旺季的3月份，2013年专用改装车市场与上年同期相比，市场回暖乏力，产量仅为9.34万辆（见图4），同比下降7.04%。第二季度，专用改装车市

场的政策因素逐渐开始释放，产量分别为 9.75 万辆、12.75 万辆和 22.10 万辆，同比增长分别为 18.21%、72.81%和 226.65%。进入下半年以后，专用改装车市场发展与上年相比基本持平。

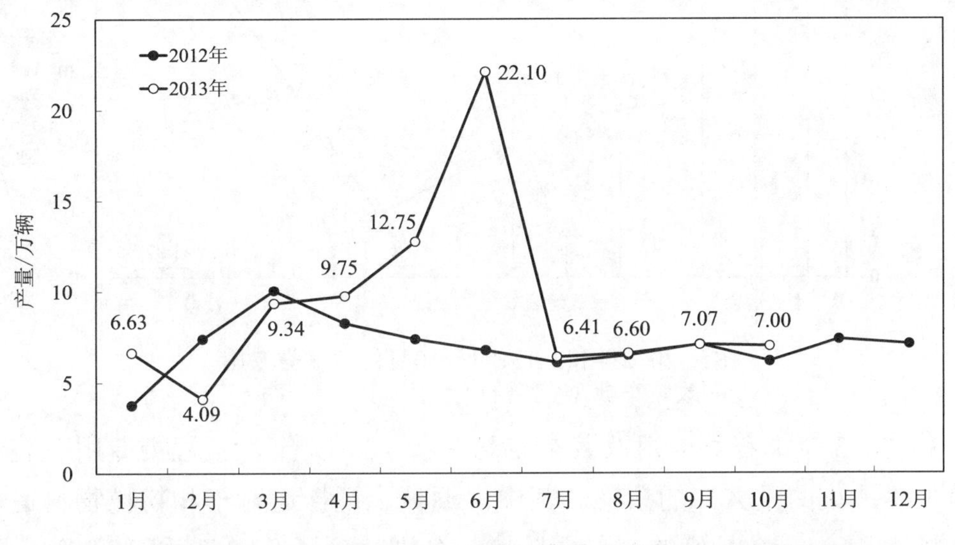

图4 2012年和2013年1～10月份专用改装车产量月度走势

（2）2013 年运输类专用改装车市场分析　2013 年，厢式运输车和仓栅式运输车依然是运输类专用改装车的主力产品，1～10 月份产量分别达到 40.54 万辆和 19.90 万辆（见图 5），但同比增幅均低于专用改装车行业平均增长率，分别为 27.08%和 23.30%。为了杜绝非法改装，加强对超限、超载的管理，2013 年 8 月份，中机车辆技术服务中心发布了《关于停止受理并撤销篷式运输车公告产品的通知》，规定停止受理篷式运输车（含半挂车）新产品申报，撤销《公告》内已有篷式运输车（含半挂车）产品；给予撤销产品半年销售过渡期。2013 年 10 月，篷式运输车的产量就下降为 0，1～9 月份的产量为 1.37 万辆。篷式运输车的生产企业多为主机厂，专用改装车企业很少涉足，2012 年篷式运输车产量排前两位的企业分别为北汽福田汽车股份有限公司和安徽江淮汽车股份有限公司，这两家企业的产量之和占当年篷式运输车总产量的 30%。由于篷式运输车与厢式运输车、仓栅式运输车的用途相似，因此篷式运输车停止生产和销售不会对运输类专用改装车市场产生很大影响，市场份额将迅速被厢式运输车和仓栅式运输车等车型取代，尤其将重点拉动厢式运输车需求量的提升。2013 年，冷链运输的巨大市场容量继续催生冷藏车的火爆发展，1～10 月份冷藏车突破 1 万辆的水平，达到 1.07 万辆，同比增长 48.84%，连续 4 年持续保持快速增长，未来冷藏车的需求潜力仍很大。

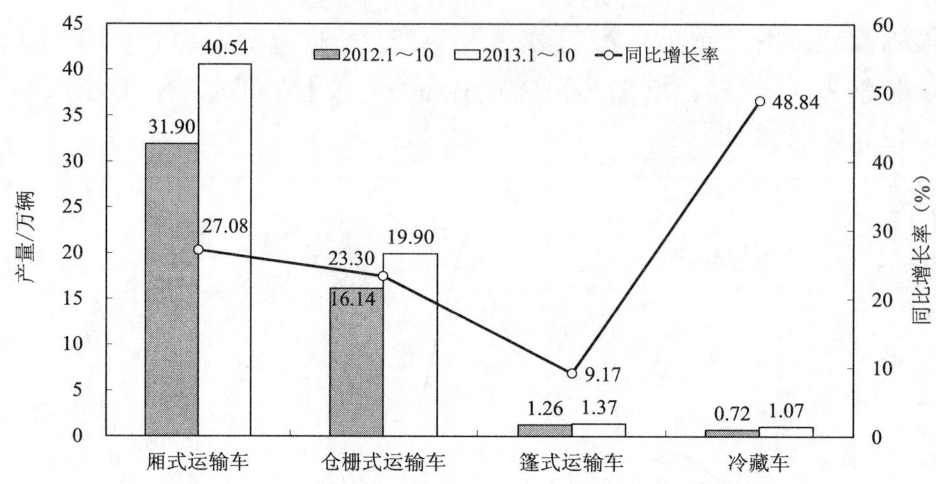

图5 2012年和2013年1～10月份运输类专用改装车典型车型的产量及同比增长率

（3）2013年工程类专用改装车市场分析 2013年，工程类专用改装车典型车型呈现“冰火两重天”的景象。其中，混凝土搅拌运输车和粉粒物料运输车实现了大幅增长，1~10月份的产量同比增幅分别达到了87.06%和35.88%，产量分别为6.66万辆和0.68万辆（见图6）；汽车起重机和混凝土泵车均逆市下降，连续两年出现负增长，市场增长乏力。2013年10月份，中机车辆技术服务中心按照《关于对粉粒物料运输车产品增加规范性要求的通知》对12家企业的19个粉粒物料运输车车型进行了清理审查，使粉粒物料运输车的产品更加规范。

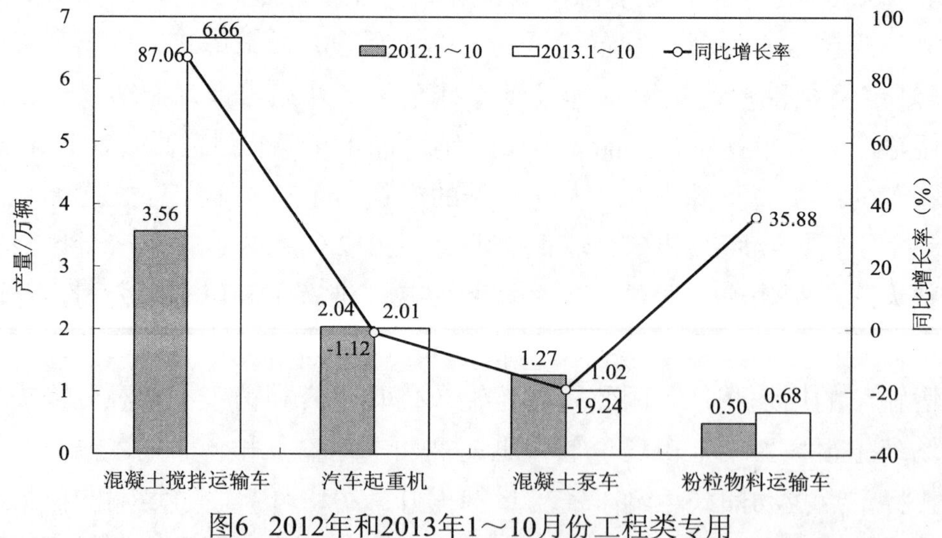

图6 2012年和2013年1～10月份工程类专用改装车典型车型的产量及同比增长率

（4）2013年市政环卫类专用改装车市场分析 城镇化进程的加快、城市规模的扩大、PM2.5控制的重视以及环卫作业的机动化比例提升，为市政环卫类专用改装车的发展提供了很大的上升空间。2013 年，市政类专用改装车依然保持旺盛的市场需求，1～10 月份各典型车型同比均增长 1 倍左右（见图 7）。

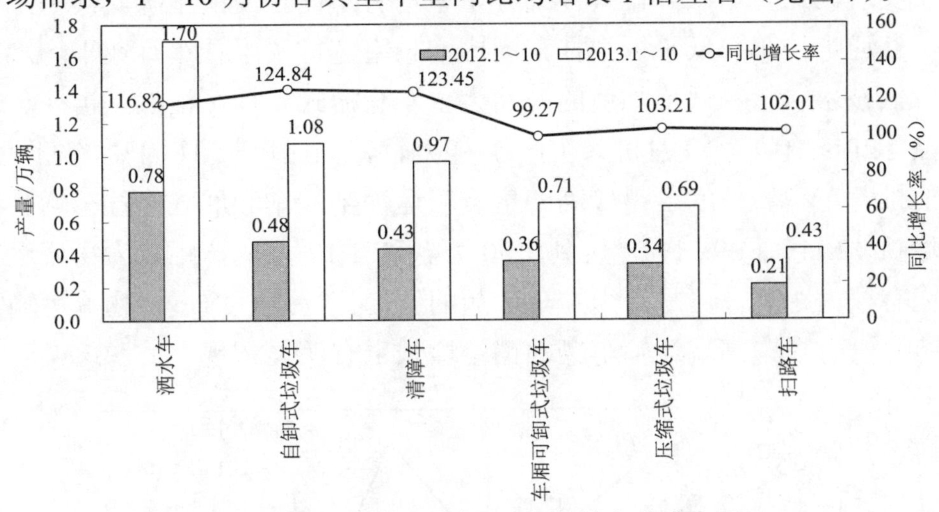

图7 2012年和2013年1～10月份市政类专用改装车典型车型的产量及同比增长率

5．半挂车市场分析

（1）2013 年半挂车市场月度走势分析　受益于我国公路运输量的持续增长，2013 年，半挂车市场扭转了 2011 年和 2012 年连续两年 50%以上负增长的局势，呈现出恢复性平稳增长态势。除春节所在的 2 月份外，全年其他月份的销量均超过 2012 年同期。在商用车传统旺季的 3 月份，半挂车市场产量也同步实现了增量，产量达到 1.52 万辆，成为全年单月产量冠军。从 3 月份开始，半挂车走势平稳，月度产量保持在 1.3 万辆左右的量级（见图 8）。

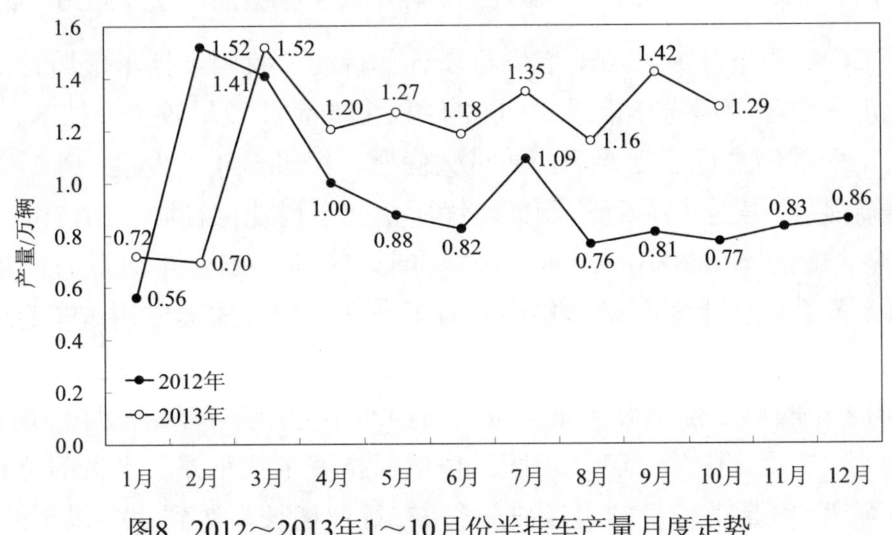

图8 2012～2013年1～10月份半挂车产量月度走势

（2）2013 年半挂车细分市场需求分析　2013 年，除自卸式半挂车和车辆运输半挂车实现同比负增长外，其他细分车型均有不同程度的上涨。其中，仓栅式半挂车、普通半挂车、低平板半挂车同比增长率超过了半挂车行业平均水平。半挂车仍以低技术含量、低附加值的产品为主，仓栅式半挂车依然是半挂车市场的主力产品，2013 年 1～10 月份共生产 3.94 万辆，同比增长 31.71%（见图 9）；甩挂运输的推荐车型、技术含量较高的集装箱运输半挂车和厢式半挂车增长缓慢，同比仅增长 12.11%和 9.51%，达到 1.50 万辆和 1.12 万辆，距成为物流运输的主力车型尚有很大距离。可见，半挂车产品的结构调整进程缓慢，物流运输需求的升级趋势并没有在中高端运输车辆的销量增长上有明显体现。

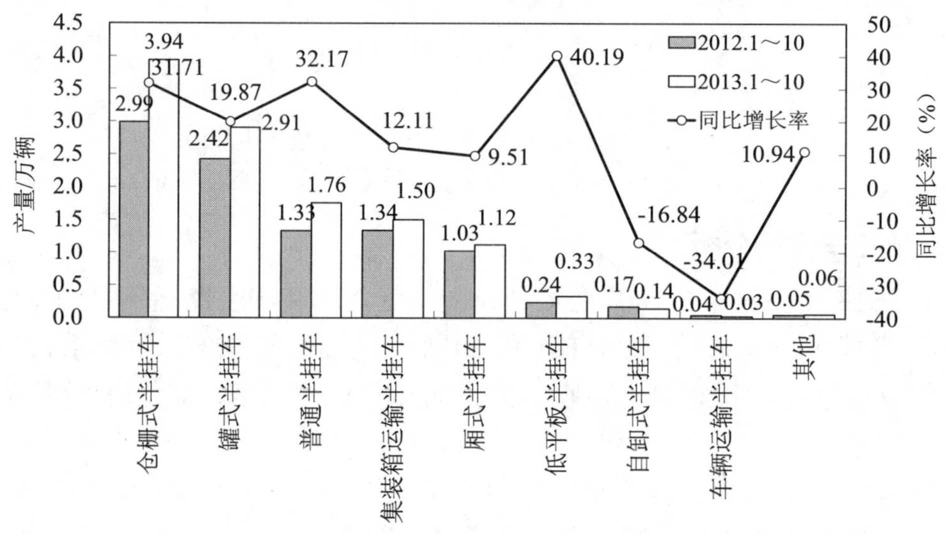

图9　2012年和2013年1～10月份半挂车典型车型的产量及同比增长

（3）2013 年半挂车市场竞争格局分析　目前，我国半挂车市场有 200 多家企业参与市场竞争，但每年能产销 5000 辆以上的企业数量较少，技术含量较低、产品同质化严重仍是行业需要解决的重大问题。经过多年的发展，半挂车行业规模效应逐渐显现，竞争格局逐渐明朗，优质企业市场地位稳固。2013 年 1～10 月份，前十家企业的产量集中度为 46.42%，前十家企业中有一半数量的企业是 2012 年产量前十的企业。中集车辆（集团）有限公司、河北宏泰专用汽车有限公司、安徽开乐专用车辆股份有限公司继续稳居前三甲的位置；河北昌骅专用汽车有限公司由 2012 年的第 5 位上升到第 4 位；山西北宇专用车有限公司由 2012 年的第 8 位上升到第 7 位。中集车辆（集团）依然保持着半挂车龙头老大的位置，产量继续突破万辆，但是市场份额明显被蚕食，在行业增长率达到 20%以上的背景下，其在 2013 年 1～10 月份同比增长率反而下降了 5.55%（见表 2）。

表2 2013 年 1～10 月份半挂车前十家企业产量、市场份额及同比增长率

序号	企业名称	2013 年 1～10 月产量/辆	2013 年 1～10 月市场份额（%）	2012 年市场份额（%）	同比增长率（%）
1	中集车辆（集团）有限公司	30499	25.85	33.09	-5.55
2	河北宏泰专用汽车有限公司	6809	5.77	4.12	77.78
3	安徽开乐专用车辆股份有限公司	3882	3.29	2.82	43.09
4	河北昌骅专用汽车有限公司	2959	2.51	2.16	53.40
5	山东梁山华宇集团汽车制造有限公司	2290	1.94	2.12	8.89
6	山西大运汽车制造有限公司	2025	1.72	0.22	1018.78
7	山西北宇专用车有限公司	1708	1.45	2.02	—
8	邯郸宇康集团有限公司	1586	1.34	0.31	446.90
9	河北顺捷专用汽车制造有限责任公司	1570	1.33	1.33	16.38
10	山东梁山通亚汽车制造有限公司	1439	1.22	0.72	115.42
前十家企业小计		54767	46.42	48.91	—
其他企业		63209	53.58	51.09	—
合计		117976	100.00	100.00	22.61

二、2013 年专用汽车行业发展特点

1. 新增准入以专用汽车企业为主，退出机制尚不完备，兼并重组空间很大

由于专用汽车企业准入的审批权下放到了地方政府，工业和信息化部只承担备案工作，因此 2013 年工业和信息化部加快了对新增专用汽车企业准入资格的备案速度，批准的专用汽车数量创近几年的新高。全年新增的车辆生产企业一共 49 家，其中专用汽车企业为 34 家，占总量的 70%。而在 2010～2012 年，新增的专用汽车企业数量分别为 9 家、5 家和 4 家。这些新增的专用汽车企业多分布在专用汽车集群效应显著的山东省、河北省、河南省等（见表 3），西部大开发蕴藏的巨大机会也吸引了一些专用汽车企业进驻西部。

表3 2013 年公告中新增的专用汽车企业

序号	省份	企业名称	批准批次
1	安徽省	安徽丰源车业有限公司	245
2		滁州市恒信工贸有限公司	247
3	北京市	三一重型能源装备有限公司	255

（续）

序号	省份	企业名称	批准批次
4	福建省	福建省富亚龙挂车制造有限公司	256
5	河北省	石家庄金丰专用车有限公司	247
6		石家庄金多利专用汽车有限公司	247
7		河北双富专用汽车制造有限公司	255
8	河南省	河南飞龙工程机械制造有限公司	254
9		河南路太养路机械股份有限公司	255
10		驻马店大力天骏专用汽车制造有限公司	255
11	黑龙江省	大庆永胜石油设备有限责任公司	246
12	湖北省	湖北润力专用汽车有限公司	256
13	湖南省	三一汽车起重机械有限公司	249
14		湖南鹏翔星通重工机械有限责任公司	256
15	内蒙古自治区	鄂尔多斯市精恒汽车制造有限公司	248
16		包头德翼车辆有限责任公司	250
17	宁夏回族自治区	宁夏政泰龙汽车有限公司	255
18	山东省	青岛五菱专用汽车有限公司	250
19		山东鑫昊特种装备股份有限公司	251
20		山东科瑞机械制造有限公司	251
21		山东巨野易达专用车制造有限公司	255
22		青岛欧莱德机械制造有限公司	255
23		梁山跃通专用汽车制造有限公司	255
24		巨野鲁运专用汽车有限公司	256
25		中国重汽集团山东聚鑫专用汽车有限公司	256
26		山东郓城万通专用汽车制造有限公司	256
27	山西省	太原重工股份有限公司	256
28	陕西省	陕西汽车集团延安专用车有限公司	248
29		西安蓝港数字医疗科技股份有限公司	255
30	新疆维吾尔自治区	乌鲁木齐市隆盛达元宝科技有限公司	249
31	浙江省	万向电动汽车有限公司	254
32		浙江锐野专用车辆有限公司	255
33	重庆市	重庆耐德山花特种车有限责任公司	254
34		重庆东本工业有限责任公司	255

2013 年 10 月份，《特别公示车辆生产企业（第 1 批）》发布，规定从 2013 年 11 月 1 日起至 2015 年 10 月 31 日止，批文中列示的企业需经考核，符合准入条件的才能继续进行新产品的申报，否则暂停其《车辆生产企业及产品公告》，且不得办理更名、迁址等基本情况变更手续。第 1 批特别公示车辆生产企业有 48 家，生产专用汽车的有 13 家（见表 4）。

表4 第 1 批特别公示的专用汽车生产企业

序号	省份	企业名称
1	吉林省	长春国富汽车改装有限责任公司
2		长春汽车研究所中实改装车厂
3	上海市	上海沪陵（集团）有限公司
4	江苏省	江苏紫琅汽车集团股份有限公司
5		扬州新亚车辆有限公司
6		镇江天洋汽车有限公司
7	浙江省	宁波市汽车修造厂
8	广东省	广州宝龙集团湛江万里汽车制造有限公司
9		清远粤江微型汽车公司
10		台山侨星汽车有限公司
11		广东专用汽车有限公司
12	陕西省	陕西省商洛汽车改装厂
13	四川省	绵阳朝阳专用车制造有限责任公司

第 1 批特别公示的发布被认为是 2012 年 7 月发布的《关于建立汽车行业退出机制的通知》的落地举措。但是，这些企业市场知名度较低，基本处于停产状态，不能维持正常的生产经营，在两年的缓冲期内将很难改变现状，即使被淘汰也不会影响国内汽车的产销量，兼并重组的可能性也不大。因此特别公示名单的发布短期内将无法起到加快汽车企业优胜劣汰、推进汽车产业转型升级的作用，汽车行业退出机制还有待完善。

兼并重组是汽车企业优化产品系列、降低经营成本、提高产能利用率、实现规模化增长的有效途径。2013 年 1 月 22 日，《关于加快推进重点行业企业兼并重组的指导意见》（简称《意见》）发布，指出将以汽车、钢铁、水泥等九大行业为重点，推进整车和零部件企业兼并重组；到 2015 年，汽车行业前 10 家整车企业产业集中度达到 90%，并形成 3~5 家具有核心竞争力的大型汽车企业集团；鼓励汽车企业“走出去”，把握时机开展跨国并购，在全球范围内优化资源配置，增强国际竞争力。尽管《意见》短期内对专用汽车企业的影响不大，但从长远看，必将加快专用汽车企业兼并重组和海外合资合作的步伐，专用汽车企业兼并重组的空间仍很大。

2．国Ⅳ排放标准的实施进程由地方政府推进，产品一致性管理有待加强

2013年2月6日，国务院办公厅发布了《国务院办公厅关于加强内燃机工业节能减排的意见》中确定内燃机工业减排目标是“到2015年，节能型内燃机产品占到全社会内燃机产品保有量的60%，内燃机燃油消耗率和氮氧化物排放总量分别比2010年降低6%～10%和10%”。轻型汽油车、重型汽油车已经明确分别于2011年7月1日、2013年7月1日实施国Ⅳ排放标准，因此柴油车尽快实施国Ⅳ排放标准成为内燃机实现2015年减排目标的重要保障。

2013年5月，中机车辆技术服务中心经工业和信息化部同意，规定从2013年7月1日开始，停止受理国Ⅲ重型柴油车新产品，这被认为是全国范围内实施重型柴油车国Ⅳ排放标准的信号。但是在柴油车国Ⅳ排放标准原定实施日期（2013年7月1日）来临之前，公安部和环境保护部并没有发文明确规定国Ⅲ柴油车停止销售和注册登记，国Ⅳ柴油车排放标准的实施进程更多地由地方政府自行决定。银川市和南京市规定分别从2012年7月1日和2013年4月1日起实施轻型柴油车的国Ⅳ排放标准；海南省等省份、上海市、广州市、深圳市、西安市、杭州市、成都市、乌鲁木齐市、兰州市、宁波市、蚌埠市、泉州市、河源市、湛江市、清远市、宿迁市、昆明市、雅安市、庆阳市等城市规定从2013年7月1日开始对注册和转入的柴油车实施国Ⅳ排放标准；广西壮族自治区等省份、武汉市等城市已经明确从2014年1月1日实施柴油车国Ⅳ排放标准。

柴油车国Ⅳ排放标准的实施需要依靠油品供应、全产业链产品和技术开发、生产能力与售后服务准备等诸多条件。目前除北京和上海外，从2013年7月1日起国Ⅲ柴油（硫的体积分数不大于$350×10^{-6}$）才开始在全国范围内供应；从2015年1月1日开始，国内开始全面供应硫的体积分数不大于$50×10^{-6}$的第Ⅳ阶段车用柴油。油品品质不达标容易造成燃油喷射系统的堵塞和后处理系统的毒化，导致的车辆故障问题难以界定责任方，用户满意度降低。因此，低硫柴油的供应进程滞后成为制约柴油车国Ⅳ排放标准实施的关键。另外，车用尿素供应设备不足也是非常重要的影响因素。

专用汽车的柴油化率达到99%以上，柴油车国Ⅳ排放标准的实施进程对专用汽车行业影响很大。排放标准升级带来的不仅仅有产品技术的提升，也有成本的上升和市场的波动。同时，为保障国Ⅳ排放标准的实施效果，需要政府部门加强监督管理，对整车及发动机进行严格抽查，保证产品的一致性。

3．安全环境管理和安全产品管理双管齐下，有效预防道路交通事故

（1）*安全环境管理日臻成熟，安全监管机制不断健全* 2013年10月31日，为深入贯彻落实《国务院办公厅关于集中开展安全生产大检查的通知》精神，公安部、工业和信息化部等五部委联合发布了《关于开展机动车安全隐患大检查工作的通知》，要求从即日起至2014年2月底在全国组织开展机动车安全隐患大检查，重点排查大中型客车、重中型货车、农村面包车、校车、危险货物运输车五类车辆；对机动车生产、销售、改装、检验、登记、维修、报废等环节进行全面排查清理，集中排查不按标准、不按规定生产的机动车，非法改装、拼装机动车。近年来，通过道路运输的危险货物的种类和数量不断增加，道路危险货物运输的交通环境日益复杂，一旦发生事故，后果非常严重。交通运输部发布的《道路危险货物运输管理规定》于2013年7月1日开始施行，提高了从事道路危险货物运输的准入门槛，鼓励使用技术标准合格的厢式、罐式和集装箱等道路危险货物运输车，加大了对违规行为的处罚力度，加强了对道路危险货物运输市场的秩序管理，保障道路危险货物运输的安全。

（2）*杜绝违规生产的安全隐患，切实提高专用汽车新产品的安全性能* 车辆生产是影响车辆安全的一个首要环节。公安部向工业和信息化部通报了2013年涉嫌违规汽车产品的有关情况，其中，货车类产品（包括专项作业车、挂车）涉嫌违规生产问题突出，新出厂的货车类产品车辆超长、超宽，未按规定安装行驶记录仪，未粘贴设置反光标识和防护装置，未安装符合标准的尾部反光标志板等，安全隐患问题仍比较严重。2013年，按照GB 7258—2012《机动车运行安全技术条件》的要求，中机车辆技术服务中心对《车辆生产企业及产品公告》中的产品进行了五次清理整顿工作，其中有4次涉及专用汽车，产品包括了危险货物运输车、厢式货车、罐式汽车及罐式挂车、作业类专用汽车等（见表5）。通过清理整顿工作，专用汽车产品的安全技术水平和安全装置配备得到了加强。

表5 按照《机动车运行安全技术条件》对专用汽车进行清理整顿的内容

	时间	技术要求
第一次	5月份	罐式危险品运输车及半挂车应满足《罐式危险品运输车及半挂车补充安全技术要求》 危险货物运输车的标志应符合GB 13392的规定，其中，罐式危险货物运输车还应按照GB 18564.1或GB 18564.2在罐体上喷涂装运货物的名称 罐式危险货物运输车和罐式危险货物运输挂车在满载、静态状态下，向左侧和右侧倾斜最大侧倾稳定角应大于等于23° 除爆炸品和剧毒化学品运输车外的其他危险货物运输车应装用子午线轮胎 除爆炸品和剧毒化学品运输车外的其他危险货物运输车安装行驶记录仪的要求 除爆炸品和剧毒化学品运输车外的其他危险货物运输车应装ABS
第二次	6月份	总质量≤12t的厢式货车应装备反射器型反光标识，应提供反射器型反光标识性能报告及整车安装要求的报告
第三次	8月份	气体燃料车辆应安装泄露报警装置 罐式汽车和罐式挂车在满载、静态状态下，向左侧和右侧倾斜最大侧倾稳定角应大于等于23°
第四次	12月份	总质量大于等于12000kg的货车底盘改装的专业作业车、车长小于等于8.0m的所有挂车、车长大于8m的专用作业类挂车的尾部标志板 运输液体危险品的罐式车辆的紧急切断阀

4. 天然气专用汽车实现“零”突破，发展前景仍不明朗

在等热值条件下，相比汽柴油价格，天然气价格优势明显；与传统柴油汽车相比，天然气汽车可以减少约96%的PM2.5排放量。综合价格和环保等因素，天然气汽车是现阶段技术手段最成熟、最易为市场接受的替代燃料汽车。

2012年10月份，《天然气发展“十二五”规划》规定将在“十二五”期间完善管网、液化天然气接收站建设和储气工程配套等天然气基础设施建设；2012年12月1日开始实施的《天然气利用政策》中规定将优先发展以天然气（尤其是双燃料及液化天然气汽车）为燃料的物流配送车、环卫车等车辆；在2011年11月1日实施的行业标准NB/T 1001—2011《液化天然气（LNG）汽车加气站技术规范》和2013年3月1日实施的GB 50156—2012《汽车加油加气站设计与施工规范》的引领下，天然气加气站发展步伐明显加快。随着相关政策和配套的不断完善，2013年，天然气专用汽车实现了“零产量”的突破。据统计，1～11月份共生产天然气专用汽车10768辆，其中单燃料天然气专用汽车产量为5381辆，汽油/天然气两用燃料专用汽车产量为5387辆。2013年1～11月份，在单燃料天然气专用汽车车型中，普通自卸汽车的产量为3302辆（见图10），占单燃料天然气汽车总产量的61.36%，占天然气汽车总产量的30.66%。

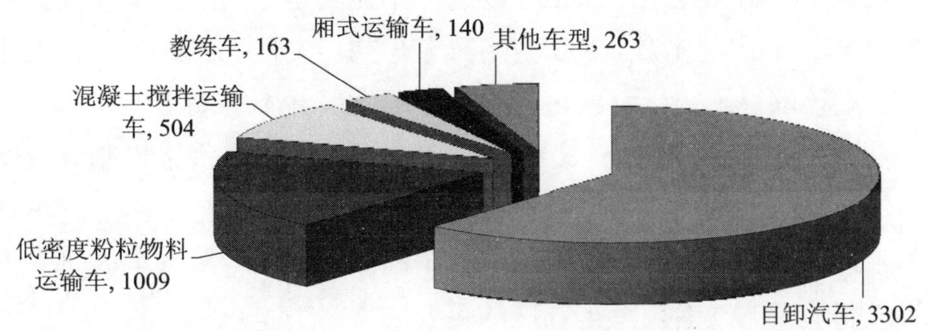

图10 2013年1～11月份单燃料天然气专用汽车车型及产量（辆）

汽油/天然气两用燃料专用汽车主要以厢式运输车为主，2013 年 1～11 月份两用燃料厢式运输车共生产 5335 辆，占汽油/天然气两用燃料专用汽车总产量的 99%，占天然气汽车总产量的 49.54%。2013 年 1～11 月份，天然气专用汽车产量前五位的企业分别为北汽福田汽车股份有限公司（2604 辆）、河北长安汽车有限公司（1366 辆）、东风特种汽车有限公司（1002 辆）、重庆长安汽车股份有限公司（900 辆）、陕西汽车集团有限责任公司（815 辆），这五家企业的产量占总产量的 71.35%（见图 11）。

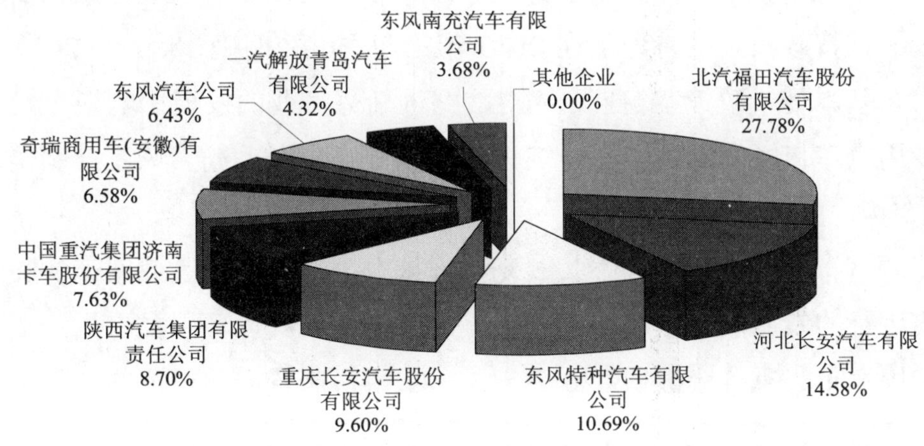

图11 2013年1～11月份天然气专用汽车前10家企业及产量占比

与压缩天然气（Compressed Natural Gas，CNG）相比，液化天然气（Liquefied

Natural Gas，LNG）具有体积能量密度高、汽车续驶里程长、加注站不受天然气管网限制、安全性能高等优点，未来在专用汽车尤其是专用运输车领域的发展潜力巨大。2013年，一汽的多款LNG专用汽车也初步实现了量产。尽管天然气专用汽车在2013年取得了初步发展，但未来市场发展并不明朗，配套基础设施建设不到位，加气站明显数量不足；2013年7月实施的天然气价格机制改革使得油气差价缩小，天然气价格优势有所减弱；国家政策没有明确把天然气汽车划分为新能源汽车并给予支持鼓励，车辆采购成本偏高；天然气专用汽车的研发力度不够等都成为了制约天然气专用汽车发展的重要因素。

5．新能源专用汽车发展缓慢，纯电动环卫和短途运输类专用汽车是突破口

2013年9月17日，工业和信息化部联合多部委发布了《关于继续开展新能源汽车推广应用工作的通知》，明确在2013～2015年将继续开展新能源汽车推广应用工作，并推出了财政补贴支持推广应用新能源汽车。其中，纯电动专用车（主要是：邮政、物流、环卫等）推广应用补助标准：按电池容量每千瓦时补贴2000元，每辆车补贴总额不超过15万元。2013年12月，《第一批新能源汽车推广应用城市或区域名单》正式公布，确认了28个城市或区域为第一批新能源汽车推广应用城市。中央财政将安排资金对入围城市给予支持，资金主要用于充电设施建设等方面，包括新能源专用汽车在内的新能源汽车的发展前景值得期待。

由于“十城千辆”节能与新能源汽车示范推广应用工程已经于2012年年底收官，新的扶持政策及扶持地区在2013年第四季度才明确，因此，2013年新能源专用汽车基本处于政策空窗期，这对战略性新兴产业的发展影响很大，2013年新能源专用汽车市场发展缓慢。据统计，2013年1～11月份，共生产新能源专用汽车1215辆，同比下降20.64%。

新能源汽车具有续航里程不长、充电设施有限等特点，因此新能源技术在定点、定线运行的专用汽车领域得到了很好的应用，尤其以环卫类专用汽车和短途运输类专用汽车为重要突破口。2013年1～11月份产量排前五位的新能源专用汽车车型中，有四种为环卫类车辆（桶装垃圾运输车、自装卸式垃圾车、自卸式垃圾车、洒水车），还有一种为运输类专用汽车（厢式运输车）（见图12）。

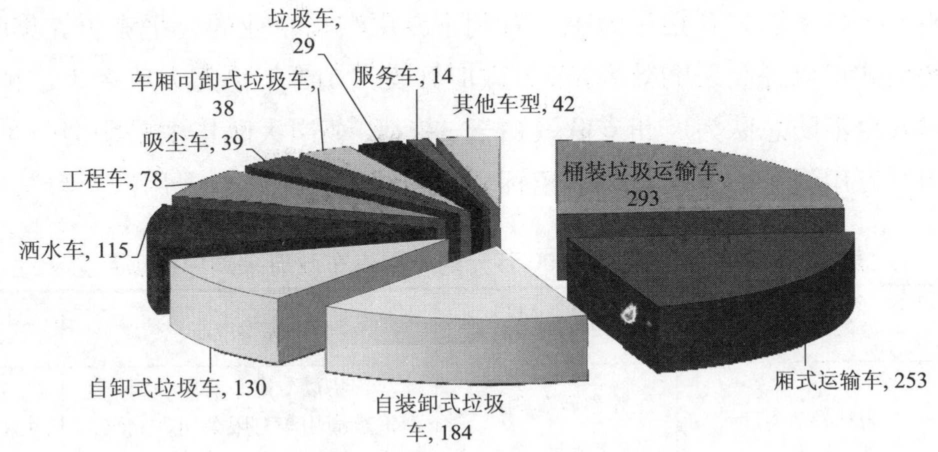

图12 2013年1～11月份纯电动专用汽车前十种车型及产量（辆）

2013 年 1～11 月份，新能源专用汽车产量排前五位的企业分别为北京华林特装车有限公司（487 辆）、中国重汽集团成都王牌商用车有限公司（217 辆）、金华市康迪新能源车辆有限公司（179 辆）、东风汽车公司（132 辆）、天津清源电动车辆有限责任公司（47 辆），这五家企业的产量占总产量的 87.41%。

6. 专用汽车在公务用车领域的势头强劲

2013 年 11 月 25 日，为进一步弘扬艰苦奋斗、勤俭节约的优良作风，推进党政机关厉行节约反对浪费，建设节约型机关，中共中央办公厅、国务院办公厅联合发布了《党政机关厉行节约反对浪费条例》（以下简称《条例》），提出：改革公务用车实物配给方式，取消一般公务用车，保留必要的执法执勤、机要通信、应急和特种专业技术用车及按规定配备的其他车辆；公务用车实行政府集中采购，应当选用国产汽车，优先选用新能源汽车。《条例》只是对采购公务用车中的一般领导用车和办理公务的车辆进行了削减和取消，但对采购用于民生安全、建筑、市政清洁等用途的专用汽车并没有过多限制，可以预见，专用汽车在政府采购公务用车领域的势头将不会被抑制。

2013 年，据不完全统计，专用汽车政府采购项目超过 40 个，总采购金额超过 18 亿元。其中金额在 1000 万元的政府采购大单有 21 个（见表 6），采购金额为 7.52 亿元。政府采购专用汽车车型主要用于消防、环卫、救护领域，采购车型品种丰富，呈现细分化和专业化程度不断提高的趋势。专用汽车的政府采购环境相对透明，采购多以公开招标为主，有利于专用汽车企业的公平竞争。集中、批量的采购模式可以提高采购效率，节省政府开支，2013年亿元大单多为这种模式，如广东省安全消防总队为广州支队及白云、花都、萝岗大队集中采购消防车项目。为支持国产专用汽车的发展，大多招标项目中注明拒绝进口专用汽车参与报价。

表6 2013年金额超过1000万元的专用汽车政府采购中标项目

序号	采购部门	采购车型	中标供应商	中标金额/万元
1	吉林省卫生厅	医疗急救车辆及设备	沈阳华晨专用车有限公司、上海汽车商用车有限公司、北汽福田汽车股份有限公司	15188.10
2	广东省公安消防总队	消防车	广州越秀金信贸易有限公司等	11162.70
3	中国人民银行	专用运钞车	常熟华东汽车有限公司	7914.80
4	福建省公安消防总队	高层供水车、侦检车	中国车辆进出口公司、施密茨消防救援科技（北京）有限公司	5749.50
5	南宁市公安消防支队	消防车	深圳市一洋安全设备有限公司	4600.00
6	广州市急救医疗指挥中心	救护车及配套医疗设备	广东海乔汽车贸易有限公司	3252.06
7	广州市城市管理委员会	垃圾分类运输车	广州市环境卫生机械设备厂、航天晨光股份有限公司	2989.10
8	郑州市政府	洒水车、洗扫车	郑州宇通重工有限公司	2845.00
9	山东省青岛市公路管理局	公路养护专用汽车及相关设备	中联重科股份有限公司、郑州宇通重工有限公司等	2800.00
10	大连市公安消防局长兴岛特勤站	抢险救援车	施密茨消防救援科技（北京）有限公司、中国大连国际合作（集团）股份有限公司	2767.20
11	大连市公安消防局长兴岛特勤站	大功率泡沫车、25m高喷车、40m高喷车等	沈阳捷通消防车有限公司	2162.00
12	哈尔滨市市容环境卫生管理办公室	小型除雪车	沈阳德恒机械制造有限公司	2070.00
13	内蒙古自治区水文总局	水文专用水质巡检车	内蒙古环城汽车技术有限公司	1595.50
14	东营市城市管理局	环卫车辆	中联重科股份有限公司	1463.84
15	石家庄市环境卫生管理处	环卫车辆	福建龙马环卫装备股份有限公司	1449.00
16	泰安市环境卫生管理处	清洁卫生车辆	中联重科股份有限公司	1384.90
17	哈尔滨市城市建设投资集团有限公司	钩臂式垃圾车	航天晨光股份有限公司	1299.20

（续）

序号	采购部门	采购车型	中标供应商	中标金额/万元
18	石家庄市城市管理委员会	环卫作业车	中联重科股份有限公司、肥乡县远达车辆制造有限公司、河北星达汽车集团有限公司	1185.23
19	重庆市安全生产监督管理局	越野多功能侦检救援车、多功能侦检保障车、火场器材保障车、泡沫/干粉/水联用消防车	江西江铃汽车集团改装车有限公司、重庆迪马工业有限责任公司	1141.62
20	广西壮族自治区住房和城乡建设厅	车厢可卸式垃圾车	广西玉柴专用汽车有限公司	1098.10
21	大连市公安消防局	18米泡沫高喷消防车等	沈阳捷通消防车有限公司	1066.10

7．新产品不断涌现，新材料得到应用

2013年，专用汽车企业加大了产品研发力度，系列化、多样化、专业化的产品更加丰富，技术含量不断提升，多款产品填补国内空白或达到国际领先水平（见表7）。

表7　2013年专用汽车已经研制成功或下线的领先产品

	序号	生产企业名称	专用汽车产品
世界首辆	1	湖南富腾和安防科技有限公司	防爆型烟花爆竹专用车
世界最高	2	中联重科股份有限公司	113m登高平台消防车
国内最大	3		16t级无泄漏压缩式垃圾车
国内首辆	4	河南松川专用汽车有限公司	太阳能冷藏车
	5	镇江飞驰汽车集团有限责任公司	全铝底架轻量化冷藏车
	6	大连理工大学房车工程技术研究中心	承载式车身底盘自动挡自行式房车
	7	恒天创丰重工有限公司	55m混凝土泵车
	8	东风特汽（十堰）客车有限公司	军用重症监护型救护车
	9	东风专用汽车有限公司、深圳基亚环保公司	救灾水净化多功能专用汽车
	10	包头德翼车辆有限责任公司、北京蓝星科技有限公司、中材科技股份有限公司	配备碳纤维全复合材料车厢的普通自卸汽车
国内最轻	11	洛阳中集凌宇汽车有限公司	铝合金液体运输半挂车

在专用汽车上使用铝合金、碳纤维材料、高强度钢等新型材料，可以达到减重的目的，实现轻量化，满足国家节能减排的要求。2013 年，镇江飞驰将铝合金材料应用在冷藏车底架中，减重 10%以上；国内首辆配备碳纤维全复合材料车厢的自卸汽车成功下线，比金属厢体减重 29%，实现了碳纤维复合材料在专用汽车轻量化领域应用的新突破；中集凌宇将 CLY9401GRY 铝合金液体运输半挂车进行了改良，主车架、副车架均采用铝合金材质，48m^3 标准配置装备质量仅为 6400kg，成为国内自重最轻的铝合金半挂车。

8．进口市场量平价增，高技术产品依赖进口的特点依然显著

虽然近几年来，我国专用汽车的自主研发实力不断提升，但是与国外先进产品相比，仍存在很大差距，高技术含量、高附加值产品依赖进口的特点依然显著。2013 年 1～11 月份，国内专用汽车进口数量累计为 211 辆，与上年同期持平（见图 13）；进口金额改变了前几年持续下跌的态势，同比增长 33.74%，为 1.56 亿美元。石油测井车、压裂车、混沙车等车辆的单车均价接近 200 万美元，进口数量同比增长 141.67%，对进口总金额的增长影响很大，进口金额实现了同比 456.86% 的增长。

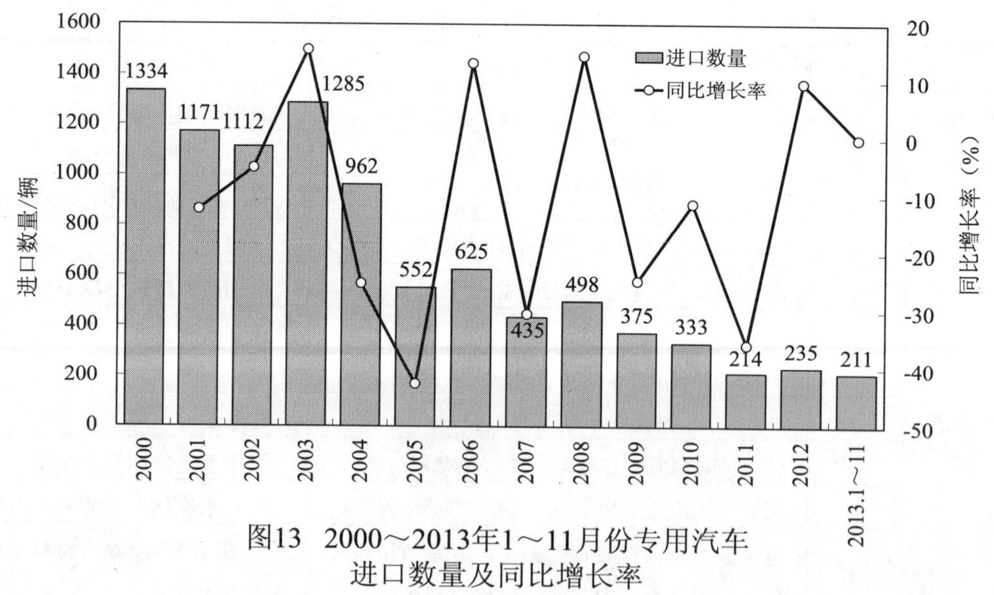

图13 2000～2013年1～11月份专用汽车进口数量及同比增长率

专用汽车进口国家方面，进口多来自专用汽车发达的国家，进口国集中度较高。进口数量排在前五位的国家分别为美国（66 辆）、德国（58 辆）、加拿大（23 辆）、意大利（16 辆）和奥地利（10 辆），由这五个国家进口的数量占进口总量的 81.99%；进口金额排前五位的国家分别为美国（0.72 亿美元）、加拿大（0.32 亿美元）、德国（0.19 亿美元）、奥地利（0.08 亿美元）和芬兰（0.06 亿美元），由这五个国家进口的金额占进口总金额的 87.92%。

9．出口市场量增价跌，海外市场开拓力度不足

2013 年 1～11 月份，专用汽车出口数量继续呈现恢复性增长态势，但增长缓慢，同比增长 4.43%，为 15874 辆（见图 14）；出口金额却同比下降 1.9%，为 15.70 亿美元。

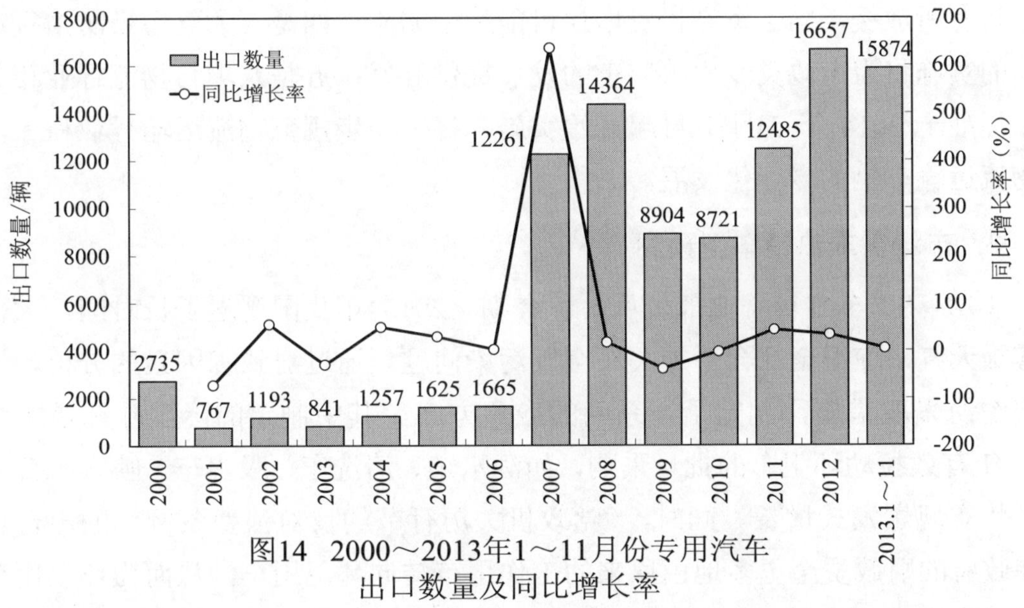

图14 2000～2013年1～11月份专用汽车出口数量及同比增长率

专用汽车出口国主要以临近的亚洲国家为主，出口量排在前五位国家的集中度不高，这表明专用汽车在海外市场开拓方面还没有形成规模效应，产品附加值较低。出口数量排在前五位的国家分别为泰国（1247 辆）、阿尔及利亚（1146 辆）、哈萨克斯坦（1045 辆）、俄罗斯联邦（770 辆）和菲律宾（642 辆），出口到这五个国家的数量占出口总量的 30.55%；出口金额排在前五位的国家分别为巴西（1.30 亿美元）、泰国（1.26 亿美元）、哈萨克斯坦（0.94 亿美元）、沙特阿拉伯（0.86 亿美元）和俄罗斯联邦（0.84 亿美元），出口到这五个国家的金额占出口总金额的 33.12%。

三、2014 年专用汽车行业发展展望

1．宏观环境预测

2014 年，我国专用汽车市场外部环境可能发生以下变化：一是 2014 年是十八届三中全会后全面深化改革的开局之年，将继续坚持“稳中求进”的经济总基调，保持宏观政策的连续性和稳定性，继续实施积极的财政政策和稳健的货币政策，更加注重经济发展的质量，预计 2014 年 GDP 增速将保持在 7.5%左右；二是随着十八届三中全会后民间投融资环境的不断完善，以及企业技术改造投资力度的持续加大，2014 年民间投资和技术改造投资活动会更趋活跃；三是房地产投资增速将有所放缓，固定资产投资增速可能稳中略降；四是《大气污染防治行动计划》的实施将为市政类专用改装车的发展提供利好；五是八项与物流行业相关的国家标准于 2014 年 7 月 1 日起开始实施，将进一步规范物流运输行业秩序，拉动物流运输车辆的专业化发展。

2．市场需求热销车型预测

（1）*环卫车市场将迎来发展的黄金期* 2013 年我国遭遇了长时间、大范围的雾霾天气，使得全社会更加关注空气污染问题。通过对致霾因素的分析，地方政府纷纷采取措施，制定了一系列的应急方案。其中制定的降尘除霾措施将在 2014 年有效拉动环卫车的批量采购，如洒水车、清洗车、吸尘车、喷雾车等环卫车型将实现爆发式增长。同时，《党政机关厉行节约反对浪费条例》的出台也将促使政府的财政资金更多地由原来的工作用车转向环卫用车，从而为环卫用车的批量采购提供充足的财政资金保障。因此，2014 年我国环卫车市场有望迎来发展的黄金期。

（2）*城市物流车市场发展潜力大* 我国城市物流的轻便、快运特征拉动了城市物流车的专业化发展。2014 年，我国城市物流车将迎来以下发展机遇：一是排放法规升级，满足国Ⅳ及以上排放法规的城市物流车将快速进入市场；二是以往充当城市物流车的面包车以及轻型货车改装的厢式车受到黄标车淘汰政策的影响，将为适合城市功能和景观需求的高排放、高安全性能的城市物流车提供更新容量；三是电子商务的迅猛发展以及城市配送服务的升级将引发城市物流车的

采购热潮。因此，未来的城市物流车将更加适应城市高架、办公楼宇、高档商铺、居民小区等物流工况。

（3）甩挂运输将取得实质进展，带动先进半挂车的发展　甩挂运输作为一种先进的运输模式，代表着道路运输行业的发展趋势。与发达国家和地区相比，我国甩挂运输起步较晚，发展缓慢，道路货物运输方式仍然以普通单体货车运输为主。甩挂运输可以增加半挂车的利用率，降低物流成本，提供运输效率，节能减排效果显著。截至 2013 年年底，国家发布了三批共 136 个公路甩挂运输试点项目和两批甩挂运输推荐车型，并发放了上亿元的补助资金。与此同时，各省市也出台了地方政策，为甩挂运输的发展营造了良好的政策环境。这些甩挂运输项目将在 2014 年取得实质性进展，并将带动先进运输方式的中高端半挂车（如厢式半挂车、集装箱运输半挂车等）市场容量的释放。

预计 2014 年专用汽车市场整体增速将小幅回调，更加重视提高增长质量和转型升级，全年产量将维持在 190 万辆的水平。

（作者：左培文　邵丽青）

细分市场篇

突破传统　转型升级　创新笃行
——2014年北京市汽车市场展望

一、2013年北京市汽车市场回顾

随着经济增速放缓和日益加剧的环保交通压力，2013年北京市比往年更加频繁地出台了一系列汽车政策和措施，对北京汽车市场产生了政策叠加和持续性的影响，北京新旧车市场由此不断地调整应对、转型升级，并进入由量变到质变的生存发展通道。在利空多于利好因素的影响下，北京新旧车交易出现了与全国迥异的表现，呈现出以下五方面的市场特征。

1．受综合因素影响，北京市新旧车市场从上年同比45.1%和74.2%的高速增长大幅回落到持续同比微负增长，同比增速低于全国水平

（1）“三限”（限购、限行、限迁）等政策叠加将北京市汽车市场带入微负增长期　2013年北京市新车交易582500辆，同比上年585400辆累计增长-0.5%（见图1），低于全国平均水平14.2个百分点。

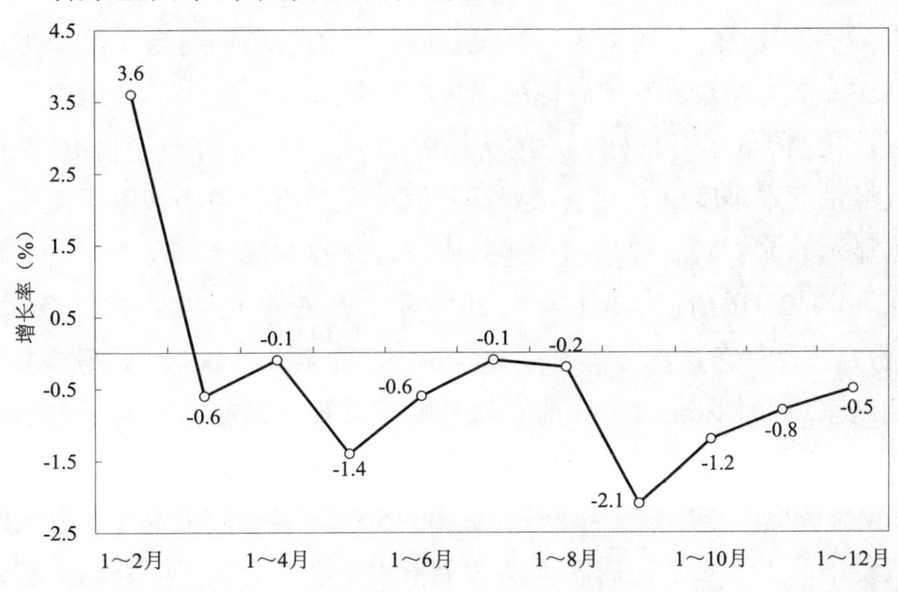

图1　2013年北京市新车销量同比增长率

2013 年北京市二手车成交过户 695300 辆，比上年的 698800 辆累计增长-0.5%（见图 2）。2013 年前 11 个月北京市二手车交易增速比全国增速的 8.39%低了 7.89 个百分点。

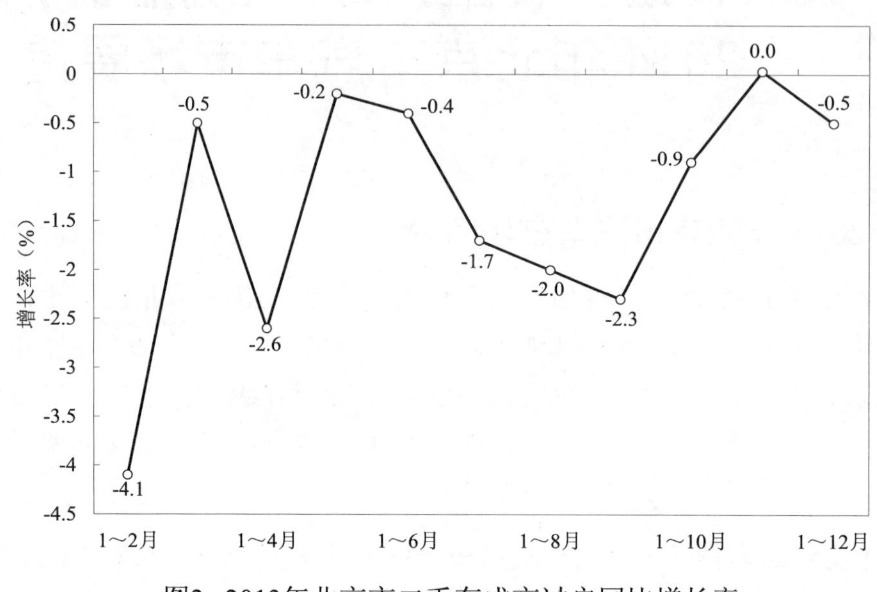

图2　2013年北京市二手车成交过户同比增长率

（2）*五项政策因素对 2013 年北京市汽车交易产生了不利影响*　第一，京V排放标准车型供应及节能惠民补贴车型缺失影响自主品牌车的竞争力。自主品牌车京V排放标准车型供应缺失影响本已状态不佳的市场销售自主品牌车价格优势减弱，自主品牌车享受京V排放标准惠民节能补贴车型减少甚至出现空白，商家很难自行消化，降低了对目标客户的价格吸引力。自主品牌车销售占有份额下降，部分授权经销商艰难度日。北京市亚运村汽车交易市场中心（以下简称“亚市”）销售数据显示：前十名品牌车销售排行中已难见自主品牌车身影；自主品牌车销量占比从上年 12 月份的 9.5%上升到 2013 年 2 月份的 12.4%；实施京V排放标准后，3 月份自主品牌车占比下降到 7.5%，6 月份降至 6.15%，11 月份恢复至 8.5%。第二，实施京V排放标准后，厂商置换补贴政策有所调整，不利于调动消费者购车积极性。平台车型少了，截止到 2013 年 11 月 30 日北京市淘汰更新平台享受企业奖励京V排放标准车型较上年同期减少近 50%。置换门槛高了，80%以上新车品牌授权经销商强调必须在店内置换二手车才可享受企业置换补贴。部分品牌补贴金额少了，置换手续要求严了，补贴兑付周期长了。第三，美规、中东等非中规进口车遭遇“上牌门”及“三包”瓶颈，对销售产生一定影响。有关调查显示：非中规进口车销量约占北京市进口车销量的10%，2013年3月12日下发的非中规进口车政策新规让以外埠市场为主的北京市非中规进口车销售遭遇“上牌门”，销量减少了近50%。目前部分省市掌握政策缺乏统一性，仍然不能上牌，对北京市进口车特色经营及资源输出产生较大影响。非中规进口车缺乏规范的售后“三包”服务体系，对非中规车的市场发展产生不利影响。第四，严格审查外地牌照车进京手续，加大检查处罚力度，影响北京市新车销量。北京限购进入第三年，久摇不中的部分刚需消费者采取曲线购车方式满足在京用车需求，上外地牌照在北京使用现象呈上升趋势，间接促进了北京市新车交易。然而，严格限制外地牌照车辆进京措施遏制了一部分新车销售。第五，二手车市场的诸多不利因素让北京市以旧换新增速回落。外迁渠道持续收窄，老旧车异地流转愈加困难，经销商收车越发谨慎。有关数据显示：全国近300个地级城市出台老旧车限迁政策。北京市二手车外迁率较上年下降10.4%，11月份降至39.2%（见表1）。实施二代身份证指纹识别系统，二手车经销商收车功能下降。租标收车销售是目前北京市二手车经纪公司的销售模式，二代身份证指纹识别系统升级逐步杜绝同时拥有两个身份证现象，制约了二手车经销商收车功能和业务扩展，对二手车市场影响将逐步显现，不利于新车置换销售。二手车外迁增加人、车照相环节，西北部分省市二手车买卖双方面迁等对二手车过户速度及成交产生一定影响。二手车以旧换旧直户销售增加，有利于二手车交易，但侵蚀新车销量。北京市摇号中标的消费者购买二手车的比例不断提高，二手车本地消化趋势开始显现。北京市二手车数据显示：二手车本地过户比例2013年已累计10个月超过60%，3月份、5月份、7月份超过70%。有关调查显示：国III以下老旧车成交占比呈下降趋势，国IV车成交占比由30%上升到接近50%。随着二手车外迁受阻及国III标准以上高值二手车供应比例增加，北京市二手车库存有近15%的增加。

表1 北京市二手车外迁率

（单位：%）

时间	1月	2月	3月	4月	5月	6月	7月	8月	9月	10月	11月	12月	月均
2012年	52.0	51.0	48.0	49.8	49.4	51.8	48.3	50.9	51.5	49.1	48.5	55.0	50.4
2013年	41.0	33.5	48.6	38.5	39.2	39.9	40.5	40.1	40.0	40.2	39.2	39.3	40.0

2．2013年北京市进口车交易增速高于北京市新车和全国进口车交易平均水平

（1）北京市进口车交易增速高于北京市新车交易增速 2013年北京市进口车累计交易64800辆，同比上年54200辆累计增长19.56%，高于北京市新车增长20个百分点（见表2）。

表2 北京市进口车、新车交易累计同比增长率对比表

（单位：%）

时间	1～2月	1～3月	1～4月	1～5月	1～6月	1～7月	1～8月	1～9月	1～10月	1～11月	1～12月
进口车	18.8	9.2	10.9	10.0	12.9	14.7	12.9	13.0	15.0	16.8	19.6
新　车	3.6	-0.6	-0.1	-1.4	-0.6	-0.1	-0.2	-2.1	-1.2	-0.8	-0.5
率　差	15.3	9.8	11.0	11.4	13.5	14.7	13.1	15.1	16.1	17.6	19.1

（2）北京市进口车占比处于高位 北京市进口车占新车销量比重年均11.12%，持续保持10%以上的高位（见表3）。

表3 北京市进口车销量占比

（单位：%）

时间	1月	2月	3月	4月	5月	6月	7月	8月	9月	10月	11月	12月
2012年	9.4	9.6	9.7	8.7	9.5	9.5	8.9	10.4	9.3	9.1	8.9	8.4
2013年	10.3	11.8	9.7	10.0	10.9	11.8	11.4	11.3	11.1	11.4	11.8	12.1

（3）北京市进口车高于全国进口车上牌量增速（见表4） 国机股份有关数据显示：2013年1～11月份，全国进口车上牌数101万辆，同比增长10.9%，相比2012年的20.8%，下降9.9个百分点。北京市销售数据显示：2013年1～10月份，进口车交易同比增长14.96%，高于全国进口车上牌量增速5.94个百分点。

表4 全国、北京市进口乘用车市场月度销量同比增长率

（单位：%）

时间	1月	2月	3月	4月	5月	6月	7月	8月	9月	10月	11月	12月
全国	54.1	-22.4	-16.0	20.5	8.8	1.1	12.2	7.0	9.1	29.4	24.3	—
北京	18.4	19.4	-8.9	15.9	6.4	27.9	25.6	2.0	14.0	34.2	35.6	47.0
率差	-35.7	41.8	7.1	-4.6	-2.4	26.8	13.4	-5.0	4.9	24.6	11.3	—

（4）五个因素提升北京市进口车销量 一是小排量进口车供给增加。国机股份数据显示：截至 2013 年 9 月份，3.0L 以下进口车份额占 87.4%，1.5～2.0L 排量区间份额相比 2012 年提升 4.3 个百分点。二是消费升级拉动进口车销售。北京市置换销售超过 50%，更新车辆消费升级明显。北京市销售数据显示，北京市进口车销量占新车销量比例达到 11%，高于往年 3～4 个百分点。三是进口车价格全年整体企稳，持币待购现象减少。相对于上年豪华进口车大起大落的价格混战，2013 年进口车价格升降幅度及频次有所趋缓，价格优惠绝对额同比持平或大于上年。进口车价格波澜不惊，整体企稳，有利于增强进口车消费者的消费信心。亚市价格指数显示，北京市进口车价格上涨、下降指数均好于国产车。亚市价格调查显示，豪华车价格优惠增加或减少车型范围增减有度（见表 5 和表 6）。四是进口车库存压力小于上年。亚市经销商库存调查显示：库存正常经销商比例 2013 年上半年及四季度平均为 54%和 47%，同比增长 8.5%和 2%。五是北京市进口车资源性城市特征助推外埠销售。北京市进口车资源来自全国并卖向全国，尤其 3.0L 以上大排量进口车销售更为突出。亚市销售数据显示：亚市前 11 个月 3.1L 以上排量进口车销量占进口车交易量的 62%，同比增长 39.75%。

表 5 优惠增加车型范围

（单位：%）

	7 月初	8 月初	9 月初	10 月初	11 月初	12 月初
豪华车	38.46	41.67	25.00	34.62	36.00	24.00
中高级车	68.00	41.67	58.33	12.50	58.33	33.33
经济型	51.43	42.85	37.14	37.14	28.57	25.71
SUV	23.08	30.77	15.38	15.38	46.16	30.78

表 6 优惠减少（持平）车型范围

（单位：%）

		7 月初	8 月初	9 月初	10 月初	11 月初	12 月初
豪华车	减少	23.08	29.17	45.84	26.92	28.00	32.00
	持平	15.38	8.33	8.33	15.38	8.00	16.00
中高级车	减少	16.00	45.83	25.00	29.17	16.67	41.67
	持平	8.00	8.33	12.50	54.17	25.00	25.00
经济型	减少	25.71	22.86	37.14	22.86	54.29	34.29
	持平	14.29	22.86	14.29	31.43	11.43	28.57
SUV	减少	23.08	23.08	23.09	30.77	15.38	15.38
	持平	30.77	23.08	38.46	30.77	15.38	23.08

3．北京市新旧车市场一体化趋势愈加显著，以旧换新成为新车销售主旋律

（1）新车置换销售占比保持高位 ①新车更新上牌。亚市新车一站式数据显示，2013年新车更新上牌比例月均71.2%，高出2012年56.4%的月均增速14.8个百分点（见表7）。②新车置换销售占比推测。北京市新车销售数据显示，2013年新车置换销售占比月均58.2%（以配置指标滚动满额释放为前提），与2012年持平（见表8）。

表7 亚市新车更新上牌数占总上牌数比例

（单位：%）

时间	1月	2月	3月	4月	5月	6月	7月	8月	9月	10月	11月	12月	月均
2012年	50.5	48.9	58.2	62.2	61.7	53.4	49.2	58.6	54.9	57.1	59.3	60.9	56.4
2013年	60.4	76.1	68.9	68.2	67.3	72.0	72.9	70.3	74.7	80.3	78.6	64.2	71.2

表8 北京新车置换销售比例推测表

（单位：%）

时间	1月	2月	3月	4月	5月	6月	7月	8月	9月	10月	11月	12月	月均
2012年	61.8	46.7	56.9	60.3	53.4	55.8	58.8	58.6	62.9	55.5	60.4	65.6	58.1
2013年	64.7	45.1	52.8	60.9	56.6	57.3	57.9	55.8	60.9	58.4	61.4	66.3	58.2

（2）北京市新旧车销售相互影响，二手车交易是新车置换的发动机 ①旧车销量超新车，交易走势基本一致。北京市交易数据显示：2013年北京市二手车累计成交过户量超过新车销量19.36%，新旧车交易比例1∶1.19。新旧车月度交易量同环比增减走势基本一致。②新旧车价格相互影响。一是新车价格升降直接传导到二手车，使其价格也出现相应波动，并引起品牌车型保值率的调整。新车优惠增加导致二手车价格跟进下滑，影响老旧车主卖车积极性。二是新车营销政策刺激度减弱，缺乏足够吸引力会使老旧车主推迟换车时间，持币观望，进而影响二手车交易。③置换消费升级明显。一是排量升级。1.6L以下轿车占比降幅明显，1.8～2.5L黄金排量占比过半，大排量进口车仍以外埠客户为主。亚市数据显示：1.6L以下排量国产车占比从2012年一季度的36.24%下降到2013年11月份

的 25.06%；1.8～2.5L 排量车型占销量的 57.59%；3.1L 以上大排量进口车占进口车销量的比例从 2013 年一季度的 50.5%上升到 11 月份的 62.5%。二是 SUV 车型销量依然独占鳌头。中国汽车工业协会数据显示：SUV 增速放缓但增幅仍居各类车之首。亚市数据显示：进口 SUV 车占进口车比例大，SUV 车占 61.46%。北京市销售数据显示：轿车销量占比从年初的 67%下降到 11 月份的 63%。三是 20 万元以下国产车占消费主导。有关数据显示：北京市个人购买新车比例占 85%。在淘汰更新消费者中 20 万元以下车型占 67.27%，其中 10 万元以下车型占 33.25%。四是德系车需求强劲，日系车市场有所恢复（见表 9）。亚市销售数据显示：日系合资车销售占比从上年 9 月的 18.8%上升到 2013 年 11 月的 21.4%；日系进口车占比从上年 9 月的 19.4%上升到 24.9%，分别提高了 2.6 个百分点和 5.5 个百分点。

表 9　2013 年北京市汽车品牌销售前五名排行

月份	第 1 名	第 2 名	第 3 名	第 4 名	第 5 名
1 月份	帕萨特	速腾	奥迪 A6L	朗逸	宝来
2 月份	奥迪 A6L	速腾	迈腾	帕萨特	宝来
3 月份	速腾	伊兰特	帕萨特	迈腾	奥迪 A6L
4 月份	伊兰特	速腾	奥迪 A6L	帕萨特	迈腾
5 月份	伊兰特	速腾	奥迪 A6L	迈腾	帕萨特
6 月份	速腾	伊兰特	迈腾	奥迪 A6L	帕萨特
7 月份	伊兰特	速腾	迈腾	奥迪 A6L	奥迪 A4
8 月份	迈腾	速腾	伊兰特	奥迪 A6L	帕萨特
9 月份	迈腾	伊兰特	奥迪 A6L	速腾	帕萨特
10 月份	迈腾	速腾	奥迪 A6L	帕萨特	新朗逸
11 月份	奥迪 A6L	迈腾	速腾	帕萨特	伊兰特
12 月份	迈腾	奥迪 A6L	速腾	帕萨特	宝来

（3）新车经销商发力二手车市场　为提高新车置换销售市场份额，新车经销商纷纷加大了二手车市场的投入，采取新旧车利益互补等多种手段措施实现以旧促新，以新带旧，全面提升存量资源，支撑 2014 年配置指标预期减少后企业的运营和发展。部分经销商集团已经整合新旧车资源渠道，开展营销管理模式的调整和创新，实现新旧车业绩互动提升。①新旧车业务板块管理统一。新旧车业务由多个领导分工负责转变为一个主管领导统一管理和协调，减少摩擦，统筹关系，实现集团总体利益最大化。②新旧车资源统一。新车专卖店获取的二手车一手资源统一划归集团内二手车公司统一交易。③新旧车业务利益统筹。在保持二

手车基本效益的前提下，以利益为杠杆全力支持新车以旧换新置换销售。④新旧车渠道融合统一。扩大整合二手车销售网络，即在坚持二手车原有渠道销售的同时，新车销售网络参与品牌二手车的推广销售。⑤业务办理归口统一。二手车业务由集团二手车公司统一办理，强调专业化分工操作，保证二手车的服务质量和客户满意度，树立企业品牌形象从二手车抓起。

4．以废换新逐渐成为新车销售新引擎

（1）13 年以上车龄的老旧车以报废为主　有关调查数据显示：在淘汰的老旧车中，6～8 年车龄的占 40%，9～12 年车龄的占 45%，13 年以上车龄的占 15%。11 年以下车龄的车转卖数量远高于报废数量；13 年以上车龄的车辆以报废为主。

（2）五项因素推动北京市老旧车报废进程　一是政策导向因素。2013～2014 年北京市继续实行《老旧车淘汰更新补贴办法》，提高了报废车的补贴标准；2013 年 5 月 1 日实施《机动车强制报废标准规定》，从政策导向上让老旧车主多一项淘汰旧车的选择，既有鼓励又给压力，有利于以废换新。二是渠道价格因素。随着老旧车外迁渠道持续收窄，交易价格屡破底线，出现了老旧车无处迁、经销商不肯收、车主不愿卖，惜售沉淀现象。三是资源规模因素。北京市目前尚有近百万国Ⅱ以下的老旧车，规模外迁已很困难，为以废换新提供了较为雄厚的资源基础。四是业绩信心因素。 目前报废车的绝对数量虽然不大，但其占淘汰车的比例呈现上升趋势。有关数据显示：截至 2013 年 11 月底，全市报废车占淘汰车的比例从上年同期的 13%上升到 29%。五是环保责任因素。随着大气污染日益加剧，政府出台了一系列清洁空气措施办法，环保成为社会热点话题，市民的环保意识有所增强，有利于提高车主报废老旧车的主动性和自觉性。

5．信息及网络技术发展推动汽车行业商务电子化进程

北京市汽车限购政策促进了二手车资源的增长和营销模式创新，就树立平台战略及发挥功能而言北京市二手车商务电子化进程要先于并好于新车。

（1）二手车在线交易平台发展方兴未艾　二手车在线交易平台依托提供责任赔付承诺的车况保障信用体系，实现了看报告而不用看实车交付的在线交易模式，真正建立了二手车足不出户买卖全国的一体化大流通网络。

（2）限迁、限购持续发酵提升二手车竞拍影响力　目前全国二手车限迁城市近 300 个，持续收窄的外迁渠道阻碍了北京市老旧车淘汰的速度和数量，二手

车各种形式的竞价拍卖平台为消费者和经销商提供了快速有效处置老旧车的通道。据有关数据推断，目前北京市平台竞价参拍量占比达到40%左右，较上年同期提高了近25%。以车易拍、开心帮卖、优信拍等为代表的电商企业已经快速切入二手车市场，并占据了二手车市场1%的份额。

（3）二手车投资呈现规模化、多方位趋势　一批投资商进入二手车电子商务交易平台并通过投资车易拍、大搜车等完成二手车价值链的规模化、多方位布局。

（4）“双11”汽车网购火热预订推动了商务电子化进程，互联网及移动互联营销，线上线下O2O体验营销模式进入实质推进阶段　2013年“双11”主流汽车企业集体触网，开启了汽车电商大幕，参与车型不仅有经济型轿车，还有中高档及豪华品牌汽车。电商除推出特惠车价外，还为网上下单消费者赠送油卡。虽然网上订车踊跃，实际提车率不高，但随着互联网技术的发展和年轻一代网购消费方式的盛行，汽车网购是大势所趋，电商与店商充分融合、共谋双赢是未来营销模式创新的基本格局。

二、2014年北京市汽车市场展望

1．政策环境是影响2014年北京市汽车市场销量及调整变化的主要因素

2014年汽车限购、限行收紧政策将重塑北京市汽车市场。其中包括：一是《北京市2013～2017年机动车排放污染控制工作方案》。二是《北京市2013～2017年机动车排放污染控制工作方案》任务分解表，明确从2014年起每年小客车摇号指标由24万辆降至15万辆，缩水近4成。同时，新能源车配置指标从2万辆逐年提升到6万辆，非新能源车（主要是汽油车）指标配比从13万辆逐年下降至9万辆。三是减少外埠进京车辆，扩大外埠车辆限行范围和时间，严格外地牌照车辆进京手续及检查、处罚措施。四是《北京市空气重污染应急预案》，橙色预警发布时实行“四停”（停产、停工、停放、停烧）；红色预警增加“停车”，实行机动车单双号限行。另外，二手车限迁持续发酵影响二手车大流通及新车置换。二代身份证指纹识别系统及部分省市二手车要求面签对二手车市场的消极影响将逐步放大。汽车“三包”新规及实施新的《消费者权益保护法》（以下简称“新消法”）将进一步规范新旧车市场及售后服务行为，对北京市新车异地交易产生影响。中共中央印发的《党政机关厉行节约反对浪费条例》中规定，改革公

务用车实物配给方式，取消一般公务用车，将对北京市新车公户销售产生一定影响。《关于开展1.6L及以下节能环保汽车推广工作的通知》中提到2013年10月1日～2015年12月31日入围车型百公里耗油限值从6.3L降至5.9L，且达到国V排放标准，补贴标准3000元/辆，实施节能惠民补贴新标准，自主品牌车面临技术及价格挑战。国家及地方新能源汽车补贴政策有待完善落实。《二手车鉴定评估技术规范》有利于诚信体系建设。日本政府加速向右转，恶化了中日关系，日系车销售或将再受冲击。

2．突破传统，转型升级，创新驱动，整合价值链，联盟全行业，服务车生活，共赢大平台，成为新一年北京市汽车市场持续发展的战略选择和战术探寻。2014年北京市汽车市场或将围绕一个突破、两个对接、三项创新、四方面联盟合作和五项体系建设开展转型升级和创新行动

（1）实施一个突破　互联网创新营销愈加突破传统商业运作模式，成为汽车市场未来发展不可或缺的增长点。

（2）实现两个对接　新旧车市场进一步对接互动；店商与电商充分融合，共谋双赢。

（3）开展三项创新　技术创新、营销创新、服务创新驱动北京市汽车市场转型升级前行发展。

（4）搭建四个联盟平台　寻找、选择、拓展具有市场生命力的营销战略平台并开展联盟合作是汽车市场应变生存，谋求发展的战略选择。一是汽车市场联姻互联网平台（门户及垂直网络平台）：借力使力，开展互联网在线品牌O2O业务宣传拓展和模式创新探索，共享多元化数据，扩展新车、二手车、汽车后市场B2B和B2C业务链，服务消费者车生活，获取市场新资源。二是全国汽车有形市场开展营销联盟合作：围绕新车销售、二手车交易、市场信息、营销活动及服务管理，开展有形市场间的全国性联盟合作。三是建立汽车置换、报废联盟平台。在政府及厂家支持下，汽车市场联合经销商、服务第三方、汽车报废解体厂、环交所等有关方面搭建汽车置换、报废联盟平台。四是联盟车友会，建立消费者服务平台：与车友会合作，开展多样化跨界营销活动，利用移动互联快速传播功能，提升企业和产品的市场黏度；围绕吃喝游乐购建立客户服务中心，服务于消费者，特别是外埠进京购车消费者，完善服务营销体系。

（5）强化五方面体系建设　一是强化技术技能体系建设，提高售后一次维修率水平。二是强化服务管理及诚信体系建设，落实汽车“三包”和“新消法”，实现管理服务升级。三是强化线上线下O2O立体营销体系建设。顺应消费者需求变化，推进O2O体验营销体系建设，实现商业模式的转型升级。四是强化企业品牌文化体系建设。五是强化营销网络结构体系建设。优胜劣汰，优化营销网点数量及布局。

3．在利空政策收紧、互联网及电商平台快速发展、消费需求方式转变“三重”因素挤压促动下，北京市汽车市场面临着从未有过的生存挑战和发展机遇，将倒逼北京市新旧车市场在经营理念、营销模式、资源渠道、管理结构、体系建设、手段方法等诸多方面开展新一轮的市场探索、结构调整、转型升级和更加显著的洗牌整合。2014年北京市汽车市场或将呈现八方面主要的特征趋势

（1）市场竞争更加惨烈，北京市经销商将进入洗牌整合期，新车增量资源减少，市场销售空间萎缩　2014年新车配置指标减少10万辆；100万辆国II标准以下老旧车惜售沉淀置换需求缩减；周边城市陆续推出限购政策影响北京市外埠市场销量。受以上三方面资源利空因素影响，预计2013年北京新车销量50万辆左右。弱势品牌和弱势经销商面临洗牌整合。2013年新车销量预计相当于2008年水平。但经销商数量却从2008年的350家增加到600多家，增长了近72%。销售网络内网点数量多，密度大，与市场需求增长严重失衡，竞争愈加残酷。在经历了三年的艰苦支撑后，弱势品牌和弱势经销商（包括自主品牌和合资品牌）很难承受市场的如此重压，或将出现四种形式的洗牌整合：经销商更换授权品牌；同品牌间并购重组；采取异地搬迁或建立精英店和城市展厅等降低运营成本；退出新车流通环节或投资其他行业。授权经销商从资源供应入手对二级网络及经营行为进行整顿和规范。2014年北京市进口车市场仍将好于国产车，品牌服务及特色经营（包括进口改装车）将成为进口车经销商争夺市场、优胜劣汰的基本前提。

（2）新旧车市场将更加紧密对接融合，以旧换新主导北京市汽车市场，配置指标减少，置换销售占比将提升　2014年北京市新车以旧换新比例（年销量52万辆，其中配置指标按14万辆满额释放）预计比2013年提升15%，达到73%左右。厂商将更加发力二手车市场。厂商将深挖拓展二手车置换业务，加大在人、财、物等方面的投入和以旧换新的营销力度，抢夺存量客户，提高市场占有率。

汽车有形市场将更加注重满足方便消费者需求，搭建新旧车置换平台，推进新旧车业务嵌入式互动融合，拉动以旧换新销售。新旧车经销商将延伸业务链，拓展金融、保险、维修等汽车后市场增值服务项目，并运用多元促销手段加大营销力度，提高经营服务收入。

（3）报废车以废换新逐渐成为新车市场营销的增长点　老破旧车报废增长有赖于政府及厂家加大利益动力和严格验车门槛压力，在动力、压力“双力”的作用下报废车将有较大的提升空间，以废换新和以旧换新双轮将驱动新车市场增长。

（4）新能源汽车将成为汽车市场关注的焦点　环保、交通、能源是全球及政府关注的热点，节能环保是社会发展的大趋势。北京市政府出台了 4 年 20 万辆新能源车量化指标政策，让新能源车首次规模进入私家车领域，北京市特殊的购车政策将助推新能源车市场的发展。但亚市消费者调查显示：消费者对电动车的认知比例较低，短期内难以改变消费者需求意愿，众多消费者处于犹疑之中，开启电动车需求需要政府和厂商共同努力。

（5）竞争软实力　落实汽车“三包”和“新消法”，提高售后维修技术能力，推动管理服务升级已成为 2013 年经销商开创品牌、提高效益、持续发展的重要课题和工作。整合规范销售网络，创新多种营销服务形式，打消外埠消费者“三包”风险忧虑将成为北京市经销商拓展市场、提高外埠销量的营销举措。

（6）信息网络技术发展将促进消费方式变化，推动汽车营销模式的创新转型升级　运用互联网及移动互联终端客户平台资源，收集、分析、挖掘、运用大数据，创新 O2O 体验营销模式，提高产品及企业品牌忠诚度，探索电商与店商的有机结合将成为新旧车市场谋求发展的手段和途径。

（7）北京市二手车市场将进入新一轮结构调整、渠道建设和转型升级　诚信经营、品牌营销、结构转型、服务升级已成为二手车各种营销模式在买方市场状态下持续发展的基本宗旨。外迁受阻状况或将进一步恶化，老旧车外迁增速将呈下降趋势；二手高值车本地消化将有所提升。二手车供需结构将发生倒置。随着厂商加大置换营销力度，刺激老旧车主卖旧车买新车，二手车供应将有所增加，但渠道不畅使二手车市场由过去愁收不愁卖转变为愁卖不愁收。二手车渠道模式呈现多元化。北京市二手车市场将呈现外迁流转与本地消化共有，批发与品牌零售并重，经纪公司与品牌二手车独立经销商共存，经销商与拍卖及电商平台共处等经营模式多元化的格局。认证二手车将得到有效推广。二手车电子商务交易平台将弥补二手车的渠道缺损，具有进一步快速发展的市场需求空间。二手车车牌分离政策瓶颈愈加成为制约二手车发展的障碍。贯彻《二手车鉴定评估技术规范》国家标准、《新消法》和拟出台的《加强北京市二手车流通管理规定》，将进一步整合小、散、低，最大限度把控、监督和保证二手车公开透明交易，保护消费者权益，促进行业诚信体系建设和二手车市场的长远发展。

（8）日本政府加速“向右转”，将使得日系车需求市场具有非常大的不确定性

4．2014 年北京市汽车市场销售预测

2014 年如果政府及厂商不出台较大力度以旧换新、以废换新政策，不解决二手车车牌分离问题，北京市新车市场交易量或出现 10%的负增长，二手车交易量仍然会超过新车销量，或将出现 3%～5%的负增长。梳理三年来的行业政策变化，对汽车市场而言利空大于利好，但北京市汽车市场作为全国汽车市场的风向标，作为厂家品牌展示和宣传的重要阵地，总是在不断调整创新中持续发展。北京市的市场应对经验和创新思路不仅对周边省市地区有很强的辐射作用，也对全国具有汽车限购预期的城市具有巨大的示范效应。面对政策再变化后出现的困难和挑战，北京市汽车市场又将迎来新一轮的调整变革。温故知新，适者生存，北京市汽车市场的生存考验 2014 年才真正开始！

（作者：颜景辉）

2013年上海市汽车市场分析及2014年预测

2013年尽管宏观经济环境未见明显改善，但我国汽车市场表现出了较强的恢复性增长势头，全年批售量达到2198.4万辆，增幅达13.9%。其中商用车走势较弱，全年批售量达405.5万辆，同比增长6.4%。而乘用车市场在春节假期、地方车展、新产品、地方限牌传闻等因素的影响下，增势强劲，总体销量达1792.9万辆，同比增长15.7%，高于年初预期。

从区域来看，2013年区域限购传闻频出，部分地区出现恐慌性购买，打乱了原先区域增长“东部慢、中部快、西部稳”的特点，各区域增速差异缩小。2013年中部地区依然保持高速增长，增速超过20%；西部地区整体增速保持稳定，但西北地区增速低于全国，西南地区受益于限购传闻，增长较快；东部同样受益于天津、深圳等地的限购传闻，整体增速与西北地区基本持平。

一、2013年上海区域市场分析

1．2013年上海市经济情况

2013年上海市GDP比2012年增长7.7%左右，人均可支配收入增长9.1%左右，就上海市的整体经济发展阶段而言，这一增速来之不易。2013年上海市坚持以提高经济质量效益为中心，狠抓经济发展方式转变，着力提升“四个中心”功能，在经济建设中突出现代服务业的重要地位，加大了新技术、战略新兴产业、互联网金融、电子商务的支持力度，第三产业增加值占全市生产总值的比重提高到62%，保障了上海整体经济在较高水平上稳定运行。

2．2013年上海市汽车市场

2013年上海市汽车市场未延续2012年的良好态势，和全国市场走势相悖，2013年上海市汽车市场总体汽车需求341万辆，同比增长-1.3%。其中乘用车市场29.7万辆，全年增长0.1%，接近零增长（见图1）。

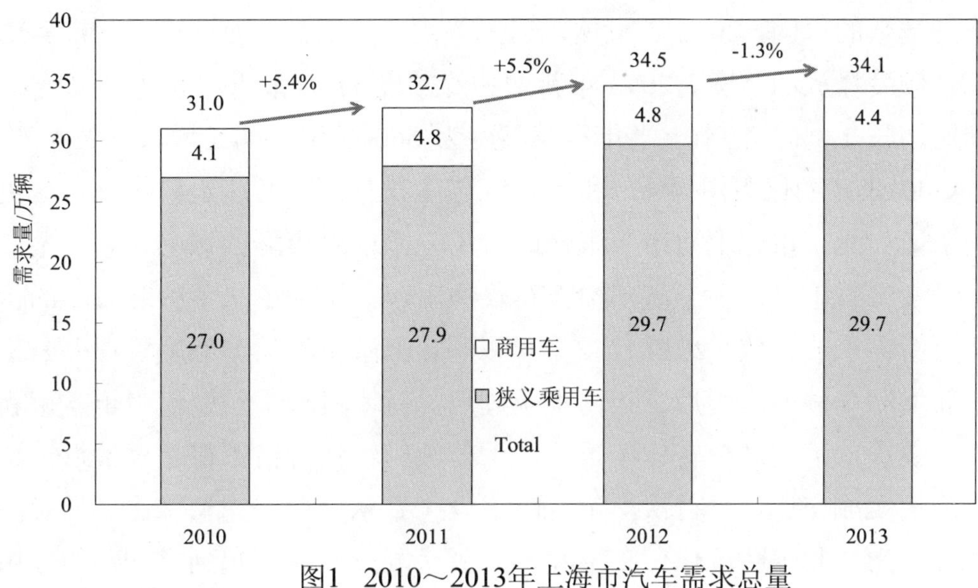

图1 2010～2013年上海市汽车需求总量

（注：数据来源于上海市信息中心）

从季节走势来看，2013 年上海市汽车市场的增速逐季下滑，下半年出现负增长（见图 2）。主要有以下两方面的原因。

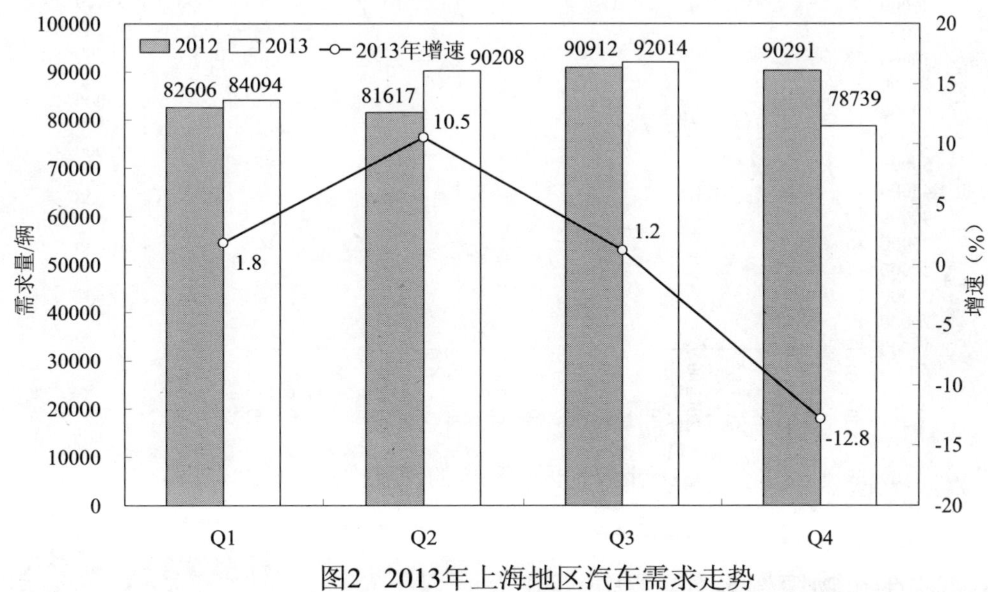

图2 2013年上海地区汽车需求走势

（注：数据来源于上海市信息中心）

一是基数的原因，2012 年整体增速走势是前低后高，而造成这一走势的主要原因就是额度释放的节奏。2013 年新增牌照额度 11 万张，较 2012 年仅增加 1900 张，同比增长 1.8%，其中上半年私车额度为 56000 张，同比增长 9.2%，下半年额度 54500 张，同比下滑 4%，和上海市整体汽车市场增速走势吻合，这更进一步证明了诸如北京市、上海市等限购的市场，额度对市场的影响力。

二是 2013 年以来多个私车拍卖新政的出台，扰乱了二手牌照市场的价格，不利于更新需求的释放。2012 年下半年以来，上海市机动车额度管理办公室先后出台了新增私车额度启用后三年内不予过户，新增机动车额度仅用于本市新增车辆上牌，设置二手车过户转让年限，二手车额度转让价格不得超过最近一次新增私车额度拍卖成交均价，首次出价阶段增设“警示价”，完善优化了拍卖流程等若干措施，为抑制车牌过快过高上涨，坚决遏制投资炒作起到了一定的作用，但同时也确实干预了市场的内在机制，打乱了二手牌照的流通节奏，影响了更新需求的释放。上海地区牌照价格及额度走势见图 3。

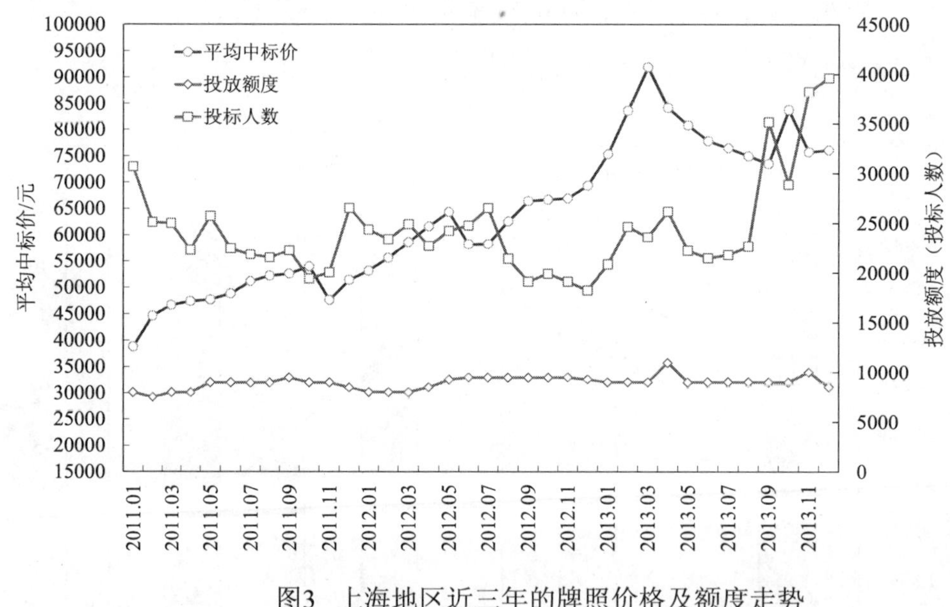

图3 上海地区近三年的牌照价格及额度走势

从乘用车市场结构来看，2013 年主要有以下特点：

一是轿车市场明显下滑，SUV 及小众车型市场快速增长。2013 年轿车（包括三厢和两厢）市场下滑 5%，而 SUV 及小众车型市场则增长 23%，形成鲜明的对比，显示出显著的需求升级趋势，这和上海市场起步较早，且受牌照限制有关，相信上海市乘用车市场需求结构的发展也会成为我国其他城市限牌后结构变化的参照。

二是轿车市场中，中高端市场下滑，普及型市场增长。由于整体乘用车的升级需求向 SUV 等小众车型转移，对中高级及中级轿车形成很大的冲击，而普及型轿车的需求以首次购车用户为主，偏重家用，加之近几年普及型轿车市场新产品投放较多，轿车中这一细分市场增长最快。

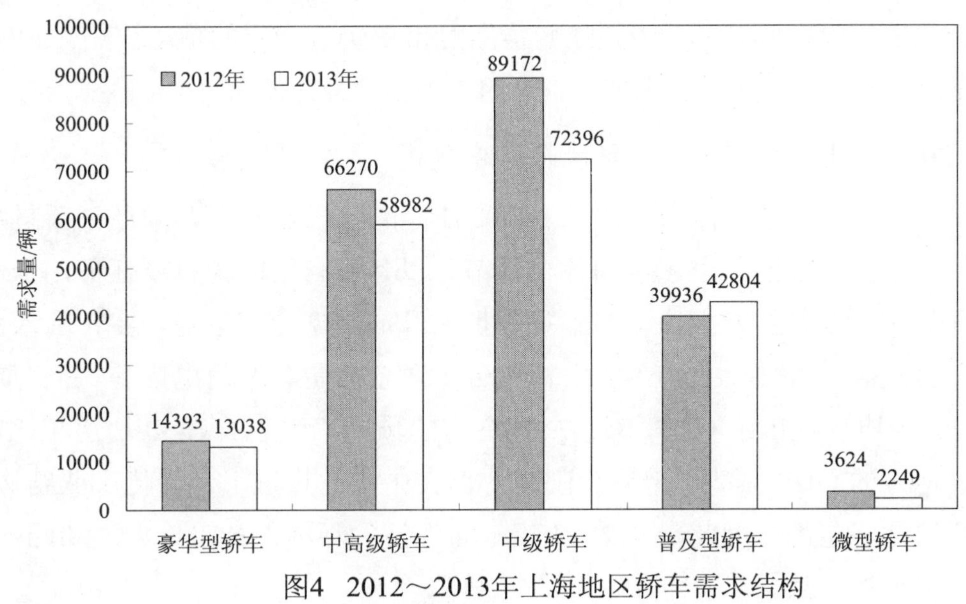

图4 2012～2013年上海地区轿车需求结构

（注：数据来源于上海市信息中心）

二、2014 年上海区域市场预测

1. 2014 年全国市场环境分析

2014 年我国经济仍将处于下行周期，资本增长和人口红利对经济的推动力逐渐减小。同时，十八届三中全会后，新一届政府明确了将全面深化改革，淡化 GDP 目标，以结构性优化谋长期发展。因此，预计 2014 年整体经济增速将继续下探至 7.4%左右，低于 2013 年的 7.7%。全年各季度经济增速相对平稳，不会出现显著的上行或下行走势。全年经济政策将以积极的财政政策和稳健的货币政策为主基调。

具体经济指标判断：工业受产能过剩影响，表现难以改观，但服务业的快速发展将成为经济增长、就业保障的重要支撑；投资的进一步趋弱将是经济下行的主因，风险主要来自于落后产能的淘汰以及房地产行业的调控；消费受反腐倡廉、可支配收入增速放缓的影响，将稳中趋缓；随着全球经济的改善，出口将好于前两年。

2014年整体经济温和下滑对汽车市场的影响有限，新一届政府改革方向和思路的明晰也有助于提升消费信心。行业政策对汽车消费总量影响不大，区域限购是市场最大的风险，但在短期内，限购传闻对市场仍有一定的推动作用。2014年我国汽车总体市场环境基本延续2013年的态势，全年增速在10%左右。

2．2014年上海市汽车市场环境及需求分析

在上海“两会”期间，市长杨雄表示2014年是“改革年”，改革创新贯穿于上海市经济社会发展的各个领域和各个环节，以建设自贸区为首要任务，全面深化改革开放，力争总体方案确定的服务业扩大开放措施全部落地，实行准入前国民待遇和负面清单管理模式，落实银行服务、融资租赁、增值电信等一批开放措施。同时，政府也提出了GDP增速7.5%左右的预期。和全国GDP增速相比，可以发现，地方的GDP热情仍未完全削减，但在中央的推进下，深化产业结构调整的思路还是坚定的。因此预计2014年上海经济的环境保持平稳，温和回落，和全国整体形势一致。

2014年上海市乘用车市场的影响因素主要有以下几个方面：

（1）*私车额度总量减少，月度投放量保持均等* 2014年政府在拍卖政策流程上可谓是费尽心思，首次在年初公布了全年的私车拍卖额度，总量在10万辆左右，这意味着较2013年整体额度下滑9%，同时也确定了2014年上海车市负增长的基调。此外，2014年还选择2013年最低“警示价”72600元为全年统一“警示价”，在整体牌照价位上提前给出预期，遏制了黄牛倒卖的市场空间。在月度投放量上每月额度投放量保持基本均等，其中，春节、五一、十一假期前的投放量9000辆/月（含个人和单位），其余月份的投放量8000辆/月（含个人和单位），以引导竞买人按需自由选择拍卖时间。相信在这一系列政策下，2014年上海牌照价格可能得到有效的控制，市场的发展也将稳定在低于2012年的水平上。

（2）更新需求　和许多限牌城市一样，在新增需求被抑制的情况下，为推动更新需求，经销商会加强二手车渠道的开拓，尤其是向外省流出的渠道，因此，更新需求仍会保持相对稳定。此外，黄标车淘汰补贴政策将在 2014 年继续发挥作用，推动更新需求的释放。

（3）新能源汽车　2012 年年底政府宣布将投放 2 万张免费新能源汽车牌照，但在 2013 年受基础设施、新能源产能限制、市场接受度等因素影响，真正实现销售上牌的新能源车十分有限，2013 年下半年以来，可以发现许多厂商加快了新能源车的研发及投入市场的速度，但要在 2014 年取得实质性的突破还是困难重重。但对于限牌的市场而言，新能源汽车依然是一块很大的奶酪，因此期待上海市成熟而先进的消费理念能够对新能源车有更高的接受度，同时也期待厂商做出更大的努力。

综合考虑，尤其是牌照额度的负增长因素，2014 年上海市乘用车市场很难有增长，预计全年销量将低于 2013 年的水平，在 29 万辆左右，同比下滑 2.4%（见图 5）。

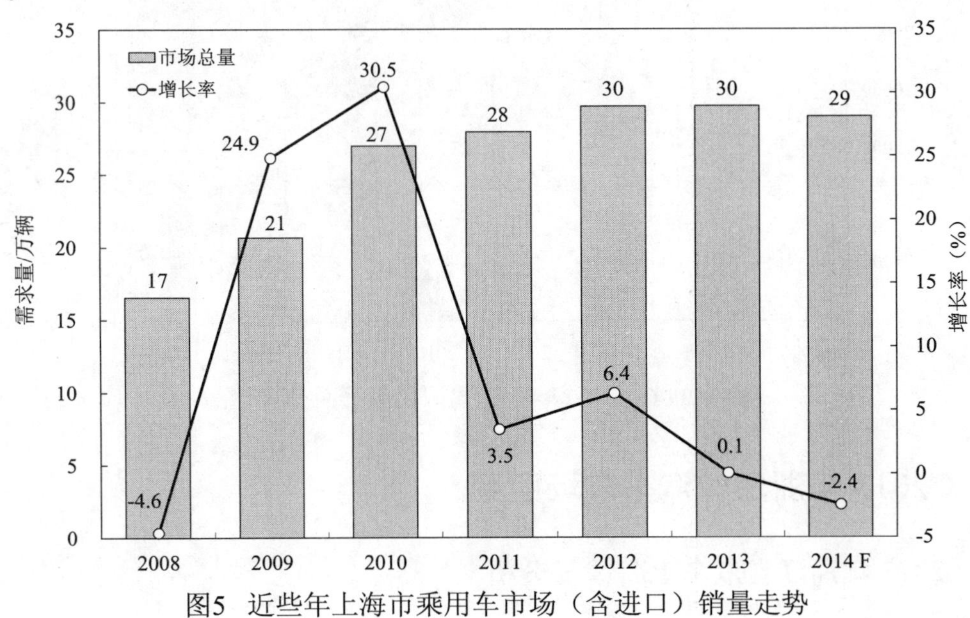

图5　近些年上海市乘用车市场（含进口）销量走势

（作者：汪海佳 ）

2013 年浙江省汽车市场回顾及 2014 年预测

一、2013 年浙江省经济发展情况回顾

2013 年，在国家实施稳健经济政策的大环境下，浙江省经济总体走势平稳，预计 GDP 全年实现 37030 亿元，增长 8%左右，与 2012 年增速基本持平（见图 1）。扣除价格因素，城镇居民人均可支配收入、农村居民人均现金收入预计同比分别增长 7%和 8%，较上年的 9.1%和 8.4%有所下降。

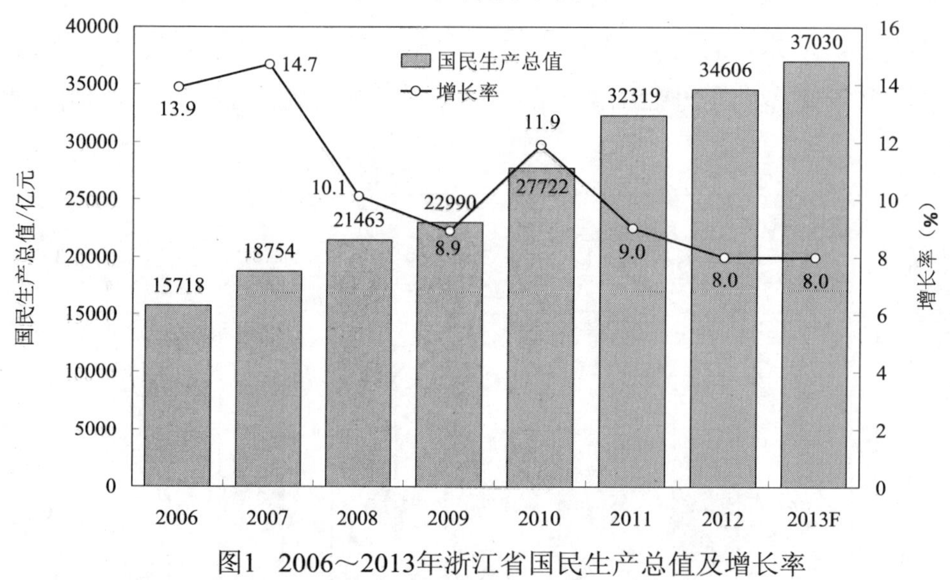

图1　2006～2013年浙江省国民生产总值及增长率

二、2013 年浙江省汽车市场回顾

1. 2013 年浙江省汽车上牌情况分析

2013 年，国内汽车销量增速超过 13%。浙江省汽车市场受行业环境、购车改善及刚性需求和阶段性限牌恐慌等因素的影响，也呈现出较强的市场走势，但增速逐月趋缓，全年汽车销量 141.8 万辆，同比增长 11.18%，年度上牌数据达到历史最高水平。从 2013 年月度新车上牌情况来看，除 2 月和 3 月受春节因素影响以外，其余 10 个月均超过上年同期（见图 2）。

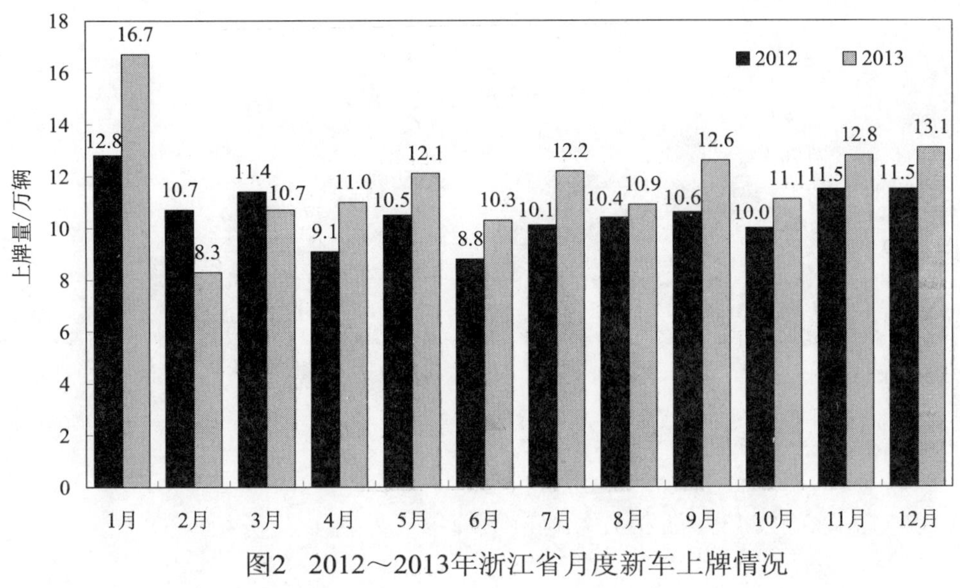

图2 2012～2013年浙江省月度新车上牌情况

2．浙江省汽车市场结构分析

2013 年度，浙江省汽车市场按基本型乘用车、客车、货车三类细分，基本型乘用车上牌量为 113.9 万辆，同比增长 9.31%，占全省上牌量的 80.34%，较 2012 年下降 1.46 个百分点；其中进口车上牌量 11.5 万辆，同比下降 8%左右，历年来第一次出现负增长，其中温州地区同比下降超过 45%，成为拖累全省数据的主要原因。客车上牌量为 13.1 万辆，同比增长 7.15%；占全省上牌量的 9.22%，较 2012 年上升 0.38 个百分点。货车上牌量为 14.8 万辆，同比增长 33.27%；占全省上牌量的 10.44%，较 2012 年上升 1.74 个百分点。以上数据表明：各地市汽车市场受经济格局影响，走势差异日趋显著；作为生产资料的货车呈现较快增长，预示着经济下行基本见底；改善需求和刚性需求成为了支撑浙江省汽车市场的双重驱动保障。

3．浙江省各地市汽车上牌量分析

2013 年浙江省 11 个地市汽车上牌量占比基本保持上年的水平，其中传统概念中的第一梯队为杭州、宁波、温州，三地合计占全省份额的 52%（见图 3），略有下降；第二梯队为金华、台州、绍兴、嘉兴，合计占全省份额的 37% ，略有增长；第三梯队为湖州、衢州、丽水、舟山，合计占全省份额的 11%，略有增长。说明随着市场逐步成熟，浙江省三、四、五线城市汽车消费需求总体高于一、二线城市，渠道网络下沉尚处于起步阶段，发展潜力巨大。

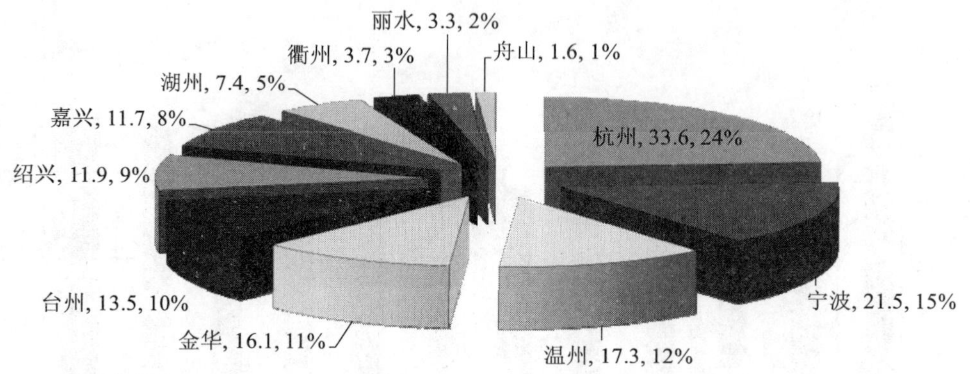

图3　2013年浙江省各地市上牌量（万辆）及份额（%）

（1）各地市基本型乘用车上牌量分析　浙江省11个地市基本型乘用车上牌量显示，按市场份额可以分为四个梯队：一是杭州，占比为24.62%；二是宁波、温州、金华，占比分别为15.43%、11.80%和10.52%；三是台州、嘉兴、绍兴，占比分别为9.12%、8.70%和8.51%；四是湖州、衢州、丽水、舟山，占比分别为5.50%、2.50%、2.19%和1.13%。其中，杭州市受限牌传闻影响，国产乘用车增幅同比接近20%，省内份额上升2个百分点。

（2）各地市客车上牌量分析　浙江省十一个地市客车上牌量显示，按市场份额可分为四个梯队：一是杭州，占比为21.47%；二是温州、金华、宁波，占比分别为14.82%、14.77%和14.48%；三是台州、绍兴、嘉兴，占比分别为8.94%、8.90%和6.48%；四是湖州、丽水、衢州、舟山，占比分别为4.34%、2.62%、2.23%和0.96%。其中第三、四梯队市场占比有所上升，表明随着经济发展，省内三、四线城市对客车的需求呈增长态势。

（3）各地市货车上牌量分析　浙江省11个地市货车上牌量显示，按市场份额可以分为三个梯队：一是杭州、金华、宁波、台州、温州，占比分别为18.60%、14.58%、14.05%、13.43%和13.36%，其中金华、台州份额首次分别超过宁波和温州；二是绍兴、嘉兴，占比分别为7.34%和6.29%；三是湖州、衢州、丽水、舟山，占比分别为4.12%、3.88%、3.16%和1.21%。

4．浙江省各主要品牌上牌量分析

（1）豪华品牌　以奥迪、宝马、奔驰三个销量最高的品牌（含国产）为例，

2013 年浙江省市场表现差异较大，其中奥迪增幅与省内市场整体水平基本一致，宝马达到 20%以上，奔驰下降超过 30%；雷克萨斯、英菲尼迪等主要日系豪华品牌在 2012 年触底之后，2013 年呈现高于市场整体水平的增长态势。

（2）合资品牌　日系品牌合计上牌 18.2 万辆，同比下降 2.6%，份额继续下降。韩系品牌合计上牌 12.2 万辆，同比增长 21.56%；美系品牌合计上牌 20.3 万辆，同比增长 35.40%；欧系品牌合计上牌 33.3 万辆，同比增长 20.97%；市场份额均有所提升。合资品牌基本型乘用车市场份额在经历了 2012 年日系大幅缩水导致份额下降到 68.3%之后，迅速回升至 73.7%，超过 2011 年的 72.6%。这说明，沿海地区汽车消费对品牌的认知还是第一位。

三、2014 年浙江省汽车市场预测

预计 2014 年，浙江省经济增长速度将较 2013 年小幅上升，经济结构调整和转型提升将成为区域经济的主旋律。2014 年，浙江省汽车消费需求将保持增长态势，主要呈现以下特征：一是受到改善、刚需双重拉动，以及杭州等主要城市限购因素影响，基本型乘用车将会出现 10%～12%的增长；客车市场受到城市物流、商贸等需求回升拉动，将会出现 8%～10%的增长；货车市场在经历 2013 年大幅增长之后，增速将会回落。二是进口车市场需求结构将会继续发生变化，在经历了 2013 年进口车总体下降之后，中低排量车型将成为 2014 年拉动进口车增长的主要因素，预计增速将会回升到 10%左右。三是受到南北大众、别克、福特、现代等主流合资品牌快速增长的带动，合资品牌市场份额将会进一步提升。四是省内三、四线城市将会成为拉动浙江省汽车市场的主要力量。

预计 2014 年，浙江省汽车保有量将接近或突破 1000 万辆，与 2013 年的 875 万辆相比增加 125 万辆左右，同比增长 14.28%；全省汽车需求量预计为 156 万辆，与 2012 年的 141.8 万辆相比增加 14.2 万辆，同比增长 10%左右（见表 1）。

表 1　2014 年浙江省汽车保有量与新增上牌量预测

项　目	2012 年	2013 年	2014 年预测	同比增长率（%）
保有量/万辆	765.0	875.0	1000.0	14.28
需求量/万辆	127.5	141.8	156.0	10.00

（作者：宣峻）

2013年河南省乘用车市场回顾及2014年预测

2013年，河南省交出了一份乘用车发展的良好“成绩单”，预计近25%的同比增幅令人振奋。乘用车销量连续多年的高速增长，为这个由传统农业大省向新兴工业大省、全国重要的经济大省和有影响的文化大省转变的中部省份增添了耀眼的光芒。2014年，河南省聚焦实施粮食生产核心区、中原经济区、郑州航空港经济综合实验区三大国家战略规划，这将为河南省经济带来更多新的发展机会。人口红利不断释放，新型城镇化红利、改革红利持续激发，河南省乘用车发展还将迎来新一年高速增长的曙光。

一、2013年河南省经济情况及乘用车市场回顾

1. 2013年河南省经济发展情况回顾

2013年，河南省经济在极为错综复杂的经济困境中持续前行，各主要经济指标继续高于全国平均水平。据初步核算，全省生产总值再攀新高，达到3.22万亿元，比上年增长9%。这是近10年来，河南省GDP增速首次低于10%（见图1），GDP增速告别超高速增长，呈现明显减速的下行趋势。

2013年，河南省规模以上工业增加值增长11.8%，较上年滑落2.7%。全社会固定资产投资持续保持高速增长，总量规模进一步扩大，增速达23.2%，较上年提升1.2个百分点。完成进出口总额599.5亿美元，与2012年相比增长15.9%，增速大幅下滑，但外贸进出口规模继续保持中部六省第一，外贸进出口增速排在全国第八位，进出口规模排在全国第12位。2013年，河南省消费品市场运行总体呈现缓中趋稳、稳中回升态势，全省社会消费品零售总额达1.23万亿元，增长13.8%，增幅高于全国0.7个百分点，规模持续居全国第5位。

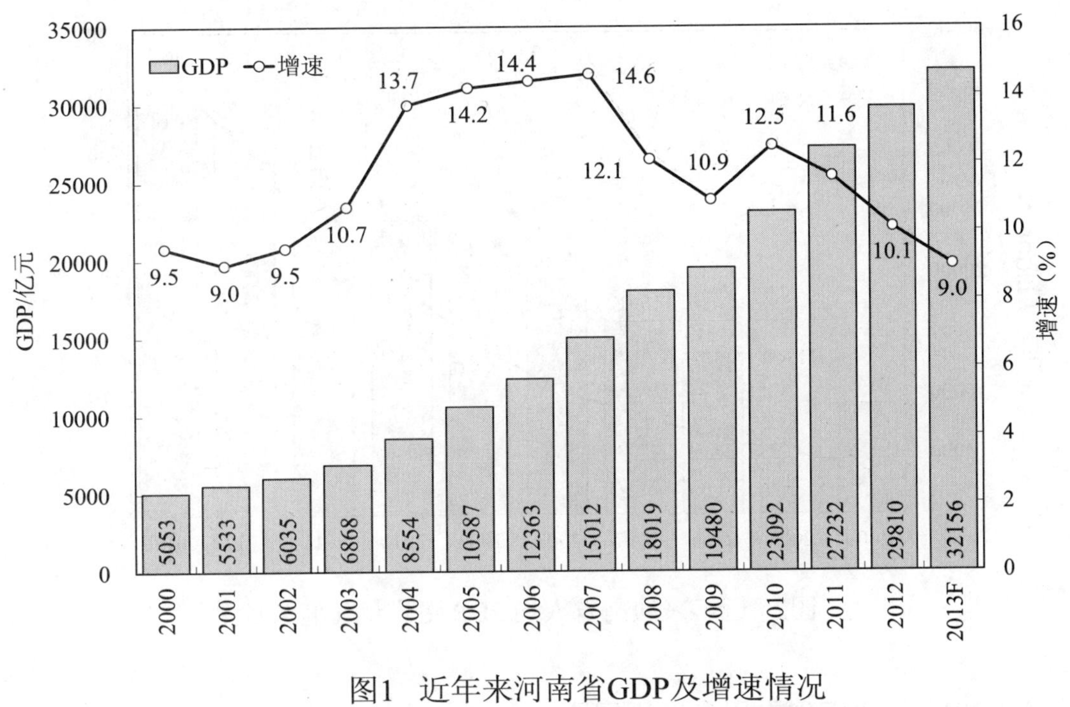

图1　近年来河南省GDP及增速情况

自 2012 年以来，经济下行风险持续释放，对居民收入增长形成较大压力。城镇新增就业增幅有所下降，成为制约居民收入增长的重要因素。2013 年，河南省城镇居民人均可支配收入 22398 元，农民人均纯收入 8475 元，分别增长 9.6% 和 12.6%。农村居民收入增速继续快于城镇。

2013 年，河南省居民消费价格上涨 2.9%。社会消费品零售总额总体增速有所下滑，吃、穿、用、行类商品销售增长较为平稳，值得关注的是，据河南省商务厅监测数据显示，汽车类销售增长 31.7%，成为增速最为显著的类别之一。在河南省商务厅监测的样本企业中，乡村市场消费增速高于城镇。乡村零售额同比增长 14.9%，高于城镇 5.3 个百分点。网络购物发展迅猛。据测算，2013 年，全省电子商务交易额达到 4200 亿元，比上年增长 30%；网络零售额 580 亿元，比上年增长 50%。

作为人口大省，河南省尽管国民生产总值早在 2005 年就突破 1 万亿元，成为全国第五个进入“万亿俱乐部”的省份，但人均生产总值排名仍处于全国靠后位置。但随着城镇居民收入的提升，汽车消费也渐次增长。近年来，乘用车千人保有量稳步攀升，尤其 2012 年以来，汽车消费大幅增长，乘用车千人保有量超过 30 辆，预计 2013 年将达到 36.3 辆（见图 2）。

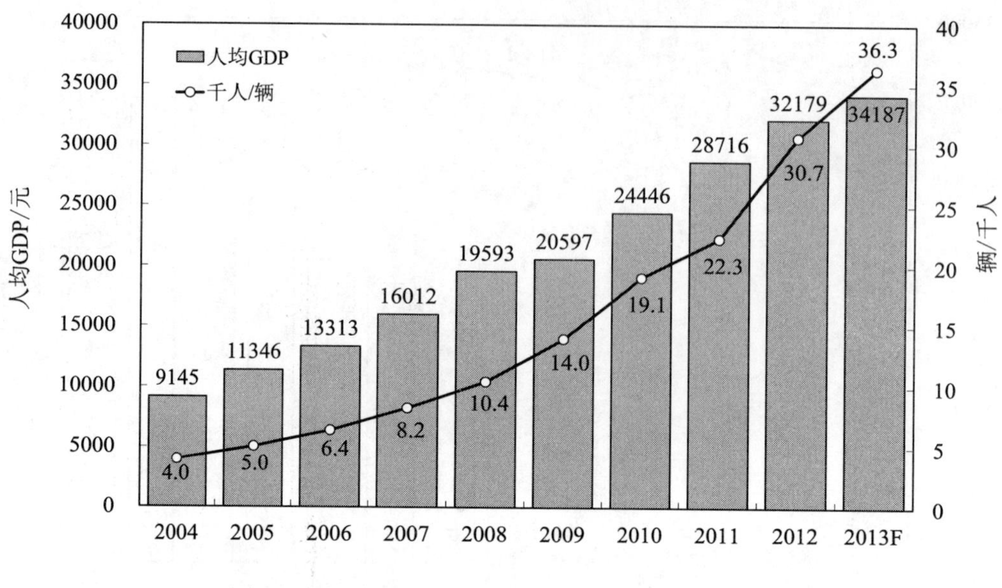

图2 近年来河南省人均GDP及千人汽车保有量

2．2013 年河南省乘用车市场回顾

（1）2013 年河南省乘用车市场分析　2013 年，在全国汽车市场超过 2000 万辆销量的夺目业绩中，河南省销量增长风采依旧，其迅猛增幅甚是耀眼。2013 年，河南省乘用车全年销量预计可达 82.8 万辆，同比增长 24.9%（见图 3）。

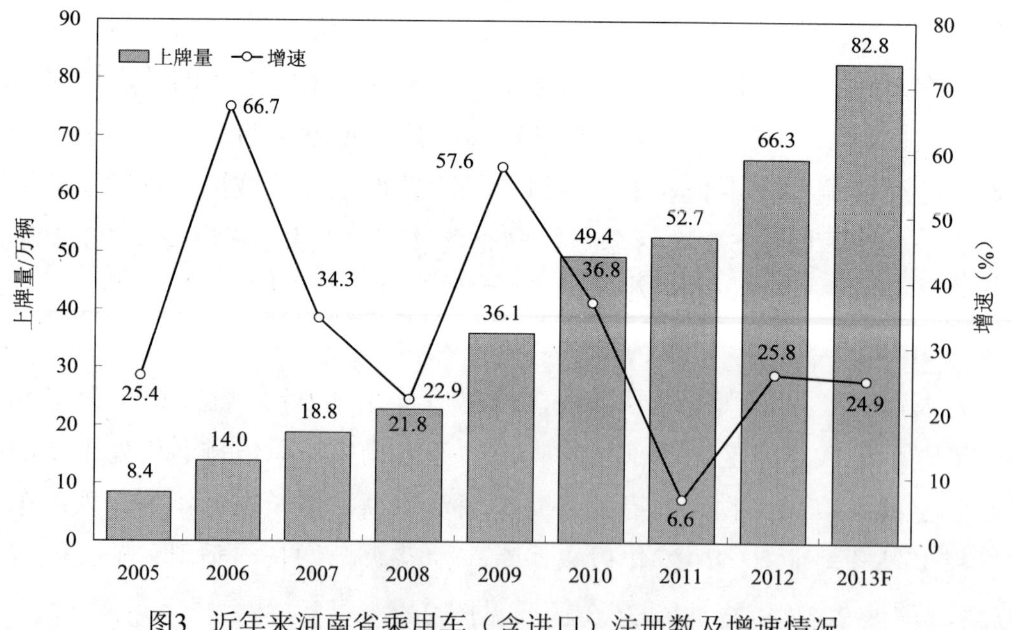

图3 近年来河南省乘用车（含进口）注册数及增速情况

近年来，在经济平稳较快增长、居民收入水平稳步提高、交通基础设施不断完善等因素的推动下，河南省乘用车市场快速扩张，汽车保有量不断增长。2013年，乘用车保有量预计将接近350万辆，净增增速超过18%（见图4）。不仅新注册汽车快速增长，随着全省强制淘汰老旧车辆力度的加大以及汽车报废更新补贴制度的日趋完善，报废汽车也大幅增加。

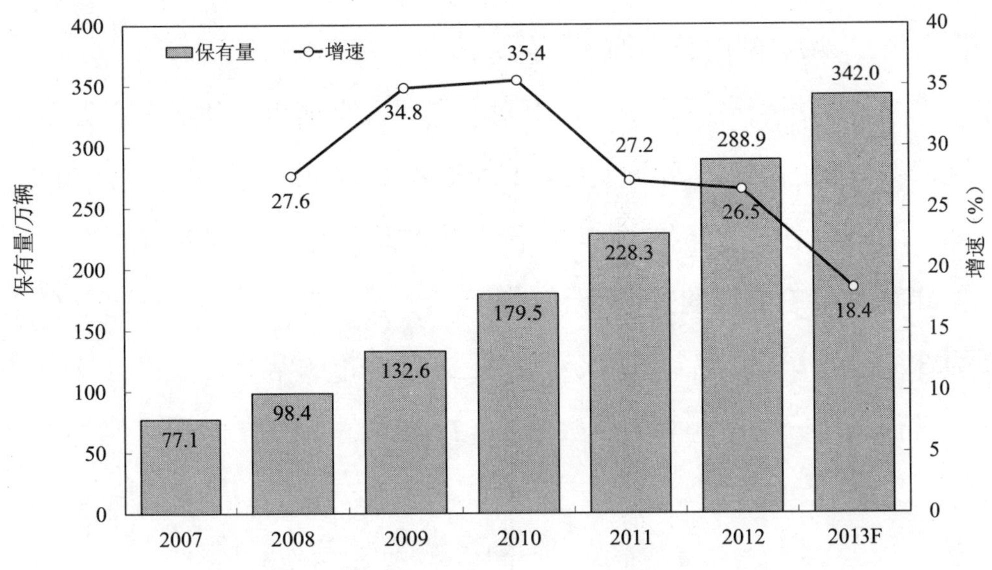

图4 河南省乘用车保有量及增速情况

随着城市框架的拉大，外来就业人口增多及受限购传闻等的影响，河南省省会郑州市的汽车增长最为引人关注。2013年，郑州市新增机动车近34万辆，郑州机动车保有量超过240万辆，其中市区机动车128万辆。2013年，除双休日和节假日外，平均每天新增机动车 1400 辆。目前郑州市的机动车保有量已与广州等一线城市的机动车保有量持平。

来自郑州市车辆管理所的数据显示，2005年1月1日，郑州市机动车保有量为764312辆，2006年为985445辆，2007年为1086296辆，2008年为1195991辆。2009年全年新车入户 17 万余辆，2010年为23.1万余辆，2011年为26.1万余辆，2012年突破30万辆，2013年突破34万辆。从2005年年初到2013年年底，郑州市机动车保有量从76万辆增至240多万辆，9年增长了两倍多。

（2）2013年河南省各城市乘用车（含进口）注册数分析　河南省辖18个地市中因经济总量、人口、人均收入差异、交通等环境因素，各地乘用车发展很不均衡。从2012年乘用车（含进口）注册数可以看出，河南省辖市中，市场贡献度最高的仍为郑州市（见图5），占全省新增注册量的29%，预计同比增长14.9%。

除郑州外，市场贡献度较高的依次为：洛阳、新乡、南阳、安阳，分别为8%、7%、7%、7%。郑州、洛阳、新乡、南阳、安阳五个地市合计已占全省当年乘用车新增注册数份额的58%。分析发现，市场贡献度高的这些地市，经济相对发达，其中郑州、洛阳、南阳、新乡、安阳的国民生产总值分别位列河南省的1、2、3、5、6位。市场贡献度最低的三个地市为济源、鹤壁、漯河。这三个地市合计新增注册量为3.32万辆，占全省份额仅4%。这三个地市的常住人口相对较少，分别为河南省常住人口分地市排名的倒数第1、2、4位。

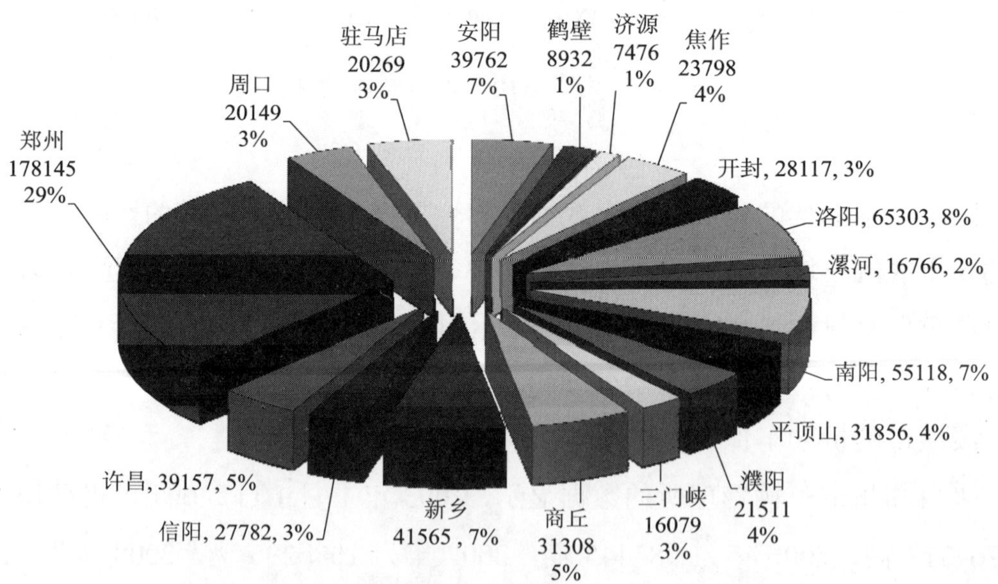

图5　2013年河南省各城市乘用车（含进口）注册数及占比（预测）

2013年，河南省辖市中乘用车新增注册数增速较高的依次为：周口、濮阳、驻马店、商丘、南阳（见图6）。增速较高的这些地区大都是人口大市，其中南阳、周口、商丘、驻马店常住人口分别为1013万人、895万人、736万人、709万人，人口数分别名列河南省 1、2、4、5 位。增速较低的依次为焦作、许昌、郑州、洛阳。增速较低的这些地市均为河南省内经济相对发达的地区，郑州、洛阳、许昌、焦作2013年国民生产总值分别位列河南省1、2、4、8位。

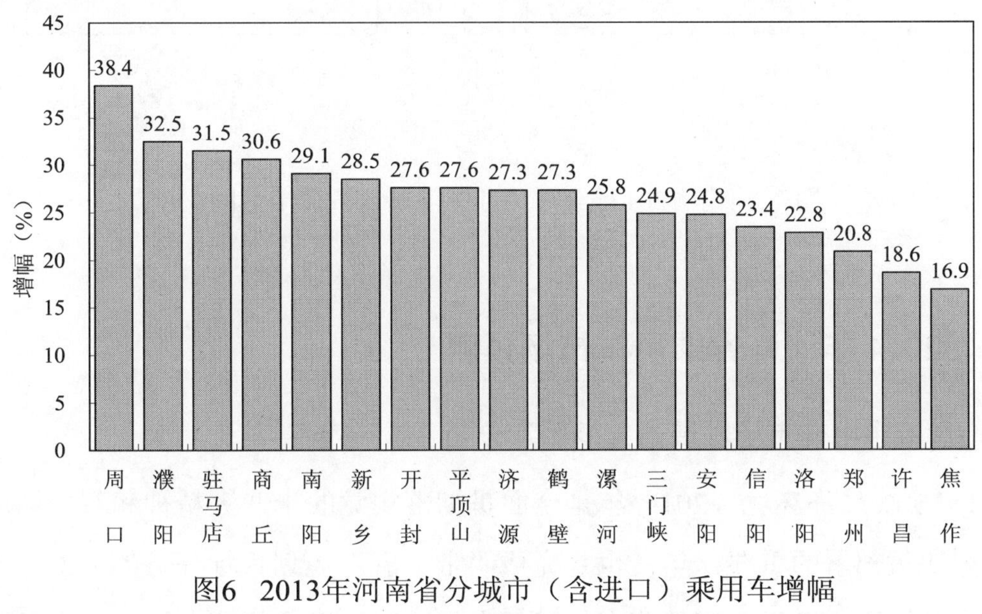

图6 2013年河南省分城市（含进口）乘用车增幅

（3）乘用车销量排名分析　由河南省2013年1～10月份乘用车分车型销量排名可以看出，10万～20万元之间的汽车更受市场欢迎（见图7）。轿车销量前十名都在10万元至20万元区间。其中德系品牌车最受追捧，南北大众各有两款车型入围10强，朗逸更是拔得头筹。美系车表现优异，其中上海通用汽车的两款上市多年的车型凯越、科鲁兹并肩携手进入10强，“车坛常青树”绝非浪得虚名。日韩系中，北京现代的伊兰特非常抢眼，新老款车型同台竞技，抢得更多销量。日系众多在销车型中仅有本田CR-V入围，看来日系车要获得中原人民的青睐，仍然任重道远。

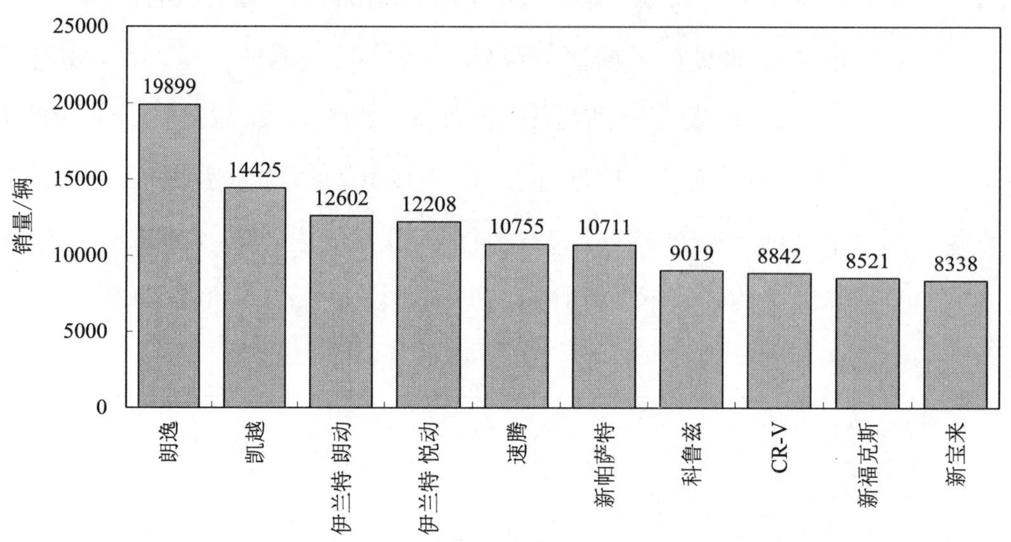

图7 河南省2013年1～10月份轿车销量前十名的车型

二、2014 年河南省乘用车市场预测

1．影响乘用车市场发展的关键因素分析

（1）宏观经济环境 2014 年是全面贯彻落实党的十八大精神和新一届党中央一系列决策部署的重要一年，也是完成“十二五”规划目标任务的关键一年。从发展大环境看，世界经济复苏态势好于上年，我国经济长期向好的基本面没有改变，全面深化改革将释放新的动力和活力；河南省工业化、城镇化、信息化快速发展，综合竞争优势日益彰显，有利于承接产业转移。国务院《关于大力实施促进中部地区崛起战略的若干意见》的出台和《国务院关于支持河南省加快建设中原经济区的指导意见》的全面深化落实，给河南省跨越式发展提供了重大机遇，河南省聚焦实施国家粮食生产核心区、中原经济区、郑州航空港经济综合实验区三大国家战略规划，也将推动经济提速。但国际经济缓慢复苏的同时仍存在较大变数，引发金融危机的病根并没有消除，其影响将会长期存在；国内经济长期向好的基本面没有改变，但支撑经济高速增长的条件已不复存在，长期积累的结构

性问题和深层次矛盾更加突出，经济增长与资源环境的矛盾也在日益加剧，发展正在进入深度调整期，新型城镇化红利、改革红利、开放红利等尚未充分激活、释放，内需拉动不足，外贸短板依然有待拉长等多方面因素的综合影响作用，河南省的经济发展仍然存在较大的下行压力。

预计2014年，河南省生产总值将在优化结构、提高质量效益的基础上，继续保持稳定增长，预计增长9%以上，全社会固定资产投资增长21%，社会消费品零售总额增长14%左右，外贸出口总额增长10%左右；城镇居民人均可支配收入、农民人均纯收入实际增长9%左右； CPI则呈小幅上升态势，可能突破4%。

当前来看，2014年，河南省经济仍然有利于汽车业发展。但城乡居民收入增长幅度收窄及高企的物价涨幅也将对汽车消费带来负面影响。

（2）人口规模与消费能力　从2013年河南省乘用车区域增量来看，人口基数大的地区正在迎来高速增长期。由于河南省众多人口带来的首次购车群体和有车家庭示范带动的攀比消费及置换升级的推动下，汽车市场需求表现更为刚性，乘用车销量规模将继续扩大。

（3）城镇化　城镇化是扩大内需的最大潜力所在，也是河南省经济社会发展诸多矛盾的聚焦点。河南省即将出台的科学推进新型城镇化的指导意见和三年行动计划，将加快推进中原城市群一体化和农业转移人口市民化，在成为经济增长新动力的同时，将会进一步带动消费增长。汽车业也将迎来更多机会。

（4）交通环境及汽车有关政策　2013年10月起实施的《家庭汽车产品更换退货责任规定》即汽车“三包”仍将长期利好汽车消费。节能车补贴新政提高了门槛，可能将在一定程度上减弱经济型乘用车的消费。2014年，郑州市可能实施机动车限牌政策，加之2014年1月起，河南省开启的异地审车业务，这将在短期内促进郑州市内和省辖市的汽车销售及更新换代。但从长期看，这将会对郑州市的汽车消费造成打击。郑州等越来越多的省辖市日渐严峻的交通拥堵及驱不尽的大气雾霾等问题都将对乘用车消费带来不利影响。各地陆续加大了公路、交通基础设施的投入，农村道路的改善在一定程度上将刺激汽车消费。

2．2014年河南省乘用车市场预测

根据对上述影响乘用车发展的各种因素的综合分析预测，2014年，河南省乘用车需求量约为100万辆，保持20%的增长速度。郑州、开封、洛阳、周口、驻马店、南阳等地区将会出现较大增幅。

（作者：朱灿锋　贾汉昆）

河北——重型货车第一市场的成因及2014年展望

多年来，河北省一直是全国重型货车市场需求的第一大省。然而单纯从河北省的经济来看，无论是总量还是增量，均不是全国最大的省份。那么，是哪些因素使得河北省能够成为全国重型货车需求第一大省呢？本文将对此进行分析，并且对2014年河北省重型货车市场做出判断。

一、河北省作为重型货车第一市场的历史与现状分析

多年来，河北省重型货车需求一直位列全国31个省、直辖市和自治区（不含港澳台，下文皆同此）第一位（见表1）。需求在2010年达到9.2万辆的最高峰，之后随全国市场一起连续两年下降。2013年1～11月份，市场有所恢复，销量为7.3万辆，同比增长近30%。从需求结构上来看，河北省重型货车以牵引车为主体，占比超过50%。从地区上来看，分布主要集中在石家庄、唐山、沧州、邯郸等地区。

表1　2010～2013年各省份重型货车销量

（单位：万辆）

	2010年		2011年		2012年		2013年1～11月份	
名次	省份	销量	省份	销量	省份	销量	省份	销量
1	河北省	9.2	河北省	7.8	河北省	6.1	河北省	7.3
2	山东省	8.3	山东省	6.4	河南省	5.2	山东省	5.8
3	河南省	6.9	河南省	6.4	山东省	4.7	河南省	5.6
4	江苏省	5.6	江苏省	4.5	安徽省	3.7	安徽省	4.1
5	山西省	5.0	安徽省	4.3	江苏省	3.6	江苏省	4.1
6	安徽省	4.4	山西省	4.0	山西省	2.7	广东省	3.2
7	辽宁省	3.9	辽宁省	3.8	辽宁省	2.6	四川省	2.7
8	内蒙古	3.6	四川省	3.2	四川省	2.3	辽宁省	2.4
9	四川省	3.5	内蒙古	3.0	广东省	2.1	山西省	2.3
10	广东省	3.4	广东省	2.6	新疆	2.0	陕西省	2.2

注：资料来源于注册数据。

二、河北省成为重型货车第一市场的原因分析

河北省重型货车需求之所以连续多年位列全国第一，除了经济作为基础因素之外，地理位置是最重要的一个因素，此外，人口也是影响因素之一。

1．地理位置因素

河北省地处华北，东临渤海、内环京津，东南部、南部衔山东、河南两省，西倚太行山，与山西省为邻，西北与内蒙古自治区交界，东北部与辽宁接壤。

首先，环京津的地理位置为河北重型货车需求提供了有利条件。一方面，京津两大直辖市的实际重型货车需求大部分流向环京津的河北地区。对比全国 31 个省、自治区和直辖市，2012 年北京和天津 GDP 增量处于中间水平（见图 1）。而北京、天津每亿元 GDP 增量所对应的重型货车需求量则排在全国最后两位（见图 2）。由此可见，河北省吸收了两大直辖市的大部分重型货车需求。另一方面，河北省作为北京、天津的“菜篮子”，向北京、天津“直供直营”“农超对接”的水果、蔬菜、粮食等农副产品也拉动了部分河北重型货车的需求。

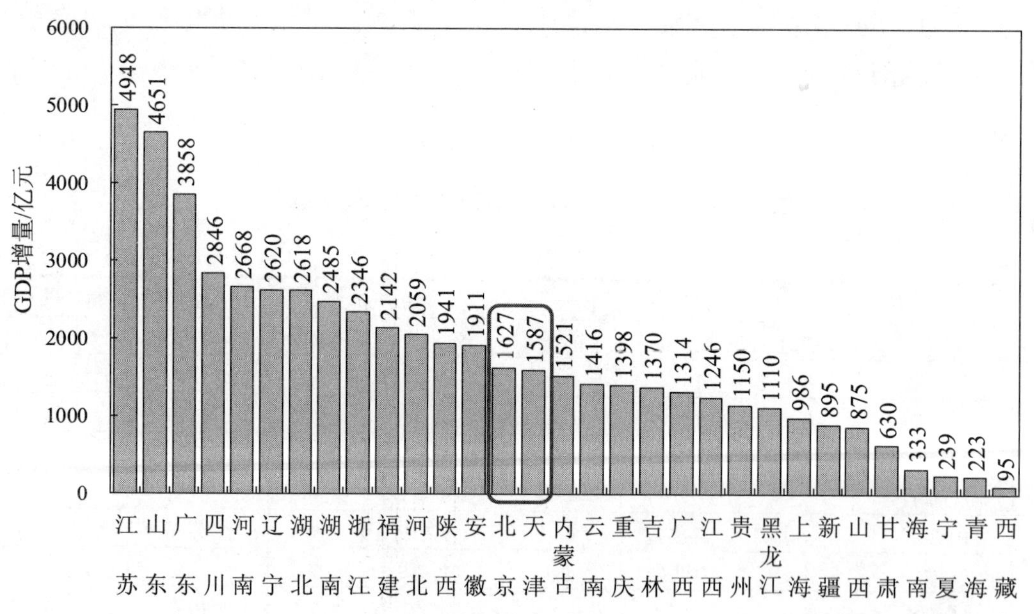

图1　2012年各省（自治区、直辖市）的GDP增量

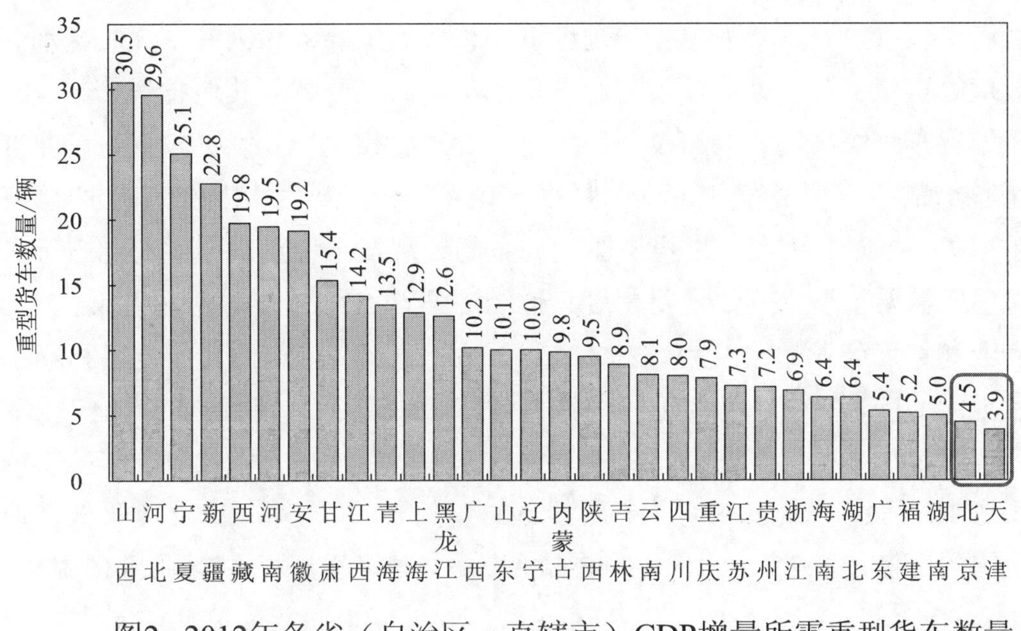

图2　2012年各省（自治区、直辖市）GDP增量所需重型货车数量

（注：资料来源于国家信息中心）

其次，河北省接壤山西省和内蒙古自治区两大煤炭生产基地，且为煤炭东运环渤海地区以及山东省等地的必经之路，从而吸引河北省较多劳动力购买重型货车从事煤炭运输行业。内蒙古的公路运煤通道主要为110国道和京藏高速，最终运往张家口、北京、天津、唐山和山东等地。而山西公路运输煤炭则主要是通过京大（同）、石（家庄）太（原）、邯（郸）长（治）、晋（城）焦（作）、运（城）三（门峡）等高速公路以及109国道、309国道等公路流向山西省周边地区，其中京津冀地区占山西煤炭公路外运的60%以上。

最后，河北省是首都北京连接全国各地的交通枢纽。经过多年的建设与发展，河北省已形成公路、铁路综合交通运输网。全省共有 25 条主要干线铁路通过，铁路货物周转量居全国内地省份第一位。有 27 条国家干线公路，公路货物周转量居全国内地省份第二位；高速公路通车里程达 2007km，居全国内地省份第 3 位。

2．经济因素

经济发展是决定河北重型货车需求的基础性因素。2006 年以来，河北省生产总值一直稳定在全国第六位的水平。同时，河北省经济发展存在两个显著的特点：

一是经济增长以投资驱动为主；二是经济增长依然主要依靠钢铁、煤炭、水泥、平板玻璃等重化工业。这均导致河北省重型货车需求要高于其他省份。

重型货车与经济发展中的投资和重化工业高度相关。靠投资和重化工业带动经济增长所需的重型货车数量要明显多于由第三产业产生相同经济生产总值所需的重型货车数量。因此，以投资驱动为主的经济发展特点决定了河北省每亿元生产总值所需要重型货车数量要超过其他经济强省。2012 年，河北省第一产业、第二产业和第三产业的比值为 12∶52.7∶35.3，一产和二产的比例均明显高于经济总量更大的广东、山东、江苏和浙江四省份（见图 3)。河北省二产比例偏高，主要表现在重化工业比例过重。其中仅钢铁一个行业，河北省 2012 年的粗钢产量就高达 1.8 亿 t，产能和产量均超过全国总量的 1/4。此外，2012 年平板玻璃产量占全国的比例超过 1/5，水泥占全国比例为 6%，煤炭消耗占全国近 10%。

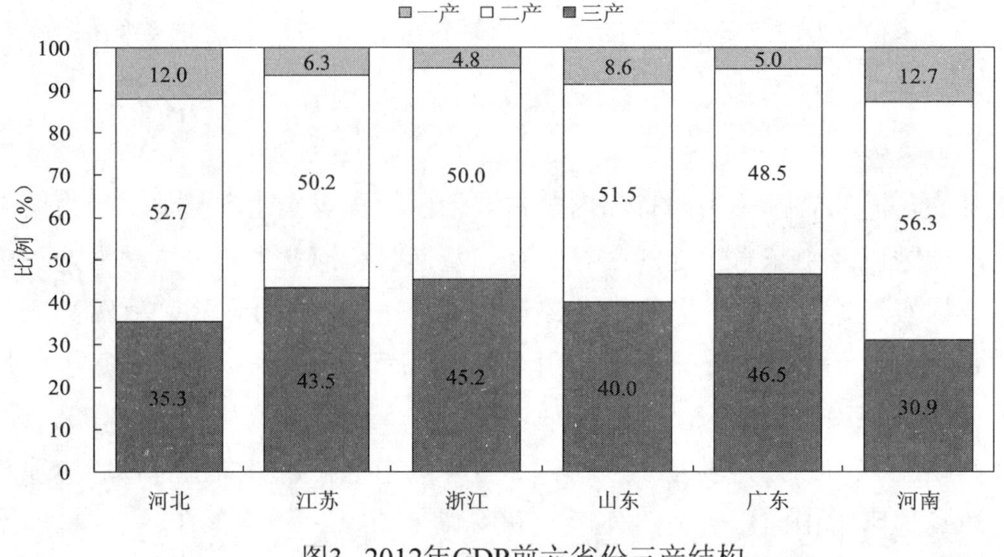

图3 2012年GDP前六省份三产结构

（注：资料来源于 WIND，国家信息中心）

3．其他因素

人口多，尤其是贫困人口较多，以及城镇化率水平较低也是导致河北较多劳动力购买重型货车从事运输的原因之一。首先，河北省人口众多，截至 2012 年年末，全省人口为 7288 万人，在全国排第六位。其次，河北省的贫困人口较多。全省有近 40 个国家级贫困县和近 20 个省级贫困县。在北京和天津两大直辖市周围，环绕着有河北省的3798个贫困村、32个贫困县，年均收入不足625元；有272.6万贫困人口。此外，河北省的城镇化率也较低。2012年年末，河北省城镇人口比重仅为46.8%，低于全国52.57%的平均水平（见图4）。

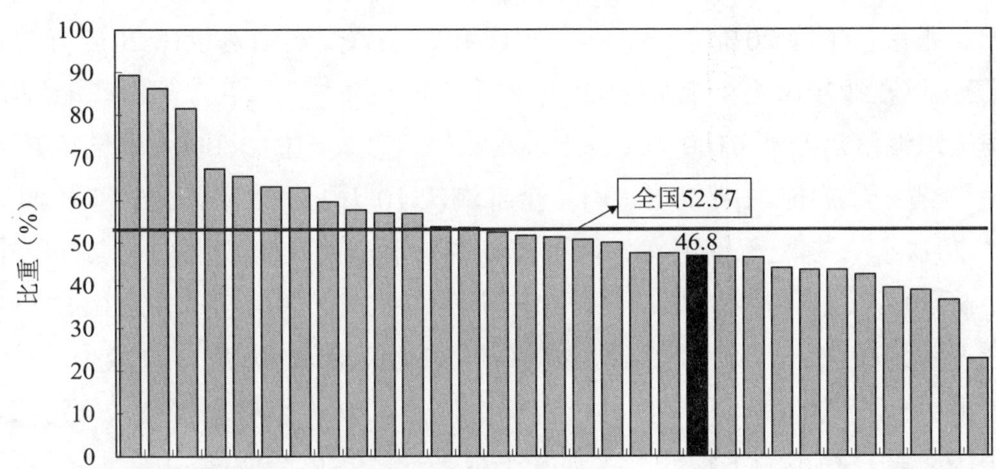

图4 2012年年末分地区城镇人口比重

（注：资料来源于国家统计局、国家信息中心）

三、2014年河北省重型货车市场展望

2014年，影响河北省重型货车市场的因素中，地理位置因素难以改变，人口因素改变微弱，因此二者对重型货车需求均不会有明显的影响。河北省重型货车需求主要受经济因素所影响，其次是国IV排放政策的影响。

第一，2014年，我国GDP增速预计在7.4%左右，较2013年7.7%的增速继续有所放缓，拉动经济增长的“三驾马车”投资、消费、进出口增速均难以超过2013年。尤其是投资增速的放缓将不利于钢铁、煤炭、水泥需求增速的加快。对于作为钢铁产量、煤炭消耗大省的河北省来说，必然首当其冲。

第二，大气污染治理将对河北省的重化工业带来明显的冲击。2013年9月17日，环境保护部等六部委印发了《京津冀及周边地区落实大气污染防治行动计划实施细则》的通知。随后，河北省印发了《河北省大气污染防治行动计划实施方案》的通知。通知中具体列出了河北省主要环保指标以及相关产能与能耗的明确任务，其中包括：①到2017年，全省细颗粒物浓度比2012年下降25%以上。首都周边及大气污染较重的石家庄、唐山、保定、廊坊和定州、辛集细颗粒物浓度比2012年下降33%，邢台、邯郸下降30%，秦皇岛、沧州、衡水下降25%以上，承德、张家口下降20%以上。②到2017年，全省煤炭消费量比2012年净削减4000万t。③到2014年，提前一年完成国家下达的“十二五”落后产能淘汰任务（淘汰水泥落后产能6100万t以上，淘汰平板玻璃产能3600万重量箱）。到2017年，全省钢铁产能削减6000万t；全部淘汰10万kW以下常规燃煤机组。2016年、2017年，制定范围更宽、标准更高的落后产能淘汰政策，重点行业排污强度下降30%以上。从执行情况看，2013年11月24日，河北省在唐山、邯郸、承德等3个设区市集中拆除8家钢铁企业高炉10座、转炉16座，共减少炼铁产能456万t、炼钢产能680万t。因此，有理由相信，2014年河北省在大气污染治理上将狠下重拳，稳步淘汰钢铁、水泥和平板玻璃等落后产能。

第三，国家第四阶段重型车污染物排放标准（简称“国IV标准”）原定于2013年7月1日全国统一执行，但因故未能如愿，各地区根据实际情况自行决定实施日期。其中仅河北省唐山地区从2013年10月22日起执行，其余地区则从2014年1月1日执行。国IV标准在2013年下半年的陆续实施对于河北省重型货车市场产生了明显的提前购买影响。

综合以上因素分析，2014年河北省重型货车市场需求将为7.2万辆，同比下降8%左右，需求仍将以牵引车为主体。

（作者：李晓庆）

西南地区乘用车市场特征及2014年预测

一、西南地区基本情况

1．西南地区地理、人文、消费特征

（1）西南地区地理特征　西南地区位于我国的西南边陲，包括四川、贵州、云南和重庆三省一市，南与越南、缅甸等东盟国家接壤。西南四省市的国土面积122.4万平方公里，占全国的12.8%。西南地区地貌以高原和山地为主，气候属亚热带季风气候，四季温差小，雨量丰富。西南地区历史悠久，地域辽阔，自然资源丰富，物产富饶，战略位置重要，在全国经济发展中占有重要地位。

（2）西南地区人口特征　2012年，西南四省市的常住人口达1.9亿人，占全国14.2%。其中，四川的常住人口为8076万人，占西南总人口的42.1%。重庆的常住人口为2945万人，占西南总人口的15.2%。云南的常住人口为4659万人，占西南总人口的24.3%。 贵州的常住人口为3484万人，占西南总人口的18.3%。西南人口众多，经济发展具有坚实的社会基础。

（3）西南地区消费特征　由于西南地区高山阻隔、交通不便等原因，自古以来受外界的干扰少，喜欢自娱自乐，再加上四季不分明的气候，使当地人没有四季轮回的时间上的紧迫感，共同造就了当地的休闲、享乐习惯和文化，成都和昆明也因此被称为“休闲之都”。西南用户的观念当中认为，挣钱就是为了花的，生活就是休闲，就是消费，所以消费欲望强烈，不喜欢存钱，消费支出比同类城市高很多，西南地区支出收入比明显高于同等收入水平的中部地区。同样经济条件下，受实用和享乐型消费观的影响，追求“活在当下”的洒脱，重享受但不奢侈，家庭小轿车的保有档次不高，但保有水平很高。多民族交融，文化多元化，使城市具有较强的包容型，什么车型都能接受。

2．西南地区经济发展特征

（1）西南地区经济特征　2012年西南四省市的GDP总量为4.5万亿元，仅占全国的10.1%，远小于国土面积和人口的比重。2012年西南四省市中，四川的

GDP总量最高，为2.4万亿元，位列全国第8位。重庆为1.14万亿元，位列全国第23位。云南为1.03万亿元，位列全国第24位。贵州为0.69万亿元，位列全国第26位。从人均GDP来看，西南四省市的平均人均GDP为2.8万元，比全国平均水平滞后3年。2012年西南四省市中人均GDP最高的为重庆市，为3.9万元，为西南四省市中唯一一个超过全国平均水平的地区。人均GDP最低的为贵州省，仅有1.97万元，为全国31个省份中人均GDP最低的省份。四川的人均GDP为2.9万元，云南的人均GDP为2.22万元。无论是经济总量还是人均经济水平在全国31省市排位中都相对靠后。

（2）西南地区经济结构特征　西南四省市相互之间的GDP发展不均衡。从2012年来看，四川独占西南四省市GDP总量的46.2%。省内结构也不均衡，成都、昆明、贵阳分别占对应省份GDP总量的32.6%、28.7%和24.3%。西南地区的工业化进程落后。从三次产业结构来看，西南地区第一产业产值的比重为13.1%，一产比重远远高于9.1%的全国平均水平，而三产比重为37.5%，低于全国平均水平40.3%。近年来，四川和重庆二产比重快速增长，年均上升2个百分点，工业化进程加速推进。

（3）西南地区经济增长特征　在国家政策的支持下，近年来西南四省市的经济增长速度相对前几年明显加快，已经超过了全国的平均增速。从2008～2012年的GDP平均增速来看，重庆以15.3%的增速位列全国第三位，四川以13.6%的增速位列全国第七位。贵州和云南也快于或接近全国的平均增速。西南地区的城镇化进程落后。2012年，西南地区城镇人口比重为44.1%，比全国平均水平滞后5年。未来，随着新型城镇化政策的持续推进，西南地区的经济增长潜力巨大。

3．西南地区乘用车市场的基本特征

（1）总发展水平特征　从乘用车销量来看，西南地区乘用车需求总量低，2012年的销量为133.4万辆，占全国需求总量的10.2%，小于西南四省市14.2%的人口份额。从乘用车平均千人保有水平来看，西南四省市2012年乘用车的平均千人保有水平为32.6辆，全国为48.4辆，西南地区滞后全国平均水平2年左右，但与经济发展水平与其相当的安徽、江西比，西南的乘用车千人保有水平明显偏高，安徽、江西2012年人均GDP同为2.8万元，但乘用车千人保有量只有24.9辆。

（2）乘用车需求分布情况　受省内城市经济发展的不均衡特征影响，西南省会城市由于更高的经济发展水平和更强的消费意愿，千人保有水平也更高，贵阳、昆明、成都 2012 年的千人保有量分别达到了 73 辆、113 辆和 125 辆。接近一线发达城市的平均水平。乘用车需求区域分布不均衡特征也很突出。各种优势资源集中在省会等大城市导致了人口的高度集中。四川省的乘用车需求占了西南四省市的 45.5%，其中成都又占了四川省内需求的 52.3%，云南、贵州的省会城市占比也非常高。

（3）乘用车车型及级别结构　分车型结构来看，由于西南地区的多山环境，对乘用车的动力性要求更高。因此，西南地区更偏好购买动力性能强、具备良好爬坡能力的 SUV。2012 年西南地区的 SUV 销量为 20.9 万辆，占西南地区当年乘用车销量的比例为 17.3%，高于全国同期 13.6%的 SUV 需求结构。从西南地区内部来看，“山城”重庆对 SUV 的偏好最为明显，这是由于重庆多坡地，人们偏好于能够满足各种地形条件形势的 SUV 车型。2012 年重庆 SUV 销量为 4.5 万辆，占重庆乘用车需求的 20.5%。从车型级别结构看，与全国相比，西南市场（重庆除外）A00 级、A0 级别份额明显高于全国平均水平，重庆作为直辖市，B 级及以上级别份额明显偏高（见图 1）。

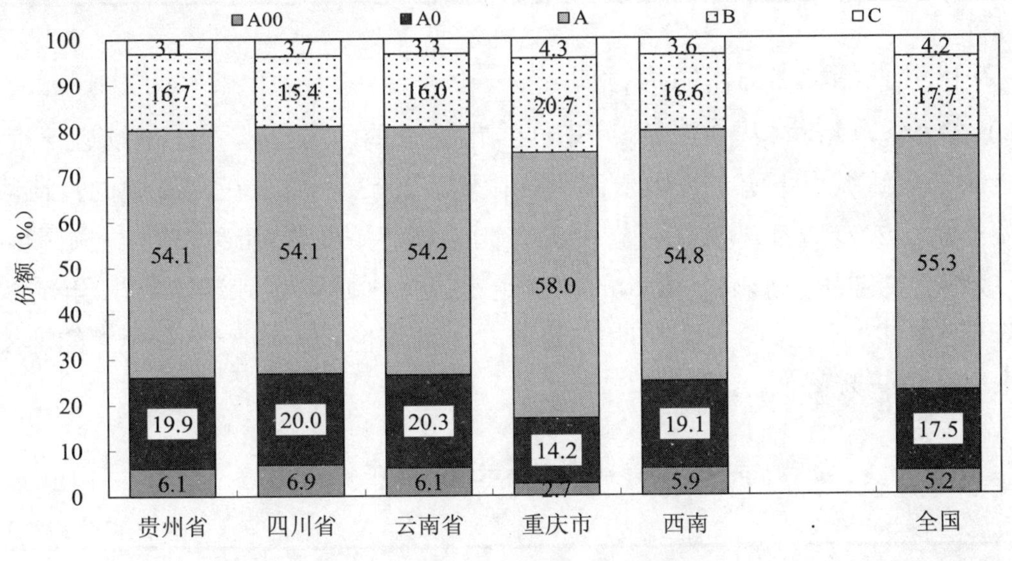

图1　2010～2013年西南各省乘用车需求结构

二、西南地区 2013 年乘用车需求特点及 2014 年需求预测

1. 2013 年西南地区总需求增速

2013 年西南四省市需求增速超过了 22%（见表 1），明显高于全国平均水平。西南四省市 2013 年需求增速高于全国平均水平的原因主要是：一是乘用车发展

阶段较低，潜在需求群体大，乘用车需求经济增长弹性也比较高；二是经济发展势头好，2013 年西南四省市的平均工业增加值增速达到了 12.7%，远远高于全国平均水平 11.2%；三是西南由于特殊地理环境制约，道路资源少，人口居住集中，交通压力大，限购传闻比较多，一定程度上拉升了 2013 年的需求；四是厂家对西南市场的重视程度越来越高，网点增设速度快，营销活动跟进也很及时，在很大程度上迎合了西南地区的消费者实用务实的消费习惯。

表 1 西南四省市乘用车需求年均增速

（单位：%）

省份	2010 年	2011 年	2012 年	2013 年 1～10 月份
贵州	33.5	7.4	29.7	27.5
四川	17.1	4.9	12.4	21.5
云南	35.0	-2.2	15.5	19.2
重庆	38.9	19.7	25.0	21.5
全国	33.7	5.7	16.3	15.3

2. 2013 年西南地区需求结构特征

（1）*省内需求结构* 从 2013 年西南四省市需求的区域结构看，市场进一步向非省会的二三线城市下沉。其中贵阳因为限购，2013 年需求在全省中的占比降至 27.3%（见表 2）；成都需求在全省中的占比也逐年下降，到 2013 年份额降至 52.1%，成都受交通压力影响，限购的传闻也是风生水起，预计未来需求份额会进一步降至 50%以下；云南省会昆明的需求占比目前也以年均一个百分点的速度下降，未来会进一步降低。

表 2 西南四省市省会需求占比

（单位：%）

省会城市	2010 年	2011 年	2012 年	2013 年 1～10 月份
贵州省贵阳市	47.0	37.6	29.8	27.3
四川省成都市	56.5	54.1	52.3	52.1
云南省昆明市	47.1	45.8	45.3	43.6

（2）*级别需求结构* 2013 年，西南地区延续了前几年的车型级别升级趋势，A00、A0 级份额大幅下降，A 级及以上份额大幅提升（见图 2）。

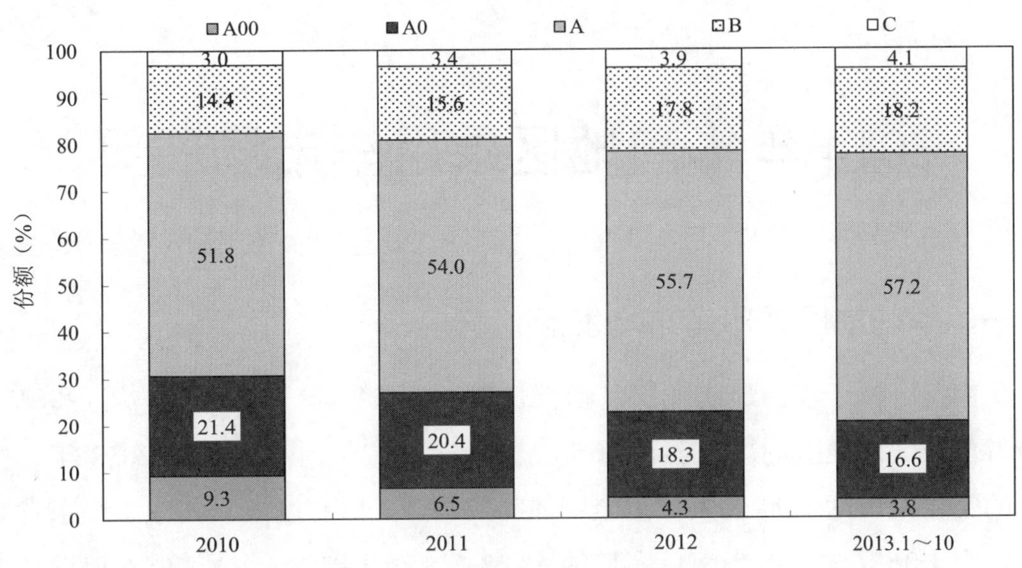

图2 2010～2013年西南地区乘用车细分市场份额

3．2014 年西南地区乘用车需求预测

（1）*经济发展趋势* 2014 年全国总体经济背景是转型调整年，全国 GDP 增速预计在 7.5%。2014 年西南地区的经济增速仍将高于全国平均增速 2～3 个百分点。西南地区受益于我国面向东盟开放的重要桥头堡战略，经济开放度越来越高。西南地区基础设施建设相对薄弱，经济增长投资拉动型的特征非常明显，目前重点打造的城市群有成渝城市群、滇中城市群、黔中城市群，2014 年投资拉动的特征不会改变。西南地区的消费观念超前，在国家总的鼓励消费的大环境带动下，消费增长的潜力非常大，西南地区由于人口众多，消费倾向高，近年来也承接了大量的东部地区的劳动密集型产业的产业转移，产业转移为经济注入了活力，也使人口产生了回流的趋势。综合来看，2014 年的经济增长趋势强劲。

（2）*乘用车市场发展趋势* 2013 年西南乘用车市场千人保有量预计将达到 37 辆左右，进入一个新的快速增长阶段。市场增长中人口驱动的作用越来越强，西南人口众多的优势将逐步发挥出来。未来，毕节、遵义、达州、南充、曲靖、昭通等人口众多但经济不够发达地区的乘用车市场发展潜力巨大。预计 2014 年西南地区的乘用车需求增速将达到 16%左右，需求量将达到 190 万辆左右。

（作者：丁燕 臧晔）

2014年华南地区乘用车市场展望

一、华南地区乘用车市场发展状况

华南地区位于我国最南部，包括福建省、广东省、广西壮族自治区和海南省四个省份。华南地区的国土面积为56.7万km^2，占全国的5.9%。2012年，华南地区的常住人口达1.99亿人，占全国的14.8%，人口密度大。其中，广东省的常住人口为1.06亿人，占华南总人口的53.2%，是全国唯一一个常住人口过亿人的省份。广西壮族自治区的常住人口为4682万人，是华南地区人口第二大省。福建省常住人口为3748万人，海南省常住人口为887万人。华南地区毗邻港、澳、台，是我国最早实行改革开放的地区，经济比较发达。2012年，华南地区的GDP总量为9.3万亿元，占全国的16.1%，大于国土面积和人口的比例。其中，广东省GDP达5.7万亿元，位列全国第一，占华南地区的61.6%，其经济总量在华南地区占有绝对优势。从人均GDP来看，广东省、福建省、海南省和广西壮族自治区的人均GDP分别位列全国第8、9、22和27位，广东省和福建省经济较为发达，而海南省和广西壮族自治区则相对落后，华南地区区域间经济发展不均衡。总的来看，华南地区地理位置优越，人口众多，经济发展具有坚实的自然和社会基础。

1. 乘用车总体市场概况

2013年华南地区的乘用车千人保有量为52辆，略低于全国53.6辆的平均保有水平。2013年1～10月份，华南地区的乘用车市场销量为162.7万辆，占全国乘用车总需求的份额为13.2%，低于华南地区的人口规模，也低于其经济规模（见图1）。华南地区处于乘用车发展的初级阶段，未来乘用车市场具有较大的发展潜力。此阶段的乘用车需求主要受消费能力影响，经济的持续增长和居民收入的稳定增长，具备乘用车消费能力的人群不断增加，才能带来乘用车的快速普及。

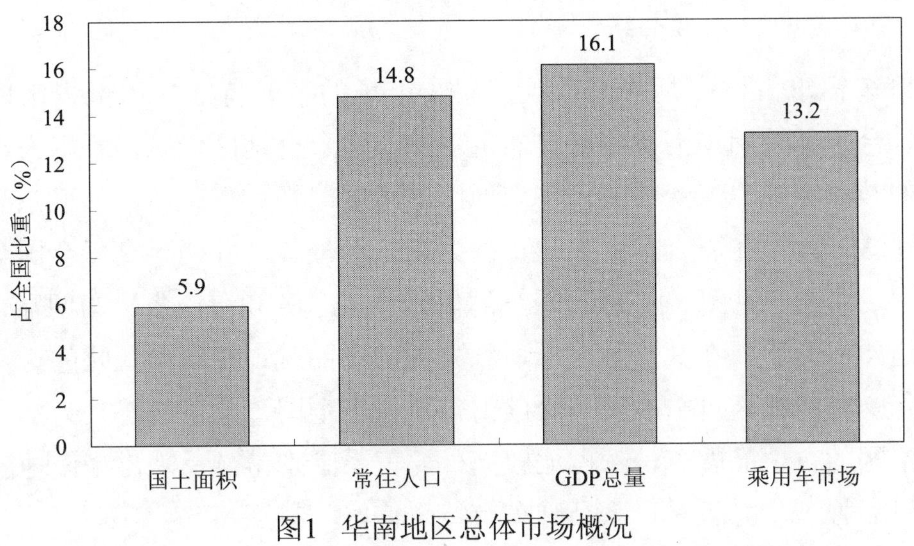

图1 华南地区总体市场概况

近五年来华南地区乘用车的年均需求增速低于全国年均增速。从全国乘用车市场来看，2011 年、2012 年处于 2009～2010 年汽车消费刺激政策退出后的调整期，2013 年汽车市场重新步入正常发展轨道。华南地区 2013 年前 10 个月的乘用车需求量同比增长 19.1%，高于全国的 15.3%（见图 2）。2013 年华南地区乘用车需求的快速增长，主要与限购传闻有关。广州在 2012 年实施限购后，2013 年又有多个城市出现限购传闻，华南地区主要大城市的消费者出现恐慌而提前购车，例如广东的深圳和福建的福州、泉州等大城市，2013 年的需求增速大大超过其潜在市场增速。

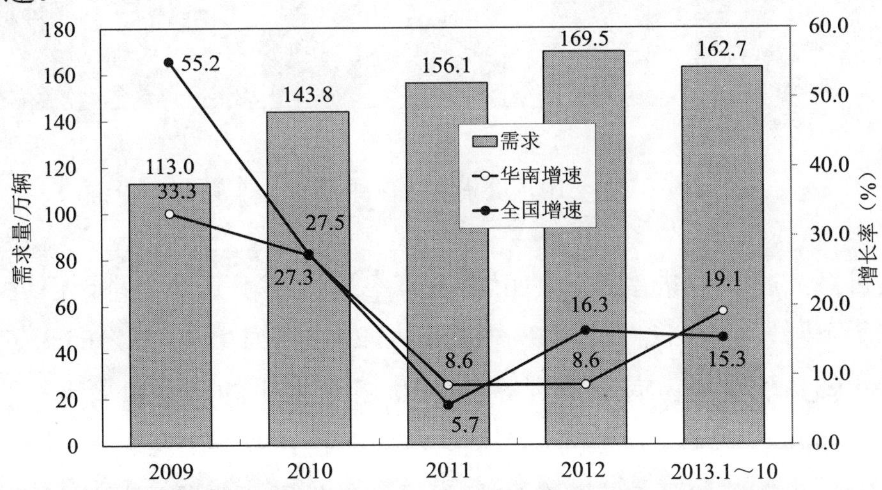

图2 2009～2013年华南地区与全国乘用车需求增长

（注：以上需求数据均为含进口车的需求量）

2. 乘用车细分市场分析

日系车需求占比高是华南地区乘用车市场的主要特征。由于华南地区靠近港、澳、台，其乘用车消费偏好自然也受港、澳、台地区影响。香港人喜欢购买日系车的消费习惯也深深影响了华南地区的消费习惯。华南地区的日系品牌车份额就高达 35.7%，在所有车系中一直占据第一的位置，并明显高于全国 19.3%的日系车市场份额（见图 3）。对日系车的偏好在广东省和海南省尤为明显，日系车占比高达 40%以上。在其他地区遥遥领先的欧系品牌，在华南地区的份额则不如日系品牌。华南地区自主品牌车份额则普遍低于全国，除了经济较为落后的广西壮族自治区的自主品牌车份额占比较高外。车系国别份额反映出华南地区的消费偏好合资品牌车，并且对日系品牌车有特殊偏好的特点。

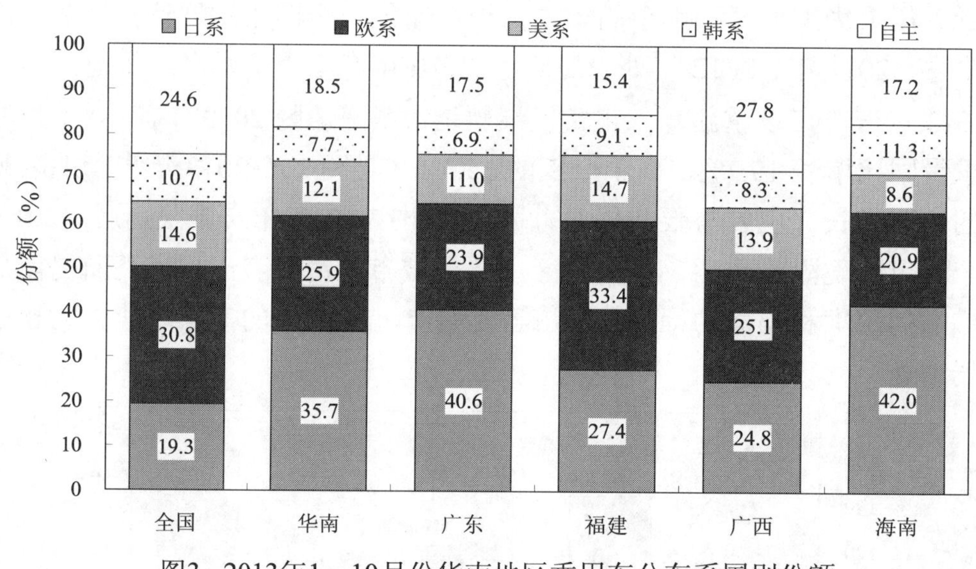

图3 2013年1~10月份华南地区乘用车分车系国别份额

虽然日系品牌车在华南地区的市场占有率远远高于其他车系，但近几年日系车份额有所下降，从 2011 年的 41%下降到了 2013 年 1～10 月份的 35.7%，而欧系、美系、韩系的市场占有率得到提升。2012 年发生的“钓鱼岛事件”，使得对日系品牌车偏好不是那么强烈的消费者，转向非日系品牌。三大日系品牌（丰田、日产、本田）在华南地区的市场份额随不像其他地区下滑得那样明显，但也出现了不同程度的下降。其中丰田的市场份额由 2011 年的 15.0%下降到目前的 13.5%，日产的份额由 2011 年的 11.2%下降到目前的 10%，本田的份额由 2010 年的 8.7%

下降到目前的 8.1%。2013 年以来，随着日系汽车企业采取的各项努力和“钓鱼岛事件”的逐渐淡化，日系品牌车的表现与 2012 年下半年的低谷期相比有所恢复。未来日系品牌车在华南地区仍将占有主导优势，但预计很难恢复到“钓鱼岛事件”之前的水平。欧系车成为“钓鱼岛事件”最大的受益者，市场份额由 2010 年的 20.1%上升到 2013 年 1~10 月份的 25.9%（见图 4）。在欧系品牌中，两个大众厂家（上海大众和一汽大众）市场份额提升最快，受益最大，由 2010 年的 11.9%提升到了目前的 14.1%。

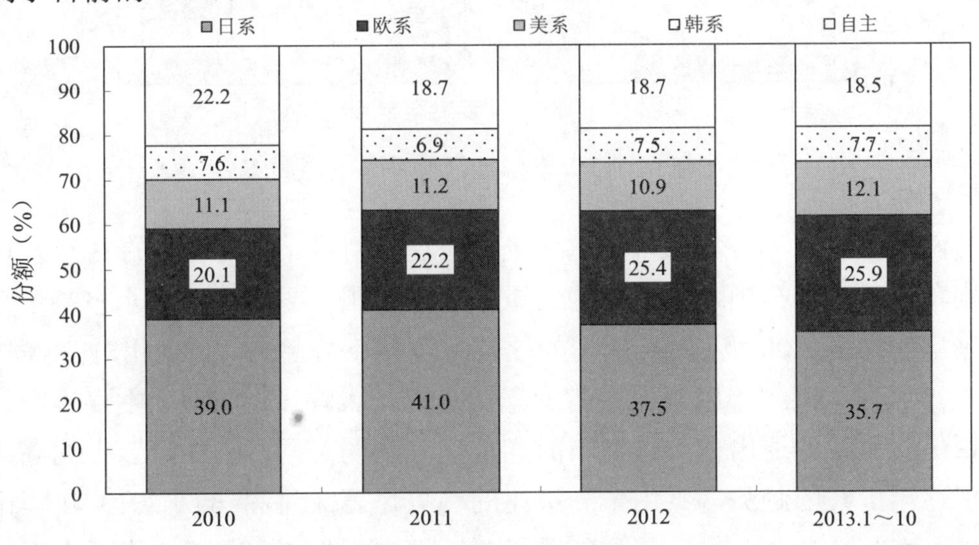

图4 2010～2013年华南地区乘用车分车系国别市场份额

豪华车需求占比高是华南地区乘用车市场的另一个主要特征。在改革开放早、经济发达的华南地区，对乘用车的消费水准一直大大高于全国水平。华南地区的豪华车市场份额达 11.4%，高于全国 9.2%的平均水平（见图 5）。华南地区豪华车需求占比高，主要是在经济较为发达的广东省和福建省，其豪华车市场份额在全国仅次于北京、上海和浙江这些发达地区，分列全国第 4 和第 5 位。华南地区近几年的豪华车市场增速亦大大高于普通品牌车的增速，在福建省和广西壮族自治区尤为明显，普通品牌车的增长速度远远低于豪华品牌车。豪华车需求占比高、增速快在一定程度上反映了华南地区城乡居民的收入结构特点，呈现高收入和低收入人群的比重大，而中等收入人群比重过少的特征。对乘用车需求量大的中等收入人群比重少，会导致对普通品牌车的消费能力不足，继而造成近年来华南地区乘用车增速低于全国，乘用车千人保有量水平滞后于全国。

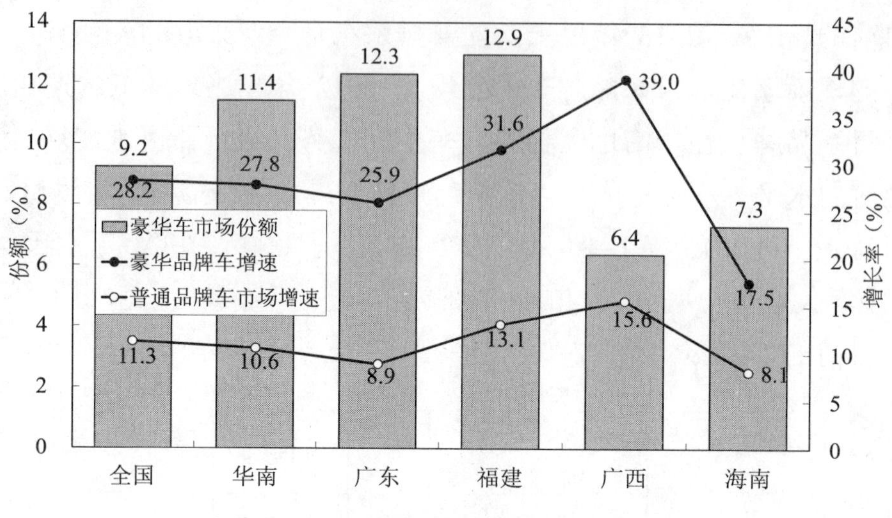

图5 2013年华南地区豪华车市场份额

华南地区乘用车市场大型化、高级化的趋势明显。华南地区的B级及以上的高级别车份额高于全国，小型车的比重则低于全国，乘用车需求水平高于全国。近年来华南地区A00级和A0级车的比重呈逐年下降趋势，与之相对的A级车比重则大幅上升。2011年以来的小微型车比重有较大幅度的下降，主要原因是汽车购置税优惠政策的退出使小微型车的竞争优势变弱。同时，B级以上的高级车型则呈现逐年上升的趋势，乘用车高级化的趋势显著（见图6）。2013年华南地区的城镇（市辖区）乘用车千人保有量为70.4辆，根据国际经验，当千人保有量超过70辆时车辆需求有大型化趋势。

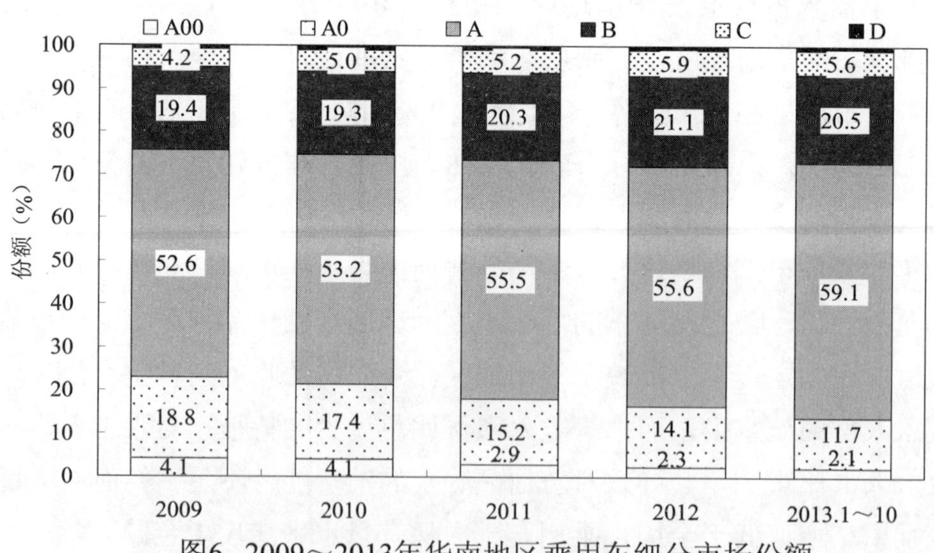

图6 2009～2013年华南地区乘用车细分市场份额

3．乘用车格局分析

同经济发展水平不均衡一样，华南地区的乘用车发展水平也存在不均衡。乘用车在华南地区中，仅有广东省的千人保有量高于全国平均水平，福建省、海南省和广西壮族自治区均低于全国平均保有水平，其中广西壮族自治区的千人保有水平最低（见图 7）。华南地区地处我国南部沿海地区，经济发展的自然条件得天独厚，随着未来经济的持续发展和城镇化水平的不断提升，乘用车的千人保有量还有很大的提升空间，未来乘用车市场的潜力很大。

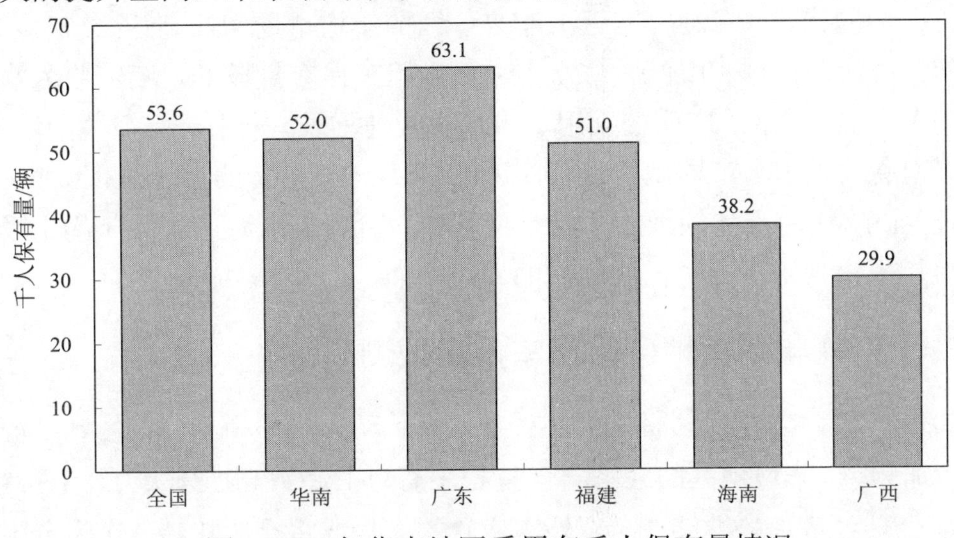

图7 2013年华南地区乘用车千人保有量情况

广东省是华南地区最大的汽车市场，近五年来广东省的年均需求达 100.1 万辆，占据着华南地区 63.2%的市场份额。在 2009 年以前，广东省一直是全国最大的乘用车市场。在 2010 年，广东省首次被山东省和江苏省超越，排名全国第三。2013 年 1～10 月份，广东省的乘用车需求量为 99.8 万辆，同比增速达 17.5%，远远高于 2012 年 6.5%的增速。这与广州市在 2012 年 7 月开始实施汽车限购，2012 年市场需求大幅下滑，而 2013 年广州需求比较平稳有关。同时，2013 年深圳被中国汽车工业协会列入了全国八个可能实施限购传闻的城市之一，引起消费者恐慌而提前购车，需求得到提前释放。2013 年 1～10 月份，深圳的需求增速高达 28.6%，远远高于市场潜在的增长水平。

福建省的乘用车市场规模仅次于广东省，近五年来福建省的年均需求为 31.8 万辆，占据着华南地区 20.1%的市场份额。福建省近五年的乘用车年均需求量在全国 31 个省（自治区、直辖市）排名仅位列第 14 位，而 2012 年福建省人均 GDP

在全国31个省（自治区、直辖市）的排名位列第9位，这说明福建省的乘用车发展水平仍然滞后于全国总体水平。2013年1～10月份，福建省的乘用车需求量为33.9万辆，同比增速达19.5%。快于往年同期。作为福建省第一大市场的福州市，2013年1～10月份乘用车需求同比增速达20.7%，第二大市场泉州市，同比增速则高达26.1%，均远远高于往年同期和全省平均水平。大城市的限购传闻亦影响到了福州、泉州这些大城市的消费者提前买车，导致需求集中提前释放。

广西壮族自治区的乘用车市场规模较小，2013年1～10月份的市场规模为22.5万辆，同比增长22.5%。近五年来广西的年均市场增速高达27.8%，是华南地区增长最快的市场。广西人口众多，而乘用车保有量较低，随着收入水平的增加和购车门槛的降低，广西的乘用车市场将快速增长，未来仍有很大的发展空间。

海南省的乘用车市场规模最小，2013年1～10月份的市场规模6.1万辆，同比增长21.4%。海南省的乘用车保有量较低，近五年来海南省的年均市场增速高达20%，未来乘用车市场仍有很大的发展空间。

二、2014年华南地区乘用车市场预测

2014年国内改革红利将进一步释放，增长动力将不断增强，区域经济合作交流将更加频繁，华南地区的经济将保持稳中有进的趋势。随着欧美经济持续好转，2014年全球经济形势继续改善，外需疲软的态势或将有所扭转。作为全国出口大市场的广东省和福建省的经济增长速度将有所加快，广西壮族自治区和海南省的经济继续保持平稳、较快增长。在限购传闻等刺激下，2013年华南地区的乘用车需求量预计将达到209万辆，同比增长23.3%。预测华南地区2014年乘用车市场需求量将达到231.5万辆，增长10.8%。预测2014年广东省乘用车市场的需求为140.1万辆，同比增长8%，增速将大幅回落；福建省乘用车市场需求为48.9万辆，同比增长12.5%，增幅也出现较大回落；广西壮族自治区乘用车市场需求为33.6万辆，同比增长19%，保持较快速度增长；海南省乘用车市场需求为9.0万辆，同比增长17.7%。这主要是限购传闻城市，比如广东省的深圳和福建省的福州、泉州等大城市在2013年透支了一定的消费能力，2013年的快速增长势头难以为继，使得广东省和福建省2014年的汽车市场需求增速将有所回落。

（作者：温志群）

2014年河北省乘用车市场展望

一、2013年河北省经济回顾

2013年前三季度，河北省实现生产总值2.1万亿元，同比增长8.5%。与上年同期相比，增速下降0.8个百分点。河北省在全国经济复苏中处于下游，比2012年的位次有所下降。经济增长速度逐季回调，2013年第一季度、第二季度、第三季度GDP累计增速分别为9.1%、8.7%、8.5%。与全国总体经济增长态势相对照，2013年上半年全国经济到达低点，第三季度探底回升，而河北省直至第三季度才到达底部，第四季度有望回升。

受制于经济结构调整及产能过剩压力，河北省工业生产缓慢下行（见图1）。2013年1～10月份规模以上工业增长8.1%，低于上年同期增速。规模以上工业企业完成主营业务收入37464.5亿元，同比增长8.3%；实现利润1899.8亿元，同比增长14.8%；亏损企业亏损总额262.7亿元，环比下滑7%。其中，电气机械和器材制造业、黑色金属冶炼和压延加工业亏损最严重，亏损额分别为79亿元和54亿元。固定资产投资增幅继续回升，2013年1～10月份累计完成固定资产投资1.9亿元，增长18.5%。其中，制造业投资增长20.8%；房地产开发投资3806万元，同比增长3.8%，相比上年同期的47.1%，增速大幅下滑。

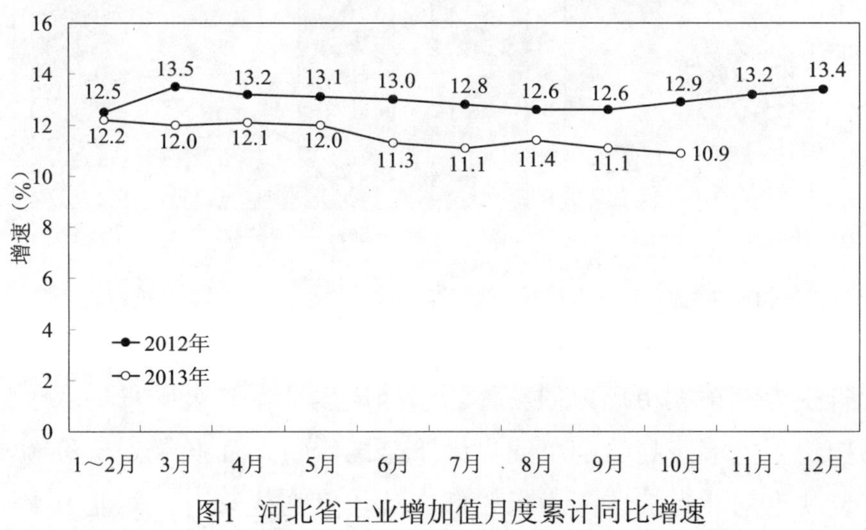

图1 河北省工业增加值月度累计同比增速

二、2013年乘用车市场分析

1．总体乘用车市场概况

河北省是汽车大市场，2012年汽车销售85.3万辆，全国排名第五位，千人汽车保有量52辆（全国48.4辆）。2013年1～10月份注册数达到82.1万辆（见图2），同比增长18.7%，高于全国15.3%的增速，占全国需求的份额继续小幅上升，从2012年的6.5%升至6.7%。2013年，限购传言推高了河北省汽车市场销量的增长。河北省大气污染严重，在减排压力不断增大的背景下，2013年6月18日，石家庄市6月18日召开大气污染治理攻坚行动动员大会，会上制定下发了《石家庄市大气污染治理攻坚行动实施方案（2013～2017年）》。自2013年起限制家庭购买第三辆个人用小客车；自2014年市区内实行汽车单、双号限行；自2015年起实行小客车指标摇号配置。但两天以后，石家庄政府回应该方案尚处于论证阶段，方案的付诸实施还需要充分论证和广泛听证。虽然石家庄最终并未限购，但造成了部分消费者提前购买，进而使得2013年整个河北省汽车市场销量因限购传言而再上一个台阶。

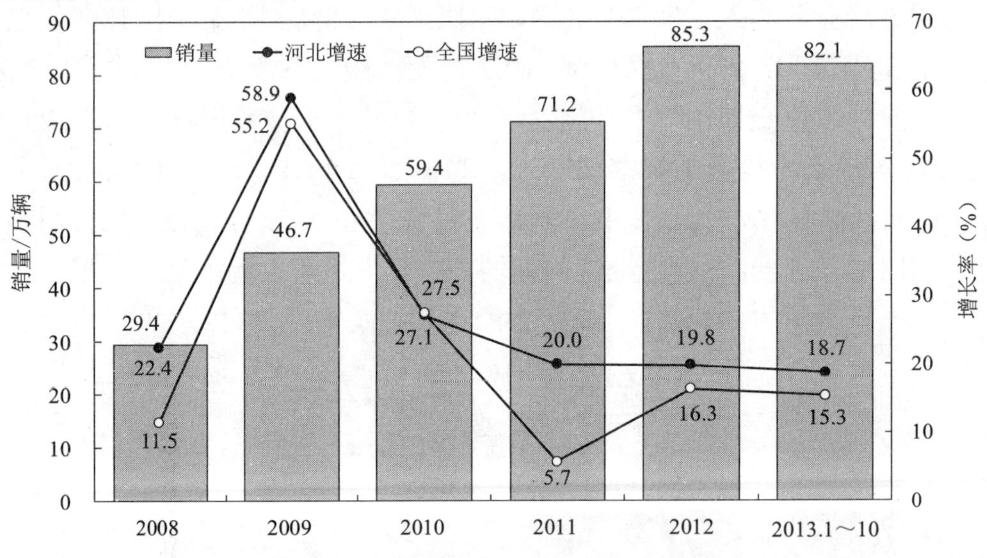

图2　2008～2013年10月份河北省与全国乘用车销量增长（注册数）

河北省虽为汽车大市场，但整体需求档次偏低。与全国平均水平相比，河北省需求结构仍显低端，高级别车明显低于全国水平，而低级别车份额明显高于全国水平，反映出河北省的购买力仍较低。从年度变化来看，河北省乘用车需求结构也呈现明显的升级趋势。近几年来家用 A 级车份额持续增加，2013 年 1～10 月份，A 级车份额增至 55.5%；同时小型车 A0 级和 A00 级份额持续下滑；B 级及以上份额稳中微升（见图 3）。

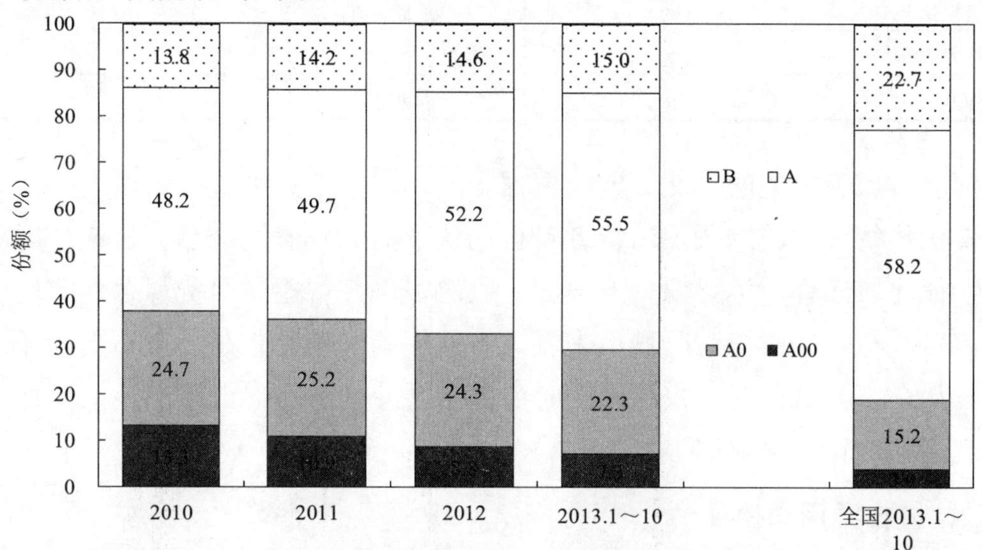

图3 2010～2013年10月份河北省国产乘用车销量级别结构（注册数）

总体来看，河北省品牌需求偏好与全国总体较为相似，但档次偏低，自主品牌车和韩系车需求更高。一汽大众、上海大众位列第一位和第二位，份额分别为 10.7%和 10.6%（见表 1）。上海通用份额 8.7%，低于全国总体 2 个百分点。此外，河北省自主品牌和韩系品牌需求偏好更高，长城汽车作为地产车，份额高达 7.3%，吉利也有 4.4%的份额，北京现代份额高达 8.1%，高出全国平均 2 个百分点。2013 年前十个月，河北省最畅销的车型是瑞纳，销量达到 2.3 万辆；其次是捷达，销量为 2 万辆；第三名是长城 C30。

表 1 2013 年 1～10 月份河北省国产乘用车销量市场份额 TOP10 汽车厂家

（单位：%）

河北省	2013 年 1～10 月份	全国	2013 年 1～10 月份
一汽大众	10.7	一汽大众	10.9
上海大众	10.6	上海通用	10.7
上海通用	8.7	上海大众	10.7
北京现代	8.1	东风日产	6.2
长城汽车	7.3	北京现代	6.1
东风日产	5.2	长安福特	5.0

（续）

河北省	2013年1～10月份	全国	2013年1～10月份
吉利汽车	4.4	广汽丰田	4.6
东风悦达起亚	3.8	长城汽车	4.2
长安汽车	3.7	东风悦达起亚	4.0
神龙汽车	3.6	神龙汽车	3.8

河北省属于典型的华北地区，根据SIC（国家信息中心）的调查，华北地区历史文化传统普遍较悠久，消费者对自己认准的或熟悉的产品会长期使用下去。用户特征比较淳朴，年龄偏大，学历一般但很讲究规矩。消费观念是节俭与储蓄交织，传统与时尚对撞。分城市来看，石家庄的消费特点是“土不土，洋不洋”保守、从众，又试图向北京这样的时尚都市转变的状态；沧州当地人淳朴实在，思想观念上比较闭塞守旧。

2．城市乘用车格局

河北省辖11个地级市，唐山的人均GDP水平最高，2012年达到8.2万元人民币。其次依次是石家庄、沧州、廊坊、秦皇岛、承德、邯郸、张家口、保定、衡水、邢台。从乘用车销量来看，石家庄、保定、唐山是最大的三大市场（见图4），这三个城市占全省需求的47%。从SIC推算的2012年乘用车千人保有量来看，唐山最高，为80辆，其次是秦皇岛71辆，廊坊70辆，石家庄66辆。

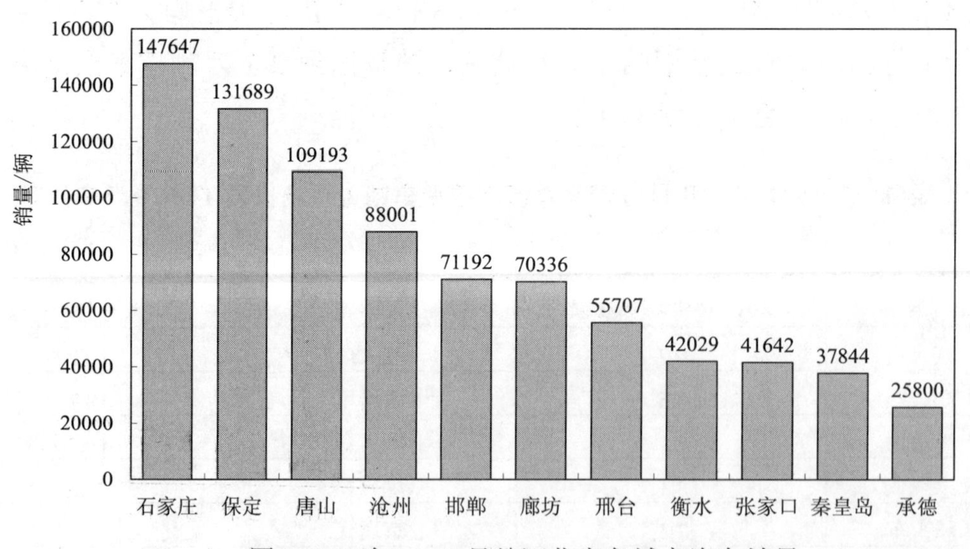

图4 2013年1～10月份河北省各城市汽车销量

三、2014 年河北省经济展望

作为全国的人口大省，2012 年河北省人口规模为 7288 万人，在全国 31 个省（自治区、直辖市）中排名第五位。河北省同时也是重工业大省，钢铁和玻璃产量均排名第一位，其中，钢铁产量占全国的 1/4，玻璃产量占全国的 16%。水泥产量排名第五位，占全国的 6%。发电量排名第八位，占全国的 5%。2011 年化石能源（煤炭石油）消耗量达到 3.1 亿 t，是能源消耗第四大省（仅次于山东、内蒙古、山西）。正是因为重化工业发达，煤炭石油消耗量巨大，河北省的污染问题非常严重。2013 年上半年，石家庄市的 PM2.5 浓度为 172μg/m³，是年浓度标准的近 5 倍，位居全部被监测的 74 个城市之首。

首都周边地区应有与首都发达经济体相匹配的配套企业集群，这是世界先进国家的首都经济圈中最常见的产业现象。但是，我国特有的财税和行政管理体制，导致了很多由市场决定的资源要素流动并没有按市场规律进行配置，环首都地区并未出现经济繁荣，反而出现了赤贫区。多年来，河北省在承接北京产业转移的过程中，承接的多是污染重、耗能大的产业，而高附加值、技术先进的产业，北京并未舍得放手。目前，除了廊坊、保定北部等地区依靠央企投资发展了一定规模的先进制造业以外，其他地区仍然只能从首都“菜篮子、后花园”的定位中分享“杯水车薪”的利益。当前环境污染已将河北推到众矢之的的尴尬位置，重化工业的老路子很难维持。河北省也在不断探讨依托首都地区的新型发展模式，例如改变过分侧重“制造业”引资的观念，与首都医院、学校合作，探索“离京不离院”“离京不离校”的模式，在缓解首都人口和城市功能过分集中的同时，也可发展第三产业。

2013 年 11 月 27 日，河北省开始开展对钢铁、水泥、电力、玻璃四大行业的大气污染治理攻坚行动，成为河北省大气污染防治工作的又一个新抓手。在强力推进工业转型升级的背景下，2014 年经济增长将最有可能维持 2013 年的发展速度基本不变或略有下调，全年将达到 8%～9.5%的增长水平；固定资产投资增长水平将达到 20%~28%，规模以上工业增加值增长将达到 10%～18%。

四、2014 年河北省汽车市场展望

2014 年河北省面临的经济形势比较严峻，但考虑到天津、北京均已实施限购，会有部分消费者到河北省购车上牌，这部分溢出效应会拉升河北省的汽车销量。同时，部分城市如石家庄也存在限购风险，从已限购城市的情况来看，限购前通常会引发集中购买。但是限购的具体影响要视限购推出的时间以及政策细则影响，因此很难做出准确预判。综合评估，2014 年河北省汽车销量增幅预计为 20%，销量达到 118 万辆。

（作者：庄沙沙）

2013年中国进口车市场分析及2014年展望

2013年，全球经济持续缓慢复苏，但经济活动的驱动因素不断变化，下行风险持续存在。中国经济在一系列稳增长政策的作用下，各项经济指标好转，经济企稳回升的概率增大。中国汽车市场经过2011年和2012年的调整，在2013年逐渐进入中速增长通道。2013年1～9月份，汽车产销分别为1593.84万辆和1588.31万辆，同比分别增长12.78%和12.70%。其中，狭义乘用车表现出色，销售同比增长20.7%，特别是SUV车型销售同比增长45.3%，并仍然保持着强劲的增长势头，继续成为细分市场中最大的亮点。作为中国汽车市场的重要组成部分，2013年中国进口车市场总体处于调整期，显现出不同的市场特点。

一、2013年中国进口汽车市场特点

1．总体特征：2013年中国进口汽车市场总体处于调整期，市场需求大幅放缓，市场供给虽进行了结构性调整，但进口量仍过大。整个行业呈现出库存过高、需求放缓、价格优惠加大、经销商大面积亏损等“以价换量”的不良局面。

2．供给（进口量）调整：2013年中国进口汽车市场的供给出现了“先抑后扬”的结构性调整态势

2013年初，在市场需求放缓，并需要消化2012年延续下来的2个月库存的前提下，跨国公司调整了全年销量目标，进口车行业延续了2012年的“去库存”趋势，1～9月份海关进口83.5万辆，同比大幅下降4.4%（见图1）。但是，从分季度来看，呈现先抑后扬的走势，调整幅度逐步收窄。第一季度延续2012年第四季度的调整态势，进口量同比下滑19.4%；进入第二季度，海关进口车的调整幅度大幅度减少，同比仅下滑2.5%；三季度进口量同比增长8.6%，特别是5～9月份的月均进口量达到10万辆以上，显示总经销商仍有大量的供给计划。

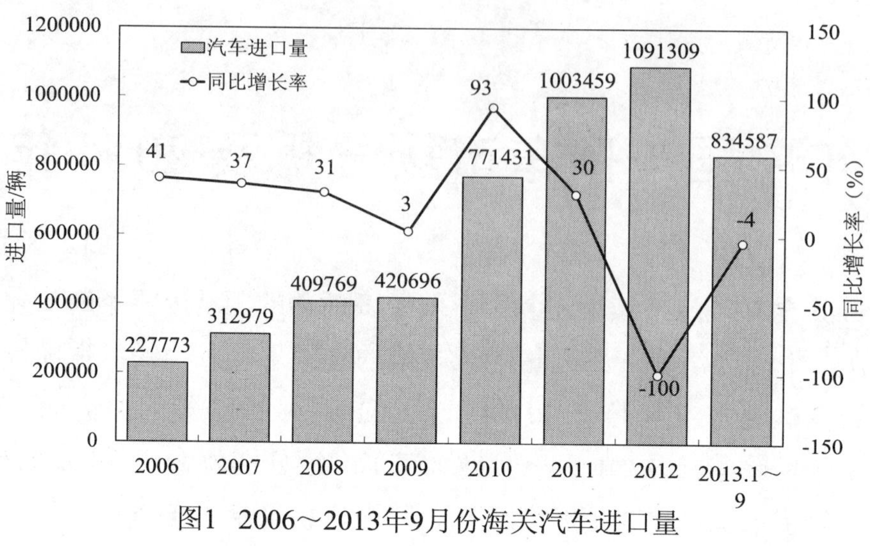

图1 2006～2013年9月份海关汽车进口量

（注：数据来源于中国进口汽车市场数据库[①]）

3. 需求（上牌量）大幅放缓：2013 年 1～9 月份进口车上牌量增长大幅放缓

受中国经济调整等诸多因素的影响，进口车市场需求增长放缓。据销售上牌数显示，2013 年 1～9 月份，进口车上牌 81.7 万辆，同比增长 7.8%，相比 2012 年 18.7%的增长，回落 10.9 个百分点，相比 2012 年同期市场 22%的增长，出现明显的增速下滑（见图 2）。分季度来看，一季度增长 4.2%，二季度增长 9.7%，三季度增长 9.4%。

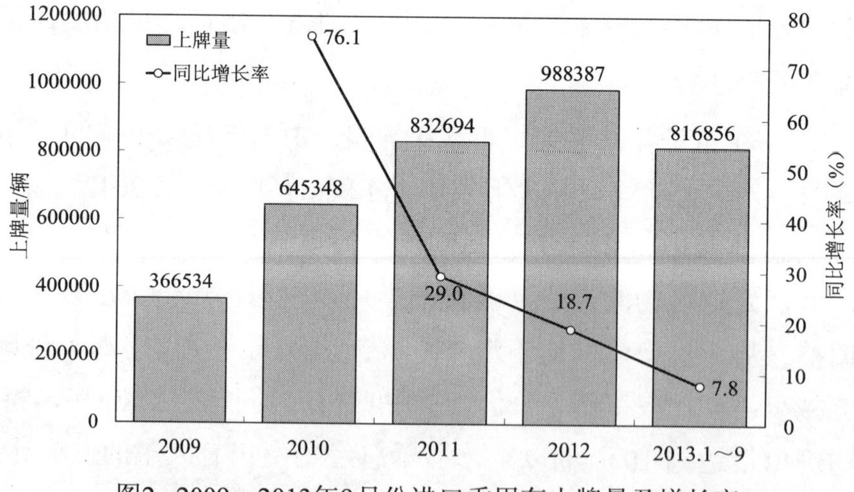

图2 2009～2013年9月份进口乘用车上牌量及增长率

①本文中关于进口汽车相关数据均来源于中国进口汽车市场数据库，不再赘述。

4．品牌分化：德系品牌份额下滑，美系品牌份额大幅提升，日系品牌份额继续恢复；各品牌在供给和需求层面出现分化，福特、沃尔沃、JEEP、路虎供需表现良好

从品牌来源看，2013 年 1～9 月份，欧系品牌占进口总量的 64.5%，相比 2012 年全年，份额下滑 2.8 个百分点。其中，德系品牌由于放缓进口节奏，份额下滑 5.7 个百分点，而其他欧系品牌份额上升 2.8 个百分点，其中沃尔沃、路虎进口量实现快速增长。1～9 月份，美系品牌份额为 12.6%，相比 2012 年全年，份额大幅提升 4.5 个百分点，主要由 JEEP 品牌在 2013 年高目标下的供给大幅增长以及克莱斯勒、道奇品牌的供给恢复所拉动。日系品牌份额恢复至 17.7%，但仍低于 2012 年平均水平。

从品牌来看，2013 年，进口车市场呈现出明显的分化趋势。首先，在供给层面出现结构性调整，一方面，宝马、奔驰、奥迪、雷克萨斯等品牌进口量大面积下滑；另一方面，沃尔沃、JEEP、路虎、保时捷的进口量仍保持较快增长。其次，在终端销售层面，福特增长近翻番，沃尔沃增速近 50%，JEEP、MINI、路虎、保时捷、斯巴鲁实现 20%以上的增长，而雷克萨斯和奔驰则出现下滑。综合来看，福特、沃尔沃、JEEP、路虎供需状况较为平衡，均实现了较快的增长（见图 3）。

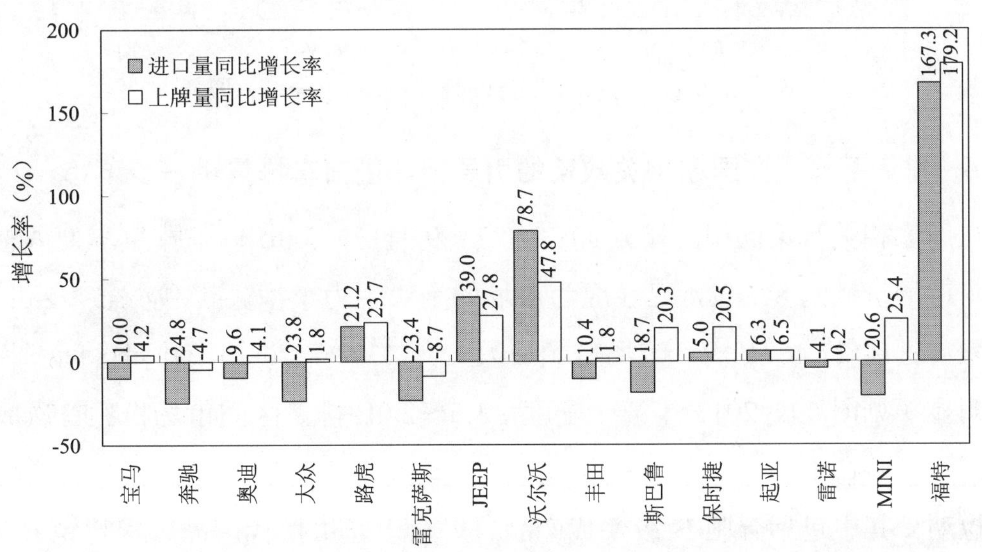

图3 2013年1～9月份进口车市场前15大进口品牌供给和需求情况

5. 车型调整：乘用车作为进口汽车的主体，市场份额占 98%左右。其中 SUV 是进口车市场的绝对主力车型，市场份额在 60%左右，是三大车型中进口量唯一增长的车型；轿车和 MPV 同比均出现下滑

乘用车作为进口汽车的主力，占总进口量的比例在 98%左右，且逐年略有增长。2013 年 1～9 月份，乘用车累计进口 824733 辆（见图 4），其中轿车进口 282618 辆，同比下滑 22.7%，在三大车型中降幅最高；SUV 进口 506934 辆，同比增长 13.1%；MPV 进口 35169 辆，同比下滑 12.3%。

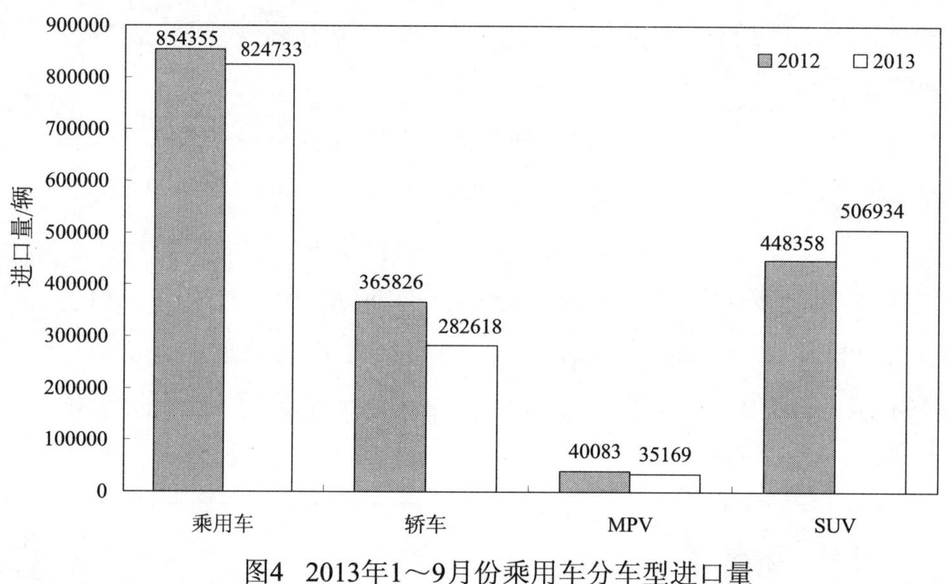

图4 2013年1～9月份乘用车分车型进口量

6. 排量下移：在国家相关政策的引导下，进口车排量进一步下移

在国家相关政策的引导下，2013 年 1～9 月份，3.0L 以下排量车型占整个进口汽车市场份额的 87.4%，已经成为市场的绝对主力车型。其中，1.5～2.0L 排量区间累计进口 27.46 万辆，市场份额最大，占 33.6%，进口车排量区间下移趋势越加明显（见图 5）。2013 年第一季度，1.5～2.0L 排量区间市场份额首次成为第一大区间，并在第二、三季度延续此态势，这在很大程度上是换代和新增排量车型的拉动，其中包括奔驰 B 级换代产品、大众甲壳虫换代产品、福特锐界 2.0T、捷豹 XF 和 XJ 2.0T 车型。原有车型，如路虎极光、斯巴鲁 XV、沃尔沃的 S60、V60 和 XC60 的进口数量增长也很明显。

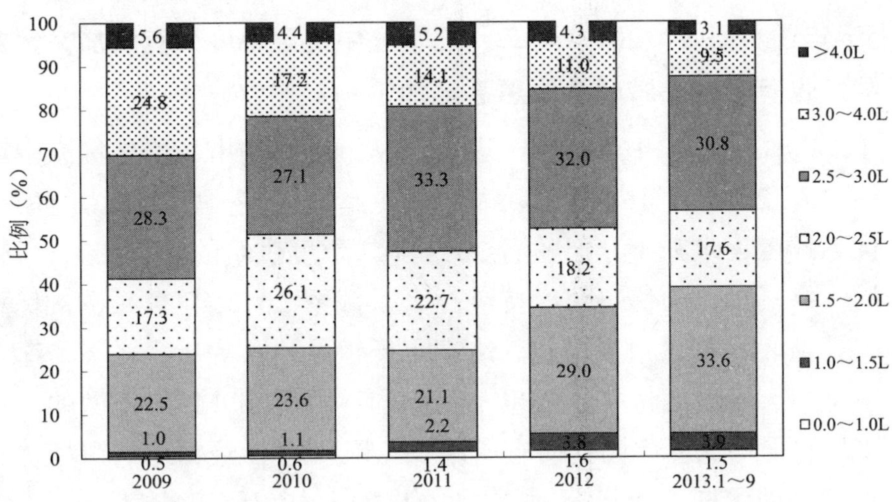

图5 2009～2013年9月份进口车市场排量结构比例变化

7. 行业库存仍处高位，经销商库存趋于合理：2013 年 9 月行业库存为 3.2 个月，仍处于高位；但是进口车经销商的库存深度已降到相对合理的水平

2012 年三季度进口车市场库存压力达到最高峰值后，库存压力有所减轻。根据中国汽车流通协会进口汽车工作委员会信息部采用 20 个品牌的海关进口汽车数量和市场零售数据差值来度量行业库存，进口车行业库存深度是以累计的总经销商与经销商两者的库存量除以月平均零售量计算的，合理的行业库存水平一般为 1.5～2。经调查，2010 年年底的行业库存深度为 1.5，统计品牌合计的库存数量在 2012 年三季度达到高点后，出现下降趋势，并延续到 2013 年 3 月，显示行业库存压力略有减弱。随着零售终端的逐步回暖，特别是第二、三季度接近 10% 的销售增长，到 9 月份为止，进口汽车行业库存下降到 3.2 个月。根据中国汽车流通协会的经销商库存调研显示，2013 年 1 月进口经销商的库存深度为 1.7 个月，2 月由于销售较低，库存深度反弹到 3.3 个月，库存压力很大，经销商盈利能力大幅度下降。3 月进口车经销商库存深度为 2.39 个月，随着终端销售市场的好转，经销商库存深度逐步下降，截止到 9 月份进口车经销商库存深度大幅度减少到 1.43 个月，经销商的库存压力有所减少。

8．价格优惠幅度加大：市场处于去库存阶段，优惠幅度从2012年下半年至2013年上半年逐步回收，2013年二、三季度中优惠幅度又有所加大，各类型车型表现不同，也有个别品牌取消优惠甚至加价

从2012年～2013年9月份中国进口汽车市场终端市场价格优惠幅度走势图分析（见图7），2013年上半年，随着市场供给的调整，库存压力有所缓解，终端市场的优惠幅度逐步减少。但随着2013年二季度供给的逐步加大，自2013年上半年开始，终端市场的优惠幅度持续拉大，截至2013年9月份，优惠幅度已经逼近10%，这表明在进口量增长、终端市场销量趋缓的压力之下，库存压力不断加大。但是三大车型的价格走势也不尽相同，SUV和MPV车型的平均优惠逐步减少，轿车的平均优惠环比反而有所增加，特别是D级轿车的市场优惠幅度在经历了一季度平均优惠13.7万元到二季度优惠16.62万元的加大后，三、四季度仍保持了较大幅度的优惠，这表明终端市场轿车的销售压力较大。同时，也有一些车型处于加价状态，如奔驰全新S级、路虎揽胜等。

9．区域中西部化：进口车市场快速向中南、西南和西北区域发展，传统的东部和北部区域市场份额逐年下滑

2013年1～9月份，传统的东部和北部区域虽然占据进口车销量的一半，但该区域市场增速低于其他区域；全国各大省（自治区、直辖市）中，销售同比增长20%以上的十个省（自治区、直辖市），除江西外，其他九个省（自治区、直辖市）均是中西部地区。这十个省（自治区、直辖市）分别是：湖南、河南、湖北、广西、四川、重庆、贵州、甘肃、新疆和江西。伴随中西部经济的崛起，进口车市场快速向中南、西南和西北区域发展，东部和北部区域市场份额逐年下滑。

10．港口鼎立：南方的黄埔港、上海港与北方的天津港“三足鼎立”的态势基本确立，2013年1～9月份天津港进口量略有回升，市场份额重回40%

2012年进口汽车市场规模已达109万辆，伴随着进口汽车市场日趋成熟，各港口进口量市场份额趋稳（见图6）。天津港仍是第一大进口车港口，2011年，天津港累计海关进口量为389559辆，市场份额为38.8%。2012年，天津港累计海关进口量为418877辆，市场份额为38.4%。2013年1～9月份，随着道奇品牌的回归和克莱斯勒、福特等品牌的新车型引进，天津港进口量略有回升，市场份额为40.8%。华中、华南沿海地区进口汽车需求日趋稳定。2013年1～9月份，上海港和广州黄埔港市场份额分别为32.5%和23.4%，比2012年略有下降。

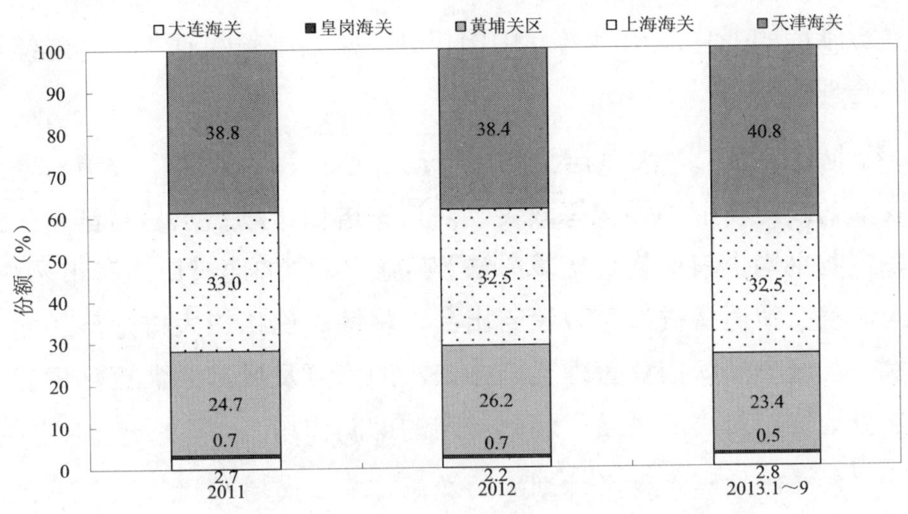

图6　2011～2013年9月份各港口汽车进口量份额

二、2014年中国进口汽车市场展望

根据中国进口汽车市场的发展规律，综合考虑当前的经济形势，从宏观经济、行业政策、国产汽车市场、新产品供给和突发因素等方面分析未来中国进口汽车走势，预计2014年进口汽车市场需求增速将进一步放缓，行业结构调整将继续深化；进口汽车市场需求增速将继续回落，市场需求（上牌量）将增长7%左右，行业库存压力虽有所减轻，但仍处于高位，需要行业引起足够的重视。

1．宏观经济面：全球经济继续低速复苏，发达国家重新成为全球经济增长的主动力，而新兴市场集体表现疲软；2014年中国宏观经济仍面临转型压力，预计GDP增速7%～8%

（1）全球经济　展望2014年，全球经济增长格局的转变仍将持续。尽管新兴市场应对市场动荡的基础比过去发生的亚洲金融危机、拉美债务危机期间更为殷实，政策也在开始发力调整，但从政策到效果的传导可能会有一到两个季度的滞后期；发达国家仍将维持低利率货币政策，新兴市场政策偏松。据瑞银全球经济展望报告显示：预计全球经济增长将从2013年的2.5%加速至2014年的3.0%和2015年的3.4%。

（2）国内经济　2014年中国宏观经济仍面临转型压力，预计GDP增速7%～8%。2014年将继续保持增长稳健、结构优化的发展态势下，中国经济减速是确定无疑的。但是，和其他国家不同，中国经济减速的重要原因是经济结构调整和生产要素贡献率的变化。2014 年，中国仍处于重要战略机遇期，将继续保持在经济运行的合理区间。

2．行业政策面：《大气污染防治行动计划》、“双限”政策，以及增加汽车使用成本的政策将继续强化等政策，对汽车进口市场需求总量都将产生影响；《乘用车企业平均燃料消耗量核算办法》实施，将会加速进口汽车市场中的产品、排量结构调整；新消费税调整政策若出台，将使高价格、大排量产品面临更加严峻的考验；《汽车品牌销售管理实施办法》的修订及反垄断调查，将会减弱汽车厂家的强势地位，对“高供给”起到一定的抑制作用

（1）《大气污染防治行动计划》的发布，加上交通拥堵压力，限行、限购政策示范效应呈放大趋势，除此之外，增加汽车使用成本的政策将继续强化　2013 年 9 月 10 日，国务院发布了《大气污染防治行动计划》。近年来，一、二级城市的交通拥堵问题日益严重，一些城市的汽车增速超出了其承载能力。深圳、杭州、成都等城市汽车发展较快，但车均公里里程较短，汽车发展的突出矛盾将使这些城市有出台限购政策的趋势。二、三级城市不断酝酿限行、限购政策。此外，如提高停车费，收取城市拥堵费等增加汽车使用成本的政策将继续强化。这些都会对进口汽车市场的需求总量产生一定的影响。

（2）《乘用车企业平均燃料消耗量核算办法》实施，将会加速进口汽车市场中的产品、排量结构调整　《乘用车企业平均燃料消耗量管理核算办法》于 2013 年 5 月 1 日正式实施。该办法要求最终实现 2015 年和 2020 年我国乘用车产品平均燃料消耗量降至百公里 6.9 L 和百公里 5.0 L。因此行业中产品、排量结构调整仍将继续。为了符合此政策，要求跨国企业在提供产品时充分考虑油耗、排放等因素，在努力提升汽、柴油发动机自身节能水平的同时加紧开发新能源汽车。

（3）新消费税调整政策若出台，将使高价格、大排量产品面临更加严峻的市场考验　新消费税调整方案或将在 2014 年实施，新消费税将针对不含增值税售价在 170 万元以上的汽车产品，额外征收 20% 的消费税。根据 2006 年和 2008 年两次消费税调整的历史经验，此次消费税调整将对超豪华汽车市场影响较大，影响时间大概滞后 3～4 个月。新消费税如征收，将使得超豪华品牌的价格进一步提高，导致超豪华汽车市场增速进一步放缓。

（4）《汽车品牌销售管理实施办法》修订及反垄断调查，将会减弱汽车厂家的强势地位，对“高供给”起到一定的抑制作用　我国相关政府部门已着手实施

《汽车品牌销售管理实施办法》的修订工作。同时，国家发展和改革委员会重点对进口汽车中的豪华品牌、高端汽车品牌总经销商涉嫌价格垄断进行了调查。《汽车品牌销售管理实施办法》的研究调整及反垄断调查，进一步规范了进口汽车总经销商的经营与管理，对“高供给”起到了一定的抑制作用，这有助于建立更加和谐的厂商关系，但对进口汽车市场有一定的影响。

3．国产汽车市场面：预计 2013 年全年中国汽车市场销量将达 2200 万辆，同比增长 10%以上；不同机构展望 2014 年汽车市场，预测最高增长 10%，其中乘用车市场最高增长 15%

2013 年 1～9 月份，中国汽车市场同比增长 12.7%，其中乘用车增长 21.12%，狭义乘用车增长 20.7%。综合上半年汽车销量增长的情况，预计 2013 年汽车销量有望达到 2200 万辆，同比增长 10%以上。综合主要机构的预测，结合宏观经济与政策环境因素，预计 2014 年国产汽车市场将增长 6%～10%，其中乘用车市场将增长 13%～15%。

4．产品供给面：2013 年四季度及 2014 年将有 54 款进口新车投放中国市场，纯电动与混合动力车型、高性能与轿跑车等个性车型导入步伐加快；随着销售量级的进口车投入国产，新产品拉动市场的力度将会减弱

据不完全统计，2013 年四季度及 2014 年将有 54 款进口新车投放中国市场，其中全新产品 35 款，换代车 12 款，增添版本 7 款；紧凑型车担当主角，豪华产品占据半数。从新产品的特点来看，一是纯电动与混合动力车型的导入步伐加快，如宝马的 i3、i8，特斯拉 Model S，Smart ForTwo Electric Drive，雷诺风朗电动版，奔驰 E400L 混合动力版，现代索纳塔混合动力等；二是高性能与轿跑车等个性化车型增多，如奥迪的 SQ5、RS7，奔驰的 S 63 AMG，宝马的 2 系、4 系等；三是新产品排量继续下移，如 JEEP 的全新大切诺基及牧马人将新增 3.0L 排量版本，玛莎拉蒂也将推出 3.0T 入门级的 Ghibli。2014 年，真正上量的新产品有限。由于一些销售量级进口产品即将国产，如沃尔沃 S60、XC60、奥迪 A3、路虎极光等，新产品拉动市场的力度将会减弱。

（作者：国机汽车股份有限公司）

2013年汽车出口分析及2014年展望

一、2013年汽车出口概况

2012 年，我国汽车出口大幅增长，整车出口首次突破 100 万辆大关，达到101.6万辆。但2013年1月份以来，我国汽车产品出口增幅明显放缓，下半年甚至超出行业预期出现了下滑走势。根据海关统计，2013年1～10月份，我国汽车及零部件产品出口金额624.9亿美元，同比增长4.3%。2013年1～10月份，整车出口78.1万辆，同比下降8.27%； 出口金额104.9亿美元，同比下降7.91%。其中，乘用车出口45万辆，同比下降9.12%；出口金额33亿美元，同比下降8.35%；商用车出口33.15万辆，同比下降7.1%；出口金额71.90亿美元，同比下降7.71%。预计全年整车出口量仍将持续负增长态势，出口很难突破100万辆。

二、2013年汽车出口的主要特点

1．出口规模占整车产量的比重仍然较低

相对于成熟的汽车大国而言，我国汽车出口规模仍然很小，整车出口量占产量的比例依然较低，而且缺乏和国际汽车巨头竞争的强势品牌。2012年，我国整车出口量占产量的比重上升到5.3%，2013年1～10月份，随着汽车出口规模的收缩，这一比重下降为4.4%（见表 1），而德、日、韩等汽车工业大国的整车出口比重通常在50%以上（见表 2）。

表 1　2000～2013年我国汽车出口所占比例

年份	汽车出口量/万辆	占产量的比例（%）	轿车出口量/万辆	占产量的比例（%）
2000年	1.52	0.7	0.05	0.1
2001年	1.44	0.6	0.08	0.1
2002年	1.76	0.5	0.10	0.1
2003年	3.71	0.8	0.28	0.1
2004年	7.83	1.5	0.93	0.4

（续）

年份	汽车出口量/万辆	占产量的比例（%）	轿车出口量/万辆	占产量的比例（%）
2005 年	17.26	3.0	3.11	1.1
2006 年	32.42	4.5	9.25	2.4
2007 年	61.44	6.9	18.86	3.9
2008 年	68.10	7.3	24.13	4.8
2009 年	37.00	2.7	10.24	1.4
2010 年	56.67	3.1	17.99	1.9
2011 年	85.00	4.6	37.21	3.7
2012 年	101.57	5.3	49.54	4.6
2013 年 1~10 月份	78.15	4.4	34.44	3.5

注：资料来源于海关统计数据和中国汽车工业协会数据。

表 2　2011 年主要国家汽车出口占产量的比例

国家	出口量/万辆	产量/万辆	出口量占产量比例（%）
德国	482.7	631.1	76.49
日本	446.4	839.9	53.15
韩国	315.2	465.7	67.68
西班牙	212.1	237.3	89.38
美国	172.8	865.5	19.97
英国	119.4	146.4	81.56
巴西	57.9	343.3	16.87
意大利	42.4	79.00	53.67

注：资料来源于世界自动车统计年报（2013）。

2．出口数量连续 4 个月环比、同比数据双双下降

从 2012 年四季度开始，我国整车出口增幅已经开始收窄，四季度整车出口量同比增长仅为 9.82%。2013 年，整车出口量处于持续低迷状态，一季度同比增长 24.76%，二季度同比增长-1.5%，三季度同比增长-29.2%。2013 年 7～10 月份，我国整车出口数量已连续 4 个月出现环比和同比数据双双下降（见表 3）。

表 3 2013 年 1～10 月份整车月度出口情况

月份	本月完成/辆	本期止累计/辆	环比增长率（%）	同比增长率（%）	同比累计增长率（%）
1 月份	81800	81800	-1.97	25.62	25.62
2 月份	63151	144951	-22.80	38.53	30.93
3 月份	78737	224367	24.68	13.89	24.76
4 月份	82292	306659	4.52	3.79	18.34
5 月份	86389	393043	4.98	-8.99	11.03
6 月份	87696	480736	1.51	1.73	9.21
7 月份	84120	564843	-4.08	-23.81	2.59
8 月份	74951	639793	-10.90	-33.30	-3.49
9 月份	73750	713542	-1.60	-30.52	-7.22
10 月份	67956	781498	-7.86	-18.00	-8.27

注：资料来源于海关统计数据。

3．小轿车出口大幅下滑，9 座及以下小客车出口增长成为亮点

2013 年 1～10 月份，乘用车出口数量继续超过商用车，占整车出口量的比重达到 57.6%。各车型中，小轿车仍是第一大出口车型，共出口 34.4 万辆，占整车出口的 44.1%，出口量同比下降 17.40%。小轿车出口车型主要是排气量在 2L 以下的车型，其中排气量为 1.0～1.5L 的车型占小轿车出口总量的 63.6%。2013 年 1～10 月份，四驱越野车出口下滑最为严重，同比负增长 48.16%。9 座及以下小客车成为出口车型中的亮点，共计出口 8.5 万辆，同比增长 43.2%，占整车出口的比重也由 2012 年的 7%提高至 10.9%。另外，货车出口下滑也较严重，2013 年 1～10 月份共出口 26.24 万辆，占整车出口的 33.6%，同比下滑 12.2%（见表 4）。

表 4 2013 年 1～10 月份整车（分车型）出口情况

车型		出口数量/辆	同比增长率（%）	出口金额/亿美元	同比增长率（%）
乘用车	小轿车	344374	-17.40	24.97	-17.11
	四驱越野车	2385	-48.16	0.35	-31.48
	9 座及以下小客车	85443	43.24	6.70	54.02
	其他载人机动车	5278	-2.37	0.60	-11.86
	未列名载人机动车	12514	46.43	0.36	12.62
	合计	449994	-9.12	32.98	-8.35

（续）

车型		出口数量/辆	同比增长率（%）	出口金额/亿美元	同比增长率（%）
商用车	客车	51456	19.66	16.83	12.35
	货车	262432	-12.16	40.44	-15.41
	特种车	14295	2.01	13.94	-5.78
	汽车底盘	3321	217.19	0.68	115.95
	合计	331504	-7.10	71.90	-7.71
汽车总计		781498	-8.27	104.88	-7.91

注：资料来源于海关数据统计。

4. 对主要市场出口普遍出现下滑，对拉丁美洲的出口呈现亮点

目前，我国整车出口仍以满足发展中国家低端汽车市场需求为主。2013 年 1～10 月份，我国共向 190 个国家（地区）出口汽车，对主要地区的出口都出现了下降，但对拉丁美洲的出口呈现 17.6%的增长。拉丁美洲取代了亚洲，成为中国整车出口的第一大市场，市场份额达到了 30%，其次是亚洲和非洲市场，三者合计占我国全部汽车出口量的 82%。对亚洲和非洲等传统市场的出口数量虽然出现下滑，但出口金额的表现相对较好。亚洲市场出口金额降幅小于出口数量的降幅，在非洲市场，出口金额则是正增长，这说明对这些市场出口产品的附加值在提高（见图 1）。

从具体国家看，阿尔及利亚仍然是中国汽车最大的出口市场，但出口量同比下降了 24.87%；俄罗斯居第二位，同比下滑 7.02%；对智利、秘鲁、哥伦比亚等已签署自贸协议的国家的出口表现相对较好，其中对智利出口同比增长 24.78%；对伊朗、伊拉克、乌克兰、委内瑞拉、南非这些汽车出口传统市场出现了不同程度下滑，特别是对伊朗和伊拉克的降幅达到了 41.14%和 61.74%；出口市场中也不乏亮点，在前 20 位出口目标市场中，对乌拉圭、厄瓜多尔、加拿大的出口增速都在 60%以上（见表 5）。

2013 年 1～10 月份，我国汽车出口到 190 个国家和地区，其中全年出口量在万辆以上的出口国仅有 20 个，出口量在 1000～10000 辆的出口国为 47 个，而对 121 个国家的出口量不足千辆。2013 年 1～10 月份，我国汽车出口上万辆的生产企业共 16 家，合计占生产企业出口量的 97.1%，出口千辆的生产企业共 7 家，合计占生产企业出口量的 2.5%，出口不足千辆的生产企业共 14 家。总体来看，我国汽车出口市场和出口企业相对分散的问题，在一定程度上也存在规范的必要。

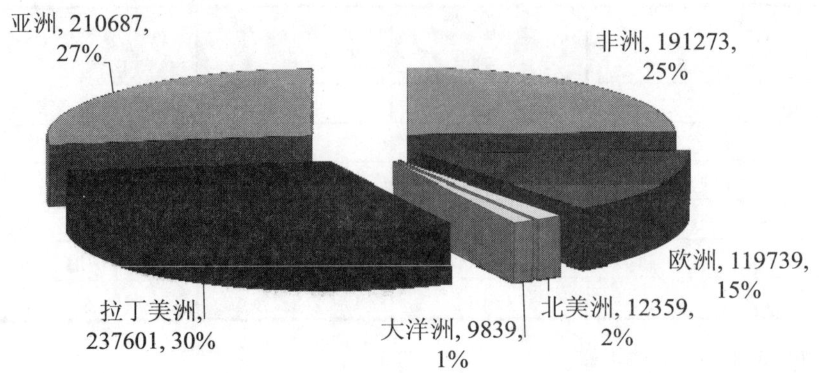

图1　2013年1～10月份汽车出口数量（辆）及占比（%）分洲别情况

表 5　2013 年 1～10 月份整车分国别（前 20 位）出口情况

序号	国家（地区）	出口数量/辆	同比增长率（%）	出口金额/亿美元	同比增长率（%）
1	阿尔及利亚	101574	-24.87	7.56	-15.24
2	俄罗斯联邦	74737	-7.02	7.84	-30.00
3	智利	65286	24.78	5.73	31.20
4	伊朗	39789	-41.14	3.83	-48.21
5	秘鲁	35120	9.36	3.70	10.22
6	哥伦比亚	32150	19.90	2.28	7.79
7	埃及	28509	21.58	1.65	10.00
8	乌拉圭	26335	93.00	1.86	107.10
9	伊拉克	25809	-61.74	2.27	-54.65
10	乌克兰	24346	-13.29	1.41	-18.17
11	巴西	20457	20.62	2.15	-6.30
12	沙特阿拉伯	20192	-14.03	4.10	-1.50
13	厄瓜多尔	17992	66.12	1.82	75.74
14	委内瑞拉	14639	-46.91	2.05	-72.08
15	越南	14220	11.69	2.48	19.50
16	缅甸	13746	34.69	2.46	1.42
17	南非	11197	-28.13	1.72	-8.84
18	加拿大	10638	118.30	1.83	114.60
19	哈萨克斯坦	10270	1.12	3.77	9.47
20	尼日利亚	10117	45.51	2.75	55.16

注：资料来源于海关数据统计。

5. 以内资企业为主，合资企业和大企业集团开始提高外向度

与汽车行业国有资本占主导地位相对应，汽车出口也是以国有企业为主。国有企业、外资企业和私人企业是我国整车出口的三大主体（见表 6），2013 年 1～10 月份出口数量分别占总出口量的 43.6%、28.2%和 26.9%。出口企业前五名分别为奇瑞汽车 11.3 万辆、吉利汽车 9.5 万辆、上海汽车 8.9 万辆、长城汽车 6.5 万辆和东风 5.9 万辆，合计出口量占总出口量的 52.2%。出口量最大的奇瑞汽车同比下降 30.71%；长城汽车同比下降 19.56%，东风同比下降了 16.69%。在整车出口整体下滑的情况下，吉利汽车、上海汽车、华晨汽车、北京汽车、比亚迪汽车却保持了增长，特别是比亚迪的增速达到 89.51%（见表 7）。从两大主力出口车型（轿车和货车）的出口企业构成看，出口排名前 10 位的轿车企业中，只有上海通用、本田（中国）是外资企业，其余均为内资汽车企业，吉利汽车、奇瑞汽车和上海通用占所有汽车企业轿车出口总额的比重分别是 27.1%、20.1%和 16.5%；排名前 10 位的载货车企业中，则均为内资汽车企业，东风汽车、福田汽车和长城汽车占所有汽车企业载货车出口总额的比重分别是 19.8%、13.7%和 11.9%。

2013 年，合资企业的出口步伐加速，包括通用汽车、福特汽车、神龙汽车在内的多家跨国汽车企业都相继表示，要从战略层面调整对合资企业的定位，从单纯的技术引进逐渐向整车出口过渡。上海通用凭借新赛欧车型在轿车出口数量中占比达到 16.5%，在轿车出口企业中位列第三。此外，神龙汽车、华晨宝马、一汽大众、东南汽车均已实现出口，2013 年 1～10 月份，合资品牌出口占乘用车出口比重为 15.3%。

外向度一直不高的上海汽车、东风汽车、北京汽车等大型汽车企业集团也开始意识到出口的重要性。2013 年 6 月份，上海汽车与埃及当地企业建立的合资工厂正式投产，首款车型为荣威 750，未来还将实现 MG 及荣威品牌在欧洲、非洲以及亚洲三大市场的投放。东风风神 2013 年 1～10 月份实现出口 1122 辆，计划 2012～2016 年海外出口量年均增长速度达 36%。广汽传祺实现了 GS5 和 GA5 车型的出口，主要面向南美、中欧以及澳大利亚等地区。2013 年，北京汽车国际正式成立，计划到 2020 年实现 40 万辆的整车出口规模，其中 40%以上的产品在海外制造。

表6　2013年1～10月份中国汽车出口情况（按企业性质分）

企业性质	出口数量/辆	同比增长率（%）	出口金额/万美元	同比增长率（%）
国有企业	341037	-14.24	464863.72	-13.29
中外合资企业	207271	-8.81	231246.49	-8.33
外商独资企业	13108	7.76	52413.88	6.63
集体企业	9729	-10.12	12527.51	8.20
私人企业	210352	3.11	287766.36	-0.70
其他企业	1	-80.00	1.61	-91.21
合计	781498	-8.27	1048819.58	-7.91

注：资料来源于海关数据整理。

表7　2013年1～10月份主要汽车企业出口数据

企业名称	2013年1～10月份/辆	2012年1～10月份/辆	同比增长率（%）
奇瑞汽车股份有限公司	113396	163662	-30.71
浙江吉利控股集团有限公司	94946	81804	16.07
上海汽车集团股份有限公司	88876	81778	8.68
长城汽车股份有限公司	65216	81076	-19.56
东风汽车集团	58577	70315	-16.69
重庆力帆乘用车有限公司	53883	66841	-19.39
安徽江淮汽车集团有限公司	53137	49979	6.32
华晨汽车集团控股有限公司	51048	37505	36.11
北京汽车集团有限公司	45506	40068	13.57
中国长安汽车集团股份有限公司	44083	45731	-3.60
广州汽车工业集团有限公司	28080	45589	-38.41
第一汽车集团	20631	18521	11.39
中国重型汽车集团	19377	20766	-6.69
比亚迪汽车有限责任公司	19091	10074	89.51
厦门金龙汽车集团股份有限公司	15726	14365	9.47
陕西汽车（集团）有限责任公司	10900	13242	-17.69
河北中兴汽车制造有限公司	5139	10698	-51.96
郑州宇通集团有限责任公司	3872	4122	-6.07
湖南江南汽车制造有限公司	3682	7236	-49.12
山东唐骏欧铃汽车制造有限公司	2531	0	0.00
安徽华菱汽车有限公司	1648	1088	51.47
丹东黄海汽车有限责任公司	1535	1397	9.88

（续）

企业名称	2013 年 1～10 月份/辆	2012 年 1～10 月份/辆	同比增长率（%）
中通客车控股股份有限公司	1352	934	44.75
天津天汽集团美亚汽车制造有限公司	947	389	143.44
包头北奔重型汽车有限公司	936	1339	-30.10
海马商务汽车有限公司	623	814	-23.46
湖北三环专用汽车有限公司	446	486	-8.23
海马轿车有限公司	346	898	-61.47
扬州亚星客车股份有限公司	266	242	9.92
庆铃汽车（集团）有限公司	152	104	46.15
东南（福建）汽车工业有限公司	84	104	-19.23
西安西沃客车有限公司	48	0	0.00
成都大运汽车集团有限公司	41	12	241.67
金华青年汽车制造有限公司	35	145	-75.86
长沙比亚迪客车有限公司	33	1	—
上海申龙汽车有限公司	6	0	0.00
重庆恒通客车有限公司	1	0	0.00
四川现代汽车有限公司	0	50	-100.00
荣城华泰汽车有限公司	0	1	-100.00
汽车企业总计	806196	871376	-7.48

注：资料来源于中国汽车工业协会。

6. 骨干企业开始实施“走进去”战略

近年来，我国汽车出口规模不断扩大，面临的贸易摩擦形势越来越严峻，越来越多的企业开始实施“走出去”战略，骨干企业在积极“走出去”的同时也开始实施“走进去”战略。以奇瑞汽车、长城汽车等为代表的出口先行者开始加速海外建厂步伐，截至 2012 年，奇瑞海外工厂数量已经达到 17 个，产能也达到了 21 万辆。长城汽车在海外已建成如保加利亚、俄罗斯、印度等 10 多家 KD 工厂，预计到 2015 年，海外工厂有望达到 24 家。此外，2013 年，吉利汽车、力帆汽车、福田汽车、一汽集团、比亚迪汽车等企业也纷纷公布了海外投资建厂的规划。但从总体上看，我国汽车企业的海外工厂仍以组装工厂为主，中方企业主要进行产品生产授权，目的还是为了促进产品出口。在不断积累经验的基础上，长城汽车、长安汽车近期也提出了独自建设海外工厂的计划，这也是中国汽车企业海外拓展的尝试与进步。

继成功收购沃尔沃轿车之后，2013年，吉利汽车按零现金、零债务的模式以1104万英镑（约合人民币1.08亿元）收购英国锰铜控股的业务与核心资产，从而使该公司解除托管程序，彻底归吉利集团所有。海外设立研发中心可有效跟踪世界先进技术，整合资源，降低研发成本、缩短研发时间。2013年，吉利汽车在瑞典哥德堡设立欧洲研发中心，整合旗下沃尔沃轿车和吉利汽车的优势资源，全力打造新一代中级车模块化架构及相关部件，以满足沃尔沃轿车和吉利汽车未来的市场需求。研发中心将充分发挥沃尔沃轿车在集团内部的技术领先优势，开发出一流品质的产品来满足更广泛用户的需求。

7．新能源汽车出口开始起步

近年来，在国家相关政策的激励下，我国已形成一定规模的节能与新能源汽车产能，但由于国内市场需求等方面的限制，我国节能与新能源汽车企业的出口意愿越来越迫切，国际汽车市场成为很多汽车企业的突破口。目前，比亚迪汽车已经获得欧盟官方许可，可在所有欧盟成员国销售电动汽车。2013年7月份，比亚迪向英国出口了50辆E6纯电动汽车，并计划在美国加州投建全资电动客车工厂，预计2014年该厂年产量将达到50辆至100辆，2015年达到500辆以上。江淮汽车与美国GreenTech Automotive Inc.公司正式签署了2000辆江淮纯电动轿车出口合作协议。此外，部分国内民营企业生产的低速电动汽车产品已通过传统的场地车出口渠道实现向北美、欧洲市场的批量出口。

8．以一般贸易为主，加工贸易比重有所增加，边境小额贸易出口比重降低

与我国机电产品出口以“加工贸易”为主不同，多年来，我国整车出口的贸易方式是以“一般贸易”为主的。2013年1～10月份，以一般贸易出口整车71.99万辆，同比下降8.76%（见表8），占比92.11%，与上年同期持平；以加工贸易方式出口整车4.76万辆，同比增长14.2%，占比6.1%，较上年同期增长了1.2个百分点。曾被业内人士诟病，会对汽车出口秩序造成一定影响的“边境小额贸易”2013年出口规模有所缩小，1～10月份仅出口5173辆，同比下降50.26%，所占比重也由1.2%下降到0.7%。

表 8　2013 年 1～10 月份中国汽车出口情况（按贸易方式分）

贸易方式	出口数量/辆	同比增长率（%）	出口金额/万美元	同比增长率（%）
一般贸易	719873	-8.76	852274.52	-4.45
国家间、国际组织无偿援助和赠送的物资	203	-83.25	1662.06	-65.44
来料加工装配贸易	396	435.14	8917.51	1157.19
进料加工贸易	47177	13.44	118681.70	-19.27
边境小额贸易	5173	-50.26	16098.48	-62.72
对外承包工程出口货物	6137	5.96	38280.61	10.83
租赁贸易	13	-56.67	436.67	-40.76
保税仓库进出境货物	31	675.00	41.62	984.88
保税区仓储转口货物	2192	-36.83	11130.42	-23.89
其他	303	-17.21	1296.00	-4.11
合计	781498	-8.27	1048819.58	-7.91

注：资料来源于海关数据整理。

三、汽车出口下降原因分析

1．海外汽车市场需求低迷

全球经济走势不明朗，欧债危机的冲击仍在延续，全球汽车市场增长乏力。汽车市场需求与国家经济表现直接挂钩，受全球经济形势影响，2013 年 1~10 月份，欧洲、日本、俄罗斯、东南亚等多个国家和地区的汽车市场增长乏力或出现负增长，如伊朗下降了 47.1%，白俄罗斯下降了 22.5%，乌克兰下降了 16.2%，巴基斯坦下降了 12.1%，俄罗斯下降了 6.7%，巴西下降了 0.7%，南非、澳大利亚略有增长，但也仅维持在 5.3%和 2.7%（见表 9）。

表 9　2013 年 1～10 月份主要国家汽车销量

国别	2013 年 1～10 月份/万辆	2012 年 1～10 月份/万辆	同比增长率（%）
美国（轻型车）	1294.2	1195.0	8.3
欧盟 27 国	1139.5	1175.5	-3.1
日本	449.5	463.7	-3.1
巴西	311.1	313.1	-0.7

（续）

国别	2013年1～10月份/万辆	2012年1～10月份/万辆	同比增长率（%）
印度	276.1	302.6	-8.8
俄罗斯	228.1	244.5	-6.7
韩国	113.7	114.5	-0.7
泰国	107.2	112.1	-4.4
印度尼西亚	98.9	89.3	10.8
澳大利亚	94.3	91.8	2.7
墨西哥	84.4	78.5	7.5
加拿大（轻型车）	82.4	79.6	3.5
伊朗	60.4	114.2	-47.1
南非	54.7	52.0	5.3
马来西亚	54.3	51.4	5.7
哥伦比亚	24.0	22.1	8.2
以色列	18.4	17.7	4.3
乌克兰	18.1	21.6	-16.2
埃及	15.0	12.9	16.3
巴基斯坦	12.3	14.0	-12.1
委内瑞拉	9.0	11.0	-18.4
阿根廷	3.3	2.7	23.6
新加坡	2.5	2.8	-11.7
白俄罗斯	1.4	1.8	-22.5

注：资料来源于中国汽车工业协会、MarkLines。

2．成本优势逐渐弱化

成本优势一直是我国出口汽车产品的核心竞争力。2013年以来，人民币兑美元汇率中间价升值已接近3%，人民币兑日元和韩元则分别升值约20%和10%。2013年12月11日，人民币对美元中间价报价6.110，创汇改以来的新高。人民币的升值直接造成出口汽车产品价格上涨，削弱了我国出口汽车产品的价格竞争优势。此外，受原材料和能源价格上涨、劳动力成本增加、土地厂房租金价格上涨等因素的影响，汽车产品的低成本竞争优势正逐渐弱化。

3．部分海外市场政治、经济局势不稳

中东、北非地区历来是我国汽车产品出口的重点市场之一，2013年，这些地区的政治、经济形势严重影响了我国汽车产品的出口。伊拉克采取了新的牌照政

策，导致中国汽车很难进入；伊朗遭遇经济制裁，中国汽车出口到当地后无法收到汇款；此外，叙利亚、埃及等国发生的战争以及动乱也直接影响到了市场需求。2013 年 1～10 月份，我国出口至叙利亚的整车数量仅 106 辆，同比下降 84%，出口至阿尔及利亚的整车数量也受到影响，同比下降了 25%。

4．我国汽车企业自身竞争力较弱

在海外市场份额迅速增长的同时并没有与之相匹配的技术、质量、口碑作支撑。企业核心竞争力不强，缺乏长远的国际化战略规划；出口规模较小，出口经营粗放，出口产品同质化问题严重，低价格、低利润、低技术水平的格局尚未得到根本性改变；企业境外营销和售后服务网络缺失；零部件配套体系和物流保障能力尚未对海外生产基地的建设形成有力支撑。这些问题都严重制约着我国汽车产业国际化的长期稳定发展。

5．部分企业新老车型更替，造成销量下滑

每一个新产品的市场推广期都比较漫长，尤其是在海外市场。2013 年，部分企业开始在海外推出新的产品，替代性价比较低的老款产品，从而提升企业整体竞争力。比如，2013 年以来长城汽车老款哈弗开始在俄罗斯逐渐退市，而新车型的准入、推广周期较长，因此导致长城汽车在俄罗斯市场的产品不能有效衔接，致使终端销量下滑。

四、2014 年汽车出口面临的形势

1．外需复苏仍不确定

回顾 2013 年，欧元区工业产出出现反弹，预示着经济正从长期衰退中复苏。美国的政府停摆和债务上限问题一并解决。标普公司全球首席经济学家保罗·希尔德认为，2014 年，美国经济增长的动能将增强；欧元区经济将走出衰退，财政紧缩的影响有所缓和，经济增长率将接近 1%。国际货币基金组织在下半年的《世界经济展望》中指出，全球经济增长模式正在发生转变，发达经济体的增长逐渐增强，但新兴经济体却面临增长放缓和全球金融市场收紧的双重挑战，全球经济仍处于低速增长状态，经济下行风险持续存在，预计 2013 年和 2014 年全球经济分别增长 2.9%和 3.6%，较 IMF 2013 年 7 月上一次预测分别下调 0.3 个百分点和 0.2 个百分点。此外，世界银行将东亚发展中国家 2013 年和 2014 年的经济增长

分别从4月预估的7.8%与7.6%调降至7.1%与7.2%；世贸组织修正了2013年和2014年的全球贸易增长预期，2013年由原来的3.3%下调到2.5%，2014年由5%下调到4.5%。这些信息都预示着中国汽车海外市场复苏的不确定性。

2. 贸易壁垒日渐升级，我国汽车出口阻力加大

随着我国汽车产品出口规模的逐步扩大，贸易保护主义日渐升级，增加了我国汽车走出去的难度。厄瓜多尔决定自2012年6月11日起至2014年12月31日，对汽车进口实行配额制；俄罗斯2012年9月份起对所有进口汽车征收报废回收费，2013年4月份，俄工贸部建议修改《关于生产消费废物法》，将进口汽车报废回收费扩展到所有国家，包括白俄罗斯和哈萨克斯坦；2008～2012年巴西政府曾多次调整汽车工业产品税率（IPI），2013年3月底，巴西政府取消了4月份提高IPI的计划，2013年年内税率将保持不变，但未来仍存在提高IPI的可能；2013年8月份，乌克兰总统雅努科维奇正式签署了对汽车征收回收税的税法修正案。随着我国汽车产品出口规模的逐步扩大，类似贸易保护措施的发生将愈加频繁。

3. 人民币升值势头在延续

国际清算银行（BIS）数据显示，2013年以来，人民币实际有效汇率和名义有效汇率分别升值7%和6.4%。而2012年全年，人民币实际有效汇率升幅为2.2%，名义有效汇率升幅为1.7%。2013年以来，人民币对主要货币美元汇率升值势头明显，连创新高，对其他货币也处于强势状态。德意志银行2013年12月13日预计，2014年人民币对美元将升值大约2%～3%。这一升值幅度并不逊于2013年，人民币对美元将步入5.0时代。另一方面，人民币兑日元等货币的升值势头也还将延续一段时间。日本政府希望通过日元贬值来促进出口，带动经济复苏。日本将于2014年4月份把目前5%的消费税率上调至8%，2015年10月份上调至10%。这种提高国内消费税税率的做法或将加剧日元贬值。人民币的升值将进一步削弱我国出口汽车产品的价格竞争优势。

4. 自主品牌汽车产品在海外市场将受到跨国公司及合资品牌产品的挑战

近年来，跨国公司进一步加大了对新兴市场的投入力度，针对当地市场开发中低端车型，在当地增资扩能，设立金融公司等。以往我国汽车产品与跨国公司产品形成互补的格局已经改变，我国汽车产品不仅要与日韩汽车品牌竞争，同时

还将不得不面临欧美汽车品牌的竞争。与此同时，国内合资企业也开始重新定位中国工厂，考虑出口业务。以通用为代表的跨国企业，目前锁定的出口市场主要集中在非洲、南美、亚太等地区，这些区域同时也是自主品牌汽车的主要目标市场，相比于自主品牌，合资企业拓展海外市场在品牌和渠道方面都更具优势，未来对自主品牌在海外市场的发展必然会造成冲击。据中国汽车工业协会统计，2012 年合资品牌汽车出口 9.6 万辆，占全年整车出口总量的 9%，比 2011 年提高了 1.5 个百分点。其中，上海通用雪佛兰新赛欧出口 6.2 万辆，占合资品牌出口总量的 65%，比 2011 年同期增长了 98%。2013 年 1～10 月份合资品牌汽车出口 7.6 万辆，占整车出口总量的 9.4%，继续呈现增长势头。

5．稳步推进自贸区战略，加速区域经济一体化进程

中国在加入 WTO 后不断加大对外经济合作力度。目前，中国在建自贸区 18 个，涉及 31 个国家和地区。其中，已签署自贸协定 12 个。目前，正在开展与韩国、海湾合作委员会（GCC）、澳大利亚和挪威的自贸谈判，以及中日韩自贸区和《区域全面经济合作伙伴关系》（RCEP）协定谈判。自贸区的签订有效降低了关税和投资门槛，使中国汽车及零部件产品在更广泛的市场范围内更具竞争优势。2013 年以来，我国汽车产品对拉美地区出口份额的大幅增长就是最好证明。

6．国家支持汽车企业“走出去”，进一步规范汽车出口秩序

2013 年 7 月，国务院办公厅发布了《关于促进进出口稳增长、调结构的若干意见》，其中提出要“完善人民币汇率形成机制”“提高贸易便利化水平”“更加重视开拓国际市场”“积极扩大出口”。商务部、工业和信息化部等五部委进一步提高了出口资质门槛。2013 年起，对出口授权数量进行分类管理。自 2014 年起，未建设境外售后维修服务网点的生产企业将不得申请出口资质。短期看，政策出台会导致一些企业因无法满足要求而丧失出口资质。但从长期看，市场秩序的改善将有利于有实力的企业稳健地拓展海外市场。

7．自主品牌国内市场空间不断被挤压，迫使企业拓展海外市场

国内汽车市场上，随着合资品牌的本土化步伐加快，以及价格的下探，我国自主品牌汽车企业在合资品牌的向下挤压中艰难成长。近两年，在汽车市场增速放缓，一线城市限购、限行等背景下，自主品牌的生存空间进一步遭遇挤压。为了最大限度地提高资产效率，企业不得不为庞大的产能寻找释放途径，而扩展海外市场则是一条现实的路径。我国自主品牌企业拓展海外市场内生动力强劲。

五、2014 年我国汽车出口展望

2014 年，我国汽车出口形势仍然不明朗，新兴国家经济复苏存在着不确定性，国内综合成本仍然在不断攀升，国际汽车市场的竞争也将进一步加剧。但另一方面，我国汽车出口的基本面是持续向好的，国务院出台的进出口稳增长、调结构的政策效应也将逐渐显现，加之 2013 年汽车出口基数较低，乐观地估计 2014 年整车出口将恢复 5%～10%左右的增长。

首先，2014 年中国汽车企业的海外产量将进一步提升。中国汽车出口企业的海外发展战略将全面升级，将会有更多的企业统筹考虑海外市场战略布局，由产品输出向资本、技术输出转变，创新业务增长模式，将企业的技术、品牌、企业文化输入到当地，做到真正植根于海外市场。如，东风公司提出了 DH310 计划，将通过由贸易型整车和零部件出口向资本和技术输出的转变，通过由分散作战向集团协同作战的转变，实现公司海外事业由机遇出口向战略出口的新跨越；长城汽车计划在战略上进行调整，在重点市场集中更多资源，做细做深重点市场，不盲目追求销量；吉利汽车计划到 2015 年在海外建成 15 个生产基地，把吉利汽车建成国际知名品牌，实现 50%出口的目标；北京汽车国际计划到 2020 年实现海外销量 40 万辆，其中 40%以上为海外生产。

其次，乘用车出口比重还将进一步扩大，中端车型的出口比重也将有所提升。通过 2012 年乘用车出口比重的变化，可以看出各汽车企业越来越重视乘用车海外销售，不断地丰富出口产品种类、提升产品档次，而不再是简单地将国内已经退市而国外有需求的产品输出，如观致 3 汽车实现国内、欧洲同步上市。可以预见，2014 年乘用车出口比重还将进一步扩大，经济型轿车和轻型载货汽车仍将是我国汽车出口的主力车型，中高端乘用车的出口比重也将有所提升。

第三，出口汽车市场结构将逐渐向高端推进。2014 年，亚洲、非洲和拉丁美洲仍将是我国汽车出口的主要目标市场，骨干汽车企业也在不断尝试进入欧洲市场。长城汽车从 2013 年 11 月起从保加利亚工厂出口整车到意大利。2014 年中期将陆续进入波兰、土耳其和其他东欧市场。奇瑞合资的首款观致 3 汽车已在斯洛伐克市场上市，并考虑进入爱尔兰市场。比亚迪将电动车业务作为进入欧洲和美国市场的切入点，已进入英国、荷兰和美国市场。

最后，出口主体仍将是国有企业，民营企业的潜力将进一步发挥，合资企业出口开始起步。近年，在欧美尤其是美国市场，在日韩汽车企业的步步紧逼下，本地汽车企业的市场份额正在不断下滑，而中国作为全球重要的汽车生产基地，也正在成为全球汽车生产的成本洼地，在各跨国公司全球战略中的地位不断提升，部分跨国公司开始重新审视和思考低成本的中国汽车合资企业产品出口问题。如神龙公司计划到 2015 年实现整车出口 5 万辆的目标，目前出口市场已覆盖欧洲、非洲、南美、东亚、东南亚、西亚 20 多个国家和地区；通用汽车计划在华生产汽车的出口量将提升至年平均 30 万辆的水平，使中国成为其在全球的重要出口基地。

2014 年中国汽车的出口虽然存在诸多不稳定因素，但也蕴藏机遇，汽车出口企业应冷静分析、积极把握、主动调整。

（作者：曲婕 吴松泉 武守喜）

市场调研篇

一汽-大众（大众品牌）产品调研报告

2013 年，我国经济进入了中速增长期，全年 GDP 预计增长 7.7%。面对不利的国内外经济形势，我国政府实施了稳健的货币政策并加快了经济转型升级，使得经济在二季度触底，从三季度开始趋稳回升。2013 年汽车行业政策总体延续了“调结构”的思路，没有实质刺激总量的政策出台，已经出台政策的影响更多体现在结构层面。但是整个汽车消费环境不断恶化，继上海、北京、广州之后，石家庄、天津又实施了限购政策；雾霾不断扩散，社会舆论将很大一部分原因归因于汽车尾气；中央出台《党政机关厉行节约反对浪费条例》，取消一般公务车。尽管如此，汽车市场的刚性需求依然存在，2013 年 1～11 月份，乘用车累计销售 1421 万辆，同比增长 17.5%，预计全年总量将达到 1580 万辆，同比增长 17.0%，扭转了 2011 年以来的低速增长局面。

2013 年，在各种严峻的市场环境面前，一汽-大众采用灵活的营销策略，提高经销商的运营管理水平，不断推进满意度提升工程，最终完美实现了销量突破。2013 年对于一汽-大众来说注定是不平凡的一年。全年累计销量突破 150 万辆，达到 1526288 辆，其中，大众品牌销量突破 110 万辆，达到 1118588 辆（见图 1），同比增长 11.8%，市场份额达 7.1%。全新捷达、新 CC、第七代高尔夫等车型的成功上市，增强了一汽-大众产品的竞争力，优化了产品的销售结构。

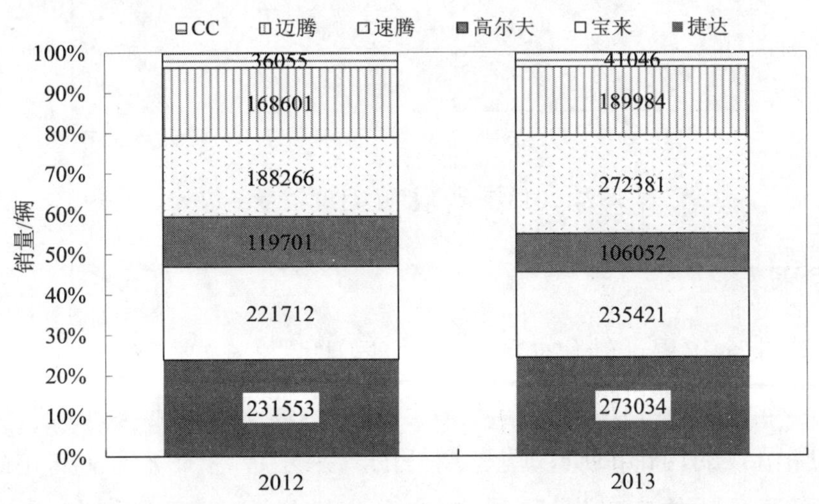

图1 一汽-大众（大众品牌）2012～2013年各产品销量结构变化

一、全新捷达

全新捷达秉承大众集团的前瞻造车理念，融入年轻化的动感活力，焕然新生。全新捷达不仅在造型上突破了人们的固有印象，更在配置、安全性等方面做出了完全升级，受众人群年龄段更广，能够满足更大范围消费者的需求。在保持品牌原有优势的基础上，不论造型设计与内饰风格，还是澎湃动力与高科技装备，都展现出了传承经典的可靠品质与引领潮流的创新精神。

2013 年 3 月 9 日全新捷达在深圳上市，不到三个月时间，月销量突破 1 万辆，8 月份销量突破 2 万辆，12 月份销量更是达到创纪录的 31145 辆（见图 2），月销量走势不断上扬，2013 年累计销售 184475 辆，充分证明了市场对新捷达的认可。捷达品牌叱咤中国汽车市场 23 年，品质不变、品牌不倒、销量不减、口碑不衰，堪称不辱使命。

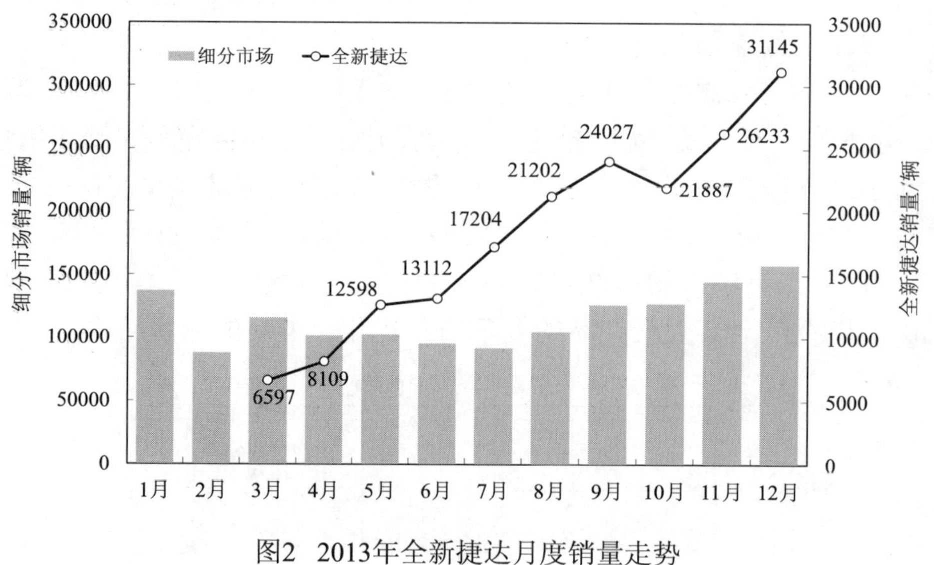

图2 2013年全新捷达月度销量走势

二、宝来

2013 年宝来全年累计销售 235421 辆，同比增长 6.2%，对一汽-大众（大众品牌）的贡献度达到 21%。作为一汽-大众的销量支柱车型，宝来凭借时尚动感的外观设计、细腻精致的内饰品质、超越期待的驾乘乐趣、一如既往的超高品质，为消费者带来了高品质的汽车生活。从宝来分省销量图中可以看出，宝来销量各地区分布相对比较均衡，山东、河北、江苏销量最大（见图3）。

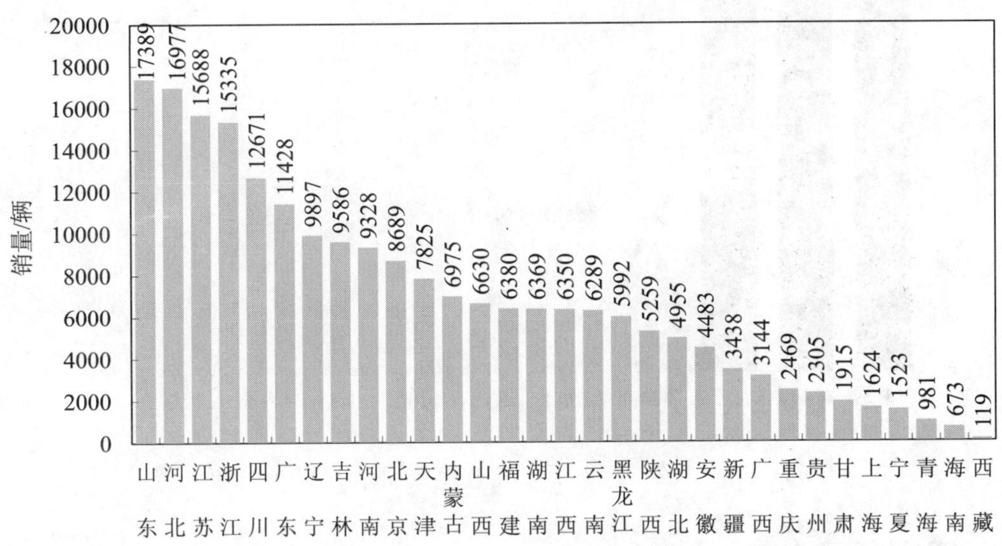

图3 2013年1～11月份宝来分地区销量

三、速腾

2013年，速腾成为继捷达、宝来之后一汽-大众第三款年销20万辆的车型，累计销售272381辆，同比增长44.7%，月均销量达2.2万辆，稳居A级车高端市场的前列。速腾优异的销量表现来源于其对市场的精准定位。通过对速腾用户的调研我们得知外观造型、安全、质量等是影响用户购买的决定因素（见图4）。作为一汽-大众征战A级车市场的主力车型，速腾在外形上的改变是成功的，将家族式外观设计融入了速腾的设计中，提升了速腾的档次，也迎合了中国消费者的诉求。同时速腾全车多达73项的安全装备可以说在安全层面做到了事无巨细。全系标配ESP电子稳定系统、电动随速助力转向、牵引力控制系统ASR和防抱死制动系统ABS，这些精确控制行驶过程的配置保障了车上驾乘人员的安全。此外，速腾超过60%的超高强度和高强度车身材料、热成型钢板、激光焊接等B级车工艺技术、国内首次应用的水性无中途工艺等又在造车工艺上保证了速腾的质量。相信未来它将会成为更多用户的首选用车。

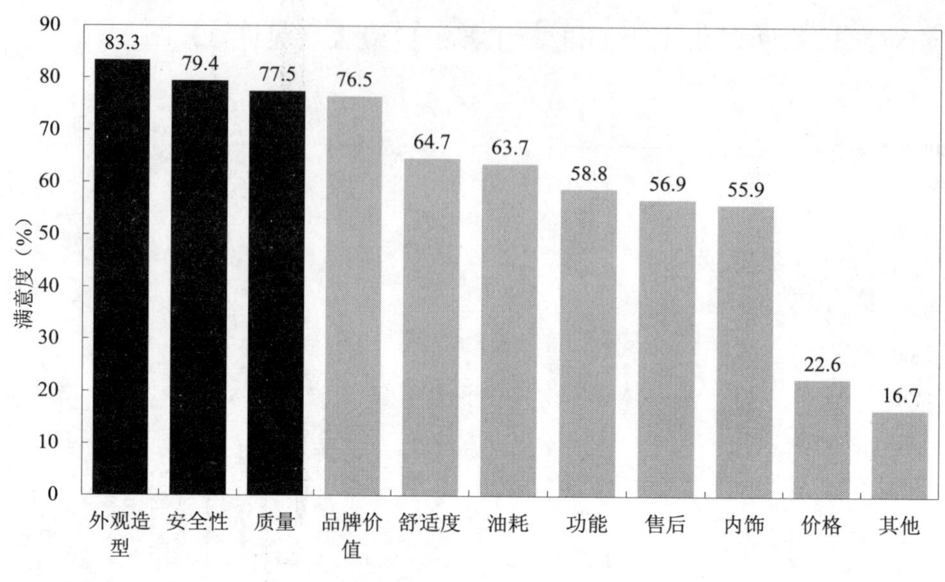

图4 速腾用户满意度调研

四、第七代高尔夫

在汽车发展史上，真正让人们记住的并不是那些高不可攀的豪华车，而更多的是能够满足千家万户需求的实用车型。而这其中真正堪称经典的车型并不多，但高尔夫绝对算是一个。高尔夫从1974年诞生至今已走过近40个年头，到现在已发展到第七代，累计销量将近3000万辆。2013年第七代高尔夫又一次当选欧洲“年度风云车”。2013年12月10日，一汽-大众全新高尔夫7在广州上市，作为大众集团最重要的产品，第七代高尔夫采用全新MQB平台研发，长度、宽度和轴距比高尔夫6都有较大的提升，MQB平台的特点之一便是轻量化，高强度热成型钢材的使用比例相比PQ35平台更大，质量因此降低了37kg，另外发动机降低40kg，底盘降低26kg，电气系统降低6kg等等，虽然车身尺寸增加，但全新高尔夫7的1.6L手动时尚型仅重1210kg，在第六代高尔夫1.6L手动时尚型的基础上降低了65kg，这对提升燃油经济性将起到立竿见影的效果，并且一定程度上也能提升驾控体验。在内饰方面，相比第六代高尔夫，第七代高尔夫明显更倾向驾驶者，中控面板整体向驾驶者倾斜，对于驾驶者的操作更为重视。与历代高尔夫一样，第七代高尔夫依然拥有“越级”配置。ACC自适应巡航系统、自动启停功能、防碰撞预警、胎压监测、电子手刹、AUTO HOLD电子驻车、一键启动、新版导航及超级蓝牙，这些科技配置让全新高尔夫再次傲视同级。上市后，势必又将成为两厢车细分市场中技术和配置的标杆。

五、迈腾

作为最纯正的大众第七代 B 级车，迈腾凭借德系的优良品质、创新科技、舒适驾控、豪华设计等核心卖点，一经推出便受到用户的热烈追捧。2013 年 6~9 月份连续四个月销量位居 B 级车中高端市场第一名（见图 5），2013 年全年累计销量达到 189984 辆，同比增长 12.7%，仅次于帕萨特，稳居细分市场排名第二的位置。

2014 款迈腾采取“增配不加价”原则，在保持原有价格不变的前提下对全系车型更新了配置，新增变道辅助、车道保持、MDFS 动态大灯，增加新内饰颜色，进一步提升迈腾自身的产品竞争力，为用户提供更多的购车选择。

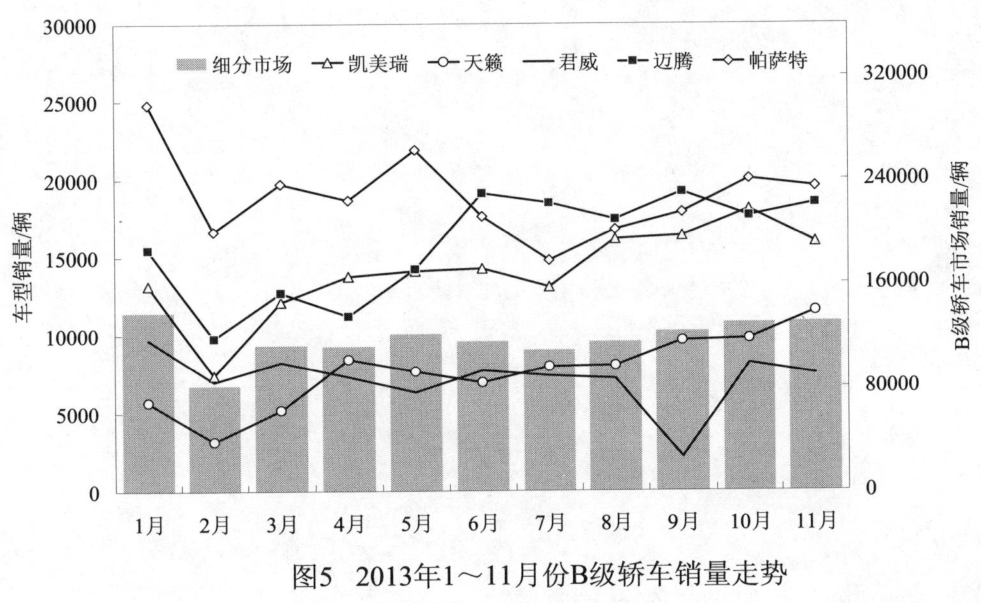

图5 2013年1～11月份B级轿车销量走势

六、CC

CC 因个性的流线型设计在大众家族中脱颖而出，素有“最美大众车”的美誉。2013 年 6 月 29 日新 CC 在上海上市，新款 CC 属于中期改款，换上了流行的家族脸谱，变化主要体现在外观方面，特立独行的风格有所弱化，家族化的前脸融入，使其看起来更加稳重；新 CC 最大的亮点在于配置的升级，包括最新的第二代 ACC 自适应巡航系统、LA 车道保持系统、SA 变道辅助系统、MDF 动态灯光辅助系统以及第二代智能泊车辅助系统等。操控性是衡量轿跑车型的重要指标，新CC拥有的DCC动态底盘控制系统，极大地提升了新CC驾乘的综合性能。DCC动态底盘控制系统，核心部件为4个电控减振器，通过挡位旁边的按键进行控制；可以调节减振的软硬程度，根据设定不同的减振阻尼提供舒适、普通和运动三种模式；另外该系统还和转向系统相连，可以同步改变方向盘的力度和车身对转向指令的反应灵敏程度，进一步提高了新CC的操控性。虽然新CC少了那份应有的优雅，但由于出色定位，新款CC未来仍然会是一款热门运动B级车。

总之，2014年对于一汽-大众（大众）品牌又是一个攀越之年，相信在这六款不断推陈出新的支柱产品的支持下，一汽-大众（大众品牌）定能再创佳绩。

（作者：张高亮）

一汽丰田，一路向前！

——2013 年一汽丰田产品调研报告

2013 年中国汽车市场呈现出持续高增长的态势，远超整体经济发展水平。一汽丰田凭借锐意进取的不懈努力和全方位贴心的服务品质，在遭遇 2012 年日系重创后，以优异的市场表现完成逆袭。2013 年销售 56 万辆，同比增长 12%（见图 1）。全国经销店网络达到 500 家左右，致力于为客户提供更贴心更便利的服务。

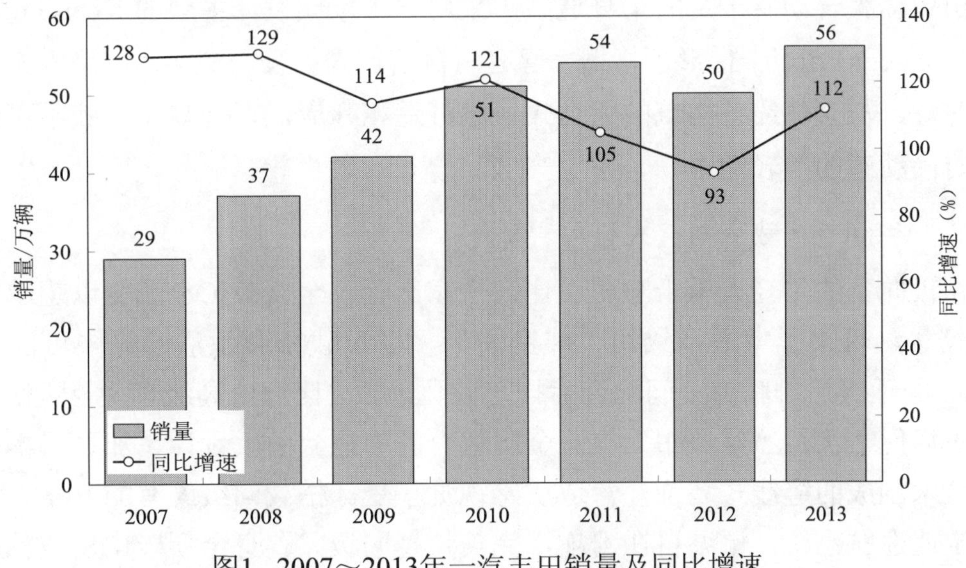

图1 2007～2013年一汽丰田销量及同比增速

面对瞬息万变的汽车市场，一汽丰田持续开拓营销渠道，深耕二三线乃至四线市场，并创新多维营销模式，使商品魅力、品牌诉求继续深入传递，一句“有路必有丰田车”，20 年来脍炙人口，在焦点小组访谈调查中成为出现频率最高的评价之一。

除了覆盖全国的经销店网络，以及专注于为客户提供无微不至的服务关怀外，一汽丰田更注重商品自身的魅力。2013 年为了更贴合我国客户的需求，他们带来了全新换代的 VIOS 威驰、RAV4、改款 REIZ 锐志、PRADO 普拉多、特装版 COROLLA 卡罗拉，还推出了进口丰田传奇跑车 86，以及改款商务车型 COASTER 柯斯达。

一、VIOS威驰全新设计，引领同级时尚新风潮

当2013年11月6日上市的全新威驰，以紫、橙、红、蓝的“威丰彩”亮相广州车展时，绚丽色彩仿佛展台上一道青春朝气的彩虹，映射出年轻人不同的个性特质，也与多姿多彩的梦想生活完美合拍。威驰秉承“VALUE BEYOND BELIEF 超越期待”的设计理念，定位于“都市新锐锋尚座驾”，为大家带来五大“超越期待”的商品优势。

1．V-Style威风型，“V”不可挡

勇于追梦的中国年轻人，胸怀希望，坚持梦想。全新VIOS威驰将青春逐梦的勇气，化作势不可挡的“威风型”，迸发出一股年轻的力量。流畅华美的曲线勾勒出宽体大气动感十足的车身造型，采用丰田家族设计主题的Keen Look锋锐前脸与Under Priority梯形下格栅，营造出自信过人的凌厉威风。熠熠闪光的犀利眼前照灯，与立体线条构筑的组合式后尾灯遥相呼应，直视梦想，威不可挡，打造出时尚动感的年轻活力。

2．V-Interior威空间，大有可“V”

积极向上的年轻人乐于呼朋引伴，携家出行。全新VIOS威驰以超越同级的车身尺寸，带来了宽适精致的“威空间”，以承载精彩生活的无限可能。宽达663mm的顶级后排膝部空间配合后排平整化地板，比肩中高级车型，即使5人乘坐也无局促之忧。“丝巾扣”与流金属组合的中控台面板设计，加之日本高精密加工技术制成的缝线式装饰，营造质感视觉享受。搭载同级鲜有的EPS、一键启动与定速巡航系统，更添自在驾趣，完美超越同级。置身全新VIOS威驰之中，享受的不仅是高品质座驾，更是梦想成真的满足。

3．V-Variety威丰彩，“V”力七“色”

年轻人喜爱宣扬自我本色，用缤纷色彩彰显个性。全新威驰七彩颜色映射年轻人不同的个性特质，也与多姿多彩的梦想生活完美合拍。紫、橙、红、白、蓝、银、黑，全新VIOS威驰 “威丰彩”带来更多个性张扬。其中，特别研发的中国市场专属的紫色车身，更是加入了闪耀的金属感和华丽的云母元素，即便阴霾蒙尘，亦能夺目绽放。

4．V-Performance威动能，“V”所欲为

无论是初出茅庐，还是拼搏途中，全新VIOS威驰全面升级的动力系统打造

出“威动能”，激发年轻人前行的渴望与追求，为逐梦之路提供一臂之力。全新VIOS威驰采用最新研发的双VVT-i NR发动机，既延续了丰田低转速、高扭矩等动力优势，又通过大量新技术的应用，令燃油能量最大化发挥。而全新研发的i-Super AT变速器，是丰田与市场占有率世界第一的AT变速器制造商爱信AW共同研发的，大量采用了应用于6AT及雷克萨斯变速器上的先进技术，使其进一步实现了低油耗、低噪声、轻量化及高耐久性。全新VIOS威驰高效动力系统带来的非凡节油性能，配合“长筏型”车顶、F1动力学导流鳍等多处空气动力学设计，以及低滚动阻力轮胎，实现了百公里5.7L（1.5LAT）、百公里5.6L（1.5LMT1.3LAT）、百公里5.4L（1.3LMT）的同级别最低油耗。让每一滴油都能物尽其用，令年轻人轻松实现多彩生活。

5．V-Quality威优质，体贴入“V”

逐梦之路要冲劲十足，锐意进取；也要稳健踏实、坚持自我。融汇于丰田家族血统中的优秀品质，铸就了全新VIOS威驰的“威优质”。研发时在我国进行了长距离的恶劣路况测试；车身大面积采用高强度钢板，提升了车身整体的高刚性，进而提升了稳定的操控及静谧性。全新VIOS威驰以体贴入微的耐久品质，伴你不断向前。逐梦之路，从不妥协。独有的GOA车身带来出色的安全保障，预紧限力式安全带、侧面空气囊、WIL概念座椅等安全配备，时刻准备在突发状况下全力保障驾乘者的安全。全新缔造，焕然新生，承载梦想与活力的全新VIOS威驰，用超越期待的商品魅力及价格携手中国年轻消费者踏上梦想进发的旅途。“向前，梦想将至！”带着无数年轻人梦想而来的全新VIOS威驰，以其6.98万元起的超低价格（见表1），加上超越同级别的设计和配备，将给消费者带来“超越期待”的惊喜。One Direction的代言加盟，不仅会掀起一场有关时尚、青春的国际范风潮，也让全新VIOS威驰一跃成为同一价格区间内最具国际范的明星车型。

表1　全新VIOS威驰配置价格一览表

排量	级别	车型	价格/万元
1.3L	超值版	手动挡	6.98
	型尚版	手动挡	7.58
		自动挡	8.38
	智尚版	自动挡	9.28

（续）

排量	级别	车型	价格/万元
1.5L	智尚版	手动挡	8.78
		自动挡	9.58
	智享版	自动挡	10.08
	智尊版	自动挡	11.28

二、RAV4 澎湃上市，定义城市 SUV 新境界

全新 RAV4 以“安心”与“舒适”为造车哲学，并在这一哲学指导下实现了感官体验的全新突破。无论是让人印象深刻且强劲有力的外形风格，还是宽敞舒适的驾乘空间与多样化装备，抑或是顶级的安全技术与配置，以及出色的操控性能与燃油经济性并重的驾乘乐趣等，全新 RAV4 都重新书写了城市 SUV 在空间、舒适、动力以及安全等方面的新境界。

1．全面突破，开创舒适驾乘新境界

全新 RAV4 外观内饰焕然一新，颠覆以往的固有印象。外观上，采用丰田家族最新的“Keen Look”前脸设计，同时取消了自诞生以来就作为家族传统的外挂式备胎与侧开式后门，整车更加时尚、动感，运动气息更浓厚。内饰上，全新 RAV4 采用了触感较好的软材质和金属基调的装饰，仪表台设计以横向为主导，座椅则体现出针脚缝合的细密紧实，用料与设计上的匠心营造出高品质质感。一贯为消费者所称道的宽敞空间在全新 RAV4 上也得到延续并优化。全新 RAV4 实现了后排座椅膝部空间比旧款扩展 41mm，引领同级别顶级的空间，配上丰富的舒适性配置，进一步提升了全新 RAV4 的舒适性。动力方面，全新 RAV4 配备了 2.0L 和 2.5L 两个排量的发动机，其中 2.0L 车型搭载 S-CVT 超智能无级变速器，并在此级别上提供一款搭载 6MT 变速器的车型供选择；2.5L 车型匹配 6 挡手自一体变速器。全新的动力组合既保证了全新 RAV4 的强劲动力，带来更快的加速性能，同时还为整车提供了完美的燃油表现，以 2.0L 2WD 车型为例，燃油经济性较旧款提高了 18%。此外，全新 RAV4 拥有 ECO 节能模式、常规模式以及 Sport 运动模式三种驾驶模式，可满足多样化的驾驶需求，实现随心而至的驾驶乐趣。

2．高端科技，成就全方位安心体验

全新 RAV4 搭载了丰富的高端科技配置，如动态扭矩分配控制 4WD 系统与 VSC+系统、BSM 盲区监测系统、LDA 车道偏离警示系统、TPMS 胎压报警系

统、AHB 自动远近光灯调节系统等，可成就更为安心、安全且人性化的驾乘体验。全新 RAV4 在四驱模式中采用了动态扭矩分配控制 4WD 系统，该系统能够收集来自各传感器的信息，实时监测车辆的行驶状况，必要时将所需扭矩分配至后轮，实现前后扭矩最佳配分。全新 RAV4 不仅在泥泞、湿滑路况下能实现优良、稳定的操控性能，即使在干燥路面，通过动态扭矩分配控制 4WD 系统，也可以进行四驱和两驱的转换。例如当检测到转向时，将 10%左右扭矩分配至后轮提升转弯性能，提高车辆的循迹性，避免甩尾。同时，动态扭矩分配控制 4WD 系统和 VSC+系统相互协作，可通过 CAN 整合通信系统将 ABS、VSC、TRC、EPS 和 4WD 智能统筹控制，让车辆最大化接近驾驶者的理想路线。在行车辅助系统方面，全新 RAV4 配备的 BSM 盲区监测系统可通过读取来自雷达传感器的信息，将处于视线盲区中的车辆以警示灯的形式报告给驾驶者。而当车辆偏离车道时，LDA 车道偏离警示系统会通过警报音和仪表盘信息警示驾驶员。TPMS 胎压警示系统则能帮助驾乘者实时了解胎压的异常，保障行车安全。采用高端科技的主动防御安全系统，极大地提高了全新 RAV4 的安全系数。在被动安全上，全新 RAV4 采用世界级安全标准的 GOA 车身和减轻对行人伤害的车身结构，并配备有 9 个 SRS 空气囊、前后座椅均采用预紧限力式安全带等，最大限度地保障了驾乘者的安全。

3．现地现物，为中国用户量身打造

作为丰田的全球战略车型，此次全新 RAV4 是 RAV4 历史上首次为满足中国市场的消费者需求而量身打造的中国专属车型。研发过程中，全新 RAV4 研发团队针对中国消费者的用车需求以及中国的道路情况，现地现物，做了大量深入的调查，从而诞生了最契合中国消费者需求与喜好的全新 RAV4。

在外形设计上，全新 RAV4 结合汉字书法笔迹造型，设计了中国专有的 LED 后组合渐变式尾灯。这一中国专属设计，进一步凸显了驾乘的尊贵感。而特别为中国市场开发的 18in 表面切削处理的宽幅轮毂，也极大地满足了中国消费者对时尚和存在感的强烈需求。在空间体验上，全新 RAV4 前后独立辊式遮阳板的双天窗设计，在营造出“一人一视界”的畅快感受的同时，也更好地契合了国人对车内空间开阔气派的喜好和要求，带来海阔天空的超然意境。除了产品力上的突破提升，全新 RAV4 在价格上也有非常大的突破。全新 RAV4 2.0L 都市版，搭载 S-CVT 变速器，价格为 19.38 万元，入门级车型比同级别旧款还要低。主力车型 2.5L 精英版，拥有 2.5L 双 VVT-i 发动机与 6AT 的动力组合，同时还配备双色真皮内饰、AHB前照灯远近光自动调节系统、9个安全气囊等配置，价格仅为23.98万元，极具竞争力（见表2）。深度革新的产品竞争力、突破性的驾乘体验以及极具优势的市场价格，全面进化的全新RAV4不仅将重新定义城市SUV的全新境界，同时还将在城市SUV领域占得更多先机，其未来的市场表现值得期待。

表2 全新RAV4配置价格一览表

排量	变速器	驱动方式	级别	价格/万元
2.5L	6AT	4WD	尊贵版	27.28
		4WD	豪华版	25.28
		4WD	精英版	23.98
2.0L	S-CVT	4WD	新锐版	22.98
		4WD	风尚版	21.78
		2WD	都市版	19.38
	6MT	2WD	都市版	18.38

三、非凡进化，新REIZ锐志越级上市

对于那些追求性能与质感的消费者而言，有30余项改进的“高性能越级座驾”新锐志更能激发他们的购买欲望。在继承品牌原有“FR+V6+6AT”高性能运动基因的基础上，新锐志在设计风格、驾乘舒适性、操控稳定性、先进配置上均有“非凡进化”，堪称一汽丰田车型史上最大的一次中期改款。

四、心驰，阅非凡，新LAND CRUISER PRADO普拉多耀世登场

改款上市的新普拉多以“越野”及“舒适”为开发理念，在承袭LAND CRUISER车系卓越越野性能的同时，在外观、内饰及科技配置等方面进行了诸多升级，个性时尚感、科技豪华感更为突出，可满足驾乘者全方位的用车需求。

五、全系联动 满足个性需求

如今的汽车市场为了满足客户们日益增长的需求，新车争艳自是必然，丰富的商品序列也从新能源技术、智能科技、经济实用、越野耐久等多个角度为不断细化的市场及个性化需求做出注解。一汽丰田全系乘用车在2013年为消费者们描绘了风采各异、品质卓越的汽车群像。随着新能源补贴新政策的正式发布，混合动力车型成为了新能源汽车市场的新宠。而一汽丰田技术旗舰车型全新普锐

斯，以丰田独有的油电混合双擎技术再次实现了百公里 4.3L 的超低油耗，更拥有相当于 2.4L 普通汽油车的动力性能。而世界首创的智能钥匙、太阳能通风系统等科技配置，令全新普锐斯的科技含量更高，更具未来感。而作为一汽丰田旗舰车型的新款皇冠，在承袭了 50 余年设计历史的同时融入了创新精神，在外观、操控、舒适、安全、节能五大方面得到全面提升，尽显“实力，掌控自如”的尊贵气质。独具个性的丰田 86，继承了丰田跑车鼻祖 Sports 800“水平对置发动机＋前置后驱”的动力布局，首次将 D-4S 直喷技术融入水平对置发动机，使激情动力瞬间爆发，将驾驶乐趣与节能环保之间的和谐平衡完美演绎。“1966 年诞生，7 位设计师，10 代传承，38s 售出一辆卡罗拉，4000 万辆相连可绕地球 4.5 圈……”全球最畅销车型卡罗拉和经典家庭轿车花冠以其经济节能、实用耐久为更多家庭带来更加幸福、更有品质的汽车生活。“四驱之王”兰德酷路泽，则为丰田家族增添了几分野性与豪放。

六、诚意感动 坚持以人为本

走过十年历程的一汽丰田不仅在商品品质方面精益求精，也在“客户第一”经营理念的指导下，在服务、公益、营销等方面不断努力，为消费者带来了愉悦的用车体验。在服务领域，一汽丰田致力于打造“诚信服务”品牌，秉承“专业对车、诚意待人”的服务理念，长期立足于为客户提供专业、透明、诚意的服务项目。还进一步将业务拓展至保险与二手车领域，为车主打造喜悦的汽车生活。在社会公益领域，一汽丰田秉承着“厂家先行、经销商跟进、客户参与”的公益事业三步走战略，围绕“安全、环保、育人”持续开展了多项社会公益项目。随着一汽丰田公益事业的发展及影响力的提升，其发布了“品质于心，大爱于行”的企业社会责任主题，聚集了更多的社会公益力量，持续奉献爱心。在营销方面，一汽丰田在体验式营销之路上的探索与创新，为消费者提供了丰富多彩的汽车体验。其中，极具代表性的“乐驾嘉年华”活动则是以一种全新的体验式营销模式，向消费者展示了一汽丰田全系车型产品、企业发展历史、售后服务、衍生服务、社会贡献等成果。十年来，一汽丰田立足中国消费者的实际需求，推进专属中国市场的本地化研发和生产，用丰富与卓越的商品，满怀诚意的服务，赢得了超过 350 万中国用户的信赖和认可。相信在经历 2013 年的怦然绽放之后，一汽丰田将在未来为消费者打造更加美好的汽车生活。

（作者：焦彦）

新产品　新起点
——2013 年广汽本田产品调研报告

2013 年中国汽车市场是格外红火的一年。中国汽车行业将取得 13%以上的增速，相对于前两年个位数的增速有较大幅度提升。其中，国产销售的狭义乘用车增速达到 20%，远超各厂家和机构年初的预期。

2013 年，对于广汽本田来说也是值得载入历史的一年。2013 年是广汽本田成立的 15 周年，也是广汽本田投放新产品最多的一年。2013 年 1～11 月份，广汽本田销量也达到 36.9 万辆，销量创广汽本田历史新高。2013 年广汽本田已经启程，向着 2020 年长期战略目标迈出了坚实的一步。

一、2013 年广汽本田整体市场表现

2013 年，广汽本田向市场投放了三款全新车型，新车型的投放和销售体质的提升结下了累累硕果。2013 年 1～11 月份，广汽本田累计销量 36.9 万辆，增速为 30%，销量创下了广汽本田的历史新高，增速远远快于整体市场（见图 1）。2013 年是广汽本田“二次腾飞”的元年，广汽本田希望通过一系列的变革，重回主流厂商行列。

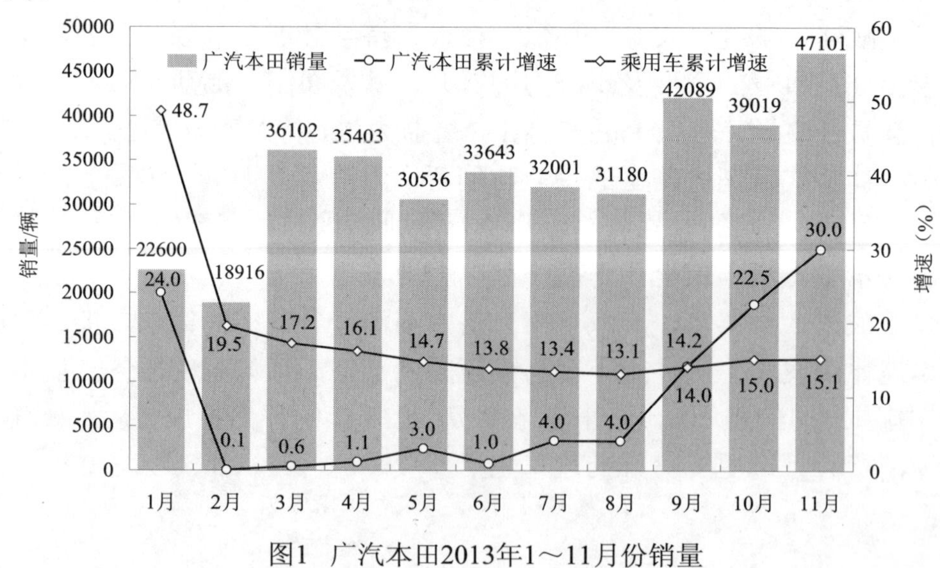

图1　广汽本田2013年1～11月份销量

二、2013 年广汽本田细分市场产品的表现

1．雅阁市场表现

第八代雅阁从 2008 年上市到 2011 年蝉联销量冠军，2012 年和 2013 年月均销量都近万辆，第八代雅阁荣耀地完成其使命。第九代雅阁承载光荣使命在 2013 年 9 月 12 日闪耀登场，上市后的第九代雅阁不负众望，连续三个月销量过万（见图 2）。

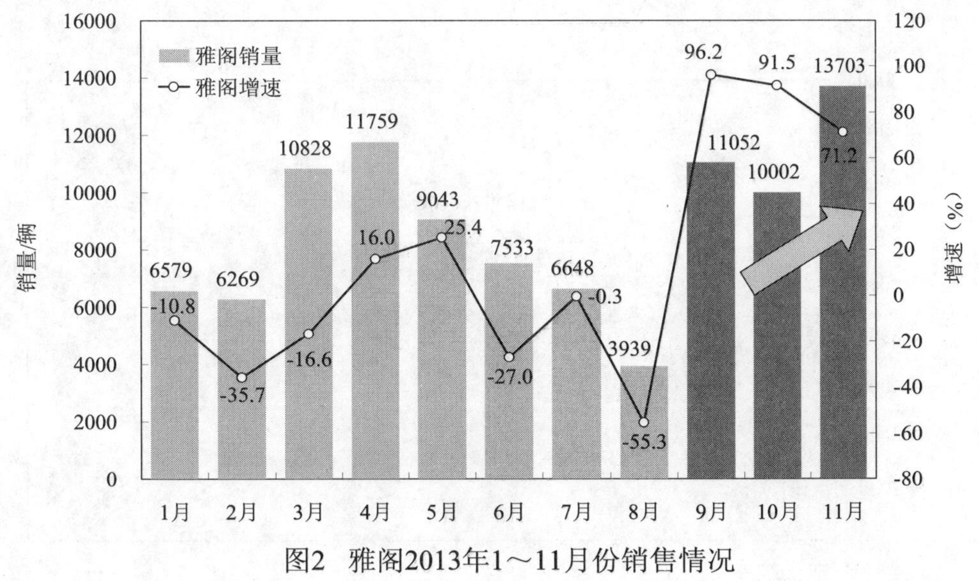

图2　雅阁2013年1～11月份销售情况

与此同时，第九代雅阁所在的中高级细分级别，也发生着深刻的变化，由原来的日系三强独霸，到别克“双君”的焕然一新，再到德系双雄舍我其谁的强势崛起，以及到韩系、法系和美系中福特都大量投入新产品，都希冀从该级别中分一杯羹，可以说中高级市场是整个乘用车各细分市场中竞争最为激烈、最为体现品牌的市场。在这样的背景下，第九代雅阁上市所取得的成绩实属不易。

第九代雅阁是 Honda 兼顾驾驶乐趣和燃油经济性的全新一代动力总成技术 Earth Dreams Technology（地球梦科技）在中国市场的首发车型，实现同级别最高的燃油经济性和超越以往车型的动力性能及灵敏反应，同时保持自然进气发动机技术成熟、稳定耐久等特性，以“自然进气之王”的非凡表现再度引领动力技术潮流。

同时，第九代雅阁再次颠覆中高级汽车的价值基准，开启了中高级汽车市场

的全新时代。第九代雅阁荟萃 Honda 全球领先技术，三大创世科技展现“科技全武装”座驾的非凡魅力，以全价值进化的综合实力强势刷新行业标准。

2. 凌派市场表现

广汽本田倾力打造的“全新梦想中级车”凌派，自 2013 年 6 月 26 日上市以来，市场销量一路走高。该车 11 月份销量达到 1.6 万辆（见图 3），7～11 月份累计销售 6.6 万辆。凌派不仅成为广汽本田新的支柱车型，也成为国内 11 万～15 万元价格区间最具实力的中级车。

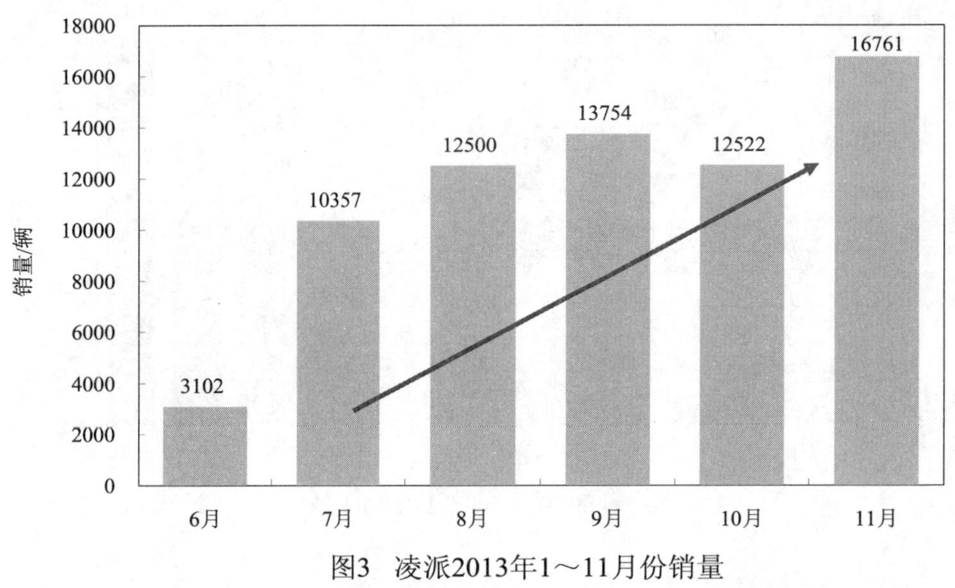

图3 凌派2013年1～11月份销量

凌派凭借其在外观、空间、配置和驾控四大超级别优势成就了 1.8L 中级车的冠军车型，同时也拉动了广汽本田的强势回归。中级车市场盘踞着 20 多个品牌，100 多款车型，在广汽本田凌派投放市场之前，业内就担心这款没有花长时间大张旗鼓宣传的车型，能否在激烈的市场竞争中获得预想的成绩。而事实上，按照自己的节奏发展的广汽本田用漂亮的数字证明了其在中高价位中级车市场的实力。

探究凌派热销的原因，最根本的应该是广汽本田对中国用户需求的精准把握。凌派是本田全球战略车型首次从“中国出发”，由本田的全球设计团队与中国本土的研发团队共同打造的一款全新中级车。在高起点的研发背景之下，凌派外观、空间、配置和驾控方面的四大超级别产品力征服了挑剔的中国消费者，终端反响强烈。

3. 锋范市场表现

2013 年锋范步入产品生命末期，但是仍然凭借其可靠的品质，锐锋的外观，在竞争激烈的中级车市场找到了立足之地。凌派上市后，锋范与凌派构筑了广汽本田的“凌锋”组合，一起征战市场容量最大的中级市场，为广汽本田的强势回归奠定了坚实基础。2013 年锋范月均销量 8000 辆（见图 4），向世人展示了广汽本田精品轿车的实力。

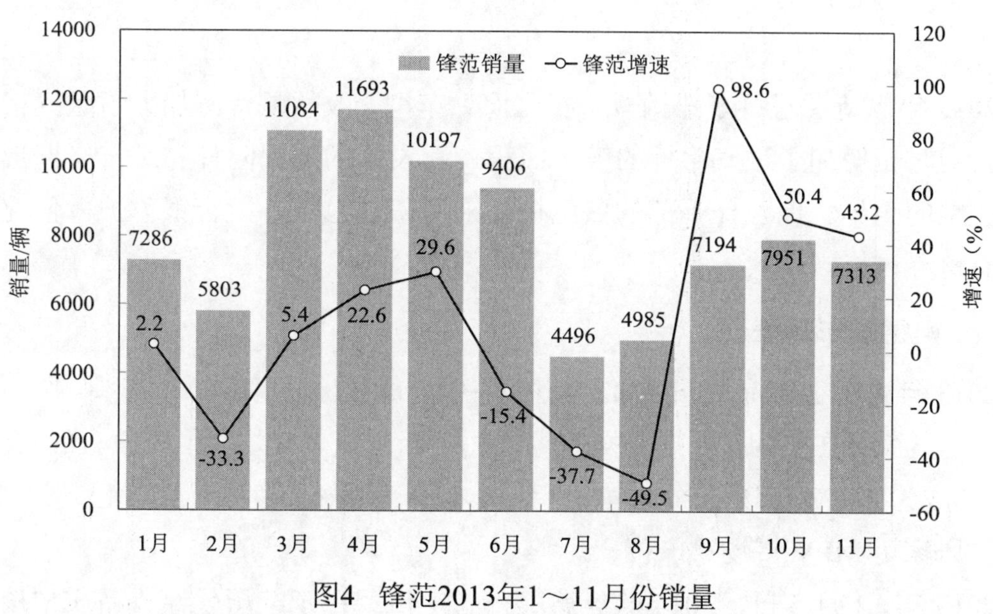

图4 锋范2013年1～11月份销量

4. 歌诗图市场表现

作为首款合资品牌的跨界车，歌诗图开创了中国汽车市场跨界车新潮流。这款车之所以命名为歌诗图，就是希望它能够为用户带来“如歌、如诗、如画”的驾乘享受，为用户呈现出“自由、浪漫、探知”的人生新境！自从歌诗图重新定位上市后，月销量均保持在 4000 辆左右（见图 5）。

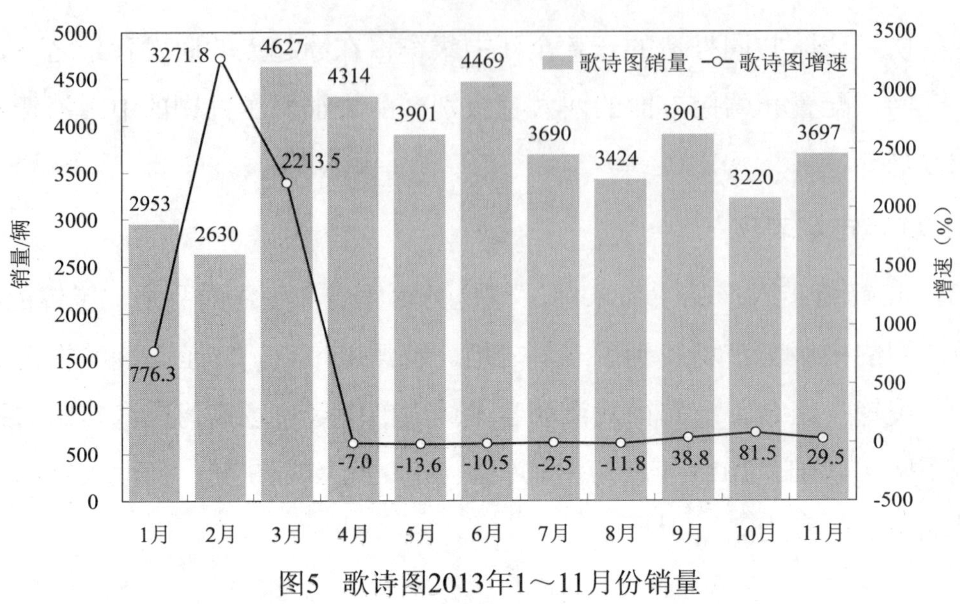

图5　歌诗图2013年1～11月份销量

2013 年歌诗图进行了小改款，相比旧款车型，改款歌诗图加大了进气格栅的尺寸，同时也增加了进气格栅的镀铬面积。新设计的前保险杠和进气格栅形成了一个完整的整体。保险杠下部的黑色护板采用整体包裹，配合银色护板使前脸更加拥有跨界风格。

5．奥德赛市场表现

2013 年是奥德赛品牌自 2002 年进入中国市场以来的第 11 个年头。历经两代进化后，奥德赛在空间、外形及操控等方面不断升级优化，凝聚成独有的“奥德赛价值”，成为 MPV 市场的领先车型。广汽本田奥德赛品牌累计销量已超过 30 万辆，位居家用 MPV 市场第一位。

2013 年 12 月 5 日，2014 款奥德赛正式上市。在延续历代经典品质与核心价值的基础上，2014 款奥德赛通过不断地优化完善，在产品设计上注入了更多的潮流元素，全系新增琥珀金外观色，豪华版新增黑色品质内饰可选，不仅进一步丰富了消费者的选择，更将以全新姿态再续其 MPV 市场的领航地位。

6．飞度市场表现

自 2003 年进入中国市场以来，广汽本田飞度凭借其时尚个性和优异性能一路走红，深受都市年轻消费者的青睐。“风格适己、功能适用、成本适度”的 FIT 生活理念更是得到了广大追求个性、向往自由、充满活力的都市年轻精英们的追捧，形成了由飞度车主、改装发烧友、粉丝组成的飞度族群。专为都市生活而生的飞度轿车，已成为年轻人的时尚标签和无处不在的生活伙伴。

作为时尚的重要组成部分，色彩因丰富多变和直观性强而成为消费者关注的重点因素，飞度也因其时尚靓丽的多色车身，深得年轻潮人的喜爱。活力热情的瑞丽红、纯净利落的塔夫绸白、优质精致的丝缎银/暴风银、智慧浪漫的巴黎蓝、自由多变的拉丁黄……每一种颜色的飞度都独具个性，尽显时尚气质。2013 年阳光活力的荷兰橙飞度全新加入，不仅为炫彩的飞度家族再添亮色，同时也让多彩的飞度缔造出更加丰富多样的生活层次。

7. 理念 S1 市场表现

两年前，广汽本田理念 S1 以“合资自主第一车”的身份率先入市，凭借“技术同步、品质同源、服务同网”的三同优势，开创了合资自主车型的全新品类。

两年之后，当它的中改款车型在 2013 年 4 月 18 日提前亮相时，焕新之型吸引了业界惊叹的目光。全新理念 S1 主力 1.5L 车型，它保留了经济、实用的动力系统，搭载大家熟悉的 Honda 经典的 1.5L VTEC 发动机，拥有 Honda 著名的可变气门正时及升程控制技术，可以实现出众的低油耗、高动力和低排放。

三、总结

2013 年是广汽本田二次腾飞元年，广汽本田先后推出了全新理念 S1、凌派、第九代雅阁三款新车。在广汽本田 15 周年华诞之际，广汽本田人交出了一张漂亮的成绩单。面对未来并不平坦的征途，但心中怀揣着为客户、为员工、为合作伙伴创造超越预期的感动，广汽本田已选择大步启程。

（作者：吴婷婷）

东风日产产品市场调研报告

一、东风日产在2013年的总体表现

回顾东风日产2013年的销量表现，可以用完美逆袭来表达。经历一季度的“阵痛”后，东风日产一路高走。月均销量维持在7万辆以上，基本恢复到“中日岛争事件”前的正常水平。2013年9月份，东风日产共销售92966辆，“中日岛争事件”后首次回归到前四的位置，并在10月份、11月份和12月份继续稳定发挥，分别销售91415辆、105585辆和105637辆，稳固了第四位的位置，并将全年的最终销量定格在926229辆，同比增长20%，并圆满超额完成年初制定的90万辆的目标销量。其中，12月份105637辆和全年的926229辆不仅是东风日产的历史最佳销量，同时也是日系厂家所取得的历史最佳销量。这些纪录都在宣告着那个习惯超越和领先的东风日产回来了。在整体销量飘红的背后，是东风日产车型的多点开花与齐头并进。

1．新世代天籁&天籁公爵

天籁车型在全球范围内有着历经近半个世纪的传承，满载荣誉与辉煌。2004年，天籁进入中国市场，第一次让消费者感受到中高级车豪华与舒适的驾乘体验；2008年，新天籁“应中国而生”，不仅率先扛起“舒适主义”大旗，引领了中高级汽车市场的“舒适”潮流，更以“鲶鱼效应”打破了商务和运动为主的固有格局，重新定义了中高级车市场的规则。截至目前，天籁累计销量已突破70万辆，并长期稳居中高级汽车市场三甲之列。

新天籁于2013年3月18日上市，它当属东风日产开始新十年的开篇力作，同时也肩负着东风日产收复中高端市场失地的使命。为将新世代天籁打造成真正意义上的豪华座驾，日产组建了由全球顶尖汽车专家汇聚的“TEANA Global Team 天籁全球团队”，开展推进了“NEO DNA 基因进化工程”，从而将舒适基

因与驾控基因融于日产全新D平台，缔造了悬架性能、动力性能、刚性车身的三大NEO DNA。依托“NEO DNA基因进化工程”，新世代天籁的产品性能全面满足“实力新生代”的真实需求。凭借“精准驾控”“健康舒适”“强劲省油”“全面安全”四大产品优势，新世代天籁树立了中高级汽车市场的豪华标准。精准驾控——高速变道0偏差。新世代天籁以消费者感受为出发点，采用梯形控制臂独立后悬架与四轮精准循迹系统，带来超稳定的高速过弯，不推头、不甩尾。健康舒适——劳损程度仅为同级其他车型的50%。新世代天籁采用的零重力健康乘坐系统，使消费者在驾驶过程中的腰背劳损程度比同级车降低67%；3D平视信息显示系统，使车主的眼睛紧张程度比同级车降低50%；全维超静音车体，静音效果比上一代天籁提升 40%。强劲省油——同级最低百公里综合工况油耗7.3L。新世代天籁采用全新一代QR25DE发动机+全新一代智能XTRONIC CVT无级变速器，组成“全新一代铂金动力组合”，不仅带来137kW的同级最强动力，更实现了百公里综合工况油耗7.3L的同级最低油耗。全面安全——车身超高强度钢比例高达1/3。新世代天籁车身590MPa以上的超高强度钢使用比例高达32%，配合ITS预警式整体安全系统、AVM全景式监控影像系统和HSA上坡起步辅助系统，给消费者带来了全方位的安全保障。

新世代天籁上市后凭借过硬的产品实力和有竞争力的价格，在中高级车的“万辆俱乐部”很快站稳脚跟，在此基础上东风日产在2013年10月11日推出了年底压轴巨作天籁公爵，与新世代天籁形成“两强同堂”格局。一直以来，天籁的舒适性有口皆碑，以舒适为基础，新世代天籁和全新一代天籁公爵针对不同消费人群带来不同的价值选择——新世代天籁以出众的操控性满足消费者对时尚动感的需求；而全新一代天籁公爵将以加长车身和豪华配置满足消费者对尊贵享受的需求，为消费者带来同级别最为出众的豪华体验。可以说，两款车型以“价值原则”实现了创新并行，可谓是实实在在的“两强同堂”。在新世代天籁和天籁公爵的代言人黄晓明的带动下，天籁系列的销量继续攀升，在 12 月份取得了全年第二好的销量（见图1）。

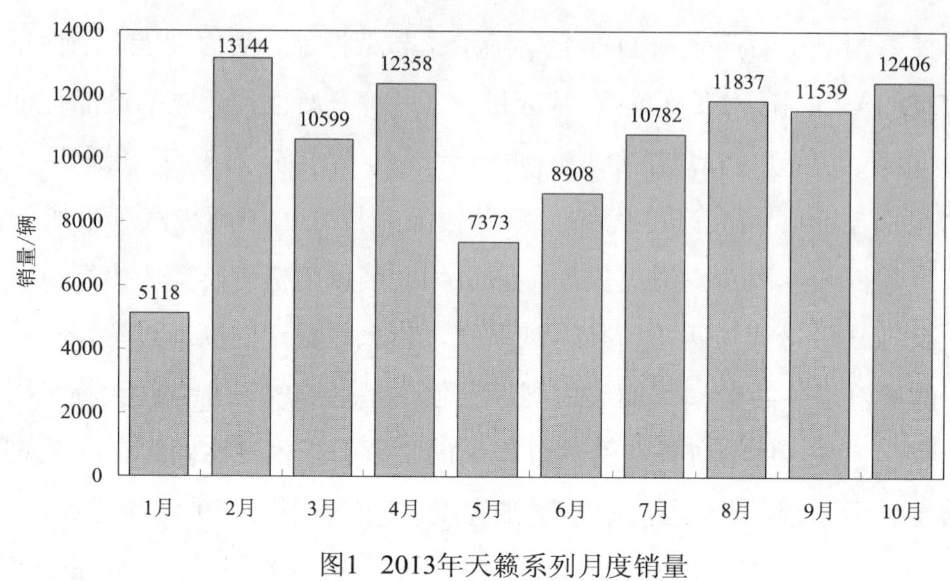

图1 2013年天籁系列月度销量

2．轩逸

自 2013 年 9 月份以来，新轩逸的销售一路走强，市场表现异常火热。从 9 月份的 2.3 万辆到 10 月份的 2.5 万辆，再到 11 月份的 3.1 万辆和 12 月份的 3.2 万辆，销量屡创新高，成为东风日产旗下最畅销的车型，同时也成为日系车中首款单月销量破 3 万辆的车型，“中级家轿第一车”和“日系第一车”名副其实。11 月份和 12 月份，新轩逸销量接连杀入汽车市场 TOP3“第一集团”。这不但创下了其汽车市场的最佳排名，而且也创下了日系车的最好成绩，代表了轩逸整体竞争力的提升，从量变到质变，轩逸完美蜕变。新轩逸不仅汇聚了日产的先进技术与优质资源，更代表着日系车的尖端水平。另外，从 2012 年 7 月份上市到 2013 年 12 月底，新轩逸上市累计销量成功突破 33 万辆，仅 17 个月销量就达到 33 万辆，显示了其强大的竞争力。并且新轩逸单款车型在 2013 年的累计销量达到 259545 辆，超过一些中小企业全年的销量。新轩逸之所以取得这样突出的成绩，这归功于东风日产对汽车市场消费趋势的精准把握，投入众多资源与先进技术打造，使之具备超越同级的产品力表现。新轩逸优雅、大气的外形，颇为符合国人的审美需求；日产 CVT 变速器的应用使动力平顺、流畅，6.2L 的百公里油耗表现更是上佳；2700mm 同级至长轴距，宽达 680mm 的后排空间造就宽适大空间。与天籁相同的 Multi-Layer 仿生学座椅，紧密贴合人体，健康舒适。三维超静音工程、双区独立控制自动空调，带来至上舒适乘车体验。新轩逸强大的产品力，加上东风日产在业内率先实行的创新的牵引式营销，打破了传统单一销量考核的限制，在提升了经销商积极性的同时，也增加了客户满意度；“0 元享”与“5050

的金融优惠”，60天出险代步等客户服务举措也为新轩逸的畅销助力多多。可以说，新轩逸创下了多项纪录，赢得了“中级家轿第一车”之名，实至名归；王者地位，不容置疑。假以时日，新轩逸将为中国汽车市场创下更多奇迹，为广大消费者带来更多精彩。

3．启辰

2013年称得上是启辰品牌收获的一年，无论是销量、品质还是市场口碑，都在合资自主品牌领域树立了标杆。在销量上，自从2012年4月份首款车型D50上市以来，启辰品牌一直以每半年环比增长50%的速度发展，仅用17个月便完成了10万辆的销售纪录，刷新了中国汽车市场新品牌的销量纪录。2013年10月份，启辰R50X跨界车上市，启辰“50家族”一门三杰正式成型，当月一门三杰的效应就全面爆发，助力启辰正式跨入“月销万辆俱乐部”，11403辆的销量也创造了启辰月度销量的新纪录。2013年11月份，启辰D50、R50双车继续闪耀，新上市的R50X也渐入佳境，三车合围之下，启辰11月份销量再攀新高，12352辆的成绩创写了启辰品牌的新纪录。2013年12月份启辰三杰继续创造新的纪录13751辆，同时2013年的累计销量突破10万辆，完美实现了年度销量目标。在品质上，启辰品牌以至臻品质赢得了消费者的青睐，也获得了权威机构的认可。在2013年11月份J.D.Power发布的2013年IQS新车质量报告中，启辰首次独立参评就取得佳绩。在品牌排名中，启辰品牌以109PP100的优异成绩，大幅领先行业平均水平（119PP100，评分越低质量越好），荣登合资自主品牌冠军宝座；而在车型排名中，启辰D50、R50在所有自主品牌中级车中名列第二名。在口碑上，启辰凭借强大的产品力、超群的品质、优质的服务赢得了近15万用户的好评，“实用、可靠、服务便捷”是所有启辰用户对启辰品牌的评价。从之前的“最受期待的品牌”到现在“最受信赖的品牌”，启辰以强大的实力经受住了市场的考验，进入口碑与销量相互促进的良性循环期。

二、2014年展望

2013年，东风日产不仅完成了“中日岛争事件”后的完美逆袭，启辰品牌更是跻身于主流品牌。2014年，东风日产会更加坚定自己的步伐，践行渠道下行、品牌上行的路线，稳扎稳打，为我国消费者提供更为优质的服务和更有竞争力的产品。

（作者：谢安）

2013 年神龙汽车市场调研报告

总结回顾 2013 年的中国宏观经济走势，大致可以分为两个阶段：一是上半年经济持续回落，实体经济表现欠佳，出口大幅回落，外需疲软，制造业投资受制于产能过剩和融资成本过高而加速下滑。新一届政府施政方略明显转变，结构调整、作风整顿、风险管控等一系列政策出台也给 2013 年宏观经济带来了不小的压力。二是由于上半年经济回落，保目标堪忧，进入三季度伊始，中央迅速转向稳增长，信贷再次放量，基建投资走强，并催生了短暂的政策市；与此同时，发达国家经济的超预期好转对我国出口形成拉动，成为意外之喜；而库存调整了近半年的部分中上游行业在 PPI 环比转正的刺激下再次开启补库存，助力经济反弹。2013 年前三季度中国宏观经济累计增速为 7.7%，国家信息中心预测全年 GDP 增幅为 7.7%，与上年基本持平。2013 年 1～11 月份，狭义乘用车（国产内销）市场销量同比增长 18%，预计全年市场需求量将超过 1500 万辆，增幅将在 20% 上下，较 2011 年和 2012 年大幅回升，也超越了 GDP 增速所对应的水平。概括起来主要有两个方面的原因：一是由于经济止跌回稳、货币相对宽松、油价相对稳定，消费信心回稳，从而使得乘用车增速重回潜在增长水平；二是由于限购传闻、换车高峰、中央八项规定等三大因素促使实际增速高于潜在增速。

神龙公司乘势而上，以市场占有率为第一经营目标，围绕客户满意，力拓市场，严抓质量，大力改进改善，各项工作都取得了重大突破。

一、跨越 55 万辆，剑指 80 万辆，各项经营指标再登新高，“三年倍增”全面起航

2013 年，神龙公司紧紧围绕“品牌进取年”各项目标任务，坚持以市场为导向，以客户满意为中心，紧抓市场机遇，全力促进各项工作实现新突破。2013 年全年整车产销突破 55 万辆，月销量稳步站上 5 万辆新台阶（见图 1 和图 2）；质量管理和质量指标水平再上新高度；能力建设项目以及新车型项目稳步推进；劳动生产率同比提升 8%；全年实现销售收入突破 650 亿元，全年利税总额超过 100 亿元，经营利润超过 40 亿元。整体呈现“销售收入增幅大于销量增幅，经营成

果增幅大于销售收入增幅”的良好发展态势，各项经营指标创历史新高。

为确保中期事业“5A”计划的顺利达成，2013 年 1 月 22 日，神龙公司第一次干部大会正式宣布，自 2013 年开始，公司实施“三年倍增计划”，即到 2015 年两个品牌销量在 2012 年的基础上实现翻番，达到 80 万辆以上。为支撑“三年倍增计划”，双品牌东风雪铁龙和东风标致分别发布了品牌中期事业发展规划——“龙腾 C 计划”和“升蓝计划”，公司各个领域也确立了一系列的支撑战略行动。同时，公司确立了“三年倍增计划”的十大关键性课题，包括在商务领域实行卓越管理、改善公司和经销商的盈利性、打造明星车型等措施，同步提升公司和经销商的整体经营能力和经营质量。以“三年倍增计划”“龙腾 C 计划”“升蓝计划”为标志，公司进入到了新一轮的加速突破期。

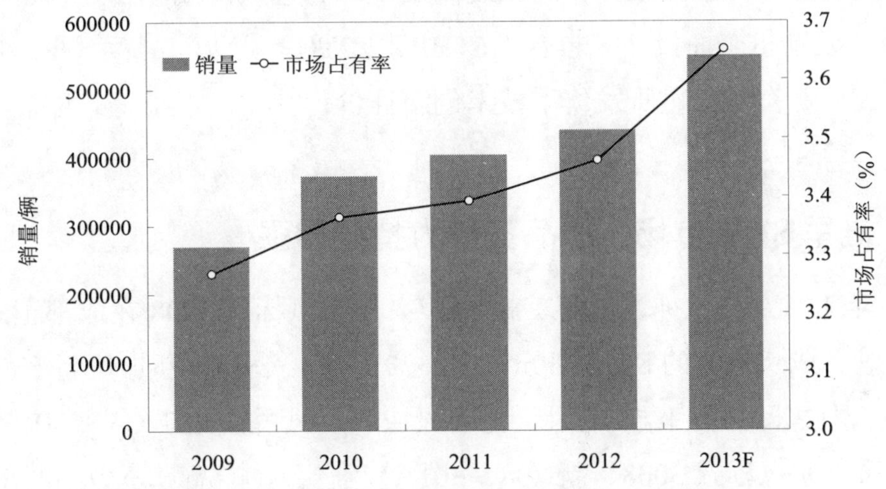

图1 神龙汽车历年销量及市场占有率变化趋势图

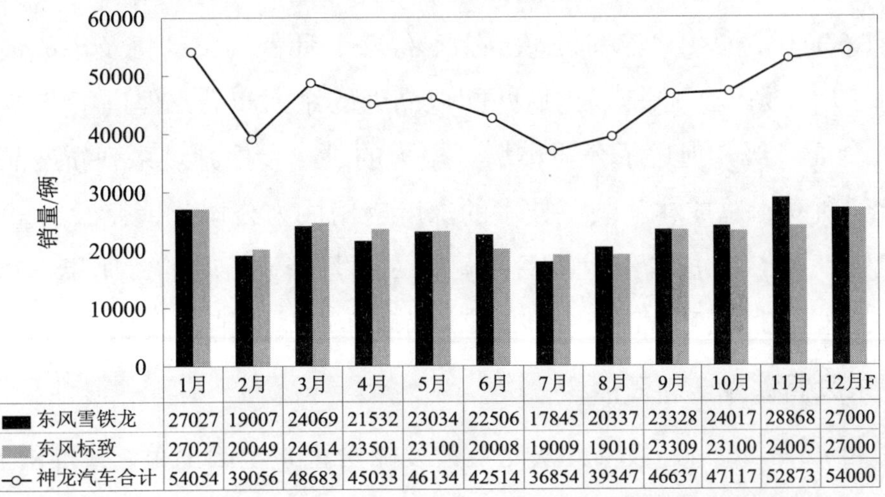

	1月	2月	3月	4月	5月	6月	7月	8月	9月	10月	11月	12月F
东风雪铁龙	27027	19007	24069	21532	23034	22506	17845	20337	23328	24017	28868	27000
东风标致	27027	20049	24614	23501	23100	20008	19009	19010	23309	23100	24005	27000
神龙汽车合计	54054	39056	48683	45033	46134	42514	36854	39347	46637	47117	52873	54000

图2 2013年神龙汽车分品牌月度销量趋势图

二、武汉三厂投产，新项目建设稳步推进

2013 年 7 月 2 日，东风雪铁龙全新爱丽舍在公司武汉三厂盛装下线，标志着这座被誉为“全球新一代精益化绿色标杆工厂”——武汉三厂，经过两年精心建设后正式投产，同时也标志着公司“两地四厂”的工业布局正式形成，公司“5A”计划和“三年倍增”又添新支点。

2013 年，神龙公司新项目加速推进，T9/M44/A94 等新车型项目进展顺利；新 MRN 导航，车载信息通信系统（Telematics）等新装备、新技术装配新车应用；PDI 精品改装阵地建成投入使用。同时，能力建设稳步推进，新研发试验中心发动机试验室和综合试验楼投入使用；襄阳工厂动力总成四期项目建设进展顺利，1.8L CVVT 发动机全面投产，首台 1.6THP、1.2THP 发动机先后下线。技术创新能力持续提升，东风公司研发体系技术创新评价，神龙创下了“八连冠”的骄人成绩。

三、进军 SUV 市场，产品竞争力持续增强

2013 年 1 月 9 日，神龙公司首款 SUV——东风标致 3008 在成都正式上市，公司正式进军成长快速的 SUV 细分市场。2013 年，公司不断加快新产品投放步伐，促进产品技术升级和结构优化。先后投放了东风雪铁龙新 C5、C4L、新世嘉、全新爱丽舍，东风标致 3008、新 308、301 等新产品，产品竞争力不断增强；与此同时，以提升动力总成及其新能源技术为先导的“E 动战略”持续加速，1.6L CVVT、1.6 THP、1.8L CVVT 三款高效、经济、环保的发动机及集成最新技术的 STT（智能启停系统）系统，先后匹配双品牌的系列产品，促进了产品技术、性能配置的全面升级，促进了公司市场竞争力的进一步提升。系列新产品投放以及“E 动战略”新动力总成和新装备技术的深度应用成为公司营销突破的重要推动力：东风雪铁龙 C4L 成为继世嘉后公司第二款月销过万辆的“明星车型”，东风标致 3008 自上市以来一直是一车难求，两款新产品的销量贡献率超过 20%。

1. 东风雪铁龙全新爱丽舍

2013 年 9 月 26 日，东风雪铁龙全新爱丽舍正式全国上市，共推出五款车型，均搭载 1.6L 发动机，售价区间为 8.38 万～11.88 万元。全新爱丽舍传承“适用生

活”的研发理念，整合更高级别产品标准，以“宽适空间、可靠品质、无忧安全”三大产品特色铸就全球品质。全新爱丽舍以同级别中最长的2652mm轴距、同级别中最宽的1748mm车身、同级别中最大的485L行李箱、同级别中最大的0.37m^{2}电动天窗，构建了领先同级的驾乘空间。同级别中唯一的也是最大的MRN 7in大触屏导航娱乐系统、隐藏式后排舒风系统、能够过滤90%PM2.5颗粒的车内滤净系统……这些超越同级的人性化舒适配置，为家人带来愉悦的驾乘感受。

PSA全球新一代精益化绿色标杆工厂为全新爱丽舍世界级的领先品质保驾护航。全新EC51.6L CVVT E动高效发动机，为全新爱丽舍提供了高达86kW/（6000r/min）的同级别最大功率及优异的燃油经济性。对雪铁龙“大师级底盘调校技术”的沿袭，则令全新爱丽舍坐拥同级别最舒适悬架系统，仿人体行走频率（1Hz）的非对称悬架设计将可靠操控与舒适驾乘完美融合。尤为重要的是，全新爱丽舍还创纪录地进行了同级别最长的全球600万km全时全路况实车测试，历经各种极端环境，其值得信赖的全球品质得到了最好的佐证。

全新爱丽舍拥有同级别最优的ESC电子车身稳定系统、标配超大尺寸四轮盘刹、标配EPS随速可变电子助力转向，为家人带来了更高级别标准的主动安全配置；HIB激光焊接高强度车身、EPP颈部保护头枕、同级别独有头胸一体式侧安全气囊、达到1200MPa的同级别最高强度前防撞钢梁等，为家人构建起“太空舱级别”的被动安全防护系统。

作为一款全球战略车型，全新爱丽舍将在全球30多个国家陆续上市。在土耳其、西班牙等已经上市的国家，全新爱丽舍迅速赢得了当地消费者的青睐，已经成为雪铁龙销量增长的主力车型，超出全年目标的31%。全新爱丽舍的上市，标志着东风雪铁龙“龙腾C计划”又迈出了坚实的一步，它将与冠军性能中级车新世嘉，高性能高端中级车C4L，共同组成东风雪铁龙征战中级车市场的“三剑客”。

2．东风标致新301

2013年11月19日，东风标致301在广州正式上市。新车提供1.6L发动机一种排量选择，按照配置差异下设五款车型，售价区间为8.47万～11.67万元。

外观方面，东风标致301基本延续了其海外车型的设计，该车采用了标致全新家族前脸，赋予了它更强的视觉冲击力。车身侧面，该车采用了双腰线的设计，为车辆注入了力量感。另外，东风标致 301 车尾整体层次感分明，尾灯内部结构与腰线相连，细节之处显露出这款法系车的“巧妙”元素。在车身尺寸方面，该车长、宽、高分别为 4442 mm、1748 mm 、1476mm，轴距达到 2652mm。

内饰方面，东风标致 301 采用了全新样式的三辐方向盘，仪表盘设计简洁，中间设有显示屏幕。中控台采用了银色装饰面板，要比海外版车型上的钢琴烤漆面更容易打理。此外，车窗控制按键也设置在了门板上（海外版车型设置在变速杆前），从而照顾到大多数国内消费者的操作习惯。

配置方面，东风标致 301 全系标配了前后雾灯、一键开启行李箱、ABS+EBD、前排双安全气囊等；在豪华版车型上配备有真皮方向盘、可放倒的后排座椅、电动天窗、倒车雷达、蓝牙电话、前排侧安全气囊；最高配车型拥有真皮座椅、定速巡航、无钥匙进入和启动、牵引力控制和电子车身稳定系统。

动力方面，先期上市的国产标致 301 搭载的是具有 CVVT 技术的 1.6L 直列四缸发动机，最大功率为 117 马力 86kW/（6000r/min）峰值扭矩达 150N•m/（4000r/min）。传动部分匹配的是五速手动或四速手自一体变速器。综合油耗方面，手动挡车型为百公里 6.8L，自动挡车型为百公里 7.6L。

市场定位方面，东风标致 301 上市后将与一汽-大众全新捷达、上海大众全新桑塔纳、东风日产新阳光等车型展开直接竞争。近几年国内汽车市场加速成熟，消费者对入门级紧凑型车的需求也不断提高。东风标致 301 将产品的理想用户锁定为 30 岁以下，第一次购车的新生代人群。

四、试水“电商”问鼎冠军，双品牌营销进取比翼齐飞

2013 年 11 月 12 日，淘宝天猫宣布，“双 11”期间，神龙公司因双品牌天猫旗舰店累计销售额超过亿元而问鼎汽车厂家“网销”冠军。成功试水“电商”，神龙公司双品牌实现了销量、线索和人气的丰收。

2013 年，神龙公司双品牌激情进取，在深入贯彻“四个聚焦”的基础上，不断深化营销创新，全力实现营销的新突破。东风雪铁龙以“龙腾 C 计划”为引领，东风标致以“升蓝计划”为旗帜，进一步梳理和明晰品牌定位和未来发展方向，通过体育营销（东风雪铁龙羽毛球营销、东风标致网球营销）、音乐营销（东风

雪铁龙 C4L 携手“好声音”、东风标致 308 携手陈坤）、车展营销、假日营销、体验式营销、电商网络营销、“微营销”等多种营销“组合拳”，深化营销和服务创新，全面提升品牌价值；围绕新产品策划了 C4L“百米冲刺王”、301 之路、3008“逐乐中国”等一系列重磅营销事件，同时销售终端也采取了一系列措施抓线索，提销量，促进营销业绩连创新高。

五、从容应对“三包”考验，质量水平再上新台阶

2013 年 8 月 31 日，神龙公司宣布，东风雪铁龙和东风标致品牌于 9 月 1 日起实行汽车“三包”政策，较国家规定期限提前一个月，彰显了神龙公司以客户满意为中心的不懈努力。

2013 年，神龙公司继续深化质量领先战略，围绕“创建 3 项机制，聚焦 6 个质量要点，强化 5 个项目质量”，深入推进 PQ365 质量行动计划，进一步深化质量体系成熟度评价工作，使质量体系与质量绩效结果有效地契合；进一步以结果为导向，加大质量攻关的力度，持续提升产品和服务质量，提升质量管理能力和水平。

2013 年 J.D.Power 调查结果显示，SSI 售时服务满意度排名，东风雪铁龙第三，东风标致第五；CSI 售后服务满意度排名，东风标致第一、东风雪铁龙第三。由此，公司也提前实现中期事业“5A”计划中确立的“服务质量进入中国市场品牌前五名的目标”。同时，用户使用质量持续改善，3MR 保用故障率和 CRI 投放三个月后的用户故障率等均保持了较低水平，产品质量再上新台阶。

六、区域市场重点突破

2013 年，神龙公司致力于产品聚焦、客户聚焦、区域聚焦和网点聚焦，在抓住传统重点区域市场的同时，也在增速较快的 二、三线市场排兵布阵，加大投入，在山西、贵州、江西、河南、云南等地取得了不错的成绩（见表 1 和图 3）。同时，在随着一线城市逐步进入饱和，继上海、贵阳、北京、广州之后，天津也在年末开始实施限购。一般来说，限购正式实施前正是消费者突击购买的时候，神龙公司抓住机遇，在天津、武汉等限购传闻较多的市场取得了突破性的进展。

表1 神龙汽车2013年1～11月份分车型地区流向

（单位：辆）

车型 地区	东风雪铁龙					东风标致					
	爱丽舍	世嘉	C2	C4L	C5	207	307	308	3008	408	508
安徽	799	3840	201	1593	950	493	588	2849	1148	1503	447
北京	1807	3420	96	2614	3688	262	1101	2782	3324	3487	2788
福建	663	2106	320	1271	758	689	569	3521	2746	1805	1506
甘肃	515	1374	143	450	422	208	195	662	406	521	142
广东	936	3733	168	2768	2241	329	437	3694	3040	3159	1574
广西	1526	1374	251	1095	407	628	286	1309	783	726	390
贵州	1772	2039	213	1414	959	388	164	1933	954	1263	539
海南	525	233	13	214	97	36	61	227	329	240	99
河北	6796	7643	1146	2331	1280	2902	614	2342	1433	1175	514
河南	2711	5045	520	2722	1430	2578	998	3840	2149	2711	960
黑龙江	426	851	95	756	381	110	82	265	696	278	128
湖北	22652	6834	390	3604	3018	379	1186	5647	3459	4731	1524
湖南	1742	3332	216	1508	1494	374	462	4149	2202	2417	1085
吉林	487	663	152	284	157	333	167	401	383	218	122
江苏	1098	8473	554	5211	2479	1164	1588	9389	4041	6187	2757
江西	629	2228	96	1022	617	318	286	2232	1042	1296	546
辽宁	751	1264	159	1003	609	225	145	757	668	577	295
内蒙古	1227	1379	138	468	319	1010	253	576	696	445	251
宁夏	239	770	96	260	199	202	111	396	288	345	93
青海	112	191	21	104	93	90	71	88	129	83	38
山东	5516	9560	1344	3116	1829	5969	1440	5921	2485	2954	919
山西	2577	2912	579	1346	716	1540	367	1172	831	860	323
陕西	1075	2307	150	1224	1242	743	693	1762	1052	1299	573
上海	476	1775	111	1849	2018	201	618	2929	2035	1950	1746
四川	1244	7457	837	3423	2949	5629	968	6537	3142	3202	1614
天津	618	2590	711	1478	1022	2359	556	2355	1551	1503	731
西藏	153	258	54	200	92	190	83	176	250	151	82
新疆	1106	2447	184	752	516	91	147	583	592	665	147
云南	772	2642	170	1440	730	462	255	1179	1166	753	383
浙江	504	3631	614	2266	1275	861	697	4019	2275	1433	1129
重庆	818	1943	215	1171	927	151	168	2729	1412	2019	1059

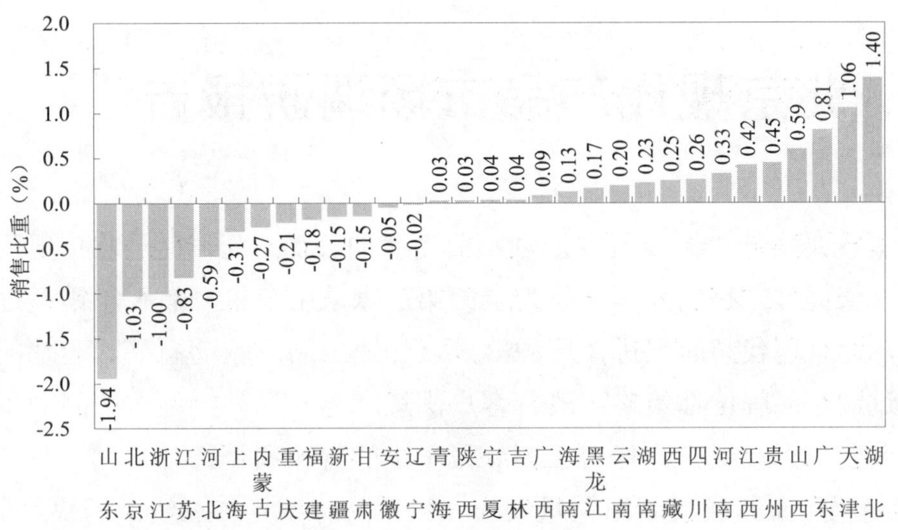

图3 神龙汽车2013年1～11月份与2012年分地区销量比重变化

七、形成战略管理“八步法”体系，管理创新持续深化

2013 年 4 月 15 日，东风集团发文向全集团推荐神龙公司管理成果——“战略管理八步法”。从战略性绩效管理体系的导入到体系形成再到体系的逐渐完善，神龙公司逐步形成了具有特色的战略性绩效管理“八步法”体系。通过战略“八步法”的实施，神龙公司战略更加明晰，战略沟通更加顺畅，战略执行更加有力。

2013 年，神龙公司不断深化管理创新，战略管理体系和精益管理继续向经销商和供应商企业价值两头延伸；公司《精益管理手册》发布，精益管理进一步融入公司战略管理体系，“作战室”“A3 报告”“研讨会”等精益方法与工具得到深化应用；围绕“5A”计划及“三年倍增”的战略目标，神龙公司上下贯彻纵向一致和横向协同的理念，层层分解、执行和检核，形成战略绩效导向的管理文化，为年度经营目标及阶段性战略目标的实现提供了强大的支持。“战略管理八步法”先后获得东风公司、武汉市、湖北省管理创新成果一等奖，并被推荐参评国家管理创新成果奖。

（作者：李锦泉）

北京现代产品市场调研报告

2013 年，既是实施“十二五”规划承前启后的关键一年，也是北京现代未来新十年品牌价值提升之路的元年。作为全国第三家乘用车单一品牌年销量过百万的汽车企业，北京现代与时俱进，厚积薄发，加速由品质驱动向品牌驱动的历史性转型。通过调整品牌传播策略，改善客户满意度等一系列措施，产品的“美誉度”和“知名度”大幅提升，赢得了 500 万车主的青睐和赞誉。

2013 年是乘用车市场受新车销量增长、日系品牌恢复二三线市场快速增长、限购带来的提前购车、油价相对平稳等多重因素影响，乘用车销售同比增长达到两位数，由微增长步入平稳增长阶段。

2013 年北京现代汽车产销突破 100 万辆，行业排名第 4 位，成为行业第 4 个跨入百万辆俱乐部的乘用车厂家，同比增长 20%以上，增速超越行业水平，且位列前茅。各级产品均有上佳表现，畅销车型纷纷进入行业主流位置（见图 1）。

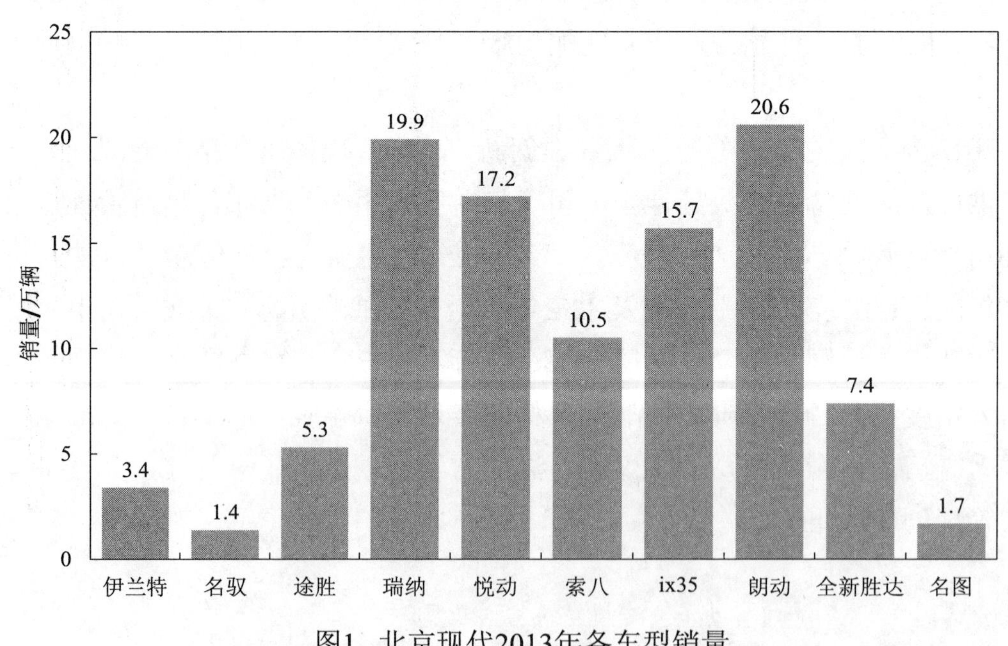

图1 北京现代2013年各车型销量

2013 年北京现代网络新增 105 家 4S 店，网络总数量达到 860 家。在汽车行业最为关注的满意度方面，成绩提升更加显著。据 J.D.Power 2013 年发布的中国 SSI、CSI 和 IQS 调研报告结果显示，北京现代 SSI 得分 714 分，排名第 2 位，比 2012 年提升了 1 名；CSI 得分 877 分，排名第 4 位，比 2012 年提升了 9 名；IQS 得分 81 分，非豪华、进口品牌排名第 1 位，所有品牌排名第 10 位。

一、2013 年各车型市场表现

1. 瑞纳

作为一款上市已经四年的车型，瑞纳正处于生命中的成熟期。凭借其时尚、独特的造型，在年轻人群中占有一席之地，借此我们不难看出北京现代“流体雕塑”设计哲学的实力。2013 年瑞纳销售近 20 万辆，三次进入级别第 1 位，全年级别排名第 2 位（见图 2）。

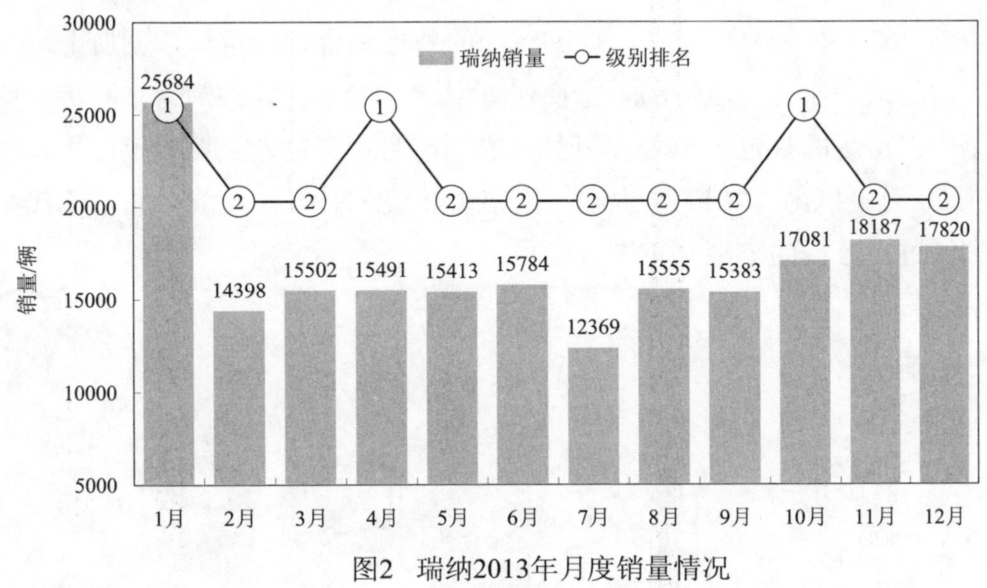

图2 瑞纳2013年月度销量情况

2. 伊兰特

伊兰特自上市以来，凭借其良好的口碑和高性价比，成为中国最畅销的中级轿车之一，其累计销量已超过 120 万辆（见图 3）。由于伊兰特车型老化，同级别产品更新换代较多，竞争异常激烈，加之换代车型悦动逐渐向下渗透，市场占有率呈现不断下降的趋势。

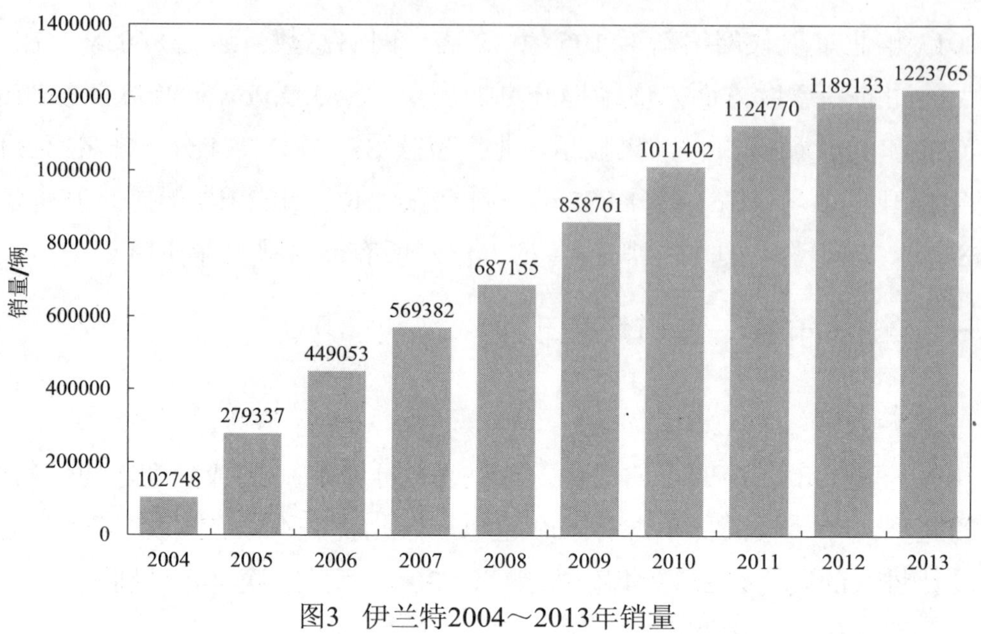

图3 伊兰特2004～2013年销量

3．悦动

悦动 2008 年 4 月份上市，以其时尚的外形和合理的定价，创造上市当月销量过万的纪录。作为伊兰特的平行换代车型，与伊兰特并行销售，同伊兰特一样获得了中国市场的肯定。2009 年开始，悦动单月销量能达到两万辆以上，年销量基本在 20 万辆以上。2013 年悦动累计销售突破 110 万辆，成为北京现代第二款累计销量过百万辆的车型（见图 4）。

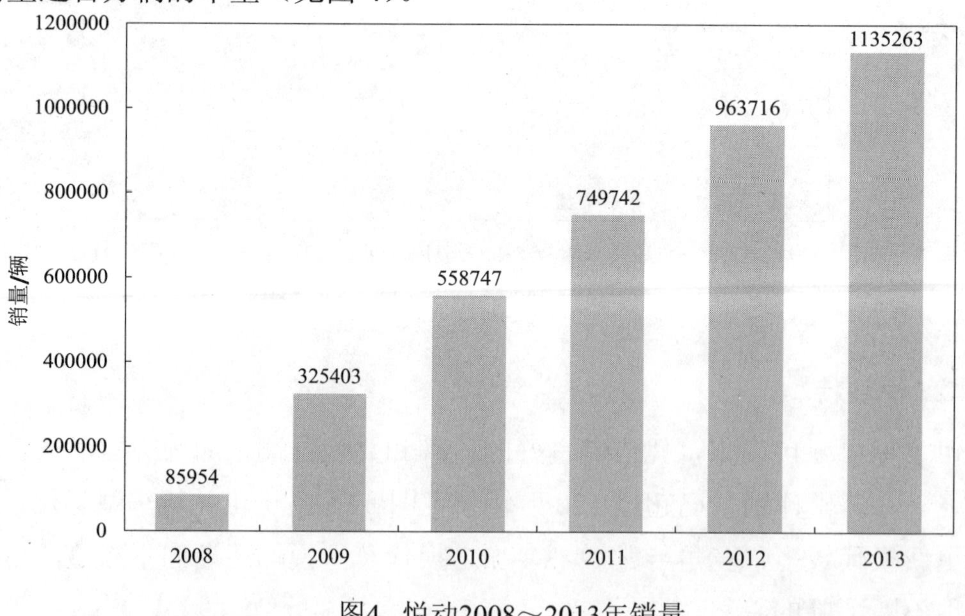

图4 悦动2008～2013年销量

4．ix35

ix35 作为北京现代首款试水“流体雕塑”设计风格的车型，上市后取得巨大成功，销量由 2010 年的月均 7000 辆上升至 2013 年的月均 13000 辆，且 2013 年每月销量均在 1 万辆以上。

2013 年北京现代为 ix35 进行改款升级，不但在外观上，让其变得更加绚丽多彩，更在配置上让其丰富多彩，为 ix35 在 SUV 市场保持强劲的增长势头提供了良好的契机。

5．第八代索纳塔

荣获 CCTV 年度车型大奖的第八代索纳塔在 2013 年迎来了第一次大改款，头等舱式通风座椅、豪华大型全景天窗、前后排座椅加热、双区独立自动空调、智能一键启动系统、倒车影像、氙气大灯等越级配置，加上时尚的外形、优异的操控、舒适的空间，是第八代索纳塔能够持续领跑中高级汽车市场的关键。北京现代以“想你所享”的产品理念，赋予了第八代索纳塔极高的人性化配置，同时展现了企业品牌的人文理念。以消费者的使用感受为产品研发和设计的根本，成就了北京现代产品的经久不衰，也成就了北京现代品牌形象的巩固和提升（见图 5）。

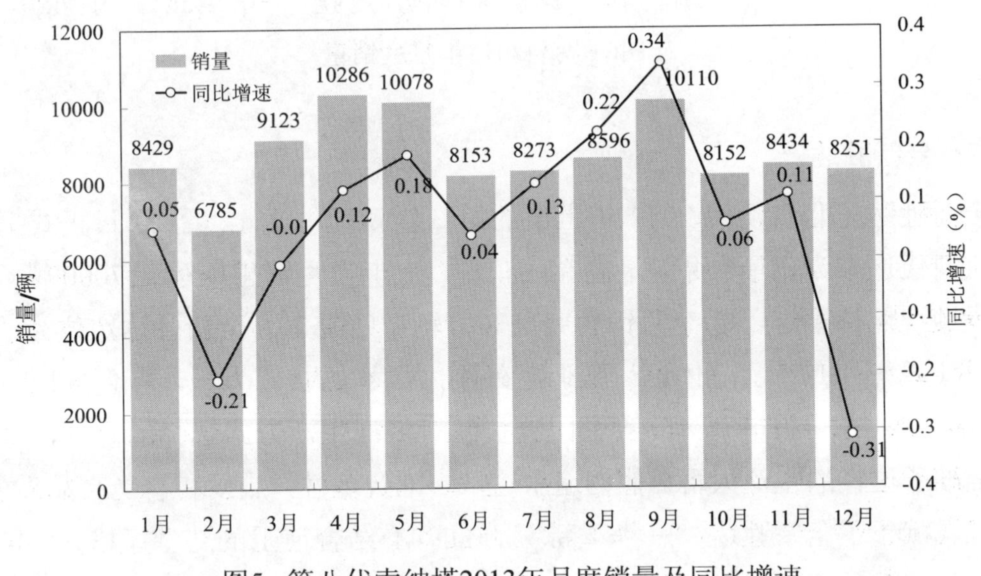

图5 第八代索纳塔2013年月度销量及同比增速

6. 朗动

朗动于2012年8月23日上市，以其时尚的外形和合理的定价，创造了上市当月销量过万的纪录，2013年全年销售突破了20万辆（见图6），成功地挤入竞争最为激烈的中级车市场前列。车身尺寸上，2700mm的轴距使得朗动在紧凑型车中的空间表现相当优异。前脸是典型的家族脸谱，线条少了些锋利但多了些饱满，全镀铬处理的进气格栅提升了时尚感，加上夸张的前照灯，使朗动更加飘逸且动感。

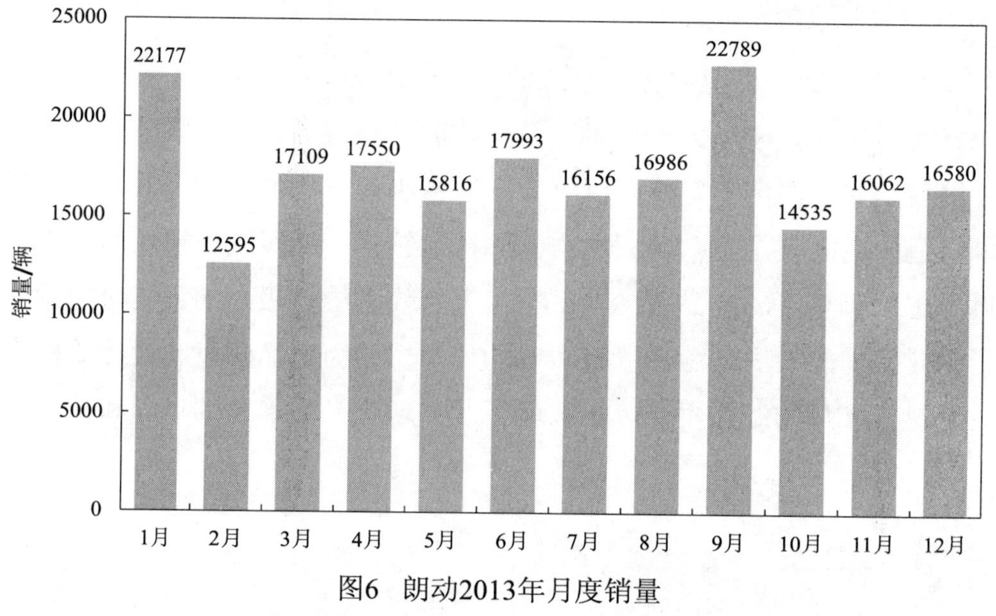

图6 朗动2013年月度销量

7. 全新胜达

全新胜达是北京现代2012年上市的第二款新车，于12月23日正式上市，是北京现代迄今为止最豪华、最高端的车型，上市当月销售便达到7000辆。2013年销量继续保持稳定，13个月销售突破8万辆（见图7），全新胜达定位为“T动力全尺寸豪华SUV”，整体设计强调“外刚内柔”的合二为一，无论外形、动力、配置都全面领先同级车型。随着中国消费者对多样生活方式选择的重视，全新胜达也瞄准了这样的主流人群。他们追求进取、饱含理性，热爱和享受高品质生活，北京现代赋予了全新胜达“豪华革新”的DNA，结合前卫的造型风格、高科技品质形象和驾乘体验的越级豪华感，使之成为创新生活方式的缔造者。

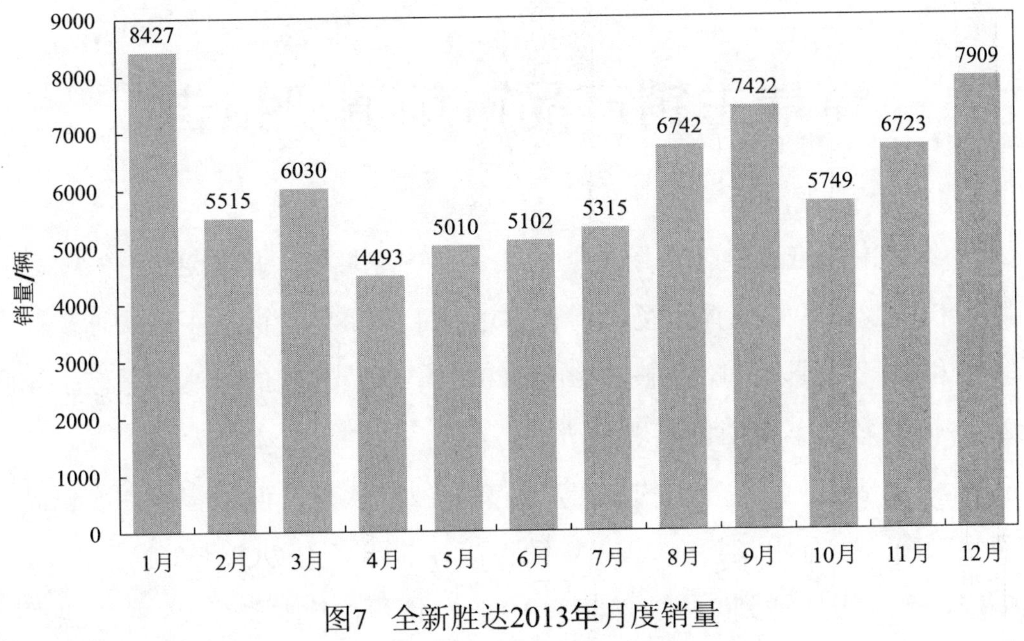

图7 全新胜达2013年月度销量

8. 名图

名图是北京现代 2013 年上市的一款全新车型，是继第八代索纳塔之后在中高级轿车市场投放的又一款精品之作，也是一款中国首发的全球车型，在 2013 年上海车展首秀之际，就荣膺“最受关注车型”的大奖。名图源自于欧版索纳塔（i40），由欧洲三大汽车设计师之一的彼得·希瑞尔领衔打造；名图的潮流大气外观、精湛设计内饰、人性科技配置、全能呵护安全、宽大舒适空间和平顺稳定动力，全面超越竞争车型，能够全方位满足客户的多样化需求。名图上市于 2013 年 11 月 19 日，上市不到 1 个半月销量就达到 1.7 万辆，未满足订单近万辆，市场销售异常火爆，大部分地区需预订。

回首 2013，突破产销百万辆，齐心协力铸辉煌。展望 2014，青山座座皆巍峨，壮心上下勇求索。只要我们继续发扬“团结协作、奋力拼搏、知难而进、志在必得”的企业精神，我们有理由相信，把北京现代打造成为“国内一流品牌，全球领先品牌”并不遥远！

（作者：王洪伟）

奇瑞主销产品市场调研报告

2013 年，中国汽车整体市场形势继续保持中速增长，增长达到 19.5%，且自主品牌增长步伐略快于整体市场，增长率达到了 20.8%，保持了较快增长。受大市场环境和自身发展及战略调整的影响，2013 年奇瑞汽车的年度销量较上年负增长 9.2%，同时多款车型销量出现下滑。

目前，奇瑞投放到市场中的在售产品共有 23 款车，但销售集中度较高，主要销量集中在 4 款车中，其中 2013 年销售排行前四名为 QQ、E5-旗云 3、风云 2 以及瑞虎，销售占比达到 74.9%，其余 19 款车销量占比共计约 25.1%（见图 1），其余各款的销量占比平均约为 1%。下面将从产品简介、销售业绩、用户分析，以及用户反馈等方面介绍奇瑞目前的主销车型 QQ、E5-旗云 3、风云 2 以及瑞虎。

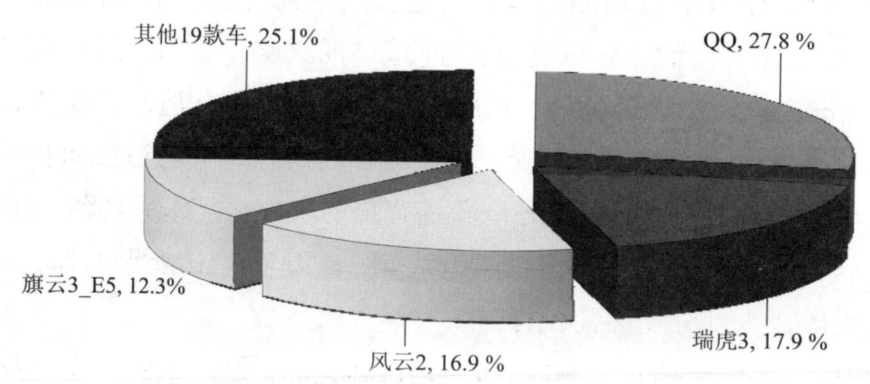

图1　2013年奇瑞各款车各车型销量比例（%）

（注：数据来源于全国乘用车市场信息联席会）

一、QQ：经典微型轿车

1．产品简介：小巧延续、可爱依旧

产品特点为外观、内饰时尚，人性化配置丰富，性价比高，工艺成熟，品质稳定，使用费用低。产品参数：厢型为两厢，价位段为3.09万～5.09万元，外形风格为时尚、可爱依旧、以圆润线条为主，长×宽×高×轴距为 3564 mm×1620 mm×1527 mm×2340mm，动力总成为0.8MT和1.0MT/AMT，最大功率（1.0L）为51kW/（6000r/min），最大扭矩（1.0L）为93N • m/（3500～4500 r/min）

2．销售业绩：连续多年领先于微型轿车销量

2013年年初奇瑞推出了新款QQ，老款QQ也同时在市场上销售。奇瑞QQ自2003年上市以来，在市场上的“寿命”已维持超过10年，让人很难想象，尤其在当今新车更新换代速度如此之快的大趋势下，QQ却一直在微型轿车市场中保持着较强的竞争力。目前QQ的目标市场主要是由奥拓、F0、奔奔MINI、熊猫、乐驰等小车组成的A00级微型轿车市场，该细分市场主要以自主品牌为主。QQ自上市以来，连续多年销量领先于微型轿车，目前市场上QQ保有量超过120万辆，2013年销量虽然较过去几年有所下滑，但仍突破了12万辆（见图2），在微型轿车市场中仍处于领先地位。

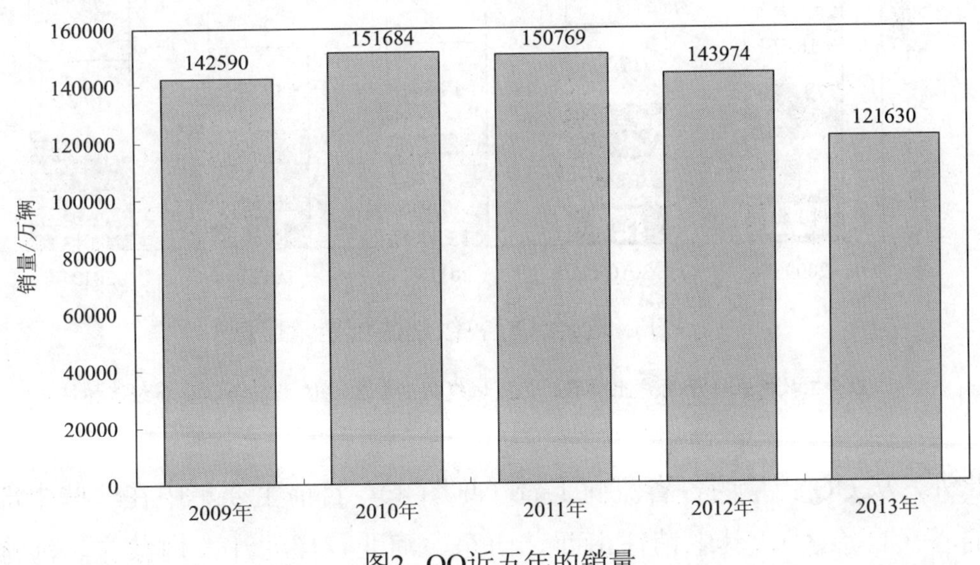

图2 QQ近五年的销量

（注：数据来源于全国乘用车市场信息联席会）

3．用户特征：年轻充满活力的人群，女性用户比例接近三成

在QQ的目标人群中，男性用户多于女性，但QQ的女性用户比例相比同类型产品要高；用户群年龄较为年轻，年龄段主要集中在26～35岁之间，大多数已婚有孩子；QQ用户基本都受过高等教育；QQ用户多以私营企业的一般职员人员居多，还有一小部分国有企业用户；家庭年收入主要集中于5万～12万元；购车用途基本全为私人自用。

4．区域流向：销量区域级别不断下沉，3级区域比例增长迅速

QQ作为一款上市多年的微型轿车，上市销售早期的区域流向重点是一级、二级市场，但随着中国一级、二级市场的消费升级，五级、六级市场的成长壮大，以及市场上时尚新型微型轿车产品的不断涌现，QQ的销售区域级别不断下沉，流向五级、六级地区市场，且销售比例快速上升（见图3），目前四级、五级以及六级市场的销量比例合计超过3/4。

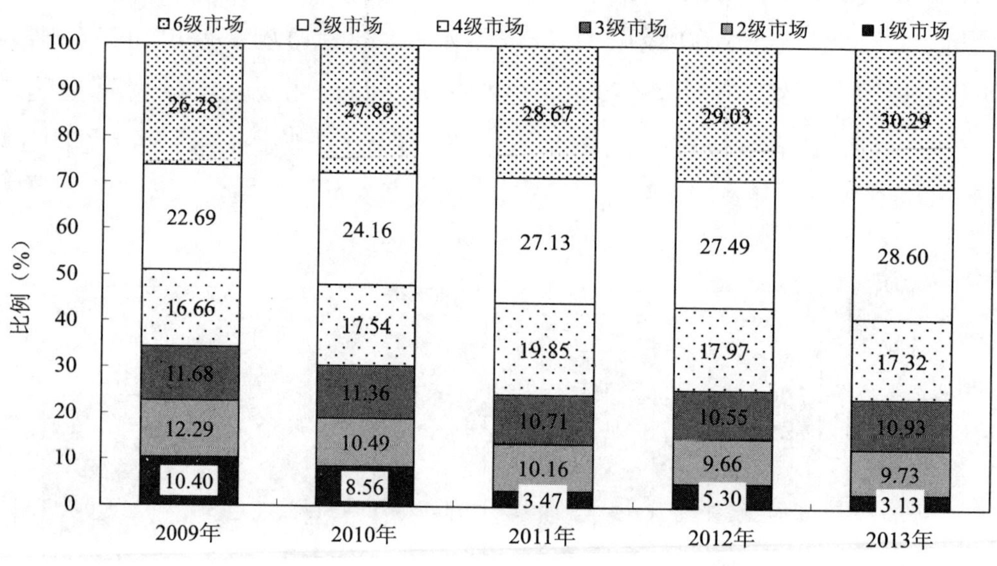

图3　近5年QQ各级别区域销量比例

（注：1.数据来源于用户上牌数；2.区域级别划分主要依据市场容量和经济情况）

此外，从QQ销量的各省流向上看（见图4），目前主要集中在一些中部和东北部的省（自治区），其中销往山西、山东、河北、黑龙江、内蒙古、河南、吉林、辽宁以及安徽九个省（自治区）的销售占比合计达到73%。随着中国乘用车西部市场及其他中部区域市场的启动及发展，QQ 销量的省级区域流向特征将逐步分散、均衡。

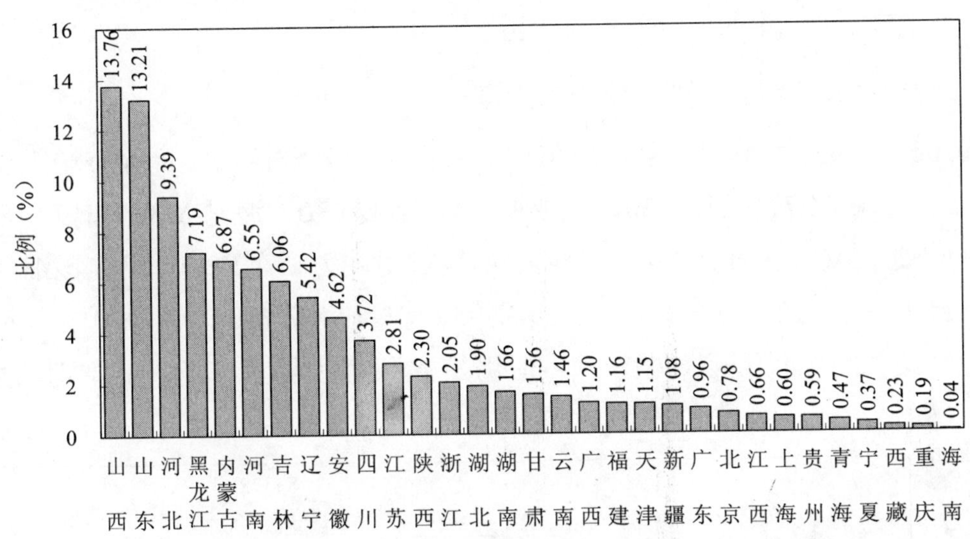

图4 2013年QQ在各省（自治区、直辖市）的销量比例

（注：数据来源于用户上牌数）

5．用户反馈：外形和空间的满意度较高，操控性和质量待优化

作为奇瑞一款上市多年的经典小车，QQ 积累了大量的用户，通过每年开展的用户调查以及各种用户反馈信息渠道获知，QQ 的目标消费者购车时，关注最多的三个因素是外观造型、油耗和购车价格；在产品形象上，新 QQ 的“时尚笑脸设计”“七彩车身颜色”和“大眼睛”大灯的产品特点让用户认为新 QQ 是一款较为“简约”“活泼”且“灵动”的车，同时也具有“运动”和“前卫”的特点；在产品满意情况上，用户对新 QQ 储物空间和乘坐空间感到满意，认为在这款车内，放置水瓶、手机和杂物的地方随处可见；在期望产品改进上，用户希望 QQ 的操控性和质量不稳定等能有更大的提升。

二、奇瑞 E5-旗云 3：高性价比家轿

1．产品简介：实惠之选的车型

奇瑞 E5-旗云 3 的产品特点为外观大气，安全性、乘坐舒适和空间上优势明

显，适合家用，性价比高。产品参数：三厢车，价位段为 5.98 万～8.18 万元，外形风格为大气稳重、厚重饱满，长×宽×高×轴距为 4580 mm×1760 mm×1483 mm ×2600mm，动力总成为 1.5MT 和 1.8CVT，最大功率（1.5L）为 80kW/（6000r/min），最大扭矩（1.5L）为 140N • m/（4500 r/min）。

2. 销售业绩：仍是 A 级市场的主销车

奇瑞 E5 和旗云 3 是同一平台的车型，目标用户人群接近，目标市场主要是由奇瑞 E5、帝豪 EC7、长城 C30、比亚迪 L3、宝骏 630、海马 M3、和悦、全球鹰 GC7、骏捷 FSV、中华 H330 车组成的 A 级家用主力轿车市场，目前该细分市场主要以自主品牌为主。E5 和旗云 3 的用户保有量已超过 50 万辆，2013 年销量出现下滑，销售约 5.4 万辆（见图 5），但仍是 A 级家用轿车市场中的主销车型。

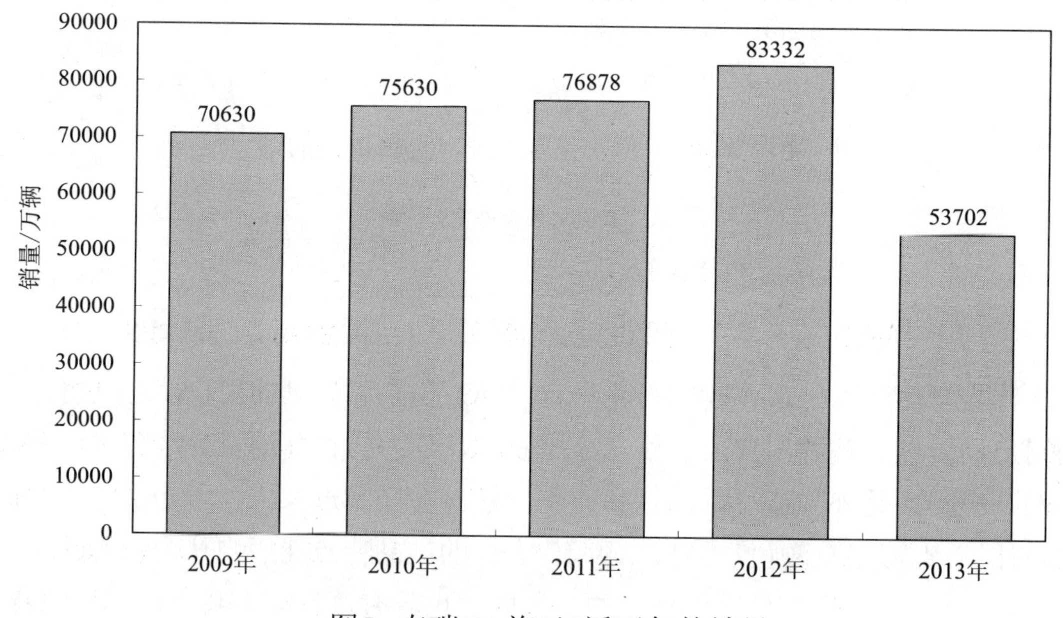

图5 奇瑞E5-旗云3近五年的销量

（注：数据来源于全国乘用车市场信息联席会）

3. 用户特征：男性用户较多，以个体老板为主

在奇瑞 E5-旗云 3 的目标人群中，男性用户多于女性，奇瑞 E5 的男性用户占大多数比例，达到 83%，奇瑞 E5 用户年龄分布集中在 26～40 岁这个年龄段，平均年龄约为 34 岁；已婚有子女且子女未成家比重相对较高；多数用户为个体老

板，国有或者私有企业的中级管理人员居多，还有部分国企员工；E5 用户的平均家庭年收入约 12.8 万元左右，高于 A 级市场用户的家庭年收入总体水平，半数的用户受过高等教育（大专及以上学历）。

4．区域流向：主要流向非一、二级区域，且在不断下沉

E5-旗云 3 作为奇瑞投放市场多年的 A 级车，结合产品自身大气高端的外形以及奇瑞品牌的市场接受度，目前销售的区域流向重点是非一级、二级市场，较大比例的车流向了五级、六级市场（合计占比超过 1/2），且近五年的销量结构显示：一级市场比例继续缩小，五级、六级市场比例仍在不断扩大，即区域流向在继续下沉（见图 6）。

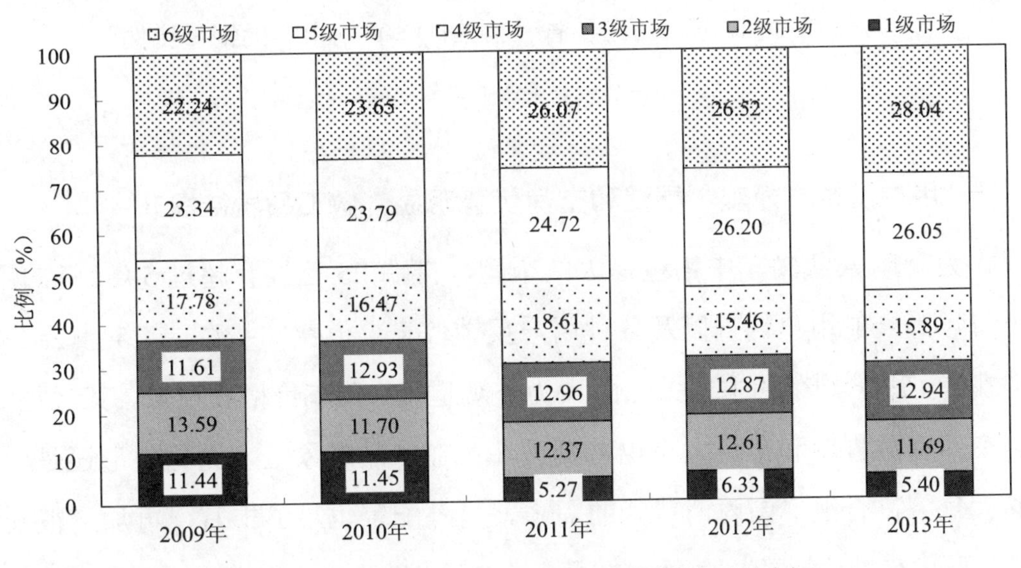

图6 近五年E5-旗云3各级别市场销量比例

（注：1.数据来源于用户上牌数；2.区域级别划分主要依据市场容量和经济情况）

此外，从 E5-旗云 3 销量的各省（自治区、直辖市）的流向上看（见图 7），目前主要集中在一些中、东部的省份，其中山东省销量突出地高，再加上销往河北、安徽、河南、江苏、四川、广东、浙江、黑龙江、湖南共十省的销量，销售占比合计超过 70%。随着中国乘用车西部市场及其他中部区域市场的启动及发展，E5-旗云 3 销量的省级区域流向特征也将向中、西部地区偏移。

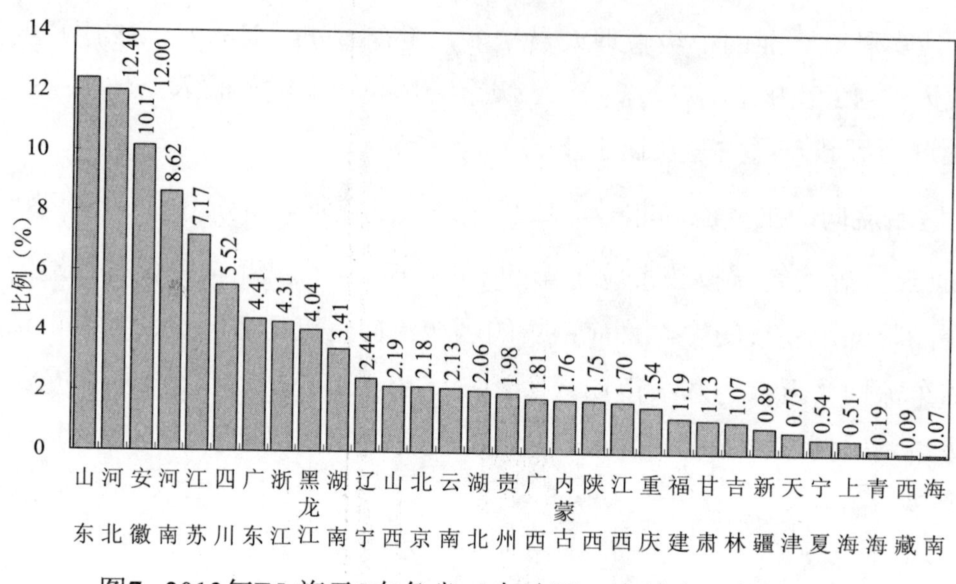

图7 2013年E5-旗云3在各省（自治区、直辖市）的销量比例

（注：数据来源于用户上牌数）

5．用户反馈：外观、配置和空间优势明显，做工品质待提升

作为奇瑞A级轿车中销量最大的车型，奇瑞E5已拥有超过50万辆的用户，通过每年开展的用户调查以及各种用户反馈信息渠道获知：奇瑞E5-旗云3的目标消费者，用户购车的主要关注因素为外观造型、购车价格和质量，其次是油耗，乘坐空间宽敞程度和车身大小也备受关注；在产品形象上，无论外形还是内饰，足够大气，符合很多国内消费者的需求，另外配置也足够丰富，再加上很亲民的价格，是很有性价比的自主品牌产品；在产品满意情况上，用户对空间比较满意，尤其是后备厢储物空间，对一些有探亲用途的用户来讲，十分实用；同时，用户认为E5配置丰富，配置水平高于同级别竞品，比较人性化；在期望产品改进上，期望E5的用料和做工也同步跟进、能有更大的提升，以提升一下内在品质。

三、风云2：动感都市家轿

1．产品简介：动感外观、安全备至

风云2的产品特点为动感外观，V型前脸、鲸鱼尾式仪表台、飞来器式大灯；

安全备至，四星标准设计、高刚性笼型车身、四安全气囊；空间灵动，独特掀背式设计、450～1000L 大储物空间、多变式空间组合。产品参数为两厢和三厢车，价位段为 5.38 万～6.98 万元，外形风格为动感活力、线条流畅，三厢长×宽×高×轴距：4333 mm×1686 mm×1480 mm×2527mm，动力总成为 1.5MT 和 1.5AMT，最大功率（1.5L）为 80kW/（6000r/min），最大扭矩（1.5L）为 140N・m/(4500 r/min）。

2．销售业绩：销量稳定、A0 级主销车型

风云 2 是奇瑞 2009 年投放市场的新产品，2012 年改款上市，目标市场主要是由赛欧、风云 2、北汽 E 系、悦翔、长安 CX20、同悦、骏捷 FRV 等车组成的 A0 级轿车市场，该细分市场合资畅销车型与自主品牌代表车型共存，竞争激烈。风云 2 在上市的第 5 年销量仍达到约 7.4 万辆，市场保有量已超过 30 万用户（见图 8），成为奇瑞的主销产品。

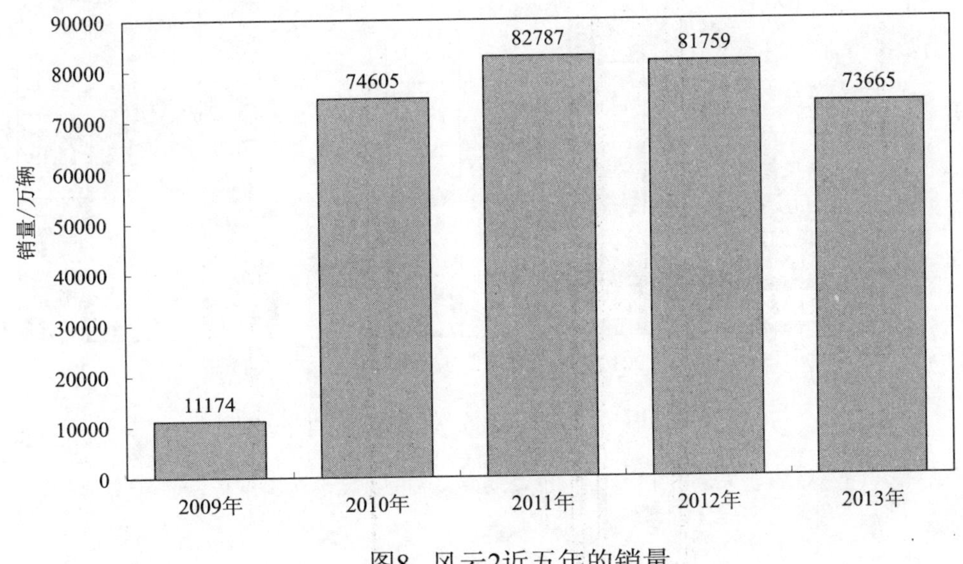

图8 风云2近五年的销量

（注：数据来源于全国乘用车市场信息联席会）

3．用户特征：年轻有活力、生活多彩的人群，女性用户比例不少

在风云 2 的目标人群中，男性用户多于女性，但风云 2 的女性用户比例不少；年龄以 26～35 岁的用户最多，生活上崇尚自由和开心，关注时尚潮流；学历上，风云 2 用户基本都受过高等教育；工作性质主要是个体户和一般职员；购车用途主要是私人自用。

4. 区域流向：主要集中在一、二级区域，已出现下沉迹象

风云 2 作为奇瑞投放市场多年的 A0 级动感家轿，结合自身动感活力的外形，目前销售的区域流向较其他奇瑞车型，在一级、二级和三级市场的比例要高，2013 年合计占比超过 30%，但 2013 年的销量结构也显示该车的主要销量流向区域也为五级、六级市场，同时数据也显示一级、二级、三级市场比例仍在缩小，四、五、六级市场比例在不断扩大（见图 9）。

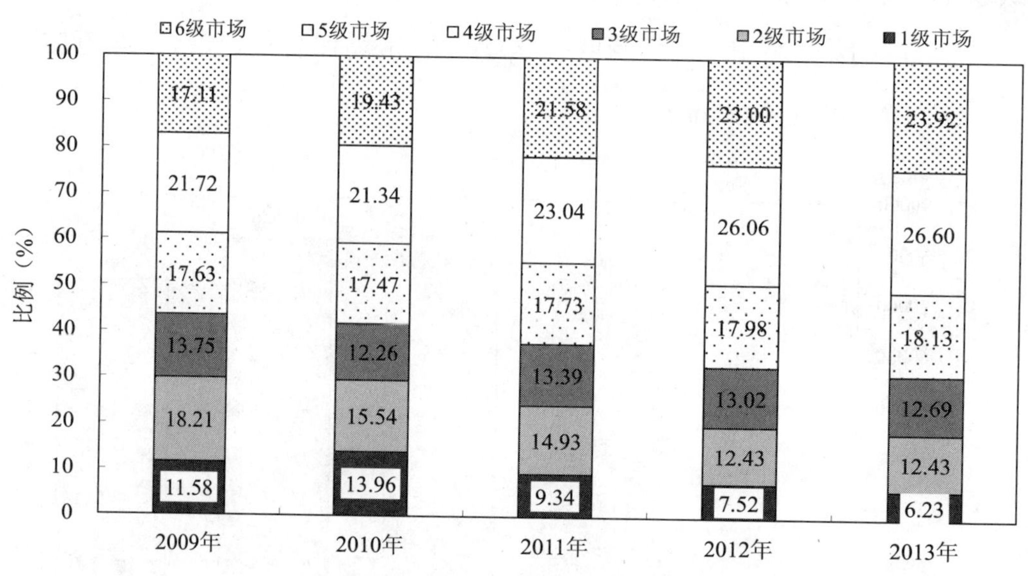

图9 近五年风云2各级别区域销量比例

（注：1.数据来源于用户上牌数；2.区域级别划分主要依据市场容量和经济情况）

此外，从风云 2 销量的各省（自治区、直辖市）流向上看（见图 10），目前主要集中在一些中、东部的省（自治区、直辖市），其中山东省销量较高，再加上销往安徽、河南、河北、江苏、四川、广东、浙江、山西以及湖南共十省的销量，销售占比合计超过 70%。随着中国乘用车西部市场及其他中部区域市场的启动及发展，风云 2 销量的省级区域流向特征也将向中、西部地区偏移。

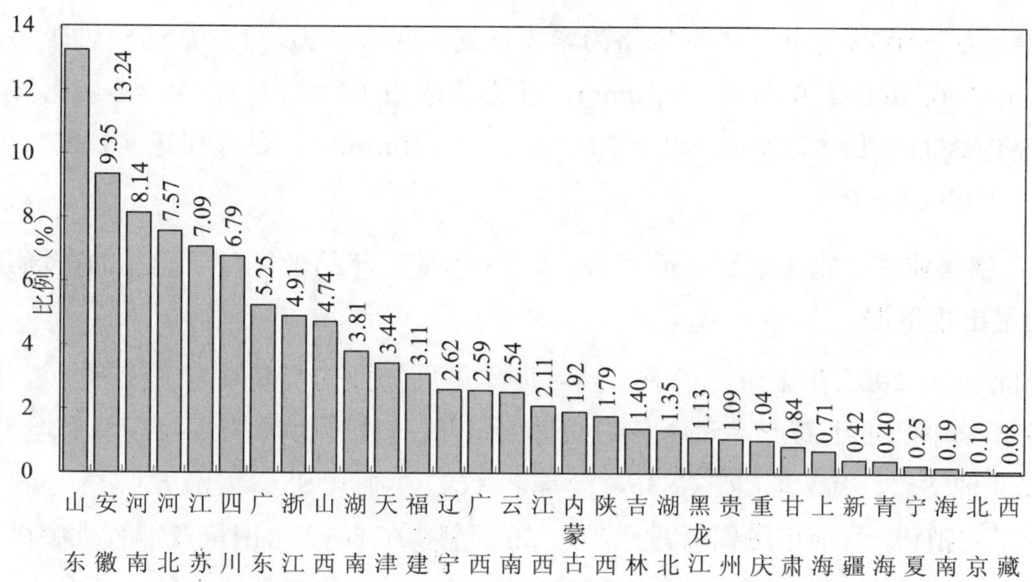

图10 2013年风云2在各省（自治区、直辖市）的销量比例

（注：数据来源于用户上牌数）

5. 用户反馈：外形和科技性配置满意度较高，空间待提升

风云 2 上市 5 年，已拥有相当规模的用户，通过每年开展的用户调查以及各种用户反馈信息渠道获知：风云 2 的目标消费者购车时，主要关注因素为外观造型、购车价格、油耗和质量、故障率；在产品形象上，用户认为风云 2 年轻活力、技术先进、品质高，较 A0 细分市场中的其他车型，风云 2 在“灵动”“极致”和“流畅”上的车型形象较为突出；在产品满意情况上，“风塑车体、前晶钻熏黑大灯、青春活力色彩”是用户最喜欢的造型特点，同时用户大多认同风云 2 的科技性配置更加丰富；“油耗”上的表现也较佳；在期望产品改进上，一些用户对风云 2 的空间仍不太满意，此外尽管用户对风云 2 的安全装备水平比较认同，但仍对国产车的安全性缺乏信心。

四、瑞虎 3：新概念轿车

1. 产品简介：越野车的功能、轿车的舒适性

瑞虎 3 的产品特点为越野车的高通过性以及相当的发动机动力，最低配备 1.6L 发动机；莲花调校的轿车底盘，舒适经济。产品参数：厢型为两厢车，价位

段为 8.48 万～10.78 万元，外形风格为紧凑流畅、年轻活力，长×宽×高×轴距为 4390 mm×1765 mm×1705 mm ×2510mm，动力总成为 1.6-MT、1.6DVVT-MT 和 1.6DVVT-CVT ，最大功率（1.8L）为 93kW/（6150r/min)，最大扭矩（1.8L）为 160N·m/(3900 r/min)。

2．销售业绩：销量曾经不断攀升，2013 年随着产品老化与新竞品的市场介入，销量出现下滑

瑞虎 3 于 2005 年上市，当时市场上同价位同类型的产品基本上没有。近几年，各厂家不断推出新产品进入该细分市场，目前目标市场的主要车型有哈弗 H6、比亚迪 S6、瑞虎、长安 CS35、全球鹰 GX7、瑞风 S5、英伦 SX7。瑞虎 3 经过 9 年的销售，目前市场保有量已超过 50 万辆。在 2012 年销量取得较大突破、创出新高，销量达 10.6 万辆，但在 2013 年随着产品老化与新竞品的市场介入，瑞虎销量出现下滑，销售约 7.8 万辆（见图 11)。

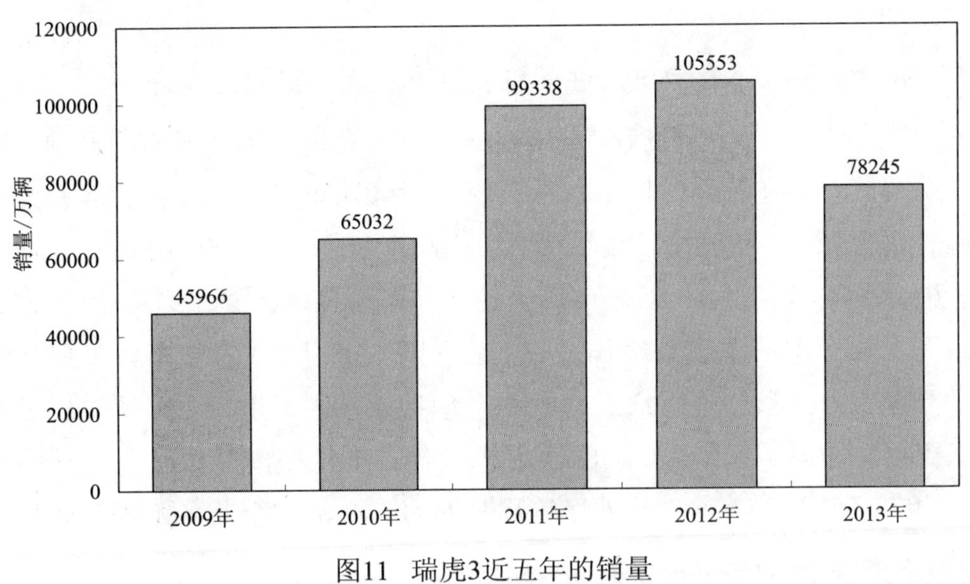

图11 瑞虎3近五年的销量

（注：数据来源于全国乘用车市场信息联席会）

3．用户特征：注重享受生活、喜欢户外活动的人群，男性用户占绝大多数

在瑞虎 3 的目标人群中，男性用户占绝大多数；年龄以 31～40 岁的用户最多，平均年龄约 36 岁，大多数已婚有孩子，认为“工作是为了享受生活”，喜欢户外活动；学历上，瑞虎用户基本都受过高等教育；瑞虎的用户以个体老板、私营企业的一般职员和中层管理人员居多；瑞虎 3 用户的平均家庭年收入约在 11 万元左右，低于 SUV 竞品总体水平的家庭年收入水平，主要集中于 8 万～18 万元，平均年收入约为 13 万元；购车用途主要是私人自用。

4. 区域流向：销量市场级别不断下滑，五级、六级市场比例不断增长

瑞虎 3 作为一款上市多年的 SUV 车型，上市销售早期的区域流向重点是一级、二级市场，但随着我国三级、四级及以下市场的成长壮大，以及低级别市场内乘用车消费的多样化加深，瑞虎在五级、六级市场的销售比例不断扩大，相应一级、二级、三级市场的销量比例不断减小，瑞虎销售结构向低级别市场不断下沉的迹象明显（见图 12），2013 年瑞虎在五级、六级市场的销量比例合计已近五成。

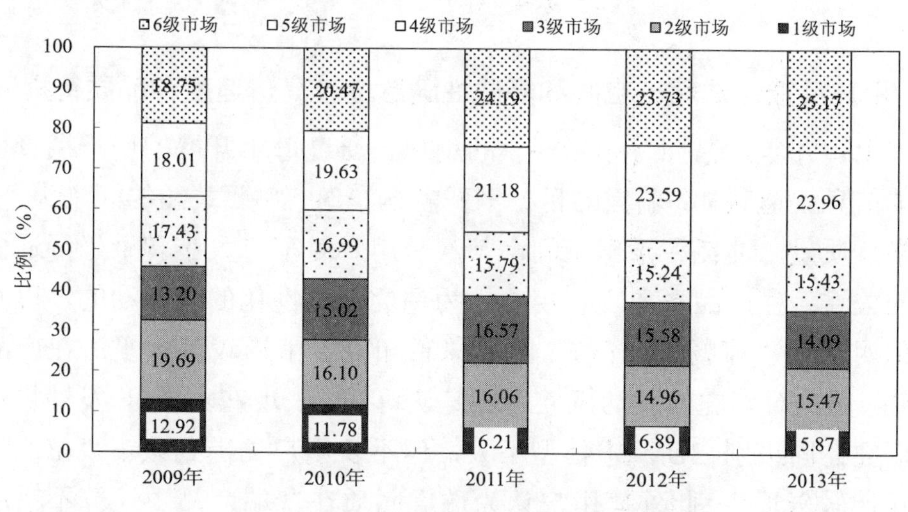

图12 近五年瑞虎3各级别区域销量比例

（注：1.数据来源于用户上牌数；2.区域级别划分主要依据市场容量和经济情况）

此外，从瑞虎销量的各省（自治区、直辖市）的流向上看（见图 13），目前主要集中在一些中、东部的省份，其中销往安徽、江苏、山东、河南、浙江、辽宁、四川、湖南、黑龙江、河北、广东以及湖北 12 省的销售占比合计达到 70%。随着我国乘用车西部市场及其他中部区域市场的启动及发展，瑞虎 3 销量的省级区域流向特征也将向中、西部地区转移。

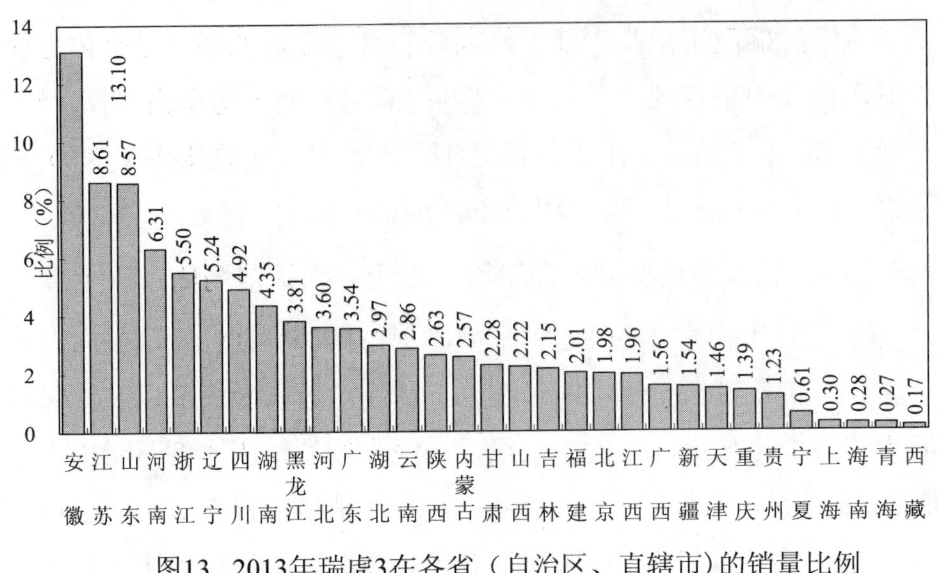

图13 2013年瑞虎3在各省（自治区、直辖市）的销量比例

（注：数据来源于用户于上牌数）

5．用户反馈：油耗、空间和舒适性满意度较高，造型和品质待提升

瑞虎上市九年，已拥有相当规模的用户，通过每年开展的用户调查以及各种用户反馈信息渠道获知：瑞虎的目标消费者购车时，主要关注的因素为外观造型、购车价格、质量、油耗和乘坐空间，其次是用户对车身大小和乘坐舒适性也有一定程度的关注；在产品形象上，用户认为瑞虎是男性化的、运动的，以及年轻活力的，但对瑞虎“流畅”“沉稳”的形象感知处于市场较低水平；在产品满意情况上，实际用户对瑞虎的发动机效率还是认可的，表现在对1.6L发动机油耗比较满意；瑞虎在同级别SUV中体型不大，但不少用户仍提到该车“空间不错，开起来也还比较舒适”；此外，用户认为瑞虎品质在奇瑞产品中还算不错的，做工扎实；在期望产品改进上，用户认为瑞虎的老化严重、外观造型已过时、不好看，还认为瑞虎的质量有些不稳定。

奇瑞作为乘用车自主品牌的代表厂家，本文呈现出来的奇瑞旗下主销车型的产品特征及用户特征，希望同样对自主品牌车型具有代表性，能为同行提供借鉴意义。此外，奇瑞2013年推出了三款新产品：艾瑞泽7、瑞虎5和E3，由于投放市场不久，用户样本量不足，下期再做详细分析。

（作者：蒲晖）

夏利产品市场调研报告

夏利作为乘用车自主品牌的领军车型，历经沧桑，见证着中国汽车市场自主品牌的发展。2013 年国内乘用车市场逐步走向火爆，但汽车市场需求分化带给了自主品牌经济型车严峻的负增长压力，夏利也进入了痛苦的深度调整期。从保持自主品牌常青树的历程来看，只有持续的自主改善和自主创新，夏利才能有可持续发展的空间。这也为国有大集团自主品牌车和民营自主品牌车的发展积累了宝贵的经验。

一、夏利的市场表现

1. 夏利销量走势

夏利是有 20 年历史的产品，其近 10 年来走势跌宕起伏。2012～2013 年夏利自身的销量结构面临调整，加之经济型轿车市场整体也面临着巨大的增长压力，导致夏利下滑较快（见图 1）。

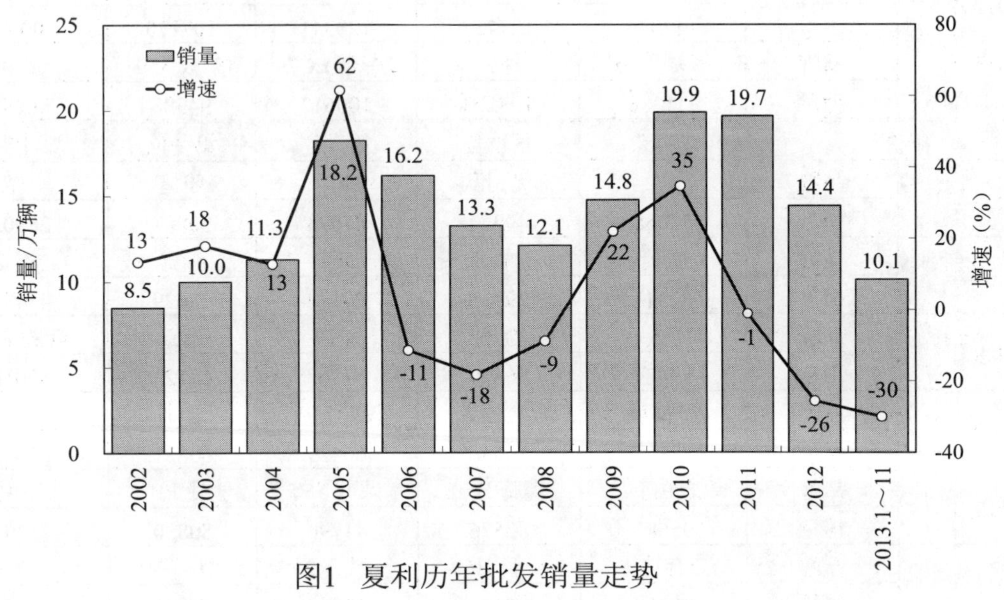

图1 夏利历年批发销量走势

2．历年夏利的市场地位

2011～2012 年夏利回归自主品牌车销量第一的地位。2013 年 1～11 月份夏利车的市场零售量达到 8.6 万辆，而且批发销量也走势较好，同时完成了老款车型淘汰升级的过程，这样的压力下夏利取得了自主品牌车前五位的位置是很不容易的（见表 1）。

表 1　历年来自主品牌车型销量前 10 位排名

（单位：辆）

年份		第 1 位	第 2 位	第 3 位	第 4 位	第 5 位
2006 年	品牌	夏利	QQ	旗云	自由舰	海福星
	销量	161858	132280	102007	70559	68310
2007 年	品牌	夏利	QQ	海福星	F3	旗云
	销量	132544	130186	114009	98476	93415
2008 年	品牌	F3	QQ	夏利	海福星	自由舰
	销量	136782	133387	120969	85427	81076
2009 年	品牌	F3	QQ	夏利	自由舰	F0
	销量	290963	168554	147547	113673	102931
2010 年	品牌	F3	夏利	QQ	F0	悦翔
	销量	263947	198680	157062	148457	103980
2011 年	品牌	夏利	F3	长城 C30	QQ	帝豪 EC7
	销量	196522	183391	155693	150769	96089
2012 年	品牌	夏利	长城 C30	F3	帝豪 EC7	QQ
	销量	147024	127757	120341	107170	100693
2013 年 1～11 月份	品牌	长城 C30	速锐	帝豪 EC7	荣威 350	夏利
	销量	111358	108263	100512	94388	86299
年份		第 6 位	第 7 位	第 8 位	第 9 位	第 10 位
2006 年	品牌	F3	优利欧	路宝	骏捷	华普
	销量	54056	49224	47093	35807	28903
2007 年	品牌	骏捷	自由舰	A5	奔奔	金刚
	销量	82311	79935	70124	48629	45438
2008 年	品牌	A5	金刚	骏捷	旗云	奔腾 B70
	销量	59484	56300	52307	52123	50018
2009 年	品牌	海福星	A5	骏捷 FRV	金刚	旗云
	销量	72157	70630	66429	65821	65023
2010 年	品牌	自由舰	奔腾 B50	荣威 550	骏捷 FRV	菱悦
	销量	95583	82576	81790	80820	75791
2011 年	品牌	奔奔迷你	奔腾 B50	风云 2	自由舰	F0
	销量	88599	85043	82787	82653	82603

（续）

年份		第 6 位	第 7 位	第 8 位	第 9 位	第 10 位
2012 年	品牌	比亚迪 L3	荣威 350	奔奔迷你	菱悦	奇瑞 E5
	销量	75636	70396	65418	61828	59577
2013 年 1～11 月份	品牌	比亚迪 L3	逸动	F3	QQ	悦翔 V3
	销量	85780	79934	73608	71066	70696

3．夏利的月度走势

2013 年夏利月度走势较平稳。第一季度夏利走势开局稍弱，第二季度后走势出现探底调整，尤其是受到节能车补贴的影响，在第三季度节能车销售火爆中，夏利 7～9 月份的销量没有出现类似的政策退出前的暴增现象。但 10 月份后夏利在竞品回落的情况下而有所改善（见图 2）。

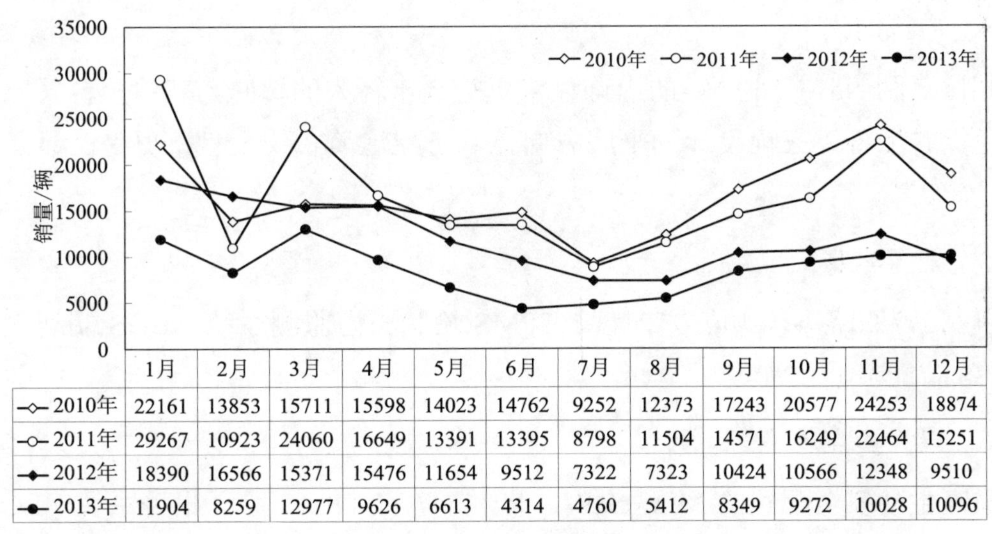

	1月	2月	3月	4月	5月	6月	7月	8月	9月	10月	11月	12月
2010年	22161	13853	15711	15598	14023	14762	9252	12373	17243	20577	24253	18874
2011年	29267	10923	24060	16649	13391	13395	8798	11504	14571	16249	22464	15251
2012年	18390	16566	15371	15476	11654	9512	7322	7323	10424	10566	12348	9510
2013年	11904	8259	12977	9626	6613	4314	4760	5412	8349	9272	10028	10096

图2　历年夏利月度销量

二、夏利新品推进

1．夏利 N7 表现较强

夏利 N7 是来自于夏利 N5 的车型平台、代号为 R008 的全新车型，是 N5 的两厢车，拥有与夏利 N5 相同的 2405mm 轴距尺寸，车身长、宽、高分别是 3920 mm 、1645mm、1485mm。采用麦弗逊式独立前悬架和带横向稳定杆的独立双连杆麦弗逊滑柱式后悬架。

2. 全新领先超越的动力

外观上，夏利 N7 借鉴了一些丰田 RAV4 的设计元素，上下进气口的处理方式与老款 RAV4 如出一辙。不过夏利 N7 大灯的配置有所降低，取消了透镜灯组的配置，除此之外，概念车的设计在量产车上均完整地保留下来。夏利 N7 的最小离地间隙为 137mm，相比夏利 N5 高出 10 mm 左右，这样的离地高度也是为了配合整体的外形设计，而它的通过性和普通轿车相比有一定优势。

3. 动力强劲

动力方面，夏利 N7 配备与夏利 N5 相同的 CA4GA1 型 1.3L 自然吸气发动机，最大功率为 67kW（91 马力），峰值扭矩为 120N·m，传动部分仅有一款 5 速手动变速器。

4. 内饰时尚

相比夏利 N5，夏利 N7 的内饰风格更符合年轻人的口味，其中控台采用更深的配色，并配备了三幅设计的平底方向盘，搭配炮筒式仪表盘，更是凸显了该车的运动感。

5. 配置丰富

夏利 N7 配备了多功能方向盘、TPMS 轮胎压力监测系统、BOS 制动优先系统、ISS 智能节油系统等。

6. 最大卖点

最高主动安全配置的 Mini SUV。夏利 N7 将 TPMS 胎压报警系统、BOS 制动优先系统、ISO-FIX 儿童安全座椅固定装置等主动安全科技汇集于一身，让你安全一路，畅行无忧。最具个性的运动内饰。全新数字娱乐中心、时尚行车信息中心、多功能方向盘，处处彰显夏利 N7 优越的品质。最省油的 Mini SUV。配备 ISS 智能节油系统，汇集世界级科技的 VCT-I 高效能发动机，EPS 电子随速助力转向系统，让动力、操控与节油达成完美统一。

三、夏利销售结构分析

2013 年夏利销售结构最大的变化是 1.3L 两厢车型的复产，并以 N7 系列命名。而 1.0L 两厢车型走势较弱，1.3L 产品表现恢复（见图 3）。夏利的销售结构强化两厢的突破，2013 年 1.0L 三厢产品销量占夏利总销量的 42%，而 2009 年这一比例高达 80%，2013 年较 2009 年下降了 40 个百分点。四缸车型拉动了夏利的较快增长，成为 2013 年夏利销量的主要增长点。随着夏利 N7 的热卖，1.3L 两厢产品销量的占比达到 30%，但这也吞噬了部分 1.0L 两厢产品的份额，从而夏利也实现了销售结构向上转移的效益改善之路。

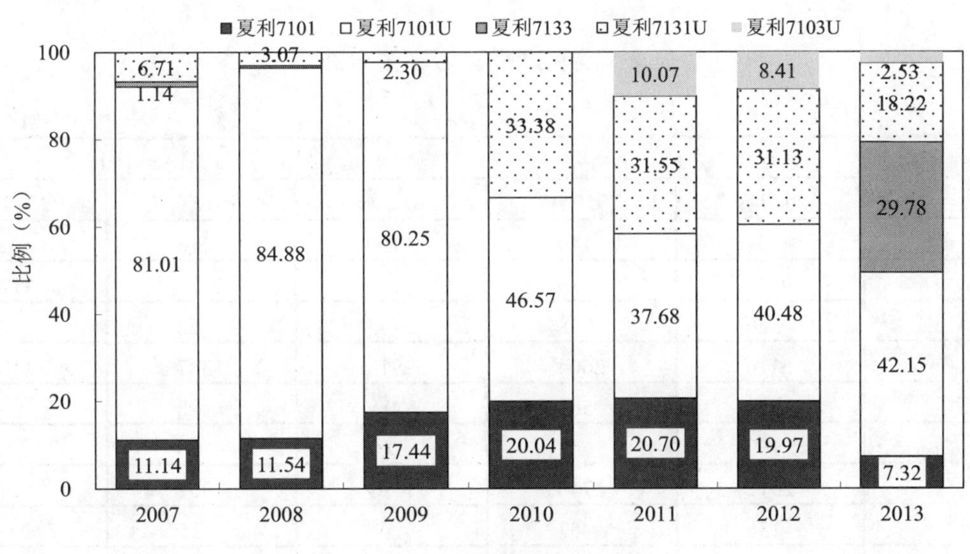

图3 夏利销售结构分析

四、夏利市场调查分析

1．男性消费比例保持高位

夏利 N7 定位于经济型家用车市场，其目标消费群为刚工作的都市白领，收入稳定，教育程度高。这与老夏利的面向普通市民代步用车的定位有所区分。虽然目前有高端两厢车型上市，但女性群体的比例仍仅有 20%左右，这与竞品的市场特征有一定差距，这也是夏利相对赛欧等竞品的劣势所在。

2．年龄结构

夏利的消费群体在年龄结构上与总体市场的反差较明显，中年群体占比高，年轻群体比例偏低。2012 年夏利的消费群体在 20 岁以下的比例曾明显高于总体市场，这也体现了夏利入门级产品的消费特点，但 2013 年低价车型停产后，消费者年龄结构明显上移。40 岁以上的消费群体选择夏利作为代步用车的比例较高，这与主流家庭用车的消费群体年龄结构有明显差距，夏利的产品拓展之路仍有很大空间。

3．区域市场流向分析

夏利产品主力销售区域为华北、东北和华东地区，占全部销售份额的 80%（见表 2）。其中夏利 1.3L 的销量提升对均衡区域市场起到了较明显的作用。

表 2　夏利产品区域销量分布表

（单位：辆）

年份 省份	夏利 1.0L				
	2009 年	2010 年	2011 年	2012 年	2013 年
安徽	491	140	199	116	29
北京	9529	5336	1179	2628	1127
福建	326	228	143	68	21
甘肃	5116	2604	1912	1347	1187
广东	1050	563	489	78	5
广西	169	58	202	78	—
贵州	2512	2740	1793	1307	1242
海南	136	57	48	15	—
河北	13319	10980	10249	5813	2229
河南	1173	1279	1092	476	332
黑龙江	12162	9435	9248	5733	4577
湖北	158	139	52	34	1
湖南	488	338	206	24	3
吉林	10007	9175	10872	8020	5177
江苏	385	332	405	114	24
江西	270	166	117	70	6
辽宁	9011	9588	13699	11490	5912
内蒙古	11513	9363	11498	10083	7058
宁夏	1824	962	407	173	68
青海	2430	1353	1550	1983	1610
山东	11997	10641	9762	5234	2326
山西	2582	2919	5584	4864	2369
陕西	1950	2044	2176	1165	537
上海	28	11	2	2	—
四川	1352	593	1364	96	33
天津	22507	21928	21573	15877	7474

（续）

省份＼年份	夏利 1.0L				
	2009 年	2010 年	2011 年	2012 年	2013 年
西藏	128	63	43	32	32
新疆	2829	3024	3785	2124	303
云南	4526	3722	3758	2464	1187
浙江	186	236	135	60	4
重庆	55	0	0	4	—
其他	1011	0	120	7	—
合计	131220	110017	113662	81579	44873

省份＼年份	夏利 1.3L				
	2009 年	2010 年	2011 年	2012 年	2013 年
安徽	41	746	523	238	299
北京	237	3898	1417	2468	2878
福建	35	531	143	96	297
甘肃	67	3302	4136	2981	2297
广东	138	1792	646	254	867
广西	37	557	564	211	377
贵州	46	1760	758	1007	570
海南	10	159	29	23	67
河北	281	11125	12277	8675	4836
河南	100	1602	1483	1299	1007
黑龙江	174	3067	3208	2173	1881
湖北	18	284	215	194	429
湖南	55	618	389	182	407
吉林	124	3457	3798	2584	2301
江苏	33	721	466	117	124
江西	13	456	171	79	148
辽宁	139	4133	4176	3639	2832
内蒙古	168	4483	5609	4186	2741
宁夏	30	882	755	464	190
青海	24	1345	2700	2248	1533
山东	451	10494	9179	6909	5869
山西	69	1515	2421	1941	1452
陕西	54	693	1051	808	729
上海	5	36	9	6	41
四川	86	1585	888	426	502
天津	466	7506	7981	7317	8073

（续）

省份＼年份	夏利 1.3L				
	2009 年	2010 年	2011 年	2012 年	2013 年
西藏	1	5	30	32	16
新疆	30	674	708	285	156
云南	124	1917	1688	1156	1260
浙江	24	197	106	47	121
重庆	11	8	23	15	61
其他	0	40	62	1313	1470
合计	3091	69588	67609	53373	45831

五、夏利海外市场取得新进展

2013 年自主品牌车出口遭遇了较大的危机，夏利出口同样遇到严重的环境压力，但 2013 年夏利努力突破新市场，实现出口销量的明显增长（见图 4）。在集团出口部门统一严格管控和对外协调的背景下，2011 年之前夏利出口走势仍没有较大起色。而 2012 年出口逐步改善，批量订单增加较多，尤其是从 2013 年开始夏利出口进入了稳定的新增长期。夏利的出口虽然量小，但在没有企业自主出口权的情况下，这样的业绩也实属不易。

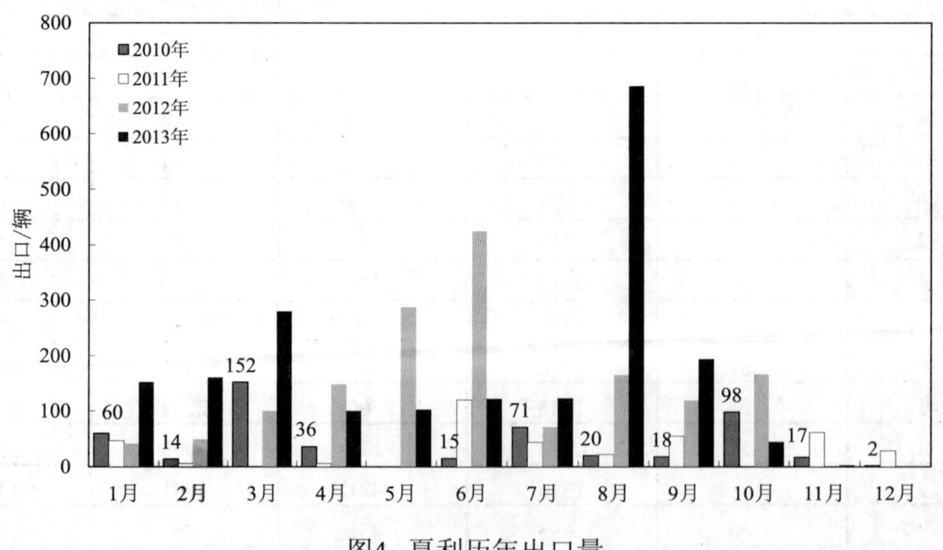

图4 夏利历年出口量

（作者：崔东树）

2013 年荣威及 MG 产品市场调研报告

2013 年在宏观经济运行总体平稳的背景下，受日系车恢复性增长、部分城市限购传闻引发恐慌性购买和进入增换购黄金期等因素的刺激，乘用车市场呈现出高增长态势，2013 年 1～11 月份累计国内销量 1464.9 万辆，同比增长 17.0%，预计全年内需量在 1619 万辆左右，同比增长 17.4%。2013 年自主品牌汽车也保持了较高的增长速度，整体表现较好。2013 年 1～11 月份，国内自主品牌汽车累计销售 388.7 万辆，同比增长 17.0%，增速与内需市场持平。虽然增长水平仍保持向好，但市场份额却在逐渐下降。2013 年 1～11 月份自主品牌汽车的市场份额仅有 26.5%，较上年下降 0.6 个百分点，而较 2010 年的 30.2%已下降 4.7 个百分点。面对合资品牌产品和价格的下探，自主品牌汽车的生存空间正逐渐缩小，压力并没有得到缓解。

一、2013 年上海汽车集团乘用车市场表现

上海汽车集团乘用车自主品牌积极应对所面临的压力和挑战，表现出较强的市场竞争力，在 2012 年成功迈上 20 万辆台阶的基础上，2013 年 1～11 月份累计销量达到 19.6 万辆，同比增长 12.2%，预计全年销量将突破 23 万辆，同比增长 15.0%，复合增长率达到 50.9%，在自主品牌汽车企业中处于前列（见图 1）。

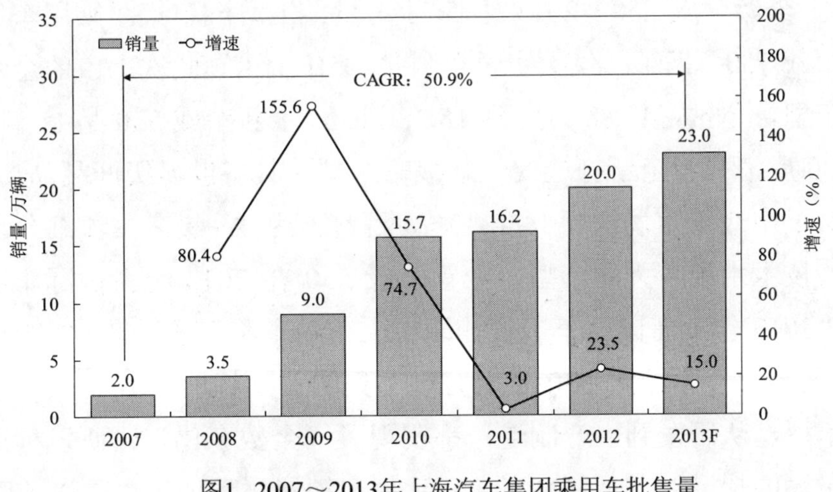

图1　2007～2013年上海汽车集团乘用车批售量

（注：资料来源于全国乘用车市场信息联席会）

分品牌来看，2013 年 1～11 月份，荣威品牌累计完成销量约 13.2 万辆，同比增长 18.3%，月均销量达到 1.2 万辆；MG 品牌累计完成销量约 6.4 万辆，同比增长 1.3%，月均销量约为 0.58 万辆（见表 1）。

表 1 上海汽车集团乘用车各产品 2012 年和 2013 年 1～11 月份销量

品牌	产品品牌	2012 年销量/辆	2013 年 1～11 月份销量/辆	2013 年 1～11 月份增速（%）
荣威	荣威 950	4590	3610	-13.7
	荣威 750	2317	2074	16.1
	荣威 550	38560	19826	-41.0
	荣威 350	74437	97150	46.8
	荣威 W5	7385	9756	55.9
	荣威 E50	238	105	—
荣威合计		127527	132521	18.3
MG	MG 7	282	191	-29.5
	MG 6	22368	16113	-14.4
	MG 5	9173	7812	-6.2
	MG 3	40667	39567	11.6
MG 合计		72490	63683	1.3
总　计		200017	196204	12.2

注：资料来源于全国乘用车市场信息联席会。

二、重点产品介绍

1．2013 年上市的产品介绍

（1）全新荣威 550　2013 年 5 月 4 日，上海汽车集团乘用车第二代战略产品全新荣威 550，携第二代数字轿车科技 D5II 上市。此次上市的全新荣威 550 共有 7 款车型，价格从 11.88 万元到 18.28 万元。全新荣威 550 是上海汽车集团乘用车针对 80 后消费者全新打造的一款战略车型，具备世界级产品品质与科技含量，重新定义了中级车市场的新标准。作为目前国内 A+级车主流细分市场中科技含量较高、技术水准较强的车型，全新荣威 550 在 2013 上海国际车展首次亮相便荣获了“2013 年上海国际车展最佳即将上市新车奖”的殊荣，成为市场最为期待的 A+级轿车。全新荣威 550 是上海汽车集团首款基于 DIS 全数字革新开发系统打造的车型，从研发到生产制造，都实现了“全数字化”，研发标准与制造标准都有了极大的提升。其所搭载的 D5 Ⅱ数字智能化系统，更是以前瞻的技术突破引领中级车发展趋势，将中国汽车的科技水平与技术含量提高到一个全新的高度，实现了产品力优势的全面升级。

全新荣威550配备1.8T和1.8DVVT两款全铝高性能发动机，动力澎湃，且更适合中国路况；TST 6速油冷双离合变速系统更是全新荣威550的最大亮点，合资产品仅在高端车型上才使用的湿式双离合模式，耐热性、稳定性和可靠性更高，并可承受360N•m的超高扭矩输出，传动效率超过90%，从而在操控性、舒适性和燃油经济性等各方面都大幅度领先。全新荣威550，还配备有众多在豪华车型上出现的高端数字化配置，包括“Start/Stop数字智能启停节能系统”“EPB一键式电子驻车系统”和“Configurable色彩定义数字仪表系统”，这些都成为了全新荣威550的标准配置，特别是“Start/Stop数字智能启停节能系统”，使消费者在享受前沿科技的同时，有效降低了油耗和碳排放量，充分体现了节能环保的社会责任感。数据显示，全新荣威550的综合油耗比上一代产品下降15%以上，1.8L排量的油耗几乎与市场上主流1.5L排量的车型相当，真正实现了行驶性能与燃油经济性的完美统一。

（2）MG5 1.5T 6AT　2013年11月21日，在广州车展上，MG5 1.5T 6AT上市。MG5 1.5T 6AT共有两款车型，售价分别为13.67万元和11.97万元。在动力方面，MG5 1.5T 6AT拥有可完全匹敌德系豪华运动车型的动力性能。采用1.5T Hyperboost发动机，最大功率达95kW/（5500r/min），最大扭矩210N•m，在2000r/min即能迸发出210N•m的强劲扭矩，动力表现堪比2.0L。车型匹配智能6速手自一体变速器，换挡更加平顺舒适；切换到运动模式时，可大幅提升运动表现；F1 Paddle Shift换挡拨片则是深得F1方程式赛车操控性能的精髓，使MG5变身“赛道神兽”，动力强劲、操控精准，堪称名副其实的“运动两厢先锋”。MG5 1.5T 6AT百公里综合油耗7.2L，0～100km/h 加速时间10.2s。在外观方面，MG51.5T 6AT秉承MG品牌运动基因及UKDesign英式美学设计理念，整体造型凌厉，个性化竞争优势较为明显，富有速度感和科技感。内饰方面，MG51.5T 6AT采用科技皮，沿用了灵动翼展式内饰设计，两对空调出风口的镀铬饰条，搭配中控台以及方向盘上的镀铬饰条。空间方面，MG5 1.5T 6AT拥有1492mm的车身高和2650mm的轴距。行李箱常规状态下为325L，最大容积可拓展至705L，在同级车中名列前茅。配置方面，MG5 1.5T 6AT搭载上海汽车集团inkaNet3.0智能网络行车系统，实现了“人车对话”，实现了语音搜索导航、音乐播放、收发短信、拨打电话等诸多功能。安全方面，MG51.5T 6AT 采用 USD 超刚性车体结构，车体的高强度和超高强度钢板使用比例达 27%，车身扭转刚度达 18.6kN•m/deg 以上，达到 C-NCAP 五星碰撞等级，为乘客带来了全方位的强悍保护。同时，MG5 1.5T 6AT 配备七位一体 SCS 智能主动安全系统，SRS 全方位六安全气囊及 V-PDC 全息泊车辅助系统。同时推出的还有 MG5 Geek 版，通过柔性订车电商平台，满足年轻车主的在线定制需求。作为 MG5 1.5T 6AT 的网络销售版，MG5 Geek 大胆前卫、动感澎湃、科技时尚的形象定位，正好与 MG 车主崇尚科技、自由、创造力，并且特立独行、不断突破创新的极客精神相符。

（3）荣威 550 Plug in 插电式混合动力　在 2013 年广州车展上，荣威 550 Plug in 插电混合动力版正式上市，新车推出两款车型分别为豪华版、旗舰版，售价分别为 24.88 万元和 25.98 万元。整体上来看，荣威 550 Plug in 插电混合动力版在外观设计上与常规版相同，不同之处在于动力系统。荣威 550 Plug in 插电式混合动力版所采用的混合动力系统，是由一款 1.5L 自然吸气发动机，匹配一台主电机和一台辅助电机共同组成。其中主电机的最大功率为 50kW，最大输出扭矩为 310N • m；而辅助电机的最大功率为 25kW，最大输出扭矩为 147 N • m。在这三大动力来源的驱动下，荣威 550 Plug in 插电式混合动力版虽然拥有较重的整备质量，但依然具备相当不错的动力性能。数据显示，荣威 550 Plug in 插电式混合动力车型百公里油耗仅为 2.7L，节油性能相当优异。在荣威 550 Plug in 插电式混合动力轿车配有 184 个磷酸铁锂电池的电芯和先进的 BMS 电池管理系统。电芯可以始终保持性能的一致性，以每天充电一次计算，可以连续使用十年。此外，基于荣威 E50 的生产经验，荣威 550 Plug in 插电式混合动力版的电池都经历了机械冲击、模拟火烧、短路和过充等一系列的严苛测试，确保极端情况下的电池安全性。由于搭载了一台传统汽油机，荣威 550 Plug in 插电式混合动力版对于充电的需求不像纯电动轿车那么急切，在行驶过程中汽油机即可向电池充电，电力耗尽后家用 220V 充电 8h 即能充满。电池质保 5 年或 10 万 km。

作为荣威 550 车系下的一个分支，荣威 550 Plug in 插电式混合动力版在外观、配置、空间和安全方面完全传承了同年上市的全新荣威 550 的优势。LED 光导尾灯组、2705mm 的轴距，前后四轮独立悬架、inkaNet 智能行车系统、EPB 电子手刹、SCS-III 十位一体智能主动安全控制系统一应俱全。无论是驾驶还是乘坐与全新荣威 550 别无二致，唯一的区别在于凭借着电动机和电子变速器与生俱来的优势，荣威 550 Plug in 插电式混合动力版的噪声更低、换挡更为平顺。

2．重点在售产品市场表现情况

（1）荣威 350　2013 年 1～11 月份，荣威 350 凭借坚实的产品实力、品牌力和售后服务能力取得了较好的成绩，销量达到 97150 辆，增长 46.8%，年度销量创下历史新高。从月度销量来看，2013 年 9 月份起，荣威 350 跻身“A 级车万辆俱乐部”，且销量持续上升，11 月份的批售销量达到 12156 辆，创下上市以来的单月销量新高。此外，经过四年的发展，荣威 350 的产品竞争力也不断提升，在轿车 A 级细分市场排名持续上升，由 2010 年的第 31 位，提升到 2013 年的第 13 位。目前 A 级轿车市场能够排在荣威 350 前面的自主产品仅有 EC7 和长城 C30。

（2）荣威 W5　从 2011 年开启的大型丈量活动以“丈量 960 万平方公里”口号起步，荣威 W5 单车突破阿里无人区，走过边关雪海冰湖，穿过长城大漠飞沙，行遍岭南盎然秋色，览尽闽南大海无垠，用实际行动证明了身为专业 SUV 的硬功夫。2012 年，荣威 W5 延续上一年的热度，新一轮“荣威丈量”系列活动——“丈量边关 致敬英雄”再度启程。从老山哨所、满洲里七哨所、海拔最高的红其拉甫哨所、广西友谊关，再到“抗战生命线”史迪威公路，丈量滇缅旧战场。2013 年 12 月份，荣威 W5 又带着荣威品牌坚忍不拔的精神再度启程，不畏艰险，冒着零下 57℃的严寒毅然挺进具有中国极地之称的漠河。穿越大兴安岭雪原 700km，走进“中国北极”漠河和最北的气象站。通过挑战极寒积雪和冻土路面，荣威 W5 展现“30 万元内、唯一硬汉四驱”的强劲实力。本次活动用车为 2013 年广州车展上市的荣威 W5 极地特装版，与此前的荣威 W5 所不同的是，“极地特装版”特别配备了越野专属 inkaNet 3.0 智能网络行车系统，包括：海拔表、气压计、车身倾角显示和专业的轨迹记录。动力和传动系统方面传承了 W5 车型的配置，搭载 1.8T 涡轮增压发动机、Tiptronic 手自一体变速器、P-4WD 全模式四驱系统、低速扭矩放大功能。在“丈量边关”系列活动的助推下，2012 年，荣威 W5 销量节节攀升，全年累计销量达到 7385 辆，同比增长 81.8%。2013 年受到传祺 GS5、途观、新胜达、CR-V 等强劲对手的挤压，销量有所下降，但月均销量始终稳定在 900 辆左右。竞争处于弱势主要是由于荣威 W5 是专业越野型 SUV，市场接受度有限。但在专业越野型 SUV 领域中，荣威 W5 毅然表现出强劲的市场竞争力，保持着较高的优势（见图 2）。

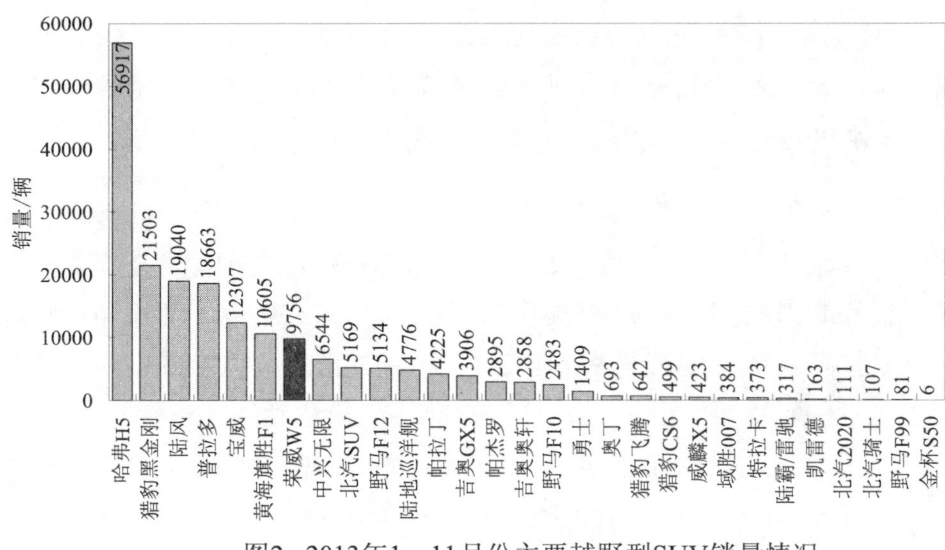

图2 2013年1～11月份主要越野型SUV销量情况

（注：资料来源于全国乘用车市场信息联席会）

（3）MG3 作为上海汽车乘用车历经四年、集全球资源打造的最新产品，MG3 延伸了 MG“个性、气质、创造力”的品牌精髓。其由外而内的英伦设计风格，大胆创新又兼具实用，贴合当代年轻人的消费心态，一上市就受到年轻人的热情追捧。2013 年受消费升级的影响，A0 级细分市场销量持续萎缩，但 MG3 逆势上扬，依然保持较高的市场竞争力。2013 年 1～11 月份 MG3 累计销量达到 39567 辆，同比增长 11.6%，超过晶锐，成为仅次于 Polo 的两厢精品小车（见表 2）。

表 2 2011～2013 年 1～11 月份 A0 级精品两厢车轿车批售量排名

（单位：辆）

排名	车型	2011 年	车型	2012 年	车型	2013 年 1～11 月份
Top 1	新 Polo	122250	新 Polo	119173	新 Polo	124713
Top 2	晶锐	48759	晶锐	48380	MG3	39567
Top 3	嘉年华 HB	44006	MG3	40667	新飞度	37507
Top 4	雨燕	42469	新飞度	35920	晶锐	32067
Top 5	MG3	22120	嘉年华 HB	34785	嘉年华 HB	29140
Top 6	新飞度	21043	雨燕	33591	雨燕	27413
Top 7	雅力士	19323	207HB	13633	207HB	12691
Top 8	利亚纳	18510	雅力士	12341	雅力士	10641
Top 9	207HB	18203	利亚纳	7451	利亚纳	7531
Top 10	玛驰	16225	玛驰	6720	玛驰	2650

2013年12月30日， 源于欧版MG3的2014款MG3上市，为MG3冲击更高市场目标注入了新的活力。2014款MG3推出6款车型，国内售价区间为6.97万～9.77万元，相对老款主要在外观和内饰配置方面有所升级。2014款MG3车头造型的改变是亮点，线条刻画更加犀利，下部黑色格栅的造型也有所改变，配合熏黑鹰眼前照灯使得运动感更强烈。底部的双雾灯变成了LED日间行车灯，让整车更帅气的同时也提升了行车安全性。尾部新增了后保运动扰流饰板，能够起到减小风阻的作用，而且进一步提升了运动个性。

内饰风格上，2014款MG3版仍然采用i-style的苹果设计风格，不过，原来的白色陶瓷烤漆内饰升级为流光溢彩的银色内饰。同时，新款车内配备黑色真皮座椅和方向盘，采用红色缝线镶边，运动质感飞跃。动力方面，2014款MG3或将与现款动力总成保持一致。提供1.3L和1.5L两款发动机可选，匹配5速手动或AMT变速器。在安全方面2014款MG3也有进一步提升。增加的TPMS胎压监测系统、FPS燃油自动切断系统、ISOFIX儿童安全座椅固定装置等安全配置让用户日常行驶更多了份安全保障。

此外，2014款MG3版还推出了包含钻石切割铝合金轮毂和运动型尾翼扰流板在内的潮流运动套件。

三、荣威品牌和MG品牌产品区域流向情况

2013年一线市场逐步趋于饱和状态，北京、上海、广州均实施了限牌限购政策，市场增长乏力，竞争强度非常之大。上汽集团乘用车积极开展渠道下探，逐步向三四线市场纵深，在安徽、云南、江西等省份取得了一定突破。

分品牌来看，荣威品牌销量主要集中在上海、江苏、山东、浙江、四川等经济较为发达的地区；其中，荣威品牌区域流向前四名均集中在东部沿海地区。在宁夏、新疆、青海、黑龙江、吉林和海南等地区销量偏弱（见图3）。MG品牌销量主要集中在上海、江苏、天津、浙江、四川等经济较为发达的地区；其中，MG品牌区域流向前四名也集中在东部沿海地区。在吉林、青海和黑龙江等地区销量偏弱（见图4）。

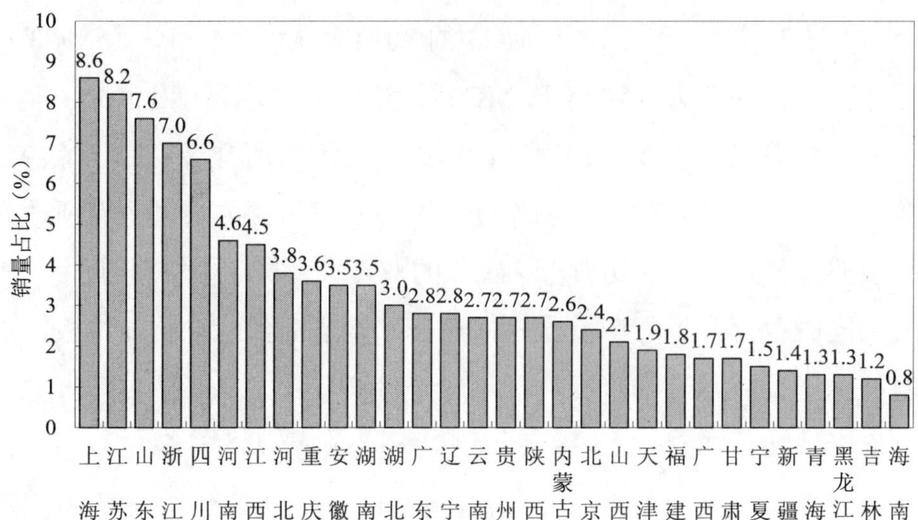

图3 2013年1～11月份荣威品牌各省（自治区、直辖市）销量占比情况

（注：资料来源于全国乘用车市场信息联席会）

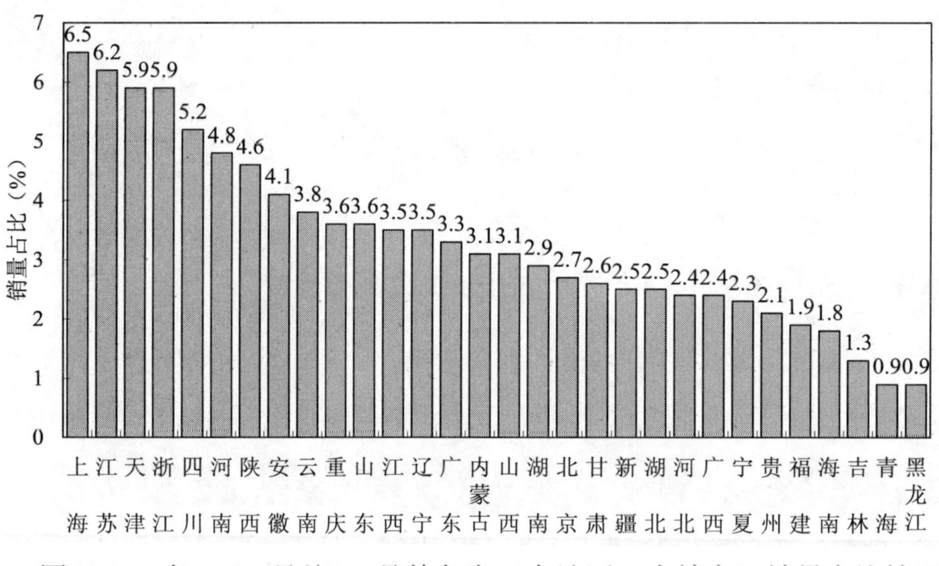

图4 2013年1～11月份MG品牌各省（自治区、直辖市）销量占比情况

（注：资料来源于全国乘用车市场信息联席会）

四、2014 年乘用车市场展望

从近期的宏观经济走势及市场表现来看，2014 年的国内乘用车市场环境，利

好与利空因素并存，整体增长势头依然强劲。

2014年汽车市场的利好因素主要有：目前乘用车市场仍处于发展阶段，千人保有量水平依然不高，市场仍处于潜在的高速增长时期；首购用户仍为市场发展的主力，且随着居民收入的提高和三四级市场的扩张，首购用户的总量将不断攀升；经过2009年的爆发式增长后，目前市场进入了增换购的黄金时期，特别是一二级市场增换购市场的消费群体正在不断地增加；基于对市场的乐观判断和产品规划，2014年仍将有很多新车上市，新车上市也将进一步促进终端消费。

利空因素主要有：宏观经济形势预计将稍弱于2013年，经济增速在7.4%左右，国家仍将实施稳健的货币政策并抑制通货膨胀，经济环境并不乐观；2012年由于日系车受挫基数较低，也是2013年汽车市场高速增长的助推因素之一，随着日系车的全面恢复，2014年这种推动力减弱；限购传闻造成部分消费者提前采购，2014年这种效果将会减弱，恐慌型购车将减少；若一些地区真正实施了限购政策，如太原、济南、深圳等，则对当地销量增长的影响将会很大。

综合以上判断，笔者对于2014年乘用车市场保持乐观谨慎的态度，预计全年国内乘用车市场需求量在1770万辆左右，同比增长10%左右。

（作者：张芙君）

2013年华晨汽车发展思路及产品调研报告

一、2013年华晨汽车的发展

华晨汽车集团以汽车整车、发动机、核心零部件的研发、设计、制作、销售和汽车售后市场业务为主体，涉及新能源等其他行业，拥有“中华”“金杯”两大自主整车品牌以及“华晨宝马”合资整车品牌。成长为辽宁省属销售额最大的千亿级企业集团和中国自主品牌汽车的主力军。其不仅将华晨宝马打造成了中国最成功的合资企业之一，而且获得了生产宝马最新型号发动机的正式授权，成为了中国汽车行业唯一取得了当代先进发动机技术的中方企业。

1. 引进宝马发动机，提高竞争力

发动机作为汽车的心脏，在整车生产中占据着关键的位置，而国产车发动机的相对落后，制约着自主品牌汽车的发展。2013年6月份，“蓝天项目”正式启动，宝马汽车正式授权华晨集团，将旗下N20涡轮增压发动机交由华晨集团旗下新晨动力国产，该发动机是目前国内最先进的欧Ⅵ标准的发动机，也是宝马集团最具竞争优势的品牌产品，一直应用于宝马中端主力车型上。该项目的开工建设，打破了世界顶尖汽车企业没有授权体系外企业生产发动机的先例，也开创了中国自主品牌汽车发动机企业第一次与世界顶尖品牌深层次合作的先河。

未来这款N20四缸涡轮增压发动机将搭载在华晨旗下的自主品牌汽车产品中华轿车上，包括随后即将推出的“大中华”。未来搭载宝马“芯”的华晨自主品牌汽车将具备更强劲的动力和市场竞争力。

2. 打造全新的两大车型J11和M8X

随着与宝马汽车合作的进一步加深，宝马派出3个技术团队支持华晨在乘用车、商用车和发动机项目上的发展。在企业战略、品牌、营销、质量、产品研发等方面，积极打造科学管理体系，提高效率且取得明显效果。目前宝马、麦格纳、华晨组成联合开发团队，就中华自主高端轿车产品及金杯高端豪华商务车项目进行深入合作，未来华晨将推进两个重点项目，定位在高端车型的两款J11和M8X

产品将在不久后陆续投放市场。届时华晨将在高端车市场拥有一席之地，扭转国产车只能做低端市场的言论。随着华晨高端车 J11 和 M8X 两大平台产品的推出，华晨市场将带来新一轮的增速。

3. 华晨未来规划

“有钱人开宝马，没钱人开中华，想赚钱的开金杯。” 这是华晨汽车三个品牌的车型定位，在中国，汽车消费是多元的、多层面的，正是因为这种差异化的市场格局，中国市场既能容得下合资车华晨宝马，也能容得下自主品牌车中华和金杯，而华晨很好地定位了自己的产品

如今，华晨汽车旗下不仅有“中华”“金杯”两大自主整车品牌以及“华晨宝马”合资整车品牌，还诞生了“之诺”，未来还会有一个全新品牌车型问世。经过多年的探索，华晨汽车明确了一条以市场为导向、国际合作为平台，“通过自主创新、拥有自有技术、做好自主品牌”的道路，按照优生优育的理念完成了整车产品的全新规划，这种模块化的优生优育模式已经成为了世界最先进的生产模式。“不求最多，只求最好”。华晨集团已经制订了未来 10 年的中长期产品规划，控制产品节奏，每年保持 1～2 款精品车型投放市场。生产一代、开发一代、储备一代，新产品开发和老产品改进并举，做好每一款产品，保证每一款都是精品，为未来 10 年企业发展做好充足的产品储备。

4. 新晨动力上市——华晨新的资金链条

企业的发展，资金是最大瓶颈之一，而华晨从不是问题，华晨集团原拥有三家上市公司，上海申华控股、金杯汽车股份、华晨中国汽车控股，2013 年第四家上市公司新晨动力正式登陆港股市场，至此，华晨汽车集团已经成为国内上市公司最多的汽车集团。与此同时，第五、第六家也正在全面地构思中。更多融资渠道的打开，为华晨集团今后的发展奠定了强有力的基础。

二、华晨中华、金杯汽车产品构成

华晨按照“优生优育”的理念已完成了整车产品的全新规划：目前，中华品牌现有 3 大平台、8 款产品（见图 1）；未来将整合为两大模块化平台、10 款产品。金杯品牌现有两大平台、4 款产品；未来将整合为两大全新模块化平台、6 款产品。

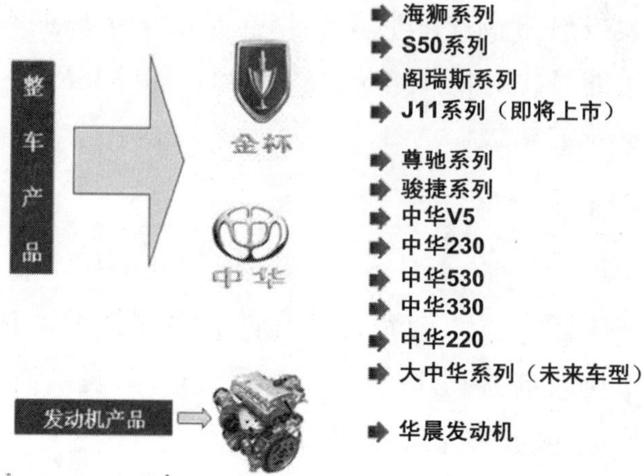

图1 目前华晨中华、金杯品牌产品框架结构图

在中华产品框架图中2013年全新的产品是中华H220和H330，作为华晨汽车全新推出的A0级两厢家用轿车，中华H220集“适逸空间、五星安全、随性驾驭”等优势于一身，是一款灵动十足的潮流酷车。它的面市为喜爱两厢车型的消费者提供了青春舒适的驾享乐趣，个性乐活的汽车生活，在市场上颇具竞争力。被誉为“首选经济适用车”的中华H330，是华晨汽车以国际化标准打造的一款全新A级三厢家用轿车，中华H330出自意大利顶级汽车设计公司宾尼法利纳的大师之手，中华H330整车沉稳扎实又不失动感时尚，不仅传承了中华轿车的家族式设计，更将东西方神韵完美结合，诠释了“德国技术传承，国际合作典范”的品牌内涵，是一款集节能环保、优雅设计、惬意操控、宽适空间等优势于一身的新一代普及型家用轿车。这两款全新车型的推出为华晨增添了新的活力，填补了华晨没有A0级别车型的空白，给用户以更多的选择，增加了华晨中华品牌的市场占有率。

三、2013年华晨产品的市场表现

1．华晨汽车乘用车现有产品状况

华晨汽车自主品牌乘用车有中华、金杯，车型有尊驰、骏捷、骏捷FRV、骏捷FSV、中华H530、中华V5、中华H320、中华330、中华220和阁瑞斯，2013年上市的是中华H330和H220，覆盖B级车、A级车市场、A0级车市场、MPV市场和SUV市场，2013年1～11月份累计销量达到186240辆，同比增长23.5%（见表1）。

表1　2013年1～11月份华晨乘用车自主品牌细分车型产销量

车型	2013年1～11月份产量/辆	2012年1～11月份产量/辆	增长率（%）	2013年1～11月份销量/辆	2012年1～11月份销量/辆	增长率（%）
V5	40572	31360	29.4	43387	32111	35.1
H230	46390	18674	148.4	49521	16046	208.6
骏捷 Cross	1255	111	1030.6	1287	78	1550
H330	20727	—	—	20727	—	—
H220	1863	—	—	1865	—	—
H530	13709	21571	-36.4	15021	20296	-26.0
骏捷	2139	5255	-59.3	2465	6678	-63.1
骏捷 FRV	5785	20716	-72.1	6194	22065	-71.9
骏捷 FSV	47426	39249	20.8	29244	38441	-23.9
阁瑞斯	17952	15801	13.6	16529	15129	9.3
合计	197818	152737	29.5	186240	150844	23.5

2．产品满意度研究

在JD.Power的2013年中国汽车性能、运行和设计研究调查中，中华品牌的排名在第21位，并且高于行业总体平均水平，同时也是唯一一个国产品牌优于总体行业水平，由此可见，中华品牌在用户心中的地位和分量，华晨打造自主品牌精品车的理念得到市场的认可。

三、华晨中华上市车型市场调研

中华H230是华晨2012年8月31日在成都车展上宣布上市的车型，上市后市场表现火热，截止到2012年年底销售达到近2万辆，2013年仍有不俗的表现，2013年1～11月份销售了49521辆，是华晨中华品牌中表现最好的一款车型。针对H230这款车，上市后公司做了一次上市后产品跟踪调研，对这款车的用户特征、产品评价等方面进行了研究，得到如下结论。

1．中华H230用户特征描述

他们是年轻白领、充满活力，刚刚度过职场新人期，进入奋斗阶段。这部分用户是经济型轿车中的年轻时尚用户，H230这辆车是他们工作奋斗阶段的伙伴（而非生意伙伴）。他们积蓄有限，对经济性有较高的要求。他们年轻，爱运动，所以对操控和动力要求高。他们不做生意，不在乎面子，所以外观方面要求时尚个性，与他们追求的个人形象相匹配。

2. 中华H230典型用户定性

从定性的研究发现，中华H230的用户群体定位为：奋斗进取型。这是一群处于奋斗起点阶段以年轻男性为主的群体，他们经济实力有限，但年轻有活力，奋斗的过程中注重当下的享受；汽车是他们更好地享受生活的工具，是他们生活方式的组成部分。他们的核心特征：起步奋斗+享受生活+彰显自我。

3. 产品满意度分项评价

总体来看，中华H230用户对产品的满意度比较高，最为满意的是外观和空间，最不满意的是动力性能、质量、品质。用户反映动力的满意度最低，这与该用户群的期望值有很大关系，实际油耗差距并不是很大。

4. H230产品卖点验证

通过产品购买考虑因素和产品使用，中华H230目前体现出来的卖点是外观造型、空间、环保，特别是空间，不论与自主品牌相比，还是与合资品牌相比，都有很强的优势，大空间得到用户的高度认可。安全装备和节能方面用户评价不理想，有待进一步加强。

5. 产品形象相似度分析

中华H230在产品形象方面侧重于年轻、简洁、实用，与竞品车型差距较大。

6. 竞争关系综合分析

考虑价格水平和各车型与H230的竞争强度可发现，在相似价格水平下C30是H230最强的竞争对手，其次是新赛欧和悦翔。

7. 主要结论

中华H230的高性价比以及外观表现得到了用户的高度认可，这两个要素也是促进客户最终决策的关键因素，保证了中华H230的热销。中华H230的空间和操控表现突出，为中华H230的终端成交起到了重要的产品助力作用。中华H230的油耗表现不理想，会成为制约消费者选择的障碍，也是华晨下一步攻克的关键要素。

（作者：李清）

专题篇

A 级乘用车配置发展需求趋势

2013 年，汽车市场突飞猛进，全年度汽车产销量跨上 2000 万辆台阶，根据全国乘用车市场信息联席会数据，在经过前两年的“微增长”后 2013 年出现井喷，国内乘用车市场产销达 1600 万辆。汽车市场秩序逐渐向好，厂家继续转型调整，这些都保证了汽车市场的增长可持续，汽车已深入百姓家庭。

如此庞大的市场背后蕴含着竞争的激烈，各厂家在品牌、质量性能、售后、广告宣传等各个环节都在角力，相互学习借鉴，快速改进创新，不断推陈出新，使得汽车市场特别是家用汽车领域的竞争已经到了白热化阶段。从投入产出效用值来看，迅速改进产品的质量性能有技术壁垒，品牌提升是一个累积的过程不会一蹴而就，售后广告宣传牵涉到很多中间环节而且目前厂家提升空间有限，这样看来能迅速提升产品档次、提升美誉度、提升竞争力的方法就靠配置的选配。

产品配置有先天特点，首先，配置基本不受技术平台、动力总成等厂家核心竞争力的影响，基本没有垄断市场；其次，配置带给消费者的体验是直接的，其价值与技术含量也更容易被认可；再次，在很多技术路线大一统的时代，配置成为了产品特性与卖点的关键；最后，配置有很强的可比性，消费者购车或销售人员在推荐时，配置总是一个关键因素。以上这些特征使得厂家对配置重视，媒体对配置鼓吹，用户对配置追求，配置已经成为驱动产品发展的关键要素。国家信息中心多年来跟踪汽车配置的变化趋势，下面就以 A 级乘用车市场为例，来看看近年来配置发展的一些特点。

一、A 级乘用车产品配置关注点

2013 年 A 级乘用车市场达到 1000 万辆，其中一个重要的推动因素是新车型的上市。据统计，2013 年新上市的 A 级车达到 138 种（含改款）。各车系各厂家均有发力，成熟车型不再好车低配，如新捷达全面搭载定速巡航和 ESP，而新兴车型更是不遗余力，奇瑞全新 A 级家轿艾瑞泽 7 搭载无钥匙进入与一键启动、独立后悬架、LED 尾灯、定速巡航、GPS、7 寸屏，配置非常丰富。总体来看 A 级乘用车产品配置呈现以下趋势：

1．舒适便利

作为家用车的主力军，A级乘用车一直都是最大的消费市场，2013年从全国调研结果看，在CPI全年同比上涨2.6%（低于年初3.5%左右的物价调控目标）的基础上，家用A级车市场继续发展，份额增大。家用汽车很多在城市中使用，动力性不是唯一的诉求，作为享受生活的符号与载体，消费者对汽车舒适与便利的诉求更显突出。大体上舒适便利性配置可以分为三类，一类是乘坐舒适性配置，如真皮座椅、天窗、电动加热等；一类是功能辅助性配置，如多功能方向盘、行车电脑、一键启动等；一类是信息娱乐性配置，如多碟CD、车载电视、GPS导航等。

2．注重安全

安全性是用户关注的首要要素，安全性配置一直受到消费者的追捧和青睐。从最初的ABS到ESP到智能主动安全，安全性配置已经有了长足的发展。安全性分为主动和被动，从行为上说又分为行车、驻车和防盗。近年来随着智能信息技术的发展，主动安全和电子化成为典型的发展趋势。主动安全方面，包括ESP、制动辅助、牵引力控制、上坡辅助、胎压监测、车道保持等；驻车方面包括倒车雷达、模拟影像、倒车影像、全景影像、自动泊车等。2013年上市车型中，上海大众朗行全面搭载侧气囊、ESP、上坡辅助、胎压监测、头部气帘。

3．信息智能

以互动车联网为代表的信息智能化是配置发展的另一趋势。包括丰田的G-book、通用的安吉星、荣威Inkanet等，涉及的服务可以分为三大类：一是安全类服务，如被盗车辆定位、碰撞自动求助、紧急救援服务等；二是便利类服务，如实时路况信息、车况远程检测、车门远程应急开启等；三是用户需求不大或可替代的服务，如用户信息同步、环保驾驶检测、实时资讯服务等。目前互动车联网类配置的受众已经越来越广。

二、A级乘用车用户对配置的需求

近年来随着汽车产品不断升级换代，A级乘用车用户对配置的关注在逐渐提高，呈现出从基本需求到高级需求、从功能需求到心理需求、从被动接受到主动选择、从大众配置性到追求个性的特点。

1. **配置需求的分类**

根据配置对消费者的重要程度，可以把配置分为必要配置与不必要配置；如果再加上一个期望售价并以此价格询问消费者的接受程度，可以把配置分为可能购买与不太可能购买。通过定量调查可以得到用户对配置的需求判断矩阵图（见图1），从图中可以看出，很多配置属于必要程度较高且用户购买可能性较大的配置（A区），安全性配置主要处于这个区域；而相应地有部分配置对用户吸引程度不大（B区），多是一些功能复杂且不常用的配置，如多碟CD；在C区则是用户认为虽不太重要但物有所值的配置，厂家可以选择作为产品卖点，如车门迎宾灯；D区配置需要厂家考虑搭载与成本之间的平衡，可以作为版本来选择。

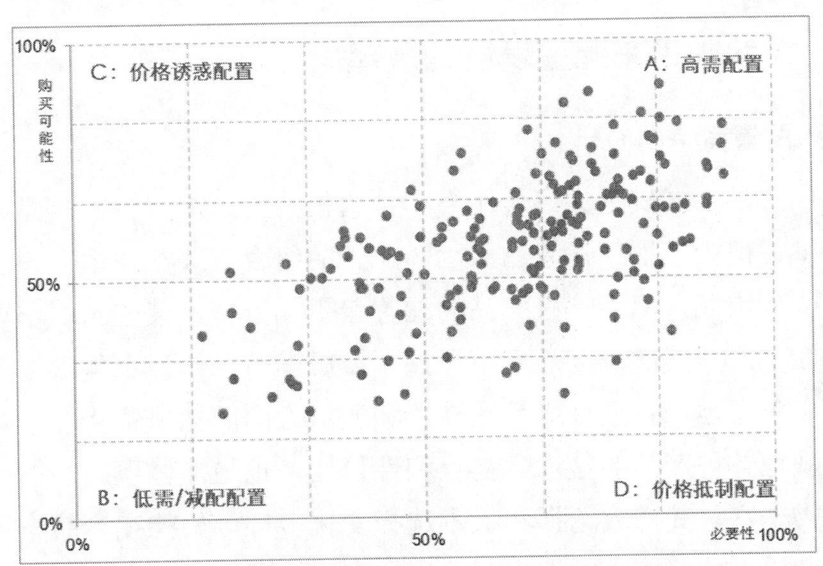

图1 A级乘用车用户配置需求分类

2. **高需配置的特点**

大部分安全性配置都属于高需配置，包括主动安全与被动安全，如ESP以前在A级车市场上并不常见，但用户需求强烈，2013年上市的车型中很多都搭载甚至标载此配置；一些常用的舒适便利性配置用户需求度也较高，如后视镜自动折叠、防遗忘自动锁门、座椅比例放倒等。

3．细分市场呈现差异

A级乘用车市场非常庞大，各种用户对配置的需求会呈现一定的差异，如男性用户更喜欢后座中央扶手、车门迎宾灯等商务气息较浓的配置，而女性用户更喜欢方向盘加热、椅面角度调节等舒适性配置和前雷达、自动挡等辅助驾驶的配置。已婚用户更偏重安全性配置，未婚用户更偏重高科技配置。

这种差异也表现在用户对配置的感知价值上。如果用户认为某个配置必要性较高，往往会给出更高的感知价值。从2013年的调研中发现，A级乘用车市场中有约1/3的配置呈现出这种显著差异。男性用户倾向认为动力和科技类配置价值较高，女性用户则认为舒适和安全类配置价值较高。再如经过体验之后很多配置的感知价值会上升，如独立悬架、四轮盘刹等，而一些配置在经过体验后感知价值反而下降，说明用户对其的价值判断不如预先设想的高，如遥控驾驶技术。

三、对A级乘用车配置发展的展望

1．进入配置竞争的时代

首先，用户的选择权更大。传统汽车销售模式中，配置的差异是不同版本间最主要的特征，但由于生产管理的原因，配置的组合方式往往由厂家决定，消费者的决定权受到限制，但近年来产品的配置包更加丰富，某些高端车型还出现了专属配置定制生产。其次，产品竞争激烈，A级车市场作为主体家用车市场毫无疑问是商家必争之地，各主打产品在性能和质量方面的竞争优势非常难建立，而配置能最直观地体现产品的技术、卖点和性价比，也最能体现产品的个性化。再次，配置种类丰富，其搭载选择和版本选择变化多样，如能在产品中搭载用户最需要的配置、感知价值较高的配置、给用户带来心理满足的配置、突出产品卖点的配置、提升产品档次的配置、代表未来趋势的配置、更人性化更便利的配置、与竞品明显不同的配置，将会占据市场主动，现在已经进入配置的全面竞争时代。

2．B/C级车配置的下移

随着配置成本的下降，一些高端配置会逐渐平民化，如ABS现在几乎所有车都搭载，所以看A级车配置的发展趋势可以关注较为成熟的B/C级车配置。从目前看可能会成为A级车趋势性配置的有：电子智能化配置，如ESP、GPS；自动舒适性配置，如分区空调；实用安全性配置，如6～8气囊；成本降低的配置，如 LED 等等，而 B/C 级车则会开发更有科技感更有时代感的配置，以促使汽车技术的不断进步。

3．实用与先进并存

A 级车市场是主流家用车市场，其与商务市场和高端市场有明显差异。用户在选择配置时会同时考虑档次感、技术先进性、实用性与性价比。所以一味追求配置的高端化与丰富程度并不适合这个市场，如何用更少的成本搭载用户最需要的配置，同时体现车辆的感知价值与感知档次是各厂家急需解决的课题，这里可能还会涉及与品牌的契合程度、与竞品的比较优势、与目标人群的特征相符性以及成本控制等一系列相关问题，相信未来的 A 级车配置市场会呈现各显神通、群星璀璨、异彩纷呈的局面。

（作者：周鹏）

浅析基于电子商务下的汽车营销发展

随着电子信息技术的发展及计算机的普及，电子商务模式正在经历着飞速发展的时期，使用范围越来越广，网购已成为一种时尚，被越来越多的普通消费者所接受并推崇，各式各样的网络商城如雨后春笋般涌现并发展壮大，2013 年全国全年的电子商务交易总额已超过 10 万亿元（见图 1），增长率达 33%以上。“没有人上街，不等于没有人逛街”这句话很好地诠释了电子商务的迅猛发展。

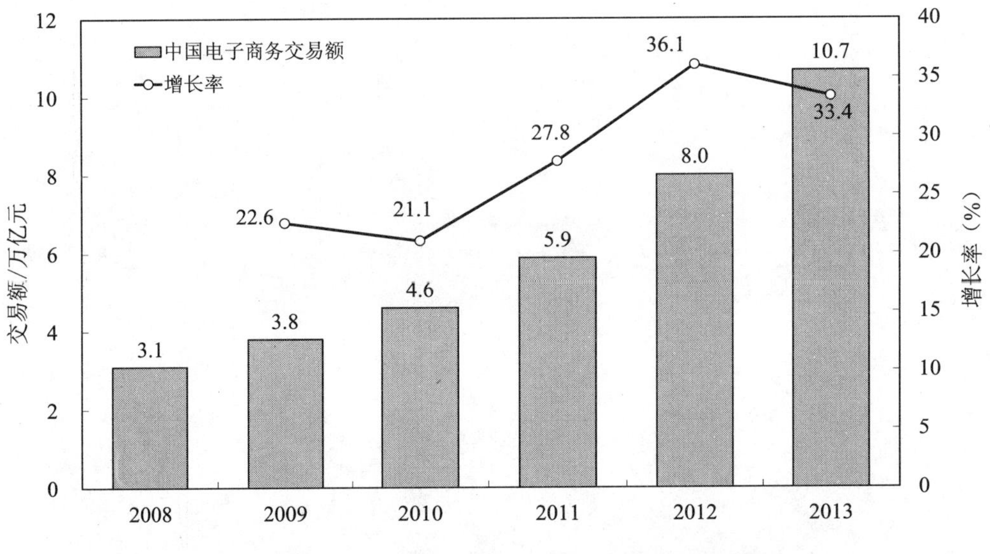

图1　2008～2013年中国电子商务市场的交易总额

那么针对目前的汽车营销，电子商务有哪些应用，发展状况如何？未来的趋势又将怎样呢？本文将就这些问题进行分析。

一、汽车营销电子商务发展现状分析

1. 汽车营销电子商务发展迅速，成果喜人

伴随着电子商务的发展，我国汽车电子商务越来越热，2013 年被看做是汽车电商发展史的分水岭，被誉为“中国汽车电商元年”。因为仅仅是“双十一”期

间天猫商城共收获订单 10700 辆，是上年同期销售台数量的 5 倍，实现 8 亿元订单总额；而搜狐汽车、易车网、汽车之家三家网站的汽车在线订单各实现 60556 辆、90466 辆和 17776 辆，订单金额分别为 92.05 亿元、117 亿元和 26.43 亿元。如此一来，“双十一”期间，四家网站订单总额已高达 243 亿元。

为什么会出现这种汽车电商“井喷”发展呢？主要是以下两个方面。

首先，消费者购车习惯的改变奠定了坚实的群众基础。

互联网时代改变了消费者的购物习惯，从以前的逛街购物到现在的网络购物，从听销售人员介绍了解到网络自助查询资料，让消费者对网络的依赖程度越来越高，目前购车时从网络渠道获得信息的消费者占到 71.4%，其中认为网络是最有影响媒体的占到 54.9%，远远超过了传统媒体渠道（见图 2）。

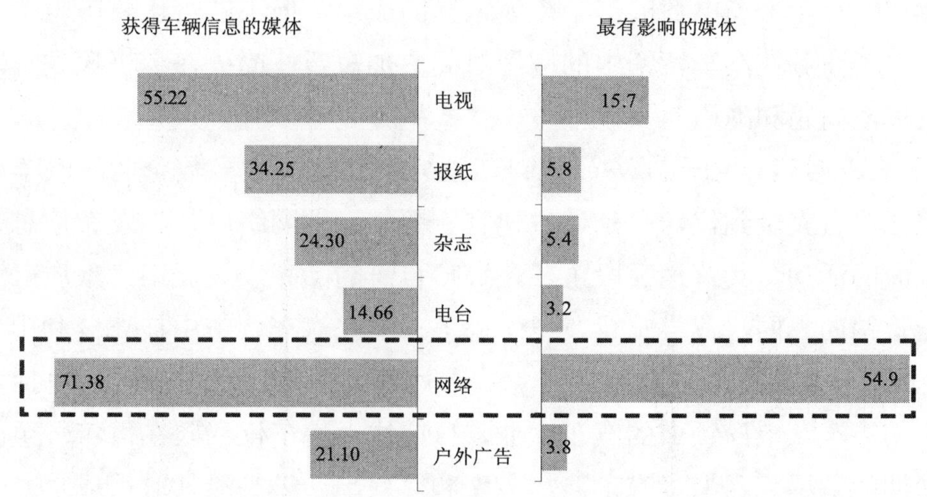

图2 用户的购车信息来源

并且，消费者对于网络营销平台、网络广告的接受度也大大提高。汽车厂商应用的新媒体广告、汽车新品上市网络直播、网络公关等网络营销形式，也逐渐被消费者所接受，并且在潜移默化地影响着消费者。

其次，汽车厂家和电商的联合发力。

汽车电商在多年前就出现了，2010 年 9 月 9 日，奔驰 SMART 在淘宝聚划算上开演，205 辆奔驰 SMART3 三个多小时就被抢购一空。同年 12 月 22 日，熊猫也正式在淘宝上出售，刚上线 1 min 就卖出了 300 辆。2012 年 11 月 11 日，江淮悦悦的天猫官方旗舰店热卖了1225辆轿车。2013年7月25日，首届天猫汽车节联手神龙汽车、上海通用、北京汽车、东南汽车、上汽、吉利、比亚迪、江淮等十大汽车厂家，启动在线直销，持续18天共销售3430辆汽车。

正是汽车电子商务的这些成绩，引爆了众多汽车企业与电商平台、垂直网站同时集中发力的“双十一”。2013年“双十一”期间，天猫商城共有包括北汽、东风标致、东风雪铁龙、上海大众、上海通用别克等十六大汽车厂家、91个车系、200余款车型、1730家经销商参与。与此同时，2013年6月上线的搜狐“易搜车”、2013年9月汽车之家发布的“双十一”活动，以及易车网同期上线的“易车惠”也在热火朝天的“双十一”中表现突出。

2．汽车营销电子商务目前存在的问题

虽然2013年汽车电商取得了令人惊异的成绩，但不能否认我国电子商务起步较晚，电子商务在汽车营销中的应用时间更加短暂，尚处在积极探索阶段，还存在着很多的问题和障碍。

（1）企业对汽车电子商务的认识还没完全到位 大多数企业对汽车电子商务的认识还没有完全到位，只是通过建官方网站，做网络广告、发布信息、网络服务等方面的活动，其营销手段主要是宣传自身的品牌以及促销，本质上还只停留在网络营销的表面，浅尝辄止，电子商务未能在汽车营销中被充分利用。

（2）汽车电子商务还是时点消费，未做到常态化 目前来看，包括北汽在内的多家初涉汽车电商领域的汽车企业，目前线上售车仅局限在每年一至两次的促销活动期间，尽管网上“汽车购物节”和“双十一”等活动取得成功，但是这些都只是在一个时点上推动消费者，还远远没做到汽车电子商务的“常态化”，这也是一个非常严峻的问题。

（3）“网购=价格便宜”的观念制约了汽车电子商务的健康发展 吸引用户网上购车的主要因素就是价格，但是如果大家在网上购车都是图价格便宜，那汽车电商没有任何前途，因为这样会让整个汽车行业陷入价格战的泥沼，并且让线下经销商的生存环境变得更加严峻。

（4）消费者对车辆不了解也制约着汽车电子商务的发展 我国购车人群目前主要还是以新购用户为主，大多数消费者对汽车不了解，而这也在一定程度上制约着汽车电子商务的发展，因为汽车作为大件商品，和一般的电器或者数码产

品还很不一样，用户购买过程会更加谨慎，而网络目前还远远达不到实车观察和测试所能给予消费者的信任感。

二、汽车营销电子商务的前景和建议

我国汽车行业的迅猛发展，使得单一的传统汽车营销模式已很难适应快节奏的现代生活，汽车营销必须朝着多元化方向发展。电子商务作为一个时代的产物，其在汽车营销中的作用将越来越大，是汽车营销发展的必然趋势。利用电子商务提升汽车营销能力也就成为了一个非常重要的命题。

1．将电子商务与实体店结合

汽车经销商在网络上开4S店，通过网络可以体验实体4S店的各种服务，包括汽车销售、汽车维修、汽车租赁、二手车置换、汽车物流等，为消费者创造全新的消费体验，并节省消费者获取各项服务的时间，提高顾客满意度。

2．利用网络平台加强宣传，给消费者带来便捷，而不只是便宜

生活节奏的加快影响到人们的消费方式，未来人们会更倾向于方便快捷的消费方式。网络购物的便捷契合了消费者对快捷购物的需求，同时网络上的海量信息也让人们越来越依赖于从网上获取所需信息，因此网络在汽车营销中的重要性将越来越大。充分发挥网络平台的广告宣传作用，从消费者的角度出发，将普通消费者最想知道的信息通过网络展示，并做好积极的宣传和引导，改变消费者“网购就等于低价”的观念。

3．加强关系营销的网络化

通过电子商务将大量客户的各种信息，如姓名、住址、个人爱好、生日等信息分类储存，利用各种合适的机会与客户取得联系进行互动，获得客户的认同，赢得更多的信任和支持，从而培养顾客忠诚度，在合作中占据有利位置。

4．正确处理汽车电子商务与实体4S店的关系

汽车电商需要跟线下结合，找好利益共同点，而不是电商线上与线下的竞争，应该通过互联网平台大大地降低厂商，包括汽车行业的营销路径、营销成本，把省下的利润返还给用户，达到让电商、用户、汽车行业三方均受益的目的。

5. “读懂”网购消费人群

汽车厂商要想在电子商务中迅速发展，需要研究好网购消费人群，弄清楚消费者想要什么，并针对其做出适应性改变。根据SIC的研究发现，购车注重网络渠道的用户更加年轻，价值观上相对更加现代时尚一些。但是针对这部分群体细致分析，还需要进一步地研究了解。

总的来看，虽然目前汽车电子商务才刚刚起步，但已爆发出非常强大的生命力，当消费者把网上购物作为一种习惯时，汽车电子商务也将蓬勃发展。而对于当前汽车电子商务存在的问题和障碍，汽车厂商应该努力寻求解决途径、积极布局，把电子商务作为一种行之有效的渠道形式来提高企业的竞争力。

（作者：郭凯 杜金玲 李金锦）

透过新产品投放看乘用车细分市场的发展趋势

一、2011～2013年乘用车新产品的投放特点分析

新产品依据改进和变化程度分成六类，分别是全新、衍生、换代、大改款、小改款和新增版本，其中前四类产品对市场结构的影响大，是本文的研究对象。

2011～2013年共有225款新产品投放在乘用车市场，其中全新产品居多，共计128款，占总数量的57%，全新产品多投放在三厢轿车和SUV市场。从年度来看，新产品数量呈逐年提升的趋势。2011～2013年新产品数量分别为60款、71款、94款，其中全新产品是主要增长点，此外，2013年，大改款产品的数量大幅增长，达到24款，主要集中在三厢轿车市场，可见汽车企业越来越重视现有产品的改进和提升。

2011～2013年自主品牌投放的新产品总量为121款，略高于合资品牌的104款，但布局则有明显不同。在产品类型上，自主品牌以全新产品投放为主，占比高达73.6%，而合资品牌这一比例仅为39.6%，可见在加快全新产品引进的同时，合资品牌还通过换代、大改款产品的推出来丰富产品线；在车身型式上，二者投放趋势一致，均以三厢车为主，SUV次之；在级别分布上，合资品牌主要巩固其优势市场，即中高级市场，而自主品牌则上攻下探，全面布局。分年度来看，自主品牌和合资品牌近年来在SUV市场的新产品数量增长最快，投放力度明显加大。此外，2013年MPV市场新产品数量的增长主要是由几款乘用化高端微型客车产品的投放带动的。

在具体细分市场的布局上，新产品的投放和现阶段的需求分布高度匹配。合资品牌和自主品牌都着重对中级三厢家用轿车、中小型SUV、高端两厢及小型跨界等市场进行了布局。

从销量数据来看，新产品的上市有效拉动了市场需求的增长。其中，新产品对SUV市场的拉动作用更强，在产品数量逐年快速增长的情况下，SUV单车平

均销量仍在提升。与合资品牌相比，自主品牌的销量更有赖于新产品的拉动，这在一定程度上是由于自主品牌的产品成熟期相对较短。近年来，自主品牌不断加大中级产品的投放来调整销售结构，进而提升盈利能力，目前来看成效较为显著。

二、2014年即将投放的新产品特点分析

根据国家信息中心（SIC）对未来将推出的新产品的持续监测，2014年基本确定上市的新产品为61款，而有望上市的新产品多达133款。在布局上，首先，SUV市场投放力度进一步加强，且在级别上全面开花。其次，中级三厢车市场仍是投放热点，全新、换代产品数量均有增长。此外，中级两厢车产品迎来集中投放，小、微型两厢车则明显带有与SUV跨界的特征。MPV市场新产品投放遇冷，主要为几款低级别家用产品。自主品牌和合资品牌新产品数量相当，在具体布局方向上也基本一致，只是自主品牌更偏重中低级别市场。

综合来看，中级三厢车市场、SUV各个细分市场、中级两厢车市场、跨界车市场等几个市场受供需双方向的推动成为2014年投放的热点市场。下文将主要从市场规模、成长性和发展潜力方面来综合分析各个细分市场未来的发展趋势。

三、新产品集中投放的热点细分市场未来几年的发展趋势分析

从近年的发展来看，以上热点细分市场的发展态势呈现出较明显的差异化。中级三厢车市场规模大、增势稳、市场相对成熟，但尚未饱和；SUV中高级别市场规模较大且增长快；小型SUV市场2013年在供给推动下快速扩张，但刚刚起步，规模较小；中级两厢车市场、跨界车市场小有规模，但受产品供给影响大。

未来几年细分市场的发展潜力一方面将遵循所处乘用车市场发展阶段的发展规律，另一方面主要由消费者构成、汽车消费环境、汽车行业政策的变化来决定。下文将对以上热点市场逐一展开分析。

1. 中级三厢车市场

近年来中级三厢车市场份额不断扩张，这种需求升级的趋势是乘用车市场当前所处的发展阶段决定的。根据先导国家/地区轿车发展阶段及级别结构演变规律，随着发展阶段的变迁，轿车级别结构通常会发生三次大的转换：在起飞期进入第一次小型化，历程大约5年，往往在起飞期的前半程即宣告结束，然后便开始高级化；高级化的过程通常持续较长时间，从起飞期后半程便开始启动，之后基本上贯穿整个普及期；第二次小型化，通常发生在市场进入复数保有期之后。

我国汽车市场也遵从着国际规律，但也有着独特之处，即大规模、多层级、不均衡的特点，乘用车市场整体当前处于起飞期向起飞后期过渡的阶段，但一些区域市场早已进入了起飞后期，因此市场体现的是不同发展阶段特征的叠加，从而使高级化不显著，而体现为中级持续占据主体地位的特征。

此外，中级三厢车市场内部将进一步细分化，这一细分化趋势是供需双方面推动的。在需求层面上，购买情形的多样化促进了需求的多层次。一方面首购需求快速增长，随着三线、中西部市场的蓬勃发展，中级低端需求仍拥有较大的市场空间。另一方面，增换购需求也在未来几年迎来高峰，据 SIC 调查，4～5 年为汽车更新周期，据此，2013 年开始换车潮将陆续到来，再加上限购、限行等外部环境刺激，增购需求同步增加。再购车型升级换代特征显著。在供给层面上，合资品牌与自主品牌密集交锋，战场扩展到中高级轿车市场，推动市场进一步细分化。针对入门需求，2013 年中级车市场投放了大量低端、低价且竞争力强的产品。针对高端需求，汽车企业也先后推出大轴距、大空间的中级高端产品，与高级别抢占市场空间。

综上所述，未来五年，中级三厢车作为传统家用车市场仍将保持其高位份额，而且中级三厢车系将进一步细分，低、中、高档次都将占有一席之地。

2．SUV 市场

SUV 市场经过了波动发展期和快速发展期，2007 年以来进入加速发展的阶段，规模不断扩大，2013 年其份额已接近 20%，这与先导国家的发展规律相同。SIC 国际比较研究表明，在由起飞期向起飞后期过渡的阶段，车型结构将呈现出轿车为主、RV 车型作为重要补充的格局，而且轿车的份额会逐渐降低，RV 市场逐渐扩大。此外，用户构成的年轻化，购车主体向“80 后和 90 后”的快速转移，加速了 SUV 偏好的提升。同时，产品供给也是 SUV 快速增长的主要推动力之一。SUV 市场是投放热点，而且新产品对 SUV 市场的拉动作用更强。

随着竞争的加剧，SUV 市场已经进入到分化的阶段，级别和档次上都将逐步细分化。2013 年起，自主品牌大规模进入 SUV 市场，主攻 10 万～15 万元区间；合资品牌则通过小型 SUV、新老同堂销售等进行下探。

首先，作为主体的中高级别市场在再购需求的推动下仍将有较大的发展空间。2014 年起各汽车企业也明显加快了对高端和低端的同步布局，二者有望继续保持差异化的竞争特点同步增长。可见，在供需双方面 SUV 中高级别市场都具备快速增长的条件，但抑制性政策的出台将是其所面临的主要风险因素。在能源上，未来石油供给压力将逐渐加大，国内油价将随国际油价上升而持续上升，对排量偏大的 SUV 需求不利；在交通环境上，未来 10 年我国交通仍然可以支撑乘用车需求的快速发展，但交通压力的影响将渐进体现；在停车费用与环境上，停车难与停车贵对一线城市的低端需求有所打击，而作为未来增长点的二三线市场，目前停车问题暂不突出。因此总体看 2015 年前能源、交通、环境的压力不大，对 SUV 的歧视性行业政策出台的可能性也不大，但 2015 年后约束将加大。预计未来五年中高级别 SUV 市场仍将有较快发展，但需要在产品节油性能上有所进展。

相比于中高级别，行业政策对小型 SUV 市场的制约风险则小很多。小型 SUV 市场 2013 年已经形成一定规模，并将迅速扩张，是需重点关注的成长型市场。未来“80 后以及 90 后”购车比例的不断提升将带动小型 SUV 需求的提升。但该细分市场目前处于市场培育的起步阶段，未来五年仍将靠产品供给推动，规模上也仍处于补充地位。

3．中级两厢车市场

2013～2014 年中高级两厢车市场上雪佛兰科鲁兹掀背、菲亚特致悦、大众朗行、长安致尚 XT、长安标致雪铁龙 DS5 等产品陆续投放，新一轮产品的投放将迎合车型多样化的需求，进而带动需求增长。

根据国际比较经验，两厢车市场通常有三个繁荣期，就我国市场而言，2006 年之前经历了第一个繁荣期，现阶段有望在供需推动下进入第二个繁荣期（见表 1）。

表 1　两厢车市场的三个繁荣期

特征	第一个繁荣期	第二个繁荣期	第三个繁荣期
乘用车市场发展阶段	发展早期	临近起飞后期，市场发展相对成熟	进入复数保有期
两厢车市场繁荣的原因	受供给和购买力限制，便宜的小车成为消费者的最佳选择，两厢车得到发展	消费者开始产生多样化、个性化需求，两厢车由于外观风格时尚、多变，富于设计感而重新得到发展	汽车保有量变得非常庞大，排放、环保政策日益严格，人们的汽车消费观念趋于理性。两厢车由于使用方面的便利性、成本方面的经济性等因素，而再次得到发展

（续）

特征	第一个繁荣期	第二个繁荣期	第三个繁荣期
消费者对两厢车的态度	被动选择	出于偏好而主动选择	出于实用性而主动选择
两厢车市场的潜在用户群	所有消费者	年轻人	所有消费者

4．跨界车市场

跨界车市场目前属于成长型市场。未来五年，鉴于先导国家经验，跨界车市场有望保持较快增长，且购车群体的变化趋势，也将为其发展带来机遇。但就规模而言，跨界车市场仍将是小众化市场，在总体市场中仍处于补充地位。

在国外市场上，畅销的跨界车产品基本都是轿车加该国主销 RV 车型风格的，相应地，对于中国汽车市场，“轿车+SUV”的跨界车一直占据市场主体。未来 SUV 持续热销的氛围，将更有利于“轿车+SUV”跨界车产品的发展。从“轿车+SUV”跨界车系内部来看，供给和需求双重推动下低价位小型、功能型产品仍将是主要增长点。

（作者：路遥）

2013 年终端市场分析及未来展望

一、2013 年终端市场形势回顾

据全国乘用车市场信息联席会数据统计，2013 年狭义乘用车零售量为 1496 万辆，同比增长 19.9%。从月度销量走势来看，1 月和 2 月两个月受春节影响落差较大，9 月和 10 月两个月节能补贴退出、免高速通行费、实施三包等消费政策密集作用，引发销量高速增长。除此以外，其余月份均保持稳健增长（见图 1）。

2013 年终端汽车市场增速较快，从中长期因素来看，随着人均收入逐年增长，首购用户的群体在增加，同时，汽车市场经历了 2009 年、2010 年的爆发式增长，车辆的使用到了换购年限，面临大量的换购群体。从短期因素来看，2013 年迫于大气污染压力，各地限行限购政策或已落实或传闻不断，引发当地潜在购车者恐慌性购买并扩散到周边地区；随着严格限制公车私用，刺激公务人员购买私车；市场因素对汽车市场的支撑作用一直在加强并贯穿全年，车展、降价促销、新产品发力、信贷购车的广泛使用均促进了需求释放。同时，新一届政府注重经济长期增长质量的决心提升了市场预期与消费信心。

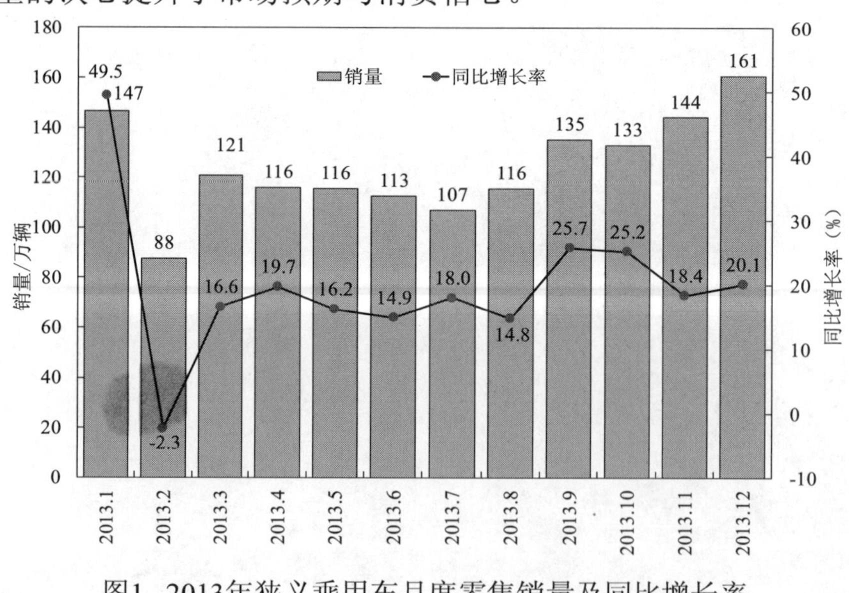

图1 2013年狭义乘用车月度零售销量及同比增长率

二、终端经销商现状分析

虽然终端销量实现了较快增长，但作为直接面对终端市场的经销商却面临着一系列的问题。

1．库存偏高，库存压力偏大

库存与厂家的产能直接相关，整车企业产能扩张，一部分被出口消化，在国内销售的产能一定需要渠道的扩充来支撑，即需要经销商来消化。产能提高必然使销售目标提高，库存直接从厂家转移至经销商。

库存当量（库存/当月销量）是衡量库存水平的常用指标。根据国际同行业惯例，库存当量值在 0.8～1.2 之间，反映库存处在合理范围；库存当量值大于 1.5，反映库存达到警戒水平；库存当量值大于 2.5，则反映库存过高，经营压力和风险都非常大。国家信息中心（SIC）终端监测显示，2013 年终端狭义库存有 1/3 月份处于警戒线上下，而广义库存有 3/4 月份处于警戒线之上，相比之下情况更加严重。分结构看，2013 年美系的库存当量值较低，库存压力相对较小；其次是韩系；欧系和日系次之；自主品牌的库存当量相对要更高一些。

库存升高导致的直接问题就是资金占用。以一辆新车占用 15 万元资金计算，一个经销店购进 100 辆新车占用的资金就达到 1500 万元，而一般的经销商平均需要 3000 万～5000 万元的流动资金，如果库存管理或规划不慎，压款过大，很快就使经销商的资金周转陷入困境。经销商感觉库存压力偏大，除了非畅销车型销售不畅，导致库存积压外，更主要的原因来自于厂家压库，特别是在销售淡季经销商对未来销售预期不乐观的情况下，就更加重了经销商对库存压力的主观感受。

2．经销商资金紧张，资金使用成本不断攀升

SIC 终端监测显示，2013 年经销商资金指数[①]低于往年资金指数的平均水平。全年来看，2013 年经销商资金一直处于比较紧张的状态（见图 2），特别是年中发生“钱荒”、年底信贷收紧时，资金指数下降更为明显，说明经销商资金紧张程度进一步加强。

---

①注：资金指数是基于经销商资金状况调查后的合成指数，区间为 0～200。100 表示资金状况正常/适中；指数越高，代表资金越宽裕；指数越低，代表资金越紧张。

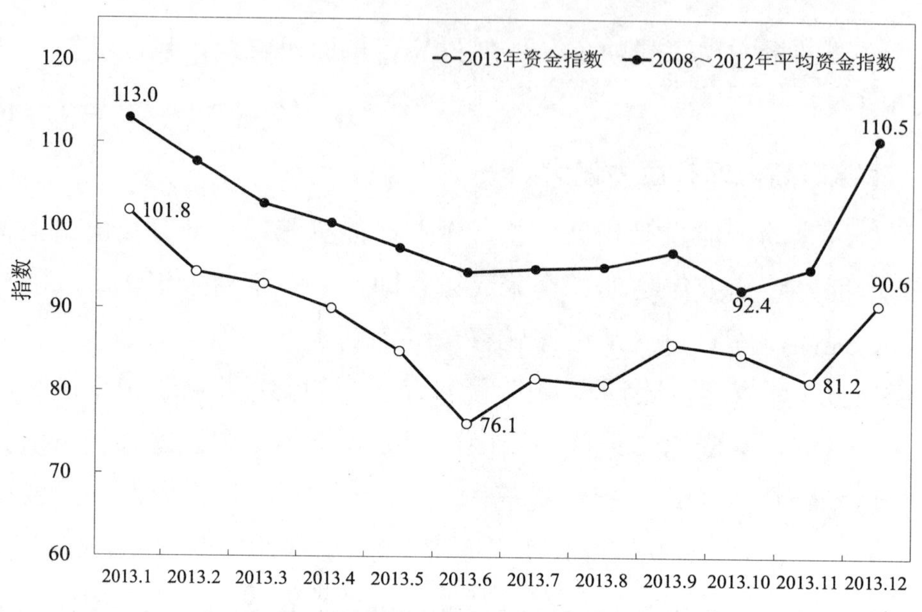

图2 SIC终端调查2013年经销商资金指数

汽车是资金密集型产业，无论是生产商还是经销商对资金的需求量都很大。而经销商的大部分资金要依靠银行贷款的间接融资渠道来维持正常运营。随着银行流动性收紧，贷款利息不断攀升，导致资金使用的财务成本增加，使经销商净利润下降，盈利能力也随之下降，这给经销商带来的压力是非常大的。资金使用成本高制约着经销商的生存和发展，需要积聚行业力量进行探讨，急需采用技术手段加以解决。

3．终端增量不增效，新车销售微利甚至亏损

经销商对于新车销售的依赖程度一直很高，因为新车销售是获得售后业务以及二手车业务运转的驱动因素，无论是在收入上，还是在利润来源上，新车销售都是经销商最重要的支撑点。前几年新车销售毛利率一直趋于稳定，甚至可以达到稳中有升。但是从 2012 年开始，几乎所有经销商新车的盈利能力都在大幅下降，2013 年的情况也并没有得到明显改善，终端销售微利甚至亏损已经成为一种常态。SIC 终端监测显示，2013 年经销商新车业务盈利能力一直处于比较低的水平，即使在销售旺季也没有明显提升。2013 年经销商纷纷加大营销活动力度，同业竞争激烈，为完成销售任务不惜以价换量，价格优惠一直贯穿全年，所以新车业务毛利率难以回归到以前的水平。新车销售对整体利润的贡献度很有限，经销商的利润来源更多依靠于综合业务的收入。在新车利润走低的过程中，经销商要向多元化发展，产业链后移已经成为经销商保证利润的主要手段。

三、经销商未来发展趋势

1. 向集团化发展，增强抵御风险的能力

经销商向集团化发展，在一定程度上降低了管理成本，增强了企业的抗风险能力，特别是在营销模式创新、业态升级的市场转型中显得更加重要。但目前经销商集团化模式尚处于发展与探索阶段，集团对下属 4S 店和多种经营业务的管理大部分停留在财务管控层次和人员管理上，在整车采购、零部件采购、服务标准和流程的深度管理上尚无法发挥集团优势。未来，以实现深层次资源整合共享、发挥集团品牌优势、实现技术水平和能力延伸的经销商集团将是未来发展的必然趋势。

2. 调整利润结构，向后市场发展

在新车销售毛利率下降，对利润的贡献度减少的现状下，经销商已经将注意力拓展到新车之外的商业模式中，如金融服务、售后市场以及二手车领域，并已经取得一定成效，但是与成熟市场相比，仍有较大差距。成熟市场前后端毛利贡献比例可以达到 1∶1 的水平，即新车销售与售后服务的毛利相等，而国内经销商在此方面还有很大的提升空间。

统计数据显示，目前市场新车标杆毛利率仅为 4%，二手车毛利率为 12%，而售后配件服务的毛利率为 46%，金融服务和保险业务的毛利率更高。而这些利润率较高的业务在经销商中并没有如火如荼地展开，所以经销商在收入结构多元化，获取更高利润方面的机会是非常大的。产业链后移，即向后市场发展，要求经销商从传统的资源销售型转向销售服务型，从重销售转到重服务，创新服务模式，延伸产业链条，推行消费信贷、融资租赁、保险、维修、改装、装具、装饰等后市场服务多业并举。未来的发展模式将是谁能在后市场找到赢利点，谁就能做大做强。

3. 金融创新

汽车行业是资金密集型行业，和其他大宗商品的流通类似，具有很强的金融特性。目前已有很多汽车企业建立了金融公司，让经销商享受到优惠的金融政策，

并协助经销商解决资金流的问题。但是由于金融产品创新不足，目前我国汽车金融渗透率还不足20%，远低于欧美国家70%的水平。

汽车金融包括零售信贷、库存融资以及融资租赁，这三个产品线对整个汽车流通行业的循环将起到极其重要的推动作用。金融创新的关键是金融产品的创新，金融产品要植入到销售模式当中去，为新车、二手车、置换、租赁、网上销售等渠道提供丰富的资金和灵活多样的金融方式，让客户留在店里享受更多服务的同时，让经销商实现在金融方面的收益和利润。借助金融产品能使经销商得到更良性的发展，使风险变得更低，特别是从销售升级为服务的转变过程中，发展汽车金融是经销商转变盈利模式，成功应对未来挑战的关键。

四、建议

汽车生产企业与经销商之间是双赢的战略合作伙伴关系。对于汽车生产企业而言，经销商是汽车企业品牌的延伸，经销商的网络建设和销售优势对汽车企业来说至关重要，没有经销商队伍的稳定壮大和能力的提升，汽车企业的发展就无从谈起。而经销商的成长和发展离不开汽车企业的扶持、指导以及成熟管理经验的传授。随着汽车业的深入发展，需要建立起以“利益共享、风险同担”为基础的和谐的厂商关系，坚持做到永续经营和协同发展，以期赢在终端，达到双赢。

（作者：金昂卉）

2013年中国公路货运发展研究报告

通过分析中国当前公路货运产业的情况，笔者把公路货运产业分为零担快运、合同物流、专业运输、快递、城市配送5大板块。因为快递的集中度相对较高，而城市配送还未形成基本格局，所以在本报告中，笔者只针对零担快运、合同物流、专业运输三个细分领域的企业进行了调研。根据2012年的营业额、员工、车辆三个指标，对企业进行排名，从而得出零担快运民营企业10强、合同物流民营企业10强、专业运输民营企业10强。2012年，中国公路货运市场规模大约3万亿元，其中零担快运占30%多，约为9000多亿元。零担快运中包含快运、专线及快递中的陆运。下面对零担快运、合同物流、专业运输三个细分行业进行简单概述。

零担快运的特点是网络化布局、标准化服务。网络越完善，标准化服务的客户越多，社会价值越大，自身收益也越高。铺建网络要花钱，是资本的投资投入期，标准化服务是赚钱的手段。当投资的盈亏均衡点突破之后，零担快运就进入稳定的收益期。零担快运这种标准化的服务是以降低成本为客户带来价值的。所以，零担快运追求的是规模化、大而美。

合同物流的特点在于一体化流程、个性化服务，个性化服务越深入客户体系，对客户服务越贴心、越具有黏性、越不可替代、越能创造价值，自己也越有收益。合同物流这种专业化个性服务是以创造价值为生存之道。所以，合同物流追求的是增值服务，专而美。

专业运输是合同物流中的运输外包部分，所以，它兼具合同物流专业的特性，也兼具零担快运标准化服务的特性。在某个相对专业化的市场里，能否做大，一定跟其所在的产业周期相关。因为产业周期直接关系到其标准化服务客户的多与寡。

一、未来10年是整合的黄金时期

我国公路货运产业整合发展的大戏已经拉开，未来的10年里，将是一个物流英雄辈出的年代，是整合的黄金时期。中国民营公路货运从 1992 年开始起步，至今发展已有 20 余年的时间。

1992～1996 年，中国公路货运业处于刚开始起步时期，国退民进，涌现了一大批民营企业，如 1992 年成立的宝供，1993 年成立的佳吉、宅急送、顺丰、申通，1995 成立的华宇，1996 年成立的德邦等。

1997～2002 年，中国公路货运处于野蛮生长期，民营货运企业快速发展，并且形成了以“佳木斯商邦”为代表的零担巨头，华宇、佳吉、佳宇、通成位列零担四强。

2003～2006 年，大部分民营货运企业进入瓶颈期，资本、人才、管理都遇到困难。而此时，中国加入 WTO 五年的缓冲期满，允许外资进入中国运输这个大市场，在这个时期产生了一些并购案，如 TNT 收购华宇、YRC 收购佳宇、联邦快递收购大田快递等。但也有些企业靠自己的力量挺过了瓶颈期，比如佳吉快运拒绝被收购并靠一己之力发展至今。德邦正是在此期间从空运代理转向汽运。

2007～2011 年，德邦异军突起，以“自建网点、自购货车、自培员工”为其特色，通过标准化网络运营，以每年 60%的速度快速增长，并在 2011 年赶超天地华宇成为零担快运的领头羊。

2012 年，公路货运迎来整合期。从这一年开始，平台型公司的模式探索达到了一个新的高度，整合开始以产品形式落地，卡行推出“卡行直通车”，安能推出“定时达”，传化公路港推出“路港快线”。以卡行、安能、传化公路港为代表的平台整合型企业开始浮出水面，代表着我国公路运输 90%以上运力的专线这个群体开始走上集约化之路。

美国的公路货运史也许是一面镜子。20 世纪 60 年代到 80 年代是美国公路货运的快速发展期，这个阶段催生了联邦、UPS 等大型货运企业。美国的这个时期，和我国公路货运的起步阶段（1992～2011 年）很相似，而且都是经历了 20 年的发展。如果做一个类比，我国公路货运的 20 世纪 90 年代相当于美国的 20 世纪 60 年代。经过 20 年到了 2012 年，我国的公路货运进入整合期。值得注意的是，美国由于在 1980 年通过《汽车承运人法》开始放松公路管制，从而开始进入整合阶段，催生了大型龙头企业的出现。因此笔者可以说，如果我国的此时相当于美国的 20 世纪 80 年代，集约化的基础已近形成，需要政策环境的配合。

二、零担快运迎来行业拐点

零担快运是整个货运市场最具规模经济特征的细分领域，这个领域正在迎来行业的拐点，未来的 3～5 年里，零担快运市场集中度将快速上升，服务水平及运营效率将出现台阶式的提升；轻资产平台型的专线联盟，将成为最值得期待的行业整合。

1．标准化网络运营，将加速推动大型零担快运公司的份额扩张

对于零担快运企业来说，成功的要素有标准化、产品化、信息化、网络化。而这“四化”中最核心的是标准化。目前，零担快运的市场集中度很低，前 10 家的市场份额总和仅占 1.8%（见表 1），大零担企业屈指可数，年营业额在 10 亿元以上的企业只有德邦、天地华宇、佳吉、盛辉、盛丰、新邦。为了提高市场集中度，提高大零担企业的数量与规模是必要的。未来 3～5 年，以德邦为标杆的标准化网络显现出的规模经济效应将加速推动大型零担快运企业的份额扩张。

表 1　中国零担快运市场的成熟度与欧美市场的对比

国家	市场集中度
中国	零担市场较为分散，前十家的市场份额总和大约 1.8%
欧洲	市场较为成熟，最大 5 家零担公司（Dachser/SNCF/DSV/Deutsche Bahn/Deutsche Post）的份额之和为 28%
美国	市场集中度很高，最大的 5 家零担公司（YRC、Fedex Freight、Con-Way、UPS Freight、Arkansas Best）的份额之和为 60%

2．轻资产平台型的专线联盟，最值得期待的行业整合

专线企业将长期存在，并不会因为平台型企业的整合而消失，但是已经进入到了整合阶段，轻资产平台型公司对小型专线的整合将大幅度提升市场中坚力量的运营效率。发达国家的经验也说明平台型龙头企业是市场资源整合的主要形式，如美国的罗宾逊。过去 10 年来，中国的零担快运领域一直是以小型专线公司占有主要市场份额，数万家专线公司在承运 95%的零担货物。即便未来五年内，大型零担网络企业的市场份额超过 25%，掌握在大批专线公司手中的主流货运量如果不能找到一个可以持续提升的出路，整个行业依旧处于不可靠、效率低下的整体低水平均衡中。平台型公司，以轻资产、平台型的整合方式，为专线突破这样的低水平均衡提供了一个特别值得期待的提升途径。

三、合同物流整合时期远未到来

制造业和商贸业是合同物流企业服务的两大群体。过去 20 年制造业是造就今天物流产业的主要驱动力，而从 2012 年开始，电子商务成为了主要驱动力。我国货运物流开始了双核驱动。合同物流企业在向专业化方向探索的过程中尽管困难重重，但不乏成功的案例。笔者尤其注意到有一批依托于制造业内部物流成长起来的企业物流，比如日日顺物流等，他们正在加速向社会化转型，未来他们将是合同物流的主要生力军。我国的合同物流还处于发展初期，整合时机还没有到来，目前我国合同物流的特点是：市场分散、低服务水平、高运作成本、低进入门槛、弱议价能力，大部分企业还没有找到区别于传统物流的服务和盈利模式。其真正纵向产业价值链整合大约在 8 年后才能进入正戏。如果出现颠覆式商业模式或技术，这一进程将会加速。我国合同物流市场的成熟度与欧美市场的对比见表 2。

表 2　我国合同物流市场的成熟度与欧美市场的对比

国家	市场集中度
中国	我国前 10 位物流企业所占的市场份额仅为 13%。多数企业有运输和仓储能力，但外包正在增加，以获得运营的灵活性，全国性企业正在逐渐出现
欧洲	欧洲前 10 位物流企业所占的市场份额为 40%，其中 DHL 一家的份额就接近 15%
美国	美国前 10 位物流企业所占的市场份额为 34%，其中 UPS 一家的份额就接近 7%

1．消费品的合同物流：服务价值转移导致的重资产化

笔者预测快消品及消费类电子行业，合同物流的价值转移还将持续。并且，随着可供货主直接选择的运输产品越来越高，可供货主直接选择的可视化管理技术越来越普及，下一步，价值转移的趋势将加速蔓延，轻资产物流公司如不能探索出新的服务价值空间，将不得不退出该领域。

合同物流的驱动因素是依靠流程和优化客户价值的创新。10 年前，最优秀的合同物流企业最引以为傲的是以轻资产的方式，服务于宝洁、联合利华、飞利浦、金百利这些全球最著名的快速消费品及消费类电子企业，并获取可观的利润率。今天，在快速消费品合同物流领域里，市场份额已经相对集中，业务规模相对较大的企业，已经没有一家轻资产公司。招商物流及中外运等国企起步较晚，但是后来居上，成为了这个领域的领导者。他们共同的特点就是均投资了数十万平方

米以上的自有仓库。唯一仍然留在第一阵列的宝供物流，也从当年的轻资产公司变成拥有十个物流基地的重资产公司。快消品领域合同物流服务商重资产化的原因是，以“代理采购”为核心的客户价值严重流失。通俗些说，就是仅仅能够帮助客户找到仓库及车队，并且通过管理下游供应商维持一个相对可靠的服务水平的物流公司对客户不再有吸引力了。

2．高科技及汽车物流：个性化的集成服务以及流程创新

笔者预测除了转向重资产化的权宜之计，伴随客户供应链整合的流程创新以及深度的服务集成既是合同物流的本质，又是驱动这个领域持续发展的根本出路。把一台服务器，或一个变速器轴承，或者一台基站设备，从工厂送到最终使用的地方，都不同于一车洗衣粉，它不仅仅需要仓库和一般性的运输车队。因为其中可能包含了检验、安装等多种服务，也可能需要经历空运、陆运多个环节，也需要确保货物不一般的安全性、可靠性。因而，对于高科技、高档服装、汽车等等行业，高品质的物流服务集成是必需的。

四、专业运输还没形成格局，发展前景取决于产业周期

产业决定产业物流。而为产业物流提供运输服务的专业运输尤其与产业生命周期相关，因为产业在不同周期货运量大小有很大变化。货运量的大小直接关系到专业运输规模的大小。专业运输是一个专业性很强的市场，其现阶段特点是专车专用、单向货量、空驶率极高。

对于专业运输来说，产业决定产业物流，进而影响专业运输的规模。首先，产业兴盛，为该产业服务的物流就兴盛；产业衰退，为该产业服务的物流就衰退。而为产业物流提供运输服务的专业运输尤其与产业的生命周期密切相关，因为产业在不同的周期货运量的大小有很大的变化。货运量的大小直接关系到专业运输量的大小。比如，我国的外贸进出口业务飞速发展的 20 年，也是港口集装箱运输快速发展的 20 年。外贸进出口一萎缩，港口集装箱运输量就立即减少。其次，专业运输能否具有规模效应，与产业的规模大小直接相关。专业运输介于零担和合同物流之间，在专车专用的同时，追求规模化。零担服务对象面广，服务产业多，受产业生命周期影响小，提供标准化服务，靠规模经营，追求大而美；合同物流追求的是专而美，是个性化的，个性化相对来说就是窄众。专业运输既有合

同物流的特点，也有零担的特点。要想规模化，只有一个可能，那就是这个产业足够得大，它才可能实现规模化。第三，如果产业本身在整合，那么产业物流也会整合。产业没有进入精细化管理阶段，产业物流也很难进入精细化管理阶段。如果产业没有形成全国性网络，那么产业物流也很难形成全国性网络。

1．危化品运输尚未形成社会化市场格局

危化品运输除了依厂物流的规模做到了 8 亿元之外，其他危化品运输企业少有突破 2 亿元的。有人说，这个领域只有老大没有老二，其原因在于：第一，绝大部分危化品运输企业都是石化部门的运输车队，完全依赖母公司的业务。母公司没有形成全国性营销网络，为其服务的专业运输也不可能形成全国性的网络企业。没有形成全国性网络，专车专用的危化品运输很难有回程货，运输成本就很高。而依厂物流是少有的独立第三方的危化品运输企业，通过自建网络，形成了竞争力，在货源竞标时有能力低价争取到更多的货源。第二，危化品运输是国家监管严厉的运输品类，在条块分割的政治体制下，很难建立起统一的市场。

2．冷链行业需求攀升快及市场潜力大，带来了冷链运输行业的快速发展

在强调食品安全和消费升级的今天，冷链运输充满了想象空间，前景大好。冷链的服务对象餐饮、医药、食品加工都处于上升阶段。在过去的三年里，也有许多冷链企业获得了机构投资。但我们看到的市场结果却不尽如人意。那些拿到资金的上游冷链服务企业，一如既往地因袭了合同物流的命运，规模上去了，毛利润却急剧下降。而反观那些服务于终端的冷链运输企业，却在城配和零担中获得了超额利润以及超速成长。冷链运输网络中，由于个性化服务使然，并非规模越大，成本越低，规模协同优势无法体现。所以冷链运输的突破口应当选择为下游前方终端服务的食品服务上，笔者一直相信我国的 SYSCO 应当是冷链服务业者的未来。

3．轿运车运输进入成熟期

我国的轿运车行业近几年来高速发展，目前已经进入成熟期。

中国汽车行业的稳定增长，使得轿运车运输行业也在稳步增长。现阶段，轿运车运输已经形成了一定的市场格局，现在面临的是标准化、规范化问题。轿运车运输企业基本上都是脱胎于主机厂的，多半是企业物流的性质。他们依赖主机厂的客户资源来进行其业务。对轿运车运输企业来说，如何走上社会化，是件非常重要的事情。如果不走向社会化，那么资源很难充分利用。

（作者：褚方鸿　戴定一　董中浪　翟学魂）

附录

附录 A　与汽车行业相关的统计数据

表 A-1　主要宏观经济指标（绝对额）

指　　标	2005 年	2006 年	2007 年	2008 年	2009 年	2010 年	2011 年	2012 年
国内生产总值（GDP）/亿元	184937.0	216314.0	265810.0	314045.0	340903.0	401513.0	472881.6	518942.1
全社会固定资产投资/亿元	88773.6	109998.2	137323.9	172828.4	224598.8	278121.9	311485.1	374694.7
社会消费品零售总额/亿元	67176.6	76410.0	89210.0	108487.7	132678.0	156998.4	183918.6	210307.0
出口总额/亿美元	7619.5	9689.4	12177.76	14306.9	12016.1	15777.5	18983.8	20487.1
进口总额/亿美元	6599.5	7914.6	9559.5	11325.6	10059.2	13962.4	17434.8	18184.1
财政收入/亿元	31649.3	38760.2	51321.78	61330.4	68518.3	83101.5	103874.4	117253.5
财政支出/亿元	33930.3	40422.7	49781.4	62592.7	76299.9	89874.2	109247.8	125953.0
城镇家庭人均可支配收入/元	10493.0	11759.5	13785.8	15781.0	17175.0	19109.4	21809.8	24565.0
农村家庭人均年纯收入/元	3254.9	3587.0	4140.4	4760.6	5153.0	5919.0	6977.3	7917.0
城乡居民储蓄存款年末余额/亿元	141051.0	161587.3	172534.2	217885.4	260772	303302.2	343635.9	399551.0
全国零售物价总指数（上年＝100）	100.8	101.0	103.8	105.9	98.8	103.1	104.9	102.0
居民消费价格指数（上年＝100）	106.9	108.5	113.7	105.9	99.3	103.3	105.4	102.6

表 A-2　主要宏观经济指标（增长率）

（单位：%）

指　　标	2005 年	2006 年	2007 年	2008 年	2009 年	2010 年	2011 年	2012 年
国内生产总值（GDP）	10.4	11.1	11.9	9.0	9.2	10.4	17.9	9.7
全社会固定资产投资	26.0	23.9	24.8	25.9	30.0	23.8	12.0	20.3
社会消费品零售总额	12.9	13.7	16.8	20.0	15.5	18.3	17.1	14.3
出口总额	28.4	27.2	25.7	17.5	-16.0	31.3	20.3	7.9
进口总额	17.6	20.0	20.8	18.5	-11.2	38.8	24.9	4.3
财政收入	19.9	22.5	32.4	19.5	11.7	21.3	25.0	12.9
财政支出	19.1	19.1	23.2	25.7	21.9	17.8	21.6	15.3
城镇家庭人均可支配收入（现价）	11.2	12.1	17.2	14.5	8.8	11.3	14.1	12.6
农村家庭人均年纯收入（现价）	8.4	10.2	15.4	15.0	8.2	14.9	17.9	13.5
城乡居民储蓄存款余额	18.0	15.3	6.8	26.3	19.7	16.3	13.3	16.3
全国零售物价总指数（上年＝100）	0.8	1.0	2.8	2.0	-6.7	4.4	1.7	-2.8
居民消费价格指数（上年＝100）	1.8	1.5	3.2	1.0	-6.2	4.0	2.0	-2.7

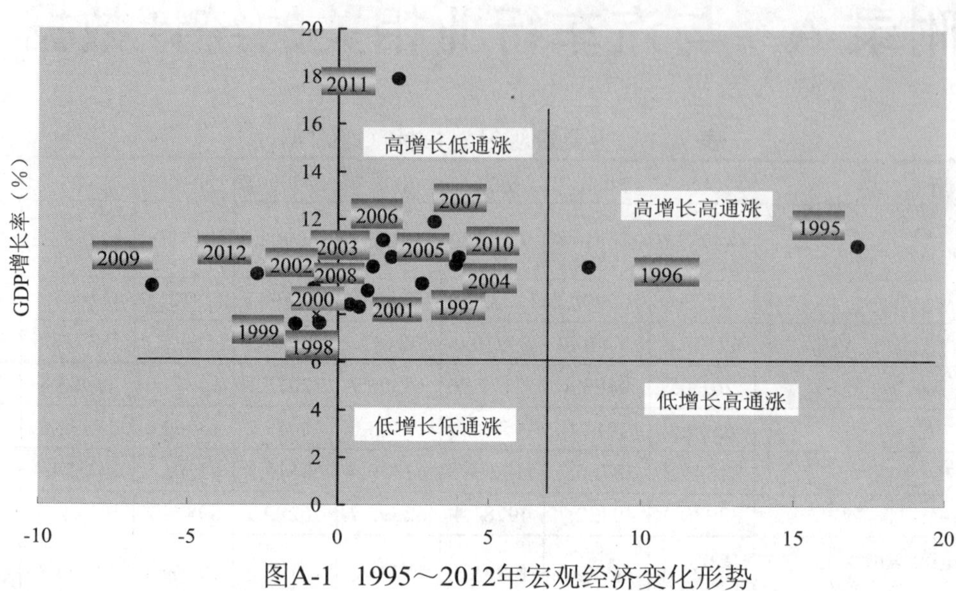

图A-1 1995～2012年宏观经济变化形势

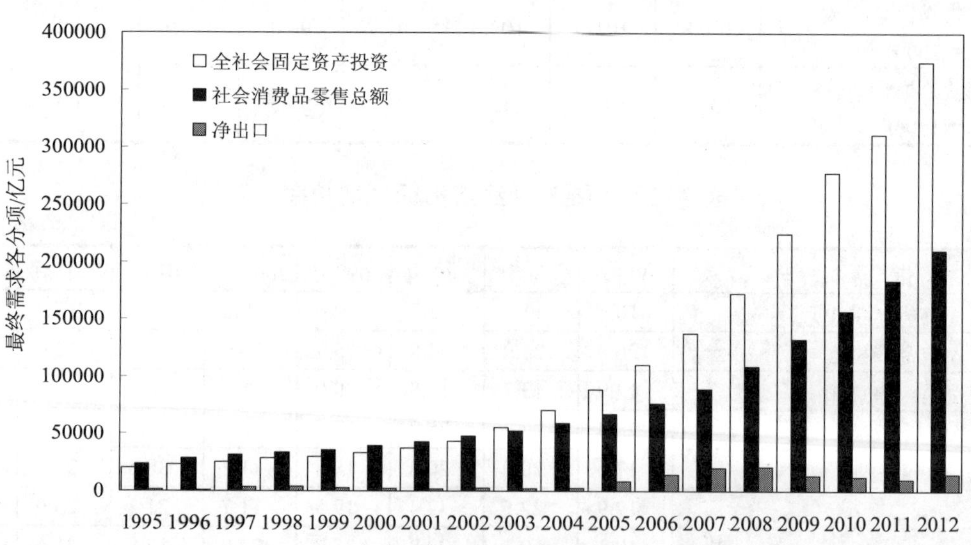

图A-2 1995～2012年社会消费品最终需求变动情况

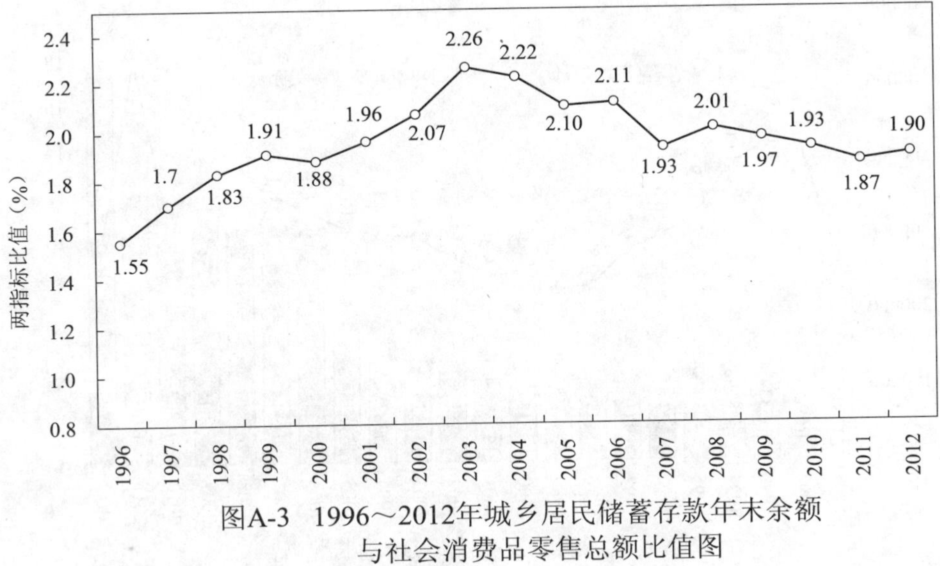

图A-3　1996～2012年城乡居民储蓄存款年末余额与社会消费品零售总额比值图

表 A-3　现价国内生产总值

年份	国民生产总值/亿元	国内生产总值/亿元	第一产业	第二产业	工业	建筑业	第三产业	人均国内生产总值/元
1995	59811	60794	12020	28679	24951	3729	20094	5046
1996	70142	71177	13886	33835	29448	4387	23456	5846
1997	77653	78973	14265	37543	32921	4622	27165	6420
1998	83024	84402	14618	39004	34018	4986	30780	6796
1999	88189	89677	14548	41034	35861	5172	34095	7159
2000	98000	99215	14716	45556	40034	5522	38942	7858
2001	108068	109655	15516	49512	43581	5932	44627	8622
2002	119096	120333	16239	53897	47431	6465	50197	9398
2003	135174	135823	17068	62436	54946	7491	56318	10542
2004	159587	159878	21413	73904	65210	8694	64561	12336
2005	184739	184937	23070	87365	77231	10134	73433	14185
2006	211808	216314	24737	103162	91311	11851	82972	16500
2007	251483	265810	28095	121381	107367	14014	100054	20169
2008	315275	314045	33702	149003	130260	18743	131340	23708
2009	341401	340903	35226	157639	135240	22399	148038	25608
2010	403260	401513	40534	187581	160867	26714	173087	29992
2011	472115	472882	47486	220413	188470	31943	204983	35181
2012	516282	518942	52373	235162	199670	35491	231406	38420

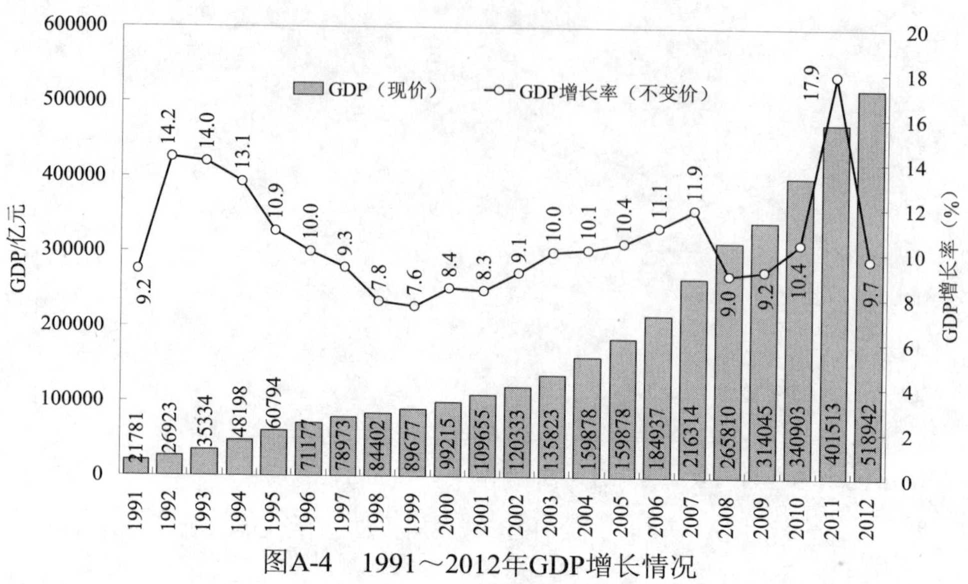

图A-4　1991～2012年GDP增长情况

表 A-4　国内生产总值 GDP 增长率（不变价）

（单位：%）

年份	国民生产总值	国内生产总值	第一产业	第二产业			第三产业	人均 GDP
					工业	建筑业		
1996	10.2	10	5.1	12.1	12.5	8.5	9.4	8.9
1997	9.1	9.3	3.5	10.5	11.3	2.6	10.7	8.2
1998	7.9	7.8	3.5	8.9	8.9	9.0	8.3	6.8
1999	7.6	7.6	2.8	8.1	8.5	4.3	9.3	6.7
2000	8.9	8.4	2.4	9.4	9.8	5.7	9.7	7.6
2001	8.1	8.3	2.8	8.4	8.7	6.8	10.2	7.5
2002	9.5	9.1	2.9	9.8	10.0	8.8	10.4	8.4
2003	10.6	10.0	2.5	12.7	12.8	12.1	9.5	9.3
2004	10.4	10.1	6.3	11.1	11.5	8.1	10.0	9.4
2005	11.2	10.4	5.2	11.7	11.6	12.6	10.5	9.8
2006	11.1	11.1	5.0	13.0	12.9	13.7	10.8	10.5
2007	12.2	11.9	3.7	13.4	13.5	12.6	12.6	11.4
2008	8.9	9.0	5.5	9.3	9.5	7.1	9.5	8.4
2009	9.3	9.2	4.2	9.9	8.7	18.6	9.3	8.6
2010	10.8	10.4	4.3	12.4	12.2	13.7	9.6	9.9
2011	17.1	17.9	17.2	17.5	17.2	19.6	18.4	17.3
2012	9.4	9.7	10.3	6.7	5.9	11.1	12.9	9.2

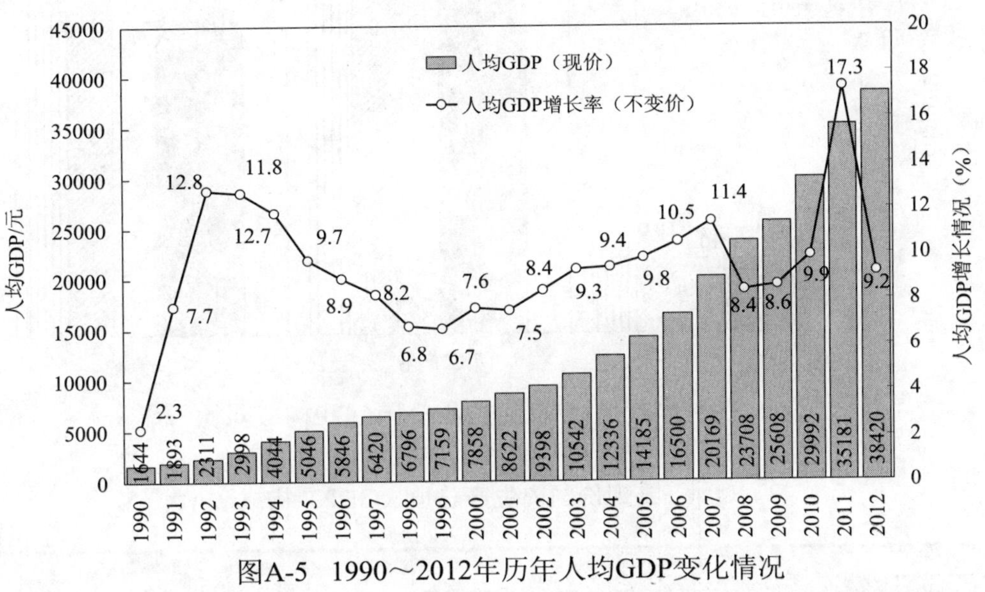

图A-5　1990～2012年历年人均GDP变化情况

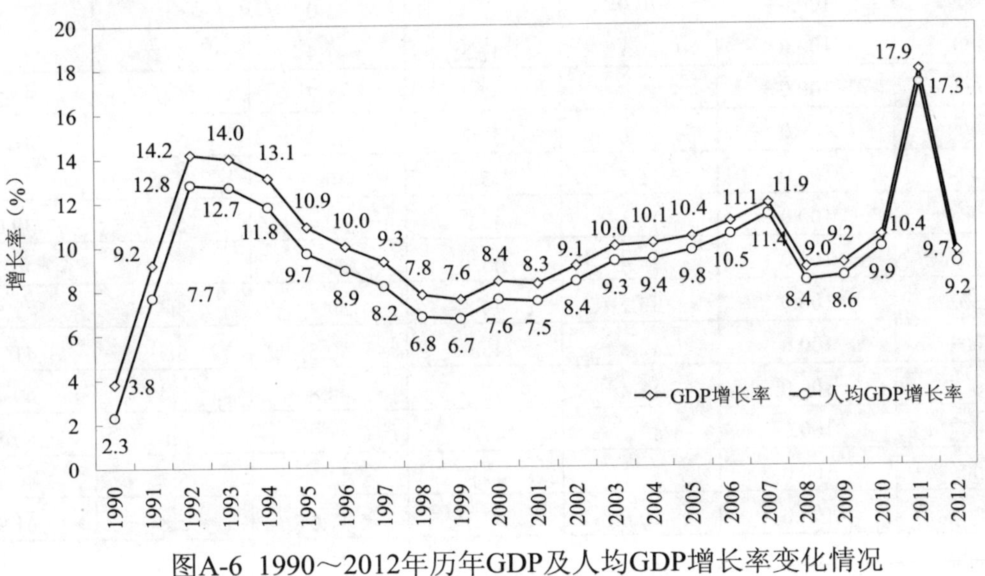

图A-6 1990～2012年历年GDP及人均GDP增长率变化情况

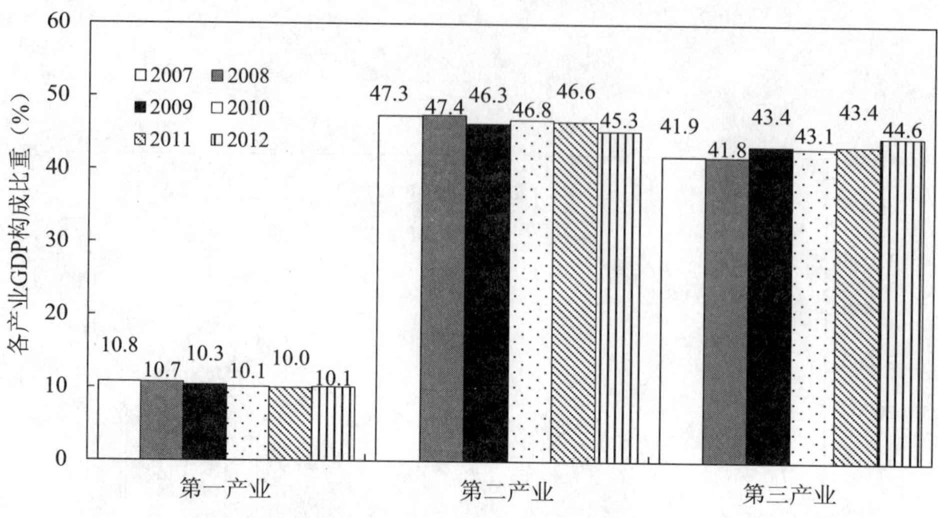

图A-7 2007～2012年全国GDP构成对比

表 A-5 现价国内生产总值（GDP）构成

（单位：%）

年份	国内生产总值	第一产业	第二产业			第三产业
				工业	建筑业	
1994	100.0	19.8	46.6	40.4	6.2	33.6
1995	100.0	19.9	47.2	41.0	6.1	32.9
1996	100.0	19.7	47.5	41.4	6.2	32.8
1997	100.0	18.3	47.5	41.7	5.9	34.2
1998	100.0	17.6	46.2	40.3	5.9	36.2
1999	100.0	16.5	45.8	40.0	5.8	37.7
2000	100.0	15.1	45.9	40.4	5.6	39.0
2001	100.0	14.4	45.1	39.7	5.4	40.5
2002	100.0	13.7	44.8	39.4	5.4	41.5
2003	100.0	12.8	46.0	40.5	5.5	41.2
2004	100.0	13.4	46.2	40.8	5.4	40.4
2005	100.0	12.1	47.4	41.8	5.6	40.5
2006	100.0	11.1	47.9	42.2	5.7	40.9
2007	100.0	10.8	47.3	41.6	5.8	41.9
2008	100.0	10.7	47.4	41.5	6.0	41.8
2009	100.0	10.3	46.3	39.7	6.6	43.4
2010	100.0	10.1	46.8	40.1	6.7	43.1
2011	100.0	10.0	46.6	39.9	6.8	43.4
2012	100.0	10.1	45.3	38.5	6.8	44.6

表 A-6　各地区国内生产总值（现价）

（单位：亿元）

地区	2003 年	2004 年	2005 年	2006 年	2007 年	2008 年	2009 年	2010 年	2011 年	2012 年
北　京	5023.77	6060.28	6886.31	7870.3	9353.3	10488.0	12153.03	14113.6	16251.93	17879.40
天　津	2578.03	3110.97	3697.62	4359.2	5050.4	6354.4	7521.85	9224.5	11307.28	12893.88
河　北	6921.29	8477.63	10096.11	11660.4	13709.5	16188.6	17235.48	20394.3	24515.76	26575.01
山　西	2855.23	3571.37	4179.52	4752.5	5733.4	6938.7	7358.31	9200.9	11237.55	12112.83
内蒙古	2388.38	3041.07	3895.55	4791.5	6091.1	7761.8	9740.25	11672.0	14359.88	15880.58
辽　宁	6002.54	6672.00	8009.01	9251.2	11023.5	13461.6	15212.49	18457.3	22226.70	24846.43
吉　林	2662.08	3122.01	3620.27	4275.1	5284.7	6424.1	7278.75	8667.6	10568.83	11939.24
黑龙江	4057.40	4750.60	5511.50	6188.9	7065.0	8310.0	8587.00	10368.6	12582.00	13691.58
上　海	6694.23	8072.83	9154.18	10366.4	12188.85	13698.2	15046.45	17166.0	19195.69	20181.72
江　苏	12442.87	15003.60	18305.66	21645.1	25741.2	30312.6	34457.3	41425.5	49110.27	54058.22
浙　江	9705.02	11648.70	13437.85	15742.5	18780.4	21486.9	22990.35	27722.3	32318.85	34665.33
安　徽	3923.10	4759.32	5375.12	6148.7	7364.2	8874.2	10062.82	12359.3	15300.65	17212.05
福　建	4983.67	5763.35	6568.93	7614.6	9249.1	10823.1	12236.53	14737.1	17560.18	19701.78
江　西	2807.41	3456.70	4056.76	4670.5	5500.3	6480.3	7955.18	9451.3	11702.82	12948.88
山　东	12078.15	15021.84	18516.87	22077.4	25965.9	31072.1	33896.65	39169.9	45361.85	50013.24
河　南	6867.70	8553.79	10587.42	12496.0	15012.5	18407.8	19480.46	23092.4	26931.03	29599.31
湖　北	4757.45	5633.24	6520.14	7581.3	9230.7	11330.4	12961.1	15967.6	19632.26	22250.45
湖　南	4659.99	5641.94	6511.34	7568.9	9200.0	11156.6	13059.69	16038.0	19669.56	22154.23
广　东	15844.64	18864.62	22366.54	26204.5	31084.4	35696.5	39482.56	46013.1	53210.28	57067.92
广　西	2821.11	3433.50	4075.75	4828.5	5955.7	7171.6	7759.16	9569.9	11720.87	13035.10
海　南	693.20	798.90	894.57	1052.9	1223.3	1459.2	1654.21	2064.5	2522.66	2855.54
重　庆	2272.82	2692.81	3070.49	3491.6	4122.5	5096.7	6530.01	7925.6	10011.37	11409.60
四　川	5333.09	6379.63	7385.11	8637.8	10505.3	12506.3	14151.28	17185.5	21026.68	23872.80
贵　州	1426.34	1677.80	1979.06	2282.0	2741.9	3333.4	3912.68	4602.2	5701.84	6852.20
云　南	2556.02	3081.91	3472.89	4006.7	4741.3	5700.1	6169.75	7224.2	8893.12	10309.47
西　藏	189.09	220.34	251.21	291.0	342.2	395.9	441.36	507.5	605.83	701.03
陕　西	2587.72	3175.58	3675.66	4523.7	5465.79	6851.3	8169.8	10123.5	12512.30	14453.68
甘　肃	1399.83	1688.49	1933.98	2276.7	2702.4	3176.1	3387.56	4120.8	5020.37	5650.20
青　海	390.20	466.10	543.32	641.6	783.6	961.5	1081.27	1350.4	1670.44	1893.54
宁　夏	445.36	537.16	606.10	710.8	889.2	1098.5	1353.31	1689.7	2102.21	2341.29
新　疆	1886.35	2209.09	2604.19	3045.3	3523.2	4203.4	4277.05	5437.5	6610.05	7505.31

表 A-7 各地区国内生产总值占全国比例

（单位：%）

地区	2003年	2004年	2005年	2006年	2007年	2008年	2009年	2010年	2011年	2012
北京	3.61	3.62	3.48	3.41	3.75	3.21	3.32	3.23	3.12	3.10
天津	1.85	1.86	1.87	1.89	2.02	1.94	2.06	2.11	2.17	2.24
河北	4.97	5.06	5.10	5.05	5.49	4.95	4.71	4.67	4.70	4.61
山西	2.05	2.13	2.11	2.06	2.30	2.12	2.01	2.11	2.16	2.10
内蒙古	1.72	1.81	1.97	2.07	2.44	2.37	2.66	2.67	2.75	2.75
辽宁	4.31	3.98	4.05	4.00	4.42	4.11	4.16	4.22	4.26	4.31
吉林	1.91	1.86	1.83	1.85	2.12	1.96	1.99	1.98	2.03	2.07
黑龙江	2.91	2.83	2.79	2.68	2.83	2.54	2.35	2.37	2.41	2.37
上海	4.81	4.82	4.63	4.49	4.88	4.19	4.12	3.93	3.68	3.50
江苏	8.94	8.95	9.26	9.37	10.32	9.26	9.42	9.48	9.42	9.38
浙江	6.97	6.95	6.79	6.81	7.53	6.57	6.29	6.34	6.20	6.01
安徽	2.82	2.84	2.72	2.66	2.95	2.71	2.75	2.83	2.93	2.99
福建	3.58	3.44	3.32	3.30	3.71	3.31	3.35	3.37	3.37	3.42
江西	2.02	2.06	2.05	2.02	2.20	1.98	2.18	2.16	2.24	2.25
山东	8.67	8.96	9.36	9.56	10.41	9.50	9.27	8.96	8.70	8.67
河南	4.93	5.10	5.35	5.41	6.02	5.63	5.33	5.28	5.16	5.13
湖北	3.42	3.36	3.30	3.28	3.70	3.46	3.55	3.65	3.77	3.86
湖南	3.35	3.37	3.29	3.28	3.69	3.41	3.57	3.67	3.77	3.84
广东	11.38	11.26	11.31	11.34	12.46	10.91	10.80	10.53	10.20	9.90
广西	2.03	2.05	2.06	2.09	2.39	2.19	2.12	2.19	2.25	2.26
海南	0.50	0.48	0.45	0.46	0.49	0.45	0.45	0.47	0.48	0.50
重庆	1.63	1.61	1.55	1.51	1.65	1.56	1.79	1.81	1.92	1.98
四川	3.83	3.81	3.73	3.74	4.21	3.82	3.87	3.93	4.03	4.14
贵州	1.02	1.00	1.00	0.99	1.10	1.02	1.07	1.05	1.09	1.19
云南	1.84	1.84	1.76	1.73	1.90	1.74	1.69	1.65	1.71	1.79
西藏	0.14	0.13	0.13	0.13	0.14	0.12	0.12	0.12	0.12	0.12
陕西	1.86	1.89	1.86	1.96	2.19	2.09	2.23	2.32	2.40	2.51
甘肃	1.01	1.01	0.98	0.99	1.08	0.97	0.93	0.94	0.96	0.98
青海	0.28	0.28	0.27	0.28	1.08	0.29	0.30	0.31	0.32	0.33
宁夏	0.32	0.32	0.31	0.31	0.36	0.34	0.37	0.39	0.40	0.41
新疆	1.35	1.32	1.32	1.32	1.41	1.28	1.17	1.24	1.27	1.30
合计	100	100	100	100	100	100	100	100	100	100

表 A-8　各地区国内生产总值增长率

（单位：%）

地　区	2004 年	2005 年	2006 年	2007 年	2008 年	2009 年	2010 年	2011 年	2012 年
北　京	14.1	11.8	12.8	14.5	9.1	10.2	10.3	8.1	7.7
天　津	15.8	14.7	14.5	15.5	16.5	16.5	17.4	16.4	13.8
河　北	12.9	13.4	13.4	12.8	10.1	10.0	12.2	11.3	9.6
山　西	15.2	12.6	11.8	15.9	8.5	5.4	13.9	13.0	10.1
内蒙古	20.9	23.8	18.7	19.2	17.8	16.9	15.0	14.3	11.5
辽　宁	12.8	12.3	13.8	15.0	13.4	13.1	14.2	12.2	9.5
吉　林	12.2	12.1	15.0	16.1	16.0	13.6	13.8	13.8	12.0
黑龙江	11.7	11.6	12.1	11.2	11.8	11.4	12.7	12.3	10.0
上　海	14.2	11.1	12.0	15.2	9.7	8.2	10.3	8.2	7.5
江　苏	14.8	14.5	14.9	14.9	12.7	12.4	12.7	11.0	10.1
浙　江	14.5	12.8	13.9	14.7	10.1	8.9	11.9	9.0	8.0
安　徽	13.3	11.6	12.8	14.2	12.7	12.9	14.6	13.5	12.1
福　建	11.8	11.6	14.8	15.2	13.0	12.3	13.9	12.3	11.4
江　西	13.2	12.8	12.3	13.2	13.2	13.1	14.0	12.5	11.0
山　东	15.4	15.2	14.8	14.2	12.0	12.2	12.3	10.9	9.8
河　南	13.7	14.2	14.4	14.6	12.1	10.9	12.5	11.9	10.1
湖　北	11.2	12.1	13.2	14.6	13.4	13.5	14.8	13.8	11.3
湖　南	12.1	11.6	12.2	15.0	13.9	13.7	14.6	12.8	11.3
广　东	14.8	13.8	14.6	14.9	10.4	9.7	12.4	10.0	8.2
广　西	11.8	13.2	13.6	15.1	12.8	13.9	14.2	12.3	11.3
海　南	10.7	10.2	12.5	15.8	10.3	11.7	16.0	12.0	9.1
重　庆	12.2	11.5	12.2	15.9	14.5	14.9	17.1	16.4	13.6
四　川	12.7	12.6	13.3	14.5	11.0	14.5	15.1	15.0	12.6
贵　州	11.4	11.6	11.6	14.8	11.3	11.4	12.8	15.0	13.6
云　南	11.3	9.0	11.9	12.2	10.6	12.1	12.3	13.7	13.0
西　藏	12.1	12.1	13.3	14.0	10.1	12.4	12.3	12.7	11.8
陕　西	12.9	12.6	12.8	15.8	16.4	13.6	14.6	13.9	12.9
甘　肃	11.5	11.8	11.5	12.3	10.1	10.3	11.8	12.5	12.6
青　海	12.3	12.2	12.2	13.5	13.5	10.1	15.3	13.5	12.3
宁　夏	11.2	10.9	12.7	12.7	12.6	11.9	13.5	12.1	11.5
新　疆	11.4	10.9	11.0	12.2	11.1	8.1	10.6	12.0	12.0

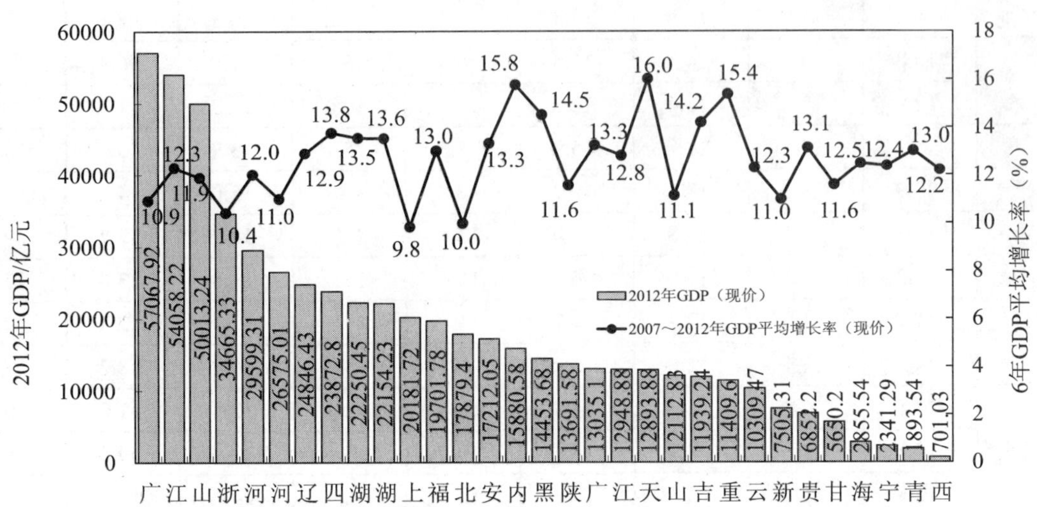

图A-8 2012年分地区GDP总值及2007～2012年GDP平均增长率

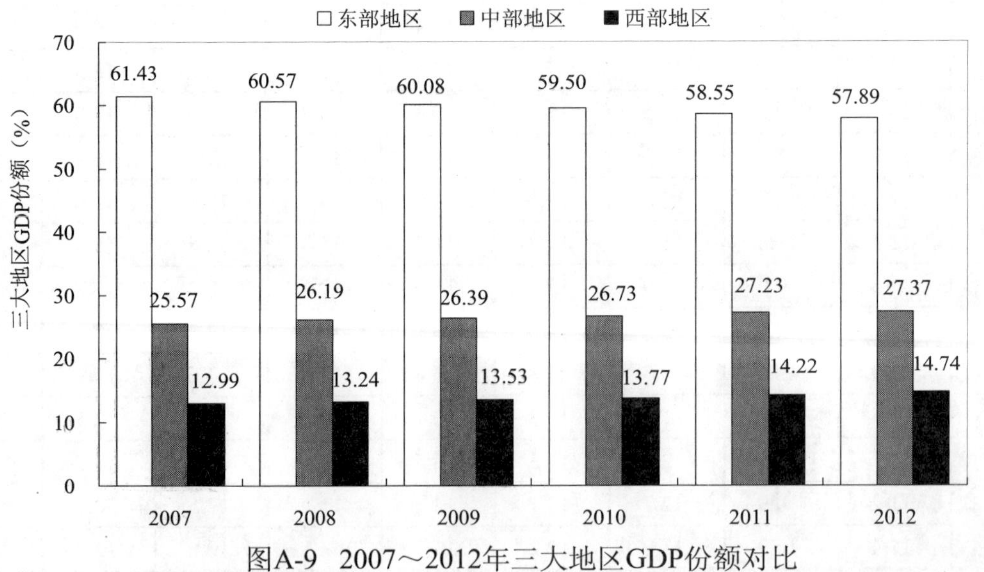

图A-9 2007～2012年三大地区GDP份额对比

表 A-9 全部国有及规模以上非国有工业企业总产值（当年价）

企业分类	项 目	2007 年	2008 年	2009 年	2010 年	2011 年	2012 年
国有及国有控股工业企业	企业单位数/个	20680	21313	20510	20253	17052	17851
	工业总产值/亿元	119685.65	143950.02	146630.00	185861.02	221036.25	—
	工业增加值/亿元	39970.46	—	—	—	—	—
私营工业企业	企业单位数/个	177080	245850	256031	273259	180612	189289
	工业总产值/亿元	94023.28	136340.33	162026.18	213338.57	252325.74	—
	工业增加值/亿元	26382.18	—	—	—	—	—
“三资”工业企业	企业单位数/个	67456	77847	75376	74045	57216	56908
	工业总产值/亿元	127629.31	149794.17	152686.62	189917.11	218417.20	—
	工业增加值/亿元	32129.72	—	—	—	—	—

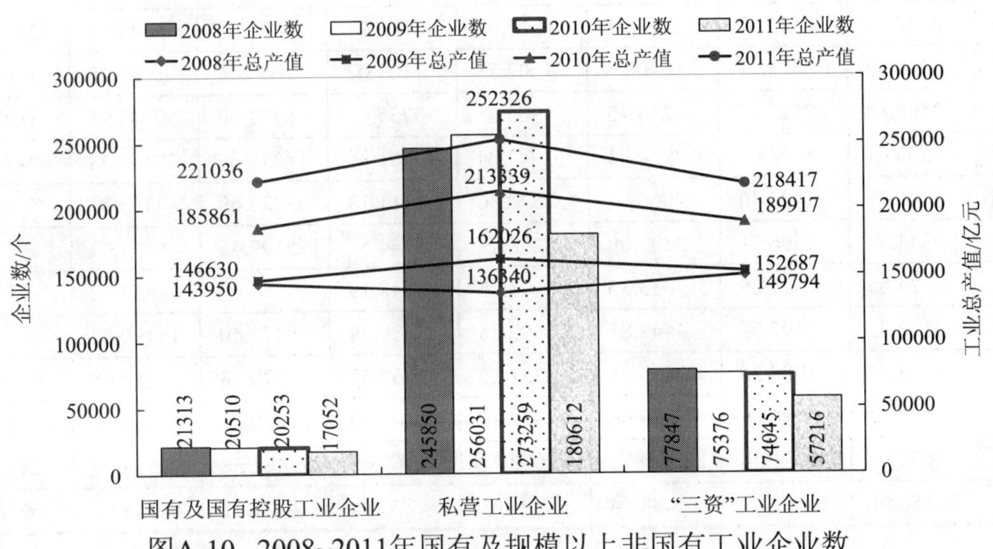

图A-10 2008~2011年国有及规模以上非国有工业企业数及工业总产值对比图

表A-10 各地区工业总产值（现价）

（单位：亿元）

地区	2004年	2005年	2006年	2007年	2008年	2009年	2010年	2011年
北京	5974.70	6946.07	8210.00	9648.38	10413.09	11039.13	13699.84	14513.63
天津	6119.08	6774.1	8527.70	10075.07	12503.25	13083.63	16751.82	20862.74
河北	10194.40	11008.12	13489.80	17054.78	23030.73	24062.76	31143.29	39698.80
山西	4173.93	4850.91	5902.84	7791.71	10023.87	9249.98	12471.33	16013.83
内蒙古	2327.48	2995.59	4140.05	5812.96	8740.18	10699.44	13406.11	17774.82
辽宁	9140.61	10814.51	14167.95	18249.53	24769.09	28152.73	36219.42	41776.73
吉林	3551.72	3791.96	4752.72	6486.01	8406.85	10026.55	13098.35	16917.61
黑龙江	3955.70	4714.91	5440.17	6143.17	7624.54	7301.60	9535.15	11514.56
上海	14594.15	15767.51	18573.13	22259.94	25120.92	24091.26	30114.41	32445.15
江苏	29476.66	32707.09	41410.40	53316.38	67798.68	73200.03	92056.48	107680.68
浙江	21227.20	23106.76	29129.94	36073.93	40832.10	41035.29	51394.20	56410.48
安徽	4236.39	4567.23	5915.59	7945.17	11162.16	13312.59	18732.00	25875.87
福建	7516.05	8135.98	10005.08	12517.91	15212.81	16762.82	21901.23	27443.90
江西	2736.69	2978.88	4245.49	6194.18	8499.58	9783.96	13883.06	17949.38
山东	24678.50	30522.86	38780.10	49873.00	62958.53	71209.42	83851.40	99504.98
河南	9236.80	10487.38	13889.77	20442.21	26028.41	27708.15	34995.53	46856.14
湖北	5329.23	6066.96	7454.07	9601.52	13454.94	15567.02	21623.12	28073.07
湖南	4341.88	4754.86	6131.18	8464.08	11553.31	13507.64	19008.83	26386.58
广东	31519.61	35942.74	44674.75	55252.86	65424.61	68275.77	85824.64	94860.79
广西	2242.26	2547.32	3356.76	4587.35	6071.98	6880.04	9644.13	12836.57
海南	429.42	473.06	640.26	1002.78	1103.07	1057.45	1381.25	1600.13
重庆	2598.84	2525.87	3213.45	4363.25	5755.90	6772.90	9143.55	11847.06
四川	5303.64	6178.03	7934.41	11047.04	14761.86	18071.68	23147.38	30485.09
贵州	1546.17	1690.40	2066.77	2520.36	3111.13	3426.69	4206.37	5519.96
云南	2344.07	2596.21	3393.09	4298.29	5144.58	5197.45	6464.63	7780.83
西藏	24.85	27.29	33.33	41.36	48.19	51.60	62.22	74.85
陕西	3150.79	3397.71	4442.81	5692.33	7480.79	8470.40	11199.84	14283.48
甘肃	1695.79	1988.26	2483.56	3231.52	3667.52	3770.38	4882.68	6175.24
青海	388.12	486.86	640.66	822.72	1103.10	1080.35	1481.99	1893.54
宁夏	605.19	671.54	859.70	1070.71	1366.46	1461.58	1924.39	2491.44
新疆	1656.02	2102.53	2683.44	3296.61	4276.05	4001.12	5341.90	6720.85

表 A-11　各地区工业总产值占全国的比例

（单位：%）

地　区	2003 年	2004 年	2005 年	2006 年	2007 年	2008 年	2009 年	2010 年	2011 年
北　京	2.68	2.69	2.76	2.59	2.38	2.05	2.01	1.96	1.72
天　津	2.85	2.75	2.69	2.69	2.49	2.46	2.39	2.40	2.47
河　北	4.01	4.59	4.37	4.26	4.21	4.54	4.39	4.46	4.70
山　西	1.71	1.88	1.93	1.86	1.92	1.98	1.69	1.79	1.90
内蒙古	0.95	1.05	1.19	1.31	1.43	1.72	1.95	1.92	2.11
辽　宁	4.30	4.11	4.30	4.48	4.50	4.88	5.13	5.18	4.95
吉　林	1.87	1.60	1.51	1.50	1.60	1.66	1.83	1.87	2.00
黑龙江	2.05	1.78	1.87	1.72	1.52	1.50	1.33	1.36	1.36
上　海	7.27	6.56	6.27	5.87	5.49	4.95	4.39	4.31	3.84
江　苏	12.68	13.26	13.00	13.08	13.16	13.36	13.35	13.18	12.75
浙　江	9.04	9.55	9.18	9.20	8.90	8.05	7.48	7.36	6.68
安　徽	1.83	1.91	1.82	1.87	1.96	2.20	2.43	2.68	3.06
福　建	3.48	3.38	3.23	3.16	3.09	3.00	3.06	3.14	3.25
江　西	1.03	1.23	1.18	1.34	1.53	1.67	1.78	1.99	2.13
山　东	10.81	11.10	12.13	12.25	12.31	12.41	12.99	12.00	11.79
河　南	3.77	4.15	4.17	4.39	5.05	5.13	5.05	5.01	5.55
湖　北	2.83	2.40	2.41	2.35	2.37	2.65	2.84	3.10	3.33
湖　南	1.84	1.95	1.89	1.94	2.09	2.28	2.46	2.72	3.13
广　东	15.12	14.18	14.28	14.11	13.64	12.89	12.45	12.29	11.24
广　西	1.01	1.01	1.01	1.06	1.13	1.20	1.25	1.38	1.52
海　南	0.23	0.19	0.19	0.20	0.25	0.22	0.19	0.20	0.19
重　庆	1.12	1.17	1.00	1.02	1.08	1.13	1.24	1.31	1.40
四　川	2.38	2.39	2.46	2.51	2.73	2.91	3.30	3.31	3.61
贵　州	0.69	0.70	0.67	0.65	0.62	0.61	0.62	0.60	0.65
云　南	1.09	1.05	1.03	1.07	1.06	1.01	0.95	0.93	0.92
西　藏	0.02	0.01	0.01	0.01	0.01	0.01	0.01	0.01	0.01
陕　西	1.32	1.42	1.35	1.40	1.40	1.47	1.54	1.60	1.69
甘　肃	0.81	0.76	0.79	0.78	0.80	0.72	0.69	0.70	0.73
青　海	0.17	0.17	0.19	0.20	0.20	0.22	0.20	0.21	0.22
宁　夏	0.25	0.27	0.27	0.27	0.26	0.27	0.27	0.28	0.30
新　疆	0.78	0.74	0.84	0.85	0.81	0.84	0.73	0.76	0.80
全　国	100	100	100	100	100	100	100	100	100

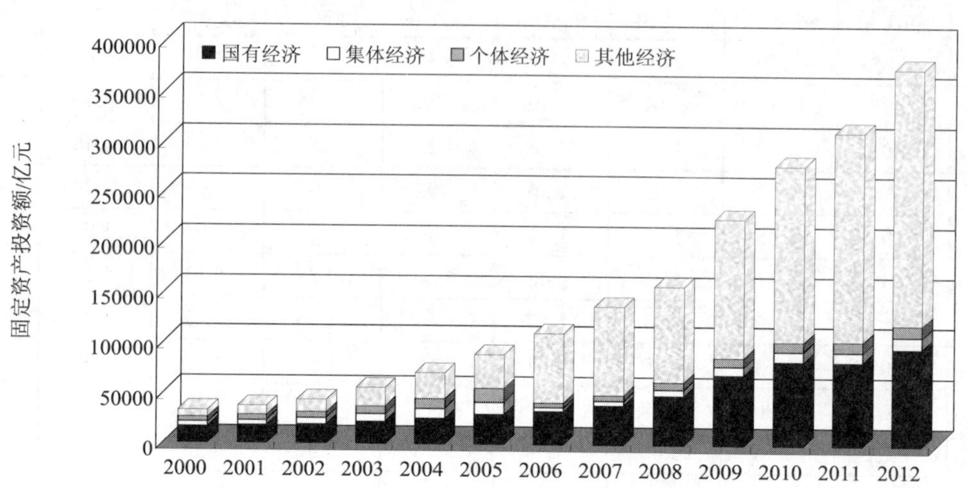

图A-11 2000～2012年分经济类型固定资产投资情况

表 A-12 历年各种经济类型固定资产投资

（单位：亿元）

年 份	合计	国有经济	集体经济	个体经济	其他经济
2001	37213.5	17607.0	5278.6	5429.6	8898.3
2002	43499.9	18877.4	5987.4	6519.2	12115.9
2003	55566.6	21661.0	8009.5	7720.1	18176.0
2004	70477.4	25027.6	9965.7	9880.6	25603.5
2005	88773.6	29666.9	11969.6	13890.6	33246.4
2006	109998.2	32963.4	3604.1	5163.9	68266.8
2007	137323.9	38706.3	4637.4	6058.7	87921.5
2008	172828..4	48704.9	6297.3	7190.8	95228.4
2009	224598.8	69692.5	8483.0	8891.7	137531.6
2010	278121.9	83316.5	10041.9	9506.7	175256.8
2011	311485.1	82494.8	10245.1	10483.2	208262.0
2012	374694.7	96220.2	11973.7	11588.7	254912.1

注：根据1994年房地产快速调查结果，对1990年以来的全社会固定资产投资数据进行了调整。

表 A-13　各地区全社会固定资产投资（现价）

（单位：亿元）

地区	2003 年	2004 年	2005 年	2006 年	2007 年	2008 年	2009 年	2010 年	2011 年	2012 年
全国合计	55566.61	70477.4	88773.61	109998.2	137323.9	172828.4	224598.8	278121.9	311485.1	374694.7
北京	2169.26	2528.20	2827.23	3296.4	3907.2	3814.7	4616.9	5403.0	5578.9	6112.4
天津	1039.39	1245.70	1495.14	1820.5	2353.1	3389.8	4738.2	6278.1	7067.7	7934.8
河北	2477.98	3218.80	4139.69	5470.2	6884.7	8866.6	12269.8	15083.4	16389.3	19661.3
山西	1100.86	1443.90	1826.58	2255.7	2861.5	3531.2	4943.2	6063.2	7073.1	8863.3
内蒙古	1174.66	1788.00	2643.60	3363.2	4372.9	5475.4	7336.8	8926.5	10365.2	11875.7
辽宁	2076.36	2979.60	4200.45	5689.6	7435.2	10019.1	12292.5	16043.0	17726.3	21836.3
吉林	969.03	1169.10	1741.09	2594.3	3651.4	5038.9	6411.6	7870.4	7441.7	9511.5
黑龙江	1166.18	1430.80	1737.27	2236.0	2833.5	3656.0	5028.8	6812.6	7475.4	9694.7
上海	2499.14	3050.30	3509.66	3900.0	4420.4	4823.1	5043.8	5108.9	4962.1	5117.6
江苏	5233.00	6557.10	8165.38	10069.2	12268.1	15300.6	18949.9	23184.3	26692.6	30854.2
浙江	4740.27	5781.40	6520.07	7590.2	8420.4	9323.0	10742.3	12376.0	14185.3	17649.4
安徽	1418.69	1935.30	2525.11	3533.6	5087.5	6747.0	8990.7	11542.9	12455.7	15425.8
福建	1496.37	1892.90	2316.72	2981.8	4287.8	5207.7	6231.2	8199.1	9910.9	12439.9
江西	1303.22	1713.20	2176.60	2683.6	3301.9	4745.4	6643.1	8772.3	9087.6	10774.2
山东	5315.14	6970.60	9307.30	11111.4	12537.7	15435.9	19034.5	23280.5	26749.7	31256.0
河南	2262.97	3099.40	4311.63	5904.7	8010.1	10490.6	13704.5	16585.9	17769.0	21450.0
湖北	1809.45	2264.80	2676.58	3343.5	4330.4	5647.0	7866.9	10262.7	12557.3	15578.3
湖南	1590.32	2072.60	2629.07	3175.5	4154.8	5534.0	7703.4	9663.6	11880.9	14523.2
广东	4813.20	5870.00	6977.93	7973.4	9294.3	10868.7	12933.1	15623.7	17069.2	18751.5
广西	921.30	1236.50	1661.17	2198.7	2939.7	3756.4	5237.2	7057.6	7990.7	9808.6
海南	280.02	317.10	367.17	423.9	502.4	705.4	988.3	1317.0	1657.2	2145.4
重庆	1161.50	1537.10	1933.16	2407.4	3127.7	3979.6	5214.3	6688.9	7473.4	8736.2
四川	2336.30	2818.40	3585.18	4412.9	5639.8	7127.8	11371.9	13116.7	14222.2	17040.0
贵州	748.12	865.20	998.25	1197.4	1488.8	1864.5	2412.0	3104.9	4235.9	5717.8
云南	1000.10	1291.50	1777.63	2208.6	2759.0	3435.9	4526.4	5528.7	6191.0	7831.1
西藏	133.96	162.40	181.39	231.1	270.3	309.9	378.3	462.7	516.3	670.5
陕西	1200.68	1508.90	1882.18	2480.7	3415.0	4614.4	6246.9	7963.7	9431.1	12044.5
甘肃	619.82	733.90	870.36	1022.6	1304.2	1712.8	2363.0	3158.3	3965.8	5145.0
青海	255.62	289.20	329.81	408.5	482.8	583.2	798.2	1016.9	1435.6	1883.4
宁夏	317.99	376.20	443.25	498.7	599.8	828.9	1075.9	1444.2	1644.7	2096.9
新疆	973.39	1147.20	1339.06	1567.1	1850.8	2260.0	2725.5	3423.2	4632.1	6158.8
不分地区	962.22	1182.5	1677.90	1947.6	2530.8	3734.9	5779.7	6759.1	5651.3	6106.4

注：本表“全国”指不含港、澳、台地区的大陆各省、直辖市、自治区。以下各表的“全国”同此注。

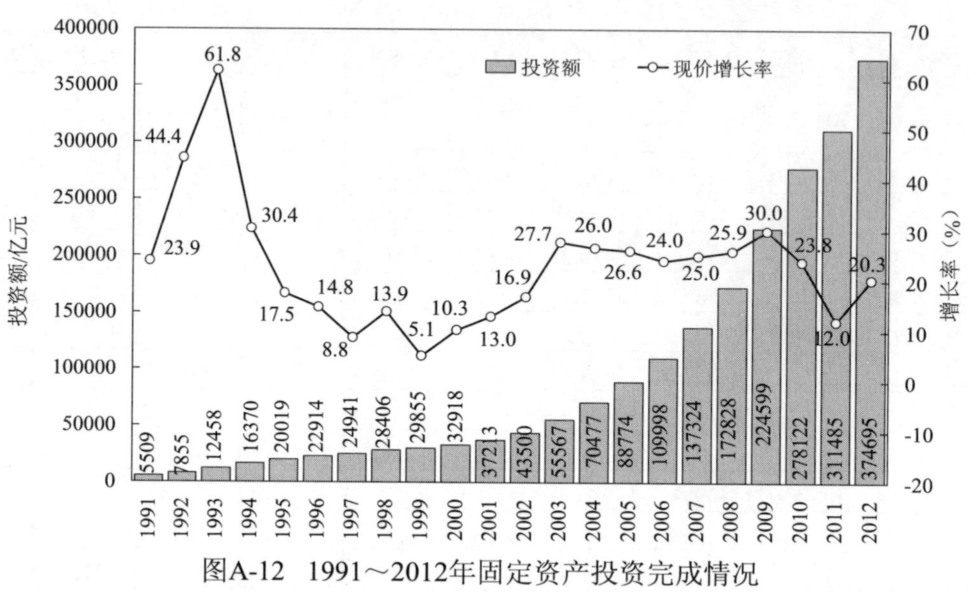

图A-12 1991～2012年固定资产投资完成情况

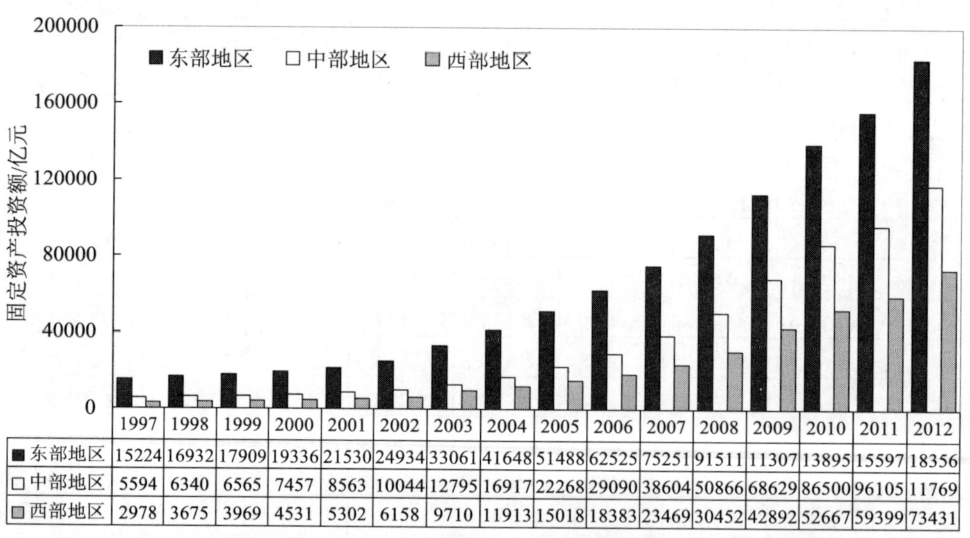

	1997	1998	1999	2000	2001	2002	2003	2004	2005	2006	2007	2008	2009	2010	2011	2012
■东部地区	15224	16932	17909	19336	21530	24934	33061	41648	51488	62525	75251	91511	11307	13895	15597	18356
□中部地区	5594	6340	6565	7457	8563	10044	12795	16917	22268	29090	38604	50866	68629	86500	96105	11769
▩西部地区	2978	3675	3969	4531	5302	6158	9710	11913	15018	18383	23469	30452	42892	52667	59399	73431

图A-13 1997～2012年三大地区固定资产投资变化图

表 A-14　各地区固定资产投资占全国的比例（全国＝100%）

（单位：%）

地　区	2002 年	2003 年	2004 年	2005 年	2006 年	2007 年	2008 年	2009 年	2010 年	2011 年	2012 年
北　京	4.13	3.90	3.59	3.18	3.00	2.85	2.21	2.06	1.94	1.79	1.63
天　津	1.86	1.87	1.77	1.68	1.66	1.71	1.96	2.11	2.26	2.27	2.12
河　北	4.64	4.46	4.57	4.66	4.97	5.01	5.13	5.46	5.42	5.26	5.25
山　西	1.87	1.98	2.05	2.06	2.05	2.08	2.04	2.20	2.18	2.27	2.37
内蒙古	1.63	2.11	2.54	2.98	3.06	3.18	3.17	3.27	3.21	3.33	3.17
辽　宁	3.69	3.74	4.23	4.73	5.17	5.41	5.80	5.47	5.77	5.69	5.83
吉　林	1.92	1.74	1.66	1.96	2.36	2.66	2.92	2.85	2.83	2.39	2.54
黑龙江	2.40	2.10	2.03	1.96	2.03	2.06	2.12	2.24	2.45	2.40	2.59
上　海	5.09	4.50	4.33	3.95	3.55	3.22	2.79	2.25	1.84	1.59	1.37
江　苏	7.93	9.42	9.30	9.20	9.15	8.93	8.85	8.44	8.34	8.57	8.23
浙　江	7.99	8.53	8.20	7.34	6.90	6.13	5.39	4.78	4.45	4.55	4.71
安　徽	2.47	2.55	2.75	2.84	3.21	3.70	3.90	4.00	4.15	4.00	4.12
福　建	2.88	2.69	2.69	2.61	2.71	3.12	3.01	2.77	2.95	3.18	3.32
江　西	2.04	2.35	2.43	2.45	2.44	2.40	2.75	2.96	3.15	2.92	2.88
山　东	8.01	9.57	9.89	10.48	10.10	9.13	8.93	8.47	8.37	8.59	8.34
河　南	3.97	4.07	4.40	4.86	5.37	5.83	6.07	6.10	5.96	5.70	5.72
湖　北	3.69	3.26	3.21	3.02	3.04	3.15	3.27	3.50	3.69	4.03	4.16
湖　南	3.10	2.86	2.94	2.96	2.89	3.03	3.20	3.43	3.47	3.81	3.88
广　东	8.85	8.66	8.33	7.86	7.25	6.77	6.29	5.76	5.62	5.48	5.00
广　西	1.72	1.66	1.75	1.87	2.00	2.14	2.17	2.33	2.54	2.57	2.62
海　南	0.52	0.50	0.45	0.41	0.39	0.37	0.41	0.44	0.47	0.53	0.57
重　庆	2.07	2.09	2.18	2.18	2.19	2.28	2.30	2.32	2.41	2.40	2.33
四　川	4.37	4.20	4.00	4.04	4.01	4.11	4.12	5.06	4.72	4.57	4.55
贵　州	1.46	1.35	1.23	1.12	1.09	1.08	1.08	1.07	1.12	1.36	1.53
云　南	1.87	1.80	1.83	2.00	2.01	2.01	1.99	2.02	1.99	1.99	2.09
西　藏	0.25	0.24	0.23	0.20	0.21	0.20	0.18	0.17	0.17	0.17	0.18
陕　西	2.10	2.16	2.14	2.12	2.26	2.49	2.67	2.78	2.86	3.03	3.21
甘　肃	1.21	1.12	1.04	0.98	0.93	0.95	0.99	1.05	1.14	1.27	1.37
青　海	0.53	0.46	0.41	0.37	0.37	0.35	0.34	0.36	0.37	0.46	0.50
宁　夏	0.52	0.57	0.53	0.50	0.45	0.44	0.48	0.48	0.52	0.53	0.56
新　疆	1.84	1.75	1.63	1.51	1.42	1.35	1.31	1.21	1.23	1.49	1.64
不分地区	3.37	1.73	1.68	1.89	1.77	1.84	2.16	2.57	2.43	1.81	1.63

表A-15 各地区进出口商品总值（按经营单位所在地分）

（单位：万美元）

地区	2010年			2011年			2012年		
	进出口	出　口	进　口	进出口	出口	进口	进出口	出口	进口
全国合计	297399832	157775432	139624401	364186445	189838089	174348356	386711942	204871442	181840500
北　京	30172155	5543621	24628534	38955598	5899715	33055883	40810732	5963208.9	34847523
天　津	8210005	3748483	4461522	10337617	4448194	5889423	11563427	4831256.3	6732170.9
河　北	4206037	2255644	1950393	5360084	2856985	2503099	5056305.5	2959820.2	2096485.3
山　西	1257623	470282	787341	1474306	542512	931793	1504310.9	701604.1	802706.8
内蒙古	872974	333443	539532	1193090	468697	724393	1125898.2	397016.3	728881.9
辽　宁	8071215	4309871	3761344	9603585	5104236	4499350	10409000	5795905.3	4613094.4
吉　林	1684518	447585	1236933	2206093	499772	1706322	2456300.9	598268.4	1858032.5
黑龙江	2551542	1628079	923463	3852268	1767299	2084969	3759029.1	1443517.3	2315511.8
上　海	36895065	18071398	18823667	43754862	20967384	22787477	43658695	20673017	22985679
江　苏	46579896	27053869	19526027	53958089	31259006	22699084	54796149	32852352	21943797
浙　江	25353466	18046478	7306987	30937777	21634949	9302827	31240136	22451714	8788421.3
安　徽	2427337	1241289	1186048	3130925	1708264	1422661	3928454.3	2674850.2	1253604.1
福　建	10878329	7149313	3729016	14352243	9283778	5068465	15593796	9783259.4	5810536.3
江　西	2161918	1341606	820311	3146881	2187606	959275	3341382.9	2511278.7	830104.3
山　东	18915629	10422560	8493069	23588608	12571257	11017351	24554432	12870921	11683512
河　南	1783151	1052937	730214	3262258	1923991	1338267	5173880.6	2967644.5	2206236
湖　北	2593211	1444180	1149032	3358693	1953460	1405233	3196375.1	1939849.8	1256525.3
湖　南	1465639	795599	670040	1894376	990380	903997	2194873.2	1260220	934653.2
广　东	78489612	45319116	33170496	91346733	53192657	38154076	98402046	57405077	40996969
广　西	1773891	960307	813583	2335597	1245776	1089821	2948446	1546775.2	1401670.8
海　南	864858	232033	632825	1275604	254162	1021442	1432209.6	313610	1118599.6
重　庆	1242707	748894	493814	2920764	1983165	937599	5320358.2	3856758.2	1463600.1
四　川	3269386	1884063	1385324	4772417	2902729	1869688	5914359.8	3846906.5	2067453.2
贵　州	314680	192018	122662	488758	298509	190249	663155.8	495222.9	167932.9
云　南	1343012	760577	582435	1602877	947245	655632	2101373.2	1001737.1	1099636.1
西　藏	83607	77103	6504	135837	118285	17552	342414.3	335518.4	6896
陕　西	1210168	620822	589347	1464727	703503	761225	1479903.2	865226.4	614676.8
甘　肃	740295	163779	576517	872858	215878	656980	890075.2	357354.5	532720.7
青　海	78896	46620	32276	92382	66182	26199	115747	72876.4	42870.5
宁　夏	195999	117000	78999	228575	159943	68632	221670.6	164111.7	57558.8
新　疆	1713011	1296865	416146	2281967	1682572	599395	2517005.9	1934564.7	582441.2

表 A-16　各季度各层次货币供应量

年份	季　度	广义货币供应量 M2		狭义货币供应量 M1		流通中的现金 M0	
		季末余额/亿元	同比增长率（%）	季末余额/亿元	同比增长率（%）	季末余额/亿元	同比增长率（%）
2005	第 1 季度	264588.90	14.00	94743.20	9.90	21239.00	10.10
	第 2 季度	275785.53	15.70	98601.25	11.30	20848.76	9.60
	第 3 季度	287438.27	17.90	100964.00	11.60	22272.92	8.50
	第 4 季度	298755.48	17.60	107278.57	11.80	24031.67	11.90
2006	第 1 季度	310490.65	18.80	106737.08	12.70	23472.03	10.50
	第 2 季度	322756.35	18.40	112342.36	13.90	23469.08	12.60
	第 3 季度	331865.36	16.80	116814.10	15.70	25687.38	15.30
	第 4 季度	345577.91	16.94	126028.05	17.48	27072.62	12.65
2007	第 1 季度	364104.66	17.27	127881.31	19.81	27387.95	16.68
	第 2 季度	377832.15	17.06	135847.4	20.92	26881.09	14.54
	第 3 季度	393098.91	18.45	142591.57	22.07	29030.58	13.01
	第 4 季度	403401.3	16.73	152519.17	21.02	30334.32	12.05
2008	第 1 季度	423054.53	16.19	150867.47	17.97	30433.07	11.12
	第 2 季度	443141.02	17.29	154820.15	13.97	30181.32	12.28
	第 3 季度	452898.71	15.21	155748.97	9.23	31724.88	9.28
	第 4 季度	475166.60	17.79	166217.13	8.98	34218.96	12.81
2009	第 1 季度	530626.71	25.43	176541.13	17.02	33746.42	10.89
	第 2 季度	568916.20	28.38	193138.15	24.75	33640.98	11.46
	第 3 季度	585405.34	29.26	201708.14	29.51	36787.89	15.96
	第 4 季度	610224.52	28.42	221445.81	33.23	38246.97	11.77
2010	第 1 季度	649947.46	22.49	229397.93	29.94	39080.58	15.81
	第 2 季度	673921.72	18.46	240580.00	24.56	38904.85	15.65
	第 3 季度	696471.50	18.97	243821.90	20.88	41854.41	13.77
	第 4 季度	725851.79	18.95	266621.54	20.40	44628.17	16.68
2011	第 1 季度	758130.88	16.64	266255.48	16.07	44845.22	14.75
	第 2 季度	780820.85	15.86	274662.57	14.17	44477.80	14.32
	第 3 季度	787406.20	13.06	267193.16	9.59	47145.29	12.64
	第 4 季度	851590.90	17.32	289847.70	8.71	50748.46	13.71
2012	第 1 季度	895565.50	18.13	277998.11	4.41	49595.74	10.59
	第 2 季度	924991.20	18.46	287526.17	4.68	49284.64	10.81
	第 3 季度	943688.75	19.85	286788.21	7.33	53433.49	13.34
	第 4 季度	974148.80	14.39	308664.23	6.49	54659.77	7.71

注：自 2011 年 10 月起，货币供应量包括住房公积金中心存款和非存款类金融机构在存款类金融机构的存款。

表 A-17 各地区农村居民家庭年人均纯收入

（单位：元）

地区	2002年	2003年	2004年	2005年	2006年	2007年	2008年	2009年	2010年	2011年	2012年
全国平均	2475.63	2622.24	2936.40	3254.93	3587.04	4140.36	4760.62	5153.17	5919.01	6977.29	7916.58
北京	5398.48	5601.55	6170.33	7346.26	8275.47	9439.63	10661.9	11668.6	13262.3	14735.68	16475.74
天津	4278.71	4566.01	5019.53	5579.87	6227.94	7010.06	7910.78	8687.56	10074.9	12321.22	14025.54
河北	2685.16	2853.38	3171.06	3481.64	3801.82	4293.43	4795.46	5149.67	5957.98	7119.69	8081.39
山西	2149.82	2299.17	2589.60	2890.66	3180.92	3665.66	4097.24	4244.10	4736.25	5601.4	6356.63
内蒙古	2086.02	2267.65	2606.37	2988.87	3341.88	3953.10	4656.18	4937.80	5529.59	6641.56	7611.31
辽宁	2751.34	2934.44	3307.14	3690.21	4090.40	4773.43	5576.48	5958.00	6907.93	8296.54	9383.72
吉林	2300.99	2530.41	2999.62	3263.99	3641.13	4191.34	4932.74	5265.91	6237.44	7509.95	8598.17
黑龙江	2405.24	2508.94	3005.18	3221.27	3552.43	4132.29	4855.59	5206.76	6210.72	7590.68	8603.85
上海	6223.55	6653.92	7066.33	8247.77	9138.65	10144.6	11440.3	12483.0	13978.0	16053.79	17803.68
江苏	3979.79	4239.26	4753.85	5276.29	5813.23	6561.01	7356.47	8003.54	9118.24	10804.95	12201.95
浙江	4940.36	5389.04	5944.06	6659.95	7334.81	8265.15	9257.93	10007.3	11302.6	13070.69	14551.92
安徽	2117.56	2127.48	2499.33	2640.96	2969.08	3556.27	4202.49	4504.32	5285.17	6232.21	7160.46
福建	3585.83	3733.89	4089.38	4450.36	4834.75	5467.08	6196.07	6680.18	7426.86	8778.55	9967.17
江西	2306.45	2457.53	2786.78	3128.89	3459.53	4044.70	4697.19	5075.01	5788.56	6891.63	7829.43
山东	2947.65	3150.49	3507.43	3930.55	4368.33	4985.34	5641.43	6118.77	6990.28	8342.13	9446.54
河南	2215.74	2235.68	2553.15	2870.58	3261.03	3851.60	4454.24	4806.95	5523.73	6604.03	7524.94
湖北	2444.06	2566.76	2890.01	3099.20	3419.35	3997.48	4656.38	5035.26	5832.27	6897.92	7851.71
湖南	2397.92	2532.87	2837.76	3117.74	3389.62	3904.20	4512.46	4909.04	5621.96	6567.06	7440.17
广东	3911.90	4054.58	4365.87	4690.49	5079.78	5624.04	6399.79	6906.93	7890.25	9371.73	10542.84
广西	2012.60	2094.51	2305.22	2494.67	2770.48	3224.05	3690.34	3980.44	4543.41	5231.33	6007.55
海南	2423.20	2588.06	2817.62	3004.03	3255.53	3791.37	4389.97	4744.36	5275.37	6446.01	7408.00
重庆	2097.58	2214.55	2510.41	2809.32	2873.83	3509.29	4126.21	4478.35	5276.66	6480.41	7383.27
四川	2107.64	2229.86	2518.93	2802.78	3002.38	3546.69	4121.21	4462.05	5086.89	6128.55	7001.43
贵州	1489.91	1564.66	1721.55	1876.96	1984.62	2373.99	2796.93	3005.41	3471.93	4145.35	4753.00
云南	1608.64	1697.12	1864.19	2041.79	2250.46	2634.09	3102.60	3369.34	3952.03	4721.99	5416.54
西藏	1462.27	1690.76	1864.31	2077.90	2435.02	2788.20	3175.82	3531.72	4138.71	4904.28	5719.38
陕西	1596.25	1675.66	1866.52	2052.63	2260.19	2644.69	3136.46	3437.55	4104.98	5027.87	5762.52
甘肃	1590.30	1673.05	1852.22	1979.88	2134.05	2328.92	2723.79	2908.10	3424.65	3909.37	4506.66
青海	1668.94	1794.13	1957.65	2151.46	2358.37	2683.78	3061.24	3346.15	3862.68	4608.46	5364.38
宁夏	1917.36	2043.30	2320.05	2508.89	2760.14	3180.84	3681.42	4048.33	4674.89	5409.95	6180.32
新疆	1863.26	2106.19	2244.93	2482.15	2737.28	3182.97	3502.90	3883.10	4642.67	5442.15	6393.68

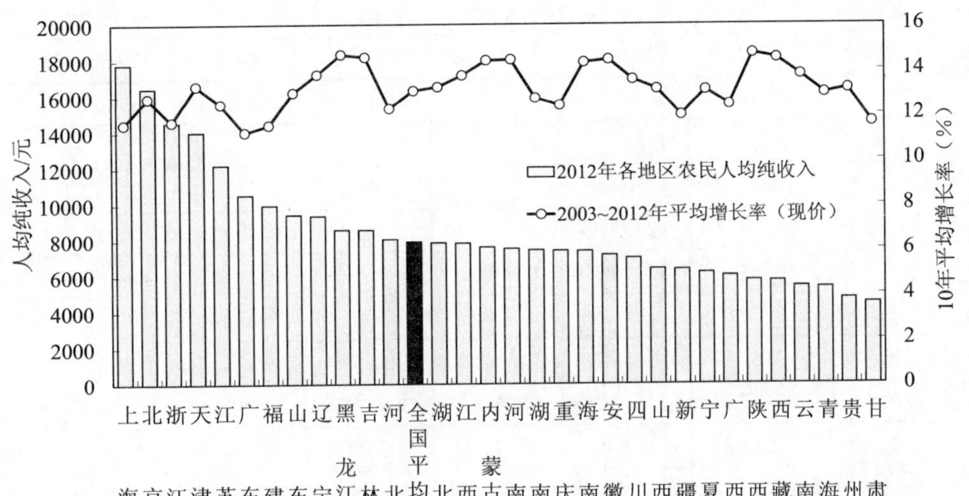

图A-14 2012年各地区农民人均纯收入

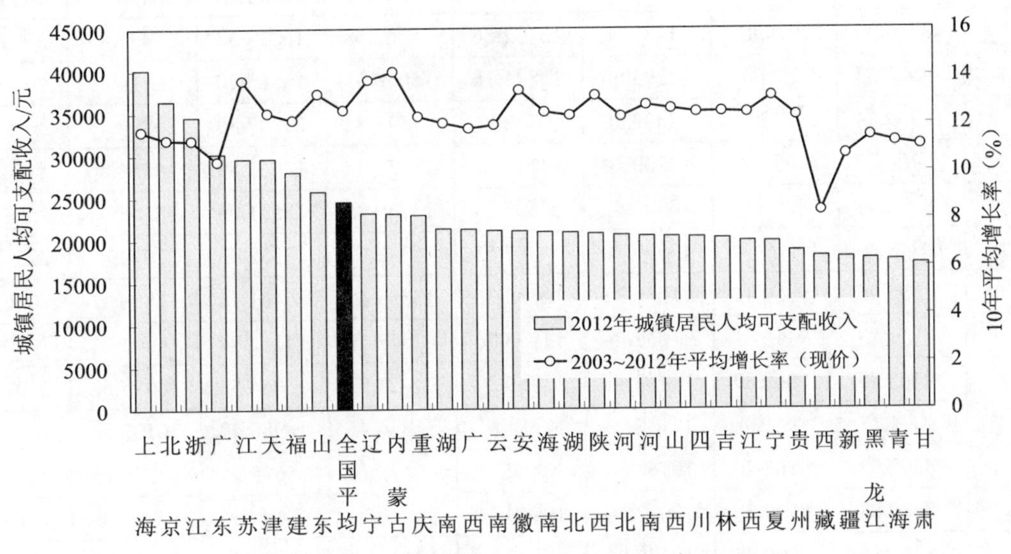

图A-15 2012年各地区城镇居民人均可支配收入

表 A-18 各地区城镇居民家庭年人均可支配收入

（单位：元）

地 区	2005年	2006年	2007年	2008年	2009年	2010年	2011年	2012年
北 京	17652.95	19977.52	21988.71	24724.89	26738.48	29072.93	32903.03	36468.75
天 津	12638.55	14283.09	16357.35	19422.53	21402.01	24292.60	26920.86	29626.41
河 北	9107.09	10304.56	11690.47	13441.09	14718.25	16263.43	18292.23	20543.44
山 西	8913.91	10027.70	11564.95	13119.05	13996.55	15647.66	18123.87	20411.71
内蒙古	9136.79	10357.99	12377.84	14432.55	15849.19	17698.15	20407.57	23150.26
辽 宁	9107.55	10369.61	12300.39	14392.69	15761.38	17712.58	20466.84	23222.67
吉 林	8690.62	9775.07	11285.52	12829.45	14006.27	15411.47	17796.57	20208.04
黑龙江	8272.51	9182.31	10245.28	11581.28	12565.98	13856.51	15696.18	17759.75
上 海	18645.03	20667.91	23622.73	26674.9	28837.78	31838.08	36230.48	40188.34
江 苏	12318.57	14084.26	16378.01	18679.52	20551.72	22944.26	26340.73	29676.97
浙 江	16293.77	18265.10	20573.82	22726.66	24610.81	27359.02	30970.68	34550.30
安 徽	8470.68	9771.05	11473.58	12990.35	14085.74	15788.17	18606.13	21024.21
福 建	12321.31	13753.28	15506.05	17961.45	19576.83	21781.31	24907.4	28055.24
江 西	8619.66	9551.12	11451.69	12866.44	14021.54	15481.12	17494.87	19860.36
山 东	10744.79	12192.24	14264.70	16305.41	17811.04	19945.83	22791.84	25755.19
河 南	8667.97	9810.26	11477.05	13231.11	14371.56	15930.26	18194.80	20442.62
湖 北	8785.94	9802.65	11485.80	13152.86	14367.48	16058.37	18373.87	20839.59
湖 南	9523.97	10504.67	12293.54	13821.16	15048.31	16565.70	18844.05	21318.76
广 东	14769.94	16015.58	17699.30	19732.86	21547.72	23897.80	26897.48	30226.71
广 西	9286.70	9898.75	12200.44	14146.04	15451.48	17063.89	18854.06	21242.80
海 南	8123.94	9395.13	10996.87	12607.84	13750.85	15581.05	18368.95	20917.71
重 庆	10243.46	11569.74	12590.78	14367.55	15748.67	17532.43	20249.7	22968.14
四 川	8385.96	9350.11	11098.28	12633.38	13839.40	15461.16	17899.12	20306.99
贵 州	8151.13	9116.61	10678.4	11758.76	12862.53	14142.74	16495.01	18700.51
云 南	9265.90	10069.89	11496.11	13250.22	14423.93	16064.54	18575.62	21074.50
西 藏	9431.18	8941.08	11130.93	12481.51	13544.41	14980.47	16195.56	18028.32
陕 西	8272.02	9267.70	10763.34	12857.89	14128.76	15695.21	18245.23	20733.88
甘 肃	8086.82	8920.59	10012.34	10969.41	11929.78	13188.55	14988.68	17156.89
青 海	8057.85	9000.35	10276.06	11640.43	12691.85	13854.99	15603.31	17566.28
宁 夏	8093.64	9177.26	10859.33	12931.53	14024.70	15344.49	17578.92	19831.41
新 疆	7990.15	8871.27	10313.44	11432.10	12257.52	13643.77	15513.62	17920.68
全国平均	10493.03	11759.45	13785.81	15780.76	17174.65	19109.44	21809.78	24564.72

表 A-19　2012 年年底各地区分等级公路里程

（单位：km）

地　区	公路里程	等级公路	其中			等外公路
			高速	一级	二级	
全国总计	**4237508**	**3609600**	**96200**	**74271**	**331455**	**627908**
北　京	21492	21299	923	1118	3283	193
天　津	15391	15391	1103	1145	3302	—
河　北	163045	155439	5069	4679	17562	7606
山　西	137771	134242	5011	2137	14799	3529
内蒙古	163763	151046	3110	4666	14092	12717
辽　宁	105562	90033	3912	3263	17360	15530
吉　林	93208	85414	2252	1921	8914	7794
黑龙江	159063	129260	4084	1521	9623	29803
上　海	12541	12541	806	423	3208	—
江　苏	154118	146100	4371	10476	22144	8018
浙　江	113550	110024	3618	4903	9447	3527
安　徽	165157	159427	3210	1758	9933	5730
福　建	94661	76503	3372	716	8309	18158
江　西	150595	120332	4229	1543	9540	30263
山　东	244586	243037	4975	9051	24688	1549
河　南	249649	194406	5830	986	24956	55244
湖　北	218151	203145	4006	2515	17233	15006
湖　南	234040	203627	3957	1057	10111	30413
广　东	194943	177204	5524	10544	19042	17740
广　西	107906	91583	2883	984	9720	16322
海　南	24265	23540	757	279	1480	725
重　庆	120728	86810	1909	579	7608	33918
四　川	293499	234293	4334	3015	13752	59206
贵　州	164542	86577	2630	179	4060	77965
云　南	219052	171960	2943	974	10299	47092
西　藏	65198	41776	—	38	956	23422
陕　西	161411	146290	4083	974	8377	15121
甘　肃	131201	101372	2549	178	6648	29829
青　海	65988	52061	1148	312	6042	13927
宁　夏	26522	26009	1324	918	2795	513
新　疆	165909	118861	2277	1417	12172	47049

表 A-20 历年货运量及货物周转量

年　份	货运量/万 t		公路比例（%）	货物周转量/亿 t・km		公路比例（%）
	全社会	公路		全社会	公路	
1995	1234937	940387	76.15	35909	4694.9	13.07
1996	1298421	983860	75.77	36590	5011.2	13.70
1997	1278218	976536	76.40	38385	5271.5	13.73
1998	1267427	976004	77.01	38089	5483.4	14.40
1999	1293008	990444	76.60	40568	5724.3	14.11
2000	1358682	1038813	76.46	44321	6129.4	13.83
2001	1401786	1056312	75.35	47710	6330.4	13.27
2002	1483446	1116324	75.25	50686	6782.5	13.38
2003	1561422	1159957	74.29	53859	7099.5	13.18
2004	1706412	1244990	72.96	69445	7840.9	11.29
2005	1862066	1341778	72.06	80258	8693.2	10.83
2006	2037892	1466347	71.95	88952	9754.2	10.97
2007	2275822	1639432	72.04	101419	11354.7	11.20
2008	2587413	1916759	74.08	110301	32868.2	29.80
2009	2825222	2127834	75.32	122133	37189.0	30.45
2010	3241807	2448052	75.52	141837	43389.7	30.59
2011	3696961	2820100	76.28	159324	51374.7	32.25
2012	4099400	3188475	77.78	173771	59535	34.26

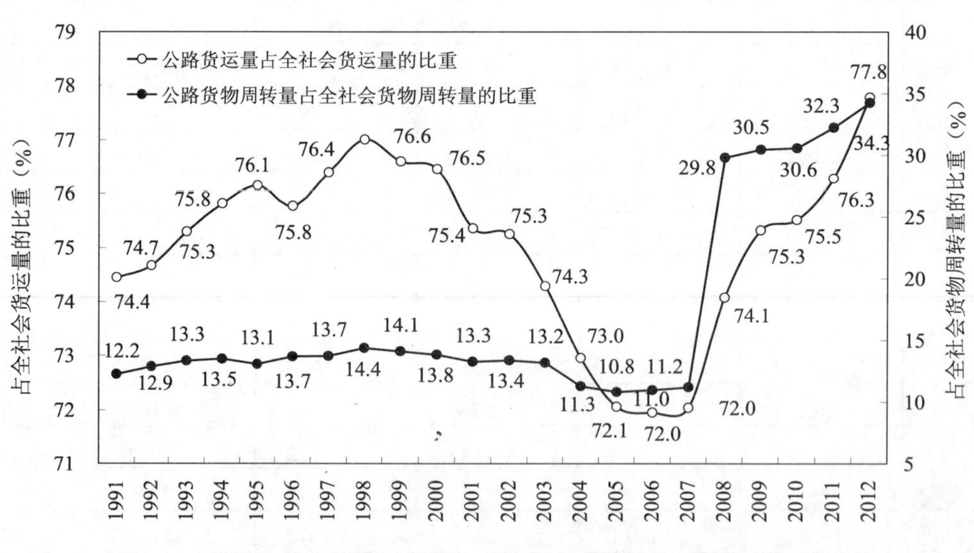

图A-16 1991～2012年公路货运地位变化曲线图

（注：从 1985 年起，包括私营运输完成的数量）

表 A-21　历年客运量及客运周转量

年份	客运量/万人		公路比例（%）	客运周转量/亿人·km		公路比例（%）
	全社会	公路		全社会	公路	
1995	1172596	1040810	88.76	9002	4603	51.13
1996	1245356	1122110	90.1	9165	4909	53.56
1997	1326094	1204583	90.84	10056	5541	55.11
1998	1378717	1257332	91.20	10637	5943	55.87
1999	1394413	1269004	91.01	11300	6199	54.86
2000	1478573	1347392	91.13	12261	6657	54.30
2001	1534122	1402798	91.44	13155	7207	54.79
2002	1608150	1475257	91.74	14126	7806	55.26
2003	1587497	1464335	92.24	13811	7696	55.72
2004	1767453	1624526	91.91	16309	8748	53.64
2005	1847018	1697381	91.90	17467	9292	53.20
2006	2024158	1860487	91.91	19197	10131	52.77
2007	2227761	2050680	92.05	21593	11507	53.29
2008	2867892	2682114	93.52	23197	12476	53.78
2009	2976898	2779081	93.35	24835	13511	54.40
2010	3269508	3052738	93.37	27894	15021	53.85
2011	3526319	3286220	93.19	30984	16760.2	54.09
2012	3804035	3557010	93.51	33383	18468	55.32

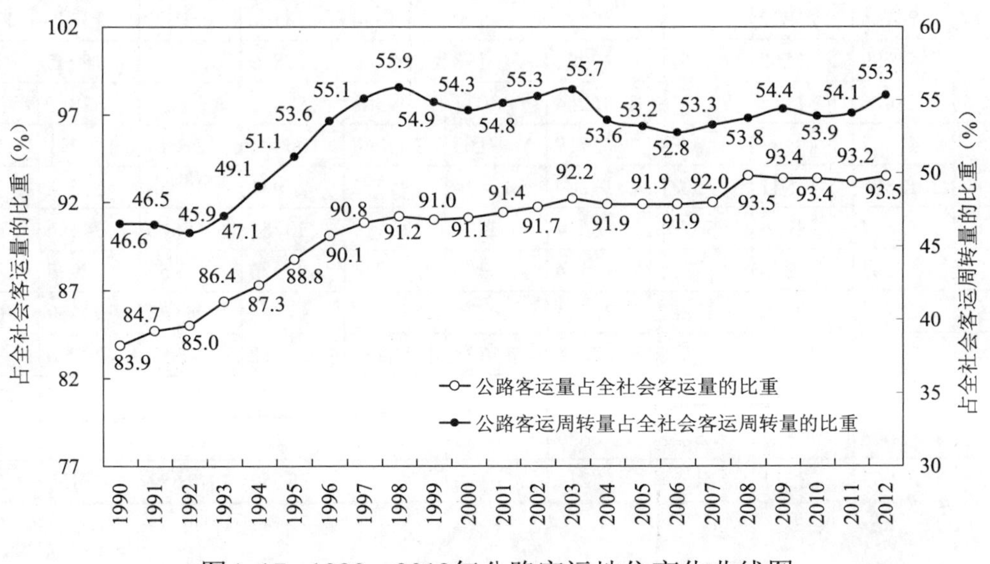

图A-17　1990～2012年公路客运地位变化曲线图

表 A-22 各地区公路货运量

（单位：万 t）

地 区	2003 年	2004 年	2005 年	2006 年	2007 年	2008 年	2009 年	2010 年	2011 年	2012 年
全国合计	1159957	1244990	1341778	1466347	1639432	1916759	2127834	2448052	2820100	3188475
北 京	28361	29256	30050	30953	17872	18689	18753	20184	23276	24925
天 津	20072	19650	19850	20290	23500	18160	19800	20855	23505	27735
河 北	61570	66227	68652	73263	79822	91342	106530	135938	166680	195530
山 西	67671	72621	76201	78513	82084	66710	54786	60819	65201	73150
内蒙古	38532	42697	51020	58978	73300	60941	70832	85162	103651	125260
辽 宁	65981	70164	74799	82142	90387	92938	105088	127361	151773	174355
吉 林	25211	26659	27441	28965	31573	23558	27032	33013	39308	47130
黑龙江	39031	40712	44376	48389	51996	35424	36486	40582	44420	47465
上 海	30678	31554	32684	33799	35634	40328	37745	40890	42685	42911
江 苏	64321	69058	76301	84319	97474	95625	104002	123500	140803	153698
浙 江	70907	78540	81448	89342	98742	91625	95802	103394	108654	113393
安 徽	39918	43468	49614	54717	62065	140381	157991	183658	219467	259461
福 建	23884	25964	27579	29806	34829	38367	40317	45575	52558	59431
江 西	21047	23223	25025	27477	30032	70270	75200	88445	98358	113703
山 东	97977	106887	120455	136750	163959	216604	251587	264366	279380	296754
河 南	56100	58147	62684	69898	83537	118198	151343	183291	220122	251772
湖 北	30348	31584	33481	35361	39568	52759	59563	71020	82741	97136
湖 南	51136	60291	67040	72457	85432	98759	111351	127635	144241	166670
广 东	73087	81792	84861	97461	112611	101429	125433	140689	166567	189034
广 西	24164	25822	27861	30525	34190	64884	75766	93552	113549	135112
海 南	5689	6168	6615	7981	10158	9489	10839	13947	15095	16600
重 庆	28406	31515	33378	36254	42011	54589	58532	69438	82818	71272
四 川	47467	49143	56594	63719	69163	103068	106472	121017	139771	158396
贵 州	12886	13541	15082	17284	18834	25272	27031	30834	36684	44892
云 南	53864	54326	56702	60614	65537	39119	40765	45665	54186	63239
西 藏	266	246	356	346	360	711	920	952	979	1042
陕 西	28165	30038	33282	35811	39736	60713	67963	77123	90419	104593
甘 肃	20713	21460	22520	23826	25325	18201	20812	24050	28790	39517
青 海	4795	5136	5491	5864	6278	6805	7173	7962	8952	9700
宁 夏	5048	5326	5648	6029	6583	21762	23263	25453	29016	32646
新 疆	22662	23775	24688	25214	26840	40039	38657	41682	46451	51954

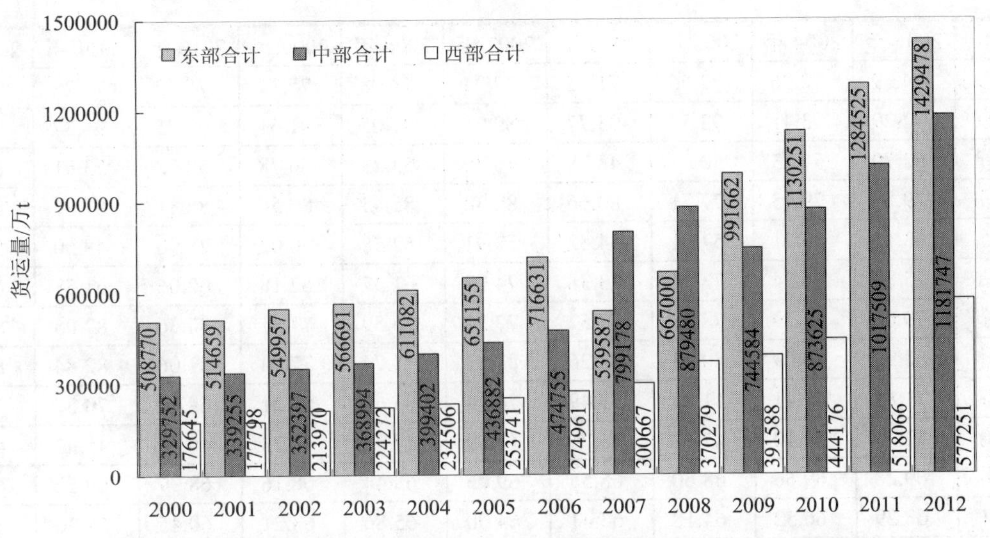

图A-18　2000～2012年三大地区公路货运量变化曲线图

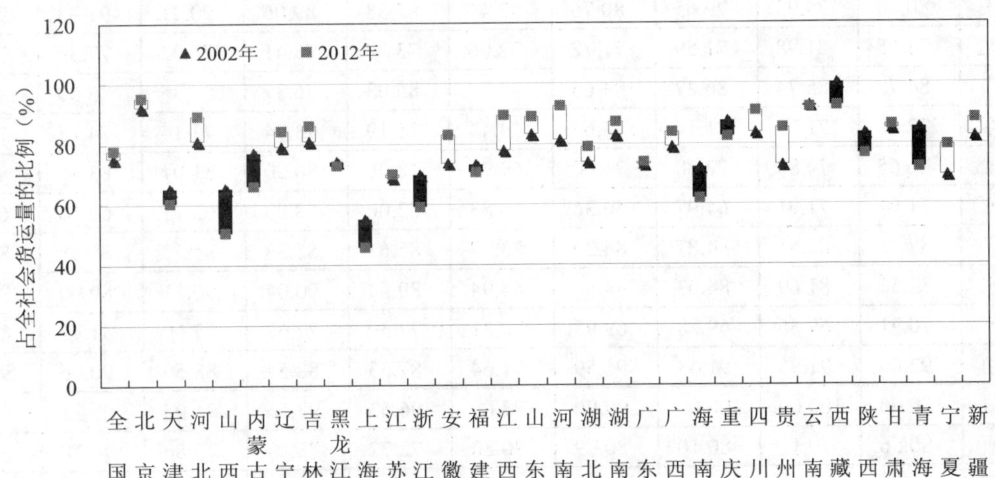

图A-19　2002年和2012年公路货运量占本地区全社会货运量比例变化情况

表 A-23 各地区公路货运量占本地区全社会货运量的比例

（单位：%）

地 区	2003年	2004年	2005年	2006年	2007年	2008年	2009年	2010年	2011年	2012年
全国平均	74.29	72.96	72.06	71.95	72.04	74.08	75.32	75.52	76.28	77.78
北 京	92.29	93.41	93.58	93.77	89.91	91.05	91.61	92.75	94.37	95.27
天 津	62.70	54.23	50.61	48.38	46.76	53.23	46.78	52.12	53.91	60.27
河 北	79.87	79.15	77.71	80.66	82.38	85.43	86.56	86.81	87.82	89.23
山 西	63.41	59.71	57.01	54.52	52.91	52.58	50.02	48.90	48.50	50.59
内蒙古	75.82	74.34	73.74	73.38	74.28	61.37	62.18	62.06	61.58	65.95
辽 宁	79.00	78.29	78.28	77.52	77.31	76.59	77.81	80.36	82.05	84.32
吉 林	80.20	80.09	80.33	82.26	83.23	75.74	77.74	81.06	82.84	85.99
黑龙江	71.81	71.41	71.81	73.49	74.14	65.63	67.31	68.42	70.27	72.76
上 海	52.43	50.10	47.62	46.70	45.49	47.78	49.23	46.86	45.92	45.63
江 苏	69.28	69.66	68.60	68.55	69.05	68.44	68.16	68.99	69.52	69.86
浙 江	68.29	66.52	64.18	63.41	64.00	65.86	63.21	60.45	58.30	59.12
安 徽	73.05	73.81	73.91	73.80	74.45	77.92	80.34	80.52	81.76	83.04
福 建	69.40	67.87	66.94	66.45	67.94	67.07	69.32	68.97	69.90	70.46
江 西	75.96	72.74	73.61	73.24	73.39	86.83	87.38	87.89	87.94	89.39
山 东	83.70	82.84	83.24	83.32	83.97	88.56	88.56	87.74	87.74	88.95
河 南	80.50	79.95	79.65	80.76	82.43	85.38	89.06	90.31	91.33	92.52
湖 北	73.55	71.98	71.59	71.72	72.06	73.38	75.41	76.02	77.39	79.01
湖 南	84.79	85.74	86.47	84.65	85.37	85.03	86.37	85.35	85.59	87.24
广 东	72.68	71.25	71.14	73.62	74.44	71.19	73.94	73.14	74.23	73.82
广 西	76.65	74.88	72.88	71.00	69.98	78.06	80.20	81.01	83.41	83.74
海 南	71.04	71.91	64.97	56.36	56.83	62.00	58.93	62.11	60.10	61.76
重 庆	87.23	85.51	84.87	84.29	83.57	85.61	85.37	85.33	85.58	82.42
四 川	82.51	81.69	84.03	84.88	84.94	89.84	90.04	90.11	89.99	90.85
贵 州	70.71	69.66	69.28	69.95	70.31	77.30	77.67	77.60	81.72	85.26
云 南	92.60	91.95	91.43	91.59	91.64	87.55	88.54	88.56	90.06	92.00
西 藏	100.00	100.00	100.00	99.00	97.00	96.53	97.56	96.95	95.27	92.49
陕 西	80.56	79.12	80.10	80.99	80.80	72.72	73.43	73.86	74.78	76.50
甘 肃	84.41	83.55	84.49	83.59	82.96	76.67	78.23	79.45	81.63	86.22
青 海	84.82	82.69	80.56	80.65	77.98	74.66	72.65	72.01	71.13	71.94
宁 夏	68.74	67.82	66.22	64.43	62.46	83.18	79.55	78.74	78.71	79.40
新 疆	83.69	82.67	82.18	80.91	82.16	86.88	85.82	86.01	87.23	88.37

表 A-24　各地区公路货物周转量

（单位：亿 t • km）

地　区	2004 年	2005 年	2006 年	2007 年	2008 年	2009 年	2010 年	2011 年	2012 年
全国合计	7840.9	8693.2	9754.2	11354.7	32868.2	37188.8	43389.7	51374.7	59534.9
北　京	82.3	85.5	88.6	79.3	84.1	87.9	101.6	132.3	139.8
天　津	72.0	74.0	75.8	88.0	178.3	205.9	231.2	266.7	318.2
河　北	658.6	691.5	748.9	843.2	2548.0	2998.5	4011.2	5219.3	6133.5
山　西	367.2	392.8	402.8	427.5	1102.2	906.4	969.9	1047.1	1202.2
内蒙古	269.8	322.3	384.1	492.0	1637.4	1885.3	2261.1	2737.6	3299.8
辽　宁	327.0	415.5	474.7	568.1	1354.2	1550.5	1930.3	2328.5	2675.4
吉　林	95.9	98.8	106.3	124.0	563.6	596.2	683.1	816.0	974.1
黑龙江	203.8	227.6	252.1	289.9	653.2	657.1	762.4	843.5	929.0
上　海	70.8	73.4	79.8	84.8	253.0	229.6	265.9	283.8	288.2
江　苏	386.9	459.2	542.1	638.6	885.1	971.1	1149.1	1315.3	1452.4
浙　江	353.6	372.7	431.1	493.6	1114.5	1188.7	1298.7	1434.8	1525.6
安　徽	349.9	422.7	464.2	542.8	3773.3	4237.2	5004.9	6123.2	7266.8
福　建	216.1	238.3	266.3	317.4	483.6	507.2	578.3	659.5	771.1
江　西	179.4	186.5	224.2	240.6	1494.2	1536.5	1850.2	2066.8	2559.8
山　东	596.1	711.8	845.1	1069.3	5117.9	6045.0	6216.8	6624.4	7059.2
河　南	422.0	467.0	538.8	681.9	2995.2	3927.1	4860.6	5949.0	6863.0
湖　北	235.6	251.2	266.1	302.1	789.4	930.1	1079.1	1277.7	1565.4
湖　南	513.5	538.6	592.4	682.7	1085.1	1259.7	1539.4	1878.6	2392.5
广　东	604.9	646.5	742.7	906.8	1225.3	1518.4	1735.4	2150.0	2434.9
广　西	235.6	258.4	286.8	320.1	800.0	934.7	1173.4	1494.0	1878.3
海　南	51.6	55.9	66.6	85.4	66.4	79.4	90.8	97.1	109.4
重　庆	128.3	149.1	172.6	205.4	453.2	503.3	610.3	779.8	731.9
四　川	230.9	263.7	311.1	343.4	827.8	851.3	985.1	1139.1	1325.2
贵　州	84.3	94.2	114.5	128.0	230.4	241.6	286.7	350.1	464.6
云　南	365.1	382.0	409.5	450.8	468.6	496.1	548.5	617.3	702.5
西　藏	23.1	40.7	36.6	37.5	28.8	25.4	26.6	27.1	27.9
陕　西	195.2	207.8	228.6	255.2	904.5	1032.4	1195.9	1469.7	1744.6
甘　肃	130.0	137.3	146.5	156.5	474.8	489.7	524.1	647.4	894.6
青　海	45.3	48.3	51.4	55.6	186.6	198.7	227.5	258.0	281.0
宁　夏	64.6	67.8	72.1	78.2	477.9	497.0	538.3	608.1	700.1
新　疆	281.5	312.4	331.9	366.2	611.9	600.9	653.0	732.9	823.8

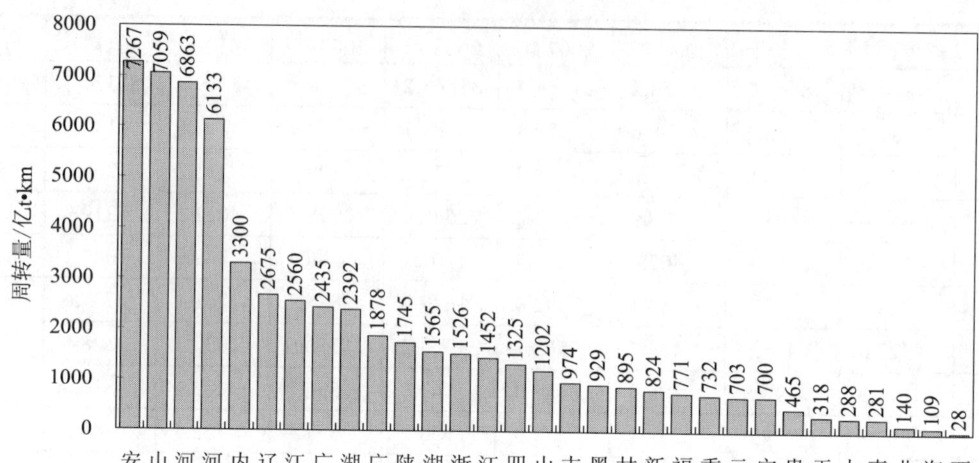

图A-20　2012年各地区公路货物周转量

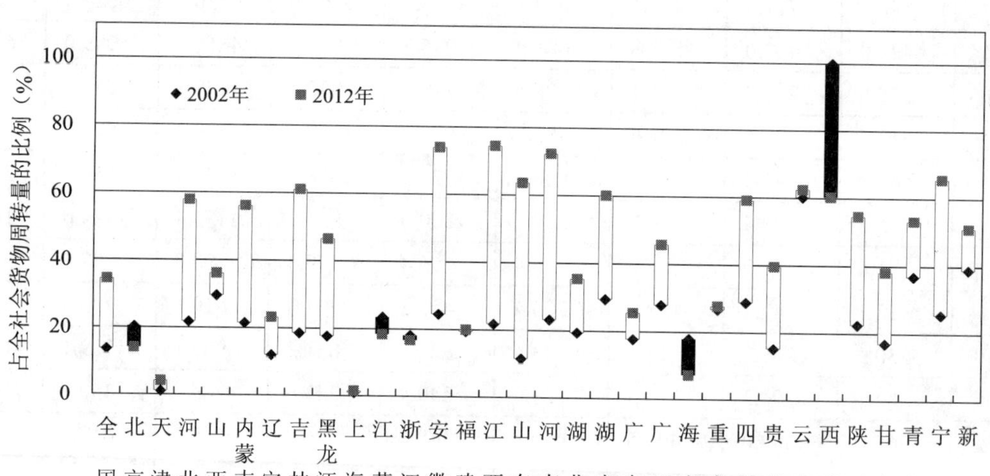

图A-21　2002年和2012年公路货物周转量占
全社会货物周转量的比例变化情况

表 A-25　公路货物周转量占全社会货物周转量的比例（分地区）

（单位：%）

地　区	2003 年	2004 年	2005 年	2006 年	2007 年	2008 年	2009 年	2010 年	2011 年	2012 年
全国平均	13.18	11.29	10.83	10.97	11.20	29.80	30.45	30.59	32.25	34.26
北　京	17.08	15.31	14.69	13.56	10.94	11.08	12.01	11.59	13.24	13.96
天　津	1.05	0.64	0.59	0.62	0.58	6.59	2.14	2.30	2.58	4.06
河　北	18.35	16.35	13.64	13.48	14.04	43.00	46.81	49.70	54.20	57.84
山　西	26.70	25.90	23.23	23.23	23.24	43.02	37.92	34.15	34.19	35.98
内蒙古	20.85	20.57	22.42	22.42	24.32	44.75	45.79	47.98	50.49	56.21
辽　宁	9.50	11.09	12.40	11.74	9.77	19.25	20.00	21.38	22.38	23.14
吉　林	17.06	16.09	16.30	17.37	18.93	48.68	51.08	53.28	56.18	61.03
黑龙江	16.45	18.58	19.50	20.83	22.61	38.63	39.95	41.75	42.85	46.40
上　海	0.81	0.71	0.61	0.58	0.53	1.58	1.60	1.41	1.40	1.41
江　苏	20.59	16.48	15.34	15.28	16.01	20.58	20.77	20.56	18.90	18.38
浙　江	15.32	13.09	10.91	9.88	9.95	22.40	21.00	18.25	16.62	16.61
安　徽	23.97	24.03	26.99	27.26	27.30	64.58	67.03	69.97	72.50	74.02
福　建	15.82	15.45	15.15	14.02	15.25	20.18	20.52	19.43	19.42	19.92
江　西	21.09	20.62	21.06	23.55	23.38	65.38	65.83	68.04	69.24	74.55
山　东	13.50	12.54	12.82	13.23	16.67	50.63	54.84	52.54	52.22	63.72
河　南	21.42	20.03	19.85	22.10	24.91	57.99	63.81	67.49	69.74	72.32
湖　北	18.46	17.03	17.74	17.87	18.37	31.24	36.24	34.84	33.63	35.26
湖　南	33.73	33.08	33.07	33.98	35.51	46.18	50.12	52.60	55.74	60.16
广　东	17.52	15.72	16.75	18.36	21.13	27.67	31.83	30.38	31.14	25.45
广　西	25.14	23.60	23.53	23.50	22.79	38.48	39.99	40.09	42.95	45.69
海　南	18.15	21.86	12.46	10.14	10.37	11.11	10.02	9.13	7.10	7.06
重　庆	29.18	24.79	23.83	20.93	19.53	30.41	30.49	30.28	30.84	27.58
四　川	28.58	27.58	28.78	32.11	32.42	52.44	53.52	54.49	56.50	59.21
贵　州	14.00	13.80	14.56	16.81	17.74	28.60	26.09	28.50	33.01	39.55
云　南	58.41	56.10	56.12	58.98	56.25	57.06	57.18	57.90	60.26	62.54
西　藏	100.00	100.00	100.00	95.61	90.12	81.13	71.95	68.93	67.72	60.37
陕　西	21.29	20.26	20.20	21.14	21.42	44.62	46.53	48.52	52.03	54.65
甘　肃	16.75	14.80	13.97	14.05	13.61	29.77	30.24	29.71	31.78	38.04
青　海	34.46	33.02	32.82	35.66	31.52	55.59	54.56	54.20	53.05	53.26
宁　夏	25.81	26.64	26.56	25.97	26.81	67.92	66.23	65.75	65.18	65.69
新　疆	39.88	38.68	38.73	37.16	38.31	48.07	47.85	48.06	49.68	51.03

表A-26 2001～2012年年末全国民用汽车保有量

（单位：万辆）

年份	全社会民用汽车保有量[3]				营运汽车保有量[2]			私人汽车保有量		
	合计	载客汽车[1]	载货汽车	其中：普通载货汽车	合计	载客汽车	载货汽车	合计	载客汽车	普通载货汽车
2001	1802.04	993.96	765.24	740.98	764.39	255.12	509.27	770.78	469.85	298.95
2002	2053.17	1202.37	812.22	—	826.34	289.55	536.78	968.98	623.76	341.29
2003	2382.93	1478.81	853.51	—	924.64	352.19	572.45	1219.23	845.87	367.35
2004	2693.71	1735.91	893.00	—	1067.18	439.09	628.09	1481.66	1069.69	402.82
2005	3159.66	2132.46	955.55	—	733.22	128.40	604.82	1848.07	1383.93	452.11
2006	3697.35	2619.57	986.30	—	802.58	161.92	640.66	2333.32	1823.57	494.91
2007	4358.36	3195.99	1054.06	—	849.22	164.73	684.49	2876.22	2316.91	539.45
2008	5099.61	3838.92	1126.07	—	930.61	169.64	760.97	3501.39	2880.50	596.39
2009	6280.61	4845.09	1368.60	—	1087.35	180.79	906.56	4574.91	3808.33	753.40
2010	7801.83	6124.30	1597.55	—	1132.32	83.13	1050.19	5938.71	4989.50	931.52
2011	9356.32	7478.37	1787.99	—	1263.75	84.34	1179.41	7326.79	6237.46	1067.43
2012	10933.09	8943.01	1894.75	—	1339.89	86.71	1253.19	8838.60	7637.87	1175.63

①小轿车包括在载客汽车中。

②营运汽车保有量1999年以前仅为公路部门营运汽车保有量，1999年为全国营运汽车保有量。公路部门营运汽车总计中含公路部门直属企业营运汽车。

③汽车保有量分为载客汽车、载货汽车及其他汽车，此表中其他汽车省略。

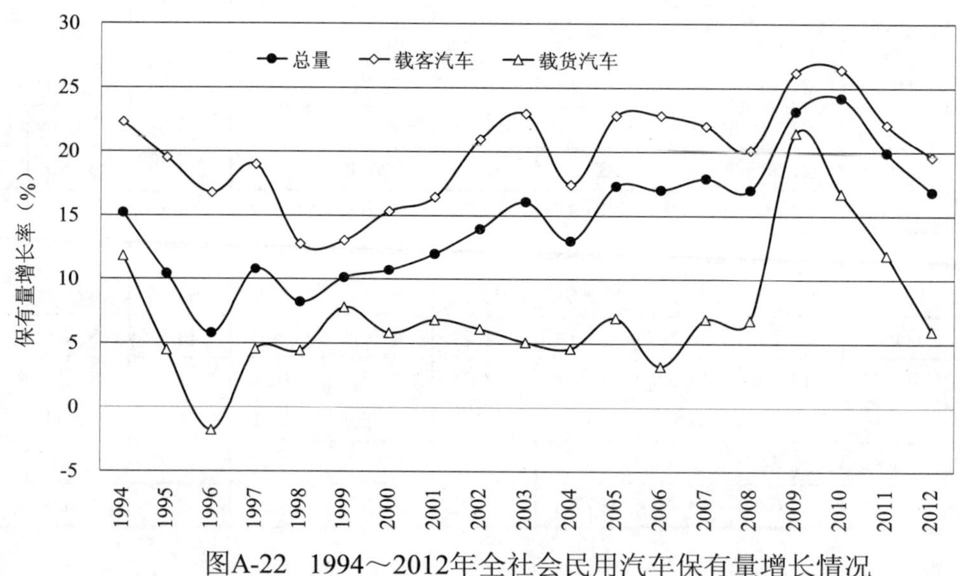

图A-22 1994～2012年全社会民用汽车保有量增长情况

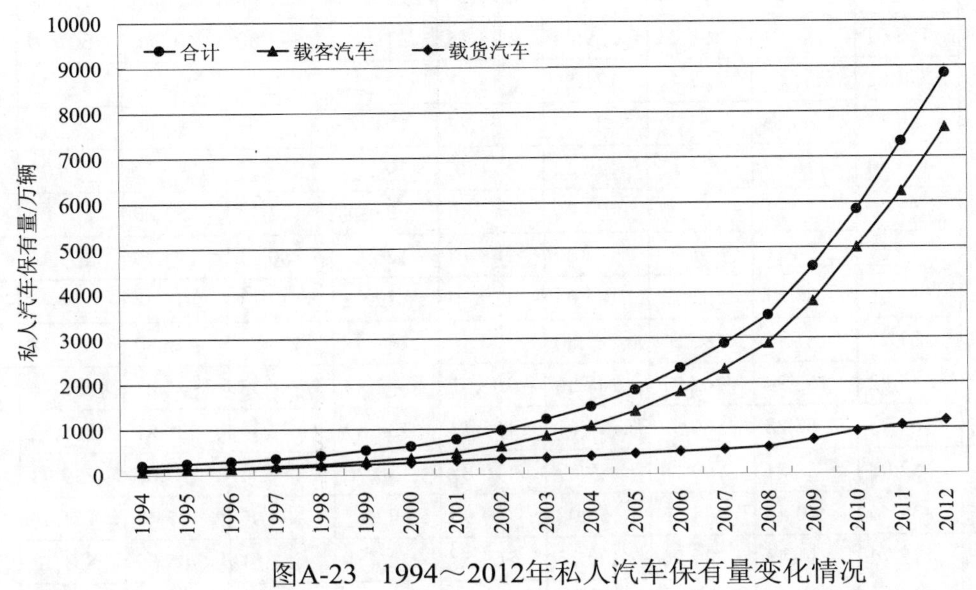

图A-23　1994～2012年私人汽车保有量变化情况

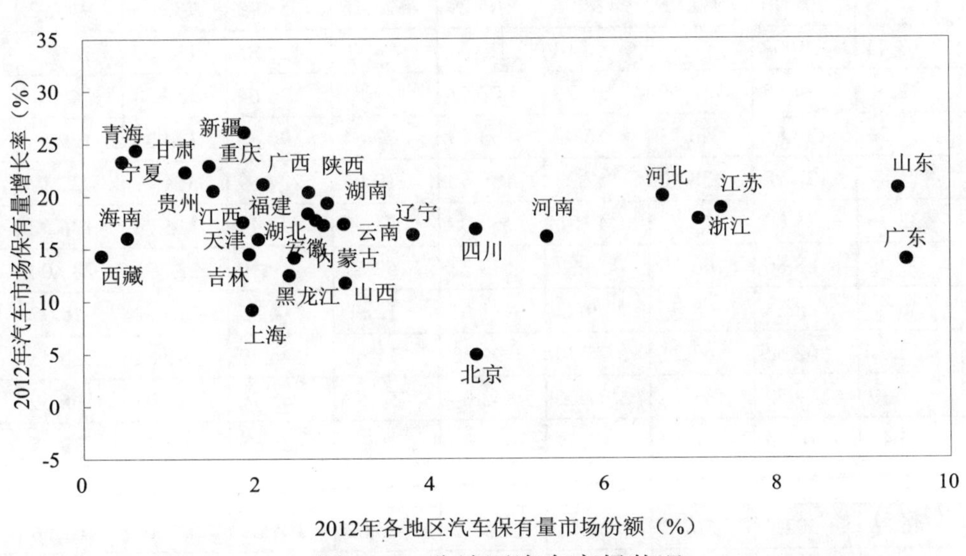

图A-24　分地区汽车市场状况

表 A-27　各地区历年民用汽车保有量

（单位：万辆）

地区	2003 年	2004 年	2005 年	2006 年	2007 年	2008 年	2009 年	2010 年	2011 年	2012 年
北京	163.07	182.42	209.73	239.12	273.36	313.68	368.11	449.72	470.53	493.56
天津	53.78	58.34	67.68	79.22	93.25	108.47	130.00	158.24	190.78	221.12
河北	155.61	180.91	198.23	229.34	273.25	316.77	395.80	492.88	607.19	728.51
山西	73.82	81.63	107.44	121.55	144.33	174.22	205.95	247.89	295.33	329.95
内蒙古	49.85	60.18	65.82	83.79	99.77	121.07	150.06	187.80	233.15	266.08
辽宁	103.54	116.27	134.87	159.22	171.36	194.98	242.07	296.32	356.75	414.88
吉林	53.07	57.31	65.27	72.25	86.80	98.98	123.74	152.89	183.00	209.49
黑龙江	76.17	74.16	85.90	94.00	108.10	126.21	160.17	194.79	231.10	259.87
上海	71.90	83.51	95.16	107.04	119.70	132.12	147.11	175.51	194.75	212.66
江苏	131.77	161.19	192.25	240.80	296.31	349.51	436.81	550.80	675.18	802.20
浙江	135.82	162.34	202.92	248.36	301.61	352.84	431.73	542.05	656.80	773.56
安徽	64.73	68.28	80.50	94.61	113.42	134.89	167.36	209.81	258.62	303.13
福建	52.08	58.01	69.79	89.57	110.87	130.76	159.34	197.08	239.93	283.92
江西	35.56	40.48	48.36	58.07	69.90	82.97	107.08	137.43	171.55	201.64
山东	175.74	211.43	246.96	299.23	359.59	426.31	553.51	705.89	851.12	1027.16
河南	119.75	130.97	152.17	183.38	210.32	249.04	316.07	399.73	501.28	581.95
湖北	72.86	77.83	86.24	98.74	115.46	136.86	168.32	207.49	249.49	293.64
湖南	65.08	71.78	78.34	91.76	109.83	134.04	167.59	211.06	258.22	308.14
广东	257.96	305.40	372.96	428.95	505.29	573.46	658.90	782.26	910.93	1037.42
广西	43.44	49.07	59.14	66.14	79.64	94.89	119.85	152.06	187.75	227.44
海南	12.58	14.55	16.40	19.23	22.11	25.81	30.64	39.24	47.81	55.46
重庆	34.25	34.84	46.93	56.07	63.63	73.64	90.89	114.30	129.68	159.36
四川	113.87	126.78	138.00	157.23	183.62	219.05	284.69	354.97	422.17	493.22
贵州	32.46	34.09	46.77	49.36	60.05	71.92	91.43	115.76	136.37	164.36
云南	77.09	88.86	103.60	114.72	133.23	153.57	189.10	233.91	280.04	328.53
西藏	6.06	8.24	7.07	9.82	11.61	12.86	14.85	16.62	19.92	22.77
陕西	54.01	62.53	63.21	75.70	91.13	111.66	146.27	190.64	236.43	284.64
甘肃	27.39	19.39	33.74	37.26	43.04	50.57	65.75	85.04	105.59	129.14
青海	10.47	10.45	12.18	13.34	15.60	20.25	24.35	30.99	39.85	49.13
宁夏	12.39	12.40	15.63	16.86	20.09	24.35	31.54	41.52	53.35	66.35
新疆	46.76	50.07	56.42	62.63	72.10	83.86	101.53	127.14	161.66	203.82
全国合计	2382.93	2693.71	3159.66	3697.35	4358.36	5099.61	6280.61	7801.83	9356.32	10933.09

表 A-28　各地区民用货车保有量

（单位：万辆）

地　区	2003 年	2004 年	2005 年	2006 年	2007 年	2008 年	2009 年	2010 年	2011 年	2012 年
北　京	18.59	17.69	17.73	17.69	17.56	18.13	18.30	19.39	21.49	23.70
天　津	14.09	11.93	11.96	12.82	14.00	14.68	16.62	19.15	21.34	22.19
河　北	63.59	70.64	70.86	70.39	75.07	79.92	104.36	121.50	137.15	153.42
山　西	31.89	32.44	37.96	36.29	38.72	42.65	48.54	55.82	61.27	56.78
内蒙古	20.23	24.06	24.88	28.43	30.52	33.80	42.20	48.51	54.52	47.72
辽　宁	35.94	38.89	42.39	47.31	42.46	44.00	56.79	67.42	76.85	82.22
吉　林	17.63	17.21	17.91	17.62	20.80	22.29	27.73	32.85	36.98	36.99
黑龙江	26.67	23.93	26.28	25.80	27.96	30.77	41.27	48.98	55.27	55.86
上　海	17.87	18.82	19.16	19.98	20.78	21.39	22.19	23.81	24.83	20.73
江　苏	41.79	44.36	43.35	44.90	47.99	49.82	61.23	72.50	82.39	89.29
浙　江	48.30	51.86	55.90	59.74	63.81	66.90	76.65	87.29	97.00	105.02
安　徽	30.17	29.83	33.21	36.45	40.58	44.37	56.60	66.34	74.51	74.23
福　建	21.43	22.18	23.14	27.23	30.70	32.85	38.46	45.11	51.77	57.49
江　西	16.61	18.10	19.89	21.96	24.69	27.23	33.42	40.17	46.76	47.01
山　东	66.56	72.17	72.89	76.44	79.36	83.03	112.87	134.45	149.06	159.88
河　南	46.97	47.31	49.17	51.88	57.16	59.25	76.35	90.75	106.35	109.61
湖　北	29.25	29.79	30.96	30.96	33.92	38.54	46.07	53.29	59.72	62.69
湖　南	27.40	29.55	27.97	29.46	31.85	35.35	41.07	48.22	54.92	58.17
广　东	93.79	101.07	118.84	118.88	122.68	122.97	133.24	147.53	159.92	169.86
广　西	17.01	18.43	19.48	18.76	21.66	24.48	30.10	36.82	42.90	49.20
海　南	4.91	5.44	5.61	5.86	6.24	6.32	7.00	8.58	10.17	11.12
重　庆	15.36	14.62	20.09	22.61	23.86	25.47	29.30	34.03	28.34	31.56
四　川	39.26	40.66	39.39	40.33	44.37	49.78	61.24	70.45	77.49	83.77
贵　州	14.46	14.57	17.56	16.68	19.10	22.26	27.29	32.73	34.23	36.72
云　南	32.32	35.98	40.38	39.38	43.00	47.16	54.55	63.39	71.66	77.88
西　藏	2.30	3.27	3.96	4.19	5.04	4.62	5.74	6.32	7.42	8.33
陕　西	17.88	19.02	18.82	17.76	19.89	22.08	28.97	36.32	41.74	45.54
甘　肃	11.79	8.88	13.62	13.60	14.71	16.36	20.91	26.37	31.00	35.42
青　海	4.49	4.39	4.85	4.83	5.25	6.15	7.42	8.99	10.62	11.77
宁　夏	5.97	5.78	6.90	6.63	7.15	8.11	10.75	13.52	16.51	19.41
新　疆	18.99	20.15	20.46	21.45	23.17	25.35	31.38	36.96	43.79	51.18
全国合计	853.51	893.00	955.55	986.30	1054.06	1126.07	1368.60	1597.55	1787.99	1894.75

表 A-29 各地区民用客车保有量

（单位：万辆）

地区	2003年	2004年	2005年	2006年	2007年	2008年	2009年	2010年	2011年	2012年
北 京	141.41	161.4	188.31	217.56	251.63	291.02	345.44	425.74	444.16	464.86
天 津	38.24	45.06	54.27	64.82	77.40	91.71	112.04	137.64	167.85	197.30
河 北	87.39	103.05	119.98	149.52	185.31	219.99	286.07	365.36	463.41	568.13
山 西	40.67	47.76	67.77	83.28	102.86	127.23	155.53	189.93	231.62	270.80
内蒙古	28.65	34.14	38.46	51.34	64.36	81.19	106.15	137.19	176.10	215.94
辽 宁	64.59	73.50	89.62	107.34	124.13	144.88	182.41	225.67	276.16	328.63
吉 林	34.91	39.44	46.56	53.42	64.29	74.47	94.92	118.78	144.54	170.94
黑龙江	48.00	48.59	57.67	65.84	77.01	91.09	117.00	143.66	173.37	201.42
上 海	54.03	64.69	76.00	87.06	98.92	110.73	124.91	146.24	163.91	185.71
江 苏	87.33	113.09	144.63	190.73	241.49	291.75	370.58	472.78	586.59	706.27
浙 江	84.84	107.48	143.51	184.47	232.93	280.41	351.47	450.83	555.58	664.08
安 徽	31.92	35.51	43.64	53.52	66.78	83.27	108.38	140.99	181.33	225.98
福 建	29.40	35.46	44.96	60.14	77.40	94.73	119.25	150.30	186.30	224.45
江 西	18.08	21.32	27.18	34.46	43.11	53.18	72.24	95.65	122.93	152.73
山 东	104.20	132.27	166.40	213.58	268.63	329.04	435.84	566.09	696.07	860.89
河 南	69.29	78.41	98.88	121.29	146.38	180.31	236.67	304.90	390.20	467.49
湖 北	41.87	46.25	53.40	65.39	78.62	94.41	119.81	151.52	186.72	227.76
湖 南	36.79	41.25	49.46	60.73	75.26	94.87	125.11	161.23	201.44	247.99
广 东	159.74	198.73	247.44	302.49	373.68	440.60	520.38	629.30	745.35	861.60
广 西	25.32	29.68	38.00	45.52	55.67	67.71	87.77	113.13	142.58	175.77
海 南	7.47	8.89	10.54	12.56	15.52	19.07	23.27	30.23	37.11	43.75
重 庆	18.00	19.38	26.07	32.21	38.39	46.66	60.04	78.54	99.31	125.42
四 川	73.42	83.26	97.13	115.14	137.13	166.61	220.84	281.60	341.48	406.08
贵 州	17.84	19.27	26.25	32.20	40.36	48.95	63.4	82.19	101.14	126.47
云 南	44.30	52.31	62.49	74.46	89.17	105.17	133.38	169.08	206.70	248.76
西 藏	3.74	4.94	3.11	5.63	6.43	8.18	8.92	10.15	12.26	14.16
陕 西	34.99	41.84	42.84	56.13	68.53	85.84	115.01	151.64	191.55	235.61
甘 肃	15.02	10.07	19.31	22.71	27.18	32.89	43.86	57.52	73.30	92.32
青 海	5.78	5.87	7.08	8.18	9.94	13.54	16.49	21.45	28.60	36.65
宁 夏	5.96	6.04	8.04	9.51	11.82	14.81	20.11	27.23	35.93	45.94
新 疆	25.64	26.95	33.47	38.37	45.63	54.59	67.79	87.56	114.79	149.08
全国合计	1478.81	1735.91	2132.46	2619.57	3195.99	3838.92	4845.09	6124.13	7478.37	8943.01

表 A-30　2012 年各地区城市公共汽（电）车、出租汽车情况

地　区	公交电汽车数量/辆	出租汽车/辆	运客总数/万人次
全　国	**419410**	**1026678**	**7887914**
北　京	22146	66646	761578
天　津	8405	31940	129951
河　北	16493	49130	203954
山　西	7851	29700	124838
内蒙古	5586	37778	96349
辽　宁	20500	79868	428367
吉　林	10532	55457	170561
黑龙江	14364	62651	223956
上　海	16695	50683	507933
江　苏	30380	47269	470233
浙　江	22892	34165	311024
安　徽	11992	37142	212719
福　建	11823	18325	224703
江　西	7852	11998	127961
山　东	32869	58758	398268
河　南	18137	45518	263718
湖　北	16670	33520	338901
湖　南	13148	24031	272165
广　东	50729	62243	1003098
广　西	7430	15015	142505
海　南	2614	4998	43306
重　庆	7982	15520	201331
四　川	19388	31818	357333
贵　州	5031	13266	132200
云　南	8187	17302	148409
西　藏	396	1379	7139
陕　西	10840	22657	254599
甘　肃	5214	19324	102846
青　海	2067	7119	39135
宁　夏	3042	13107	37441
新　疆	8155	28351	151397

表 A-31 2012 年各地区私人汽车保有量

（单位：万辆）

地　区	汽车总计	载客汽车	载货汽车	其他汽车
全　国	8838.60	7637.87	1175.63	25.09
北　京	405.55	396.56	7.98	1.00
天　津	185.54	169.87	15.25	0.42
河　北	624.04	516.68	105.03	2.33
山　西	270.45	233.47	36.25	0.73
内蒙古	223.66	190.64	32.09	0.94
辽　宁	304.82	267.00	37.00	0.82
吉　林	170.19	144.84	24.89	0.45
黑龙江	201.37	164.42	36.36	0.59
上　海	141.16	140.84	0.25	0.07
江　苏	646.69	600.51	44.33	1.84
浙　江	643.34	575.26	67.35	0.73
安　徽	223.41	187.70	34.95	0.76
福　建	230.88	191.38	39.00	0.50
江　西	149.58	124.80	24.37	0.40
山　东	877.56	767.68	107.55	2.34
河　南	467.80	400.08	65.83	1.89
湖　北	227.45	186.15	40.51	0.79
湖　南	261.59	213.43	47.30	0.85
广　东	863.46	754.96	106.81	1.68
广　西	177.42	146.94	29.91	0.57
海　南	42.68	33.90	8.62	0.16
重　庆	117.10	102.48	14.22	0.40
四　川	408.89	351.31	56.51	1.07
贵　州	132.21	104.86	27.03	0.33
云　南	273.79	210.56	62.58	0.65
西　藏	15.22	9.15	6.00	0.07
陕　西	230.79	198.35	31.48	0.96
甘　肃	90.17	67.23	22.58	0.36
青　海	35.78	27.78	7.82	0.18
宁　夏	53.49	38.50	14.61	0.39
新　疆	142.52	120.53	21.19	0.81

表 A-32　历年汽车产量

（单位：辆）

年份	汽车产量合计	其　中					
		载货汽车	越野汽车	其中：轻型越野汽车	客　车	轿　车	汽车底盘
1980	222288	135532	28034	20382	—	5418	48321
1981	175645	108261	19536	15452	—	3428	39986
1982	196304	121789	18883	15326	—	4030	42541
1983	239886	137100	22510	18247	6211	6046	62263
1984	316367	179846	21588	16553	6990	6010	85348
1985	443377	236934	25173	20747	11897	5207	114069
1986	372753	218863	23739	21891	9189	12297	81262
1987	472538	299356	27781	27351	20461	20865	92260
1988	646951	364000	36384	35978	50922	36798	136234
1989	586935	342835	48934	48291	47639	28820	103896
1990	509242	269098	44719	44348	23148	42409	90574
1991	708820	361310	54018	53371	42756	81055	122873
1992	1061721	460274	63373	61747	84551	162725	199162
1993	1296778	623184	59257	57057	142774	229697	171769
1994	1353368	613152	72111	70317	193006	250333	169106
1995	1452697	571751	91766	89765	247430	325461	162713
1996	1474905	537673	77587	73233	267236	391099	167651
1997	1582628	465098	59328	56547	317948	487695	178644
1998	1629182	573766	43608	38423	431947	507861	206325
1999	1831596	581990	36944	33602	418272	566105	229113
2000	2068186	668831	41624	35508	671831	607455	252063
2001	2341528	803076	41260	33247	834927	703525	317946
2002	3253655	1092546	43543	34232	1068347	1092762	425601
2003	4443522	1228181	86089	78622	1177476	2037865	381116
2004	5070452	1514869	79600	72245	1243022	2312561	398351
2005	5707688	1509893	—	—	1430073	2767722	381183
2006	7279726	1752973	—	—	1657259	3869494	442201
2007	8883122	2157335	—	—	1927433	4797688	558673
2008	9345101	2270207	—	—	2037540	5037334	530271
2009	13790994	3049170	—	—	3270630	7471194	596657
2010	18264667	3920363	—	—	4768414	9575890	791635
2011	18418876	2898046	4746156	10137517	637157	18418876	2898046
2012	19271808	2802110	425788	13257833	520252	19271808	2802110

注：本表不含改装车产量；轿车产量已包含切诺基 BJ2021。

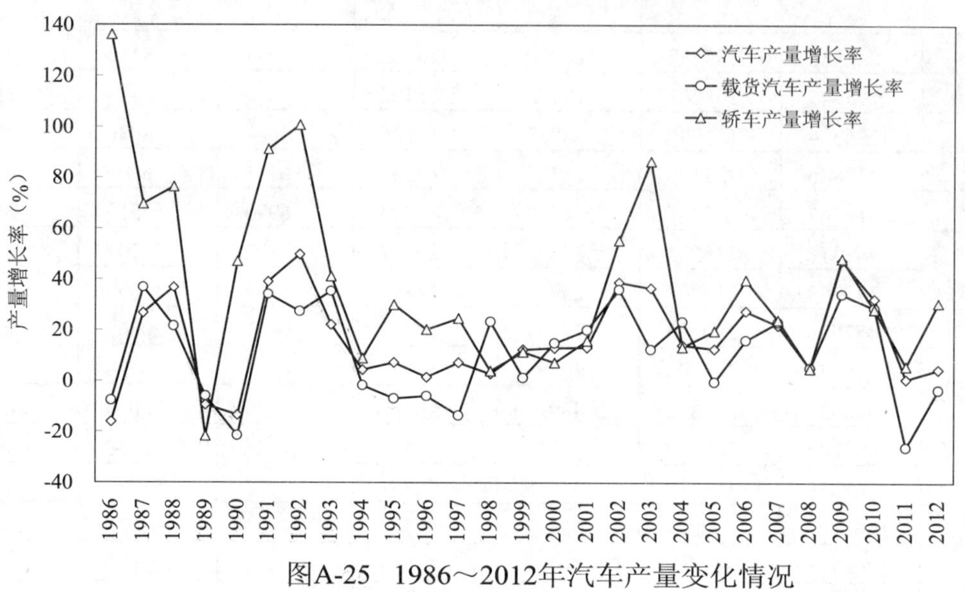

图A-25 1986～2012年汽车产量变化情况

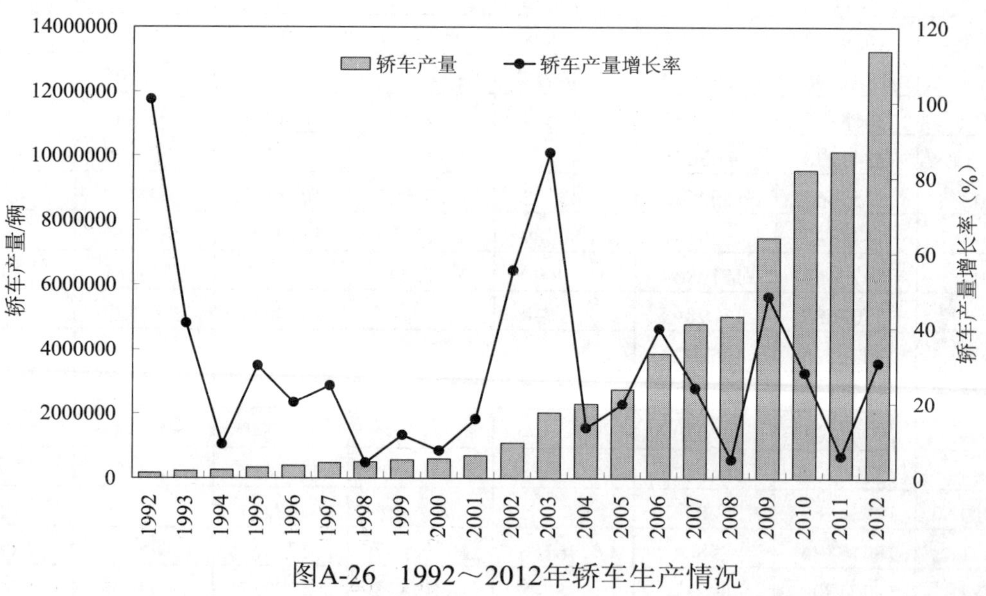

图A-26 1992～2012年轿车生产情况

表 A-33　2012 年汽车分车型产销量

车　型		产量/辆 总　计	产量/辆 国内制造	产量/辆 CKD	销量/辆 总计	销量/辆 国内制造	销量/辆 CKD
汽车总计		19271808	18982330	289478	19306435	19015502	290933
乘用车合计		15523658	15234543	289115	15495240	15204733	290507
其中1	基本型乘用车（轿车）	10767380	10604089	163291	10744740	10580231	164509
	多用途乘用车（MPV）	491896	489999	1897	493396	490537	2859
	运动型多功能乘用车（SUV）	1998557	1874630	123927	2000410	1877271	123139
	交叉型乘用车	2265825	2265825	0	2256694	2256694	0
其中2	排量≤1.0L	1454147	1454147	0	1485147	1485147	0
	1.0L<排量≤1.6L	8985113	8985113	0	8919828	8919828	0
	1.6L<排量≤2.0L	3649766	3474862	174904	3648586	3472373	176213
	2.0L<排量≤.5L	1183896	1094302	89594	1188738	1099482	89256
	2.5L<排量≤3.0L	216392	216321	71	217437	217359	78
	3.0L<排量≤4.0L	28741	9733	19008	30169	10544	19625
	排量>4.0L	5603	65	5538	5308	0	5308
其中3	手动挡	9672429	9657168	15261	9649247	9635060	14187
	自动挡	5129169	4952093	177076	5120102	4943815	176287
	其他挡	722060	625282	96778	725891	625858	100033
其中4	柴油汽车	83810	83810	0	83888	83888	0
	汽油汽车	15399400	15112736	286664	15371165	15083092	288073
	其他燃料汽车	40448	37997	2451	40187	37753	2434
商用车合计		3748150	3747787	363	3811195	3810769	426
其中1	柴油汽车	2943795	2943432	363	3004525	3004099	426
	汽油汽车	767988	767988	0	770401	770401	0
	其他燃料汽车	36367	36367	0	36269	36269	0
其中2	客车	425788	425788	0	425595	425595	0
	货车	2617626	2617626	0	2653392	2653392	0
	半挂牵引车	184484	184484	0	190645	190645	0
	客车非完整车辆	80632	80632	0	81808	81808	0
	货车非完整车辆	439620	439257	363	459755	459329	426

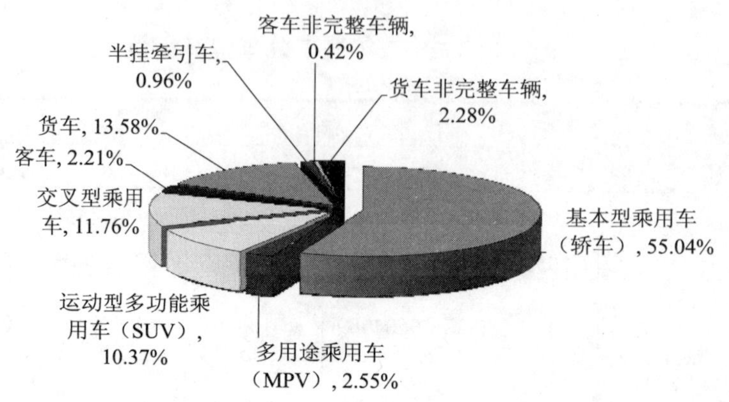

图A-27 2012年分车型产量构成情况

表 A-34 2004～2012 年全国改装汽车产量分类构成

（单位：辆）

车 型	2004 年	2005 年	2006 年	2007 年	2008 年	2010 年	2011 年	2012 年
汽车总计	**548449**	**437972**	**550947**	**649607**	**631428**	**965399**	**844024**	**667178**
载货汽车	38839	45877	38434	60099	69912	76114	49124	45156
重型	4032	3182	2472	8040	4882	5918	4397	6688
中型	4403	15413	3052	9907	9978	1641	2814	713
轻型	30404	27282	32910	42152	54250	68555	40882	37643
微型	0	0	0	0	802	0	1031	114
越野汽车	7207	418	763	443	3706	2057	1908	511
自卸汽车	89040	92030	120240	155608	162032	269623	256932	198864
矿用	40688	42323	—	—	—	—	—	148547
重型	29881	37624	62408	90779	112941	207623	194656	29098
中型	18471	11810	41318	36465	21780	27526	29492	18153
牵引汽车	89202	53730	—	—	—	—	—	3066
载客汽车	177994	146120	147437	121404	101315	96497	101669	—
特大型	90	2153	888	—	—	—	—	85953
大型	685	17199	16517	121325	17318	18826	16539	300
中型	12079	39183	52070	46827	36597	22500	27107	9486
轻型	46102	85324	74447	54943	46311	55000	58011	24079
微型	109065	2261	3515	3105	771	149	—	52088
厢式专用车	9973	45845	72710	70972	64100	137051	73787	—
罐式专用车	32807	21656	30906	44557	44220	87044	92330	75366
专用自卸汽车	12537	4475	6287	8955	8805	15228	19898	47062
起重举升专用车	13138	14210	19089	27538	30286	50253	27513	22518
仓栅式专用车	1414	2751	8818	2511	6015	1627	1655	17010
特种结构专用汽车	9990	23407	10708	15244	15705	—	27705	914

表 A-35　历年低速货车产销情况

（单位：辆）

年份	产销量	低速货车合计	低速货车	三轮汽车
2007	产量	2144147	443787	1700360
	销量	2144450	448343	1696107
2008	产量	2008539	424139	1584400
	销量	2005782	422013	1583769
2009	产量	2231679	499916	1731763
	销量	2216478	493570	1722908
2010	产量	2431542	528620	1902922
	销量	2422684	525223	1897461
2011	产量	2537119	453139	2083980
	销量	2532326	446946	2085380
2012	产量	2794784	430266	2364518
	销量	2785527	426587	2358670

表 A-36　汽车行业综合指标与全国工业企业的比较

指标		2006 年	2007 年	2008 年	2009 年	2010 年	2011 年	2012 年
销售收入/亿元	汽车工业	13818.9	17201.4	18767	23817.5	29964.03	33617.3	36373.10
	全国工业企业	313592.45	399717.06	500020.07	542522.43	697744.00	841830.2	929291.51
汽车/全国（%）		4.41	4.3	3.75	4.39	4.29	3.99	3.91
总产值/亿元	汽车工业	13937.5	17242	18780.5	23437.8	30248.60	33155.18	35774.40
	全国工业总计	316589	386747	507448	548311.42	698590.54	844268.8	—
汽车/全国（%）		4.4	4.46	3.70	4.27	4.33	3.93	—
增加值/亿元	汽车工业	3362.7	4141.40	4104.1	5378.7	6759.72	7451.69	7940.40
	全国工业总计	91075.73	117048.40	—	—	—	—	—
汽车/全国（%）		3.69	3.54	—	—	—	—	—
产品销售税金及附加/亿元	汽车工业	303.3	364.47	365.77	453.78	635.70	694.96	749.86
	全国工业企业	3746.35	4772.08	6277.28	8995.95	11183.11	12669.53	14462.73
汽车/全国（%）		8.1	7.64	5.83	5.04	5.68	5.49	5.18
利润总额/亿元	汽车工业	738.2	1027.04	923.58	1687.65	2598.60	2842.12	3166.65
	全国工业企业	19504.44	27155.18	30562.37	34542.22	53049.66	61396.33	61910.06
汽车/全国（%）		3.78	3.78	3.02	4.89	4.90	4.63	5.11
固定资产投资/亿元	汽车工业	780.89	867.96	772.26	921.8	1278.12	1398.8	1509.30
	全社会	109998.2	137323.9	172828.4	224845.6	278139.80	311485.1	374694.70
汽车/全社会（%）		0.71	0.63	0.45	0.41	0.46	0.45	0.40
汽车增加值占 GDP 比例（%）		1.59	1.66	1.37	1.58	1.68	1.58	1.53

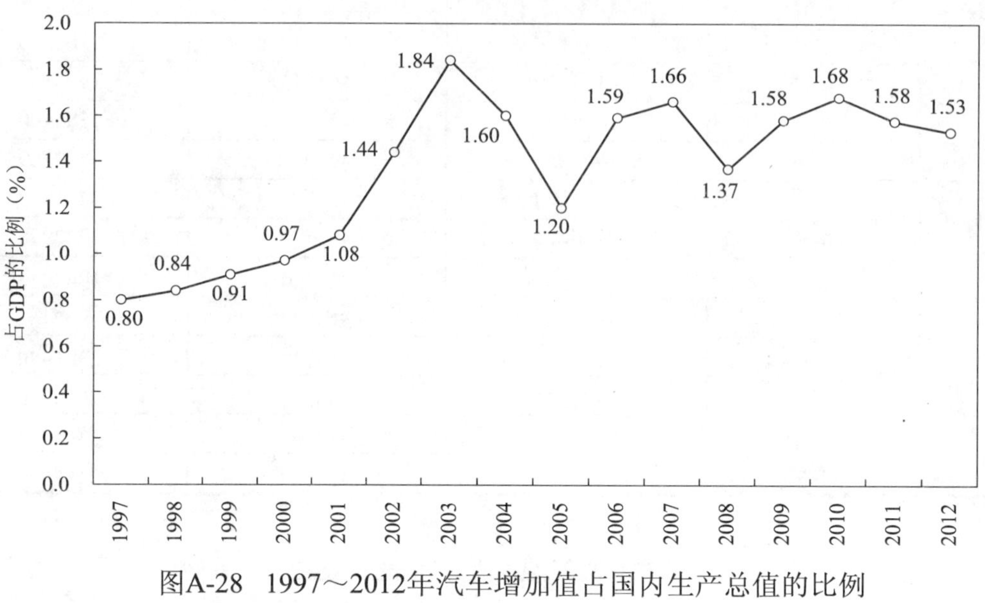

图A-28 1997～2012年汽车增加值占国内生产总值的比例

表A-37 汽车行业效益指标与全国工业企业的比较

指	标	2005年	2006年	2007年	2008年	2009年	2010年	2011年	2012年
工业增加值率	汽车工业（%）	24.38	28.77	25.69	—	—	—	—	—
	全国工业企业（%）	28.69	28.77	28.89	—	—	—	—	—
	汽车/全国	0.85	0.86	0.89	—	—	—	—	—
工业成本费用利润率	汽车工业（%）	4.49	5.74	6.34	5.22	—	—	—	—
	全国工业企业（%）	6.30	6.60	7.00	5.90	6.91	8.31	7.71	7.71
	汽车/全国	0.71	0.87	0.91	0.88	—	—	—	—
流动资产周转次数	汽车工业/（次/年）	1.87	2.14	2.30	2.22	2.40	2.42	2.20	2.30
	全国工业企业/（次/年）	2.30	2.50	2.50	2.60	2.43	2.5	2.62	2.57
	汽车/全国	0.81	0.86	0.92	0.85	0.98	0.97	0.92	0.89

注：表中数据为全部国有及规模以上非国有工业企业统计口径。

表 A-38　能源生产总量及其构成

能源构成		2006 年	2007 年	2008 年	2009 年	2010 年	2011 年	2012 年
能源生产总量/万 t		232167	247279	260552	274618	296916	317987	331848
原油/万 t	进口	14518	16317	17888	20379	23931	25378	27103
	出口	634	389	416	507	303	252	243
成品油/万 t	进口	3638	3380	3885	3696	3688	4060	3982
	出口	1235	1551	1703	2504	2688	2570	2427
原油产量/万 t		18367.60	18631.80	18973.00	27187.18	29097.77	28936.82	29534.47

表 A-39　2006～2012 年分车型汽车进口数量

（单位：辆）

品　种	2006 年	2007 年	2008 年	2009 年	2010 年	2011 年	2012 年
总计（含底盘品种）	227773	314130	409769	420696	813345	1038622	1132031
一、乘用车	218312	301239	395799	409225	791126	1011871	1108730
1．大客车（30 座以上）	117	73	—	—	—	—	2526
2．中型客车（10～30 座）	1694	45	—	1902	5092	5196	
3．旅行车（9 座以下）	18422	19144	24674	35693	89919	162911	179508
4．其他机动小客车	—	—	—	—	—	—	25868
5．越野车	86273	142228	215062	207381	351408	430886	456362
6．轿车	111777	139867	154521	164837	343653	410270	446992
7．机坪客车	29	6	—	—	—	—	
二、载货汽车	5582	7980	10171	8201	14977	19453	19452
柴油：总重＜5 t	93	158	253	119	65	—	—
5 t＜总重＜14 t	362	385	418	213	146	—	—
14 t＜总重＜20 t	424	435	289	140	60	—	—
总重＞20 t	4210	6389	6461	6038	11454	—	—
汽油：总重＜5 t	347	272	1268	607	1599	—	—
总重＞5 t	5	2	16	1	8	—	—
未列名货车	141	339	1466	—	—	—	—
三、专用车	625	435	498	1314	333	—	235
四、底盘	304	894	990	375	—	1888	1088

表A-40 历年汽车进口数量及金额

年份	汽车进口数量/辆			进口金额合计/万美元	汽车配件金额/万美元
	总量	其中			
		载货汽车	轿车		
1984	88743	28047	21651	104821.2	16651.7
1985	353992	111492	105775	293689.9	28848.4
1986	150052	64570	48276	195459.5	27708.5
1987	67182	17554	30536	121431	41885
1988	99233	14201	57433	161240	33913
1989	85554	12587	45000	132732	34750
1990	65430	18395	34063	120293.3	43740
1991	98454	18578	54009	165992.3	58263
1992	210087	42005	115641	353523.5	87071.6
1993	310099	72935	180717	535143	97065.7
1994	283060	68269	169995	471482.6	68794.4
1995	158115	12037	129176	257549.8	85469
1996	75863	6256	57942	250018.5	107757
1997	49039	7077	32019	207821	92800
1998	40216	4373	18016	205789	80492
1999	35192	2685	19953	258018	100425
2000	42703	3085	21620	404750	211281
2001	71398	3138	46632	470326	261767
2002	127513	6692	70329	659985	231236
2003	171710	9862	103017	1483964	738430
2004	175480	8078	116085	1686001	867960
2005	161324	3032	76542	1543392	768494
2006	227773	5582	111777	2127410	1052519
2007	314130	7980	139867	2676775	1421523.8
2008	409769	10171	154521	3222993	1268125
2009	420696	8201	164837	3419834	1457311
2010	813345	14977	343653	5818595	2116655
2011	1038622	19453	410270	6527468	2218233.4
2012	1129731	17998	446783	8201	2296789

注：1. 1984～1999年数据来源于海关总署《统计报表》，1999年以后数据来源于《汽车工业年鉴》。

2. 本表将进口汽车散件归入进口整车中、车身归入零部件中。

3. 1992～1994年进口金额合计中含发动机、摩托车、挂车进口额，发动机中含部分非汽车、摩托车用发动机。

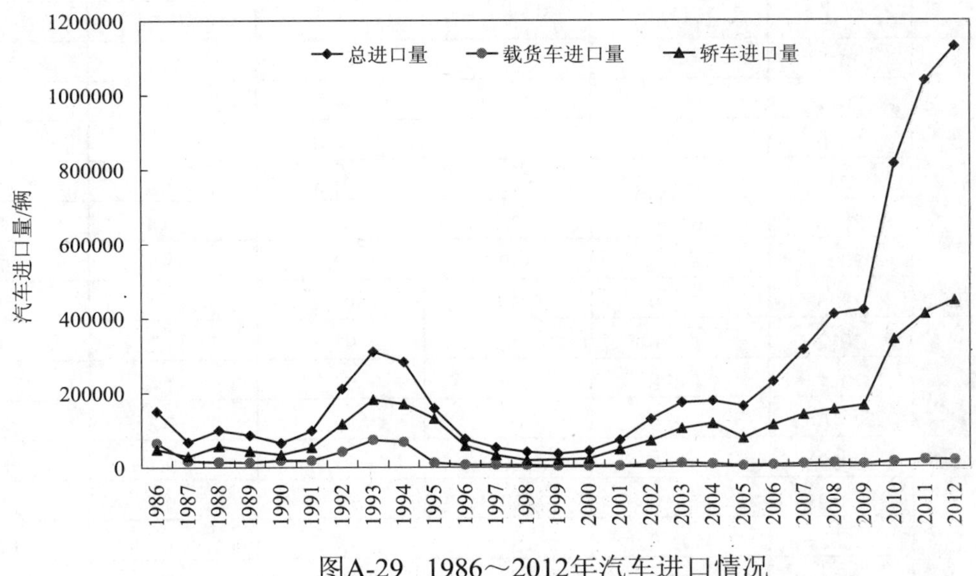

图A-29　1986～2012年汽车进口情况

表 A-41　主要国家历年汽车产量及品种构成

国别	年份	总产量/万辆	乘用车		商用车	
			产量/万辆	占总产量（%）	产量/万辆	占总产量（%）
美国	2012	408.5	39.5	624.5	60.5	408.5
	2011	862.9	296.8	34.4	566.1	65.6
	2010	773.0	274.5	35.5	498.5	64.5
	2009	870.5	377.6	43.4	492.9	56.6
	2008	1078.1	392.4	36.4	685.7	63.6
	2007	1121.2	436.9	39.0	684.3	61.0
	2006	1192	431.5	36.2	760.5	63.8
日本	2012	996.5	855.4	85.8	141.1	14.2
	2011	839.9	715.9	85.2	124	14.8
	2010	962.9	831.0	86.3	131.9	13.7
	2009	1156.4	991.6	85.7	164.8	14.3
	2008	1159.6	994.5	85.8	165.1	14.2
	2007	1148.4	975.6	85.0	172.8	15.0
	2006	1080	901.7	83.5	178.3	16.5

（续）

国别	年份	总产量/万辆	轿　车		商　用　车	
			产量/万辆	占总产量（%）	产量/万辆	占总产量（%）
德国	2012	564.3	538.2	95.4	26.1	4.6
	2011	631.1	587.2	93.0	43.9	7.0
	2010	590.6	555.1	94.0	35.5	6.0
	2009	604.1	552.7	91.5	51.4	8.5
	2008	621.3	570.9	91.9	50.4	8.1
	2007	581.4	539.5	92.8	41.9	7.2
	2006	575.9	535.2	92.9	40.7	7.1
英国	2012	157.6	146.4	92.9	11.2	7.1
	2011	145.8	134.4	92.2	11.4	7.8
	2010	139.5	127.2	91.2	12.3	8.8
	2009	109.0	100.0	91.7	9.1	8.3
	2008	165.0	144.7	87.7	20.3	12.3
	2007	175.0	153.5	87.7	21.5	12.3
	2006	165.0	144.4	87.5	20.6	12.5
法国	2012	192.2	168.3	87.6	23.9	12.4
	2011	200.8	167.8	83.6	33	16.4
	2010	193.8	166.6	85.9	27.2	14.1
	2009	210.4	186.5	88.6	23.9	11.4
	2008	256.9	214.6	83.5	42.3	16.5
	2007	301.9	255.4	84.6	46.5	15.4
	2006	279.0	234.4	84.0	44.6	16.0
意大利	2012	67.2	39.7	59.1	27.5	40.9
	2011	790.3	485.6	61.4	304.7	38.6
	2010	84.3	57.3	68.0	26.2	31.0
	2009	84.3	66.1	78.4	18.2	21.6
	2008	102.4	71.7	70.0	30.7	30.0
	2007	128.4	91.1	71.0	37.3	29.0
	2006	121.2	89.3	73.7	31.9	26.3
加拿大	2012	245.7	103.7	42.2	142	57.8
	2011	213.2	98.8	46.3	114.4	53.7
	2010	206.4	97.1	47.1	109.3	52.9
	2009	149.4	82.2	55.0	67.2	45.0
	2008	207.8	119.5	57.5	88.3	42.5
	2007	257.8	134.2	52.1	123.6	47.9
	2006	256.8	138.9	54.1	117.9	45.9

注：资料来源于日本《主要国汽车统计》。2006年之前表中的乘用车为轿车的概念。

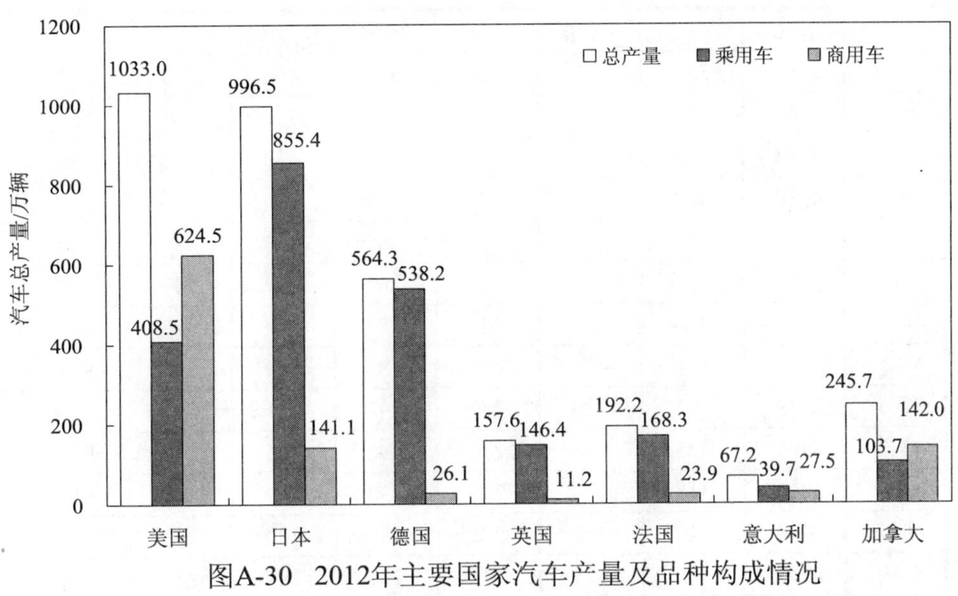

图A-30　2012年主要国家汽车产量及品种构成情况

表 A-42　2008～2012 年世界主要国家轿车生产量排序

（单位：万辆）

排序	2012		2011 年		2010 年		2009 年		2008 年	
	国别	产量	国别	产量	国别	产量	国别	产量	国别	产量
1	中国	1552.4	中国	1448.5	中国	1389.7	日本	1038.4	日本	991.6
2	日本	855.4	日本	715.8	日本	830.7	中国	686.2	中国	673.8
3	德国	538.8	德国	587.2	德国	555.2	德国	496.5	德国	552.7
4	韩国	416.7	韩国	422.2	韩国	386.6	美国	315.8	美国	377.6
5	美国	410.6	印度	305.4	巴西	282.8	韩国	257.7	韩国	345.0
6	印度	328.5	美国	296.6	印度	281.5	法国	224.9	法国	256.1
7	巴西	262.4	巴西	253.5	美国	273.1	巴西	216.6	巴西	214.6
8	俄罗斯	196.9	法国	193.1	法国	192.2	西班牙	182.1	西班牙	194.3
9	墨西哥	181	西班牙	181.9	西班牙	191.4	印度	181.2	印度	182.9
10	英国	146.5	俄罗斯	173.8	墨西哥	139.0	英国	99.9	英国	146.9

注：资料来源于日本《自动车统计月报》。

表A-43 1982～2012年主要国家商用车产量

（单位：千辆）

年份	美国	日本	法国	西班牙	巴西	德国	意大利	英国	俄罗斯	瑞典
1982	1910	3850	372	142	186	301	156	269	866	54
1983	2422	3960	375	147	122	293	181	245	880	52
1984	3161	4392	349	132	185	255	162	225	885	59
1985	3463	4624	384	188	208	279	184	266	900	60
1986	3501	4450	422	251	241	286	159	229	900	66
1987	3805	4358	411	302	237	260	199	247	870	70
1988	4097	4501	474	368	286	279	227	317	885	76.5
1989	4025	3973	511	407	282	288	249	327	844	81.7
1990	3703	3539	474	320	251	292	231	257	929	60.6
1991	3444	3484	423	305	255	356	245	217	807	75.3
1992	4119	3069	438	331	276	330	209	248	518	63.1
1993	4917	2734	319	262	291	237	150	193	650	58
1994	5649	2753	383	321	334	262	194	228	254	82
1995	5635	2585	424	375	333	307	245	233	192	102
1996	5749	2482	443	471	346	303	227	238	179	96
1997	6196	2484	479	552	392	345	254	238	—	115
1998	6452	1994	351	609	329	379	290	227	188	133
1999	5648	2585	424	375	333	307	245	233	192	—
2000	7235	1781	418	667	322	395	316	185	—	—
2001	6293	1053	395	614	215	248	265	181	170	113
2002	7227	948	367	585	194	346	303	191	—	35
2003	7535	1747	37	63	78	361	292	189	—	117
2004	7759	1792	439	609	454	378	309	209	275	140
2005	7606	1783	401	654	506	407	313	206	286	145
2006	6843	1728	446	699	519	421	319	206	325	134
2007	6857	1651	465	694	548	504	373	215	376	162
2008	4929	1648	423	599	659	514	315	203	321	—
2009	3495	1072	239	358	584	245	182	91	125	87
2010	4985	1319	272	474	792	355	262	123	196	147
2011	5661	1240	330	533	868	439	305	115	251	154
2012	6245	1411	239	454	719	261	275	112	263	—

注：资料来源于日本《自动车统计月报》。

附录B　国家信息中心
汽车研究与咨询业务简介

国家信息中心（简称SIC）于1986年开始进行汽车市场预测分析及调查研究工作，至今已有 28 年的历史，汽车研究与咨询业务不断扩大，目前这项工作由国家信息中心下属的信息资源开发部负责。

一、主体业务

国家信息中心汽车研究与咨询业务主要分为三大板块。

1．产业研究板块

（1）汽车与零部件产业研究　重点方向和领域为：汽车产业发展趋势与产业布局研究，新能源汽车研究，汽车零部件产业研究，自主创新与自主品牌建设和国际化。

新能源汽车是近几年的研究重点，研究的课题包括：未来5～10年新能源汽车发展趋势判断、国家“十城千辆”新能源示范工程推进状况调研、全国车用动力电池材料产业化调研、新能源车商业推广模式研究、新能源汽车材料产业调研、主要国家和主要跨国汽车集团新能源汽车发展状况研究、电动汽车消费意向调研等。

在汽车零部件方面完成的研究包括对汽车零部件产业的调查，对关键零部件、总成系统的调查，新能源汽车零部件的调查等。

在汽车产业发展趋势与产业布局研究方面，近年来研究了工业化、城市化对中国汽车产业的影响、中国汽车产业地域性优势、限行限购对中国汽车产业的影响等课题。

（2）经济与政策研究　每月跟踪宏观经济及相关政策的变化，包括各种宏观经济指标，宏观经济政策、汽车重大相关政策及社会重大事件等，研究经济的变化或重大事件对汽车市场的影响，研究各种政策出台的背景、目的、作用对象，并对政策效果进行评价。

（3）汽车产品与技术研究　及时跟踪了解全球市场最新产品与技术的发展动态，把握汽车产品与技术的发展趋势。分析研究国内市场产品的表现，以及新产品、新技术在国内市场的前景。

此外，产业研究板块还就汽车产业发展中的问题进行了相关的研究，包括汽车产业兼并重组研究，合资企业可持续发展研究、汽车社会研究等，同时还拓展了地方汽车产业规划方面的研究，如玉溪新能源汽车规划、成都汽车产业规划等。

2．市场预测研究板块

市场预测研究主要包含六大业务模块。

（1）乘用车短期市场研究　SIC自2003年开始组织专门的研究小组对乘用车市场进行短期预测。该小组目前为多家用户提供服务，通过持续跟踪产品与市场动态，以及每月持续对500多家经销商的调查，了解当期市场的发展变化情况，发现乘用车市场运行的新特点和新变化，探求导致市场变化的原因，评价各企业、各车型在市场中的表现，并对未来各月的市场走势作出预测。

（2）乘用车中长期市场研究　中长期市场预测业务是SIC历史最久的业务。目前每年都要对乘用车市场进行十年滚动预测，并承接来自客户的有关总体市场及细分市场的中长期预测研究课题。主要研究未来3～5年或5～10年，甚至未来20年的乘用车市场发展趋势。包括对总量市场，乘用车分车型、分级别、分价位市场的全方位预测，也可以根据客户的要求做到分用户或目标市场的预测。中长期预测的基本手段是利用SIC各种中长期预测模型建立外生变量与内生变量的关系，并研究各种环境因素对关键变量的影响及其变化趋势，从而对总量市场及各种细分市场进行预测。

（3）商用车市场研究　主要研究商用车整体市场、分车型市场（客车、货车、皮卡）、细分市场（重、中、轻、微型货车和大、中、轻、微型客车八大车型）和专用车市场，分析跟踪影响这些市场发展的关键因素，研究这些因素对商用车市场的传导机制和规律，并对未来1年内各月各季、1年、3年、5年，甚至10年的商用车市场走势进行预测。

（4）豪华车与进口车市场研究　对超豪华车、豪华车和进口车的整体市场进行月度跟踪分析与中长期预测分析，并对这些车分级别、分车型、分豪华程度、分产地的细分市场进行分析和预测。

（5）*区域市场研究*　该项研究主要帮助企业解决三方面问题：第一，制定销售网络发展规划；第二，年度销售任务分配；第三，制定区域营销策略。目前区域市场研究的车型范围包括乘用车和商用车，研究的内容包括地区市场分级、地区市场特征研究、地区市场预测、地区市场营销方式研究、地区市场专题研究等。其中地区市场预测可以做到分大区、分省、分地级市多个层次，在时间维度上可以做到分月、分季度、分年度、中长期预测。

（6）*出口与海外市场研究*　主要包括以下三项内容：

1）针对先导国家的国际比较研究：总结研究汽车市场发展的内在规律，研究市场发展环境及其影响因素，研究市场快速发展的条件等，并依据先导国家的规律，对中国市场的发展轨迹做出判断。

2）出口市场的研究：出口量的历史分析和前景预测，研究各厂商的出口现状与未来走势，主要出口市场的研究，包括出口国、出口量、车型及价格等，各主要厂商（包括国内和跨国公司）出口战略的现状和未来趋势，厂商的海外生产和扩张计划。

3）主要出口目的国研究：研究某特定的出口目的国的经济、社会、人口发展情况，研究其乘用车需求量与需求特征、需求偏好，研究针对其出口的商务政策、出口市场的潜力和目前存在的问题等。

3．市场调查研究板块

2012年SIC对市场调查业务进行了重新定位，按照企业产品开发流程确定了两大业务方向。

第一类是基础类调查，对应产品开发流程的前端——“战略规划/前瞻设计”阶段。具体又细分为四个业务模块。

（1）*需求动向研究*　具备地域覆盖广、样本量大、全面性、持续性的特点，可面对总体市场、细分市场或出租车、租赁车、公务车等专用车市场进行调查，了解各类消费者汽车保有和购买情况，购买和使用行为，消费者需求偏好，用户人群特征等，以持续积累消费者动态信息，为企业了解消费者本身构成的变化及其需求偏好变化服务。

（2）*消费者研究*　主要包括消费者人群分类研究和特定人群的特征与偏好研究。其中人群分类研究方面，SIC于2013年完成了乘用车用户的人群分类研究、商用车人群分类研究，开发了识别用户类别的人群细分工具。并且针对有代表性的区域用户、世代用户进行了特定的研究，完成了三线市场消费者、县域市场消费者和“90后”人群研究等课题。

（3）*产品研究*　是关于汽车产品的完整的基础性研究体系，该体系包括了产品意识研究、产品偏好研究、产品配置需求研究和产品满意度研究，通过该体系能比较完整地提供产品企划阶段关于产品信息的基本输入，以及售后阶段关于产品评价的基本输入。通过以上持续了解消费者对产品认知的变化、对需求偏好及配置需求的变化，为企业新产品开发设计提供输入；产品上市后的满意度调查为企业改进产品提供输入。

（4）*品牌研究*　从消费者的角度出发，构建消费者的品牌意识体系，研究品牌对消费者产品购买决策的影响程度及影响机制，并通过消费者调查各品牌的认知度、喜爱度、购买意向等，客观中立地衡量各品牌的品牌绩效、形象健康度指标和品牌溢价。最终为企业理解消费者的品牌意识形成，找出品牌建设中存在的差距和问题提供帮助，为企业提升品牌价值提供支持。

第二类是产品企划类专项调查，对应产品开发流程的前端——“概念设计、产品开发、生产上市准备”阶段，为企业产品设计的特殊需求服务。

SIC每年执行60000多个定量样本，包括各类消费者调查、机构用户调查等。定量调查的执行是与SIC在全国的120多个城市的调查代理共同完成的。这些代理与SIC有多年的合作关系，并积累了丰富的汽车市场调查经验。

除了大量的定量研究外，SIC每年还执行非常广泛的定性调查，每年接触1500多个汽车定性样本。所有深访调查的执行者都是SIC的研究员，这种深入一线的面对面的调研，对我们理解用户、理解市场、深度分析具有极大的帮助。

二、汽车市场研究的支撑体系

1. 模型方法

国家信息中心自从开展汽车研究和咨询业务以来，非常重视研究手段的建设，曾通过与国际知名汽车厂商合作、自主研发等多种方式研发了一批汽车市场研究与预测模型。SIC 的主要模型工具如下：

1987 年开发的《中国汽车市场预测模型》，此模型为计量经济模型，并在 1990 年和 1994 年进行了两次改版。

1999 年与美国通用公司合作研制了《中国汽车工业发展模型》。此模型参考美国、巴西、波兰等国家的汽车预测模型，并根据中国的实际情况进行改造。模型运行十余年来，每年 SIC 研究人员均要会同美国的模型专家对模型进行持续改进调整，使该模型成为国内乃至国际上高水平的产业模型。为了给该模型提供大量的输入变量，SIC 每年都会展开一次大规模的消费者调查，2011 年更是在十多年调查数据的基础上进行了大量的实证研究，将模型中的细分市场预测部分进一步完善。

2002 年开发了《中国大中型客车市场预测模型》《中重型货车预测模型》《地区市场预测模型》，并在以后的几年内连续改进；2003 年引进并开发了《出租车市场预测模型》和《公务车需求预测模型》；2005 年开发了乘用车短期预测模型，并在近年的实际应用中持续改进，特别是 2009 年形成了 TSCI 的评估预测框架体系，并开发了乘用车市场景气监测指标体系，配合短期预测的展开。

2012 年，开发了乘用车、中重型货车、轻型车及微型车的 N+3 模型，商用车的分地区预测模型等；基于 TSCI 的模型思想，通过大量的实证研究，完善了重型货车月度和年度预测模型。

2013 年，开发了豪华车、超豪华车和进口车预测模型，还研究开发了进口车总量及细分市场的分省分城市预测模型、二手车跨区流动情况下的汽车需求量和保有量估计模型、汽车限购的交通和环保压力评估指标体系等，使 SIC 的预测模型体系更加体系化、细分化、实用化。

同时，在市场研究方面也积累和开发了大量的研究模型，包括人群细分模型、产品意识体系模型、产品满意度模型、配置与客户价值分析模型、企业产品表现评估模型、品牌健康度模型、产品特征分析模型等等。

SIC一直积极鼓励员工创新，从2011年开始每年举办一次创新大赛，目前已经举办三次，每年征集到各个研究领域的新方法、分析框架和模型等20～30余项。这些方法大都和日常业务、项目研究紧密联系，部分方法在国内相关领域都处于领先水平，这些方法不仅提升了已有项目的研究水平，同时为拓展汽车行业研究新业务、不断满足客户新需求提供了可靠的保障。

2．数据库系统

为了支撑SIC汽车市场研究的需要，迎合部分汽车厂商的数据需求，SIC的汽车行业相关数据库的建设也逐步形成了规模，并成为SIC和汽车厂商所依赖的重要资源之一。目前SIC已经形成了宏观经济数据库、乘用车产销数据库、注册数据库，商用车产销数据库、注册数据库，汽车保有量数据库，地区市场数据库，地区经济数据库，厂商与产品数据库，价格跟踪数据库，产品配置数据库，汽车进出口数据库，国际乘用车市场数据库，汽车行业相关政策数据库，汽车零部件企业数据库，经销商数据库，消费者调查信息数据库等。SIC的各相关业务模块组持续跟踪和加载、维护各种数据库，并拆分出多种分类变量，便于各种维度的分析。

3．资源体系

SIC建立了十大资源体系，分别是政府关系系统、专家系统、经销商关系系统、跨国公司关系网络、横向合作系统、国内厂商关系网络、大用户系统、零部件厂商关系系统、汽车金融系统、媒体关系系统，这些系统能随时帮助我们获取第一手信息，让我们及时了解市场的活情况，帮助我们深入挖掘事件背后的原因。SIC针对各资源系统定期组织了如下活动：

（1）*每月定期做经销商调查* 针对乘用车和商用车的经销商做调查，了解当月的市场情况及变化原因，为SIC的月度市场评估分析与预测服务。

（2）*定期召集汽车市场研讨会* 从1992年起，国家信息中心每年在年中和年底召集两次国内汽车厂家及行业市场分析专家参加的“宏观经济与汽车市场形势”高级研讨会，目前这个会议已经成为汽车界了解汽车市场发展趋势，切磋对市场的看法，进行各种信息交流的平台。

（3）*定期组织跨国公司交流平台的活动* 国家信息中心从2006年起开始搭

建乘用车跨国公司交流平台，2008 年的第四季度又成立了商用车跨国公司交流平台。全球主要的汽车跨国公司均加入了交流平台。两个平台每个季度分别开展一次活动，研讨当前的宏观经济形势和汽车市场形势。

（4）*每月邀请专家讲座*　通过请进来和走出去的方式每月与多名专家进行交流，借助外脑及时跟踪了解经济、政策、市场动态及专家对形势的判断。

（5）*参加政府组织的各种会议*　参加国家发展和改革委员会、工业和信息化部、商务部等汽车主管部门组织的有关规范和促进中国汽车市场发展的研讨会、政策分析会、五年规划会等，为政府制定政策出谋划策。

三、汽车市场研究团队

SIC 汽车市场研究团队共 93 人，团队带头人是 SIC 信息资源开发部徐长明主任，他自 1986 年开始从事汽车市场研究，见证了中国汽车行业的整个发展过程，对中国汽车市场有深刻的认识和理解，是目前国内知名的汽车市场研究专家之一。

SIC 汽车市场研究团队是一支高素质的团队，97%的员工拥有硕士以上学历，且 80%以上毕业于国内外知名大学，如北京大学、清华大学、中国人民大学、南开大学、北京师范大学、英国帝国理工大学、新加坡国立大学、日本早稻田大学等。他们不仅具有经济、计量经济、管理、数学、心理学、统计学、社会学、汽车、法律等专业知识，其中 57%的人更具备五年以上的汽车市场研究经验。正是这支“专业与经验”相结合的团队才使我们能够持续保持较强的研究能力、学习能力和创新能力。

四、国家信息中心近两年来承接的部分专项咨询项目（见表 B-1、表 B-2）

表 B-1　国家信息中心 2012 年承接的部分专项咨询项目

市场预测板块—2012 年		
1	乘用车月度市场分析预测	这是 SIC 持续性研究项目，目前多家企业委托这项研究。每月对乘用车市场的月度走势进行分析与评价，发现乘用车市场运行的新特点和新变化，对当期的市场热点问题进行深入分析，并评价各企业、各车型在市场中的表现，对未来各月的市场走势作出判断
2	重型货车月度市场分析	对每月重型货车市场进行分析和评价，跟踪投资、工程、房地产等对重型货车市场有影响的关键因素，并判断其未来走势，对重型货车月度走势进行滚动预测

（续）

市场预测板块—2012年		
3	商用车和运输市场季度研究	对客运市场、货运市场的总运输量、周转量、运输结构等进行季度分析，研究公路运输的地位变化以及运输用车的市场需求情况的变化，为石油企业运营决策提供支撑
4	豪华车终端监测	在全国范围内建立了豪华车经销商资源网络，每月定期进行经销商问卷调查，内容涵盖销售、库存、人气、信心等多个方面，及时、准确获知市场真实情况，为企业决策提供帮助
5	豪华车市场短期分析	从经济、政策、市场等多个方面对上月豪华车市场变化进行评估，并在此基础上预测年内豪华车市场销量。同时及时解读如城市限购、“钓鱼岛事件”等突发事件对市场的短时冲击
6	豪华车市场中长期预测	通过多年连续对豪华车用户的调研，了解用户对豪华车的偏好变化，其中增换购比例、豪华车价格以及汽车信贷等是重要的影响因素，通过对这些因素的预测，可以得到中长期用户对豪华车的偏好，从而可以预测未来中国豪华车市场的销量
7	乘用车市场N+3/N+10预测	在充分分析未来3年及10年汽车市场环境变化的基础上，分别开发建立中短期模型和中长期模型，为某汽车集团提供未来3年及未来10年的乘用车市场预测
8	乘用车市场中长期预测	接受多家用户委托，按企业的个性化细分要求对我国的乘用车市场进行中长期分析和预测
9	商用车市场中长期趋势研究	对商用车的8大车型进行分析，研究影响各车型的主要因素，分析未来10年环境变化导致关键因素的变化方向，以及对各类车型的影响，最终给出未来10年商用车的预测结果
10	中国汽车出口形势和海外市场研究	每季度持续对海关汽车出口数据进行分析，了解中国汽车出口市场的总量变化，主要出口国的变化，出口车型的变化等，分析导致变化的原因。并针对重点出口国市场进行更深入的分析
11	乘用车市场分省/城市N+5年需求预测	综合分析各区域的经济趋势、乘用车发展阶段及乘用车消费政策环境，并结合模型预测各区域市场N+5年乘用车需求量，为企业网点规划布局及年度任务分解提供依据
12	乘用车市场分6级城市N+5年需求预测	综合分析6级市场的经济趋势、乘用车发展阶段及乘用车消费政策环境，并结合模型预测6级市场N+5年乘用车需求量，为企业网点下沉规划提供决策依据
13	豪华车市场分省N+5年需求预测	综合分析各省经济趋势、高收入人群增长趋势、增换购趋势及豪华车消费的政策环境，并结合模型预测各区域市场N+5年豪华车需求量，为豪华车企业网点规划布局及年度任务分解提供依据
14	豪华车市场分6级城市N+5年需求预测	综合分析6级市场的经济趋势、高收入人群增长趋势、增换购趋势及豪华车消费的政策环境，并结合模型预测6级市场N+5年豪华车需求量，为豪华车企业网点下沉规划提供决策依据

（续）

市场预测板块—2012年		
15	主要限购市场N+5年需求预测	在限购政策解读的基础上，分别预测新购需求及增换购需求，分析限购政策背景下的城市需求总量及需求结构的变化，为企业在限购市场的营销政策提供决策依据
16	轻型汽车市场分省/城市N+5年研究	针对轻型货车、皮卡、轻型客车、SUV四种车型的区域格局现状进行分析，并通过区域格局的变化发现关键影响因素，再在影响因素趋势分析的基础上判断未来区域格局的变化。为企业区域营销策略的变化提供决策依据
17	中重型货车、客车、轻型货车、微型汽车N+5年分省需求预测	针对中重型货车、客车、轻型货车、微型汽车四种车型的区域格局现状进行分析，并通过区域格局的变化发现关键影响因素，再在影响因素趋势分析的基础上判断未来区域格局的变化。为企业区域营销策略的变化提供决策依据
18	乘用车分省分季度/月度滚动预测	通过短期市场跟踪研究，及时发现区域市场的热点问题，及时发现区域格局的变化及变化的原因，并进一步判断未来总体市场可能的变化方向，区域格局的演变方向，为企业区域营销策略调整提供决策参考
19	分省经济发展趋势预测	通过区域经济规划的跟踪研究、区域经济的结构特征分析并结合全国经济发展的大背景，分析各省未来10年的经济发展趋势及经济结构调整的大方向，为汽车相关企业的区域布局提供决策参考
20	高端乘用车市场细分化趋势研究（联合课题）	该课题是SIC组织的联合课题。通过案头研究、专家访谈及高端用户的定量调查、MGD座谈会等方式，对高端乘用车市场进行了细分，刻画了高端乘用车细分市场的用户特征及需求特征，并对各类细分市场的发展潜力、需求规模与市场机会进行判断
21	新型细分市场发展趋势研究（联合课题）	该课题是SIC组织的联合课题。通过案头研究、专家调查对新细分市场的车型范围作出了定义，并针对新型车型用户召开多场MGD，了解这些用户购买这些车的原因、诉求和使用情况，进而分析新细分市场各车型的走势与市场机会
22	国际乘用车市场动态跟踪（联合课题）	该课题是SIC组织的联合课题。该项目通过对13个主要市场乘用车注册数据的分析以及对这些国家的经济走势、汽车政策、环境及消费动态进行日常跟踪与监测，进而对全球及主要国家乘用车市场走势进行分析，并从国际乘用车市场的发展动态中提出对中国市场的启示
23	乘用车需求动向调查及未来10年预测（联合课题）	该课题是SIC组织的联合课题，通过对60个城市的私人用户、集团用户和出租租赁用户的调查，了解不同类型用户需求的变化，并对未来10年乘用车总需求、分价位需求结构、分级别需求结构等细分市场进行预测
市场调查板块—2012年		
1	三线市场消费特征变化与细分化研究（联合课题）	该项目是SIC的联合课题，是第二次针对三线市场进行的全方位调研。内容涉及三线市场用户特征、生活方式、购车偏好、购买使用行为、营销偏好等，目的是动态跟踪研究三线市场消费者及其需求特征，把握变化规律，为企业针对三线市场投放产品和营销服务提供支持

（续）

市场调查板块—2012年		
2	潜在用户固定样本组追踪调查（联合课题）	该课题是SIC组织的联合课题，已经持续执行了3年。通过对4000个驾校学员的调查，了解他们的购车意愿和计划。并在半年后和9个月后对这群人进行两次跟踪调查，了解他们的购车实现情况和购车计划变更情况
3	“泛90后”人群特征与消费偏好研究（联合课题）	该课题是SIC组织的联合课题。通过观察、座谈会及定量调查等多种手段，深入了解泛“90后”的人群特征和对车的认知与需求，了解他们的生活方式、价值观及媒体接触习惯，为企业进行针对性的产品开发和营销提供支撑
4	公务车市场研究（联合课题）	该课题是SIC组织的联合课题。在公务车政策频出的背景下，通过对财政部、机关事务管理局等公务车管理部门的调查，以及对中央、省、市、县四级政府部门的调查，了解各级用户对公务车的需求现状、执行政策的情况，分析政策对公务车消费的影响，并对企业针对公务车市场的营销提出建议
5	中国乘用车租赁车市场研究（联合课题）	该课题是SIC组织的联合课题。通过国际比较、专家访谈、租赁公司和租赁用户调研等手段，研究中国乘用车租赁市场行业总体发展状况，分析判断乘用车租赁市场的未来发展趋势，为企业开拓租赁市场提供决策参考
6	二手乘用车市场发展前景与消费特征研究（联合课题）	该课题是SIC对二手车市场组织的第二次联合课题，通过案头研究、专家调查和二手车以后的定性定量调研，收集归纳二手车市场的发展规律、特征及用户的特点、需求特征等，并开发建立了二手车需求预测模型，对二手车的市场前景进行预测
7	微型客车用户调研及需求升级趋势研究（联合课题）	该课题是SIC组织的联合课题。微型客车市场快速发展为乘用车市场孕育了大量的潜在用户。本项目通过对传统微型客车和CDV用户的调查了解他们再购车的需求意向，并分析不同升级倾向的用户特征差异及需求偏好，为企业抓住微型汽车升级的机会扩大自身产品销量提供支撑
8	河北省和山东省消费者调查	就某国外公司所关注的问题，在河北省和山东省的4个城市进行近100个乘用车用户的快速深访调查，解决客户的疑问
9	西部市场机会研究	通过大量的二手资料研究，分析西部及西部各省的汽车市场、汽车产业现状、交通环境等现状，并重点对新疆市场进行调研，了解当地的汽车产业、相关配套产业、当地和周边市场需求、出口市场需求等，为企业对西部，特别是对新疆的建厂投资提供决策依据
10	重型货车专用车产品企划调研	采用VOC（客户之声）方式对重型货车专用车六个细分市场的用户进行深入的访谈，并通过小组讨论的方式将用户深访的资料进行场景和声音的提炼与归并，为企业在六个细分市场上进行产品改进与开发提供必要的输入
11	2012年度货车新车购买者调查（NTBS）	这是SIC连续9年执行的基础性调查，针对货车新车用户进行的全方位的调查，包括用户特征、购买使用行为、购车信息来源、关注因素、成本盈利情况、车辆的基本特征与需求偏好等
12	某品牌健康度调查	持续对某品牌的品牌表现进行调查，了解该企业品牌表现的变化，包括品牌知名度、熟悉度、美誉度、推荐度及品牌形象等多个方面，为企业打造品牌、提高品牌知名度、树立品牌形象提供策略建议

（续）

市场调查板块—2012 年		
13	2012 重型货车满意度调查	这是连续性的调查项目，目的是持续跟踪重型货车新车购买者对产品的满意度和需求动向，为企业把握用户需求动向、检测产品质量、性能满意度，及时发现问题进行产品改进服务
14	2012 年度微型汽车满意度调查	这是连续性的调查项目，目的是持续跟踪微型客车、微型货车新车购买者对产品的满意度和需求动向，为企业把握用户需求动向、检测产品质量和性能满意度、及时发现问题、进行产品改进服务
15	微型汽车商品企划调研	对微型货车用户进行大量的深访调查，包括对车辆的静态测评和动态跟车调查，了解用户对车的各个部位的看法与评价，并听取用户对车辆的改进意见，总结分析微型货车用户的特征和使用状况，为企业有针对性地进行产品设计、改进提供支持
16	电动车消费意愿调查	采用联合分析的研究思路，在四城市展开对电动车的潜在消费者调查，分析电动车的组合特征及其在中国市场的前景
产业研究板块—2012 年		
1	合资自主品牌政策研究	分析我国汽车合资自主品牌的发展历程，包括合资自主品牌的定义、出现的背景和发展现状，研究判断政策对合资自主品牌的政策趋向，为某企业合资自主品牌的运营提出建议
2	汽车社会研究	分析我国汽车社会的基本内涵和发展趋势，研究汽车普及与能源、交通及环境的关系，研究如何解决我国汽车社会面临的主要问题
3	成都市汽车产业规划	深入研究国内外汽车产业现状和发展趋势，对比分析成都市汽车产业发展现状和成都市汽车产业发展面临的关键问题，科学研判成都市汽车产业发展方向和发展重点，并为成都市汽车产业发展提供可行的策略建议
4	新能源汽车 10 城市调研	深入了解我国新能源汽车普及状况和示范城市示范情况，对国家新能源汽车政策方向和未来普及前景进行判断，为某国外汽车企业制定新能源汽车发展战略提供支持
5	玉溪市新能源产业规划	分析国内外新能源新材料产业状况和发展趋势，立足玉溪市总体发展规划和产业发展现状，确定玉溪市新能源新材料产业的发展目标、发展重点、主要任务和相关保障措施
6	电动汽车用户意向调查	通过调研分析我国购车群体的用户特征、车辆使用行为和价格承受能力，对比分析 BEV 和 PHEV 与市场需求的匹配度，建立模型预测模拟不同条件下电动汽车的市场需求，提出推动电动汽车快速发展的政策组合建议
7	宏观经济与汽车产业政策评估项目	这是 SIC 持续性研究项目，目前多家企业委托这项研究。研究内容包括对每月的经济状况进行分析，特别是经济对汽车市场的影响分析。同时及时关注政策出台及重大事件的发生，并对政策和事件对汽车市场的影响进行及时分析
8	汽车市场外围环境热点追踪项目	及时跟踪可能对汽车市场产生影响的重要事件，如公务车政策、“钓鱼岛事件”等，并对这些事件将会对汽车市场造成的影响进行动态分析
9	宏观经济月度分析	跟踪各种宏观经济指标，及时把握宏观经济的发展态势，对当前的经济形势进行评价，对未来的经济走势进行判断

表B-2 国家信息中心2013年承接的部分专项咨询项目

市场预测板块—2013年		
1	SUV细分市场研究（联合课题）	该课题是SIC组织的联合课题。通过案头研究、国际比较、专家调查、消费者定量调查、焦点小组等多种方式，研究如何细分SUV市场，并结合各细分市场的特征与关键影响因素，对各细分市场中长期发展趋势做出判断
2	MPV发展趋势研究（联合课题）	该课题是SIC组织的联合课题。通过案头研究、国际比较、专家调查、消费者定量调查、焦点小组、经销商调查、公共意识调查等方式，研究影响MPV发展的关键因素，判断中长期MPV市场的发展趋势，为企业决策“是否要投入MPV产品，投入什么样的MPV产品”提供帮助
3	乘用车需求动向调查及未来10年预测（联合课题）	该课题是SIC组织的联合课题，通过对60个城市的私人用户、集团用户和出租租赁用户的调查，了解不同类型用户需求的变化，并对未来10年乘用车总需求、分价位需求结构、分级别需求结构等细分市场进行预测
4	汽车限购新趋势及影响研究（联合课题）	该课题是SIC组织的热点联合课题，分析了在环保和交通双重压力下限购的新趋势，在分别构建衡量交通压力和环保压力指数的基础上，对全国47个重点城市的限购可能性进行了研究；通过对4个已经实施限购城市的实证研究分析了限购对乘用车需求总量、需求结构以及对周边城市需求的影响
5	某企业中高级车及入门级豪华车细分市场研究	通过案头研究、国际比较、消费者调查、经销商访问等方式，分别研究入门级豪华车和中高级轿车的现状特征与市场和产品变化趋势，以及两个细分市场间的相互影响，为企业在细分市场有针对性地投放产品服务
6	轻微型客车市场未来10年趋势预测	针对微型客车和轻型客车的不同用途市场进行细致分析，预测不同用途市场未来10年的发展趋势，得到轻微型客车未来10年的总量预测；并对轻型客车的不同细分市场结构（分车系、分燃油类型、分宽窄体等）进行分析判断
7	中国轻型客车市场研究	分析轻型客车主要用户及用途特征变化，区域及主流车型特征变化，并预测与各细分市场相关的环境变化，进而预测轻型客车市场未来发展趋势及产品特征变化
8	汽车市场中长期预测（乘用车+商用车）	对乘用车、中重型货车、轻型汽车（含轻型货车和轻型客车）、微型汽车（含微型货车和微型客车）市场进行分析，通过模型法对各细分市场和商用车、乘用车及汽车总体市场进行N+3滚动预测和未来10年的预测
9	乘用车月度市场评估与预测	这是SIC持续性研究项目，目前多家企业委托这项研究。每月对乘用车市场的月度走势进行分析与评价，发现乘用车市场运行的新特点和新变化，对当期的市场热点问题进行深入分析，并评价各企业、各车型在市场中的表现，对未来各月的市场走势作出判断
10	中国乘用车市场中长期预测	接受多家用户委托，按企业的个性化细分要求对我国的乘用车市场进行中长期分析和预测
11	商用车市场季度月度分析预测	监控国内商用车市场、细分市场及区域市场变化，分析与商用车关联的宏观经济、行业政策、突发事件等，及时捕捉市场及环境变化，运用短期分析模型，判断未来走势变化

（续）

市场预测板块—2013年		
12	商用车市场年度需求预测	建立商用车各细分市场与宏观经济、政策的关联关系，通过预测下一年宏观经济走势及政策变化，进而预测商用车各细分市场的未来趋势及需求变化
13	未来10年商用车市场预测	对商用车的8大车型进行分析，研究影响各车型的主要因素，分析未来10年环境变化导致关键因素的变化方向以及对各类车型的影响，最终给出未来10年商用车的预测结果
14	豪华车市场短期分析	分析豪华车市场短期变化的主要影响因素，其中宏观经济是影响豪华车市场走势的最关键因素，同时汽车政策、营促销、新产品供给等均会导致市场短期波动。在原因分析的基础上进一步判断这些因素影响未来变化的趋势，进而预测年内豪华车市场销量
15	豪华车市场中长期预测	通过多年连续对豪华车用户的调研，了解用户对豪华车的偏好变化，其中增换购比例、豪华车价格以及汽车信贷等是重要的影响因素，通过对这些因素的预测，可以得到中长期用户对豪华车的偏好，从而可以预测未来中国豪华车市场的销量
16	超豪华车市场研究	从用户特征及需求影响机制入手，研究劳斯莱斯、宾利、法拉利、兰博基尼、阿斯顿.马丁、玛莎拉蒂以及奔驰、宝马、奥迪的单价在200万元以上的乘用车市场的影响因素，进而判断需求发展趋势
17	分省分季度乘用车总体/豪华车/进口车需求总量预测	对分省分季度的当前乘用车/豪华车/进口车市场及经济、政策、环境形势进行评估，并对年内未来几个季度的预测进行更新
18	分省/城市需求总量、分车型级别年度预测	对分省/城市汽车市场及经济、政策、环境形势进行评估，并对未来分省需求进行预测；分析各个地区的车型级别特征及变化趋势和规律，并对未来各个地区的各车型级别需求进行预测
19	城市分级研究	通过影响乘用车需求的经济、人口、环境各个维度的指标进行合成，得到汽车市场的综合消费指数和潜力指数，进而对全国348个城市进行城市分级
20	不同省乘用车R值研究（车价收入比）	通过不同省收入与人均GDP的比值反应不同地区的购买力水平及发展阶段，比值越低，购买力越强
21	不同省经济发展水平与经济结构特征研究	分析不同地区经济发展水平及乘用车消费阶段；分析不同地区的经济结构差异，进而分析在同样的宏观经济政策背景下不同地区的敏感度，如出口依赖性市场对国际市场经济的波动要更加敏感等特征
22	不同省乘用车市场饱和点、拐点研究	通过国际比较研究思路，得到饱和点、拐点的关键影响因素，通过关键影响因素的分析判断得到各个省的乘用车需求拐点、饱和点判断
23	中国汽车出口形势和海外市场研究	对我国汽车出口市场进行季度跟踪分析，包括出口量、增长情况、出口目的国变化等，并对中国汽车的重点海外市场进行分析
24	乘用车、豪华车终端监测	在全国范围内建立了乘用车、豪华车经销商资源网络（覆盖全国所有省市、不同级别城市和合资、自主、进口品牌经销商），每月定期进行经销商问卷调查，内容涵盖销售、库存、人气、信心等多个方面，及时、准确地获知市场真实情况，为企业决策提供帮助
25	城镇化对中国经济及车市的影响研究	通过分析中国城镇化的历程和世界城镇化的规律，以及中国新型城镇化的特点、任务，研究新型城镇化对整体宏观经济乃至汽车市场需求的影响

（续）

市场调查板块—2013年		
1	全国乘用车需求动向调查	通过对全国乘用车保有用户的大规模调查，把握乘用车消费者的需求变化趋势，以及年度热点事件对终端消费者行为的影响
2	乘用车人群分类及发展趋势研究	通过大量的理论和实证研究，构建了针对中国市场的乘用车消费者分类体系，形成了差异鲜明的十类人群。分类结果获得了企业的广泛认可，并取得了良好的应用效果
3	乘用车消费者产品意识研究	从消费者角度，通过挖掘消费者对汽车的安全、操控等不同方面的感知内涵，来理解消费者如何认识和感知汽车产品。该研究可用于发现用户新的需求点或变化趋势，可以为产品规划和概念开发提供决策依据，也可以为营销宣传服务
4	区域用户消费特征研究	区域用户消费特征和营销偏好项目通过把全国分为25个城市圈，并且针对这些城市圈研究其用户特征差异、购车行为和营销偏好差异
5	换购需求研究	继2011年之后，为跟踪市场变化，对换购需求进行第二次研究。研究目的主要包括：跟踪了解换购需求在车身类型、级别、车系、品牌等方面的转换规律及原因；了解换购用户的群体特征和购车行为特征；探索上一期发现的换购规律在新的市场形势下是否成立，研究不同城市级别换购规律的差异等
6	乘用车配置需求调查	配置研究是SIC的一项连续性基础性研究，重点研究用户的需求程度和感知价值，同时关注配置的使用情况和用户心理需求，通过年度持续追踪和评估，及时把握消费者对配置需求的动态变化，用于指导厂家产品规划及研发，为企业产品规划和相关定价提供参考和相关数据信息
7	潜在消费者固定样组研究	通过对潜在消费者的追踪研究，对潜在消费者特征及偏好的发展变化趋势进行描述，并追踪其计划变动及购车的实现情况
8	乘用车新技术追踪及应用前景研究	对乘用车新技术进行追踪，并针对热点技术进行消费者接受度调查，了解消费者对该项技术的认知和接受程度，并结合政策、产品环境等因素判断该技术的发展和应用前景
9	汽车消费信贷研究	针对目前汽车消费信贷主流的三种经营模式进行优劣势分析，并根据消费者对现有汽车信贷产品的详尽评价，最后给出中国汽车消费信贷的发展前景
10	中重型货车新车购买者年度调查	通过对当年中重型货车新车购买者的个人和单位用户调查，准确把握当年中重型货车市场的基本情况和公司主流产品的市场表现，同时通过连续的历史数据对比，挖掘用户和产品的变化规律
11	新能源汽车需求意向调查	基于用户的研究，了解消费者对新能源汽车的认知及态度，对新能源汽车接受的原因和障碍点，分析新能源不同态度消费者的人群特征，以及用户对新能源汽车的产品诉求，为企业的产品开发和市场推广提供支持
12	某企业小型乘用车调查	受企业委托，先后在9个城市进行了有关A级车消费者消费偏好以及乘用车用户对车系接受度等主题的调研，涉及的调查主体有用户、经销商、行业专家等
13	某产品上市后验证调研项目	通过对本品和主要竞品用户的实际调研，验证初期产品卖点是否有效传达给用户，并对后期的市场营销提供策略建议

（续）

产业研究板块—2013 年		
1	中国自主汽车企业产能预测	该课题通过对主要自主品牌车的现有状况进行分析，并通过企业发展理论对自主品牌车的发展进行预测
2	中高端出租市场研究	该课题通过调查中高端出租车的使用者，包括出租公司、出租司机以及消费者，了解中高端市场的发展趋势，对企业进入中高端出租车市场提出建议
3	中国汽车产业地域性优势研究	该课题研究中国汽车产业利润状况，分析高额利润的来源，为政府制定相关政策提供决策支持
4	工业化、城市化对中国汽车产业的影响	该课题通过研究我国工业化、城市化发展趋势，分析其对中国汽车需求、汽车产业布局等的影响
5	限行限购对中国汽车产业的影响	该课题通过研究我国城市限购行为，分析未来潜在限购可能性范围，分析限购对汽车需求、产业产值、地方经济的影响
6	宏观经济与汽车产业政策追踪与评估	经济方面，每月滚动跟踪宏观经济政策和指标并进行及时解读，评估宏观经济政策和宏观经济形势变化对汽车市场的影响；政策方面，每天跟踪最新公布的汽车产业政策，并在第一时间对政策进行评估和解读

国家信息中心经济咨询中心的通信地址和联系电话

地址：北京市西城区三里河路 58 号国家信息中心大楼 A 座 704 房间

邮编：100045　　传真：010-68557465

电话：010-68558704　010-68558531　E-mail：panzhu@cei.gov.cn